ZEND-AVESTA,
OUVRAGE
DE ZOROASTRE.
TOME PREMIER.
PREMIERE PARTIE.

ZEND-AVESTA,

OUVRAGE

DE ZOROASTRE,

Contenant les Idées Théologiques, Physiques & Morales de ce Législateur, les Cérémonies du Culte Religieux qu'il a établi, & plusieurs traits importans relatifs à l'ancienne Histoire des Perses :

Traduit en François sur l'Original Zend, avec des Remarques ; & accompagné de plusieurs Traités propres à éclaircir les Matieres qui en font l'objet.

Par M. ANQUETIL DU PERRON, de l'Académie Royale des Inscriptions & Belles-Lettres, & Interpréte du Roi pour les Langues Orientales.

TOME PREMIER.

PREMIERE PARTIE,

Qui comprend L'INTRODUCTION AU ZEND-AVESTA, formée principalement de LA RELATION DU VOYAGE DU TRADUCTEUR AUX INDES ORIENTALES, suivie du PLAN DE L'OUVRAGE ; & un APPENDIX sur les Monnoyes & Poids de l'Inde, sur quelques objets d'Histoire Naturelle & de Commerce, & sur les Manuscrits Orientaux du Traducteur :

Ornée de Planches gravées en taille douce.

BIBLIOTHÈQUE S. J.
Les Fontaines
60 - CHANTILLY

A PARIS,

Chez N. M. TILLIARD, Libraire, Quai des Augustins, à S. Benoît.

M. DCC. LXXI.

Avec Approbation & Privilége du Roi.

AUX NATIONS
QUI POSSEDENT
L'E TEXTE ORIGINAL DES LIVRES
DE ZOROASTRE.

PEUPLES *puiſſans, éclairés & amis de la Sageſſe,*

FRANÇOIS & ANGLOIS,

En vous offrant la Traduction des Ouvrages d'un des premiers Légiſlateurs de l'Antiquité, *j'acquitte le tribut que vous doivent les Lettres.* Des titres particuliers *ajoutent au droit que vous avez à cet hom-*

mage. Vous êtes les seuls qui vous soyez occupés de la recherche des LIVRES DE ZOROASTRE, *les seuls qui les possédiez dans la Langue même où ils ont été composés. Vous êtes les seuls qui, par votre activité, & par le nom que vos conquêtes vous ont fait en Asie, soyez en état de développer, d'appliquer à d'autres branches, les Connoissances dont le* ZEND-AVESTA *renferme le germe. L'Inde, il est vrai, qui jusqu'ici a gémi sous le poids de vos victoires, ne doit pas être disposée à vous ouvrir son sein, à vous dévoiler ses Mysteres. Le but de la vraie valeur est de faire des heureux. L'étendue même du Commerce en est souvent la ruine. Maintenant que vos intérêts conciliés, rendent à leurs foyers les Indiens fugitifs, & remettent dans les ames ce calme, cette sérénité que demande la culture des Lettres, puissent vos efforts se réunir pour enrichir l'Europe de biens qui ne coûtent plus de larmes aux Contrées qui les produisent ! Puisse votre rivalité même, lui offrir des trophées que l'humanité avouë, dont l'esprit humain se glorifie, la connoissance exacte des Peuples & des Païs que vos armes auront soumis ! Ce sont les vœux que forme le Voyageur qui ose faire paroître sous vos auspices la Traduction du* ZEND-AVESTA : *son Ouvrage vous appartient ; daignez le recevoir comme le fruit de la protection dont vous avez honoré ses travaux.*

PREFACE.

PRÉFACE.

J'AI lutté long-tems contre moi-même, pour me déterminer à donner au Public la *Traduction des Livres Zends*. Avide de connoiſſances & peu touché du nom d'Auteur, je ſentois preſque mon courage m'abandonner, lors qu'aulieu de recherches péni- bles, de découvertes propres à m'éclairer, je ne lui donnois pour objet que les difficultés de l'impreſ- ſion. Maintenant même, ſi je ſuivois mon pen- chant, j'irois, tandis que le ſang bouillonne dans mes veines, affronter de nouveaux dangers & ſur- prendre les Brahmes dans leurs retraites dont je n'ai point encore perdu la trace; laiſſant à d'autres le ſoin de me produire ſur un Théâtre où je ne déſire pas de briller. Par-là j'éviterois le reproche que j'ai plus d'une fois entendu faire à ces Ecrivains qui veulent que le Public partage avec eux les peines que leur ont couté des Ouvrages qu'on ne leur demandoit point.

Quel que ſoit le principe de cette façon de penſer; légereté ou crainte des contradictions: voilà quelles ſont mes diſpoſitions actuelles. La nouveauté de mon Ouvrage, le peu d'apparence qu'il ſoit goûté, tout m'engage à les faire connoître; & la maniere dont je vis

PRÉFACE.

me met dans le cas de les réalifer au premier moment.

Mais des motifs preffans m'arrachent à la tranquille, à l'heureufe obfcurité que j'aurai peut-être lieu de regretter. Des protecteurs, des amis auxquels je me dois tout entier, les Sçavans de l'Europe avec lefquels j'ai en quelque forte pris des engagemens dans différens morceaux publiés depuis mon retour de l'Inde ; tous attendent avec impatience la traduction des *Ouvrages qui en Perfe & dans l'Inde portent le nom de Zoroaftre.* Cet empreffement eft pour moi la voix du devoir, il me rend fourd à celle qui me montre le danger.

Eh ! pourquoi craindrois-je de produire mes foibles efforts, lorfque l'objet qui les a fait naître eft le plus digne d'occuper l'être penfant ; lorfque le peu de matériaux que j'ai tâché de raffembler peuvent fervir à commencer un édifice, la connoiffance de l'homme, lequel ne demande pour être achevé qu'une main plus habile, qu'un bras plus fort & plus courageux ?

L'homme, le centre en quelque forte de la Nature, l'être qui nous intéreffe le plus, qui nous touche de plus près, dont la connoiffance eft la bafe de nos opérations, de toutes nos autres connoiffances ; l'homme, étudié, ou du moins vû & pratiqué depuis l'origine du Monde, n'eft guère plus connu qu'au moment de fa création. On a mefuré les aftres, fondé les abîmes de la mer, parcouru toute l'étendue du Globe, & déterminé fa forme ; on a furpris le fecret de la Nature dans fes productions, dans les loix qui reglent fon cours : tout cela eft pour l'homme, & l'homme eft ignoré.

Deux routes peuvent nous conduire à la connoif-

PRÉFACE.

fance de cet être fi intéreffant ; l'infpection de fa nature : ce qu'il peut, ce qu'il doit être ; la vûe de fes opérations : ce qu'il eft.

La Métaphyfique, fuivant la premiere route, décompofe l'homme, analyfe fes facultés, leur puiffance, leurs rapports ; combine ces rapports, calcule les opérations qui peuvent en réfulter. Après tout ce travail, l'être qui fort de fes mains n'eft qu'un automate, capable d'un petit nombre de mouvemens affignés par le Machinifte, habile, il eft vrai, mais infiniment au-deffous de la Nature ; & le Philofophe, au fortir des fpéculations les plus fines, fe trouve fouvent auffi neuf au milieu des hommes, quand il a à traiter avec eux, ou qu'il veut fimplement les confidérer, que s'il s'étoit jufqu'alors occupé de tout autre être que de l'homme.

L'Hiftoire procede différemment ; elle nous montre l'homme en action, c'eft-à-dire, tel qu'il eft ; feul moyen propre à nous en donner une connoiffance exacte.

J'entends par l'Hiftoire celle des opinions, de l'efprit humain, & celle des événemens.

La derniere a fes inconvéniens, qui diminuent bien les avantages quelle devroit naturellement produire. Du côté de ceux qui en font l'objet, comme les paffions font prefque le feul mobile qui les remue, le tableau varie fi fouvent, qu'il eft difficile d'en rien tirer de bien fixe. Un même regne, une même année fournira quelquefois une foule d'événemens qui préfentent l'homme fous des nuances moins dues à des motifs qui le faffent agir, qu'a des circonftances étrangeres qui l'entraînent. Et du côté viij PRÉFACE.

de l'Hiſtorien : on ſçait que ſouvent des yeux différens voyent différemment les mêmes objets; qu'un événement rapporté par deux témoins oculaires, un regne décrit par deux Ecrivains de ce regne, offrira quelquefois des variétés qu'on n'auroit pas ſuppoſé poſſibles. Si la diſtance des lieux & l'éloignement des tems ſe joignent à ces cauſes d'erreurs, que penſer des tableaux tracés par l'Hiſtorien qui paſſe pour le plus fidele ? Ce feront des portraits faits par un peintre qui ne pouvant voir les originaux, travaille d'imagination ou ſur de ſimples deſcriptions, ſur des oui-dire : ſon habileté ne garantira jamais la reſſemblance qu'un Artiſte même médiocre auroit ſaiſie au premier coup d'œil.

J'ai dit l'Hiſtorien le plus fidele, parce que dans toute deſpription la main de l'Ecrivain ſe montre comme celle du Peintre dans le tableau. L'amour de la vérité réſiſte difficilement au charme d'un trait brillant ; comment empêcheroit-il de ſupprimer une contradiction de caractere ? Il faut que tous les événemens ſoient liés ; on leur donne des cauſes qui n'exiſterent jamais : comme chez le Peintre, il y a certains regards, certaines poſitions, une union, un enſemble d'uſage, mais qui n'eſt pas toujours dans l'original que le tableau eſt cenſé repréſenter.

Il faudroit pour aſſurer l'exactitude de l'Ecrivain qu'une ſorte de reſpect guidât ſa main ; & c'eſt ce qui ne peut guère avoir lieu (encore ne l'a-t-il pas toujours) que dans l'Hiſtoire des Opinions Religieuſes. L'attachement de ſecte, augmenté par le caractere divin imprimé à ces opinions, les tranſmet plus ſurement. Le zéle religieux, après avoir ſoumis des peuples nombreux,

les

les retient long-tems sous une sorte de joug, dans une même posture qu'il est plus facile de saisir & d'exprimer. D'ailleurs il n'est plus question de recueillir des oui-dire souvent incertains, de concilier des relations quelquefois opposées, fondées sur ces oui-dire ; les Auteurs mêmes de ces opinions, de ces religions ont soin de les consigner à la postérité en les confiant à leurs sectateurs, ou du moins ceux-ci, en les développant à leurs disciples.

Il est vrai que l'homme paroît toujours dans ces exposés secondaires. Ce qui sort de ses mains doit tenir de la foiblesse de son être. Et de-là l'obligation de recourir aux Ouvrages originaux, d'apprendre les langues dans lesquelles il sont écrits, d'en fixer l'époque, de rechercher celle des variétés qu'ils ont souffertes, des monumens en pierres ou autres qui en font mention, des peuples dont ils ont fait la Loi : de-là l'obligation de suivre les migrations de ces peuples, de connoître exactement les païs où ils se sont fixés, les noms mêmes des lieux particuliers qu'ils ont habités ; d'observer leur habileté dans les sciences, dans les arts ; d'étudier leur morale, leur politique. Tout cela mene à la connoissance de l'esprit de l'homme, & tient à l'Histoire des opinions, sur-tout de celles auxquelles, comme je l'ai dit, la religion a imprimé un caractere sacré.

Partant de ce point, on verra ces opinions causer des changemens dans les langues des peuples chez qui elles ont pris naissance, & ces changemens se communiquer aux langues des nations que ces peuples ont soumis, ou qui les ont subjugués eux-mêmes dans des guerres de religion ou d'ambition.

Tome I. Premiere Partie.

PRÉFACE.

Par ces obfervations on peut remonter à l'origine des peuples & des langues, & établir, pour ainfi dire, un calcul d'idiomes & de penfées, dans lequel les réfultats foient moralement auffi certains que dans les nombres. On fçait que du mélange de plufieurs couleurs données doit naître telle autre couleur ; de même fi l'on mêle deux peuples pendant tel efpace de tems, en tel païs, tel climat, en tel état de politeffe ou de grof-fiereté, fuivant telles loix, il en fortira un troifiéme peuple qui tiendra plus ou moins des deux premiers. Ici les expériences font faites ; il n'eft queftion que de les appercevoir.

Ces réflexions générales fuffifent pour faire voir que l'Hiftoire des Opinions, de l'efprit de l'homme, fuppofe la connoiffance des Langues, des Antiquités, de la Géographie ancienne & moderne, de la Chronologie ; fciences que le faux bel efprit couvre d'un verni de pedantifme, parce qu'effrayé par l'immenfité, par la complication de l'échafaudage, il n'a pas la force de pénétrer jufqu'au bâtiment.

Maintenant le moyen d'approfondir (on ne l'épuifera jamais) un fujet fi important, fi intéreffant ? Ce qui regarde les Juifs, les Grecs, les Romains, l'Europe entiere, fait, depuis la renaiffance des Lettres, l'étude des Sçavans : reftent l'Amérique, l'Afrique & l'Afie, qui, j'ofe le dire, font encore à défricher dans le fens que j'ai expliqué plus haut.

Il eft vrai que plufieurs Miffionnaires ont déja donné fur l'Afie des Ouvrages importans, effentiels même en leur genre (1) ; des Sçavans en Europe (2)

───────────────────────────

(1) Les P. Noël, Couplet, Beski & Gaubil.
(2) Le D. Hyde, MM. Maracci, Schultens, Gagnier, l'Abbé Barthelemy & de Guignes.

PRÉFACE.

ont aussi étendu dans le même plan, la sphere de nos connoissances : mais, d'un côté, les occupations attachées à l'état de Missionnaire, de l'autre, la privation du commerce des Orientaux, de l'avantage de prendre chez eux ce tour qui leur est propre, de voir les choses de ses yeux ; ces inconvéniens (du moins c'est mon opinion) empêcheront toujours, si l'on ne tente pas une autre voie, d'avoir sur ces contrées des notions entierement satisfaisantes : & jamais ce vuide ne sera rempli par les relations des Voyageurs simplement Militaires, Marins ou Marchands.

Ce sont des Sçavans de profession qu'il faut & des Sçavans voyageurs. Mais comment voyageront-ils? On sçait que les lumieres s'augmentent par la communication, & que les besoins dans des pays éloignés demandent des secours sûrs & prompts. Le moyen qui pourroit procurer l'un & l'autre avantage, seroit d'établir des *Académies*, si je puis m'exprimer ainsi, *ambulantes*. Cette idée me vint à Surate en 1760. La traduction des Livres Zends étoit achevée. Ce que j'avois souffert, ce que j'avois fait depuis que j'étois dans l'Inde, me fit sentir l'utilité de pareilles Sociétés littéraires : j'en traçai le plan. Peut-être le Lecteur me pardonnera-t-il de l'entretenir un moment de celle que la France pourroit avoir : s'il est des Romans utiles, ce sont ceux qui, sans reveiller les passions, servent à perfectionner, à étendre les connoissances humaines.

Je suppose ce Corps de Sçavans voyageurs composé de quatre-vingts Académiciens. Commençant par l'Amérique, deux iroient s'établir au Détroit de Magellan ou au Chili ; deux au Mexique ; deux à Quito, dans le Perou, & deux en Canada ou près de la Baye

PRÉFACE.

d'Hudfon. En Afrique deux réfideroient au Sénégal, quatre au Cap de Bonne-Efpérance, deux, s'il eft poffible, en Éthiopie, le long de la Côte Orientale de l'Afrique, & deux au grand Caire. Pour l'Afie, j'en place deux à Conftantinople, deux à Bagdad, deux à Ifpahan, deux à Dehli, deux à Aftrakan, quatre dans la grande Tartarie, deux dans le Thibet, deux dans la Tartarie Chinoife & deux au Kamtchatka; reprenant enfuite par le Sud-Oueft, deux fe fixeroient à Peking, deux à Cantong, deux à Malak ou à Siam, deux à Patna, deux dans le Bengale au bas du Gange, deux à Pondicheri, deux à Ceylan, deux à Mahé, deux à Ponin, deux à Surate, deux à Baffora. Quatre perfonnes fuffiront pour les Ifles de la mer de l'Inde & de celle de la Chine; quatre au port de l'Orient & quatre à Marfeille, pour préparer les chofes néceffaires aux Académiciens répandus dans les différens endrois que je viens de nommer.

Il feroit bon que tous les quatre ans, pour l'Afrique deux jeunes Académiciens, deux pour l'Amérique & quatre pour l'Afie, allaffent vifiter dans leurs retraites les Sçavans Voyageurs, recueillir leurs Ouvrages & leur porter les fecours dont ils pourroient avoir befoin. Ceux ci, après avoir paffé douze ans à leur miffion, formeroient à Paris avec plufieurs Sçavans de cette Ville, habiles dans la connoiffance des Langues & des Peuples, un Corps particulier chargé de revoir, mettre au net & faire imprimer les productions curieufes envoyées des trois plus grandes parties du Monde. La gloire d'avoir contribué au progrès des connoiffances humaines & le plaifir de repaffer en idée les lieux, les peuples, les différens objets qui les auroient occupés dans le cours de leurs voyages, feroient la jufte récompenfe de

PRÉFACE.

leurs travaux ; ce doit même être la seule, de peur qu'avec le tems des vûes d'intérêt, comme dans les Compagnies de Commerce, ne portassent des personnes dépourvues des qualités nécessaires, à briguer cette espece de Direction.

Deux personnes sont nécessaires en chaque endroit à cause des voyages particuliers que ces sçavans seront obligés de faire, des maladies qui peuvent survenir & du dégout en quelque sorte inséparable d'une solitude absolue. Ces Académiciens dans leurs douze années parcoureront alternativement, à deux ou trois cens lieues à la ronde, les Provinces de leur district. Celui de Patna pénétrera dans Aschem ; celui du Cap de Bonne-Espérance, à Madagascar ; celui de Dehli, dans le Kaschmire ; celui de Quito, dans les Cordilleres, & ainsi des autres. Douze années, ou quinze au plus, suffisent pour mettre en état de remplir sa mission un habile homme, qui n'aura qu'une langue ou deux à apprendre, par exemple à Ceylan, le Ceylannois & le Samskretan ; à Siam, le Siamois & le Bali ; à Ispahan, le Persan & le Pehlvi ; à Bassora, l'Arabe & ses différens dialectes ; à Quito, le Peruvien ancien & moderne.

D'abord l'Académicien fera, pour se dépaïser, de petits voyages, à quinze à vingt lieues du point de sa résidence, & apprendra, comme en se jouant, la langue vulgaire. Je suppose qu'il sçait l'Hébreu, quelques langues modernes d'Europe, l'Histoire Ancienne, un peu de Théologie, de Métaphysique & d'Astronomie. Lorsqu'il pourra parler sans interprete, il s'appliquera à la langue sacrée & lira les Livres de la Loi & les Ouvrages Théologiques. Ces Ouvrages sont la clef de tous les autres, contiennent mille faits allégués continuellement, & ont été composés par des gens graves ;

PRÉFACE.

au lieu que les Hiftoires courantes ou modernes, fruit ordinaire du cerveau des Poëtes, ne font le plus fouvent qu'un tiffu de fables.

Le fçavant voyageur aura foin de remarquer les altérations que la langue facrée aura foufferte dans le païs où il eft. A la Côte Malabare le Samskretan eft mêlé de Tamoul; à Bengale, de Bengali; près de Surate, de mots Indous : le Pehlvi, aux environs de la mer Cafpienne fe reffent du Tartare. Ce fera aux Académiciens de Paris à perfectionner toutes ces Obfervations. Celui qui aura paffé douze ans à Surate verra bien dans le Samskretan de la Côte Malabare ce qui s'y trouvera d'étranger; l'Académicien Malabar en fera autant du Samskretan du Guzarate : de cette façon on rendra les meres langues à leur premiere pureté.

Les Académiciens compoferont des Grammaires & des Dictionnaires des langues dont ils feront chargés, feront l'Hiftoire de ces langues; ils diftingueront ce qui eft dans les anciens Livres, de ce qui eft de fimple tradition, tâcheront d'acquérir les Ouvrages qu'ils feront dans le cas de citer & en fixeront l'ancienneté. Ces préliminaires pofés, ils travailleront à l'Hiftoire générale du païs, après avoir traduit tous les Ouvrages d'où cette Hiftoire doit être tirée, pour ne pas augmenter le nombre des Hiftoires faites fur des monumens apocryphes. Cette Hiftoire fera toujours relative à ce que nous appellons l'Hiftoire ancienne, & la chronologie qu'on y fuivra, à celle du texte Hébreu, à l'Ere d'Alexandre, à celles des Perfes, des Mahométans, des Indiens, enfin aux Époques rapportées au commencement des *Tables Aftronomiques d'Ouloug beigue.*

L'Hiftorien doit être attentif à tout remarquer. Chaque Religion a des points cachés; chez les Indiens,

PRÉFACE.

ce que déſigne & ſignifie le *Lingam* ; chez les Parſes, le Tems ſans bornes, créateur d'Ormuzd & d'Ahriman Principes ſecondaires, le Taureau origine de tous les animaux doüés ou non doüés de raiſon & de tous le végétaux, le péché de Meſchia & de Meſchiané, peres du genre humain. Le peuple ignore le fond de ces dogmes; & il faut être fort avancé pour les tirer des Prêtres. Par exemple, ſi l'Indien que vous conſultez eſt chrétien, pour vous flatter il habillera les Dieux de ſa nation à la Chrétienne; s'il eſt payen, il vous amuſera par des fables & des explications débitées du plus grand ſang froid. Généralement en Aſie le menſonge utile eſt compté pour rien.

Les Obſervations Aſtronomiques & Botaniques ne doivent pas occuper notre Académicien, elles prendroient ſon tems & lui feroient manquer ſon objet; il ne parlera qu'hiſtoriquement de ce qui ſera étrange à ſon reſſort : il ne copiera les inſcriptions & les médailles que lorſqu'il ſçaura bien les langues, pour n'être pas expoſé à recommencer; & un habile Peintre, compagnon de l'Académicien viſiteur, deſſinera ſur les lieux les Monumens dont le Sçavant voyageur enverra en France la deſcription.

Si pour perfectionner l'Hiſtoire naturelle & la théorie du Globe, on juge à propos d'envoyer d'autres ſçavants dans les mêmes endroits, ces recherches réunies formeront le corps de connoiſſances le plus propre à donner le Syſtême de l'homme & celui de l'Univers.

J'ai en quelque ſorte ébauché dans mes recherches l'exécution du plan dont je viens de donner l'eſquiſſe. Sans me laiſſer accabler par la multitude des connoiſſances néceſſaires à un voyageur, je me ſuis attaché particulierement aux reſtes précieux d'un des premiers peuples de l'antiquité, les Perses. J'ai étudié leurs Langues, leurs Livres sacrés ; leur Histoire, leurs mœurs, leur morale, leur Religion, leurs superstitions.

J'ai posé des pierres d'attente pour les Indiens : les Bengalis, les Malabars, les Marates, les Canarins & les Maures se montrent dans mon voyage sous des traits propres à les caractériser.

On verra dans ce que je dis des Européens établis dans l'Inde ce que peuvent sur les peuples de l'Europe le changement de climat & le mélange des usages & des mœurs Asiatiques.

Trop jeune pour être toujours maître de moi, & malgré cela dans l'âge que demandent des entreprises d'une certaine force, d'une certaine étendue, je me suis peint pour être utile aux voyageurs même par mes foiblesses.

Mais j'étois seul & peut-être trop peu secouru. Mes recherches, quoique fixées à un objet principal, s'étendoient à mille branches. Je les quittois, les reprenois ensuite ; espece d'égarement qui rendra moins surprenant la distribution singuliere de l'Ouvrage que je présente au Public. Quel avantage l'Europe sçavante ne retireroit - elle pas des travaux murs, réfléchis, combinés, d'un Corps de Missionnaires littéraires mieux approvisionnés que moi, & plus riches de leur propre fonds ?

Vaine espérance, projet chimérique ! mon Académie n'existera jamais : & les hommes, accoutumés à leurs erreurs ou effrayés du travail que demanderoient de pareilles recherches, se nourriront de systêmes, de portraits de fantaisie, & continueront de tout étudier, de tout connoître, excepté l'homme.

ERRATA

ERRATA,

Qui contient des Corrections & des Additions.

IL y a beaucoup de fautes dans cet Ouvrage; le plus grand nombre est de moi, les autres ont échappé à l'Impression. Je m'arrêterai surtout à celles qui blessent le sens, ou qui le rendent incertain : le Lecteur voudra bien corriger le reste de lui-même, & suppléer la ponctuation dans les endroits où, quoique vicieuse, elle ne cause aucune obscurité. Ce seroit faire tort à ses lumieres, que de l'avertir qu'il faut lire, par exemple, *être*, au lieu de *ctre*, *offrent*, au lieu de *offtent*, & autres mots de cette nature. Cependant, pour ne rien laisser à desirer aux Lecteurs les plus scrupuleux, j'ai placé à la fin de chaque Volume les fautes de cette espece, réunies en groupe, pour qu'elles prennent moins de place : de même, pour diminuer le volume de cet *Errata*, au lieu de présenter, comme c'est l'usage, l'endroit défectueux, je le donne simplement corrigé, & le plus souvent avec le mot qui précéde & celui qui suit.

Je ne dis rien des fautes qui touchent au fond de l'Ouvrage. Dans deux cens ans, quand les Langues *Zende* & *Pehlvie* seront devenues en Europe familieres aux Sçavans, on pourra, en rectifiant les endroits où je me serai trompé, donner une Traduction plus exacte du *Zend-Avesta*; & si ce que je dis ici, excitant l'émulation, avance le terme que je viens de fixer, mes fautes m'auront conduit au but que je me suis proposé.

Voici l'Orthographe que j'ai tâché de suivre dans les noms propres Orientaux, & dans les Textes Persans ou autres que j'ai donnés en caracteres Européens. J'exprime le *t* à trois points des Arabes par *ths*; leurs *soad*, *zoad*, par *ss*, *zz*; leurs *toé*, *zoé*, par *tt*, *zz*; leur aïn par *aa*, *ee* &c, allongeant le son de la voyelle pour rendre la prononciation gutturale; leur *kof* par *k* ou *c*, ainsi que le *kaf*; & le *ghain* par *gh*.

Lorsque plusieurs mots servant à en composer un, se suivent sans être en régime, comme *Ssad der*, les *cent Portes*, *No rouz*, *nouveau jour*, je les sépare, sans tiret. Je lie par un tiret, ceux qui sont en régime, tels que *Viraf-namah*, Histoire de *Viraf*, *Gueti-kherid*, *il a acheté le Monde* : mais je crois devoir avertir qu'il n'y a rien de plus défectueux que ces lectures de mots Orientaux en caracteres Européens, parce qu'elles suivent ordinairement la prononciation de celui qui écrit ces mots.

En général, quand on se verra arrêté par un sens louche ou par quelque contradiction, on fera bien de consulter l'*Errata*.

Tome I. Premiere Partie. c

xviij

ERRATA.
TOME PREMIER, PREMIERE PARTIE.
Discours Préliminaire ou Introduction.

1°. Ce morceau, fuppofé que le *Zend-Avesta* eut paru en un Volume, comme l'annonçoit le *Prospectus*, ne devoit avoir que 60 à 80 pages ; je l'avois en conféquence intitulé *Difcours Préliminaire*. Les N°s. I. &c. V. marquoient les divifions de ce Difcours ; j'ai été obligé de les conferver, parce qu'ils fe trouvoient citées dans la feconde Partie du premier Volume, imprimée avant que j'euffe mis la premiere en ordre : voilà le nœud de la diftribution finguliere du premier Volume.

2°. Toutes les piéces citées dans mon Voyage font en Original dans un Recueil Oriental affez confidérable, qui fait partie de mes Manufcrits.

P. 5, l. 21, *défricher*; lif. *déchifrer*. -p. 10, l. 4, lif. *argent. Cette*. l. 38, lif. *Compagnie*; M.-p. 11, l. 11, lif. *le 24 Février*. l. 25, lif. *la lançoient* - p. 13, l. 33, lif. *sonnoit peu*. - p. 17, l. 25, lif. *ce fonds*. l. 36, lif. *humiliant*, *cet*. - p. 21, lig. 7. lif. *paroiffoient*. - p. 23, l. 34, lif. *garni*. - p. 24, l. 17, lif. *dans fa maifon*. -p. 25, l. 8. lif. *venois de fuire*. - p. 28, l. 13, lif. *Pondichery*, *où la*. - p. 30, l. 25, lif. *le pied, il reprend*. - p. 33, l. 6, lif. *premiere* ; *ce qui me*. - p. 40, l. 5, lif. *foumis à un premier*. l. 31, lif. *Zends*. -p. 47, l. 34, lif. *Argamaffe*. -p. 49, l. 26, lif. *Eltchi* (*l'Envoyé*. -p. 50, l. 27, lif. *Moftahafeçan ttourk*. - p. 55, l. 14, lif. *Palanquin que j'avois laiffé à la loge Fr. en quittant Caffembaçar*. -p. 60, l. 20, *Gange, qui* ; ôtez la virgule. - p. 62, l. 7, lif. *Kabhepour*. -p. 69, l. 18, lif. *Barkandays*. - p. 73, l. 2, lif. *au tour*. - p. 74, l. 10, *de Jagrenat*, ajoutez : *Il ne faut pas croire au refte que ces ravages, dans les pays chauds, préfentent quelque chofe d'auffi effrayant que dans nos contrées. Une armée met une Ville au pillage, brûle les maifons, c'eft-à-dire, fur trois ou quatre en plâtre, mille paillotes qui coutent un écu ou deux à conftruire. Comme les expéditions fe font dans la belle faifon, les habitans de ces cabanes fe retirent dans les forêts, emportant avec eux leur lit qui confifte dans une nate, un vafe ou deux de cuivre qui leur fervent de gobelets. Le riz & les lentilles fe cuifent dans des panelles de terre qui coûtent un peça ou deux, & qui fe trouvent dans tous les marchés. Les hardes, comme l'on fçait, n'augmentent pas beaucoup le bagage; & fouvent ils vont à quelques lieues de là fonder une nouvelle Ville ou Aldée, auffi aifée à détruire & avec auffi peu de dommage que la premiere*. l. 22, lif. *un à un du refte de la Prefqu'ifle*. - p. 75, l. 2, *le Rajah, eft*, ôtez la virg. l. 12, lif. *compofte*. l. 22, lif. *ruine de Schandernagor*. -p. 76, l. 10, lif. *Maaladda. Nous*, l. 12, lif. *Moullahs*. - p. 77, l. 5, lif. *idée*, & *il voulut*. l. 38, lif. *& nous rendîmes*. - p. 89, l. 3, *tchoki, & étang*, ôtez la virg. l. 25, lif. *il paroît*. - p. 92, l. 19, lif. *Kaſibouga*. - p. 93, l. 21, lif. *Kaïta*. -p. 93, l. 22, lif. *le 20*. - p. 94, l. 24, lif. *fit fur*. - p. 95, l. 13, lif. *me mettront*. -p. 98, l. 24, lif. *accompagnées*. - p. 101, l. 3, lif. *Ferenguidipa*, l. 8, lif. *guéable*. l. 21, lif. *Allour*, l. 24, lif. *Mouci, &*. - p. 102, l. 16, lif. *cette Aldée*. -p. 104, l. 2, lif. *les fatigues que je venois d'effuyer*. l. 37, ôtez *auffi*. - p. 107, l. 33, lif. *pouffent l'eau avec force*. - p. 108, l. 14, lif. *jurifdiction fur toute la Côte*. - p. 109, l. 6, lif. *ouverture ou porte*. - p. 113, l. 32, lif. *familles de perdues*. p. 117, l. 35, lif. *procure*. - p. 121, l. 33, lif. *Capitaine ; & celui-ci*. - p. 122, l. 38, lif. *Romains, des*. - p. 123, l. 30, lif. 3°. *le Langage de Goa*. 4°. *Le M*°.

ERRATA.

'raſte. - p. 124, l. 1, liſ. juſqu'à Ganjam. - p. 130, l. 26, liſ. c'eſt-à-dire, une.
- p. 131, l. 24, liſ. Kanſerkora; de Ciapnek. - p. 134, l. 31, liſ. faites. p.
137, l. 4, liſ. Riviere de Neliceram. l. 34, liſ. Brouma (Brahma). - p. 139,
l. 9, liſ. en dédommagement. l. 38, liſ. Kundanate, l'Archevêque. - p. 140, l.
1, liſ. Goa, deſcendant. l. 25, liſ. l'autre, le nombre. l. 40, liſ. Moꝝaekika-ghât.
l. 44, liſ. Beſalika-ghât. - p. 144, l. 25, liſ. Angloiſe). en marge l. 5, liſ. imprimée. l. 11, liſ. p. 15. 16. - p. 148, l. 25, liſ. douanier, ont. - p. 149, l. 15.
liſ. auparavant contre. - p. 150, l. 31, liſ. ſes forces. - p. 152, l. 13, liſ. fût en
Hollandois. l. 27, ôtez gros. - p. 154, l. 24, liſ. inconnues en Europe. - p. 157,
l. 29, ôtez la virg. après Moundoukarens. - p. 158, l. 12, liſ. emporterent. - p. 159,
l. 15, liſ. c'eſt-à-dire Malâbar de la Côte de Coromandel. - p. 160, l. 4, liſ. Contenant les Actes d'un Concila de Cranganor. - p. 165, l. 7, liſ. ruinée, n'étoit.
- p. 166, l. 14, liſ. Areopagite. l. 19, liſ. Baroep (ou, l. 26, liſ. Thomas; celle.
l. 36, liſ. te benedixit. - p. 167, l. 1, liſ. Ancien. Les. l. 2, liſ. Urſa (Edeſſe).
l. 20, liſ. emſchamilio, - p. 168, l. 36, liſ. heure, l'Aldée, l. 38, ôtez ſont, mettez une virg. apr. à droite. - p. 169, l. 6, une virgule après minutes. - p. 170,
l. 32, virg. apr. Peroumal. dern. lig. liſ. ſiecles. - p. 171, l. 33, liſ. m'avoit faite. - p. 172, l. 19, ejouttou, (le, ôtez la virg. - p. 173, l. 23, liſ. Kenikams,
l. 29, liſ. fanons qui paroiſſent d'argent. - p. 174, l. 11, virg. apr. Chrétiens.
- p. 175, l. 9, une virg. apr. Caſtes, l. 32, Birvi, liſ. Eirvi, - p. 176, l. 31,
liſ. (1) Les hommes. - p. 178, l. 11, une virg. apr. éléphant. l. 13, liſ. onzième
Signe. l. 14, liſ. jour noomi. l. 15, liſ. Magarmas (Décembre). l. 28, une virg.
apr. Padeſchahi. - p. 179. l. 25, liſ. Barkombayes. - p. 181, l. 39, liſ. remplie.
- p. 183, l. 1, après remettre ôtez la virg. l. 4, après reconnoiſſoit, ôtez la virg.
- p. 185, l. 20, un crochet après ont brûlée, - p. 186, l. 5, un crochet av. le ſiége.
l. 9, liſ. du Malabar. l. 22, un crochet après azyme. - p. 189, l. 33, une virg.
ap. Ipika. - p. 190, l. 5, chez les Malabars, ajoutez Chrétiens. l. 13, liſ. aucune
- p. 199, l. 16 (& ailleurs,) liſ. Guingueli, l. 29, liſ. Naguinkoté, l. 31 (& aill.)
liſ. Baindour. l. 33, une virg. après viſavis. l. 35 & (aill.) liſ. Surour. l. 37, liſ.
Patekoi. - p. 201, l. 22 (& aill.) liſ. Anjidive. p. 202, dern. lig. effacez à l'Eſt
Nord-Eſt. - p. 205, l. 19, une virg. après Alcaſſou. - p. 206, l. 36, liſ. des quatre premiers Officiers. - p. 207, dern. l. liſ. terre à l'égard des Officiers d'Europe.
- p. 209. l. 20, liſ. Bitchouli. - p. 210, l. 9, liſ. après lequel, le bras qui en baigne les murs, ſe diviſe. l. 32, liſ. paye tribut. - p. 211, l. 21, liſ. étoient morts
en 1758. l. 23, liſ. qui alors étoit. l. 26, liſ. neveu ſans emploi en 1758. - p.
212, l. 17, liſ. Monguipatan. - p. 216, l. 9, liſ. Eſt & Oueſt. l. 28, une virg.
apr. cheval. - p. 220, l. 28, liſ. invités. - p. 223, l. 8, liſ. de l'étang. p. 224.
l. 4, liſ. Chombor. - p. 227, l. 35, liſ. journées de là. - p. 231, l. 4, liſ. dans l'Eſt
Nord-Eſt. l. 34, ôtez la virg. av. Toka. - p. 234, l. 5, liſ. ne ſont. - p. 237,
l. 37, 38, mettez file au lieu de rang. - p. 239, l. 23, liſ. porte. l. 26, liſ.
Rama... Ses Schoupdars. - p. 243, l. 19, une virg. apr. le mur, l. 31, liſ. le
treizième, Gangam Ram & ſa femme. - p. 247, l. 26, liſ. accompagnés. - p. 248,
l. 18, deux cannes, liſ. deux colonnes. - p. 251, en marge, l. 9, liſ. Original
Angl. - p. 252, l. 29, liſ. Sakré. - p. 253, l. 16, liſ. quatre cannes. - p. 259,
l. 34, liſ. au-delà, environ quatre coſſes avant. Tarabad fait une grande Vallée qui
commence en-deçà de Tchandor. - p. 260, l. 4, liſ. Plant. l. 25, liſ. coule le
Naddi. l. 31, liſ. eſt Pipelpara. - p. 264, l. 27, liſ. indépendants. av. dern. l.
liſ. Viſir, ſous le nom de Monaem khan, 7°. à la fin de la dern. l. ôtez fils ſon.
p. 265, l. 15, liſ. 10°. Mir Hafez eddin Ahmed khan, fils de Maaïn eudin khan;
en marge, l. 6. liſ. dans le quatorzième ſiécle. - p. 268, l. 44, liſ. Saadat khan. - p. 269,
l. 29, liſ. il y a plus de quatre cens ans. - p. 270, l. 20, un crochet après Miniſtre. - p. 271, l. 10, liſ. eul khelaſeh. - p. 272, l. 10, liſ. nom de Kehrki. - p.
274, l. 31, liſ. de Nizam): ſix ans. - après la l. 43, mettez à ligne. 62°.

c ij

ERRATA.

Djehanbakht, la même année, à *Dehly*, après que *Schah Djehan* eut été détrôné par les Marates.

Aali goher, pere de Djehanbakht & fils d'Aalemguir, nommé *Schahzadeh & Schah Aalem*, dans la Province d'*Elahbad*. Voy. l'Ouvrage de M. *Dow* qui a pour titre : The History of Hindoustan, from the earliest account of time to the death of Akbar, translated from the persian of Mohammed casim serischta, togheter with a Dissertation concerning the Religion and Philosophy of the Bramins. 1768, deux vol. in-4°.).- p. 277, l. 35. lis. *ne fussent.* - p. 290, l. 31, lis. *laks.* - p. 293, l. 10, lis. *cinquieme frere.* - p. 296, dern. l. lis. *de Cambaye.* - p. 299, l. 9, lis. *qui est à*, - p. 312, (& ailleurs), l. 22, lis. *M. Price.* - p. 316, l. 34, une virg. après *maître.* - p. 317, l. 22., lis. *empêchoient* (soit disant) d'achever. - p. 320, en marge, l. 10, lis. 16-19. - p. 321. l. 16. lis. *d'un côté.* - p, 322, l. 21, lis. *termina.* - p. 323, l. 2, lis. *une copie du Vendidad Zend*, accompagnée de la traduction *Pehlvie.* - p. 324, l. 8, lis. *siecles, les trois Mobeds de Sandjan, & leurs successeurs...* ainsi que les Mobeds de Surate. - p. 326. l. 29, lis. *le Feroüefchi Pehlvi.* - p. 330, l. 31, *le 30 Mars*, ajoutez, & le 4 *Avril* suivant, écrivant par la Caravane à M. le Comte de Caylus & à M. l'Abbé Barthelemy, je marquai à ces Savans que j'avois achevé la traduction du premier Fargard du Vendidad. - p. 334, l. 18, lis. *me le mit sur* - p. 338, l. 19, lis. *du Barzou-namah.* - p. 341, dern. l. lis. *Schampa.* - p. 345, l. 29, *& ils n'ont...*. incapables ; mettez cette phrase à la fin de la p. après *attendent.* - p. 349, l. 36, lis. *avec une très-modique compensation.* - p. 355, l. 6, lis. *sous le sol.* l. 34, lis. *qui lui donne.* - p. 369, l. 3, lis. *fond.* - p. 372. l. 6, lis. *païs.* - p. 376, l. 18, lis. *le chemin dans les Nelis.* - p. 380, l. 18, lis. *de Tarapour.* - p. 382, l. 1, un point après *gueable*, une virgule après *minutes.* l. 20, la note marg. a rapport à *Ponin.* - p. 385, l. 16, une virg. après *Carlin.* - p. 387, l. 27, lis. *Europe, d'avances en maçonnerie.* - p. 388, l. 11, lis. *ces colonnes.* l. 19, lis. *du vestibule* (8) *est de cinq cannes.* l. 20, effacez *est de cinq cannes.* - p. 389, l. 7, lis. *à sa droite.* - p. 391, l. 35, lis. *coin* (8), *on voit.* - p. 393, en marge, l. 6, lis. cccxcij. - p. 394, l. 27, une virg. après *tournant.* - p. 399, l. 11, lis. *lettres, adroite, de quatre lignes.* - p. 400, l. 5, lis. *approchante de celle.* l. 11, lis. *pagne.* en marge, l. 5, lis. * Pl. l. 7, lis. * Pl. - p. 402, en marge, l. 5, ôtés ci-d. p. cccc. l. 6, lis. *ci-d.* p. cccc. - p. 407, l. 23, lis. *une gallerie large environ de deux cannes & demie, & soutenue* ; en marge. l. 10, lis. * Pl. - p. 410, l. 17, lis. *au-dedans de cette salle.* - p. 413, l. 10, lis. *inscription, le bas.* - p. 414, l. 16, lis. *Moili.* - p. 415, l. 28, lis. *mantegue.* - p. 416, l. 15, lis. *éloigné.* l. 22, lis. *d'eau. Ce coco.* l. 24, lis. *le second trou du coco.* - p. 419. l. 37, lis. *canne, trois quarts.* - p. 422. l. 34, une virg. après *figures.* - p. 423, l. 14, lis. *une canne, figures aux coins* (b), *au-dessus.* - p. 428. l. 36, lis. *Nérenguestan.* - p. 429, l. 33, lis. *l'Inde, toutes les pieces citées dans cette relation.* - p. 430, l. 4, lis. *de monnoies* ; en marge, l. 5, lis. *ces feuilles.* - p. 439, l. 35, lis. *des découvertes.* l. 36, lis. *tendant à prouver que les Chinois sont une Colonie Egyptienne.* - p. 445, l. 39, lis. 33°, 52'. l. 41, *variation*, 17°. - p. 448. l. 25, lis. *liées avec des cercles.* l. 32, lis. [*Nord*, à quelque. - p. 450, l. 15, lis. *voyions.* - p. 459, l. 1, *Auteur*, ajoutez, (*Tched dew dadi filius*). l. 30, lis. *des Docteurs riches.* - p. 461, l. 37, lis. *Mahabarat.* - p. 465, l. 30, lis. *de boue, d'ou perçoient.* - p. 470, l. 21, lis. *à Waux-hall.* l. 26, lis. *Shakespear.* - p. 471, l. 7, l. 10, lis. *Bagnio.* - p. 472, l. 32, lis. *enfoncement, sur le côté. Ce.* av. dern. l. lis. *bien, dans les Cuisines, nous montrer.* - p. 480, 'l. 21, lis. *Vadjs, Nérengs.* - p. 487, l. 25, lis. *des principaux MSS. le Vendidad Sâdé, les Iefchts Sâdés, le Si rouzé, le Boundehefch, &c. J'ai de plus.* - p. 490, l. 5, lis. *ces deux Beits sont rapportés en caracteres Persans* à la p. 278 *du même ouvrage de M. Hyde ; ils sont tirés.* - p. 492, l. 34, lis. *zoudi kardan.* - p. 494, mettez au bas de la page la

ERRATA. xxj

note suivante qui répond à la l. ⚓ *Thomas Hyde*, disent les Auteurs Anglois de l'Histoire Universelle, *proposed to the World the publishing a correct edition of it with a latine translation ; but meeting with no encouragement to undertake so laborious and expensive a Work, the World has ben deprived of the sight of this great curiosité. Universf. History.* vol. 2. p. 216.- p. 497. l. 33, une virg. après *éditeur.* - p. 502. Faisant la revuë de mes papiers tandis qu'on imprimoit la Table des Matieres, j'y ai trouvé une note, écrite quinze jours après mon arrivée à Paris, & que je crois devoir placer ici : elle a rapport à la l. 10.

 " *M. le Comte de Maurepas & M. le Comte de Caylus me dirent, il y a quel-*
» *ques jours, qu'ils croyoient que M. l'Abbé Sevin avoit apporté de Constantinople*
» *un manuscrit de Zoroastre. Avant mon départ pour l'Inde, personne ne m'avoit*
» *parlé de ce manuscrit. Les Anglois à Londres ni à Oxford ne m'en ont pas touché*
» *le mot. Voici ce que j'ai fait pour m'assurer du fait.*

 » *D'abord, j'ai parcouru avec M. Bejot, Garde des Manuscrits de la Biblio-*
» *theque du Roi, le Catalogue imprimé des Manuscrits Persans, Indiens & Ara-*
» *bes, qui traitent de la Théologie. Je n'y ai rien trouvé en ancien Persan, ni*
» *qui ait pour premier objet la Religion de Zoroastre. M. de Bose, dans la Rela-*
» *tion du Voyage Littéraire de M. l'Abbé Sevin, parlant des Manuscrits apportés*
» *par cet Académicien* (*Mém. de l'Acad. des Bell. Lett.* T. *VII. Histoire,* p.
» *342*), *releve beaucoup un ouvrage traduit, vers le* 11ᵉ. *siecle, par Eboul, Pré-*
» *cepteur du Roi de Perse, & qui traite du Magisme professé par les Perses*
» *avant la naissance de Zoroastre. J'ai encore examiné dans le même Catalogue*
» *tous les articles d'Aboul* ; *il ne s'en trouve aucun qui réponde au Manuscrit ap-*
» *porté par M. l'Abbé Sevin. Où est donc ce manuscrit ? & quand il existeroit, il*
» *ne pourroit passer pour un ouvrage de Zoroastre.*

 » *Pour ne laisser aucun doute sur ce sujet, de l'avis de MM. Caperonnier &*
» *Bejot, j'ai prié M. Lefevre, Secrétaire de la Bibliotheque du Roi, de me com-*
» *muniquer les Catalogues manuscrits de M. l'Abbé Sevin. Il a eu pour moi cette*
» *complaisance, & m'a obligeamment permis de prendre lecture des lettres que*
» *MM. Sevin & Fourmont ont écrites de Constantinople à M. le Comte de Mau-*
» *repas, Ministre d'Etat, & à M. l'Abbé Bignon. J'ai encore parcouru les Ca-*
» *talogues de MM. Icard & de Maillet, & quelques états de livres envoyés par*
» *M. le Marquis de Villeneuve, Ambassadeur de France à la Porte. Je n'ai vu*
» *dans ces papiers aucune trace de Manuscrits de Zoroastre. A la fin d'une liste de*
» *Livres achetés en Perse & à Bassora, & envoyés par M. Otter, j'ai vu un in-*
» *folio & deux in-quarto Sabéens. Ce que j'avance est certain & peut se vérifier*
» *par les pieces originales qui se trouvent au Secrétariat de la Bibliotheque. M.*
» *Otter n'a pas apporté d'autres manuscrits en langues inconnues* ; *il ne peut pas*
» *par conséquent avoir commencé la traduction d'un manuscrit de Zoroastre, n'y*
» *ayant alors en France aucun Livre de ce genre* : *& même, s'il avoit été en état*
» *de traduire les Manuscrits Sabéens, qu'il avoit envoyés par les vaisseaux de la*
» *Compagnie des Indes, il en auroit au moins donné la notice, ce qu'il n'a pas*
» *fait. Il est je crois prouvé que MM. Sevin & Otter n'ont ni apporté, ni connu*
» *les ouvrages de Zoroastre. Ce 29 Mars 1762.* »

 Le manuscrit d'Eboul, apporté par l'Abbé Sevin, est vrai-semblablement l' Anwar Sohely, dont on peut voir la Notice dans d'Herbelot, Bibliot. Orient. p. 118, 456.

 Peut-être encore est-ce l'article PAZEND *de la Bibliotheque Orientale de d'Her-belot, qui a fait croire que la Bibliotheque du Roi possédoit un Manuscrit de Zo-roastre. Voici ce que porte la fin de cet article* (p. 701.) « *On ne trouve que*
» *très-difficilement des exemplaires des anciens Livres des Mages* (le Zend, le
» Pazend, & le Vesta), *parce qu'il y en a peu, & que les Ghebres les gardent*
» *très-soigneusement entre eux, & ne les communiquent point aux Etrangers. Ils*
» *sont écrits en vieux Persan, & on n'a vu jusqu'à présent en Europe qu'un Dic-*

xxij **ERRATA.**

» tionnaire qui en explique les mots en Perf⬛moderne , lequel doit être dans la Bi-
» bliotheque du Roi.
D'Herbelot n'indique pas plus pofitivement ce Dictionnaire, & on a vu cidevant,
(p. 501.) le P. Le Quien, affurer à M. Hyde qu'il n'y avoit de fon tems , (en
1701), à Paris, aucun manufcrit dans les caractères qui paroiffoient dans fon ouvrage. Le Dictionnaire en queftion devoit donc être écrit en Perfan moderne. En
examinant tous les manufcrits Perfans de la Bibl. du R., j'y ai trouvé un Dictionnaire Perfan, (ci-ap. T. I. 1. P. p. 532, & Catal. de la Bibl. du R. Mff. Perf. p.
274, n°. 187) divifé en cinq portes ou parties. La premiere renferme les mots Perfans ; la feconde , de petites phrafes, ou des façons de parler relevées ou difficiles &
anciennes, expliquées en termes modernes & ordinaires; la troifieme, plufieurs expreffions où fe trouve le Kof; la quatrieme eft de cinq feuilles, & formée de mots annoncés comme tirés du livre Zend, Pazend, Vefta(Dar tchaharom mofchtamel aft
bar Loghat Ketab Zend o Pazend o Vefta ; la cinquieme préfente des mots étrangers,
comme Indiens, Guilaniens , Grecs, &c. La quatrieme partie de ce Dictionnaire fe-
roit-elle l'ouvrage dont parle d'Herbelot : je l'ai lue : j'y ai trouvé des mots Pazends,
Pehlvis & Parfis, mais aucune expreffion Zende.

Appendix.

- p. 503, l. 16, lif. 403. 451. - p. 505, dern. l.1if. manous; le refte coupé. -
p. 506, av. dern. l. lif. côtés font des. - p. 512, l. 13, lif. djolous (un. - p. 516,
l. 12, lif. Mobarek. l. 14, lif. lemguir fani, - p. 518 av. dern. l. lif. al Sultan al
Sultanaïn. - p. 525, lig. 15, lif. blanche, & très-odoriférante. - p. 531, l. 14-
16. lif. Zends) le Ravaët de Kamdin fils de Schapour, de Barotch, lequel traite,
entre autres chofes, du feu Behram ; fuivi de deux morceaux, l'un fur Djemfchid,
l'autre fur l'origine de la célébration du Gâhanbar. - p. 533. l. 12. lif. Dehli (Ekhbarat. - p. 534, l. 15, lif. lettres, indiqués par, l. 23 , lif. Mirat al. l. 31, lif. kitab
dar. - p. 536, l. 30. lif. Tchengrenghâtch, en marge, l. 11, lif. Petis de. - p. 538,
dern. l. lif. namah, c'eft-à-dire, livre. p. 541, l. 4, lif. Samskretan, & le Ferouef-
chi Pehlvi. l. 18. lif. Timour-namah.

TOME PREMIER, SECONDE PARTIE.
Notices des Manufcrits &c.

P. 3, l. 21, lif. la voici : Rouz ferrokh meniou Arfchesvang mah mobarek Meher fal avariek hazar o pendjah az fchahan fchah Iezdeguerd fcheheriar Safan tohk-
mé in Ketab Djed dewdad tamam fchod : c'eft-à-dire , le jour heureux du célefte
Archefevang, &c. - p. 6, l. 1, lif. Dahman. - p. 9, l. 11, lif. Rouftoum Manek. -
p. 10, l. 35, lif. purs très-connus (les huit pehrs du jour) ; neuf , des neuf trous,
- p. 18, l. 5, lif. Hefar. - p. 19, l. 9, lif. Iefcht Pehlvi. - p. 23, l. 3. lif. la
priere du repas. l. 14, lif. du plan de l'Arvis-gâh. Voici l'explication de ce plan
qui répond à la p. 570 , du T. II. Pl. XIII. n°. VI. 1 , place où fe tient le Djouti , le vifage tourné au Midi. 2 , pierre fur laquelle font les vafes. 3, Atefchdan. 4,
pierre fur laquelle font trois morceaux de racine d'arbre & trois d'odeurs. 5 , lieux
où fe tiennent le Djouti & le Rafpi, le vifage en face l'un de l'autre. 6 , lieu où fe
tient le Djouti, le vifage au Sud. Sur la Pl. à côté du N°. VI. lif. p. 570. & I. 2.
P. N. 23. - p. 16 , av. dern. l. lif. 549). - p. 27, l. 21, lif. c'eft pécher. - p. 28, l.
16 , lif c'eft pécher. l. 24, hozathétem boun hed , mettez deffous, commencez à en-
gendrer heureufement. - p. 29. l. 29 , lif. l'Afergan de Meher. - p. 39. l. 4 , lif. fchah,
& habitant..... Manek , ou le Tchengah fchah dont parle le gr. Ravaët, p. 568.

Sommaires & Titres &c.

J'ai mis en Italique ce que je crois propre à fervir de titre géné-

ERRATA.

ral pour chaque article ; le resté forme les Sommaires : & quand ce qui suit l'Italique n'en est pas séparé par un tiret, c'est ordinairement que la matiere y est analogue à celle de l'Italique, en est l'extension ou l'explication.

- p. 47. l. 10, lis. évenement ; il avoit auparavant annoncé sa Loi dans l'Iran, à Urmi sa patrie, selon l'Ordre d'Ormuzd. - p. 48, l. 18, lis. du Prêtre Parse Officiant - p. 49, l. 1, lis. Origin. Z. p. 3, l. 10-6, L. 2. p. 9, l. 9 - 13, l. 8, (c'est-à-dire, original Zend, page trois, ligne dix, jusqu'à la page six, ligne deux, & page neuf, ligne neuf jusqu'à la page treize, ligne huit, & ainsi dans la suite). P. 50, l. 7, lis. l. 15-16, c'est-à-dire, ligne quinze & seize, & ainsi dans la suite, quand le mot lig. ne se trouve pas après le chiffre qui est au bout du tiret). l. 33, lis. par le ministere des Génies. - p. 52. l. 24, lis. pour lui les Amschaspands. - p. 55, l. 7. lis. lig. 5-395, lig. 4. - p. 70. l. 7, lis. Officiant, appelle au. l. 17, lis. p. 120, 122. - p. 62, l. 13, lis. Schahriver. - 66, l. 12, lis. regardés. - p. 69, l. 19. lis. Aschmogh. - p. 81, l. 10, lis. hommes, qu'il appelle. - p. 82, l. 23, lis. parties, nécessaire. - p. 87, l. 12, une virg. après célebres. - p. 88, l. 34, lis. des Parses. - p. 89. l. 36, lis. vie & pour. - p. 92, l. 15, lis. ame; cause de la mort de l'homme. - p. 95, l. 4, lis. Soleil & demeure. - p. 95, l. 36, lis. Djouti, le Hom. - p. 98, l. 33, lis. Ferouëschi. Quand. - p. 103. l. 14, lis. Aschtâd occupe une. - p. 108, l. 28, lis. du Zaré Ferakh khand, des trois grands Zarés de Sour, le Pouti, le Kamroud, & le Djahboun. - p. 109, l. 19, lis. d'une partie de ces enfans. - p. 110, l. 14, lis. a chargés de. - p. 111, l. 3, lis. montagne, à queue, des Arabes. - p. 116, l. 28, lis. si schoé.

Vie de Zoroastre.

P. 3, l. 12, lis. s'exprimer (1). Bochart. - p. 4, l. 21, lis. Epeôschô & de Samehé, mauvais. - p. 6, l. 13, lis. un tissu de traits merveilleux, de prodiges &. l. 20, lis. quelques-uns de ces traits. - p. 7, l. 6, lis. génies. - p. 8, l. 28, lis. selon la priere. - p. 9, l. 4, lis. Sapetman (1). Dans. - p. 10, l. 35, lis. cité dans le. - p. 14, l. 4, (& aill.) lis. Enghréméniosch. - p. 19, l. 26, lis. Ormuzd. Il y revint après ; en marge apr. la l. 6, lis. Ci-ap. T. II. p. 429. - p. 21, en marge, l. 7, lis. Farhang. p. 33, l. 25, lis. Methskal. - p. 34, l. 5, lis. laisser. - p. 40, l. 28, lis. d'airain. - p. 41, l. 23, lis. érigea un Dadgah sur le mont Revand, (au feu Bourzin) un des trois feux.... les livres Pehlvis. - p. 44, dern. l. lis. Freschoster, (Pere) de. - p. 45, l. 1, lis. Djamasp, (oncle) de. l. 20, lis. d'un des enfans que Zoroastre avoit eus de sa seconde femme. p. 46, l. 16, lis. Zoroastre: ensuite se fera. l. 26, lis. Ké Khosro ; en marge, dern. l. lis. p. 322. - p. 47, av. dern. l. lis. Persans, que ce Docteur cite ailleurs (p. 332), disent. - p. 49, l. 25, lis. deux années entieres. - p. 52, l. 24, lis. dans l'Irman, qui est représenté comme la desirant ardamment, à Urmi, sa Patrie, selon. l. 31, lis. Zoroastre, & même la porte 36 du Sad der Boun-dehesch, dit formellement qu'il revint dans l'Iran-vedj, après avoir annoncé sa Loi à Gustasp ; en marge mett. id. c. 3, devant 80000 Sages; &, ci-d. Notices, p. 37, devant la Porte 36°. du Sad der. - p. 55, l. 9-13, corrigez sur le texte, ci-ap. T. II. p. 180. - p. 60, l. 18, lis. XI. Je suppose. - p. 64, l. 35, lis. la supposition, du moins pour une partie, est antérieure. - p. 65, en marge, lis. ci-apr. T. l. 2. P. p. 324, T. II. p. 157. - p. 66, l. 31, lis. si ce n'est par une Loi ? . - p. 67, l. 35, lis. par ce Monarque.

Vendidâd Sâdé.

Pour ne pas trop grossir cet Errata, je ne releve pas les choses

xxiv *ERRATA.*

qui fe devinent ; par exemple, des noms propres qui font écrits exactement dans le refte de l'Ouvrage ou à la Table des Matieres, comme *Ormufd* au lieu d'*Ormuʒd* &c.

- P. 84, l. 7 (& aill.). lif. *Tchengréghâtchahs.* - p. 86, l. 32, lif. *Khfchethréïdo.* - p. 87, l. 2, lif. *l'être à*) *l'homme.* - p. 92, l. 5, lif. *la* (*nouvelle.* - p. 95, l. 19, lif. (*la racine d'*) *arbre.* l. 20, lif. *Chef de toutes les Provinces.* - p. 96, l. 5, lif. *je prie le* (*Vendidad*). - p. 97, l. 25, 26, lif. *Avec ce Barfom, je prie ce Zour, cet Evanguin pur & bien attaché, & je leur fais Iefcht.* - p. 99, l. 8 & 12, lif. *d'Ormuʒd*,(&). - p. 106, l. 9. lif. *à protéger* (*conferver*) *pur.* - p. 110, l. 5 (& ailleurs), lif. *qui vous boivent avec.* - p. 111, l. 16, mett. *Avefta*, en car rom. - p. 113, l. 1, lif. *ce Djé*, l. 10, 11, lif. *l'excellente Afchefchingh... la pure...* l. 19, lif. *ma priere à la nuée, à la pluie.* - p. 116, l. 36, lif. *qui a paru.* - p. 117, mett. en marge, *ci-d. p. 66*, devant la l. 19. - p. 121, dern. l. lif. *donne la 3ᵉ. la 4ᵉ...., la 10ᵉ.* - p. 123, l. 34, lif. *Khefchi.* - p. 125, l. 9, lif. *tems, &c.* - p. 129. l. 23, felon la conftruction, *faint, &c.* doit fe rapporter à *Evanguin.* - p. 135, l. 16, lif. *hommes purs & agiffants*, l. 32, lif. *Ormuʒd, qui es faint.* - p. 140, l. 22, lif. *agir (comme le defire Ormuʒd).* - p. 146, l. 30, un crochet après (2). - p. 147, en marge corrigez les deux citat. fur les *Sommaires*, p. 51. - p. 148, l. 8, lif. *je leur fais Iʒefchné.* l. 18, lif. *les corps & les ames :* en marge corrig. les deux citat. fur les *Sommaires.* p. 51. - p. 150, l. 8, lif. *le Zour* (2), *le crin, le hom.* l. 26, lif. *terre arroftées par les Zarés & furtout par celui qui au commencement fe forma de l'eau répandue par Tafchter. Le Kefchvar Khounnerets* (- p. 151, av. dern. l. lif. (1) Le même morceau fe trouve à peu près dans l'*Iʒefchné Zend - Samskretan*, avec quelques différences, & plufieurs phrafes tirées des *Hâs précédens*, Mff. *Zends &c. de la Bibl*, du Roi, N. III. p. 107-113. l. 22. - p. 152, av. dern. l. lif. *Furvardians, Afchefchingh , Parvand.* - p. 153, l. 5, lif. *la pure Afchefchingh.* p. 164, l. 27, mett. à la ligne. *Que Schahriver,* - p. 166, l. 12, lif. *la l. 8.* - p. 167, l. 6, lif. *d'Ormuʒd , &*). - p. 171, l. 7, 8, lif. *ô Ormuʒd, intelligent, grand, étendu; dites.* l. 29, lif. *que le corps de ce* (*Taureau*) *feroit* - p. 175, l. 14, lif. *à ce qui fe boit, &.* ou *donnez-moi ce qui fe boit par Khordad, ce qui fe mange par Amerdad.* - p. 180, l. 31, lif. *péerédjefaméedé*, ✶ p. 181, l. 10, lif. *Afchefchingh pure & fainte.* l. 28, mettez en car. rom, *le Ciel eft l'homme de la terre.* - p. 183. l. 12, lif. *Monde , jouiffe du bonheur après avoir vécu très-purement.* p. 184. l. 28, lif. (2). *Véeriefſchâ, Le mot Var défigne une fource, dont l'eau raffemblée forme un grand étang, une efpece de mer, un canal qui paroit au loin. Le mot Var fe dit auffi des lieux qui renferment ces fources*, l. 30, lif. (2) *Taremtchâ heréethïdo.* - p. 187, l. 13, lif. *ordonnez Ormuʒd. que,* - p. 188, l. 2, lif. *ce dont vous m'avez parlé; que la pure Afchefchingh.* - p. 193, l. 1, lif. *je lui accorderai.* - p. 194, l. 18, *plus grand &.... fainsement*, peut s'entendre de Zoroaftre. - p. 197, l. 22, lif. *les chofes auxquelles je penfe* (*que je defire*) *dans le Monde , je vous les demande , Ormuʒd, vous relevant , parlant avec pureté.* l. 33. lif. (2) *Ardjafp*, Roi du Touran, *ci-d.* - p. 203. l. 24, lif. *Juftes.* ✶ *j'adreffe* ; & en marge, ✶ *Nemeftchâ.* - p. 206, l. 33, lif. *menef peéoriö.* - p. 209, l. 32, ou, *que le pur Schahriver le protege.* - p. 210, l. 20, lif. (*au Gâh*). - p. 215, l. 1. lif. *lieu & le Chef.* - p. 219, l. 9 (& aill.), lif. *par lequel le Monde.* - p. 220, l. 28, lif. *donné*) *la vie* (*animale*), - p. 221, l. 4, lif. *l'habillement* (1) ; *ces.* - p. 224, l. 5, lif. *de la grande Afchefchingh.* - p. 228, l. 11, lif. *qui habite* (1) *un* ; & en bas en note, (1) *Ce Cardé peut fe dire de Serofch qui habite un même lieu avec Hom, ci-d. p. 156 ;* changez en conféquence les nᵒˢ. des notes. - p. 229, l. 15, lif. *qui lui font du mal,* - p. 241, l. 22, lif. *que la pure Afchefchingh.* - p. 243, dern. l. lif. *Guerriers, le feu Gofchafp.* - p. 245, l. 9, lif. *où eft le crin ; enfuite.* - p. 246, l. 28, lif. *bien*

ERRATA.

bien monté, peut parcourir en quarante jours. l. 31 ; lis. nombre de) sept. dern.
l. lis. neré berémenáé. - p. 247, l. 5, lis. nombre de) dix mille. - p. 257, dern.
l. lis. tous les Setout-Iefchts. - p. 258, l. 6, lis. qu'elles soient. - p. 264, l. 28,
lis. p. 184, edit. Amst. 1711). Le - p. 266, l. 2, ou, grande (célebre) par ses drapeaux. - p. 270, l. 8, lis. que les autres (Empires, les quinze précédens) ; en marge, l. 1, lis. Iescht. - p. 274, l. 8, lis. de terre (y compris l'entourage). l. 29, lis. les trois parties de terrein sur lesquelles. - p. 278, l. 29, lis. du climat situé au Sud de l'Iran proprement dit, cette phrase. - p. 279, l. 21, lis. la Loi, les paroles, - p. 281, l. 28, lis. lequel y étoit. - p. 282, l. 21, 22, mett. gám, au lieu de pas. - p. 283, l. 17, lis. arbres (& surtout) des arbres. l. 26, lis. le voit, & que les - p. 285, l. 27, lis. doit payer, en compensation, 500 derems, ou le poids en argent de 500 derems; ou bien son péché pesera 500 derems à la balance de Mithra, le quatrieme jour après la mort. La Traduction. Dern. l. lis. Dirhem; & Chard. Voyag. T. II. p. 91 ; le Dirhem, selon ce Voyageur, est pris dans les Livres Persans, pour un morceau d'argent de la valeur de trente deniers.
- p. 286, l. 18. lis.) du corps) de. - p. 289, av. dern. l. lis. Eschem & Eghetesch, les sept. - p. 297, l. 24, lis. peau) de cheval. - p. 298, l. 14, lis. le cadavre dans un lieu tel). l. 19, lis. du cadavre, le Daroudj). - p. 299, l. 1. lis. cadavre, le Daroudj). - p. 301, l. 19, mett. (2) & (3) au lieu de (1) & (2). - p. 306, l. 8, lis. nuits (2) ; & après la 35°. lig. mettez la n. suiv. (2) En hiver l'impureté se communique plus promptement & se dissipe de même, ou le feu a plus de force, - p. 315, l. 13. lis. frappé (regardé) comme. - p. 320, l. 29, lis. dessein (de porter) qui veut. - p. 322, l. 18, lis. soit que ces grains (ces productions de la terre) soient - p. 323, l. 19, lis. Si le (Médecin) - l. 30, ôtés (4). - p. 328, l. 11, ou Mazdiesnane, & ainsi dans la n. 3. - p. 331, l. 16, lig. morceaux, que l'on mette pour - p. 334, l. 10, lis. peau) de cheval. - p. 335, en marg. mett. ci-d. p. 286, devant séparez le voleur &c. - p. 337. dern. l. lis. Padoschkar : c'est la. - p. 341, av. dern. l. lis. du bois, de ces arbres. - p. 343, l. 34, lis. de souillure, de contrainte en quelque sorte, dont. - p. 344, l. 14, lis. (pour chauffer les bains. - p. 345, l. 33, lis. qui chauffe les vases. - p. 351, l. 22. lis. le monde qui existe. - p. 353, av. dern. l. lis. Planche XIII. n. 1. - p. 355, en marg. l. 3. lis. XIII. n. 1. - p. 365, l. 18, lis. exterminerez (le Daroudj) Nesosch.
- p. 366, l. 5, ôtez (4) Eschem. l. 20, lis. Dew (5) Eghtesch. - p. 368, l. 20, lis. Honovers. - p. 369, l. 21, lis. (le Daroudj) Nesosch, - de même, p. 370, l. 11, & 32. - p. 374, l. 27, lis. ou (si) une cousine vient dern. l. du frere ; peut-être, frere du pere, l'oncle, ou bien, l'article de l'oncle devoit être à la place de celui du fils, qui est répété inutilement. - p. 376, l. 27, lis. le fils du fils. l. 34, les germes différens de celui de. - p. 378, av. dern. lig. lis. Docteurs Parses. - p. 381, l. 26, lis. Peuple (2) prend. - p. 384, l. 3, lis. si ce chien étant hors d'une maison, on le fait à dessein tomber dans un trou .. (si on le jette à dessein) d'un vaisseau. l. 19, lis. dès que l' (un de ces chiens) est, - p. 385, l. 15, lis. les troupeaux purs (2) (en les. & en not. avant la derniere l. mett. (2) Selon le Pehlvi, il éloigne le voleur & le loup ; changez en conséquence les n°s. des not. - p. 387, l. 16, lis. celui (qui) aura frappé. - p. 390, L 7, lis. (cet animal). - p. 398, lig. 26, lis. lieu (nommé) Armischt. - p. 400, l. 30, lis. ongles (si l'on n'observe. l. 32, lis. criminelles, les Dews. - p. 401, l. 15, lis. couteau) de métal. - p. 402, l. 19, lis. branches d'arbres. - p. 406, l. 34, lis. La nuit de l'examen, la quatrieme après la mort. l. 36, lis. qu'il leur donne. - p. 407, l. 18, lis. qui met le monde. p. 408, l. 13, lis. quelle est (l'action qui) met. - p. 410, l. 23, lis. protegés par) Sapandomad. - p. 414, l. 16, lis. sept Amschaspands. - p. 415, l. 5, lis. (le Daroudj) Nesosch. l. 30. 32. lis. Kérieht, qui agit en haut (le Tems sans bornes) : ou ; le.... - p. 416, l. 2, lis. Oiseau (ou des oiseaux) qui agit en haut. J'invoque. l. 20, lis.

xxvj

ERRATA.

au pur Bahman. - p. 422, l. 26, lif. *de là & de ce que dans les Livres Parſis Hoſchingh eſt appellé Peſchdad* (T. II. p. 352. n. 1.), plufieurs *Deſtours*. l. 18 liſ. *le premier Prince qui ait anéanti les Dews, le mal, & en même-tems le Monarque le plus célebre de la Dynaſtie des Péſchadiens* ; auſſi. - p. 425, l. 1, liſ. *engendré*, (*qui eſt*) *ſaint*. - p. 426, l. 10, liſ. *s'en éleve* (*une partie*). l. 16, liſ. *d'Ormuʒd, elle domine*. - l. 31, liſ. *(l'eau) qui s'éleve*. - p. 427, l. 16, liſ. (*l'eau*) qui *s'éleve*. - p. 428, l. 30, liſ. *ʒak rag ré*. - p. 430, l. 15, liſ. *je vous bénirai*.

Légeres corrections pour les deux Parties du Tome I.

Age, liſ. *age*. - (*j*) *'aillai* ; liſ. (*j*) *allai*. - *annoncuient* ; liſ. *annonçoient*. - *Arſé* ; liſ. *Arʒé*. - *avee* ; liſ. *avec*. - *autipathie* ; liſ. *antipathie*. - *authoribus*; liſ. *autoribus*. - *avoienr* ; liſ. *avoient*. - *curvenſeráis* ; liſ. *carvanſeraïs*. - *c'eſt-à-die* ; liſ. *c'eſt-à-dire*. - *cette* ; liſ. *cetee*. - *ci d-d*. liſ. *ci-d*. - *Chrétien* ; liſ. *Chrétien*. *encore* ; liſ. *encore*. - *conſtruire* ; liſ. *conſtruire*. - *couduire* ; liſ. *conduire*. - *Darondj* ; liſ. *Daroudj*. - (les) *Daroudj* ; liſ. *Daroudjs*. - *dAumonier* ; liſ. *d'Aumonier*. - *de*, liſ. *de*. - (*choſe*) *demandé* ; liſ. *demandée*. - *d'émerite* ; liſ. *démerite*. - *dlx* ; liſ. *dix*. - *doit y - reſter* ; liſ. *doit y reſter*. - *du du Nord* ; liſ. *du Nord*. - *duns* ; liſ. *dans*. - *e'eſt*, liſ. *c'eſt*. - *ette* ; liſ. *ètre*. - *engage* ; liſ. *engage* ; - *entrautre* ; liſ. *entre autres*. - *evoya* ; liſ. *envoya*. - *exhorbitant* ; liſ. *exorbitant*. - *fourmils* ; liſ. *fourmis*. - *ftere* ; liſ. *frere*. - *Gambyſe* ; liſ. *Cambyſe*. - *Gâtes* ; liſ. *Ghâtes*. - *Jeune* ; liſ. *jeune*. *Iʒeſchts* ; liſ. *Ieſchts*. - (*en*) *laiſſe* ; liſ. (*en*) *leſſe*. - *les*, liſ. *les*. - *les midi* ; liſ. *le midi*. - (*le*) *Malabare* ; liſ. *Malabar*. - *Mofdéïeſnans* ; liſ. *Mazdéïeſnans*. - *Maur* ; liſ. *Maure*. - *m'ention* ; liſ. *mention*. - *monde* ; liſ. *monde*. - *Nabad* ; liſ. *Nabab*. - *operatiens* ; liſ. *opérations*. - *ordinairement* ; liſ. *ordinairement*. - *paie* ; liſ. *paie*. - *Palikate* ; liſ. *Paliacate* ; - *pardonneut* ; liſ. *pardonnent*. - (*je*) *parts* ; liſ. (*je*) *pars*. - *pat*. liſ. *par* ; - *plainement* ; liſ. *pleinement*. *ponr* ; liſ. *pour*. - *porra* ; liſ. *porta*. - *premere* ; liſ. *premiere*. - *puit* ; liſ. *puits*. - *qu* ; liſ. *qui*. - *Sacriſice* ; liſ. *Sacrifice*. - *Saiunt* ; liſ. *Saint*. - *Samskrtan* ; liſ. *Samskretan*. - (*je*) *ſçais* ; liſ. (*je*) *ſçai*. (*il*) *ſpu* ; liſ. (*il*) *ſput*. - *Souba* ; liſ. *Soubah*. - *tem* ; liſ. (*tems*). - *tien* ; liſ. *rien*. - *toute eſprit* ; liſ. *tout eſprit*. - *tradpuire* ; liſ. *traduire*. - *tranſmigrarions* ; liſ. *tranſmigrations*. - (*la*) *traverſé* ; liſ. *traverſée*. - *Vendida* ; liſ. *Vendidad*. - *uinterieure* ; liſ. *intérieure*. - *voyelles* ; liſ. *voyelles* ; - *vqus* ; liſ. *vous*. - *vraiſemblablemenr* ; liſ. *vraiſemblablement* ; *y il fut* ; liſ. *il y fut*.

TOME II.

Ieſchts Sadés.

Les citations qui, dans ce ſecond Volume, ſont exprimées de cette maniere, *ci-d.* T. 1. 2. 3. &c. ont rapport à la ſeconde Partie du T. I. depuis la p. 1. de la Vie de Zoroaſtre, juſqu'à la p. 432.

P. 1. l. 6. liſ. *les Aſergans & les Afrins*. l. 11, liſ. *le nom de Vadjs, Nérengs & Taavids, je*. - l. 16, liſ. *traduit en Indien*. - p. 3, l. 2, liſ. *traduit en Indien*. - p. 5, l. 1, liſ. *traduit en Indien*. - p. 6, l. 16, liſ. *agit d'en haut* : (*je te prie*), *toi, oiſeau qui veilles*. - p. 7, l. 1, liſ. *traduit en Indien*. - p. 8, l. 17, liſ. *Pehlvi, en Parſi & en Indou*). - p. 9, l. 3, liſ. *comme un*) *courſier*. l. 33, liſ. *élevée*. - p. 10, l. 33, liſ. ..... *berezéántém*. - p. 15, en marge, l. 3, liſ. *ci-d*. T. I. 2. P. *80*. - p. 16, l. 22, liſ. *Mithra*) &c, dern. l. liſ. *en Pehlvi & en Indou*. - p. 20, l. 6, liſ. *Parſi* ; *il l'a été en Indou*. - p. 22, l. 7, liſ. *Pehlvi & en Indou*). - p. 25, av. dern. l. liſ. *Máh bámi*. - p. 27, l. 18, liſ. *le Nord. Cette*

ERRATA.

priere a été traduite en Indien). - p. 29, l. 4. 5. lif. (*de toute*) *pureté de parole*, (*de toute*). l. 25, lif. (à) *Ahriman*. - p. 30, l. 38, lif. *Margueriṇan* (*de huit Tunafours*, 40.0 *derems ou tanks*, & *un man*, *felon le Ravaët de Bahman Poundji. gr. Ravaët, p. 638.*) ; on fait. - p. 38, l. 11, lif. *fortes d'eaux*. - p. 40, l. 24. *ou bien, pendant les trois nuits après ma mort*, & *qu'* (*en conféquence de cette punition*), *l'examen me foit favorable*. - p. 41, l. 5, lif. *fol.* 197. - l. 14, lif. (*de tout*) *mal*. - p. 43, l. 31, lif. *d'an an* (3) ; *fi j'ai*. Après la dern. l. mett. à la ligne, note (3) *Hezem kam az iek fal ter*, *c'eſt-à-dire*, *peu de tems après qu'il a été coupé*, *ou qu'il eſt redevenu verd*. *Le bois doit être bien fec ; mais comme tous les ans le Nam* (*la fève*, *le fuc*) *rentre dans le bois* ; *il faut le brûler avant ou longtems après l'année révolue*. - p. 44, l. 35. 36, lif. *de l'eau fur le Dafchtan, ou fi*. - p. 47, l. 6. 7. 8. lif. *je n'ai pas récité le Néaefch du Soleil..... réeité le Néaefch de Mithra...*, *récité le Néaefch de la Lune*. - p. 49, l. 11, lif. *de la punition du Douzakh*. - p. 50, l. 6. 7. (*de tout*) *mal*. l. 21, lif. *Néreng* (*que l'on*. - p. 51, l. 3. 6. lif. *Feroüers, en tel gah, tel jour, tel mois, telle année, où j'ai fait Izefchné, j'ai offert le Daroun, où je bénis maintenant le Miezd ! Que*. - p. 52, l. 29. lif. *Tour* (*fils ou fimplement defcendant*) *de Djemfchid*, av. dern. l. lif. (*ci-d. T. I. p. 109*). - p. 53, l. 35, lif. *il y a 250 ans*. - p. 54, l. 35, lif *fitué du côté du Khorafan*. - p. 55, l. 5. 6. lif. *jour, au mois, dans l'année* (*ou je prie, que l'homme*) *foit victorieux ! Vivez bien*. - p. 59, l. 28, lif. *Khfchethriann*. - p. 60, l. 31, lif. *qu'il tient alors de la main droite*. - p. 62, l. 15, lif. *en Vadj en répetant*. - p. 64, l. 22, lif. *tel gah* (&) *à tel Ferouer !* - p. 66, l. 20, lif. *au jour, dans le mois, dans l'année* (*où je prie que l'homme*) *foit victorieux*. - p. 67, dern. l. lif. *de zéle*. - p. 68, l. 17, lif. *ci-d*. p. 67, lig. 3, *jufqu'à*. - p. 69, l. 8, lif. *afnid khered.... gofchosroud*. - p. 71, l. 16, lif. *apprife, des Chefs*. l. 17, lif. *Ville, des Chefs*. - p. 72, av. dern. l. lif. *des purs*. - p. 73, l. 2, lif. *purs* ; l. 4, lif. & *foyez*. - p. 74, l. 8, lif. (*jours* & *les cinq petits qui font*) *le*. - p. 83, l. 16, lif. & *pures ; la place*. l. 25 (& aill). 26, lif. *mois*) *Tir*, (*du jour Khorfchid au jour Dée* (*peh Meher*). l. 29, lif. *c'eſt-à-dire*, *du jour Khorfchid au jour*. - p. 84, l. 11, 15, lif. *mille vaches*. lif. *le Petefchem*. - p. 85, l. 6. 11, lif. *mille jumens*. l. 30, lif. *l'Eïathrem*. - p. 86, l. 23, lif. *le Mediarem*. - p. 87, l. 22, lif. *l'Hamefpethmedem*. - p. 88, av. dern. l. lif. *il vienne au-devant de moi*. p. 91, l. 14, lif. *fources de*. - p. 93, l. 13, lif. *comme Athvian* ; en marge, l. 5, lif. p. 110. - p. 94, l. 9, lif. *du vin fec* (*du vin vieux !*) Que. - p. 95, l. 7, lif. *réciproquement, fe difent l'un homme d'une telle, l'autre, femme d'un tel. delà* ; à la marge, ôtez ci-après *Boun-dehefch*. - p. 96. av. dern. l. lif. *Ravaëts* (*gr. Rav.* p. 526). - p. 97, l. 20, lif. *foyez fort*. - p. 99, l. 17, lif. *comme Tafchter*. - p. 100, l. 20, lif. *vie, le bien-être du corps, une vie longue, l'éclat*. - p. 106, l. 13, 14. lif. (*des Juſtes*) *qui fe préfentent de concert*. - p. 109, l. 34, lif. *vifpanm hodjiáetîm*. - p. 110, l. 5, lif. *Chef de Province*. av. dern. l. lif. *homâ iem*. - p. 113, l. 2, 9, lif. *Taavids*. - p. 114, après la 9ᵉ. l. lif. *l'abondance* & *le Behefcht*, &c. *quatre fuis*. - p. 117, l. 15, lif. (*inculte* &). - p. 120, l. 26, lif. *Ghofel* ; en marg. l. 5. 6. lif. *tiré du gr. Ravaët*. - p. 361. 533. p. 123. l. 3, lif. *année ou j'ai fait Izefchné*. l. 14, lif. *Pefchab* (*cette priere eſt traduite en Indien*). dern. l. lif. *Marcellin*, liv. 23, - p. 134. l. 21, lif. *fimple ainfi benie*. l. 23, après *foulager*, mett. à la ligne, *le Néreng du Lepreux, repeté, ci-d*. p. 119. av. dern. l. lif. p. 92, (*il y a*, - p. 136, l. 4 & ailleurs, lif. *Taavid*. l. 14, lif. *adertcheher o adertcheher, felon*. dern. l. lif. *Taavids. Il paroit par le grand Ravaët, que ces paroles, adertcheher o adertcheher, font mifes pour le nom même de la perfonne pour laquelle on prie. Voici ce qu'on lit dans cet. Ouvr*. p. 365 366 : *adertcheher o adertcheher iaani nam baiad nebifchtun keh falan ben falans ; ce qui fignifie, adertcheher o adertcheher, c'eſt-à-dire, qu'il faut écrire le nom* (*de l'enfant*), *fçavoir, un tel fils d'un tel*. - p. 137, l. 25, lif. *d'un Indien, fe nomme*.- p. 143, l. 1, lif. *Iefchts*. - p. 144, l. 22, lif. *Ormuzd*, (*en lui difant*) : ô *Ormuzd*.

d ij

xxviij *ERRATA.*

- p. 145, l. 32, liſ. *Zeréthoſchtré : ied.* - p. 148, l. 25, liſ. *aſſeyiez.* l. 27, liſ. *déliez.* - p. 150, dern. l. liſ. *patience, ou d'avoir l'eſprit toûjours préſent, de ne pas perdre connoiſſance.* - p. 151, l. 32, liſ. *traduction Pehlvie.* - p. 152, dern. l. liſ. *Amſchaſpands.* - p. 153, l. 37, liſ. *Chef des Gâhanbars, de ceux.* - p. 157, l. 7, liſ. *je (vous) tendrai la main (moi), les ſept.* - l. 35, liſ. *io him daſté kerenem io him diſté darenem ioé haſté Emeſchaſpeanté: ou nous agirons bien du bras, nous tendrons bien la main, (nous) les ſept Amſchaſpands.* - p. 159, l. 16, liſ. *prend).* - p. 162, l. 12, liſ. *homme qui affoiblit, (qui tourmente, fatigue, ôte les forces).* - p. 163, dern. l. *ou bien, en laiſſant pothré, le fils, ou le fils du frere, ou celui qui eſt né de l'Athorné.* - p. 166, dern. l. liſ. *de même, &c.) & ainſi.* - p. 167, l. 32, liſ. *frere ou même pere, ſelon quelques Auteurs, de Tehmourets.* - p. 168, l. 14, liſ. *lumiere &c.* - p. 173, l. 21, liſ. *avantages*; en marge, l. 3, liſ. *175.* - p. 174, l. 26, liſ. *(1). Eſchéoùeeredao.* l. 29, liſ. *Sâm, pere de Guerſchaſp, & même.* - p. 177, dern. lig. liſ. *koned* - p. 181, l. 3, liſ. *l' (eau qui a donné).* l. 14, liſ. *avantage), ô ſource* - p. 182, l. 28, liſ. *active, bouillante.* - p. 184, l. 15, liſ. *p. 9.* l. 16, liſ. *en tout tems;* en marge, l. 2, liſ. *ci-d. p. 9.* - p. 189, l. 21, liſ. *(c'eſt-à-dire très-ſouvent, continuellement).* l. 31, liſ. *& ne nomme Meſchia que dans ce Cardé-ci, & dans les 13e. & 19e. de l'Ieſcht de Mithra.* l. 37, liſ. *Teſchtrieeenieſtché.* - p. 190, l. 38, liſ. *Deſtours, l'orgueil de.* - p. 191, l. 17, liſ. *Tarſchetôrſch.* l. 30, mettez *me ſont Ireſchné*, en car. rom. - p. 195. en marge, liſ. *ci-d. p. 191.* - p. 200. l. 28, 29. liſ. *l'Ieſcht en l'honneur de (Drouaſp. Je fais ireſchné à) Drouaſp*: p. 201. l. 25, liſ. *moi, pur.* l. 27, liſ. *(grace), pur &.* av. dern. l. liſ. *aritenanm;* en marge, l. 3, liſ. *ci-d. p. 171. & Gr. Rav.* p. 12. - p. 204, l. 3, liſ. *récite la nuit au Gâh.* - p. 213, l. 32, liſ. *ci-d T. 1. 1. P. p. 483. que Mithra.* - p. 215, l. 6, liſ. *(ſources) de tous biens.* l. 31, liſ. *Viakhno.* dern. l. liſ. *& traduis.* - p. 220, l. 2, liſ. *animaux qui portent* (1) *(féconds).* - p. 222, l. 27, liſ. *Mithra qui eſt au-deſſus de tous les Dews qui ſont cachés dans le crime, tel qu'eſt le Darvand.* - p. 223. l. 13. liſ. *les biens y couronnent.* l. 30. liſ. *l'abondance, l'excellence.* - p. 225, l. 29, liſ. *dojireſchté.* - p. 229, l. 7, liſ. *cet (Ized) agit.* l. 16, liſ. *comme* (4) *le.* l. 35, liſ. *vautour, ou plutôt l'épervier qui vole plus vite que le Vautour.* - p. 232, av. dern. l. liſ. (1) *Iô* - dern. l. liſ. *T. I. p. 112.* - p. 234, l. 36, liſ. *ner o zan.* - p. 236, mett. ainſi la note (2), *Hekhſchéié Sréoſchéhé;* en Pehlvi, *Hameſcha Seroſch; Seroſch (qui exiſte) toujours. Je lis Hekhéié, comme porte le Mſſ. Zend & Pehlvi, la vie, l'ame (djan, en Parſi), ou Houzivendegui, la vie excellente.* - p. 247, l. 11, liſ. *cérémonie: il a été traduit en Pehlvi.* - p. 248, l. 9, liſ. *Ciel, (où leurs corps ſont dans cet état par le ſecours).* - p. 252, l. 17, liſ. *étendus, (coulent au loin).* - p. 253, l. 20. liſ. *& vous (Ferouer) briſez* - p. 254, l. 14, liſ. *état; qui.* - p. 255, l. 6, liſ. *le quadrupede vivant.* l. 7, liſ. *juſqu'à, aux hommes.* l. 28, liſ. *bânôuâo reokhſchnémâo.* - p. 256, l. 12, liſ. *(c'eſt-à-dire priez pour votre propre ame, & prenez enſuite notre nom).* l. 30, liſ. (1) *La traduction Pehlvie de ce Cardé ſe trouve à la fin de celle de l'Aſergan Gâtha; il commence.* - p. 258, l. 3, liſ. *Zaré Voorokeſché*; en marge, l. 3, liſ. *id.* p. 46. - p. 259, l. 27, liſ. *(Feroüers), lorſqu'ils.* - p. 263, dern. l. liſ. *Meſchia, donné pur, ci-d. p. 189,* - p. 269, l. 37, liſ. *il y a dans le manuſcrit un renvoi.* - p. 272, l. 32, liſ. *ſchieothenehé guéiedâſteienehé, ou d'Eſchéſchieothné.* - p. 273, av. dern. l. liſ. (2). *Peiengherô mekhſchetôeſch.* - p. 280, l. 29, liſ. *Parſchid gâ.* - p. 281, l. 35, liſ. *Khôdeſchraé.* l. 37, liſ. *ou la fille dont le mariage eſt une ſource de bien, la femme Sater.* - p. 282, l. 38, liſ. *qui (pour ne pas donner trop d'étendue, à ce que diſent quelques Auteurs Orientaux), l'avoit.* - p. 285, l. 36, liſ. *l'Ireſchné, qui préſente ſeulement deux mots de plus, deenô ſatchanm, inſtruits, ſçavans dans la Loi.* - p. 287, l. 25, liſ. *l'Ireſchné en l'honneur du (victorieux Behram; je fais Ireſchné au) victorieux,* - p. 290, l. 6, liſ. *d'un (jeune) homme.* - p. 291, au titre cour. hſ. *Ieſcht Behram* - p. 294, l. 5, liſ. *(bleſſé) dés.* - p. 297, l. 16, liſ. *p.*

ERRATA.

287.- p. 298, l. 4, lif. (*pour que*) *les.* - p. 300, l. 10, lif. *brillant de lumiere.*
- p. 301, l. 2, lif. *végetantes : je porterai* - p. 302, l. 5, lif. *Ized, augmentent.* l.
24. lif. *Daroudjs ; vous qui brifez* (*vous-même.* av. dern. l. lif. *toróuáo.* - p. 304,
l. 21, lif. *Athviun* ! l. 34, lif. *du chat qui.* - p. 306, av. dern. l. lif. *tché fcheo-
nanm.* - p. 308, l. 26. lif. *Voorotchenghöe,* * lac . . . . . *varé,* - p. 310, dern. l.
lif. *cenicaoûché.*

Si rouzé.

P. 315, l. 1 & ailleurs, lif. *Si rouzé,* fans titre. L. 20, lif. *le Grand Si rouzé.*
- p. 317, l. 14, lif. *Chef pur & grand.* - p. 320, l. 9 & ailleurs, lif. *Rafchné râft,*
fans titre. - p. 321, l. 25, 26, lif. *khedatehé.* ou . . . (*à toi oifeau*), *révolution
du Ciel . . . . . de même ci-d. p. 6. Le furnom d'oifeau* (*veïeoefch*) *convient très-bien,
au Tems fans bornes & à la révolution du Ciel ; il peut* - p. 323, l. 23, lif. *bien,
ou, le bien.* l. 28, lif. *Manfrefpand ; ou,* - p. 324, l. 30, lif. *l'Iezd du Bordj.*

Boun-dehefch.

P. 338, l. 17, lif. *pour avoir frappé fa mere.* - p. 339, l. 28, lif. *pour affez
ancien.* l. 23, lif. *il ne feroit pas.* l. 25, lif. *fçavant, eût voulu.* - p 340, av.
dern. l. lif. *Abulfedæ.* p. 341, l. 7, lif. *guenah.* l. 13, lif. *arvefpagahfch.* l. 17,
lif. *agahfch.* l. 37, lif. *agh fchan.* - p. 344, l. 23, lif. *paeda amad.* l. 34, lif. *mélange
(ou lorfqu'il les eut produits tous deux), vint Ormuzd.* l. 40, lif. *Loi*). *La.* - p.
347, l. 35, 36, lif. *dehefchné, ou lorfque deux hommes feront donnés enfemble.
Il eft ici queftion de la naiffance, ou des enfans de Mefchia & de Mefchiané.* - p.
348, l. 31, lif. (*toujours, les fixes*). l. 32, lif (*toujours, les Planetes*). - p.
352, l. 3, lif. *Kaïomorts* (1), &. l. 4, lif (1), *Le.* l. 9, lif. *après* 1 *cinquante ans.*
l. 31. lif. *homme* (*Kaïomorts*) *a été.* - p. 353, l. 32, 33, lif. *Poiffons ; & ces aftres commencerent à fournir.* - p. 354, av. dern. l. lif. *tchafchm.* dern. l. lif. *fali-
ve : on fçait.* - p. 355, l. 30, lif. *Kaïomorts eft rapportée.* - p. 356, l. 32, lif. *ou
j'y retournerai. Il a été.* l. 34, 35, lif. (2) *Selon l'Eulma eftam, fept Dews furent
attachés aux Cieux des fept Planetes ; fçavoir, Zeïereh.* - p. 357, l. 21-23, lif.
*du printems. Lorfque le premier Khordeh du Cancer arrive, ce font les plus longs
jours; c'eft le commencement* (*la racine ou le fiege, le fort*) *de la chaleur* (*de l'été*).
Lorfque. - p. 358, l. 17, 18, lif. *ténebres, il échauffe.* - p. 360, l. 9, lif. *vint,
courut.* av. dern. l. lif *deux* (*Tafchter.* - p. 361, l. 12, 13, lif. *l'un eft à l'Eft,
l'autre à l'Oueft; fçavoir* l. 20, lif. *eaux; il reverfe.* - p. 363, l. 16, lif. *que,
lorfque.* l. 21, lif. *féparées les unes des autres.* - p. 364, l. 12, lif. *l'Albordj
s'éleva.* - p. 365, l. 28, lif. *& vient de l'Aprafin.* - p. 366, l. 23, lif. *Revand
(c'eft-à-dire, brillant, le Sounbar*) : *le.* - p. 367, l. 5, lif. *fuivantes; fçavoir*).
le. l. 28, lif. *Kelah* (*la Forterefîe*). - p 368, l. 14, lif. *Zarés, que le Zaré.* l.
27, lif. *djeknemouned.* - p. 369, l. 28, lif. *Ferakh khand, & fi anciennement l'embouchure de l'Euphrate n'avoit pas été diftinguée de celle du Tigre, je propoferois.*
- p. 370, l. 28, lif. *l'un eft à l'Oueft, c'eft l'Arg roud; l'autre.* - p. 373, l. 20, lif.
avi (*le.* - p. 374, l. 20, lif. *chat huant*). *Car.* - p. 375, l. 17, lif. *vif, donné.* - p.
376, l. 26, lif. *de la bete.* Apr. la l. 36. mett. à la l. *Kaïomorts n'a pas eu de
femme ; lorfque la miféricorde de Dieu l'a voulu, fa femence s'eft mêlée à la terre.
Apres cela Mefchi & Mefchiané ont cru de la Terre, ont été femme & homme ;
de cette fouche eft venu le Genre Humain. Rav. de Barzou, dans le Gr. Rav. p. 12. en
marg.* l. 2. lif. *Mino-khered,* p. 380. lig. 6. lif. *d'eux (Mefchia).* - p. 381. l. 33. lif,
*obfcur. Il faut fçavoir qu'il y a dix efpeces d'hommes. L'homme qui s'applique à la re-
cherche des biens, au travaille, habite le Khounnerets bâmi ; les autres efpeces d'hom-*

xxx *ERRATA.*

mes font dans les Isles de l'Indouftan, dans les mers, les montagnes ; les uns ont la tête comme celle du cheval, les autres comme celle du chien ; plufieurs ont une queue comme les animaux ; d'autres n'ont que la moitié du corps ; & perfonne n'a vû toutes ces dix efpeces d'hommes. Rav. *de Barʒou dans le* Gr. Rav. p. 11. - p. 383, l. 22, lif. *Zaré* 2). l. 27, lif. *Feroboun.* - p. 384, l. 34. lif. *Zends, éclat de l'Iran, éclat des Kéans.* - p. 385, l. 19, lif. *parcourir.* (3) *De.* l. 38, lif. *ou d'ainéh.* - p. 386, l. 13, lif. *(chacun de fes) côtés.* - p. 387, l. 9, lif. *céleftes* (1), *une eau nourriffante (un fuc) va.* - p. 392, l. 9, lif. *les rouhs.* l. 20, lif. *Roï.* l. 30, lif. (2) *Boun khanan mavan djamnounad Aroum: ou, appellé la racine des fources, arrofe Aroum.* - p. 393, l. 36, lif. *Káfé roud pavan.* - p. 394, l. 7. 8, lif. *les arbres; la feconde.* - p. 396, l. 30, lif. *djanvar.* - p. 400. l. 4, lif. *fait le peuple du (ce qui conftitue le) Monde.* l. 13, 14, lif. *Mediofchem*, (2) *les jours.* dern, l. réclame, *pendant.* - p. 402, l. 9, lif. *faifoit (pas) fentir.* l. 16, lif. *l'année comptée (précédente)* (5), *c'eft pour cela.* - p. 406, l. 4, lif. *nature, s'appelle.* l. 7, *(l'arbre qui donne) le camphre.* - p. 407, l. 37. lif. *robefchné.* - p. 408, l. 18, lif. *focetenedé.* av. dern. l. lif. *agh (djan Mardoman) Pahalom &c.* - p. 409, l. 17, lif. *Guftafp, & qui eft.* - p. 410, l. 32, l. *der (ou, pavan tigré) bina,* l. 38, lif. *Djamafpi naʒʒmi.* - p. 412, l. 14, lif. *& conduit), (3) dont.* dern. l. lif. *à la fin,* - p. 413, l. 29, lif. *lorfque le pere aura été féparé de fa moitié,...... il fera paffé.* - p. 416, l. 3, 4, lif. *Rafpi, il tiendra en main l'Evanguin (le Barfom lié). La.* l. 29, lif. *nah fchokermandeh.* l. 34, lif. *fils d'Hofchindj.* av. dern. l. lif. *381), eft Noé.* - p. 417. l. 14, lif. (6) *Feridoun* l. 26, lif. *Tehmourets, & fils.* l. 38, lif. *particuliers portent,* - p. 422, l. 27, lif. *Kafchnesfandeh.*

Vocabulaires &c.

P. 415, l. 14-26, lif. *de plus en examinant.... que l'Aderbedjan.* - p. 427, l. 32, lif. *été le plus généralement remplacées.* - p. 428, av. dern. l. lif. *fin du mémoire que je.* - p. 429, l. 10, lif. *génie, fes.* - p. 438, l. 4, lif. *Euxin, ou établis fur ceux.* - p. 438, col. Zende, l. 12, lif. *Befchefch fremátô*; col. Pehl. correfp. lif. *Bodjehké penadj hofmoudar.* - p. 440, col. Z. l. 14, lif. *Teántchefchtem.* - p. 444, col. Franç. l. 4, lif. *(fubfifte).* p. 446, col. Pehl. l. 4, lif. *Zinhand.* - p. 450, col. Franç. l. 17, lif. *deffous (apres).* - p. 453, col. Franç. l. 8. 9. lif. *Gàm, mefure de (trois) vedafts (ou) trois pas.* - p. 455, col. Pehl. l. 12, lif. *agh pademan.* - p. 459, col. Pehl. l. 1, 2, ôtez *dou nadvak furéh.* - p. 467, col. Z. l. 5, lif. *Iàonghié ouéreté.* - p. 472, col. Pehl. l. 17, lif. *kanitouned*, col. Franç. lig. correfp. lif. *Ofchen Fort, fe leve s'éleve. On appelle Fort (le Gáh) Ofchen auquel paroît (commence) la 3e. partie de la nuit. Le refte de la page contient fix articles à chaque colonne, lefquels ne font pas bien alignés.* - p. 486, col. Franç. l. 8, lif. *concombres).* - p. 499, col. Fr. l. 4, 5, lif. *animal, & nom des Perfes.* - p. 507, col. Franç. l. 8. lif. *Zoroaftre, ci-d.* p. 419). - p. 510, col. Pehl. l. 4, lif. *païké bé.* - p. 517, l. 9, lif. *(pierre... des yeux).* - p. 525, après *Atoun*, l. 10, mettez *Din*; après *Ader*, mett. *Dée.*

Expofition des Ufages &c.

P. 529. en marge. l. 12. lif. *Ravaët du Rec. Pehlv.* (*Mff. Zends &c.* n°. vij). p. 104. - p. 530. av. dern. l. lif. χιλια και, en marge l. 2. lif. *Pehlvi*, p. 104. - p. 531, l. 36, lif. *341-343*; en marge, vis-à-vis la n. 2. lif. Gr. *Ravaët.* p. 407. - p. 532, l. 28. lif. *Afp gaffan.* - p. 535. l. 31, lif. *Plutarque, &c. qui fe trouve dans*; - p. 543, l. 32, lif. *enfuite:* (j'offre). l. 33. lif. *dem &c. commençant.* - p. 545, en marge, l. 4, lif. *Relig. Moham.* - p. 547. en marge, l. 2. lif. *Kamdin Schapour,* p. 63. *du Recueil ci-ap.* T. I. 1. P. p. 531. n°. 15. - p. 552, l. 33, lif.

ERRATA.

Dſandhem, compoſé. av. dern. l. liſ. *Xenoph. Cyroped. liv.* I ; en marge, l. 10. liſ. *Kamdin Schapour*, p. 81. *du Recueil cité ci-d.* - p. 557, l. 9, liſ. *coupables du Ta-naſour* ; en marge, l. 8. liſ. *Kamdin Schapour dans le Gr. Rav.* p. 521. Devant la *Nam-zad*, mettez, ſelon Darab, le *Tandorouſti*, ci-d. p. 127. - p. 561, l. 25 - 26, liſ. *dans ſes tems*, 3°. en marge, l. 9. liſ. *Kamdin Schapour.* p. 55. & 80. *du Recueil cité ci-d.* - p. 563. en marge, l. 3 liſ. *fol. 171.* devant la l. 27. mett. *ci-d. T. I.* 2. P.'N. 18. - p. 564, l. 35, liſ. *fol. 148*, verſo ; en marge. l. 4. liſ. *Ravaët de Kamdin Schapour, dans le Gr. Rav.* p. 532. 536. - p. 570, en marge, mettez devant *Arviſgâh*, *Pl. XIII.* 111. n°. vj. *Voy. ci-d.* t. 2. *P. N.* 233; & ſur la planche ; liſ. N°. *VI.* p. 570. & 1. 2, *P. N.* 23. - p. 571, l. 9, 10, liſ. *le Boé.* l. 10, 11, liſ. *deux* (18), eſt. - p. 572, l. 34, liſ. *Tome premier, ſeconde Partie.* - p. 573, l. 20, liſ. *le vingt-troiſieme & le huitieme*, (p... dern. l. liſ. *de l'année, les quatre jours qui ſuivent la mort, &c. & à l'anniverſaire.* - p. 576, l. 34, liſ. *de Golius ſur.* - p. 577, dern. l liſ, *not.* 1. *ces mots, gao daie, ne ſont pas dans le Gr. Ravaët ; on y lit ſeulement*, p. 563, (& *ci-d. I.* 2. P. N. 28), *Feridoun payan ſcham Taſchter.* - p. 579, l. 24, liſ. *Sacée* (*ruxier*). - p. 581, l. 3. 4, liſ. *Ville, un bouffon monté ſur un cheval, & qui a.* - p. 582, l. 39, liſ. *ξavras où ƚi.* - p. 583, en marge, l. 18. liſ. *Gr. Rav.* p. 483-485. - p. 584. l. 9-12. liſ. *les Mobeds ſont ſigne aux Neſaſulars, continuent.... récitent.... achevent....* dern. l. liſ. *une corde : & s'il n'y a qu'un Neſaſalar pour porter le mort, il doit prendre un chien pour ſecond. Rav. du Recueil Pehlvi*, p. 87. - p. 585. l. 20. liſ. & *un des Mobeds célebre.* - p. 588, l. 21, liſ. *Darouns* (3), à l. 40, liſ. (3) *Au Kirman* ; en marge, dern. l. liſ. *Kamdin Schapour, dans le Gr. Rav.* p. 439. - p. 592, l. 1. (& ailleurs), liſ. *cérémonial.* l. 30, liſ. *Croix.* Voy. à la fin de l'*Errata* cette diſtribution énoncée plus nettement , l. 33. liſ. 239. 110. - p. 593. l. 32. liſ. 102. *T. II.* p. 236. 323. l. 36, 37, liſ. 189-193. l. 38. liſ. r. 17. † *T. I.* p. 414- 418. † - p. 597. en marge, l. 15. liſ. *Kamdin Schapour, dans le Gr. Rav.* p. 408. - p. 601, l. 30, liſ. *humain, à tous les êtres animés.* - p. 604. hauſſ. d'une l. les deux dern. citat. marg. - p. 606, l. 10, liſ. *Parſes ne ſoit.* - p. 608, l. 32, liſ. *leurs Conſeils; &.* - p. 609, l. 21, liſ. *telle eſt.* - p. 614, l. 3, liſ. *agit ainſi.* - p. 615, l. 25, liſ. *y atteindre.*

Légeres corrections pour le Tome ſecond.

ἄλλω ; liſ. ἄλλων - *Aſchaſpand;* liſ. *Amſchaſpand.* - *bein-faiſant;* liſ. *bien faiſant.* - *commeucement* ; liſ. *commencement.* - *créatere* ; liſ. *créature.* - *de* ; liſ. *de.* - *Dée pé-meher* & *Deé-pé hmeher;* liſ. *Deé-péh-Meher.* - *den;* liſ. *d'en.* - *Djehanguri;* liſ. *Djehanguiri.* - *Δὶι* ; liſ. *Δii* - *de droite;* liſ. *de droit.* - *doux ou trois* ; liſ. *deux ou trois.* - *Eſpandarmad;* *Eſpendermad* ; liſ. *Eſpendarmad.* - &c. liſ. &c. - *Eveſroutrem* ; liſ. *Eveſrouthrem.* - *Furvadians* ; liſ. *Farvardians.* - *Froſchoſter* ; liſ. *Freſchoſter.* - *cinq Gazz* ; liſ. *cinq Guzs.* - *Gueti kherid;* liſ. *Gueti-kherid.* - *Haftenghât* ; liſ. *Haftenghât.* - *hommes;* liſ. *hommes.* - *Hoſcheng;* liſ. *Hoſchingh.* - *Ieſchts Farvardin* ; liſ. *Iſcht Farvardin.* - *iumineux* ; liſ. *lumineux.* - *Iẓeſcht-khaneh* ; liſ. *Iẓeſch-khaneh.* - *ké Khoſre* ; liſ. *Ké Khoſro.* - *Kondy, Conry* ; liſ. *Condy, Konri.* - *Kooſti* ; liſ. *Koſti.* - *Koſchnoumn, Khoſchnoumen* ; liſ. *Khoſchnoumen.* - *Kounneress* ; liſ. *Khounneress.* - *Lora;* liſ. *Lord.* - *lordrs;* liſ. *l'ordre.* - *Mannek;* liſ. *Manek.* - *Manſareſpand* ; liſ. *Manſreſpand.* - *miſſioa;* liſ. *miſſion.* - *les Mithra-Daroudj* ; liſ. *les Mithra-Daroudjs.* - *Mitrha* ; liſ. *Mithra.* - *Monarechie* ; liſ. *Monarchie.* - *Nann ſetaeſchné* ; liſ. *Nanm ſetaeſchné.* - *Naucari* ; liſ. *Nauṣari.* - *Néaeſcht* ; liſ. *Néaeſch.* - *nn* ; liſ. *un.* - *Ormuſd* ; liſ. *Ormuzd.* - *partiqué* ; liſ. *pratiqué.* - *pendnnt;* liſ. *pendant.* - *peſchem;* liſ. *Peſchem.* - *Poëriodokeſchans* ; liſ. *Poëriodekéſchans.* - *proshe* ; liſ. *proche.* - *publiquemeat* ; liſ. *publiquement.* - *qaulités*, liſ. *qualités.* - *Sader* ; liſ. *Sad der.* - *Seroeh* ; liſ. *Seroſch.* - *Simorg;* liſ. *Simorgh.* - *Taſcher* ; liſ. *Taſch-*

xxxij *ERRATA.*

ter. - *Tchincvad*; lif. *Tchinevad*. - *tout les*; lif. *tous les*. - *Vadjerdjuerd*; lif. *Vadjerguerd*. - *Zareh*; lif. *Zaré*. - *Zeoró Vengheofch*; lif. *Zeoró venghevefch*. ‹ *Zoak*; lif. *Zohâk*.

Table des Matieres.

Il n'eſt pas ordinaire de comprendre la *Table des Matieres* dans l'*Errata* : mais la nature & l'étendue de celle-ci peuvent excuſer cette ſingularité. Mon objet a été de donner la *Concordance* en quelque ſorte des deux volumes, & ſurtout celle des *Livres Zends* & *Pehlvis*, par ordre alphabétique : on ſent l'importance de ce plan. Le tems ne m'a pas permis de l'exécuter auſſi parfaitement que je l'aurois ſouhaité. Malgré cela, certains articles, par exemple, ceux d'*Ahriman*, d'*Ormuzd*, les articles *Tems*, *Feu*, *Parſes*, *Zoroaſtre* &c. préſentent à-peu-près tous les endroits qui font mention de ces êtres, placés dans un ordre propre à faire ſaiſir les différens rapports ſous leſquels ils paroiſſent dans les Livres des Parſes : & cet ordre peut ſuppléer aux explications que j'aurois peut-être dû mettre dans le corps de l'Ouvrage. Je ſuis obligé, pour finir, d'abandonner au Lecteur le François de cette Table. Je n'ajouterai que peu d'articles & quelques corrections de numeros de pages.

En général, *ſi l'on ne trouve pas une matiere à la page & au Volume indiqués, c'eſt qu'il y a erreur de volume; la même page d'un autre volume la donnera ſûrement.*

P. 610, l. 8, *une* N, *& la Préface par* Pref. - p. 621. col. 1. l. 16. (& aill.) lif. *Kazzi* -p. 622, 1ᵉ. col. l. 32, lif. *ibid*. *Ader*, 9ᵉ. *mois de l'année*, 9ᵉ. *jour du mois*, 524, 525. - p. 624, col. 1. l. 27, 28, lif. *30, n. 1, 6, & 45. Former.* - p. 626, col. 2, l. 21, lif. *Ame (l'*). - p. 627, col. 1, l. 23, lif. *362, Amerdad*, 5ᵉ. *mois de l'année*, 7ᵉ. *jour du mois*, 524, 525. - p. 630, col. 1, l. 15, lif. *nuits, de deux eſpeces*; col. 2ᵉ. l. 30, lif. 87. *L'année Solaire a de plus cinq petits tems qui donnent tous les quatre ans un mois de 31 jours*, 402, 403. *L'année actuelle des Parſes*. - p. 631, col. 2, l. 4, lif. *Darab, acheve à Surate*. - p. 362, col. 2, l. 48, l. *ibid. Ard.* 25ᵉ. *jour du mois*, 524; à la réclame, liſ 1, 2. - p. 633, col. 1, l. 24, lif. *appellé couleuvre Touranie, Afraſiab.* l. 41, liſ. 181. *demande à Goſch de le lier*, 202; col. 2, l. 21, lif *ibid*. *Ardibeheſcht*, 2ᵉ. *mois de l'année*, 3ᵉ. *jour du mois*, 523, 525. -p. 635, col. 2, après la l. 4, mett. à la l. *Afchak Perſonn*. P. II. 418, n. 2. *Voy.* Zoſcheṛé. -l. 34. lif. 425, *Eſchem appellé Aſchmogh*, II. 77. - p. 637. col. 1, l. 1, lif. *gho, un des fils*; & ainſi pour les vingt-huit autres fils de Guſtaſp; col. 2, l. 5, lif. *Atibara, tems d'ouragans*, I. 1. P. l. 46, lif. *II*. 349. - p. 638, col. 1, l. 2, & 37, lif. 349; col. 2, l. 48, lif. *Barkombryes*. - p. 642, col. 1, l. 20, lif. *Strabon*, II. 532, n. 4. - p. 643, col. 2, l. 12, lif. *ibid*. *Behram*, 20ᵉ. *jour du mois*, 524. - p. 644, col. 1, l. 10, lif. *Aurengabad*. l. 28, lif. 330. 535. & 2. P. - p. 645. col. 1. l. 2, lif. 349. l. 3, hf. *de Muſes*; col. 2, l. 13, lif. *Radclivienne, à Oxford*, -p. 646, col. 2, l. 2, liſ. 1. & 394, 395. II. l. 3, lif. *Boé*, - p. 647. col. 1, l. 12, lif. 349. p. 652. apr. la l. 18. mett. à la l. *Chardin (Voyage de*). I. 2. P. 264. n. II, 529. - p. 653, col. 1, l. 13, lif. 193. *quatre chevaux du*. - p. 654, col. 2, l. 4, lif. 179, n. - 184, n. l. 31, lif. 180, n. & 183, n. - p. 655, col. 1, l. 3, lif. *fois, l'abondance*, Vadj.

après

ERRATA.

après la l. 4, mett. à la l. *Cobbe d'elephant*, mef. de long. T. 2, P. 178; col. 2, après la l. 44, mett. à la l. *Colombo, Vil. de Ceyl. Etabliff. Holland*. I. 1. P. 151. - p. 657, col. 1, L 9, 11, lif. *Fiancé, du répondant de la fiancée, & de la fiancée elle-même, lorfque c'eft une une fille faite, néceffaire pour le mariage*, II. 96, & n. 2, & 102. l. 15, 16, lif. *les Parfes & chez les Chinois*, II. 349 & n. 2. l. 17, lif. *Indiens*, n. 2. Après la l. 39, mett. à la l. *Copiftes (inexactitude des)*, II. 424. Voy. *fautes*; col. 2, l. 49, lif. n. 1. *Grand côté*, mef. de long. I. 2, P. 311, n. 2. - p. 659, col. 1. l. 39-41, lif. 2°. *Dakhmé*, II. 688, *ou lieu, dans le païs des Mazdéiefnans, où, en attendant qu'on les porte au Dakhmé, on dépofe en tems de pluie les*. l. 45, lif. *pur*, 300, 331. - p. 661, col. 1, l. 28. lif. *de Tchengahfchah*, I. 1. P. 323. & n. 1, & 2. P. l. 45, lif. 292, 293. - p. 663, col. 1. l. 22. lif. 556, *doit en avoir cinq*, 390. - p. 666. col. 2. l. 8. lif. = *à-peu-près à dix livres*. - p. 667, col. 1, après la l. 38, mett. à la l. *Dix (nombre par)*;, II. 259; col. 2, l. 7, lif. *jointure*. - p. 669, col. 1, l. 49, 50, lif. *avantages qu'elle procure*, I. 2. P. 247. II. 259. - p. 676, col. 1, detn. l. lif. 524, 525; col. 2, l. 15, lif. p. 89. *fautes de Copiftes dans les Livres Zends*, 283; 367, 372, 376, II. 236, 261. l. 42, lif. *Chef de la Maifon*. - p. 678, col. 1, l. 19, lif. 269, 270. - p. 679, col. 2, av. dern. l. lif. *des trois premiers états*, 79. *protégés*. - p. 680, col. 1, l. 7, lif. *Soldat*, 24, 328. *Neriofengh*, 24. *Aderbourzin*, 73. *feu tiré*; col. 2, l. 48, lif. 43, 44. - p. 682, col. 2, l. 12, lif. *efpeces*; *celle*. - p. 683, col. 2, après la l. 36, mett. à la l. *Frob*. *feu*, II. 89. Voy. *Fra*. p. 685, col. 1, l. 16, lif. 249 (*Etendard de*); col. 2, l. 4, lif. *réciter*, 129, 130. l. 8, lif. 245-246, l. 30, lif. *du Port de*. - p. 687, col. 1, l. 10, lif. 349. - p. 688, col. 2, l. 49, lif. 349. - p. 689. col. 1, l. 34. lif. 349. - p. 690, col. 1, l. 17, lif. P. *Kéan*, 179. - p. 691, col. 2, l. 39, lif. *ibid*. *Ordre de le célébrer*; *démérite du contraire*, 87. 88. - p. 692, col. 1, l. 22, lif. *parlent de Hom & du Hom*. p. 693, col. 1, l. 1, lif. Z. I. 2. P. 74. II. 53. après la l. 11e. mett. à la l. *Heomô*, I. 2. P. 10. Voy. *Hom*. - p. 694, col. 1, l. 22, lif. n. (*Malardji*), autre, *Chef Mar.* 211, n. 274, n. - p. 696, col. 1, l. 14, lif. 248. *Zoroaftre lui donne les attributs des Izeds*, II. 266, 279. *Ce qui*; col. 2, l. 43, lif. 380, *dix-huit enfans felon le Modjmel el Tavarikh*, 352, n. 1. *Defcendans*. - p. 697, col. 2, l. 24, lif. II. 349. - p. 699, col. 1, l. 17, lif. n. 1-87, n. *fon*. Après la l. 49, mett. à la l. *Jafmin*, II. 405. *Celui qui tire fur le rouge*, *affeté à Ormuzd*, 407. - p. 703, col. 2, l. 2, lif. *chez les Malabars*, *inftrument*. - p. 704, col. 1, l. 28, lif. 428, n. 1. 429, n. 4. col. 2, l. 9, lif. 285; *Jugement dernier*, II. 413, 415. dern. l. lif. n. 2. *leurs attributs donnés à des hommes*, II. 266. 279. - p. 705, col. 1, l. 17, lif. 73, *faifoit*. - p. 707, col. 1, l. 2, lif. n. & 2. P. l. 21, lif. 31, *du côté du Khorafan*, *c'eft-à-dire à l'Eft*, II; col. 2, l. 21, lif. *l'Auteur*, 313. 317. - p. 709, col. 1, l. 1, lif. *Zaré*, II. 78. Voy. *Kanfé*. l. 13, lif. *Kehrkas*, *d'or*, I. 26, lif. 349. - p. 711, col. 2, l. 3, lif. 103, *feu, ordonne à Guftafp d'écouter Zoroaftre*, 39, & II. 24. - p. 712, col. 2, l. 7. lif. *Vitaré ou Vedaft*. l. 8. lif. II. 453. l. 28, lif. 178, *fes defcendans*, &c. Voy. *Thomas Knaye*. L'article ne devroit pas être coupé en deux. l. 44, lif. 340. *Kobad*, *pere*. - p. 717, col. 2, l. 43, lif. 419, & n. 1. - p. 722, col. 2, l. 21, lif. 123, 124. - p. 723, col. 1, l. 29, lif. 560. *confentement des Parties néceffaire, quand elles font en âge convenable*, *fouhaits*; col. 2, l 16. lif. 349. - p. 725, col. 1. Après la l. 33. mett. à la l. *Mechifta*, *Ville*, II. 588. l. 41, lif. *& s'il en meurt trois, de fuite entre fes mains*, *renoncer*. - p. 726, col. 1, l. 15, lif. 349. col. 2, après la l. 7. mett. à la l. *Mermeroès Général* P. II. 588. l. 40, lif. *Zoroaftre le nomme*, 189, 191, 214. 217. *fonpéché a introduit la mort*, *ibid*. l. 48, 49, lif. *après quarante hyvers a des enfans*, *huit couples*, (ou *neuf*), I. 2. P. 278. II. 352, n. 1, & 380. - p. 728. col. 2. après la l. 15e. mett. à la lig. |*Mir Hafez eddin Ahmed khan*, *fils de Miatchen*, *Nab. de Sur*. I. 1, P. 265. n. 1, 46. lif. *à Ariepna*. p.

Tome I. premiere Partie. c

ERRATA.

731, col. 2, l. 41, lis. *Samdehi*. - p. 732, col. 1, l. 34, lis. *Zoroastre paroît*; de. col. 2, l. 29, lis. *364, 367*. - p. 733, col. 2, l. 17, lis. *349*. - p. 734, col. 2, l. 20, lis. *donnera pendant*. - p. 735, col. 2, après la l. 20, mett. à la l. *Moudi, Marchand de ris, grains, beurre, &c. chez les Maures*, I. 1. P. 64, n. 1. - p. 736, col. 2, l. 32. lis. *rivieres*, I. 1. P. 60. n. 1. l. 36, lis. *donnent du secours*. l. 43, lis. *Naguinkoté*. - p. 738, col. 2, dern. l. lis. *349*. - p. 739, col. 1, l. 46, & aill. lis. *Nerei*; col. 2, l. 41, lis. *Guerschâsp, & pere de Sam*. - p. 740, col. 2, l. 5, lis. *547. Progression de nombres indéterminés par neuf*, 258. - p. 741, col. 1, l. 35, lis. *& Persan*; col. 2, l. 27, lis. *533. Sept cens, nombre indéterminé*, II. 203. *Progression de nombres indéterminés par neuf & par dix, pour marquer une quantité considérable*, II. 258, 259. l. 93, lis. *Nonaber* (*Izeschné*). l. 37, lis. *349*. - p. 742, col. 1, l. 44, lis. *23, 328*; col. 2, l. 44, lis. *586. Punition des trois nuits, après la résurrection*, II. 414. *Voy. Résurrection*. - p. 743. col. 1. l. 32. lis. *Soubah de*. - p. 745. col. 2. l. 8. lis. *vient du*. - p. 746; col. 1. l. 2. lis. *N*. 29. *Ormuzd, premier jour du mois*, II. 523. col. 2. mett. l'art. *Oziren* apr. celui d'*Oxus*. p. 747. col. 2. - p. 747, col. 2, l. 12, lis. *II. 54, 555*, - p. 748, col. 1, l. 19, lis. 272, a. 3, av. l'av. dern. l. mett. à la l. *Pall mall, quartier de Londres*, I. 1. P. 465. - p. 752, col. 1, l. 3, lis. *finit, comme il a commencé, en*; col. 2, mett. l'art. *Med. Saint Paul*, à l'S. l. 37, lis. *Pepas, de Barotch*. - p. 756, col. 2, l. 6, lis. *d'Huissier Indien*. - p. 760, col. 2, lis. 264. *l'Izeschné & les Ieschts, ou, en chantans*, I. 2. P. 175 avec *les*. - p. 761, col, 1, av. dern. l. lis. *175-178*; col. 2, l. 14, 15, lis. *160, 170*, n. communiqué - p. 762; col. 1, l. 47, lis. *Tanafour*, II. 30. n. 1; col. 2, l. 12, lis. *pesés le* 4*e*. l. 32, lis. *nécessaire pour*. - p. 763, col. 2, l. 4, lis. *Aschmogh, ou qu'an*. - p. 765, col. 1, l. 51, lis. *lié, en tenant le hom élevé, faisant*; col. 2, l. 9, lis. *nature*, 401, fait. - p. 766, col. 1, l. 22, lis. *238 - 247*; col. 2, à l'article *Recueil*, toutes les divis. doivent commencer par une capitale, ainsi, lis. *De morceaux, &c. Qui contient, &c. D'ouvrages*, &c. dern. l. lis. *39, 46*. - p. 767, col. 1, l. 49, lis. *138*; n. 1-140, n. - p. 768, col. 1, l. 18, lis. *I. 2. P. N*. 37. l. 34, lis. *412*, *Se*. - p. 769, col. 1, l. 13, effac. *II*; col. 2, l. 36, lis. *II. 59-60*. - p. 770. col. 1, l. 38, lis. *425, 427*; col. 2, l. 9, lis. *40*, *II*. 269, n. 1. l. 17, lis. *roupies. d'Arcate*. l. 48, lis. *I*. 2 P. - p. 772, col. 2, l. 1, lis. *Parsi*, II. 430. l. 29, lis. *Fort. Portug*. - p. 774, col. 2, l. 44, 45, lis. *Auteurs, ibid*. n. 1. - p. 775, col. 2, l. 30, lis. *369, 397*. - p. 779; col. 1, l. 29, lis. *ou Boum*. - p. 780, col. 1, l. 2, lis. (*Province de*), à l. 33. lis. *II*. 235; col. 2, l. 45, lis. *371. - 373*. - p. 781, col. 2, après la l. 50, mett. à la l. *Sirius, l'astre Taschter*, II. 186, n. 1. - p. 782; col. 2, l. 27, lis. *16*, n. 2, l. 17, n. - p. 786, col. 2. après la l. 40. mett. la l. *Tamin al dàri, Personn. Arabe*. II. 617. - p. 787, col. 2, l. 36, lis. *Tir, seconde Tuschter contre*. l. 46, lis. *en Parsi, Tir*. - p. 788, col. 1, l. 34, lis. *de Tir*. - p. 789, col. 1, l. 33, lis. *163*, II. 356; col. 2, l. 23, lis. *Tchaliram*. - p. 790, col. 2, l. 11. ibid. *Peut-être ce Parse est-il différent de Tchenghah schah, pere de Mansch schah, auquel est adressée la Lettre des Destours du Kirman; dont on trouve des extraits dans le Gr. Ravaët*, p. 568 & aill. l. 12, lis. *Tchengrenghâtchah*. l. 34, lis. *Zend-Avesta, & engage*. - p. 791, col. 2, l. 16, 17, lis. *470. sa position*. - p. 792, col. 2, l. 8, lis. *noms. tems des verbes*, Voy. *Zend, Pehlvi, Parsi & & Persan*. l. 50, lis. *soulage*, I. 2. P. 191. - p. 793, col. 2, dern. l. lis. *266*, *en marge*; col. 2, l. 40, 41, lis. *campo, second du nom, Archidiacre*. - p. 794, col. 1, l. 34, lis. *Taschter, Tir*. - p. 796, col. 2, l. 21, lis. 523, 525. - p. 797. col. 2, apr. la l. 48. mett. à la l. *Vedasi, mes. de long*. II. 453. *Voy. Vîteschté*. - p. 798, col. 2, l. 49, lis. *réciter qu'avec l'Izeschné*. - p. 799, col. 1, l. 4, lis. *ibid. Rapport*. l. 7, lis. *arbitraire*, I. 2. P. 75, 76. l. 36, lis. *Auteur*, I. P. 6. - p. 801, col. 1, l. 4, lis. *I*. 1. P. 539. - p. 802, col. 1, l. 42, lis. 310. - p. 805, col. 2, l. 42, lis. *Tez*, II. 417. - p. 806, col. 2, l. 19, lis. *Daëti, la mer Caspienne*;

ERRATA.   xxxv

traverse cette mer, & a. - p. 807, col. 1, l. 51, lis. 170. 419. - p. 808, col. 1, l. 2, lis. 420, n. 1.

Légeres corrections.

Afrix; lis. *Afrin*. - *Berezéſug*; lis. *Berezeſungh*. - *Boun-dakeſch*; lis. *Boundeheſch*. - *ecolle*; lis. *celle*. - *conſulree*; lis. *conſultée*. - *Franc Fran*. ; lis. *Franç.* - *Feezi*. lis. *Feizzi*. - *Kattalab khan*; lis. *Kartalab khan* - *Legiſtateur*; lis. *Légiſtateur*. - *Liturgie*; lis. *Liturgie*. - *Manguel kaloua*; lis. *Manguelkaloua*. - *Mediozeram*; lis. *Mediozerem*. - *offtande*; lis. *offrande*. - *Prettes*; lis. *Prêtres*. - *Schahh-namah*; lis. *Schah-namah*. - *Tchaudirenoum*; lis. *Tchandirenoum*. - *Tegh beig khan*; lis. *Teigh beg khan*. - *Van - Dorts*; lis. *Van Dorts*. - *Zadmarg*; lis. *Zad-marg*. - *Zend-Aveſta*; lis. *Zend-Aveſta*.

Pref. p. 14, dern. l. lis. *Chaque Religion a ſes dogmes cachés ; celle des Indiens, ce que déſigne..... celle des Parſes, le Tems....*

Pour la p. 592. du T. II. l. 30. 1°. *Le Tems ſans bornes, premier Principe, crée la lumiere premiere,* † *le feu original,* † *Ormuzd & Ahriman:* † *la Parole, la Loi,* † *la Parole exiſtante avant tous les Etres, créatrice :* † *Ormuzd, ſes attributs ;* † *Ahriman, ſes attributs.*

2°. *Durée du tems, &c. partagée, &c.* † *Guerre des deux Principes,* † *terminée par le triomphe d'Ormuzd.*

3°. *Les Ferouërs,* † *créés contre les Dews &c.* † *les plus purs, celui de la parole, de la Loi,* † *celui de Zoroaſtre,* † *chargé de rétablir &c.* † *Création des Etres en faveur des Ferouërs,* † *de l'Iran vedj ;* † *mauvais Génies oppoſés aux bons.*

4°. *Diſtribution de l'univers,* † *ſoumis à l'action des bons Génies donnés d'Ormuzd,* † *qui reſſortiſſent à Ormuzd,* † *au Tems ſans bornes :* † *création du premier taureau,* † *de Kaiumorts ;* † *l'ame de l'homme créée pure,* † *juſte,* † *libre :* † *péché de Meſchia &c.* † *pere du genre humain ;* † *cauſe du mélange de biens & de maux, &c.* † *lequel réſulte des opérations contradictoires &c.*

5°. *Délivrance de l'homme à la mort ;* † *ſéjour deſtiné au Juſte,* † *au pécheur ;* † *Réſurrection,* † *précédée de la converſion de toute la terre,* † *épreuves, réglées par le Tems &c.* † *pécheurs punis & purifiés ;* † *Rétabliſſement général de la Nature,* † *l'enfer purifié,* † *le Monde d'Ahriman détruit :* † *Ormuzd & les premiers Izeds, unis avec Ahriman & les premiers Dews dans un ſacrifice de louange fait au Tems.*

Auteurs & Ouvrages omis dans la Table des Matieres.

Abraham Roger, *Mœurs des Bramines*, I. 1. P. 318. & aill. - Agathias, II. 545. 570. 578. 588. - Ammien Marcellin, 123. - Arrien, *De exped. Alex.* 369. Aſſemani, *Bibl. Orient.* I. 1. P. 166. & aill. - Et. Evod. Aſſemani, *Act. Martyr. Perſ.* 483.

Bardeſanes, dans Euſebe, II. 582. - Bayer, *Elément. Litt. Mungal.* I. 1. P. 395. - Beauſobre, *Hiſt. du Manichéiſme*, I. 2. P. 1. - Beckius, *Ephemer. Perſ.* I. 1. P. 535. - Bernier, *Voyage*, 270. - Beski (le P.), *Pref.* 10. - Bochart, *Phaleg.* I. 2. P. 3. Hierozoic. 344. & aill. - Boundari, dans Hyde, 31. - Briſſon, *de Regn. Perſ.* 1. - Buxtorf, *Synagog. Judaïc*. I. 1. P. 486.

Calviſius, *Opus Chronol.* II. 82. - Carpin, *Voy. par Gerberon*, 556. - Caſaubon, *in Athenæum*, 580. - Catal. de la Bibliot. Publ. de Leyde, 340. - Cellarius, *Notit. Orbis Antiq.* I. 2. P. 268. 281. & aill. - Clem. Alexand. *Stromat.* 5. - Ciceron, *Tuſcul. quæſt.* 8. II. 582. - *Commentar. Petropolit.* I. 1. P. 395. - Couplet, *Vit. Confuſ.* I. 2. P. 7. - Cteſia *Excerpt.* II. 578.

Dellon, *Voy.* I. 1. P. 264. - Denis d'Halicarnaſſe, *Antiq. Rom.* II. 432. - Denis Periegetes, I. 2. P. 268. - Des Vignoles, *Chronol.* I. 2. P. 62. & aill. - D'Herbelot, *Bibl. Orient.* I. 1. P. 530. & aill. - Dinon, dans Diogene Laerce, I.

ERRATA.

1. P. 3. Diogene Laerte, *De Vit. Philosoph. ibid.* & *aill.* - Dion Chrysostome, *Orat.* I. 2. P. 27. 54. II. 579. - Dodwell, *De ætat.* Pythag. I. 2. P. 61. - Du Halde. *Hist. de la Chine.* 7.
Elmacine, *Hist. Sarac.* I. 1. P. 318. - Eubulus, dans S. Jérôme, *Contra Jovin*, II. 556. - Eusebe, *Preparat. Evangel.* 582.
Fabricius, *Cod. Apocryph. N. Test.* I. 1. P. 164. Freret, *Mém. de l'Acad. des Bell. Lett.* I. 2. P. 266.
Gazali, Doct. Mahom. II. 617. - *Geographia Nubiensis*, I. 2. P. 42. - Glicas, *Annal.* II. 555. - Golius, *in Alferg.* I. 2. P. 265. & *aill. Lexicon*, II. 369.
Humadani; *Histor.* II. 338. - Hamdallah, cité par Gol. I. 2. P. 275. - Herbert, *Voy.* I. 1. P. 318. - Hermodore, dans Diog. Laer. I. 2. P. 3. - Hérodote, 61. II. 551. 553. - *Hist. Généalog. des Tatars*, II. 610. - Hottinger, *Hist. Orient.* I. 2. P. 2. - Huet, *De situ Parad. Terrest.* II. 369. Quest. Alnet. 580. - Hyde, *Itiner. Mundi*, I. 2. P. 275.
Jean André, *Confusion de la secte de Mahom.* II. 602. - *Journ. des Sçav.* I. 2. P. 343. & *aill.* - Julius Pollux, *Onomast.* II. 533. - Justin, *Epitom.* II. 588.
Kempfer, *Amœnit. Exotic.* II. 388. & *aill.* - Kirker, I. 2. P. 3.
Leb el Tavarikh. I. 2. P. 59.
Maracci, *Sur l'Alkor.* I. 1. P. 530 & *aill.* - Martinius, *Hist. Sinic.* I. 2. P. 7. - Medjidi, dans Hyde, 33. - Menage, *sur Diog. Laerc.* 3, *Mémoires des Miss. de la Comp. de Jes. dans le Lev.* I. 2. P. 275. *de la Bourdonnais.* I. 1. P. 125. *de la Compag. des Ind. ibid. de M.* Dupleix, 115. *de M.* Godeheu, 113. *de M.* De Bussi, 30. Menander, cité par Athen. II. 533. - Moyse de Chorène, *Hist. Arm.* & *Geograph.* I. 2. P. 270. 301. - *Mudjizat*, dans Hyde, I. 2. P. 29.
Nassureddin, *Tabl. géograp. par Grav.* I. 1. P. 270. - Nicomaque, dans Athen. II. 533. - Noël (le P.), *Praef.* 10.
Observations Physiq. &c. avec des not. du P. Gouye, I. 2. P. 7. - *Observ. Mathem. Astronom.* &c. données par le P. Souciet. II. 349. - Ockley, *Hist. des Saraf.* 339. - Olearius, *Voyag.* I. 2. P. 264 & *aill.* - *Origenes contra Cels*, 28. - Orus Apollo, *Hierogl.* II. 582.
Pausanias, *Græc. Periegef.* II. 551. - Petis-de-la-Croix, *Vies de Genghiskhan, de Tamerl.* 339. I. 2. P. 264. - Pline, *Hist. nat.* I. 2. P. 13. 29. & *aill.* - Plutarq. *De Procreat. anim.* 2, *Symposiac.* 66. - Pocock, *Specimen*, *Hist. Ar.* II. 544. - Porphyre *De Nymph. ant.* I. 2. P. 28, *De abstin.* II. 556. 601. - *Pseudo. - Origen.* I. 2. P. 2. - Ptolemée, *Geograph.* 266. 283.
Quinte-Curce. II. 282.
Recognitions att. à S. Clem. I. 2. P. 4. - Reland, *Diss. de situ Parad. Terr.* II. 369; *De Relig. Mohamm.* 544. - *Relat. des Conquêtes des Portug.* &c. I. 1. P. 104. *Relation du Levant*, du P. de Chinon, II. 551. 601. - Renaudot, *Anc. Relat.* &c. I. 2. P. 53. - Rheiskius, *Prodidagm. ad Hist.* & *Geograph. Orient.* II. 340.
Saumaise, *sur Solin*, I. 2. P. 344. - Scaliger, *ad Euseb. Chronol.* 3. - *Schahnamah natseri*, dans Hyde, 32. - Schultens, *Ind. Geogr. in vit. Sal.* 264. - Selden, *de Diis Syr.* II. 580. - Sharp, éditeur du *Syntagma. Dissert. de Hyde*, I. 1. P. 488. - Solin, I. 2. P. 13, Stanley, *Hist. Philosoph.* 3. - Strabon, 264. II. 530. 532. & *aill.* - Suidas, I. 2. P. 5. 6.
Tabul. Syr. Abulfedæ. II. 340. Tavernier, *Commerce des Indes.* I. 2. P. 344. - Texeira, *viage de la Ind.* II. 369. - Theodoret, *Serm. de legib.* I. 2. P. 2. - Theophyl. Simoccat., II. 566. - Thevenot, *Recueil de Voy.* I, 1. P. 369. Tilladet, *Recueil de Dissertat.* II. 391-392.
Xenophon, *Cyroped.* I. 2. P. 60. II. 553.

EXTRAIT

*Extrait des Regiſtres de l'Académie Royale des Inſcriptions
& Belles-Lettres.*

Du Vendredi 19 Avril 1771.

M. l'Abbé BARTHELEMY & M. de GUIGNES, Commiſſaires nommés par l'Académie pour l'examen d'un Ouvrage Manuſcrit de M. Anquetil Duperron, Aſſocié de ladite Académie, intitulé: *Zend-Aveſta, Ouvrage de Zoroaſtre, traduit en François par M. Anquetil Duperron, ſur l'Original Zend, avec des Remarques, précédé de la Relation du Voyage qu'il a fait dans l'Inde, & accompagné de pluſieurs Traités relatifs à l'Hiſtoire & à la Religion des Perſes*, en ont fait leur rapport, & ont dit, qu'après avoir examiné cet Ouvrage ils n'y ont rien trouvé qui dût en empêcher l'impreſſion. En conſéquence de ce rapport & de leur Approbation par écrit, l'Académie a cédé à M. ANQUETIL DUPERRON, ſon droit de Privilége pour l'impreſſion dudit Ouvrage. En foi de quoi j'ai ſigné le préſent Certificat. A Paris, au Louvre, ce Vendredi 19 Avril 1771.

LE BEAU, Secrétaire perpétuel.

Lettres portant renouvellement de Privilége en faveur de l'Académie Royale des Inſcriptions & Belles-Lettres, pendant trente ans, pour l'impreſſion, vente & débit de ſes Ouvrages.

LOUIS, PAR LA GRACE DE DIEU, ROI DE FRANCE ET DE NAVARRE: A Nos amés & féaux Conſeillers les Gens tenant Nos Cours de Parlement, Maîtres des Requêtes ordinaires de Notre Hôtel, Baillifs, Sénéchaux, Prévôts, Juges, leurs Lieutenans, & à tous autres Nos Officiers & Juſticiers qu'il appartiendra, SALUT: Notre Académie Royale des Inſcriptions & Belles-Lettres Nous a fait expoſer, qu'en conformité du Réglement ordonné par le feu Roi Notre très honoré Seigneur & Biſayeul, pour la forme de ſes exercices, & pour l'impreſſion des divers Ouvrages, Remarques & Obſervations journalieres, Relations annuelles, Mémoires, Livres & Traités faits par les Académiciens qui la compoſent: elle en a déja donné un grand nombre au Public en vertu des Lettres de Privilége qui lui furent expédiées au mois de Décembre mil ſept cent un, renouvellées par autres du quinze Février mil ſept cent trente-cinq; mais le détail de trente années, porté par ces dernieres, ſe trouvant expiré, Notredite Académie Nous a très-humblement ſupplié de lui accorder Nos Lettres néceſſaires pour ſa prorogation. A CES CAUSES, & Notre intention ayant toujours été de procurer à Notredite Académie en corps, & aux Académiciens en particulier, toutes les facilités & moyens qui peuvent rendre leur travail utile au Public, Nous lui avons de nouveau permis & accordé, permettons & accordons, par les préſentes, ſignées de Notre main, de faire imprimer, vendre & débiter en tous les lieux de Notre Royaume, par tel Libraire qu'elle jugera à propos de choisir, les Remarques ou Observations journalieres, & les Relations annuelles de tout ce qui aura été fait dans ses Assemblées, & généralement tout ce qu'elle voudra faire paroître en son nom; comme aussi les Ouvrages, Mémoires ou Livres des Particuliers qui la composent, lorsqu'après les avoir examinés & approuvés, au terme de l'article 44 du Réglement, elle les jugera dignes d'être imprimés, pour jouir de ladite permission par le Libraire que l'Académie aura choisi, pendant le tems & espace de trente ans, à compter du jour de la date des Présentes: faisons très-expresses inhibitions & défenses à toutes sortes de personnes, de quelque qualité & condition qu'elles soient, & nommément à tous autres Libraires & Imprimeurs, que celui ou ceux que l'Académie aura choisis, d'imprimer, vendre & débiter aucun desdits Ouvrages, en tout ou en partie, & sous quelque prétexte que ce puisse être, à peine, contre les contrevenans, de confiscation au profit dudit Libraire, & de trois mille livres d'amende, applicables, un tiers à Nous, l'autre tiers à l'Hôpital du lieu où la contravention aura été commise, & l'autre tiers au Dénonciateur, à la charge qu'il sera mis deux exemplaires de chacun desdits Ouvrages dans Notre Bibliotheque publique, un dans celle de Notre Château du Louvre, un dans celle de Notre très-cher & féal Chevalier Chancelier & Garde des Sceaux de France le Sieur DE MAUPEOU, avant de les exposer en vente ; & à la charge aussi que lesdits Ouvrages seront imprimés sur du beau & bon papier, & en beau caractere, suivant les derniers Réglemens de la Librairie & Imprimerie, & de faire registrer ces Présentes sur le Regiftre de la Communauté des Libraires & Imprimeurs de Paris; le tout à peine de nullité des Présentes, du contenu desquelles vous mandons & enjoignons faire jouir & user Nottedite Académie & ses ayans cause pleinement & paisiblement, cessant & voulant faire cesser tous troubles & empêchemens ; voulons que la copie desdites Présentes, qui sera imprimée tout au long au commencement ou à la fin desdits Ouvrages, soit tenue pour duement signifiée, & qu'aux copies collationnées par l'un de Nos amés & féaux Conseillers-Secretaires, foi soit ajoutée comme à l'original. Commandons au premier Notre Huissier ou Sergent sur ce requis, de faire pour l'exécution de ces Présentes, tous exploits, saifies & autres actes nécessaires, sans autre permission : Car tel est Notre plaisir. DONNÉ à Compiegne, le vingt-huitieme jour de Juillet, l'an de grace mil sept cent soixante-cinq, & de Notre regne le cinquantieme. Signé LOUIS, & plus bas: par le Roi, PHELYPEAUX.

Regiftré sur le Regiftre XVI. de la Chambre Royale & Syndicale des Libraires-Imprimeurs de Paris, n°. 437. fol. 364. conformément au Réglement de 1723, qui fait défense, art. 41, à toutes personnes, de quelques qualités & conditions qu'elles soient, autres que les Libraires & Imprimeurs, de vendre, débiter, faire afficher aucuns Livres, pour les vendre en leurs noms, soit qu'ils s'en disent les Auteurs ou autrement, & à la charge de fournir à la susdite Chambre neuf Exemplaires prescrits par l'art. 108. du même Réglement. A Paris, ce 14 Septembre 1765.

LE BRETON, Syndic.

De l'Imprimerie de la Veuve SIMON & FILS, Imprimeur-Libraires de LL. AA. SS. Messeigneurs le Prince de CONDÉ, du Duc de BOURBON & de l'Archevêché, rue des Mathurins 1771.

DISCOURS

DISCOURS
PRÉLIMINAIRE
OU
INTRODUCTION
AU ZEND-AVESTA,

QUI renferme le VOYAGE du Traducteur aux Indes Orientales ; l'HISTOIRE de la retraite des Parses dans l'Inde, & les événemens les plus considérables qui concernent ce Peuple fugitif, jusqu'en 1760 ; & des détails relatifs aux LIVRES ZENDS, aux différens Exemplaires sur lesquels on les a traduits, & à l'ordre selon lequel on a cru devoir les distribuer.

LE nom seul de l'Ouvrage que je présente au Public suffiroit pour lui assurer un accueil favorable, si le fonds des choses répondoit à ce que le titre annonce. Tout doit intéresser dans un Législateur aussi célebre que Zoroastre. Les Auteurs Grecs & Latins en font l'éloge le plus pompeux ; à la naissance du Christianisme, plusieurs Hérétiques crurent relever le mérite de leurs Ouvrages en les revêtant de

DISCOURS

son nom ; les Mahométans, ennemis personnels de ses Disciples, ne l'appellent que *le Sage*. Dans un siécle où la raison, maîtresse du préjugé, se picque de ne tenir qu'à la vérité, Zoroastre se feroit lire avec avidité, s'il paroissoit accompagné de cette profondeur, de cette étendue de connoissances que l'Histoire ancienne lui attribue.

Mais je crains que les Ouvrages dont je donne la traduction ne remplissent pas l'idée que l'on s'est formée de ce Législateur. Cette crainte doit-elle m'empêcher de les présenter aux Sçavans ? Je pense au contraire que l'on payera volontiers de quelques heures d'ennui la satisfaction de sçavoir à quoi s'en tenir sur cette matiere.

Les hommes admirent de loin des choses qu'ils regarderoient à peine, si elles étoient sous leurs yeux. Souvent nous nous laissons aller au même enthousiasme, lorsque nous lisons les Relations des Voyageurs. Il faut voir les objets immédiatement, pour se détromper : & c'est un des avantages que l'on peut retirer des nouvelles découvertes. Si quelquefois elles n'offrent par elles-mêmes rien de fort intéressant, du moins mettent-elles en état d'apprécier des choses qui souvent n'auroient pas piqué la curiosité, si elles eussent été connues plus exactement.

Les voyages faits avec réflexion présentent le même objet d'utilité. La vûe simple des lieux & des choses donne des idées neuves, & rectifie celles que l'éloignement & le tems avoient pour ainsi dire consacrées.

Mais ces entreprises Littéraires n'ont pas été portées aussi loin qu'elles pouvoient l'être. L'intérieur de l'Afrique nous est encore inconnu, & la plus grande partie de l'Asie offre un spectacle absolument nouveau ; spectacle digne, par la variété des événemens, des Peuples & des Langues, d'occuper un esprit, qui veut débrouiller, s'il est possible, les Archives du Genre-humain, & étudier la Nature encore dans son berceau.

C'est pour le contempler, ce spectacle, que j'ai fait le voyage des Indes Orientales. Le Lecteur auquel j'offre le fruit de mes travaux, desire sans doute de connoître plus en détail les vûës qui m'ont porté à les entrepren-

PRÉLIMINAIRE.

dre, & les moyens que j'ai employés pour réussir ; l'exposé simple que je vais en faire justifiera en même-tems l'importance & la solidité de mes recherches.

Persuadé que les usages modernes de l'Asie doivent leur origine aux Peuples & aux Religions qui l'ont subjuguée, je me suis proposé d'étudier dans les sources l'ancienne Théologie des Nations habituées dans les Contrées immenses qui sont à l'Est de l'Euphrate, & de consulter sur leur Histoire, les Livres originaux. Ce plan m'a engagé à remonter aux Monumens les plus anciens. J'en ai trouvé de deux especes : les premiers écrits en *Samskretan* [1] ; ce sont les *VEDES*, Livres sacrés des Pays, qui de l'Indus s'étendent aux frontieres de la Chine : les seconds écrits en *Zend*, ancienne Langue du Nord de la Perse ; c'est le *ZEND-AVESTA*, qui passe pour avoir été la Loi des Contrées bornées par l'Euphrate, le Caucase, l'Oxus & la mer des Indes.

Ci-ap. T. II. p. 426. Ci-ap. Vie de Zoroaſt. p. 20 Voy. le Journ. des Sçavans, 1726. Juin, 2ſ. volume.

La Relation abrégée de mon Voyage que je publiai à mon retour en 1762, a déja fait connoître les raisons qui m'ont engagé à commencer par la traduction du *Zend-Avesta*, & les matériaux que j'ai rassemblés pour celle des *Vedes*. Mais l'importance de l'Ouvrage que je présente au Public m'oblige d'entrer à ce sujet dans de plus grands détails : & le moyen qui me paroît propre à satisfaire également les Sçavans & les Curieux, est de donner ici le Journal abrégé de mon Voyage. Les Sçavans y trouveront sur les Parses, leur établissement dans l'Inde, leurs Livres sacrés, tous les éclaircissemens qu'ils peuvent desirer : les Curieux me suivront dans des marches périlleuses, dont l'objet principal étoit l'étude des hommes ; ils visiteront avec moi les Monumens les plus anciens de l'Inde ; ils s'assureront de la maniere dont j'ai vû, dont j'ai vérifié, discuté ; & peut-être rencontreront-ils des traits qui les dédommageront du ton sec, de la forme hérissée & presque barbare du reste de l'Ouvrage.

---

[1] Le *Samskretan* est une Langue morte qui n'existe plus que dans les Livres ; elle passe pour la mere des Langues Indiennes. Il y a du Samskretan de différens âges.

a ij

DISCOURS
VOYAGE AUX INDES ORIENTALES.

I^e. PARTIE.

1. LA Religion & l'Histoire des Perses sont des objets intéressans par eux-mêmes, & qui méritent de plus l'attention des Sçavans, à cause des liaisons que ce Peuple a eues avec les Hébreux, les Egyptiens, les Grecs, les Indiens, & même avec les Chinois. Mais s'en rapporter uniquement à ce que les Anciens nous apprennent de cette Nation, ce seroit s'exposer à n'en prendre qu'une idée imparfaite. Les Ouvrages qui traitoient à fond de son Histoire & de sa Religion n'existent plus ; & ceux qui ont échappé au tems, ne peuvent nous en donner une connoissance sûre & satisfaisante.

Ces réflexions engagerent, sur la fin du siecle dernier, le sçavant Docteur Hyde à approfondir une matiere jusqu'alors à peine effleurée. Il feuilleta les Auteurs Arabes & Persans, joignit à ces Monumens le témoignage des Voyageurs, & les lettres que plusieurs de ses amis lui avoient écrites de l'Inde, & composa son fameux Ouvrage sur la Religion des Perses.

Ce Livre peut passer pour le seul qui donne sur les Perses une suite de détails instructifs pris des Ouvrages des Orientaux. Malheureusement les principales sources où M. Hyde les a puisés, ne sont pas de la premiere antiquité. Le Docteur Anglois cite particulierement le *Farhang Djehanguiri*, Dictionnaire Persan, commencé dans le seiziéme siecle, sous le regne de Schah Akbar, & achevé dans le dix-septiéme, sous celui de Djehanguir ; il rapporte plusieurs passages du *Viraf-namah* & du *Sad der*, Ouvrages postérieurs de beaucoup à Zoroastre, & dont il ne possédoit que les traductions faites en Persan moderne. Mais comme ce Docteur ne sçavoit ni le Zend ni le Pehlvi [1], on ne

Mém. de l'Ac. des Bell. Lett. T. XXXI. p. 380. not. 9.

---

[1] Ce point sera prouvé à la fin du Discours Préliminaire.

PRÉLIMINAIRE. v

trouve dans fon Ouvrage aucun paffage de l'*Izeschné* ni des *Néaeschs*, qui faifoient néanmoins partie de fes Manufcrits; il fe contente de nommer le *Zend-Avesta*, fans en rien traduire : Son travail ne pouvoit donc paffer aux yeux mêmes des Anglois, que pour un effai.

Voyage aux Indes Orientales, Ie. Partie.

La voie la plus fûre eut été fans doute de confulter les Perfes eux-mêmes fur leur propre Religion ; & l'entreprife n'avoit rien d'impoffible. L'Inde en préfente un corps nombreux établi depuis plus de neuf cens ans dans le Guzarate. Ils font répandus au Nord de la côte Malabare, où le goût du Commerce & l'induftrie qui les caractérifent, leur ont procuré des Établiffemens confidérables. On les appelle dans l'Inde *Parsis ou Parses*: je me fervirai dans la fuite de ce dernier nom pour défigner ce refte précieux des Difciples de Zoroaftre.

Voyage de Chardin, in-4° T. III. p. 127.

Ce fut des mains des Parfes établis à Surate, que George Bourchier, Anglois, reçut en 1718 le *Vendidad sâdé*. Ce volume qui contient trois ouvrages Zends, le *Vendidad* proprement dit, l'*Izeschné* & le *Vispered*, ne fut apporté en Angleterre qu'en 1723. Il paroiffoit en Europe pour la premiere fois, & perfonne alors n'en pouvoit défricher les caracteres, quoique l'Alphabet Zend fe trouvât dans un des Manufcrits du Docteur Hyde.

Ci-ap. p. 75.

Long-tems après, un Confeiller de Bombaye, M. Frazer, Ecoffois, connu par la Vie qu'il a donnée de Tamaskoulikhan, alla chercher à Surate ce qu'il croyoit pouvoir recouvrer des Ouvrages attribués à Zoroaftre. Son projet réuffit quant à l'achat de deux Livres Zends, l'*Izeschné* & les *Ieschts*, & de plufieurs autres Manufcrits Perfans & Indiens : mais il lui fut impoffible d'engager les Prêtres à lui enfeigner le Zend ni le Pehlvi, à lui donner la clef du *Zend-Avesta*. De façon que peu fatisfait de fon voyage, il revint en Angleterre, où il eft mort depuis.

Ci-après, T. II. p. 143.

Telles furent les tentatives que firent les Anglois pour l'acquifition & l'intelligence des Ouvrages attribués à Zoroaftre. Le refte de l'Europe s'en rapportoit au Docteur Hyde, fans fonger à apprendre des Langues dont les Sçavants connoiſſoient à peine les noms. Cet aſſoupiſſement général ſur un objet auſſi intéreſſant m'étonna, & je conçus dès-lors l'idée du voyage que j'ai fait dans l'Inde.

En 1754, j'eus occaſion de voir à Paris quatre feuillets Zends calqués ſur le *Vendidad ſâdé*, qui eſt à Oxford. Sur le champ je réſolus d'enrichir ma Patrie de ce ſingulier Ouvrage. J'oſai former le deſſein de le traduire, & d'aller dans cette vue apprendre l'ancien Perſan dans le Guzarate ou dans le Kirman. Ce travail pouvoit étendre les idées que je m'étois faites ſur l'origine des Langues & ſur les changemens auxquels elles ſont ſujettes. Il étoit encore très-propre à répandre ſur l'Antiquité Orientale des lumieres qu'on chercheroit vainement chez les Grecs ou chez les Latins.

Je crus donc, qu'au lieu de m'abandonner aux conjectures, en ſuivant les traces du ſçavant Anglois, je n'avois d'autre moyen pour réuſſir, que d'aller puiſer chez les Parſes mêmes, les connoiſſances dont j'avois beſoin. Je ſçavois encore que les quatre *Vedes*, Livres ſacrés des Indiens, étoient écrits en ancien Samskretan, & que la Bibliotheque du Roi étoit riche en Manuſcrits Indiens, que perſonne n'entendoit. Ces raiſons m'engagerent à préférer l'Inde au Kirman, d'autant plus que je pouvois également y approfondir l'ancien Perſan & l'ancien Samskretan.

Je communiquai mon projet à M. l'Abbé Sallier, à M. l'Abbé Barthelemy, à M. le Comte de Caylus, à Meſſieurs Falconnet, de Bougainville & de Guignes. Ces Sçavans l'approuverent. Ils me montrerent de loin l'Académie des Belles-Lettres comme le terme de mes travaux ; ils me promirent même de parler au Miniſtre en ma faveur, & d'engager la Compagnie des Indes à ſe prêter à mes vûës. J'eus en conſéquence l'honneur d'entretenir pluſieurs fois à ce ſujet M. de Silhouette, Commiſſaire du Roi à la Compagnie des Indes ; & la maniere dont il m'écoutoit tenoit autant de l'homme de Lettres, que du protecteur des talens naiſſans.

Mais l'impatience de commencer une carriere que je prévoyois devoir être longue & ſemée de difficultés, ne

PRÉLIMINAIRE.

me permit pas d'attendre que les promesses des personnes qui s'intéressoient à l'exécution de mon plan, se réalisassent. J'étois d'ailleurs résolu, pour n'être pas exposé aux reproches en cas de mauvais succès, de ne devoir qu'à moi-même une entreprise de cette nature; & l'équité ne souffroit pas que j'exigeasse de ma famille, peu favorisée des biens de la fortune, des secours qui pouvoient paroître plus que hasardés.

Dans ces dispositions, sûr de la force de mon tempéramment, & exercé depuis plusieurs années à une vie austere, aux veilles, à la sobriété, l'état de Soldat de la Compagnie des Indes me parut le seul que les circonstances me permissent d'embrasser. J'allai en conséquence trouver M. Boucher, Officier chargé de former les Recruës que l'on envoyoit dans l'Inde, & après quelques momens de conversation sur l'Histoire du Païs & sur les affaires de la Côte de Coromandelle, je lui déclarai nettement l'objet de ma visite. Ma proposition le surprit; il me représenta fortement & avec une sorte de tendresse, à quoi je voulois m'engager, & me remit à quatre jours, comptant que ce délai me feroit changer de résolution. Il est difficile d'exprimer ce qui se passa chez moi pendant cet intervalle. J'allai au bout des quatre jours revoir M. Boucher; mon courage triompha de ses objections: & voyant que c'étoit un parti pris, il reçut mon engagement, avec promesse positive de n'en parler qu'après mon départ.

J'employai le peu de tems qui le précéda, à former, sans que mes parens s'en apperçussent, mon petit équipage, qui consistoit en deux chemises, deux mouchoirs & une paire de bas. Je grossis le paquet d'un étui de Mathématiques, de la Bible Hébraïque de Leusden, de Montagne, de Charron; & la veille du jour auquel je devois quitter Paris, j'envoyai chercher mon frere, celui qui est actuellement Chef du Comptoir François de Surate. Quelle entrevûe! Je ne puis y penser sans frémir. Le billet que je lui avois écrit, lui marquoit en deux mots ce dont il s'agissoit. J'eus besoin d'une force plus qu'humaine pour dévorer son chagrin & le mien. M. Boucher me laissa en sa présence maî-

VOYAGE aux Indes Orientales, I^e. Partie.

viij DISCOURS

tre de mon fort. Nous nous collâmes le vifage l'un fur l'autre. Ses larmes étoient fes expreffions; les miennes me fuffoquoient. Je lui montrai avec cette force que donne un courage froid & réfléchi, que le parti que je prenois étoit néceffaire. Il me promit le fecret pour deux jours ; & après avoir reçu de lui quelques préfens, j'eus encore la force de le quitter le premier, pour rejoindre la Troupe avec laquelle je devois me rendre à l'Orient. Le moment du départ arrivé, je partageai entre mes nouveaux Camarades l'équipage que la Compagnie des Indes donne à fes Soldats ; & nous nous mîmes en marche à pied, commandés par un bas Officier des Invalides, le 7 Novembre 1754, avant le jour, au fon lugubre d'un tambour mal monté.

La route de Paris à l'Orient fut pour moi un apprentiffage de fatigues, que je fis avec plus de fermeté que je n'aurois ofé l'efpérer. Le voyage fut de dix jours, partie à pied, partie à cheval, au milieu des pluies, du froid, de la neige,& accompagné de dangers de plus d'une efpece. Souvent je me vis obligé de porter plufieurs lieues ma valife à travers des champs labourés, pour aller goûter quelques heures de repos dans une pauvre chaumière, où je trouvois à peine, même en payant, le néceffaire d'un Soldat de recrue.

Ce qui m'occupa utilement, & même en quelque forte agréablement pendant cette pénible marche, ce furent les caracteres nouveaux dont ma fituation me mettoit à même d'obferver les différentes nuances.

Jufqu'alors je n'avois connu les hommes, que par les livres, & par le commerce des honnêtes gens : je voulois en conféquence trouver par-tout des principes, du raifonnement, des mœurs. Je vis, d'un côté, l'humanité abandonnée à elle-même dans fon plus bas étage, chez le Payfant; de l'autre, accompagnée de tous les vices, dans mes Camarades.

Obligé de me tenir en garde contre ces Soldats d'une nouvelle efpece, dont quelques-uns convoitoient mon habillement, il falloit en même tems que je ferviffe de Médiateur entre ces Brutaux & les Particuliers qu'ils avoient,

ou

PRÉLIMINAIRE.

ou volés, ou maltraités ; exposé souvent à être sacrifié moi-même au ressentiment des Paysans, qui me prenoient pour le Chef de la Troupe.

Il est vrai que ma jeunesse, relevée par un grand air de douceur, désarmoit les plus furieux. Elle me procuroit aussi dans les maisons, où je logeois par étape, des égards, des attentions qui me remettoient promptement des fatigues de la journée. Plusieurs fois on voulut m'engager à discontinuer ma route. Le Maire de Blin, au-delà de Nantes, après avoir reglé ce qui concernoit la Recruë, me pria de rester à déjeûner avec lui ; il me représenta devant ses deux filles, le danger du parti que j'avois pris, que mes espérances pourroient bien être vaines. Mais, inébranlable dans ma résolution, & assuré de ce que je pouvois souffrir par les fatigues que je venois de supporter, je le quittai enchanté de sa politesse, & rejoignis la Troupe.

Certains Tableaux saisis vivement, me faisoient encore passer des heures délicieuses dans les circonstances où chez moi la nature devoit souffrir le plus. Tel fut celui de la Chaumiere qui me servit de retraite au-delà d'Ancenis (en Bretagne). La Ville logeoit des Troupes du Roi : nous fûmes en conséquence, chetifs Soldats de recruë de la Compagnie des Indes, relégués à deux lieues dans un Hameau. Il y avoit deux jours qu'il pleuvoit ; les chemins étoient affreux. Nous partîmes, après avoir attendu trois heures sur la Place, exposés au froid le plus piquant. Il falut porter à pied ma valise par des chemins de traverse jusqu'au Village, où nous n'arrivâmes qu'à la nuit. La Cabanne où j'entrai avec l'Invalide qui commandoit la Recruë, étoit à peine couverte de chaume. Le spectacle qui s'offre à ma vue, est une femme entourée de trois enfans presque nuds, & qui donne à teter à un quatriéme. Notre présence les allarme. Quelques charbons à-peine fumans, point de pain, d'œufs, ni de lait, pour des gens percés jusqu'aux os, & qui sont sur les dents. L'Invalide jure, menace, demande avec emportement ce que l'on est obligé de donner aux personnes logées par étape ; & tout le monde disparoît. La compassion me tira des larmes Touché de la situation de ces pauvres Paysans auxquels j'allois arracher un repos acheté à la sueur de leur corps, & trop souvent vexés par les Brutaux qu'ils logent, je présente quelqu'argent, cette offre, ces larmes les surprennent. Ils ne voient plus en moi un Hôte inhumain qui vient augmenter leur misere. Aussitôt j'ai autant de Serviteurs, qu'il y a de personnes dans la Cabane. La mere me régale d'un grand feu; le pere me trouve dans le Village ce dont j'ai besoin; &, malgré ma résistance, je suis obligé d'accepter le sommier de crin qui leur sert de lit. Pour eux, sans songer aux travaux qui les attendent au lever du Soleil, ils passent la nuit sur un méchant banc, occupés à entretenir quelque chaleur dans un lieu où le vent entroit de tout côté. Le lendemain j'eus bien de la peine à leur faire recevoir le prix de ce qu'ils m'avoient fourni; & pour achever la Tableau, l'Invalide me dit que je devois à ses ménaces, les soins officieux de ces bonnes gens.

J'arrivai à l'Orient, le 16 Novembre. M. Godeheu d'Igoville, Directeur de la Compagnie, avoit été prévenu à à mon sujet par M. Falconet son ami. Lorsqu'on annonça un Soldat de la Compagnie, qui demandoit à lui parler; *c'est sans doute*, dit-il, en sortant promptement de son cabinet, M. Anquetil. *Est-il possible*, m'adressant la parole, *que vous ayez pris un pareil parti ?* Il chargea en même tems le Major des Troupes de me conduir dans la Ville, me laissant toute liberté sur le lieu où je voudrois loger, & sur les mesures que je trouverois à-propos de prendre pour l'arrangement de mes affaires.

Le mois suivant, il me remit mon engagement par ordre du Ministre, & m'apprit que le Roi m'avoit accordé une Pension de cinq cens livres. C'étoit une suite des bons offices de M. l'Abbé Barthelemy, dont les amis, M. le Comte de Caylus, M. Bignon & M. Lamoignon de Malesherbes, avoient parlé en ma faveur à M. de Silhouette & à M. le Contrôleur Général. Le jour même de mon départ, mon engagement avoit été porté au Bureau de la Compagnie, M. Saint-Ard, Directeur, prévenu par mes parens, l'en avoit retiré; & sur-le-champ mes amis

PRÉLIMINAIRE.

avoient travaillé à me procurer un fort compatible avec le plan, pour l'exécution duquel j'avois en quelque sorte forcé les événemens.

VOYAGE aux Indes Orientales, I^e. Partie.

De son côté, la Compagnie des Indes me donna le passage *gratis* sur un de ses Vaisseaux, *le Duc d'Aquitaine*, la Table du Capitaine, une chambre ; & je me disposai à partir pour les Indes Orientales, dans la résolution d'en rapporter les Loix de Zoroastre & celles des Brahmes.

J'étois au Port-Louis, lorsqu'un coup de canon, tiré à sept heures du matin, le 7 Février 1755, m'avertit de me rendre à bord ; & je m'étois à-peine arraché aux embrassemens de mes amis, que je vis le Vaisseau à la voile entrer dans le Canal du Port-Louis. Je me jette aussi-tôt dans le premier Canot qui se présente, & à force de rames, je gagne la Chaloupe. Le premier Grapin que le Canotier lança pour l'accrocher, manqua ; & le choc de cette masse pensa renverser mon Canot. Nous en jettâmes un second ; &, dans la vivacité avec laquelle je m'élançai dans la Chaloupe, je ne m'apperçus pas que je m'étois presqu'arraché un doigt.

Je doublai la Citadelle du Port-Louis dans la Chaloupe qui ne tenoit au Vaisseau que par un cable retenu avec peine par deux hommes. Le clapotage de la mer l'agitoit furieusement ; les vagues le lançoient quelquefois contre le Vaisseau : & l'on me dit dans la suite, que j'avois couru un vrai danger. Mais je ne pensois guere alors à ma situation. Ce qui m'occupoit, étoit d'un côté le fracas horrible des vagues, qui, pressées par le Vaisseau & par les rochers du Port-Louis, jettoient au loin une écume de feu ; de l'autre, cette Forteresse ambulante couverte de plus de six cents personnes, qui marchoit à mes côtés avec une majesté effrayante ; derriere moi, la Terre que je quittois peut-être pour toujours ; au-devant, l'étendue immense des eaux au milieu desquelles je voyois le Vaisseau s'avancer comme dans un abîme. Ce Tableau, comparé à l'état d'abandon où je me trouvois dans la Chaloupe, m'occupoit encore, lorsque je montai dans le Vaisseau.

b ij

DISCOURS

Je n'y connoiffois que le Capitaine, M. de Boifquef-nay ; encore ne l'avois-je vu qu'une fois. Un mal de mer opiniâtre me mit pendant quinze jours dans l'état le plus trifte. Lorfque mon tempéremment eut pris le deffus, je choifis ma fociété, & m'appliquai à connoître le nouveau Peuple ; au milieu duquel j'avois à vivre pendant fix mois.

C'eft quelque chofe d'intéreffant qu'un Vaiffeau vû philofophiquement. On croiroit d'abord que la timidité naturelle à la plus grande partie du Genre humain, devroit tenir les efprits dans des craintes continuelles. Cependant au bout de quelques jours, on ne penfe pas plus aux périls de la mer, que celui qui voyage par terre, aux accidents qui peuvent entre ouvrir la terre fous fes pas, & l'engloutir. Le danger n'effraie que lorfqu'il eft préfent, & feulement pour le moment ; une fois paffé, à peine s'en reffouvient-on. De même cette délicateffe dans le manger, cette propreté dans les habits, cette moleffe dans le coucher, ces appartemens vaftes, cette multitude de domeftiques, tous ces befoins s'oublient en un mois ou deux. Enfin, pour le riche comme pour le pauvre & même pour les femmes, un Vaiffeau eft la meilleure école de fermeté, parce que l'impoffibilité réelle & vifible de changer fa fituation, fait que l'on prend promptement fon parti. Auffi dans un voyage de long cours, verra-t-on arriver en deux ou trois mois, ce que fur terre des malheurs, toujours fupportés avec efpérance de changement, n'auroient pas produit en plufieurs années.

Un Vaiffeau marchand, qui fait voile pour les grandes Indes, renferme bien des fortes de gens , fur-tout en tems de guerre. Marins, Militaires, Employés de la Compagnie, Paffagers Marchands, Moines, Femmes & Meftices qui vont rejoindre, ceux-ci, leurs parens, celles-là, leurs maris ; Ouvriers de toutes les efpeces ; tous les états s'y trouvent raffemblés, & forment un petit Monde, qui, fous un Gouvernement général à la tête duquel eft le Capitaine, eft fouvent divifé en autant d'intérêts perfonnels, qu'il y a de particuliers dans le Bâtiment.

Lorfqu'un Vaiffeau ainfi chargé n'éprouve aucun acci-

PRÉLIMINAIRE.

dent fâcheux, l'espérance charme l'ennui ; & une traversée de six mois s'écoule comme un songe, sans presque qu'on s'en apperçoive. Mais quand les maladies, le gros tems & le manque de vivres, se font sentir, c'est alors que le besoin varie les événemens par le noir qu'il répand dans cette multitude, qui souvent oublie le seul lien qui l'unisse, le bien général du Vaisseau. Dans le premier mois, le souvenir de l'Europe, l'aisance où l'on se trouve, les forces du corps soutiennent, & entretiennent la distinction des états parmi les passagers. Bientôt les maux familiarisent ; les caracteres durs & fiers se voient abandonnés. Pendant un mois ou deux, une langueur morne regne dans le Vaisseau. Chacun paroît occupé de soi. Heureux alors celui qui s'est fait quelques amis, ou qui peut se suffire à luimême.

Lorsque la traversée est sur sa fin, il semble qu'un air nouveau fasse renaître l'espérance : les querelles nées du besoin & de l'âcreté qu'il met dans les esprits, s'oublient ; & les biens dont on se flatte de jouir après un si long voyage, variés selon les caracteres & les états, occupent aussi agréablement en projet, que si on les possédoit réellement. Ces idées rompent aussi les liaisons qu'on avoit formées dans le Vaisseau. Tout plein de ce qu'on fera à terre, on passe le tems en préparatifs, à mettre ordre à ses effets ; & le moment où l'on doit quitter le Vaisseau une fois arrivé, on se sépare sans presque se donner la moindre marque d'amitié, de politesse ; indifférence que l'on conserve à terre, à moins que de nouvelles raisons d'intérêt ne donnent lieu à de nouvelles liaisons.

Telle est ordinairement la conduite de Passagers. Pour celle des Officiers de Vaisseau, elle fait bien voir ce que peuvent l'habitude, l'attrait des Voyages, & les charmes d'une vie qui connoît peu ces dehors gênans que l'on décore du nom de politesse. Fort souvent on verra le Corps des Officiers opposé au Capitaine, & passer une année avec lui. Encore si les agrémens de la vie compensoient les déboirs qu'ils ont à essuyer : mais un someil interrompu, le scorbut, souvent des vivres pourris, des quarts où ils sont percés jusqu'aux os; voilà ce qu'ils ont à attendre. Le jeu est presque le seul passe-tems qui coupe ces momens pénibles. Descendus à terre, la plûpart ne sont fêtés dans les maisons, que selon les marchandises qu'ils ont à vendre. Leur pacotille débitée, il faut qu'ils retournent à leur bord, s'ils ne veulent pas se voir abandonnés. Souvent au retour, l'Equipage entier qui se sent plus près de sa Patrie, augmente les divisions intestines qui regnoient dans l'Etat-Major. Ils arrivent dans ces dispositions ; & un homme peu au fait, les croiroit guéris de l'envie de voyager : cependant après quelques mois de séjour à terre, ils se rembarquent, & souvent ce sont les mêmes Officiers, la même Maistrance, les mêmes Matelots.

Nous étions près du Tropique du Cancer, lorsque plusieurs Matelots furent attaqués d'une maladie dont on ignoroit la nature & la cause. Leur langue enfloit, ils devenoient noirs, ne pouvoient plus respirer, & mouroient en deux fois vingt-quatre heures. Le Capitaine fut lui-même atteint de ce mal : on le traita comme les autres ; & nous eûmes la douleur de le perdre peu de jours après notre arrivée à Saint-Jago, une des Isles du Cap-verd, où nous fîmes une relâche de dix jours. Ce triste événement fit vaquer la chambre du second Enseigne qui étoit plus grande & plus éclairée que la mienne : M. le Chevalier du Vautnay, premier Lieutenant, me la donna avec une des Jarres d'eau douce du Capitaine ; service essentiel, dans un Vaisseau, & dont la maladie qui me survint quelques jours après, me fit sentir tout le prix.

J'avois prêté ma chambre au neveu d'un de mes amis, & passé quinze à seize nuits couché dans la Grand'Chambre, les sabords de l'arriere ouverts. Le fruit de cette complaisance fut une fausse-pleurésie qui m'obligea de me mettre au lit : mais cinq saignées, faites coup-sur-coup, me tirerent de danger. J'éprouvai alors ce que vaut l'amitié : j'avois du bouillon excellent ; mes médecines, mes remedes étoient bien préparés ; le second Chirurgien me visitoit régulierement. Dans ma convalescence, qui dura presque jusqu'à notre arrivée à l'Isle de France, confitures & autres douceurs ne me manquerent point, quoique je n'eusse fait au-

PRÉLIMINAIRE.

cunés provifions. Un jour, c'étoit au paffage du Cap-de-Bonne-Efpérance, il vint un coup de mer qui enfonça ma fenêtre (le fabord), & remplit ma chambre d'eau. Je perdis connoiffance. Le bruit que fit la lame avertit mes amis, qui defcendirent fur-le-champ, & firent écouler l'eau. Matelats, draps, couvertures, tout fut changé dans le moment : de façon qu'au bout de quelques heures, lorfque je revins à moi, je ne reconnus rien de ce que j'avois fur moi. Ce trait d'humanité ne fortira jamais de mon efprit.

Les maladies faifoient un ravage terrible, tandis que je gardois la chambre. De quarante-cinq perfonnes d'État-Major, trente furent attaquées du même mal. Nous perdîmes plus de cent hommes; la moitié de l'Équipage étoit fur le lit. Dans la Sainte-Barbe, dans la Grand'Chambre, dans l'Entre-Pont, fur le Gaillard, on n'entendoit que gémiffemens fouvent interrompus par le canon, qui annonçoit que l'on jettoit quelque mort à la mer. Il regnoit par-tout une odeur infecte capable de fuffoquer. La vermine gagnoit jufqu'à nos chambres, & la pitié concentrée dans les befoins perfonnels, ne permettoit plus de foulager fon femblable. Enfin le fecond Chirurgien, Garçon habile, fe rappella d'avoir vû dans les Salles de Bicêtre, les fymptômes du mal qui regnoit dans le Vaiffeau, & en découvrit la nature. Il parut alors que c'étoit une forte de maladie contagieufe apportée par plufieurs Soldats fortis des Prifons, & irritée par l'action du bois du Vaiffeau qui travailloit encore : c'étoit fon premier Voyage.

Je ne fçai réellement à quoi jufqu'ici la Compagnie à penfé de fe charger de pareils fujets. Premierement, elle ne peut prefque en tirer aucun fervice ; à notre arrivée à Pondichery, il en déferta plus de quarante. Il faut donc qu'elle les faffe garder étroitement ; & de cinquante, il eft rare que dix ou douze, à quarante & cinquante ans, renoncent à leurs mauvaifes habitudes. En fecond lieu, à quel danger n'expofe-t-on pas les Colonies, en les laiffant à la garde de gens nourris dans le crime ? Et fans parler du mauvais air qu'ils communiquent dans la traverfe à tout un Équipage, le Vaiffeau n'a t-il pas continuellement à craindre de leur brutalité ? Parmi les Sol-

Voyage aux Indes Orientales, I^e. Partie.

DISCOURS

Soldats de cette espece que l'on nous avoit donnés, il y en eut deux qui menacerent de faire sauter le Vaisseau. On les mit aux fers : un des deux trouva le moyen d'en sortir. On l'attacha au Mât d'artimon, sur la Dunette; & n'ayant pour nourriture que du biscuit & de l'eau, exposé à la pluie, au soleil, il arriva en bonne santé à l'Isle de France, tandis que l'Équipage languissoit sur les cadres. Nous les laissâmes dans cette Isle; & l'on nous donna à leur place un Soldat qui avoit mérité la corde en Europe, & qui peu de jours après son arrivée à Pondichery, la mérita une seconde fois. [1]

---

[1] Ceci me donne lieu d'examiner pourquoi la Compagnie n'a pas tiré jusqu'ici plus d'avantage de ce grand nombre de soldats que ses vaisseaux ont transportés aux Indes Orientales, pourquoi ces soldats ont toujours été autant de familles enlevées à l'Etat. Je crois appercevoir la cause de ce mal. La moitié au moins de cette multitude est formée de mauvais sujets. A peine débarqués on les envoye dans les différens Postes. Là les mauvais corrompent les bons. La plûpart y vivent avec des Negresses, meurent promptement & sans postérité. Ceux que les maladies & le climat épargnent, ne pensent à se marier, que lorsque la débauche leur a ruiné le corps ; & les enfans qui naissent de ces mariages, la plûpart noirs comme leurs meres, fruits mal-sains de corps usés, sont perdus pour la Nation.

Les enfans de famille que l'on envoye dans l'Inde, pour épargner à leurs parens la honte des châtimens qu'ils ont mérités, ceux mêmes, en qui l'habitude du crime ne sera pas encore enracinée, sont autant de déserteurs nés. Il est naturel qu'ils cherchent à recouvrer chez l'Etranger l'honneur qu'ils ont perdu parmi leurs compatriotes. D'ailleurs, l'intérêt ne les attache point à leur Nation ; ils sont pauvres & sans espérance de devenir jamais riches. Lorsqu'une fois ils ont déserté, la crainte de la mort les éloigne des Colonies Françoises; & quand il leur seroit permis de revenir au Drapeau, l'amour du changement, entretenu par les occasions & par les facilités que présentent ces Contrées, les empêchera toujours de se fixer. On prévoit aisément ce qu'en paix comme en guerre, l'Etat peut attendre de pareils soldats, qui sont de toute Nation, & plus attachés à l'Etranger qu'à leur Patrie.

Des intérêts communs, des liaisons de débauche, associent souvent à leur désertion d'autres soldats, qui sans cela seroient restés fideles à leur Patrie : & l'on voit des Officiers François se mettre à leur tête, poussés par le besoin ou par le libertinage. De maniere que deux cens soldats envoyés dans l'Inde, ne sont pas seulement deux cens familles enlevées à la France ; ils sont souvent pendant la guerre le plus ferme appui de ses ennemis, & la cause de ses malheurs. La derniere guerre de l'Inde a fourni plus d'un trait qui confirme ces réflexions.

On répondra sans doute qu'il est plus aisé de voir le mal que d'y remédier. J'en conviens : mais c'est toujours un avantage que d'en saisir la cause. La dépopulation dont on se plaint vient 1°. Des vices des soldats que l'on envoye dans l'Inde, vices qui les portent à se détruire, pour ainsi dire, eux-mêmes.

Lorsque

PRÉLIMINAIRE.

Lorsque la nature de la maladie qui regnoit dans le Vaisseau, fut connue, on appliqua sûrement les remedes, & la 2°. de ce que la plûpart de ces Soldats lorsqu'ils sont dans l'Inde, ne se regardent plus comme faisant partie de leur Nation, & n'ont, même dans un avenir éloigné, aucune vûe d'intérêt qui les y attache.

Voici, je pense, de quelle maniere on pourroit parer ces inconvéniens ; Il faudroit avoir égard à l'âge, à l'état & aux bonnes ou mauvaises qualités de ceux que l'on enrôle pour l'Inde. Ainsi sur cent soldats il y en auroit soixante-quinze d'âgés de quinze ans ou plus, jusqu'à vingt-cinq ; & vingt-cinq, de vingt-cinq ans ou plus, jusqu'à quarante. Le plus grand nombre, pour se faire plus aisément au climat, doit être d'un âge où le tempérament ne soit pas encore formé. Les vingt-cinq soldats, de vingt-cinq ans à quarante, seront des personnes connues, que le desir de faire une petite fortune portera à passer aux Indes. Le même motif doit animer au moins la moitié des jeunes. Le reste peut être composé de gens absolument du peuple &, si l'on veut, de quelques enfans de famille, qui, pour des fautes graves, mais passageres, méritent cette espece d'exil ; mais point de scélérats décidés, ni de gens accoutumés aux prisons & aux coups. Comme les soldats pris dans cette derniere classe feront le petit nombre, il n'est pas à craindre que leur exemple ou leurs discours fassent beaucoup d'impression. Ensuite le moyen d'engager des hommes faits & des jeunes gens de familles honnêtes mais pauvres, à s'enrôler pour les Indes, seroit, en fixant le tems de leur service par exemple, à six ans, de leur montrer ce terme comme le commencement de leur bonheur. La Compagnie se chargeroit pendant ce tems de faire valoir dans l'Inde, à un intérêt honnête, par exemple, à vingt-cinq pour cent, une partie de leur paye, & ce qu'ils auroient pû tirer des débris de leur fortune. Au bout de six ans, on leur remettroit ce fond en les ramenant en France. Alors on en verroit qui demanderoient comme une grace de recommencer un nouvel engagement, & ce seroient ordinairement les meilleurs sujets. De cette maniere, ceux auxquels l'inconstance, trop commune dans notre Nation, donneroit du dégoût pour ces Contrées, retenus dans leur devoir par l'espérance, au lieu de déserter, reviendroient enrichir leur Patrie, encore vigoureux ; six années n'altérant pas le tempérament. Les autres déja faits au climat pourroient servir utilement, & après une seconde épreuve de six ans, être admis dans l'Etat-Major. Par cet arrangement, il n'y auroit point de pauvre parmi les Soldats ; rien ne les porteroit à aller chercher fortune chez l'Etranger ; la crainte de perdre le fond que la Compagnie feroit valoir pour eux, les attacheroit : & comme le passage de l'Inde en qualité de soldat, n'auroit plus rien d'humiliant ; cet état deviendroit une ressource honnête contre les coups de la fortune, & pourroit avec le tems, donner aux Colonies des Membres & même des Chefs expérimentés. Je ne parle pas du courage propre à la Nation, & qui, piqué par l'intérêt personnel, seroit en tems de guerre autant de Citoyens, de Soldats, qui le plus souvent ne sont que mercenaires ; des habitans des Colonies, dont plusieurs ayant servi, se rappelleroient aisément leur premier métier. Les Comptoirs seroient mieux servis par des Employés de trente-cinq ans qui auroient passé douze ans aux Indes, qui souvent auroient appris dans les terres la Langue du Pays ; les soldats seroient mieux commandés par des Officiers formés au service dans l'Inde pendant douze ans, que par ceux qui nouvellement arrivés d'Europe, ne peuvent être au fait du local qu'après bien du tems, & dont les premières années dans l'Inde ne sont le plus souvent qu'à charge à la Compagnie. Voilà, comme l'on voit, des Soldats Citoyens dans l'Inde, propres au Commerce, qui redeviennent pères en France, qui peuvent s'être utilement dans l'Inde, & qui même mettent la Compagnie dans le cas d'y envoyer moins d'Officiers, moins d'Employés ; & de diminuer par-là les frais de ses Comptoirs.

Tome I.   c

plûpart des personnes qui en avoient été attaquées recouvrèrent la santé, du moins celles qui restèrent dans le Vaisseau. Le plus grand nombre des malades que l'on descendit à terre à l'Isle-de-France & à l'Isle-de-Bourbon, mourut, & deux Passagers qui n'avoient rien ressenti à bord, furent atteints dans cette seconde Isle, du même mal, dont vraisemblablement ils avoient reçu le germe dans le Vaisseau, & eurent bien de la peine à en rechapper. J'attribue ces révolutions au changement d'air; car on sçait que celui de Bourbon est fort sain, & en particulier très-salutaire aux Scorbutiques.

Nous mouillâmes dans le Port de l'Isle-de-France le 18 Juin. Descendu à terre, j'allai saluer le Gouverneur, M. Bouvet, qui me fit l'accueil le plus gracieux. Le lendemain, M. Poivre (actuellement Intendant général de l'Isle) vint me prendre, & me mena chez M. Mabille, Conseiller, qui voulut bien me communiquer la Relation du Voyage de M. David en Galam. Le troisiéme jour, M. Oublet, célèbre Botaniste, me conduisit à quatre lieues du Camp, au Réduit, où il me montra les Plantes étrangeres dont il avoit enrichi le Jardin de la Compagnie. Je ne sçavois comment répondre aux politesses de ces deux Messieurs ; & j'ignore encore ce qui me les avoit attirées : mais je ne vis qu'avec peine, qu'ils fussent publiquement divisés par des querelles qui les empêchoient de donner au progrès des Sciences toute l'activité dont ils étoient capables.

La terre, à l'Isle de France, m'a paru calcinée à près de deux pieds de profondeur. Je ne m'arrêterai pas ici à donner la Description de cette Isle ; ce seroit répéter ce qui se trouve dans plusieurs Voyageurs : mais ce que je crois devoir ajouter comme le fruit des Réflexions que j'ai faites sur sa situation à l'égard de Madagascar, de Mozambique, des Golfes Persique & Arabique, de Bombaye, de Goa & des deux Côtes de l'Inde, c'est que bien fortifiée & garnie d'hommes & de bestiaux, elle pourroit être le centre du Commerce des François dans l'Inde. Les Vaisseaux d'Europe déposeroient leurs cargaisons dans cette Isle, & y prendroient les marchandises de l'Inde, de la Chine, du Bengale, &c, qui y auroient été apportées dans la mousson

PRÉLIMINAIRE.

par des Vaisseaux de quatre à cinq cens tonneaux; & le retour de ces Vaisseaux seroit en marchandises d'Europe, qu'ils prendroient dans les Magasins de l'Isle de France, & distribueroient dans les différens Comptoirs de l'Inde. Il suffiroit ensuite d'entretenir, dans le Port, trois Vaisseaux de guerre, qui de tems en tems paroîtroient sur les côtes de la presqu'Isle de l'Inde. Ce plan de Navigation, susceptible, comme l'on voit, de correction, diminueroit beaucoup le tems de traversées, les risques & les frais des armemens. *Voyage aux Indes Orientales, I. Partie.*

Après nous être rafraîchis à l'Isle de France, nous fîmes voile, le 21 Juin, pour l'Isle de Bourbon, où nous arrivâmes en vingt-sept heures. On peut voir dans différens Ouvrages la Description de cette Isle. Avant l'embrasement des Forêts & le défrichement des Montagnes, c'étoit un Paradis Terrestre; on n'y connoissoit aucune maladie: mais depuis, les fievres, les pleurésies & les petites véroles, y ont fait beaucoup de dégât; la Terre même a été affligée par des insectes qui rongent le pied des caffés; ce qui a fort diminué les richesses des habitans. *Lett. édif. & cur. Rec. XVI p. 7-12. Rec. XVIII. p. 19-24.*

Les vivres à Bourbon, sont excellens; les Poules Pintades entr'autres y sont un mets délicieux. Les Patates peuvent servir de pain; & jointes au caffé, qui y a un parfum admirable, elles forment la nourriture ordinaire des Créoles.

Ces Créoles sont grands, bien faits, ont les traits réguliers, le visage ovale: du côté des femmes la plûpart sont de sang noir. Ils sont braves, d'une humeur douce, & naturellement portés au plaisir; ils passent la plus grande partie de l'année dans leurs habitations, & y vivent d'une maniere qui tient des premiers âges. Cependant ces demeures ne sont rien moins que sûres. Il n'est pas rare d'y voir des Maîtres massacrés par leurs propres Esclaves, qui se retirent ensuite dans les montagnes, & se font *Marons*. On va de tems en tems à la chasse de ces Esclaves, & l'odeur qu'ils exhalent en fuyant est si forte, que des chiens stylés à cela les suivent à la piste & les découvrent.

Le Pays plat est fort chaud à Bourbon: mais le haut des montagnes est couvert de neige; & au commencement de Juillet j'y ai eu très-froid. Les trois principaux endroits

c ij

Voyage aux Indes Orientales, 1. Partie.

de l'Isle font Saint Denis, Saint Paul & Sainte Suzanne; le Gouverneur & le Conseil résident dans le premier.

Nous jettâmes l'ancre à Saint Paul, dont la rade est très-mauvaise; dès le soir du premier jour le Vaisseau avoit chassé sur ses ancres plus de quarante brasses. Le fond est de sable & en talus, de façon que les Chaloupes ne peuvent s'approcher de terre qu'à une certaine distance: alors on se met dans des Pirogues, barques légeres, longues de sept à huit pieds, & larges de deux & demi, qui peuvent tenir trois ou quatre personnes, & qui s'échouent à terre; ou bien de la Chaloupe, les Matelots vous portent à terre sur leurs épaules.

Je payai, en descendant à Bourbon, pour les sottises d'un Officier de Troupe. C'étoit un jeune homme d'une très-jolie figure, bienfait de sa personne, & qui ne le sçavoit que trop. Son air dédaigneux avoit quelque chose de rebutant. Plusieurs passagers qui vouloient le mortifier, engagérent deux Matelots à le plonger dans l'eau, lorsqu'ils le porteroient à terre. La commission fut exécutée ponctuellement: mais par une erreur dont je fus la victime, ces matelots me prirent pour M. l'Officier & m'étendirent proprement sur le sable, dans un endroit où il y avoit quatre pieds d'eau. Mon parti fut bientôt pris; je me relevai & gagnai le rivage en marchant dans l'eau. Heureusement j'étois en veste, & je fus le premier à rire du *qui pro quo*.

Nous passâmes dix-sept jours à Bourbon assez agréablement, & lorsque nous eûmes fait des vivres, & que l'Equipage parut en état, nous nous disposâmes à partir pour Pondichery.

Quelques jours avant que le Vaisseau mît à la voile, je reçus la visite de M. Delanux, ancien Conseiller de Saint Denis, & Correspondant de l'Académie des Sciences. Il m'enmena dans les montagnes à son habitation, où je fus fâché de ne voir qu'un Quart de cercle grossier, & une Pendule en mauvais état. Ce Sçavant me parla beaucoup contre les opérations Mathématiques que M. D'Après avoit faites à Bourbon : mais quoiqu'il parût se piquer d'exactitude, il étoit difficile que l'habileté qu'il pouvoit avoir d'ailleurs, suppléât à l'imperfection de ses instrumens.

PRÉLIMINAIRE. xxj

Le 11 Juillet nous fîmes voile pour Pondichery, l'Equipage renforcé d'une partie de celui du Rouillé, & nous mouillâmes devant cette Ville le 9 du mois fuivant. De la Rade Pondichery fe préfenta à moi fous un point de vûe très-intéreffant. Le Gouvernement qui dominoit la Fortereffe faifoit le plus bel effet du monde. A gauche paroiffoit la maifon de M. Delarche, Confeiller, & l'Eglife des Capucins, accompagnée de leur maifon, bâtiment fuperbe ; entre le bord de la Mer & la Fortereffe, étoit la Colonnade de Madras ; une fuite de maifons à galeries prolongeoit le refte de la Côte, & l'on voyoit dans l'enfoncement, derriere la Place, la Ville noire, mêlée d'arbres qui donnoient à cet enfemble un air de païfage & de grandeur qui flattoit agréablement la vûe. La Fortereffe feule me parut déplacée. Au Sud, à l'Oueft ou au Nord de la Ville elle auroit été propre à arrêter le premier choc de l'ennemi, ou à fervir de retraite : mais dans l'endroit où on l'avoit conftruite, elle n'étoit que de fimple ornement. Auffi en voyant deux de fes petits baftions métamorphofés en parterres, me rappellai-je les dehors de plufieurs Villes de Hollande, dont les Habitans paffionnés pour la paix, ont couvert les ouvrages avancés, les foffés, les remparts, de Jardins accompagnés de petits Belvedères qui forment le plus joli coup d'œil.

Je defcendis à terre le 10 Août 1755, fur les dix heures du matin, & me rendis fur-le-champ au Gouvernement. Je trouvai la gallerie remplie d'Officiers & d'Employés, revêtus d'habits où l'or & l'argent étoient prodigués. Du milieu de ce brillant cortege, s'élevoit un homme de près de fix pieds, maigre, en vefte blanche, & la tête furmontée d'un bonnet blanc, d'un pied de haut; c'étoit M. De Leyrit, Gouverneur Général des Établiffemens François dans l'Inde. Les Lettres que j'avois pour MM. Dupleix & Godeheu, fe trouvoient inutiles : mais, comme dans le cours de mes Voyages, je devois paffer à Bengale, M. Saint-Ard m'en avoit envoyé une pour M. De Leyrit qui commandoit à Schandernagor, lors de mon départ de Paris. Je lui préfente cette Lettre : il la lit ; & fans trop me regarder, *il faut voir*, me dit-il. Je lui explique en deux mots l'objet de mon voyage ; & pour toute réponse, il met la Lettre dans sa poche, & continue, en arpentant la galerie, la conversation muette qu'il a commencée avec deux Conseillers. Il faudroit être dans la situation où je me trouvai alors, pour concevoir ce qui se passa chez moi. Comme je n'étois, ni Employé, ni Militaire, personne ne se présenta pour me tirer d'embarras. Le Chevalier d'Agoult pour qui M. De Guignes m'avoit donné des Lettres, étoit mort. Je regagnai, la tête baissée, l'escalier du Gouvernement, attirant les regards de l'assemblée. Je le descendis, sans trop sçavoir ce que j'allois devenir. Alors ouvrant mon Porte-feuille, j'y trouvai une Lettre à cachet volant pour M. De Goupil, Commandant des Troupes. La premiere personne à qui je demandai où il demeuroit, me dit qu'il étoit en détachement ; il fallut encore dévorer cette couleuvre. Je me rendis néanmoins chez lui, & j'eus le bonheur de l'y trouver. L'accueil poli qu'il me fit, me remit un peu les esprits : il me présenta à son Épouse, jeune Dame de dix-huit ans, & me dit qu'il me regardoit comme son fils, la Lettre que je venois de lui remettre lui recommandant d'avoir pour moi tous les égards, & de me rendre tous les services qui dépendroient de lui. Il me donne en même tems un de ses Palanquins [1], & nous nous rendons ensemble dans la mai-

---

[1] Le Palanquin, la voiture la plus commode de l'Inde, est composée de trois parties principales, la caisse, la toute & le bambou. La caisse est une espece de lit formé d'un cadre de canne, entouré d'un bord de bois, garni aux quatre coins en or ou en argent. Ce bord s'éleve de quatre à cinq pouces au-dessus du cadre, & est quelquefois couvert de nacre de perle, d'yvoire & de morceaux d'ébenne en placage. La caisse est soutenue par quatre pieds terminés en griffes de Tigre, aussi revêtus d'or. Le cadre est garni d'un matelas de velours, accompagné de deux oreillers de même étoffe, avec des glands & quelquefois des broderies ou du galon sur les coutures. A chaque bout de la caisse sont deux bâtons mis en sautoir, qui tiennent par des vis aux pieds & au bord. Ces bâtons, dans l'angle supérieur que forment leurs extrémités, reçoivent les deux bouts du Bambou qui posent dessus horisontalement.
Le Bambou est une espece d'arbre ou de roseau, dont le bois est souple & fort, & qui vient assez haut. Des palissades faites de cet arbre sont de bonne défense, parce que le canon n'y fait que son trou, sans les enflammer. Pour courber le

PRÉLIMINAIRE. xxiij

fon de Madame Des Jardins, fa Belle-Mere, chez qui fa famille étoit raſſemblée.

J'y vis les perſonnes les plus reſpectables & les plus qualifiées de la Colonie. Les honnêtetés que je reçus, me firent bientôt oublier mes premieres inquiétudes : la jour-

VOYAGE aux Indes Orientales, I. Partie.

Bambou, on ajuſte deſſus, lorſqu'il eſt jeune, un moule, le long duquel il croît dans la forme qu'on veut lui donner. Celui dont la courbure approche le plus du demi-cercle, eſt le plus cher (il y en a qui vont à cinquante pagodes) & cette courbure doit être de la longueur de la caiſſe. Les Bambous de Palanquin peuvent avoir dix à douze pieds de long, & trois à quatre pouces de diametre. On les enveloppe d'une toile gaudronnée, que l'on couvre dans les Colonies Européennes, d'un cuir de bœuf épais, couſu à double couture. Le Bambou, aux deux endroits où il poſe ſur la caiſſe, eſt percé d'un trou que traverſe une pointe de fer d'un demi pouce de diametre, arrêtée en deſſus par une fiche de même métal, & qui porte quelqu'ornement en argent ou en cuivre doré, par exemple, un ananas, lorſque c'eſt le Palanquin d'un Nabab. Cette pointe, deſſous le Bambou, eſt terminée par deux S, dans leſquelles paſſent les cordons de ſoie ou de coton qui attachent le Bambou à la caiſſe. Les deux extrêmités du Bambou entrent dans des eſpeces d'embouts d'argent ou de cuivre doré, qui, dans les Palanquins des Nababs, ont la forme d'un muſle de bœuf.

La partie courbée du Bambou eſt couverte d'une étoffe de ſoie de la même couleur que les oreillers, & porte un petit matelas long, plat, de la même étoffe & de la même couleur, attaché au Bambou avec un cordon de ſoie. C'eſt ſur ce matelas que poſe la tente, qui eſt comme le ciel de cette eſpece de lit. Cette tente eſt de coton piquée, & traverſée dans la largeur par des Bambous plats, à-peu-près comme les corſets des femmes le ſont par des baleines : le deſſus eſt de ſoie ou de drap, & ordinairement jaune, bleu ou rouge ; le dedans eſt de la même étoffe, ou d'une ſoie de la même couleur que le matelas. Les deux dernieres traverſes de la tente entrent dans les pointes de fer qui ſont au bas de la courbure du Bambou, & leurs extrêmités ſont attachées avec des cordons de ſoie aux quatre coins de la caiſſe. Les bouts de toutes ces traverſes ſont quelquefois garnies en argent ou en cuivre doré.

Au milieu du Palanquin pend un gros gland de ſoie ; & quelquefois le Bambou, le long de la courbure intérieure, eſt garnie de petites boſſettes d'argent, mêlées de glands de ſoie, le tout de la couleur du matelas.

Un Palanquin ſimple, c'eſt-à-dire en étoffe commune & ſans garnitures, revient neuf à cent ou cent-vingt roupies. Celui dont je viens de donner la deſcription coûteroit plus de ſix cens roupies. Il y en a de mille & de deux mille roupies.

Les Anglois ont des fauteuils dans leurs Palanquins, & s'y tiennent aſſis : les François y ſont couchés, & pratiquent quelquefois à un des bouts du cadre une petite cave, pour les proviſions de Voyage.

Le bout le plus court du Palanquin eſt en devant, & porté par deux *Beras*, que l'on nomme *Boys* à la Côte (c'eſt-à-dire, *Garçons*, *Serviteurs*, en Anglois). Le long bout eſt par derriere, & porté par trois *Beras*. Le ſixiéme *Bera* accompagne en courant, & porte à ſon tour. En Voyage, il faut huit *Beras*, & quelquefois douze.

née se passa dans les plaisirs ; & ces commencemens me firent augurer favorablement des suites de mon entreprise.

M. De Goupil me donna une chambre dans sa maison, sa table, & son Épouse voulut bien se charger de me faire chercher ce dont j'avois besoin dans un climat si différent de celui que j'avois quitté. Enfin je fus regardé comme une personne de la famille ; & j'avoue, avec la reconnoissance la plus sincere, que, si j'ai réussi dans quelques-uns de mes projets, je le dois à ces soins obligeans qui m'ont mis à portée de faire des connoissances utiles, & de m'occuper de mon objet avec une liberté que je n'aurois pas eue, s'il avoit fallu en arrivant songer à mon petit nécessaire. Au reste, je ne suis pas le seul qui aie des obligations réelles à M. De Goupil : on trouvera dans l'Inde peu d'Officiers auxquels il n'ait rendu des services importans, dont il n'ait avancé la fortune, & qui ne se louent de l'accueil qu'ils recevoient de sa maison qui étoit comme le rendez-vous des honnêtes gens.

Mon arrivée & le sujet de mon voyage firent quelque bruit dans un Pays où l'on ne voyoit que des personnes attirées par l'amour du gain, par le desir de réparer les débris de leur fortune, ou obligées en quelque sorte de s'expatrier pour étouffer les suites d'une conduite trop déréglée pour l'Europe. On eut même la curiosité de me venir voir. Mais, si ma jeunesse & la blancheur de mon visage parurent intéresser pour le moment en ma faveur, je puis dire que ces foibles avantages me nuisirent réellement dans l'esprit de ceux qui pouvoient seconder mes desseins. L'objet qui m'amenoit dans l'Inde, parut en lui-même beau, mais peu important ; &, si l'on me fit la grace de ne me pas regarder comme un joli Imposteur qui s'étoit servi de ce prétexte pour venir dans cette Contrée tenter fortune, on crut d'un autre côté que le même coup de Soleil, qui feroit disparoître les roses de mon teint, dissiperoit mes premieres idées. Je vis ces nuages se former, & je n'en fus pas effrayé. Sans affecter un caractere austere qui m'auroit fait passer pour dédaigneux, je tâchai d'allier les plaisirs, qui me prévenoient en quelque sorte, avec l'exécution de mon plan.

Mais

PRÉLIMINAIRE.

Mais il falloit d'abord avoir un revenu fixe; car, de fortune, je voyois bien qu'à peine toléré, je ne devois pas en attendre. M. De Leyrit, l'homme du monde le plus tranquille, & de crainte sans doute de charger inutilement la Caisse de la Compagnie, fut quelque tems sans me donner de réponse satisfaisante.

Mes petits fonds cependant s'épuisoient. Dans l'impatience de remplir l'objet du voyage que je venois faire, je représentai vivement ma situation au Gouverneur, ajoûtant que, s'il ne jugeoit pas à propos de regler mon sort, j'étois déterminé à repasser en Europe par le Vaisseau qui m'avoit amené. M. De Leyrit, naturellement obligeant & instruit de la conduite que je tenois, prit sur lui de fixer mon revenu à soixante-cinq roupies par mois; ce qui faisoit à-peu-près 1900 livres par an; ajoûtant de cette maniere 1400 livres à ma pension de 500 livres. Il me promit même d'engager la Compagnie à l'augmenter.

Tel est le revenu que j'ai touché dans l'Inde, jusqu'en 1760, que M. De Leyrit le fit monter à cent roupies par mois (2880 livres par an), à cause des Destours Parses que j'étois obligé de payer, des frais de voyage & autres dépenses dans lesquelles je me trouvois engagé : & quoique ce revenu ne m'ait donné que l'étroit nécessaire, je dois reconnoître l'obligation que j'ai à la Compagnie d'avoir approuvé la conduite du Gouverneur à mon égard; car je n'ai jamais été d'aucune utilité aux Comptoirs François de l'Inde.

Il est vrai qu'en supposant une déclaration de guerre, j'aurois pu servir l'État utilement. Pour cela, il eût fallu rester à Pondichery; M. De Leyrit m'y engageoit; plusieurs personnes me montroient en perspective la fortune d'un Conseiller, qui, par le Persan moderne, avoit trouvé le moyen, en qualité d'Interprête, de gagner plus de quatre Lacs (plus d'un milion). Mais suivre ce parti, c'eût été renoncer à mes voyages dans les terres, aux Découvertes que je voulois faire. D'ailleurs le personnage mercenaire & comme instrumental d'Interprete, ne s'accordoit pas avec la liberté de mon caractere.

Tome I.   *d*

DISCOURS

Lorsque mon revenu eut été fixé, contre l'espérance de mes propres amis, je commençai le Malabar avec un Chrétien Noir que me donna le Pere Lavaur. Dans mes momens de loisir, je parcourois les rues Malabares, j'allois voir les Pagodes, j'assistois aux Fêtes du Pays. Je voulus même connoître la nature du chant Malabar. Pour cela, je fis venir chez moi trois des plus habiles Chanteurs de Pondichery. L'un chanta haut, l'autre bas, sans harmonie, & toujours sur quatre à cinq notes, répétant pendant des heures entieres le même air, à peu-près comme un refrein fort court. Ces Peuples n'ont aucune idée des accords. Leur chant commence par un bourdonnement sourd & fort bas, après lequel ils éclatent.

Mais toutes ces excursions, semblables à celles d'un homme qui se jette dans vingt routes, parce qu'il ignore la voie qui doit le conduire au but, me prenoient du tems, & m'instruisoient peu. Voyant que le Persan moderne étoit la Langue la plus étendue de l'Asie, qu'on le parloit dans tous les endroits où la différence des idiomes ou plutôt des dialectes, rendoit la connoissance du Malabar de cette côte insuffisante, j'en fis l'objet de mes études, sans négliger cette derniere Langue. Le Maître que je pris pour le Persan ne sçavoit, ni François, ni Portugais. Les premieres leçons se passerent en signes ; je lui montrois les objets; j'écrivois ensuite les noms qu'il leur donnoit ; je répétois ces noms. De cette maniere je me fis un jargon qui, en trois mois, me mit en état de me faire entendre, quoiqu'assez mal : pour lui, il n'apprit pas avec moi vingt mots de François.

Mon dessein, après m'être rendu le Persan familier, étoit d'aller dans les terres me former au Malabar, visiter les Brahmes, & apprendre le Samskrtan, près de quelque Pagode célebre. Un retour sur moi-même me fit hâter l'exécution de ce plan.

Je commençois déja à regretter le tems que les plaisirs de Pondichery déroboient aux études sérieuses qui pouvoient seules faire réussir mes projets ; ma premiere ardeur s'affoiblissoit : & en effet, comment auroit-elle tenu

PRÉLIMINAIRE.

contre le genre de vie que l'on mene dans les Colonies! En général, on y voit peu de personnes occupées sérieusement de leur état. A peine donne-t-on quelques heures le matin au Banian que l'on a chargé de l'achat ou du débit des marchandises. Un bal, une partie de jeu retardera le chargement ou le départ d'un Vaisseau, la conclusion d'un marché d'un million. L'Employé paroît dans les Bureaux depuis huit ou neuf heures du matin jusqu'à midi, & l'on en voit peu s'y présenter l'après-dinée. Aussi plusieurs graves Conseillers me remontrerent ils que l'application étoit dangereuse après le repas. Heureusement je n'ai point eu égard à leurs avis. Avec plus de docilité, mes travaux n'eussent pas été finis lors de la prise de Pondichery.

La vie molle des hommes tient beaucoup de celle des femmes: mais celles-ci ne font que suivre les impressions qu'elles ont reçues dans l'enfance. La plûpart dans cet âge tendre, sont presque abandonnées au soin des Mosses, Esclaves Noires, qui leur donnent quelquefois la connoissance de tous les plaisirs, & les nourrissent dans une paresse & une langueur qui leur permettent à peine l'usage de leurs membes. Dès que leur corps commence à se former, l'encens des Inutiles qui parcourent journellement les maisons, est un nouveau poison qui en fait de petites Divinités: toute leur ambition est d'avoir des Adorateurs; & lorsqu'elles sont mariées, le soin de leur ménage n'est pas toujours ce qui les attache le plus. Leurs actions journalieres se réduisent à-peu-près à celles-ci. A neuf ou dix heures on sert le déjeûné; ensuite la Maîtresse de la maison, une table garnie de tasses devant elle, préside jusqu'à une heure au cercle des Visitans qui se renouvelle continuellement, & n'a autre chose à faire, que de leur verser du thé. Le dîné est suivi de la *Sieste*, espece de seconde nuit qui dure jusqu'à quatre heures; on s'y déshabille, on s'y couche. Depuis cinq heures jusqu'à huit heures, recommence le service du thé, qui souvent fait toute la conversation; car les Vaisseaux d'Europe une fois partis, on n'a plus rien à dire, à moins que l'amour n'ait occasionné quel-

VOYAGE aux Indes Orientales, I^e. Partie.

qu'avanture, sur laquelle les Victimes de ce Dieu seront les premieres à plaisanter. Pendant le reste de la journée, les Dames s'amusent à mâcher du Betel, qui, disent-elles, leur fortifie l'estomac. Les fruits acides, les Caris poivrés, le Chili verd, enfin tout ce qui met le feu dans le corps fait le fond de leur nourriture; & lorsque les Européens ont passé quelques années dans ces climats brûlans qui énervent la Nature, ils vivent à-peu-près de la même maniere.

Cette vie est diversifiée par le jeu, par les bals, par les fêtes qui se donnent dans des Jardins hors des Villes, & où regne la plus grande profusion; par des Actes de Dévotion, comme les Neuvaines des Jésuites à Oulgarey près de Pondichery où la multitude de Noirs dont l'odeur infecte l'Eglise, est aussi dégoûtante, que le spectacle des Palanquins dorés, qui remplissent les Jardins & les Avenues, est agréable à la vûe. Ces Neuvaines se terminent souvent par de petits repas champêtres, où regne un air d'aisance & de gaieté, qui souffle le poison de l'amour dans les cœurs les plus insensibles.

Il étoit temps que je quittasse Pondichery. J'y recevois l'accueil le plus gracieux ; des chaînes plus aisées à prévenir qu'à rompre, commençoient à m'y attacher fortement. Je songeai en conséquence à précipiter mon départ.

Schirengham, Schalembron & Gengy m'offroient également la retraite après laquelle je soupirois. Mais pour me rendre à l'un des deux premiers endroits, j'avois besoin de secours d'argent sur lesquels je ne pouvois pas compter. La proximité & une circonstance favorable me déterminerent pour le troisiéme.

M. de Goupil ayant été nommé Commandant d'un détachement considérable que l'on envoyoit au secours du Nabab de Velour, je partis brusquement de Pondichery, & suivis l'armée jusqu'à Gengy. Mon Domestique me rejoignit à Tirvikarey avec une malle qui renfermoit quelques Livres, un étuy de Mathématiques & le peu de linge dont j'avois besoin pour le séjour que je voulois faire dans les terres; mon projet étant de ne plus retourner à Pondichery.

PRÉLIMINAIRE. xxix

Tirvikarey est une Aldée dont la Pagode est célebre dans le Pays. Cette Pagode est un grand Bâtiment à trois enceintes, séparées par des cours ; le Sanctuaire est dans la troisiéme enceinte. Je ne pus entrer que dans la premiere, où je vis le Lingam sur lequel les jeunes Brahmines perdent leur virginité. Cette enceinte renferme plusieurs chambres obscures, occupées par des Brahmes. La piramide qui étoit sur la porte, attira particulierement mes regards. Cette piramide est à plusieurs étages, & si haute, qu'une bále de fusil pouvoit à peine porter à la pointe. Elle ne differe pas, pour la forme de celles de la Pagode de Schalembron, dont M. le Comte de Caylus a donné la description dans les Mémoires de l'Académie des Belles-Lettres. A gauche de la Pagode de Tirvikarey est un grand Talaw (ou étang) de plus de vingt toises en quarré, garni tout autour de marches de pierre qui vont en talus jusqu'au fond, & se réunissent à un petit Pagotin qui est au milieu. On rencontre souvent dans les terres de ces grands Étangs qui servent aux purifications. Il y en a qui ont coûté plus de cinq cens mille livres à construire. Les Indiens riches font ces dépenses pour perpétuer leur nom, ou pour expier quelque faute considérable.

J'arrivai à Gengy, qui est environ à quinze cosses de Pondichery, le 2 Février 1756, le visage brûlé par plusieurs coups de Soleil, & les yeux couverts d'écailles qui me permettoient à peine de les ouvrir : j'avois fait la route à cheval & dans le fort de la chaleur.

M. Legris commandoit dans ce Poste. J'avois eu occasion de le voir à Pondichéry : il me reçut avec toute la politesse, & eut pour moi tous les égards que je pouvois attendre d'un galant homme & d'un ami de M. de Goupil. Il écrivit même à M. Deleyrit, pour l'engager à augmenter mes appointemens. Sa Lettre n'eut pas plus d'effet que les miennes. J'étois parti sans faire d'adieux, sans prendre même congé du Gouverneur, pour éviter les remises, & cette démarche n'avoit pas été approuvée. Il fallut donc me borner à mes appointemens, & me résoudre à vivre de lait, de riz & de légumes, pour être en état de

VOYAGE aux Indes Orientales, I^e. Partie.

T. XXXI. Histoire. p. 45.

fournir, par mes épargnes, à l'achat des Livres & au payement des Brahmes, dont je comptois me rendre le Disciple.

Je ne m'arrêterai pas ici à donner la description de Gengy; plusieurs Ouvrages * ont déja parlé de cette Ville célebre.

J'employai les premiers jours à parcourir les montagnes de Gingy, qui sont remplies de Tigres. La principale de ces montagnes est fort haute, & comme surmontée d'une croupe en pain de sucre, sur laquelle est une espece de Fort, dans lequel il y avoit alors quatre Soldats commandés par un Sergent. Cette croupe communique au corps de la montagne par deux grandes poutres attachées en forme de pont avec des chaînes de fer.

Je fis ensuite de petits voyages aux environs de Gengy & à plusieurs cosses de cette Place. J'eus occasion dans ces courses d'admirer la fertilité du Pays, qui étoit tout couvert de nelis. Les champs, dans cette Contrée, sont coupés par des rigoles dans lesquelles on fait couler l'eau des puits ; un seul homme suffit pour ce travail. A côté du puit, qui est peu profond, s'éleve une piece de bois sur laquelle pose une bascule. A un des bouts de cette bascule est le seau, & à l'autre, un gros tronc d'arbre. Un homme debout, au centre de ce lévier, avance le pié droit du côté où est le seau, & pesant sur le bout de la bascule, fait descendre le seau dans le puits; retirant ensuite le pied : il reprend sa premiere situation : alors le tronc d'arbre fait baisser la bascule de l'autre côté, & éleve le seau, qui accroché à l'ouverture du puit par un morceau de fer, verse lui-même son eau. Pour se desennuyer dans ce travail, le Paysan chante à chaque seau, un, deux, trois &c.

La coûtume de chanter en travaillant est encore générale aux deux Côtes parmi les *Maquois* ou Mariniers. Ils laissent tomber leurs rames en cadence, & les relevent de même au son de quelques mots qui forment une espece d'air : au quatrieme ou cinquieme coup, le Chef reprend sur un ton un peu plus haut, pour les ranimer. Quand il faut ramer vîte, le chant est plus précipité ; & cette espece d'harmonie charme en quelque sorte leurs peines & leurs

VOYAGE aux Indes Orientales, Ie. Partie.
Mém. de M. de Bussy. (1764) p. 9. Hist. des guerres de l'Inde, trad. fr. T. I. p. 329, 330; en Angl. in-4° p. 155. Mém. du Col. Lawrence, trad. Fr. T. I. p. 74.

PRÉLIMINAIRE.

ennuis. Comme le commencement de l'air en amene naturellement la fuite, le fecond coup de rame fuccede de même au premier, pour ainfi dire, machinalement : auffi s'apperçoit-on à peine du mouvement de leurs membres, tant il eft régulier.

Je rencontrai fur la route de Gengy à Vandavafchy, plufieurs petites Chaudris (on les nomme Saraïs dans le Bengale). Ce font de petits Bâtimens qui n'ont que le rez de chauffée exhauffé de deux ou trois pieds, & qui renferment quelquefois plufieurs chambres : celle du milieu eft la plus grande; elle eft toute ouverte pardevant. A côté, endehors, eft une efpece d'apui pour foulager ceux qui font chargés. Ces Bâtimens font ordinairement accompagnés d'étangs ou de cîternes. Les Voyageurs s'arrêtent dans ces endroits, fans rien payer. On y rencontre quelquefois des Marchands de fruits; mais le plus sûr eft de porter avec foi fes provifions.

Mon deffein, après avoir pris une connoiffannce générale du Pays, & m'être un peu accoutumé au climat, étoit de me retirer dans l'Aldée de Gengy, ou à Polour dont le Kelidar étoit de nos amis, pour m'y livrer plus librement à l'étude de Livres Indiens; mais la fievre m'arrêtant au commencement de ma carriere, déconcerta tous mes projets. Ce fut à Outremalour, Aldée renommé pour les feuilles de Betel, que j'en reçus les premieres atteintes. M. Pacot, ami de M. de Goupil, & l'un des plus braves & des plus honnêtes Officiers de l'Inde, commandoit dans ce Pofte. Ses foins obligeans me donnerent quelque foulagement : mais un fecond accès fit foupçonner la nature du mal. On me ramena à Gengy où la maladie fe déclara. C'étoit la fievre qui porte le nom de Gengy. Cette maladie eft très connue à la Côte, & paffe pour être contagieufe. On croit qu'elle eft occafionnée par les exhalaifons des minéraux & des métaux que renferment les montagnes de Gengy. La plûpart de ceux qui y vont en détachement, Soldats ou Officiers, en font ordinairement attaqués; & les Noirs l'ont comme les Blancs. Mon Dobachi, deux jours après mon arrivée, tomba prefqu'à mes

Voyage aux Indes Orientales, Ie. Partie.

côtés, saisi de ce mal, & pensa en mourir. Le Chirurgien du Détachement qui en avoit été attaqué comme les autres, me dit que cette fievre n'étoit pas dangereuse, lorsqu'elle étoit soignée dans le lieu. Selon les tempéramens, elle laisse sur le visage un teint livide qui décele un venin subsistant toujours dans les veines, & est quelquefois suivie de la Basse, grosseur qui se forme dans le côté: l'on voit même des personnes, après plusieurs années de guérison, en avoir de tems à autre quelques accès. J'avois eu l'attention, depuis que j'étois dans cette Contrée, de me retrancher le vin, & de ne boire que de l'eau bouillie. Mais les coups de Soleil & les fruits du Pays, les figues entr'autres qui renferment un acide très mordant, fermentant dans mon corps avec le mauvais air, rendirent mes précautions inutiles.

Arrivé à Gengy, on n'eut que le tems de me mettre au lit. Une colique affreuse me faisoit souffrir des douleurs incroyables, qui me donnerent une espece de transport. Je passai trois jours dans cet état, sans pouvoir rien avaler; cependant à force de petits remedes émolliens, je rendis une cueillerée d'humeur noire & recuite, & la crise cessa. M. Legris qui craignoit pour ma vie, prit de moi tous les soins que l'humanité & l'amitié pouvoient lui suggérer. Le Chirurgien ne me quitta point. Lorsque je me sentis plus tranquille, je pris le parti de me faire transporter à Pondichery. Je partis de Gengy le 10 Février à cinq heures du soir bien enveloppé dans mon Palanquin, & arrivai dans cette Ville à six heures du matin. La route ne m'avoit pas fatigué. Je descendis chez Madame de Goupil, où l'on m'avoit préparé une Chambre. Le lendemain, la fievre me reprit, précédée d'un frisson de deux heures, si violent, que dans le fort de la chaleur je tremblois de froid, avec deux matelas sur le corps. Le frisson fut suivi d'une sueur de huit heures, qui m'affoiblit au point que ma tête n'y étoit plus. La fiévre étoit quarte, on la rendit tierce, & ensuite quotidienne. Le Quinquina, les saignées & les Apozêmes la diminuerent considérablement, & au bout de vingt jours je fus à-peu-près hors d'affaire.

Tandis que j'étois sur le lit je reçus une Lettre du P.
Boudier,

PRÉLIMINAIRE.

Boudier, Jésuite du Bengale; il m'envoyoit la longueur du Pendule qui battoit les Secondes à Schandernagor. Cette Lettre, qui étoit très polie, & renfermoit des offres de service, me donna quelqu'envie d'aller à Bengale. Huit jours après je reçus de ce Missionnaire une seconde Lettre, dans laquelle il corrigeoit les calculs de la premiere ce; qui me fit soupçonner que la tête du bon Pere commençoit à s'affoiblir.

Le vin est absolument défendu aux fiévreux de Gengy. Mais, comme quand il n'est question que de m'incommoder, je ne sçai rien refuser à mes amis, je me laissai aller à un repas qui se donnoit dans la famille de M. de Goupil. J'y bus quelques verres de vin, & la fievre me reprit. Le fort du mal passé, je résolus de quitter la Côte pour changer d'air, & de m'embarquer pour le Bengale. Ce voyage ne fut pas approuvé; malgré cela, M. De Leyrit voulut bien me donner des Lettres pour le Directeur de Schandernagor; & le Pere Lavaur, qui avoit de l'amitié pour moi, me recommanda fortement aux Jésuites de ce Comptoir.

Le Vaisseau l'*Indien* sur lequel j'étois, mit à la voile le premier Avril 1756. La fievre me reprit le jour même que je me rendis à bord; &, comme je n'avois embarqué ni matelas, ni couverture, les planches de ma chambre me servirent de lit jusqu'au quinze Avril que nous mouillâmes à Goulpil, dans les bancs qui sont à l'embouchure du Gange. Je quittai alors le Vaisseau, & remontai ce fleuve dans la Penisse, pour arriver plus promptement à Schandernagor. Mais un nouvel accès de fievre m'obligea de descendre à Bernagor, à quelques cosses de Folta, premier Fort du Nabab de Bengale au bas du Gange.

Bernagor est connu pour les Baftas & autres étoffes soie & coton, qui s'y fabriquent. Ce Village est peuplé de Chrétiens Noirs, qui autrefois dépendoient des Portugais, & qui lorsque j'y passai étoient sous la protection des Hollandois. La plûpart des maisons sont des lieux de débauche. La plus considérable étoit alors celle de Catau. Au haut de la porte on voyoit une croix, à droite en entrant une chapelle dédiée à la Vierge, & à gauche une à saint Antoine.

Le dedans étoit partagé en petites cellules fort propres, garnies chacune d'un lit à Mouſtikaire, & remplies dans la ſaiſon de fleurs odoriférantes. Deux Chirurgiens noirs veilloient à la ſanté des Habitantes du lieu, & toute la maiſon étoit ſous la direction de Catau, que l'on diſoit riche de ſoixante mille roupies.

Ce fut chez cette femme que l'on me conduiſit, comme dans l'endroit où je ſerois le mieux ſoigné. En effet, on m'y prépara ſur le champ un lit. Catau ſe mit à mes côtés avec deux de ſes filles, & leur occupation pendant cinq heures que dura l'accès de ma fiévre, fut de me donner du Thé & de la Sauge. Enchanté de l'humanité de ces pauvres victimes de la débauche, je les récompenſai largement, & elles me reconduiſirent en troupe à la Peniſſe, enveloppé dans une couverture, faiſant mille vœux pour le prompt rétabliſſement de ma ſanté. J'ai appris depuis que ſur la fin de 1756, les Maures, en marchant contre Kalkuta, avoient détruit cet Établiſſement & diſperſé le troupeau.

J'arrivai à Schandernagor le Jeudi Saint, 22 Avril, exténué par la fiévre, & allai ſur le champ au Gouvernement ſaluer le Directeur, à qui je remis les Lettres de M. de Leyrit. Je n'en reçus que des complimens vagues; & même, ſans pitié pour l'état dans lequel il me voyoit, il continua de ſe promener dans la Galerie avec un Conſeiller, me laiſſant ſeul dans le plus grand embarras. Tout foible que j'étois je me traînai, dans le fort de la chaleur, à la Maiſon des Jéſuites, les ſeuls pour qui j'euſſe des Lettres. La plûpart étoient à l'Office ou occupés aux autres fonctions de leur miniſtere. Je m'adreſſai au P. Mauri, & lui demandai où étoit le Supérieur, le P. Mozac: il eſt à l'Egliſe, me dit-il. Mais mon Pere, ajoutai-je, ne pourrois-je pas avoir l'honneur de lui parler? Dans trois heures, répond le P. Mauri, en me fermant ſa porte. Je ne pus tenir contre une pareille réception; je me laiſſai tomber ſur un méchant fauteuil qui étoit à la porte de ſa chambre. Ma chûte l'effraya: n'êtes-vous pas, me dit-il en me regardant de près, M...... Oui, lui dis-je, mon Pere, & je comptois, dans l'état que vous voyez

PRÉLIMINAIRE.

peint fur mon vifage, trouver chez vous plus d'humanité. Le P. Mozac & le P. Boudier vinrent fur le champ me trouver, & réparerent par des politeffes effectives la dureté de leur Confrere. J'avois befoin de leur fecours ; & je ne fçai réellement, n'étant ni Militaire ni Employé, ce que fans eux je ferois devenu. Ils avoient eu l'attention de prévenir le Directeur à mon fujet, & même de me louer une chambre dans laquelle le P. Boudier me conduifit. Je reçus aufli un Domeftique de leur main, & le Chirurgien Major qu'ils informerent de ma fituation fe rendit fur le champ chez moi. Je lui expliquai la nature de ma fiévre ; il vint me voir régulierement tous les jours : mais une obfervation que je fis fur les fymptômes de ma maladie, me mit dans le cas de me paffer de fes remedes. J'avois remarqué que le Caffé diminuoit le violent friffon par lequel commençoit l'accès de ma fievre. J'en pris en conféquence tous les matins trois ou quatre taffes. Ce petit manége dura quinze jours, après lefquels la fievre ne reparut plus : mais j'eus à la place des dartres, que je réfolus de guérir aufli à ma maniere.

Cependant, dans les intervalles que le mal me laiffoit, je voulus mettre quelqu'ordre à mes affaires : j'allai en conféquence trouver le Directeur, & le priai de regler ce qui concernoit mes appointemens. Mes repréfentations furent inutiles. Je les réïterai plufieurs fois, & le Directeur me dit fechement qu'il n'avoit pas les Lettres de M. de Leyrit qui lui parloient de moi. Quant aux Interpretes de la Compagnie que je le priois d'engager à m'aider dans mon projet, fa réponfe fut qu'ils n'étoient pas faits pour fervir les Particuliers. Ainfi je fus obligé de m'adreffer à mes amis pour avoir un Maure qui vint parler Perfan avec moi, & de vivre pendant deux mois à leurs dépens. Je crus devoir inftruire M. de Leyrit de la conduite du Directeur de Schandernagor à mon égard ; enfin, foit que ce dernier eut reçu de nouveaux ordres, ou que mes demandes lui paruffent plus juftes, il regla mes appointemens fur le même taux qu'à Pondichery. Ma jeuneffe, le peu de réalité que préfentoient mes pro-

VOYAGE aux Indes Orientales, I^e. Partie.

jets, & la conduite d'un Particulier, qui sous des prétextes à peu-près pareils, avoit dépensé, disoit-on, vingt à trente mille roupies à la Compagnie; telles furent vrai-semblablement les causes des difficultés que j'éprouvai de la part du Directeur de ce Comptoir.

Ces procédés me dégoûterent absolument de la Colonie de Schandernagor; je n'y fis aucune connoissance particuliere. A peine allois-je dans une ou deux Maisons. Je passois mon tems à traduire des Livres Persans, à me promener dans les dehors qui étoient charmans, à converser avec les Bengalis. J'allois partout, aux Pagodes, chez les Ouvriers; j'examinois leurs outils, j'en écrivois les noms.

Un jour mon Domestique me dit qu'une femme noire venoit d'accoucher, à une demi-heure l'un de l'autre, de deux enfans, qui ensuite étoient morts. J'allai les voir. Ils avoient un pié de long, étoient rouges; celui qui étoit né le premier avoit déja les jointures un peu noires, ainsi que le col, le nombril, les parties naturelles & le bord des ouvertures. Ce changement arrivé en une demi-heure (l'autre étoit simplement rouge) me confirma dans l'idée où j'étois, que la différence des noirs aux blancs ne venoit que de la chaleur plus ou moins grande du climat, de la peau plus ou moins dense, de la transpiration plus ou moins forte. En effet, à Pondichery les hommes sont d'un noir d'Ebene; & ils ont le dedans de la main blanchâtre, ainsi que le dessous des pieds, où la peau est plus compacte & moins exposée au Soleil. En remontant au Nord, à Mazulipatan, on trouve le noir moins foncé; à Bengale la peau est d'un jaune pâle; plus au Nord, à Patna, le blanc pâle devient commun. Du reste, les Indiens ont les mêmes traits que les Européens, de grands yeux, de belles dents, les cheveux longs, le nez bien fait & un peu allongé, la taille bien prise, le pied long, & le poignet beaucoup moins large que celui des Européens. La plûpart ont les genouils arqués en dehors, comme un archet de basse. On prétend que ce défaut vient des nourrices ou des meres, qui les portent comme à cheval sur leurs hanches; mais je l'ai remarqué dans des enfans

PRÉLIMINAIRE.

qui ne faifoient que de naître. Les Créoles, les Cafres mêmes, que leurs nourrices portent auſſi fur les hanches, ne l'ont pas, ou du moins ne l'ont que rarement ; je me rappelle qu'allant à la chaſſe à Sant-Jago, je rencontrai dans les montagnes un Cafre & une Cafrine entierement nuds, parfaitement bien proportionnés, au viſage près, & dont la jambe, en particulier, me parut d'un modele achevé : mais les François nés d'un pere blanc & d'une mere de ſang Indien, ont dans le corps les mêmes défauts que les Indiens. Chez eux, les jointures, les parties naturelles tirent ſur le noir ; enfin, tout ce qui dans les corps des Européens eſt rouge, eſt d'un rouge bleu pâle ou preſque noir dans ceux qui ſont de ſang Indien. J'ai même eu occaſion de remarquer dans la traverſée les changemens que la chaleur produit relativement aux corps qu'elle affecte. Nous avions dans le Vaiſſeau le fils d'un Conſeiller de Pondichery dont la mere étoit de ſang noir, & deux François qui avoient déja ſéjourné long-tems dans les Indes. Lorſque nous eûmes paſſé quinze jours dans les climats chauds, l'Indien reprit ſa couleur natale, devint d'un brun preſque noir, & le teint des deux Européens approcha beaucoup plus du ſien, que celui des autres paſſagers, qui ne firent que ſe hâler. D'après ces obſervations, je penſe que deux Noirs tranſportés dans le Nord, à la quatriéme ou cinquiéme génération perdroient entierement leur couleur.

Je reprends la ſuite de mon Voyage. Déterminé à quitter Schandernagor, où, peut-être par la faute de mon caractere ſingulier pour le Pays & en général peu liant, je ne voyois pas même apparence de ſecours dans mes projets, où même je perdois mon tems & ma ſanté, j'écrivis à M. Law, Conſeiller des Indes, qui étoit Chef à Caſſimbazar. La réponſe qu'il me fit me confirma ce que le P. Lavaur m'avoit appris de ſa politeſſe, de ſon caractere obligeant & de ſon goût pour les Lettres. Je formai dès-lors le deſſein d'aller à Caſſimbazar, pour de-là me rendre à Benarès. C'étoit dans cette Ville que je voulois me livrer à l'étude du Samskretan. Quoique je la ſçuſſe ruinée & dépeuplée par des guerres continuelles, je comptois y trouver encore quelques-uns de ces Brahmes, dont les Ecoles l'ont rendue si célebre. Au cas que mon projet ne pût pas avoir lieu de ce côté là, le P. Mozac m'avoit parlé d'un endroit peu éloigné de Caffimbazar, où il avoit appris le Samskretan. Plusieurs Brahmes habiles l'habitoient; & je pouvois sans beaucoup de frais y faire un assez long séjour.

Enfin, pour ne négliger aucun moyen proche ou éloigné tendant à l'exécution de mon plan, j'envoyai à M. Le Verrier, chef du Comptoir François de Surate, deux lignes écrites en caractéres Zends, accompagnées de la traduction que j'en avois faite.

Telles étoient mes occupations dans les intervalles de ma fievre, & lorsque les dartres commencerent. Bientôt elles se multiplierent; c'étoit le caffé qui en brûlant le principe de la fievre, avoit occasionné chez moi cette effervescence. Pour les chasser par les contraires, je me baignai pendant vingt jours à l'eau froide, & les dartres disparurent. Mais mon estomac affoibli par ces bains frequens, perdit une partie de son ressort; &, après plusieurs petites incommodités dont on ignoroit la cause, la dyssenterie se déclara. Mes amis, touchés de me voir abandonné à la discrétion d'un Domestique, crurent que je serois mieux soigné à l'Hôpital, & me proposerent de m'y faire transporter. La proposition ne m'effraya pas. On me mit dans une chambre propre pour le lieu. Je fus recommandé à l'Œconome; & les Jesuites, qui ne me quitterent pas pendant ma maladie, mirent près de moi un Chrétien noir, dont les soins répondirent a leur humanité. Je gardai le lit trois mois, & fus réduit à la derniere extrémité: l'on n'attendoit que le moment où j'allois rendre le dernier soupir; le transport, le râlement, tout annonçoit chez moi une destruction prochaine. Plusieurs personnes porterent même à la Côte la nouvelle de ma mort par un Vaisseau qui partit pour lors. Dans cet état d'anéantissement, je rendis quelques vers, & le flux de sang cessa. Je pris peu-à-peu quelques cuillerées de bouillon, mes forces revinrent, & en moins de vingt jours, je fus en état de sortir de ma chambre.

Il paroît que les douleurs vives qui m'avoient presque

PRÉLIMINAIRE. xxxix

conduit au tombeau, & même la dyssenterie étoient venues des morsures de ces vers que les fruits du Pays avoient produits, & que le caffé avoit irrités contre un corps affoibli ensuite par des bains trop fréquens. Au reste, j'ai remarqué que, dans toutes les maladies que j'ai eues, les crises ont été plus violentes qu'à tout autre; & que le fort du mal passé, je me suis retabli, sans presque passer par la convalescence.

VOYAGE aux Indes Orientales, Iᵉ. Partie.

Lorsque ma tête me permit de faire quelques réflexions, je me rappellai avec plaisir les différens états par lesquels j'avois passé. Quand je fus attaqué de la fievre de Gengy, la Nature chez moi étoit encore dans toute sa vigueur, & dans la courte convalescence qui la suivit, je ne songeai qu'à recouvrer mes forces, pour exécuter mes projets. Mais la dyssenterie me trouva affoibli & presque languissant; aussi mes idées changerent-elles dans cette seconde attaque. Je passois les nuits longues & douloureuses qui précéderent mon agonie, dans des projets de réforme. La vie tranquille, sérieuse & appliquée que j'avois menée à Rhynveck (en Hollande) sous les yeux de M. Le Gros & de M. l'Abbé D'Étémare, contrastoit dans mon esprit, avec ce que je souffrois, avec le vuide des occupations qui depuis près de deux ans, m'avoient en quelque sorte enlevé à moi-même. Je n'aspirois alors qu'après quelques lueurs de santé, pour renoncer à mes projets, & embrasser la Vie Religieuse pour laquelle j'avois toujours eu du goût; & même celle de Jésuites dans les Terres, qui s'accordoit assez avec le plan que j'étois venu exécuter dans l'Inde. Mais à peine la Nature eut-elle pris le dessus, à peine me fut-il permis de manger une soupe, que ces idées s'évanouirent. Je fus alors tourmenté par d'autres desirs. Certaines boissons, certains mets, se présentoient à mon esprit, revêtus d'une apparence de plaisir, dont la pensée m'occupoit des journées entieres; & je n'en avois pas plutôt goûté, que le le charme cessoit. Enfin pendant ma courte convalescence, je remarquai dans le changement de mes goûts, les progrès de l'enfance, de la jeunesse & de l'âge mûr; les nuances du fou, du demi fou, de l'homme sensé: en effet, dans

xl   DISCOURS

les tempéramens forts & bouillants, l'esprit suit fort souvent l'état du corps.

Lorsque mes forces me permirent de prendre l'air, je fis quelques tours dans l'Hôpital. Cet espece d'Empire composé de malades soumis au premier Chirurgien, à des Aides-Chirurgiens, à un Œconome, me représenta au naturel la plûpart des Etats de la Terre : ce qui m'amusoit le plus étoit l'air d'importance d'un Sous-Chirurgien qui se croyoit quelque chose, qui pensoit jouir d'une portion d'autorité, parce qu'il avoit droit de modérer une médecine, d'exempter d'un remede, ou d'accorder à un malade une cuisse ou une aîle de poulet.

Au sortir de l'Hôpital, je me vis hors d'état de reconnoître par un présent les soins de l'Œconome, & cela me fut sensible. Il fallut ensuite renoncer, au moins pour quelque tems, aux Études qui m'avoient occupé avant mes maladies, me répandre dans la Colonie, & j'eus tout lieu d'être content de l'accueil gracieux que j'y reçus : la santé m'avoit rendu mon premier air de jeunesse.

Bientôt le retour complet de mes forces me fit sentir l'inutilité de la vie que je menois. Le Bengale étoit alors en combustion ; le Nabab venoit de chasser les Anglois de leurs Etablissemens, & cette Révolution me montroit dans cette Contrée un avenir de troubles qui ne pouvoient que déranger des opérations purement Littéraires. Résolu de quitter Schandernagor, mais ne sçachant positivement de quel côté porter mes pas, une Lettre que je reçus de Surate, fixa mes incertitudes. C'étoit la réponse de M. Le Verrier, qui m'apprenoit que les Parses avoient lu les lignes que je lui avois envoyées ; que c'étoit du Persan moderne, écrit en caracteres Zend. Il ajoutoit que leurs Docteurs lui avoient montré les Livres de Zoroastre, & en particulier le *Vendida Zend, Pehlvi*, & qu'ils lui avoient promis de m'expliquer cet Ouvrage, & de m'enseigner leurs anciennes Langues. Cette nouvelle me rend toute ma santé, & mon départ est résolu. On me taxe de légereté : peu sensible à ce reproche, & trop heureux de pouvoir rompre des liens séduisans dont je commence à sentir le poids, je

fais

PRÉLIMINAIRE.

fais embarquer mes effets; le Vaisseau qui les porte, descend le Gange : mais la nouvelle de la guerre entre la France & l'Angleterre, le fait remonter, & déconcerte mon projet.

Voyage aux Indes Orientales, I.ᵉ Partie.

Quelle situation ! Les Livres de Zoroastre existent ; on doit me les donner, me les expliquer ; je me suis séparé de ce que j'ai de plus cher pour enrichir ma Patrie de ce trésor: & il faut que je le laisse s'éloigner de moi pour toujours, il faut que, sans considération de la part du Chef, sans état, sans autre ressource que des appointemens mal payés, je suive le sort d'une Colonie, brave il est vrai, mais que je vois tomber sous le fer des Anglois, s'ils l'attaquent ; exposé par-là à être remené prisonnier en Europe au moment où je touche au but de mes Voyages. Ce coup me frappa ; mais je n'en montrai rien au-dehors.

Je me prêtai le moins mal qu'il me fut possible aux devoirs que paroissoit exiger de moi la qualité de François ; d'ailleurs point Courtisan, méditant en moi-même quelque parti extrême, & devant naturellement aliéner les esprits par une conduite peu ordinaire dans un pays, où des projets tels que les miens, étoient à peine de beaux Romans.

Lorsque je sçus que les Anglois marchoient contre Schandernagor, & même approchoient des Limites, la perte de ce Comptoir me parut assurée, si le secours que le Nabab (à ce que l'on disoit) nous avoit promis, n'arrivoit promptement. Dans la vûë de le hâter, ou du moins de servir ma Patrie auprès des Maures, par le moyen du Persan moderne que je parlois, je pars le 9 Mars à dix heures du matin, laisse tous mes effets dans la Colonie, & me rends en quatre jours à Cassimbazar. Cette démarche faite sans l'aveu du Directeur, fut blâmée ; &, si elle a été la cause des catastrophes malheureuses qui ont empoisonné une partie du tems que j'ai passé dans l'Inde, je lui dois d'un autre côté la connoissance de la Prequ'Isle, l'acquisition & la traduction des Ouvrages de Zoroastre.

Je passai le Gange à gué à Palassi qui est à douze Cosses de Cassimbazar. Cette Aldée n'est qu'une longue suite de Maisons éloignées les unes des autres, dans l'espace d'environ

Tome I.   *f*

quatre coffes. C'est-là que le Nabab de Bengale entretient trois à quatre cens Eléphans. L'animal est entre deux piles de paille de sa hauteur. Sa nourriture peut aller par mois à cinquante écus, en grain, farine & paille.

Au-delà de Palassi, je m'arrêtai, sur les midi, sous un grand orme à côté d'un étang. On rencontre souvent dans l'Inde de ces arbres à l'ombre desquels les Voyageurs passent le fort de la chaleur. Ils y apprêtent les provisions qu'ils portent, & boivent de l'eau des étangs auprès desquels ces arbres sont plantés. On y voit de petits Marchands de fruits, de riz rôtis, & un amas d'hommes & de chevaux de tous les Pays. L'arbre sous lequel je m'arrêtai, pouvoit couvrir de son ombre plus de six cens personnes. J'arrivai à Caffimbazar, qui est à-peu-près à quarante-deux Cosses de Schandernagor, le 12 Mars, à huit heures du soir.

C'est improprement que l'on appelle Caffimbazar le Comptoir François situé dans cette partie du Bengale; il se nomme Sédabad. Caffimbazar est le nom du Comptoir Anglois; & Calcapour, celui du Comptoir Hollandois. Ces trois Comptoirs sont à trois Cosses environ de Moxoudabad, Capitale du Bengale. Cette Ville n'est point entourée de murs; ce n'est proprement que l'assemblage de plusieurs Aldées : elle est arrosée par le Gange qui la coupe dans deux endroits [1]. L'ancien Palais du Nabab, Montigil, est en-deçà du Gange, ou sur la rive gauche; le nouveau, Irangil, est au-delà de ce Fleuve. C'est dans ce dernier Palais que ce Prince tient son Dorbar.

N'ayant pas trouvé à Caffimbazar les affaires dans l'état que je m'étois figuré, je voulus d'abord retourner à Schandernagor : mais M. Law m'engagea à rester avec lui, sans pour cela approuver mon voyage. Je l'accompagnai quelques jours après au Dorbar dont je fis au retour la description suivante.

[1] Dans l'*Alphabet. Thibetan.* du P. Augustin-Antoine George (*Rome*, 1762. p. 427.) Moxoudabad est placé au vingt-troisième degré, trente minutes, de latitude Septentrionale, & le nombre de ses habitans porté environ à quinze cens mille. Je pense qu'on peut réduire ce nombre à quatre cens mille, & Moxoudabad n'en sera pas moins une des plus grandes Villes de l'Asie.

Le Nabab m'attendoit; on lui avoit annoncé un François qui parloit Perſan. Avant que d'arriver au Dorbar, je traverſai trois cours très-vaſtes, remplies d'une multitude de Soldats & de Valets. J'entrai enſuite dans un fort beau Parterre, garni de deux rangées d'arbres & de plattes-bandes avec des rigoles pratiquées pour l'écoulement des eaux. Au bout étoit une Terraſſe au bas de laquelle je laiſſai mes ſouliers, & fis le *Sidjdah*, portant la main de la terre à mon front. Sur cette Terraſſe étoit le Dorbar, grand Divan, tout ouvert en face du Parterre, & dont un des côtés donnoit ſur le Gange. Ce Divan me parut avoir vingt-cinq à trente pieds en quarré. Le haut étoit ſoutenu par pluſieurs colonnes couvertes de mouſſeline à fleurs relevée par des glands & par des bandes d'étoffe en or & en argent. On voyoit dans les murailles, enduites d'un maſtic blanc & luiſant, une multitude de petites niches qui ſe répondoient ſymétriquement; & le parquet étoit couvert de nattes ſur leſquelles on avoit étendu un tapis formé de mouſſeline en double & en triple.

Je trouvai le Nabab couché au milieu de ce Divan, le coude appuyé ſur un Couſſin de Brocard. Il n'avoit ſur la tête qu'un petit bonnet en forme de calotte; ſon habit étoit de mouſſeline à fleurs, & ſes caleçons d'étoffe d'or. Il tenoit un bâton d'yvoire terminé par une main d'argent avec laquelle il ſe grattoit ſouvent. Ce Prince me parut d'une taille ordinaire: il étoit noir, avoit l'œil vif, & l'air très-ouvert: il n'aimoit pas les Anglois qui l'avoient inſulté ſous la Nababie de ſon Oncle. A ſa gauche, étoient ſes freres, aſſis ſur le tapis, les jambes croiſées. Je me plaçai après M. Law, qui étoit à la droite de ce Prince, & j'avois à côté de moi Mirmaden, Seigneur Mogol, Rajah Doulobram & cinq à ſix autres Rajahs, qui ſeuls pouvoient mettre juſqu'à vingt mille hommes ſur pied. Nos Interprêtes étoient derriere nous debout, & les Officiers du Palais, Gardes & autres, formoient le fer à cheval, laiſſant le devant du Dorbar libre.

L'Audience ſe paſſa en complimens & en queſtions ridicules de la part du Nabab, qui paroiſſoit plus occupé de nos habits, de nos plumets, que de ce qui nous amenoit. Telle eſt ordinairement la conduite que les Princes Aſiatiques tiennent dans leurs Dorbars à l'égard des Etrangers. C'eſt par ces queſtions ridicules, les lenteurs & les remiſes, qu'ils pénetrent le caractere de l'Ambaſſadeur, les vraies intentions de celui qui l'envoie ; qu'ils devinent le beſoin que l'on a d'eux.

Tandis que nous étions avec le Nabab, les Officiers de ſa Garde vinrent lui faire le Salam ; c'eſt une Cérémonie qui ſe pratique le matin & le ſoir. Les Chefs s'avancerent à la tête de leurs Compagnies, s'arrêterent au bas de la Terraſſe; & faiſant le *Sidjdah*, ils dirent: *Omer deraz doulat ziadah baſched*, c'eſt-à-dire, *Vivez long-temps, & très-puiſſant*. Enſuite ils défilerent, & furent remplacés par d'autres qui firent le même ſalut.

A peine étions-nous à quelques pas du Palais, que nous entendîmes un bruit affreux de tymbales, de trompettes, entremêlé de coups de fuſils & de Cailletoques. C'étoit le Nabab qui alloit à la Monnoie : ſon Cortege pouvoit être de quatre mille hommes. Il étoit en Palanquin, ſuivi de pluſieurs Eléphans ; & plus de quatre cents Maſſargis à ſept branches éclairoient ſa marche. Nous mîmes pied à terre, ſelon l'uſage, & continuâmes enſuite notre route.

Nous apprîmes, le 19, que Schandernagor étoit ſerré de près. Alors convaincu par les lenteurs dont j'avois été témoins, que le ſecours du Nabab ne pourroit pas arriver à tems, je partis le 20 pour me rendre dans la Place.

La premiere journée, je fis ſeize Coſſes à pied, ſuivi de deux Domeſtiques. Leur attachement pour moi ne put tenir contre la fatigue d'une marche où nous n'avions mangé que quelques petits concombres ; ils me quitterent ſur le bord du Gange. L'embarras fut alors de continuer ma route je pris le parti de faire le reſte par eau, & louai en conſéquence un petit Ballon à moitié couvert, dans lequel j'arrivai le 23 à onze heures du matin, à la vûë de Schandernagor. Je m'étois habillé en Maur, pour n'être pas reconnu. Je ſouffris beaucoup pendant ces deux jours du froid & du chaud, ne mangeant avec mes Maquois qu'un peu de riz &

PRÉLIMINAIRE.

de lentilles, & obligé de lutter contre le flux qui fait remonter l'eau du Gange bien au-delà des Comptoirs Européens situés sur les bords de ce fleuve.

Schandernagor venoit de se rendre, & je me vis au milieu de plusieurs Tchokis Anglois qui guettoient les Fuyards. Moitié par prieres, moitié par force, j'obligeai mes Maquois de me débarquer de l'autre côté du Gange, vis-à-vis Schenschurat. Là, excedé de fatigue & en proie au chagrin le plus noir, je tâchai d'abord de calmer les fureurs de la faim, couché sur la terre, dans la paillotte d'un Indien. Mon inquiétude fut ensuite de sçavoir comment je retournerois à Cassimbazar. Aucun Maquois ne vouloit m'y conduire, dans la crainte des Anglois, dont les Ballons remplissoient le Gange. Le lendemain, je vis paroître un Douli [1] porté par quatre Beras : c'étoit le Maître de la paillotte qui me les amenoit. Je n'avois pas une roupie à leur offrir. Contens de ma parole, ils consentirent à me porter à Cassimbazar, & je quittai ma paillotte à cinq heures du matin, étonné d'avoir trouvé tant d'humanité chez des Indiens qui ne me connoissoient pas, qui voyoient le premier de nos Établissemens détruit, & qui s'exposoient réellement en me rendant service. Je me tins toujours à sept à huit Cosses Est du Gange.

Le 26 je manquai tomber entre les mains des Anglois. Mes Beras témoins du soin que je prenois de les éviter, crurent, qu'en m'effrayant, ils tireroient de moi quelque chose de plus que ce que je leur avois promis, & me conduisirent sur le bord du Gange à une Aldée devant laquelle il y avoit quatre Ballons de Soldats blancs & de Cypayes. Heureusement je ne fus pas découvert, & la fermeté que je montrai alors, en les menaçant de les faire mettre en prison dans le lieu même, les fit rentrer dans le devoir. Je passai les rivieres de Bouhol, de Couchol, je traversai les Etats du Raja Kes-

Voyage aux Indes Orientales, I.ᵉ Partie.

---

[1] Le Douli est un petit Palanquin leger & simple, dont le Bambou n'est pas arqué ; de maniere qu'on ne peut guere s'y tenir que couché. Il est plus difficile d'y garder l'équilibre que dans les Palanquins ordinaires. Dans les routes cinq Beras suffisent pour le Douli.

chind schand, situés à l'Est du Gange au-dessous de Palassi.
Deux cosses en-deçà de ce dernier endroit, je rencontrai l'armée que le Nabab avoit envoyée au secours de Schandernagor. Elle étoit commandée par Rajah Doulobram, que j'avois vu au Dorbar, à Moxoudabad. Je me rendis à la Tente de ce Général; il me reconnut, me fit beaucoup de politesses, & m'offrit du service dans son armée. J'allai ensuite saluer Mirmaden son Lieutenant, que je trouvai à sa toilette. C'étoit un Mogol de cinq pieds, huit pouces, presque blanc. Il avoit les traits du visage réguliers; & un coup de sabre qu'il avoit reçu à la joue, lui donnoit un air martial. Il étoit devant un miroir, nud jusqu'à la ceinture, occupé à se tourner la moustache, tandis que son Barbier l'épiloit & lui rasoit le corps. Mirmaden me renvoya à son frere qui commandoit l'Artillerie. L'Artillerie consistant en gros canons faits de bandes de fer battu, étoit à la tête du Camp, rangée sans beaucoup d'ordre; & l'armée s'étendoit à peu-près sur deux cosses de long, y compris le bazar (le marché).

Le frere de Mirmaden me donna à dîner. Le premier mets qu'on me servit étoit un plat de riz aux oignons, au raisin & au gingembre, fort bien fait: ce plat fut suivi de gâteaux sucrés de fleur de farine, d'un morceau de mouton rôti, & de boulettes de chair hachée en ragoût. Pour les liqueurs, je refusai d'en boire. Ce Mogol me pressa d'en goûter, ajoutant que celles qu'on me présentoit venoient d'Europe. Je supposai que c'étoit de l'eau-de-vie mêlée d'eau & j'en bus une petite tasse. Au bout d'un quart-d'heure je tombai en convulsion. Mon état l'effraya; il fit venir plusieurs Soldats Allemands qui étoient dans le Camp: ils eurent beaucoup de peine à me tenir: on défit mes habits; je rendois de l'écume & paroissois dans un mouvement affreux. Lorsque la crise, qui dura une heure, fut passée, je tombai en foiblesse; les gens du frere de Mirmaden étoient occupés à me jetter de l'eau rose & à m'éventer. Je revins enfin. Ce Mogol me fit bien des excuses: c'étoit l'Opium qui avoit produit sur moi cet effet, quoiqu'on m'en eut donné une dose bien inférieure à celle qu'il prenoit ordinairement. Je remontai dans mon Douli, fis pas-

PRÉLIMINAIRE. xlvij

ſer douze Soldats François qu'on avoit retenus au Camp Maure, & arrivai à Caſſimbazar le 28 Mars, à huit heures du ſoir. Le reſte de mon ſéjour dans le Bengale ne fut qu'une ſuite de chagrins & de fatigues qui me conduiſirent à la cataſtrophe, qui deux mois après me fit quitter entiérement cette Contrée.

J'avois ſuivi l'armée de M. Law juſqu'à Calgan, marchant à pied, prenant à peine le néceſſaire, & me montrant le moins que je pouvois au milieu d'un Corps d'Officiers & d'Employés, avec leſquels je n'avois eu aucune liaiſon à Schandernagor.

Lorſque l'Armée étoit arrivée au lieu du Campement, je me retirois dans mon particulier, & conſultois la Carte de l'Inde de M. Danville, & celle du Bengale du Pilote Anglois. Les obſervations que je faiſois ſur la poſition des lieux me rendoient la route moins ennuyeuſe. J'en raiſonnois quelquefois avec M. Law : de maniere qu'on venoit ſouvent me demander le ſoir où nous devions aller le lendemain. Pluſieurs même penſoient, (& en cela ils ſe trompoient bien) que mes conſeils influoient ſur la conduite du Commandant. Les marques de bonté qu'il me donnoit, quoique ménagées, me nuiſirent dans l'eſprit de quelques Membres de l'Etat-Major; & leur mauvaiſe volonté éclata à Calgan où nous arrivâmes le premier Mai 1757 [1].

[1] Pour nous rendre de Caſſimbazar à Calgan, nous paſsâmes par différens endroits, dont voici les diſtances. De Caſſimbazar à Moxoudabad, trois coſſes ; de-là à Bagh moulla, quatre coſſes ; de Bagh moulla à Divanſarai, trois coſſes ; de-là à Camera, ſix coſſes ; de-là à Souti, quatre coſſes.

A Souti paſſe le petit Gange (celui de Moxoudabad), qui dans cet endroit eſt éloigné d'une coſſe du grand Gange qui ſe rend à Schatigan par Daka. Le Nabab y avoit fait conſtruire avec des Cocotiers, une digue de vingt-quatre à vingt-cinq pieds d'épaiſſeur & de cent de long, pour diminuer les eaux, & empêcher les Vaiſſeaux Anglois de monter. Ce lieu eſt célebre par le Tombeau du Fakir Mortezeddin. J'allai voir ce Monument, qui eſt en Argamas. J'y trouvai quelques Fakirs chargés d'embonpoint, & n'y vis rien de ſingulier. Une coſſe plus bas, à l'Aldée de Mortcha, ſort du grand Gange la riviere de Gelingui, qui ſe rend à Noudia ; & preſqu'à la Latitude de Daka, ſort du même fleuve une autre petite riviere qui paſſe près de ce dernier endroit, & dans le tems des débordemens, ſe jette dans la mer à Schatigan.

De Souti à Aurengabad, deux coſſes ; de-là à Donapour, quatre coſſes ; de-là à Farrokhabad, trois coſſes ; de-là à Rabé Balkeſchem, grand Jardin, ſept coſſes; de-là à Radjemahal, deux coſſes.

L'Armée faisoit séjour dans cet endroit, & devoit partir le trois pour Baghelpour, qui en est éloigné de douze cosses. Le 2 Mai sur les dix heures du matin, plusieurs Officiers entrerent tumultueusement dans la Tente de M. Lav, la rage peinte sur le visage. Ils tenoient en main mon *Agenda* qui avoit été pris sans mauvaise intention dans la poche de mon habit. Observateur par goût & par état, j'avois coutume d'y marquer les lieux, les événemens, ajoutant quelquefois un mot de réflexion, pour me les rappeller plus aisément. Furieux de me voir si bien instruit, & peut-être de trouver dans ce Brouillon plusieurs traits trop bien calqués sur le vrai, tous élevent la voix contre moi. On m'insulte en Corps; on rappelle ma sortie de Schandernagor : le petit bagage que j'avois au camp, est visité; mes papiers sont lus avec les dispositions que produisent le dépit & l'envie. Mais, lorsqu'on en vint au Plan de défense que j'avois dressé en cas que le Nabab descendît au secours de Schandernagor, ce morceau surprit, & fit impression. Les plus graves du Corps ne prirent pas de part à l'émeute : cepen-

---

Cette Ville est assez considérable; on y voit les restes d'un ancien Palais du Mogol. Le Fort est un quarré en briques, qui ne pourroit faire qu'une foible résistance. Sur le bord du Gange, à une cosse de la Ville, est la maison des Schettris; nous campâmes dans leur Jardin. Près de cet endroit nous vîmes dans le Gange des Caymans (ou Crocodiles) d'une longueur prodigieuse; un entr'autre nous parut une petite Isle de vingt à vingt-cinq pieds de long. On lui tira un coup de Boucannier, qui le fitplonger; & nous sçûmes par-là que c'étoit un poisson.

Du Jardin des Schettis à Dovinpour, trois cosses; de-là à un Puits où nous nous arrêtâmes, trois cosses; de ce Puits à Sacrigali, trois cosses.

Il y a à Sacrigali deux passages difficiles; le premier est au bord du Gange, coupé dans des montagnes hautes de trente à quarante pieds, dans lesquelles on marche pendant une demie cosse. Le chemin peut avoir une toise de large; il est fermé & gardé aux deux extrémités. L'autre passage est à l'Ouest, au pied des montagnes : le chemin est maintenant assez pratiquable; seulement il est coupé par quelques fonds remplis par des levées, & qui autrefois étoient fermés avec des trapes. L'Artillerie prit ce dernier passage, & la Troupe celui de la montagne.

De Sacrigali à Ganga parsang, beau Jardin, quatre cosses; de-là à Teriagali, troiscosses; entre ces deux endroits, à une cosse du dernier, est un arbre qui sépare le Bengale du district de Patna ou de la Province de Bahar. Le Fort de Teriagali est sur le Gange. Il est rond, de briques, & a été construit contre les Marattes.

De Teriagali à Schahabad, six cosses; de-là à Pialapour, trois cosses; de-là à Sultanabad, deux cosses; de-là à Calgan, deux cosses; ce dernier endroit est à quarante-cinq cosses de Patna.

dant

PRÉLIMINAIRE. xlix

dant personne n'ouvrit la bouche en ma faveur; & la prudence ne permettoit pas au Commandant, dans les circonstances où il se trouvoit, de me soutenir contre un Corps aigri par les fatigues, & qui se disoit blessé par mes remarques critiques. Pour moi, assis tranquillement, les yeux baissés vers la terre, j'attendois que la scène fût achevée. Me levant alors, loin de me défendre, je vois bien, Monsieur, dis-je à M. Law, avec un froid de désespoir, que je suis de trop ici ; je quitte le Camp, & parts pour Pondichery : je vous prie de me faire expédier un Passeport, & de me donner en or deux cents roupies qui me sont dûes par le Comptoir de Schandernagor.

Voyage aux Indes Orientales, Ie. Partie.

Ma résolution étonne : le Voyage étoit de plus de quatre cents lieues & par des Pays où jamais Européen n'avoit passé. Un silence morne succede aux clameurs : la plûpart se retirent dans leurs Tentes. Bientôt l'humanité appaise les transports de la colere; & quelques-uns de ceux qui avoient paru les plus animés, m'apportent des souliers, des pistolets, un fusil. Je ne pris pas cette derniere arme, trop pesante pour le voyage que j'allois faire; je refusai, par la même raison, les deux cents roupies que l'on ne vouloit me donner qu'en argent, & quittai le Camp, seul, chargé d'un petit paquet à-peu-près pareil à celui que je portois trois ans auparavant, en sortant de Paris.

Ci-d. p. vij.

Je m'arrêtai quelque tems hors du Camp, à la Tente de l'Eltchi, (l'Envoyé) du Nabab, qui accompagnoit l'armée, pour attendre le Couli qui devoit porter mon foible bagage. Là, M. le Chevalier Carillon, à peine rétabli d'une chute de cheval, vient me trouver avec M. de Saint-Martin & le Chirurgien de l'armée. Ces Messieurs me témoignent la part qu'ils prennent à ma situation, & me pressent de recevoir quelqu'argent. Je n'avois sur moi que deux roupies d'or, reste de ce que j'avois apporté de Schandernagor. Tandis que je refuse leurs offres, en les remerciant de leur sensibilité, M. Carillon met dans ma poche, sans que je m'en apperçoive, sept roupies d'or : ils retournent ensuite au Camp, & je prends la route de Moxoudabad, en veste, la jambe enflée, un pistolet d'arçon à ma ceinture, muni

Tome I.   g

de deux pistolets de poche & m'appuyant sur mon épée. On crut que je me retirerois à Patna, parce que mes papiers faisoient mention de mon projet de Benarès : mais, au moment même que l'orage commença, la Lettre de M. Le Verrier me vint dans l'esprit, & je pris sur-le-champ la résolution de me rendre à Surate par Pondichery.

Le petit paquet que portoit mon Couli, consistoit en ma Bible Hébraïque, la Sagesse de Charron, un Manuscrit Persan avec la Traduction Latine que j'en avois faite, un Gobelet d'argent & deux chemises. Je laissai au Camp la Carte de l'Inde de M. Danville, corrigée dans quelques endroits; celle du Pilote Anglois, dix Manuscrits Arabes & Persans, mon Etui de Mathematiques, quelques hardes, & mon *Agenda*, que je regrettai plus que tout le reste. J'y avois marqué mes deux routes à l'Est & à l'Ouest du Gange : jamais Européen n'avoit été dans les Pays que je traversai à l'Est. Il comprenoit encore des détails relatifs à l'Histoire des Nababs du Bengale, & aux Conquêtes que Saradjedaulat avoit faites sur Porania du côté de Patna & d'Aschem, une relation assez exacte de la prise de Kalkuta par les Maures, de celle de Schandernagor par les Anglois, & la description du cours du Gange jusqu'à Souti. Il fallut me consoler de ces pertes, & m'accoutumer à me voir, après vingt-un mois de séjour dans l'Inde, sans papiers, sans livres, sans effets, sans secours, muni d'un Passeport [1] au sceau d'un particulier

---

[1] *Place de la Tchape (du sceau).*
Dastok raédaran o gouzarbanan o tchokidaran o mostahafezzanttourk o schouaréh agah boudéh bedanand kéh dar invang Fringui Francis Mounsi Ankti nam darad o lebas poschagui hamraéh darad maazeleihra az mokam Kahlganou rokhsfot namoudéh schod ta bander Baleissor khahad taft baïad kéh ahdi dar atsna raha mozahem o motaarezz na schodéh va gouzarand dar in bab takid tamam danand tahrir fittarikh tchahardehom scheher schaaban almoaazzem sanéh 4 (zzehour Padeschah).

(*En marge*) : Bon pour un Passeport pour un Particulier François allant par terre à Balassor. Fait à Calegan, le 2 May, 1757. (*Signé*) LAW.

Dastok. Que les Receveurs des péages, les Gardes des passages, les Chefs des Tchokis, & ceux qui veillent à la sûreté des routes & des grands chemins, sachent que le Feringui François, nommé M. Anquetil, qui a avec lui (un paquet) d'habits, ayant eu permission de quitter Kalgan (où l'armée fait) séjour, doit aller jusqu'au Port de Balassor. Il faut que sans le molester ni le retarder en aucune manière au

PRÉLIMINAIRE.

(l'Eltchi du Nabab), & qui n'avoit de force que jusqu'à Balaffor, obligé de tirer mes reffources de ma tête, parmi des Peuples auxquels le nom même des François étoit inconnu, ou qui n'avoient plus de raison de les menager. Cet état d'abandon, presque défefpérant, me parut digne de mon courage, & je continuai ma route [1]. Je pris le chemin que l'armée avoit fuivi, & me rendis en quatre jours à Moxoudabad.

---

milieu de fa route, ils le laiffent paffer librement. Qu'ils fçachent que cela leur eft (enjoint) expreffément, abfolument. Ecrit le 14 du mois (nommé) le Grand Schaaban, l'an quatre (de l'inftallation du Roi).

[1] Je ne puis m'empêcher de faire ici quelques réflexions fur la maniere dont les Européens fe conduifent dans le Bengale. En général, les Compagnies ne confiderent pas affez que dans des Pays auffi éloignés, l'intérêt perfonnel chez les Particuliers l'emportera toujours fur celui des Corps qui les envoyent, & même, en cas de concurrence, l'abforbera entiérement ; je prends pour exemple les Anglois établis dans le Bengale.

Cette Contrée eft la plus riche Province de l'Indouftan. Elle produit le néceffaire & l'agréable. Le Tek, excellent bois de conftruction & de meuble, fe trouve en abondance dans les forêts de Soundri, entre Daka & Schandernagor ; Patna fournit le meilleur Salpêtre & le meilleur Ofiom ; on fabrique avec la foie de Caffimbazar & des environs d'affez jolies étoffes. Le Pays produit auffi du coton, fans parler de celui de Surate que l'on y met en œuvre, & qui donne entre autres étoffes, les belles mouffelines unies & Doreas (rayées) que l'on ne brode nulle part avec tant de délicateffe. Le beurre fondu, l'huile, les grains, le poivre long, le Gingembre & le Tabac y font encore un objet de Commerce dans le Pays même. On y voit de jolis chevaux Bays mouchetés. Au Nord, le bœuf eft excellent ; à Schandernagor le Cabril eft un manger délicieux. On donnoit il y a trente ans cent œufs pour une roupie, & vingt-cinq poules pour le même prix ; mais lorfque j'arrivai dans le Bengale, ces denrées étoient déja bien augmentées. La plûpart des légumes d'Europe y viennent fort bien : les petits pois entr'autres y font très-délicats.

Tel étoit il y a feize ans le gain que l'on retiroit des mouffelines. On avançoit l'argent aux Fabriquans établis dans les terres, & les mouffelines qu'ils remettoient au bout de plufieurs mois rapportoient vingt-cinq pour cent dans la Colonie même, & vingt-cinq pour cent, de la Colonie à Pondichery.

Je ne parlerai pas du drap, du plomb, du cuivre & autres marchandifes Européennes qu'on peut envoyer tous les ans à Patna, à Daka, par de petites flottes qui remontent le Gange, & qui fourniffent de-là l'Indouftan, le Pays d'Afchem, le Thibet même, &c. Ce Commerce étoit dans tout fon brillant, lorfque M. Dupleix commandoit à Schandernagor. On m'a dit dans le Pays que par des envois faits à tems, des fonds employés à propos, il avoit fait manquer plufieurs fois les Comptoirs Anglois & Hollandois. Le Bengale eft donc une mine d'or, qu'il n'eft queftion que d'exploiter habilement, mais toujours avec ménagement, pour ne pas s'ôter, en l'épuifant, le germe de nouvelles richeffes.

La Monnoye de Moxoudabad produit feule au Nabab plufieurs millions par an. On ignore d'ailleurs quels font au jufte les revenus de ce Prince. Il commande à plus de vingt, tant Rajahs que Nababs & autres Chefs, qui peuvent mettre chacun quinze & vingt mille hommes fur pied. Enfin, plus de vingt millions en-

DISCOURS

Près de Sacrigali, je rencontrai un Rinoceros nouvellement pris dans les montagnes, que l'on menoit au Nabab de Bengale. Il étoit à-peu-près de la hauteur d'un âne. On lui avoit lié le corps en travers avec de grosses cordes ; & deux grands cables tenant à ces cordes par des nœuds, lui prolongeoient le corps de chaque

---

levés par plusieurs Particuliers Anglois ; la fortune de M. Clives, que l'on fait monter à plus d'un million de revenu ; près de cinquante millions au profit de la Compagnie Angloise, & qui lui ont servi à prendre Pondichery, ces dépouilles, qui n'ont pas épuisé le Bengale, montrent la richesse de cette Province.

Le Pays lui-même situé entre le vingt-deuxiéme & le vingt-sixiéme degré de latitude Septentrionale, n'est pour ainsi dire qu'un pâturage, qu'un potager continuel. Entre Schandernagor & Balassor les chemins sont continuellement coupés par des champs de Nelis (de riz en paille).

Hors le tems des pluies, qui produit quelquefois des dyssenteries, le climat du Bengale est très-doux ; les corps n'y sont pas desséchés par un Soleil trop brûlant ; tout y invite aux plaisirs, & le retour des fonds mis dans le Commerce tranquilise sur des dépenses que l'on est sûr de réparer promptement.

Tel est (ou tel étoit) à peu-près le Bengale. Il n'est pas surprenant, après le tableau que je viens d'en tracer, que tous les Européens ayent successivement cherché à s'y établir. C'est si l'on veut un malheur pour ceux qui y ont abordé les premiers ; mais d'un autre côté l'émulation a multiplié les Fabriquans, & les Ouvrages se sont perfectionnés.

Que les Européens en possession du Commerce de cette riche Contrée, ayent ensuite empêché de nouvelles Compagnies d'y avoir accès ; ces procédés ne doivent point étonner : j'ai vû les débris d'un Vaisseau Prussien, qui périt en 1756 sur les bancs de Goulpil. Les François moins intéressés ouvrent leurs Comptoirs à toutes les Nations, & pêchent par-là contre la Politique commerçante que leurs voisins entendent bien mieux qu'eux.

Mais au moins les Européens devroient-ils ménager une mine où ils ont dessein de puiser continuellement. Ces fortunes qui nous éblouissent l'Angleterre, ces droits immenses que Londres retire des marchandises du Bengale, sont pour le moment. Lorsque les choses seront rétablies dans leur état naturel, c'est-à-dire sur le pied où elles étoient avant la derniere guerre, que lui restera-t-il de cette yvresse de bonheur ? Une pauvreté réelle. Le Pays est dévasté, les Ouvriers dissipés; le prix des vivres, & par une suite nécessaire celui des marchandises a haussé considérablement, avec les mêmes frais : que dis-je, avec des frais qui en peu de tems doivent absorber les profits ; parce que dans un Pays où l'on n'est sûr que souffert, qui devient Conquérant doit toujours se présenter avec les mêmes forces s'il ne veut pas être opprimé. Les Chefs des Comptoirs, les Conseillers &c. n'en feront pas moins leurs affaires : la diminution du gain & les frais seront sur le compte de la Compagnie, dont les ordres n'effrayeront pas des Employés riches de 50000 l. sterl.

Il suit de ces Observations que des Compagnies établies uniquement pour le Commerce, doivent surtout éviter, lorsque la guerre les divise, de prendre pour champ de bataille le Pays qui fait leur richesse. Mais ces réflexions sont inutiles : tout Commerçant veut l'être exclusivement, & s'endettera souvent pour ruiner son rival.

PRÉLIMINAIRE.

côté. Cinquante hommes dirigeoient chacun de ces cables; de maniere que quelqu'effort que fit l'animal, il étoit obligé de céder au plus petit mouvement de tous ces bras réunis.

A Radjemahal, ma jambe se trouva si enflée, que je me vis dans la nécessité d'acheter un cheval. L'embarras étoit d'en trouver. J'étois sous une petite paillotte à prendre quelque repos, lorsqu'un Sayed qui sçût que je parlois Persan, m'aborda. Mon état le toucha : il alla lui-même me chercher un Marchand, fit le marché, & me rendit les petits services dont un Voyageur harassé comme j'étois, pouvoit avoir besoin. Ma monture n'étoit pas brillante ; c'étoit un petit cheval roux qui me revenoit à dix-huit livres : la selle consistoit en un morceau de toile ; deux cordes me servoient d'étriers.

Je partis de Radjemahal en cet équipage, & il ne m'arriva rien de particulier jusqu'à Donapour, où je m'égarai. La nuit me surprit entre cette Aldée & Aurengabad. Un orage affreux & la difficulté des chemins ajoûtoient à l'horreur de ma situation. Je rencontrai, sur les neufs heures du soir, des Passagers qui me dirent que le Commerce de Donapour à Aurengabad étoit interrompu depuis quelques jours, à cause des ravages que faisoit un Eléphant sauvage, qui avoit même tué plusieurs personnes. Quel parti prendre ? Passer la nuit au milieu des champs, c'étoit me livrer aux tigres. Retourner à Donapour ? Jamais je n'ai aimé à revenir sur mes pas. Je m'abandonnai à la Providence, & continuai ma route. Je n'eus pas fait une cosse, que mon petit cheval commença à hannir. Il se dresse ensuite sur ses deux jambes de derriere, se met sur le cul, tombe à droite & moi à gauche. Ce manege ne me plaisoit pas trop : mais, comme je ne fus pas blessé, j'en fus quitte pour me relever & mener mon cheval en laisse. Pendant une demi-cosse, j'ignorai ce qui avoit si fort animé mon pauvre animal, qui jusqu'alors m'avoit paru fort humble. Bientôt j'apperçus au clair de la Lune qui commençoit à paroître, l'Eléphant qui, attaché entre quatre poûtres avec de gros cables, faisoit des efforts incroyables, & dont vrai-semblablement l'odeur avoit frappé mon che-

Voyage aux Indes Orientales, I^e. Partie.

DISCOURS

val. Ce spectacle me tranquillisa ; je m'avançai vers Aurengabad : &, comme il étoit fort tard lorsque j'arrivai dans cette Aldée, toutes les maisons étant fermées, je fus obligé de passer le reste de la nuit dans un mauvais Carvanserâi, exposé à tous les vents. On me raconta le lendemain comment l'Eléphant avoit été pris. Un grand nombre de Paysans des Aldées voisines s'étant rassemblés, avoient tendus de grands cables dans un endroit où cet animal avoit coutume d'aller. Resserrant ensuite les cables, lorsqu'il se fut embarrassé au milieu, ils s'étoient peu-à-peu approché de lui, & avoient trouvé le moyen de le bien garotter. On devoit lui envoyer le jour suivant un Eléphant femelle pour le consoler, l'adoucir, l'apprivoiser, jusqu'à ce qu'il devint familier comme les autres Eléphans privés.

J'arrivai à Moxoudabad le 5 à dix heures du soir ; & m'arrêtai, pour passer la nuit, au premier endroit où je trouvai du couvert, songeant avec quelqu'inquiétude à ce que j'allois devenir. Je sçavois qu'il ne falloit compter sur aucun secours de la part des Chrétiens Mestices répandus dans cette grande Ville. Le lendemain je me fis conduire chez leur Curé, jeune Augustin Portugais, qui jusqu'alors avoit fait les fonctions d'Aumônier a Cassimbazar. Je l'avois vû dans ce Comptoir, & voulois simplement sçavoir de lui où demeuroit M. de Changeac : mais les François n'étant plus rien dans le Bengale, il ne me fut pas possible de lui parler. Après bien descourses dans Moxoudabad, je trouvai enfin la maison que je cherchois, & y fus reçu avec l'humanité que l'on doit aux personnes qui souffrent. Je passai neuf jours dans la Capitale du Bengale, pour donner à ma jambe le tems de se désenfler, & faire les préparatifs du long voyage que j'allois entreprendre.

M. de Changeac étoit un Gentilhomme François de vingt-cinq ans, qui avoit été au service de la Compagnie, mais que la fougue de la jeunesse & l'amour de la liberté avoient porté à se retirer chez les Maures. Il étoit bienfait, d'une jolie figure, pétillant, & avoit dans l'esprit quelque chose de romanesque, qui l'empêchoit de voir

PRÉLIMINAIRE. lv

le vuide de ses projets. Lorsque les Fugitifs de Schandernagor se retirerent à Cassimbazar, il s'y rendit aussi : mais une inclination le retenoit toujours chez les Maures. Et, quand nous quittâmes la Loge pour aller à Patna, il se retira dans la maison qu'il avoit à Moxoudabad. Plusieurs Seigneurs Maures le voyoient avec plaisir, le Grand Sayed le protégeoit, & il vivoit des modiques appointemens que lui donnoit le Nabab. Naturellement obligeant, M. de Changeac partagea volontiers son ordinaire avec moi. Mais j'ai toujours plus craint les services que les mauvais Offices : aussi, dès-que ma jambe me parut en état, songeai-je à quitter Moxoudabad. Le besoin m'avoit forcé de me défaire à perte de mon épée, de mon Palanquin, & des autres meubles, hardes ou bijoux que j'avois pu emporter avec moi. Cela me fit une petite somme avec laquelle j'achetai un arc, des fléches, un sabre, un Catari, une Rondache (un Bouclier) & un Tatou : c'est le nom que l'on donne dans le Bengale a de petits chevaux bruns, ronds, courts de tête, faits à la fatigue, & qui vont ordinairement l'amble. On m'avoit trouvé deux Pions & un Dobachi qui devoient m'accompagner jusqu'à Ganjam. Il fallut leur donner d'avance les deux tiers de leur paie ; & je me disposai à partir le 15, songeant à peine aux dangers d'un voyage tel que celui de Moxoudabad à Pondichery.

Indépendamment de l'objet principal de ce voyage, les Livres de Zoroastre que de Pondichery je devois aller chercher à Surate, deux motifs soutenoient encore mon courage. J'étois bien-aise de prendre sur les lieux une idée juste du génie & des mœurs des Indiens : ces notions pouvoient m'être d'un grand secours dans la traduction des *Vedes*, seconde opération Littéraire qui m'avoit amené dans l'Inde. Il me sembloit encore que, quelque superficielles que fussent mes remarques, elles pourroient néanmoins faire connoître des Pays dont la plûpart des Voyageurs ne donnent guères que les noms.

Ces réflexions me conduisoient assez agréablement au moment du départ, lorsqu'une visite à laquelle M. de Changeac m'engagea, pensa déranger mon projet. Ce

Voyage aux Indes Orientales, Ie. Partie.

Jeune Gentilhomme étoit connu de Khoda Leti, Mogol de confidération, qui prenoit même le titre de Nabab. Ce Seigneur demeuroit du côté de Montigil, dans un quartier éloigné. Le vaste terrein qu'il occupoit, coupé par des cours, dont de simples nattes faisoient la séparation, étoit une espece de Camp qui pouvoit contenir quatre à cinq mille hommes. Il craignoit peu le Nabab de Bengale, vivoit avec lui politiquement : on disoit même qu'il étoit chargé par la Cour de Dehli, de quelque commission particuliere. Khoda Leti avoit fort engagé M. de Chagneac à le venir voir. Celui-ci qui se doutoit du motif de ces invitations, s'excusa long temps. Un jour qu'il avoit promis expressément, il me dit que Khoda Leti avoit quelque chose à lui communiquer, qu'une affaire importante l'obligeoit de sortir pour le moment, & que je lui ferois plaisir d'aller à sa place chez ce Mogol ; que d'ailleurs sçachant le Persan, nous nous expliquerions mieux. Je crus devoir lui rendre ce petit service ; & la curiosité y eut quelque part. Arrivé chez Khoda Leti, on m'annonce, & ce Seigneur paroît avec l'air le plus affable. Après les premiers complimens, il me demande s'il y a long-temps que j'ai de la barbe ; le Bétel & l'Eau-Rose paroissent ensuite. Il me fait les offres les plus flatteuses : or, habits précieux, femmes à mon choix, tout est comme étalé à ma vûë. Jusque-là je croyois qu'il avoit simplement dessein de m'attacher à sa personne. Ses yeux m'instruisirent bientôt de ses véritables intentions. Il veut, en avançant la main, me les expliquer. Je saisis aussi-tôt mon pistolet d'arçon, me leve precipitamment, vole dans mon Palanquin, laisse ce Mogol interdit dans son Divan ; & mes Béras percent la foule des ses Gens que ma contenance avoit étonnés. Ce fut au retour que je vis le danger auquel je venois d'échapper. J'étois seul au milieu d'une multitude de Maures, qui, au premier signe de Khoda Leti, pouvoient disposer de moi, & même me mettre en pieces, sans craindre que personne vînt me tirer de leurs mains.

Mes arrangemens faits, je quittai Moxoudabad le 15 Mai 1757. Tout mon équipage consistoit en deux gillets

de

PRÉLIMINAIRE.

de toile, une casaque de coton piquée épaisse d'un demi doigt, une toque rouge, des grands caleçons, des bottines Tartares, mes armes, ma gargoulette, ma Bible Hébraïque, la Sagesse de Charron, quelques feuilles de papier, une écritoire de poche & un crayon : de maniere que ce que je ne portois pas sur moi pouvoit tenir dans un petit sac attaché à la selle de mon cheval.

Près de Paloüa, grand Aldée qui est à huit cosses de Moxoudabad, du même côté que Montigil, je fus assailli par une pluie affreuse. J'étois dans un pleine ; & la crainte de mouiller ma poudre en avançant, me détermina à essuyer l'orage dans la place même où il m'avoit surpris. Je fus obligé, pour donner le tems à mes hardes de sécher, de passer le reste de la journée à Paloüa.

Le 16, je partis de cette Aldée au lever du Soleil. Ma route fut par Basela, qui en est à quatre cosses, & par Kogaon, éloigné de trois cosses de ce dernier endroit. Je rencontrai près de Palassi le même Camp des Maures où je m'étois arrêté sur la fin du mois de Mars, & le traversai sans être reconnu pour Européen. Je passai ensuite un petit bras du Gange ; puis cotoyant le Bagrati, je me rendis à Tchoogandi, qui est à une cosse de Kogaon. Les Aldées dont je viens de parler, sont sans Bazar, c'est-à-dire, sans Marché.

Le Bagrati est le bras du Gange qui vient de Cassimbazar. Ce Fleuve, après avoir séparé, en coulant du Nord, Irangil de Montigil, remonte vers le Nord-Ouest, passe à Cassimbazar, & fait un long circuit pour se rendre à Palassi & à Katoüa, en suivant le Sud-Est.

Le 17, descendant toujours le Bagrati, je passai par Naïatti, grande Aldée, qui est à deux cosses de Tchoogandi, & par Katoüa éloigné d'une cosse & demie de Naïatti. En approchant de Katoüa, la premiere chose que l'on apperçoive est la Forteresse qui est séparée de la Ville par le Banka, petit bras du Bagrati qui coule dans la Province de Bordoüan. Cette Forteresse est en terre mêlée de paille, & peut avoir soixante toises en quarré. Les bastions sont ronds, ont trois embrasures, & communiquent par des courtines percées de meurtrieres & d'embrasures couvertes d'un rebord en auvent. La Porte du Fort, qui est sur le Bagrati, est de brique, & défendue de chaque côté par un bastion entouré d'un Fossé : on a seulement laissé pour l'entrée une espéce de langue de terre en forme de zig-zag. La Ville est au-delà du Banka, & percée de plusieurs ruës, dans l'une desquelles on voit quelques maisons de pierre de taille. Elle a sur le Bagrati un petit Château, qui répond à la Forteresse.

Je fus arrêté près de Katoüa, par un Gemidar qui marchoit à la tête de sa Troupe. Les réponses de mes Gens le satisfirent, & mon habillement joint au nouveau teint que le Soleil m'avoit donné, l'empêcha de soupçonner que je fusse Européen.

La route que je suivois étoit coupée par de grands champs de Nelis, creux de deux & trois pieds : & souvent le terrein qui les séparoit, n'avoit pas plus d'un pied ou d'eux d'épaisseur ; ce qui m'obligeoit quelquefois de marcher à pied, menant mon cheval en lesse.

Au-delà de Katoüa, je rencontrai plusieurs étangs sans Aldées, un entr'autre à trois cosses de cette Ville, fort considérable, accompagné d'une petite chaumiere. Je m'arrêtai à Nigan, éloigné de trois cosses de cet étang, & y passai la nuit.

Lorsque je couchois dans les Villes, c'étoit òu au pied de quelqu'arbre au milieu de la Place, ou dans la Galerie d'un Carvanserâi, exposé à tous les vents, ou à l'entrée de quelque Maison Maure ou Indienne. La porte de ces Maisons est ordinairement précédée d'une espece d'Apentis formé par un grand auvent que soutiennent plusieurs piliers. C'est là que les Indiens prennent le frais, fument le Hoka & conversent, accroupis sur deux massifs de terre élévés des deux côtés de la porte. Mon lit, sous cet Apentis, étoit une grande peau de bœuf étendue sur la terre ; ma rondache, sous laquelle je mettois mes armes & mon petit bagage, me servoit d'oreiller : & j'avois toujours sous la main un des piquets auxquels étoient attachés les cordes qui tenoient les pieds de mon cheval, de crainte que pendant la nuit on ne me l'enlevât. Lorsque j'arrivois à la cou-

PRÉLIMINAIRE.

chée avant la nuit, mes Gens préparoient leur Kicheri, (mélange de lentilles & de ris cuit simplement dans l'eau, dans lequel on met ensuite un peu de beurre & de sel) & le mien ; s'il étoit trop tard, un grand verre de lait, relevé d'un morceau de sucre noir, faisoit tout mon souper. Je prenois ensuite quatre ou cinq heures de repos, c'est-à-dire, depuis dix à onze heures du soir jusqu'à trois ou quatre du matin, ayant toujours le soin de m'endormir le dernier & de me réveiller le premier ; sans cette précaution, j'eus été exposé à être volé, à être abandonné le soir de mes Gens, & le matin, à partir trop tard. Cette sujéttion est ce qui m'a le plus fatigué dans mes Voyages.

Je partis le 18 de Nigan, & passai par Balkeschem, où je ne vis que quelques Chaumieres. Je trouvai la terre peu cultivée dans les six cosses qui séparent ces deux Aldées. Le Pays entre Balkeschem & Bordoüan, éloigné de quatre grandes cosses de ce premier endroit, ne me parut pas en meilleur état : beaucoup de Bois & quelques étangs sont tout ce qu'on y rencontre.

Bordoüan, Capitale du Canton de ce nom, est à une cosse & demie du Damoddour, bras du Gange que l'on peut passer à gué, & à deux Manzels (journées) ou seize cosses, du Gange qui passe à Schandernagor. Les environs de cette Ville sont rians, plantés d'arbres: elle est grande, fermée, & entourée d'un mauvais fossé. Le Fauzdar, Lieutenant du Rajah, réside dans le Fort qui est situé à l'Ouest assez loin de la Ville. Le Rajah du Bordoüan étoit alors Manikschen, sous les ordres duquel l'armée du Nabab de Bengale avoit pris Kalkuta : il faisoit bâtir un beau Palais à une portée de fusil au Nord de la Ville. Je passai la nuit à Bordoüan, fort inquiet de voir une porte fermée sur moi, & sans sçavoir à quelle heure je pourrois partir le lendemain. Il survint avec cela un orage affreux qui dura plusieurs heures, de maniere que je nageois dans l'eau sous l'Angard où j'étois couché ; & j'eus un violent mal de dent qui ne me laissa pas fermer l'œil de la nuit. Le jour dissipa mes inquiétudes.

Je partis de Bordoüan le 19, & allant toujours dans le

Sud-Eſt, je rencontrai à trois coſſes un Village peu conſidérable ; & une coſſe plus loin, quelques paillottes de Paſteurs. A deux coſſes & demie de là, je paſſai par Mogolmar où je trouvai un Saraï peu conſidérable, & j'allai coucher deux coſſes plus loin, à Tcharonkeſarâi, endroit peu conſidérable & ſans Bazar. L'Aldée étoit au bout d'un bel étang entouré de petites montagnes couvertes de gaſon ; & le bord oriental de cet étang étoit garni de Hameaux, dont l'enſemble formoit un fort joli coup d'œil. J'aurois deſiré me dédommager de la fatigue du jour, en me promenant dans ces lieux qui me paroiſſoient enchantés : mais la crainte des tigres & des Voleurs, qui depuis Bordoüan rendoient les chemins peu ſûrs, ſur-tout le ſoir & la nuit, me retint dans l'Aldée.

J'en ſortis le 20, & paſſai à deux coſſes de-là, par Ieklakki, beau Village ſitué ſur le Dalkoun, bras du Gange peu conſidérable. Je trouvai ſur la rive oppoſée Beloun, d'où j'allai, quatre coſſes plus loin, me repoſer à Kamarpekour, grande Aldée ſans Bazar, qui eſt à-peu-près à vingt-quatre coſſes dans l'Oueſt du Gange, qui paſſe à Schandernagor.

Tout ce Pays eſt ſemé de ris. Il n'y vient ni bled, ni lentilles ; auſſi ces légumes que l'on y apporte de Katoüa, y ſont-ils aſſez chers. L'Ablous, bois noir à veines (nommé encore *Siſem*) croît à deux journées dans l'Oueſt. Ce Pays dépendoit alors du Rajah Gouzaï goupinal qui faiſoit ſa réſidence à Karari, grande Aldée ſituée à douze coſſes dans l'Oueſt de Kamarpekour.

Je quittai Kamarpekour le 21, paſſai à deux coſſes de là par Sanderſom, petit Village ſitué au-delà d'un Djil [1], & me repoſai, une coſſe plus loin, à Ramjivenpour, grande Aldée avec Bazar & Saraï, dans un beau Verger de manguiers dont les allées étoient allignées. A trois coſſes &

---

[1] Dans le Bengale on appelle *Djils* les eſpeces d'étangs longs, & quelquefois fort étendus, que forme l'eau de la pluie ; on nomme *Naddis* les grandes rivieres, *Nalis*, celles qui ſont moins conſidérables, *Curis*, les marais ſalans, ou toute étendue d'eau ſalée qui communique à la mer, & *Talaws* les étangs.

PRÉLIMINAIRE. lxj

demie de Ramjivenpour, coule le Karakar, riviere guéable & peu considérable qui se jette dans le Gange. Une cosse plus loin est Oüaldanga. Le Pays est ensuite coupé par des ravines, & couvert de sable, de bruyeres & de bois taillis.

Voyage aux Indes Orientales, Ie. Partie.

Je fus arrêté au commencement des bois par un Tchoki. Ce sont des Postes gardés par huit ou dix Soldats, plus ou moins. Il n'y a souvent que le Tchokidar (le Chef du Poste) qui y réside avec un ou deux Gardes : les autres répandus dans les environs, se rassemblent dans les besoins pressans; mais toujours lentement. De Moxoudabad à Balassor, je les ai trouvés armés de sabres, de rondaches, de lances & de fusils à méche. Depuis Balassor jusqu'à Maloud (à huit cosses de Ganjam) ils ont des sabres larges par le bout en forme de massues, des arcs & des fléches. Dans les Provinces de Schikakol & de Rajimendri, ils sont armés de grandes lances; & dans les Etats de Pédanna & de Ram Rajah, sur la route de Mazulipatam à Pondicheri, ils ont des Fusils Européens, des sabres & des arcs. On est obligé de leur montrer ses Dastoks : sans cela ils ont droit de vous arrêter. Dans mon Voyage de Schandernagor à Cassimbazar par l'Est du Gange, je n'en ai rencontré aucun.

Je n'avois pas de Passeport à la Tchape du Nabab, & j'aurois voulu en conséquence éviter ce Tchoki : mais le seul chemin praticable dans le bois, passoit par le Corps-de-Garde; & à mon air déliberé le Chef me reconnut sur-le-champ pour Européen. Comme nous n'étions pas sur les frontieres, l'affaire s'accommoda sans grande difficulté, moyennant quelques Peças (Monnoie de cuivre de la valeur de cinq liards environ) de Betel, & je continuai ma route. Je trouvai sur les arbres de ce bois une espece de prune noire d'un goût aigret, & fus visité par une troupe de Singes, dont les tours m'amuserent jusque près de Tchanderkoun où je m'arrêtai. Cette Aldée est à une grande cosse d'Oualdanga; elle avoit pour lors deux Bazars.

Le lendemain 22, je partis de Tchanderkoun; & marchant toujours dans les taillis, je passai à une grande cosse de-là, par Konapourgola, endroit considérable, qui est comme divisé en deux parties. L'Aldée est terminée par un Marché où l'on voit quelquefois cinq à six mille bœufs chargés de sel que l'on y apporte d'Ingeli, endroit situé au bas du Gange. Au-delà du Marché est un Nali qui sépare le Bengale de l'Orixa : le Pays dépend toujours du Nabab de Bengale, & est tout couvert de Nelis. A trois cosses de Konapourgola on trouve Kachepour, où il y a un petit Bazar, un Saraï pour les Passagers, & sur le chemin une Pagode assez célebre, dédiée à Vischnou. De Kabhepour à Ambiliapour, on compte trois cosses : ce dernier endroit est peu considérable, quoiqu'il y ait un Saraï. Une cosse plus loin est le Nali Bardaka, toujours dans un terrein coupé de Nelis, & couvert de bois taillis. A une demi-cosse de ce Nali, on en rencontre un autre que l'on passe sur un Pont de brique ; & trois cosses plus loin, un troisieme avec un Pont de brique dans un terrein sablonneux. A une demi-cosse de ce dernier Nali, est Elaïgange, simple Hameau, composé de quelques paillottes sans Bazar ni Saraï. J'y trouvai un Tchoki avec qui je m'accommodai, moyennant quelques Péças.

D'Elaïgange, je me rendis le 23 à Mednipour, endroit considérable qui en est éloigné d'une grande cosse. Le Rajah de ce Canton a dans cette Ville un Palais bâti en brique. Cirnamsing, Parent de Rajah Ram Alkara, y étoit alors avec quelques Cavaliers. A une cosse & demie de Mednipour, je passai le Naddi de Kasaë qui sort du Gange à Ingeli.

Au delà du Naddi de Kasaë, on rencontre Karekpour, Saraï accompagné de quelques paillottes ; à deux cosses de là, Benapour, autre Saraï peu considérable, au milieu des Nelis & des bois ; & à deux cosses de Benapour, des Masdjeds (des Mosquées) Musulmans, entourés de Tombeaux.

Je partis le 24 de Benapour, & passai par Mokarempour, qui en est à deux cosses & dans les bois. A une cosse & demie de-là le chemin est coupé dans des montagnes couvertes de bois taillis, & fermé aux deux extrémités par des portes de brique, qui étoient alors sans bât-

PRÉLIMINAIRE.

tans : la derniere étoit gardée par un Tchoki. A deux coffes de Mokarempour est Nerengar, jolie Aldée ornée d'un Mafdjed Mufulman, avec Bazar. Plus loin l'on passe sur deux ponts de brique : le Pays est couvert de bois, les chemins fort difficiles & bordés de Fondrieres.

Je fus arrêté à une demie coffe de Nerengar, par un Tchoki qui voulut voir la Tchape de mon Daftok ; mais comme il n'avoit pas celle du Nabab du Bengale, je refufai de la lui montrer, paffai outre, & arrivai à Bagrabat, Aldée avec Saraï, éloignée de Nerengar d'une grande coffe. Au fortir de cette Aldée je rencontrai deux Topas (Soldats noirs Chrétiens habillés à l'Européenne) Anglois, qui venoient de Balaffor. Ils m'apprirent que le Chef du Comptoir François de cette Ville étoit prifonnier à Kalkuta. Cette nouvelle m'affecta vivement. Mon Paffeport, tout infuffifant qu'il étoit, alloit jufqu'à Balaffor, & paffé cette Ville je me voyois fans reffource jufqu'à Ganjam. Ces Topas s'apperçurent de l'impreffion qu'elle fit fur moi, fe douterent de ce que j'étois, & allerent me dénoncer au dernier Tchoki, comme un Marchand François, qui portoit des marchandifes à Balaffor, en fraudant les droits.

Je continuois ma route tranquillement lorfque je vis arriver trois Pions de ce Tchoki, armés de fleches & de fabres. Sur la propofition qu'ils me firent de montrer la Tchape du Nabab ou de retourner au Tchoki, je leur préfentai mes piftolets. Ils fe retirent fans autre explication ; mais à une demie coffe de là ils reparurent avec leur Chef, à qui je fis la même réponfe. Prenant enfuite un ton d'autorité, j'ordonnai à ce Chef de venir avec moi à l'armée de Rajah Ram Alkara, qui campoit près de Balaffor : il y confentit d'abord ; mais bien-tôt il fe retira en difant qu'il feroit avertir la Kafcheri (la Juftice) de Katnagar. Ses pions me fuivirent de loin ; mes piftolets les tenoient en refpect, & je les perdis de vûe.

Cette mauvaife rencontre me détermina à quitter la route de Balaffor, & à prendre celle de Katek. Je ne fis que paffer à Katnagar, éloigné d'une grande coffe de Bagrabat, fans m'y arrêter, prenant à l'Eft du chemin de Balaſſor, & je tâchai de gagner le Gaon [1] Sabrah, qui eſt à trois coſſes de Katnagar. Cette journée fut extrêmement fatiguante. Il falloit marcher à travers les terres labourées, ſans trop ſçavoir où nous allions. Je vis pluſieurs champs abſolument couverts de Tcheddis, eſpeces de Sauterelles jaunes, longues d'un doigt, & qui en s'envolant enſemble, formoient un nuage qui obſcurciſſoit l'air. Arrivé à Sabrah j'eus de la peine à engager un Payſan à donner du ris à mes gens, & quelques poignées de paille à mon cheval. Pour moi je me contentai d'un peu de ſucre noir détrempé dans du lait, & paſſai une fort mauvaiſe nuit, réfléchiſſant à l'impreſſion que l'affaire du Tchoki avoit faite ſur mes domeſtiques.

Je les réveillai le 25 de grand matin, & nous nous rendîmes de Sabrah au Gaon Beldah, éloigné de deux coſſes, de-là à Singas, éloigné de deux coſſes de Beldah, & nous nous arrêtâmes deux coſſes plus loin, à Monpour, grande Aldée, qui a deux coſſes d'étendue, & qui dépendoit alors de Porſolom Rajah. Monpour eſt précédé d'une longue avenue, ornée ſur la droite d'étangs, de boſquets, & de pluſieurs belles allées d'arbres que je ne pus m'empêcher d'admirer. Les Arméniens y ont un Établiſſement conduit par quatre ou cinq perſonnes qui y font fabriquer des toiles. Je paſſai à côté des grands Angards où travailloient les Tiſſerands, & mis pied à terre ſous un arbre touffus, à côté d'un grand étang, & vis-à-vis d'une ſalle d'arbres, dont la vûe riante pouvoit me diſtraire pour le moment des craintes trop bien fondées que me donnoit l'air inquiet de mes gens. Ils avoient deſſein de m'abandonner & je le preſſentois. Ils voulurent m'engager à aller coucher dans l'Aldée, comptant ſur la brune s'échapper au milieu de la foule; & je ne voulus pas y conſentir, je ne ſçai pour quoi. J'eus même la précaution, lorſqu'ils allerent chercher des vivres, de leur faire laiſſer leur bagage. Ils revinrent en conſéquence me trouver au pied de

---

[1] On appelle *Gaons* des Hameaux qui ſont hors du grand chemin, compoſés de quelques paillotes ſans Moudi (Marchand de riz, de grain, de beurre), Bazar, ni Sarai.

PRÉLIMINAIRE.

mon arbre, & la soirée se passa assez tranquillement. La nuit je pris plus de précaution qu'à l'ordinaire ; je mis leurs toques sous ma Rondache, & me levai le lendemain 16, long-tems avant le jour.

Le Soleil alloit paroître lorsque je réveillai mes gens: ils s'habillent, & tandis que pour satisfaire quelques besoins je m'éloigne un moment, ils disparoissent. Quel fut mon étonnement, de me voir seul au milieu d'un Pays absolument inconnu pour moi ! En proie à mille réflexions accablantes, je me jettai un moment sur le cuir qui m'avoit servi de lit. Bientôt honteux de ma foiblesse, je me releve, selle mon cheval, le charge de mon bagage, & le prenant par la bride, je m'abandonne au Maître des évenemens. Ma premiere idée fut d'aller chercher un guide dans l'Aldée : mais pensant que mes gens y auroient peut-être divulgué l'avanture du Tchoki, je changeai de dessein & retournai sur mes pas, pour prendre par le Sud-Ouest. Me trouvant devant quelques maisons d'où l'on m'avoit vû passer la veille, je fis entendre ce qui venoit de m'arriver à deux Indiens qui prenoient le frais sur leur porte : ma situation parut les toucher. Sur ces entrefaites arrive un Fakir Mahométan, que je tâche d'engager à me conduire à Pipli. Il se laisse persuader par mes manieres, par les paroles des Indiens avec qui j'étois, & plus encore, je crois, par la vûe d'une roupie. Je lui donnai la bride de mon cheval, & le suivis à pied au milieu des terres labourées. Nous passâmes à trois cosses de Monpour, par Kamarda, petite Aldée avec Kascheri, laissant sur la route beaucoup de Hameaux & d'Étangs, & arrivâmes à midi à Pipli, qui est à deux cosses de Kamarda.

Pipli est un joli endroit, situé sur le Naddi du même nom, qui venant du Nord passe par Mednipour, Pipli, & se jette dans une des bouches du Gange, à une cosse & demie de cette derniere Ville. Pipli avoit autrefois un Port, qui est maintenant bouché.

Mon embarras dans la route, étoit de sçavoir comment je m'annoncerois : mon Fakir me tira d'affaire, en disant au Cotoüal (Chef de Justice & de Police) du lieu que

Tome I.   *i*

j'étois un Capitaine François. C'étoit m'expofer à être envoyé à Kalkuta : mais j'aimois mieux en courir les rifques que de paffer la nuit dans les champs, livré aux Tigres & aux Ours, qui font affez communs dans cette Contrée. Heureufement le nom de M. de Buffy y avoit pénétré. Plufieurs Saïeds qui étoient avec le Cotoüal m'en parlerent avec éloge, faifant entendre qu'on s'étoit flatté de le voir dans le Bengale, & qu'on n'en défefperoit pas encore : ils me dirent même que je pourrois le rencontrer près de Ganjam. Ces avances me mirent à l'aife. Je leur déclarai que mon projet étoit de joindre fon armée, parce que j'avois des chofes importantes à lui communiquer de la part du Capitaine Law, que j'avois laiffé dans le Bengale. Sur cela nouvelles careffes de la part des Saïeds. Ils m'apprennent que les Anglois ne font pas les maîtres à Balaffor, quoiqu'ils aient pris la Loge Françoife ; que Rajah Ram Alkara, qui commande dans cette Ville, aime notre Nation. Ces nouvelles remirent le calme dans mon ame. Je pris dès-lors le parti de me dire Envoyé de M. Law à M. de Buffy. La difficulté étoit de foutenir ce perfonnage, n'ayant ni Paravana du Nabab de Bengale, ni Lettre particuliere de M. Law, étant d'ailleurs peu fourni d'argent & muni d'un Paffeport qui ne me donnoit aucune qualité, & qui expiroit à Balaffor. Ce qui venoit de m'arriver m'apprit à ne défefperer de rien. Je paffai l'après-dînée avec les Saïeds, qui furent charmés de me voir un Manufcrit Perfan. Nous nous amusâmes à tirer de l'arc, & je fis adroitement l'aumône à un Fakir, en lui achetant plus qu'elle ne valoit une peau de Tigre qu'il m'avoit offerte, & qui me fervit dans la fuite de matelas. Cette libéralité produifit ce que j'en attendois. On s'empreffa de fournir à mes befoins, & le Cotoüal me donna un de fes Domeftiques, qui pour un falaire modique, me conduifit à Balaffor. Dans mon malheur, j'étois heureux d'avoir perdu les Pions & le Dobachi que j'avois pris à Moxoudabad. On me montra qu'ils me faifoient payer les vivres le double de ce qu'ils valoient ; obfervation importante pour un Voyageut qui avoit encore plus de trois cens lieues à faire.

PRÉLIMINAIRE.

Je partis le 27 de Pipli avec le Domestique du Cotoüal; prenant toujours dans l'Ouest. A trois cosses de cette Ville, je passai par Tcheli, petit Village sans bazar, & retrouvai ensuite le Naddi de Pipli, nommé dans cet endroit Soberleka. Il fallut le franchir à la nage; & laissant le Parapla, Naddi peu considérable qui se jette dans le Gange, j'arrivai à Sokoüapatna, qui est à deux cosses de Tcheli. Je m'arrêtai dans cette Aldée; & le Maître d'Ecole m'y fit passer quelques momens gracieux, en me montrant les caracteres usités à Balassor, & me parlant de la Langue de cette Contrée, qui n'est au fond qu'un dialecte du Bengali.

On rencontre entre Tcheli & Balassor trois Naddis peu considérables, & un Loüar (ou Djil) proche d'une petite Aldée. A huit cosses de Tcheli est la riviere de Balassor, qui n'est point guéable : on la passe dans des embarcations composées de deux troncs d'arbres creusés, & attachés l'un à l'autre par des planches de Bambou mises en travers. Ces embarcations peuvent porter cinquante à soixante personnes.

Je passai la riviere de Balassor le 28 dans une de ces embarcations, tenant la bride de mon cheval, qui suivoit en nâgeant. Il y avoit à craindre que quelque Caimant ne lui emporta les jambes, comme cela arrive quelquefois dans cette riviere : heureusement je n'en fus que pour la peur. Les discours de mes compagnons de passage avoient pour moi quelque chose de plus effrayant. Je m'attendois presque à être livré aux Anglois, & même à être obligé de reclamer leur humanité contre les mauvais traitemens des Noirs.

A peine eus-je mis pied à terre que les Pions du Tchoki se saisirent de mon petit bagage. Je demandai fierement à parler à Rajah Ram Alkara. Ce ton en imposa, & l'on me conduisit au Palais du Rajah. L'armée de ce Prince, composée de deux mille Cavaliers & de cinq mille hommes de pied, campoit près de là dans une plaine; & le bruit couroit qu'il alloit partir pour Katek.

Je fus obligé d'attendre quelques tems, parce que Rajah Ram Alkara étoit au bain. Lorsque l'on m'eût introduit, je vis paroître sur un petit Divan de terre, bordé d'un

VOYAGE aux Indes Orientales, Ie. Partie.

i ij

balustre de bois d'un demi pied de haut, & couvert d'un tapis de mousseline, un petit homme, assez gros, qui avoit l'œil vif & le regard gracieux : c'étoit le Rajah. Il me fit asseoir, me présenta du Betel, & me demanda le sujet de mon voyage. Je me dis Envoyé de M. Law, & montrai mon Passeport. Mais, ajouterent les Secretaires, le Passeport ne parle pas de Commission particuliere : je répondis à cela que la crainte qu'il ne tombât entre les mains des Anglois étoit cause de ce silence. On voulut ensuite voir le Passeport du Nabab. La proposition m'embarrassa ; je risquai néanmoins d'en produire un de deux ans, dont je ne montrai que la Tchape : & comme j'avois affaire à des personnes bien intentionnées, on ne demanda pas à en voir davantage. Je faisois mes réponses en Persan, & Aga Mohammed Aali, ancien Fauzdar de Balassor, les rendoit au Rajah, & y ajoutoit ce que lui suggéroit l'amitié qu'il avoit toujours eue pour les François. Rajah Ram satisfait, chargea Mohammed Aali de me loger chez lui jusqu'à mon départ, & ce généreux Musulman le fit avec des soins, des égards que je ne puis encore me rappeller qu'avec étonnement. Je trouvai dans la Maison de Mohammed Aali un Mogol arrivé depuis six jours de Mazulipatam, qui passoit pour Marchand de pierreries. Cet homme me parla juste au sujet du voyage de M. de Bussy dans le Bengale, me faisant entendre que l'état du Dekan le demandoit à Aurengabad. Il m'apprit aussi que les Anglois avoient à Katek un Médecin de leur Nation, qui demeuroit chez Aali Rasi Khan, Mogol au service du Nabab de cette Province.

Je passai le 19 chez Mohammed Aali, sans sortir, occupé des suites de mon voyage ; & ce jour de repos ne contribua pas peu à me remettre des fatigues précédentes. Voici comment ce Seigneur passoit la journée. Le soir du 18 on nous servit plusieurs paniers de Mangues. Nous en mangeâmes jusqu'à minuit, après avoir fumé le Hoka, conversant avec aisance dans une cour en Parterre, que l'on avoit garnie de fauteuils : le Mogol dont j'ai parlé plus haut, & un autre ami de Mohammed Aali étoient nuds jusqu'à la

PRÉLIMINAIRE.

ceinture. Ensuite chacun se retira. Sur les deux heures du matin Mohammed Aali mangea dans sa chambre une grande assiette de Kicheri & se rendormit : il se lava deux heures après les mains, le visage & les pieds, & alla faire sa cour au Rajah vers les cinq heures. Au retour il fit plusieurs visites, & revint chez lui sur les sept heures. Le bain, le dîner & la méridienne le conduisirent à six heures du soir, tems auquel ses amis se rassemblerent dans sa maison, comme la veille, jusqu'à onze heures ou minuit.

Ce Seigneur se donna la peine de faire lui-même les préparatifs de mon voyage; je fus muni d'un Paravana de Raja Ram Alkaıa, & de Lettres pour le Nabab de Katek & pour Rama Pandet, son Betha (son second). Mohammed Aali, ami particulier de ce Betha, me donna pour lui une Lettre de recommandation conçue dans les termes les plus pressans; & l'on me dit de la part du Rajah, que si je pouvois attendre quelques jours, j'aurois un Douli & cinq Barkandazz (soldats armés de fusils à méche): mais j'avois si peur d'être trahi par quelqu'accident imprévu, que je ne voulus pas différer mon départ.

Je quittai Balassor le 30, dans l'équipage, à ma monture près, d'un espece d'Envoyé. J'étois accompagné de deux Alkaras (Huissiers à verge qui portent les ordres des grands Seigneurs), d'un Domestique, d'un Saïs (Palfrenier), d'un Cuisinier & d'un Pion : les deux Alkaras étoient aux frais du Rajah, le Pion à ceux de Mohammed Aali; je ne devois payer mes trois Domestiques qu'à Gangam. Je m'apperçus à une cosse de Balassor que j'avois laissé ma montre chez Mohammed Aali, & la regardai comme perdue. Je risquai malgré cela d'envoyer mon Pion la chercher, & attendis son retour au premier Tchoki, à une cosse & demie de cette Ville. Le Pion trouva ma montre à terre dans la Varangue de Mohammed Aali, me la rapporta, & je continuai ma route, surpris de voir un pareil trait de fidélité chez des gens que nous traitons de Barbares. A trois cosses de Balassor je rencontrai un autre Tchoki, & un troisiéme à cinq cosses, près de l'Aldée de Bengania, qui forme deux Villages. Je côtoyois les montagnes, marchant au milieu des taillis, où l'on avoit pratiqué un chemin fort difficile. La route des armées étoit à deux coffes de là, plus près des montagnes que celle que je suivois. Lorsque je fus arrivé à Tchoki Sarou, situé à quatre coffes de Bengania, le Fauzdar de l'endroit, qui dépendoit de Rajah Ram Alkara, me fit offrir, comme à un Ambaffadeur, une maifon & un Tchoki. Je le remerciai de fa politeffe, qui par le retour pouvoit me conftituer en frais, & allai me repofer dans le Bazar. La journée avoit été pénible, & même périlleufe. La pluie & les rayons du Soleil réunis entre de gros nuages nous attaquoient alternativement, & les bêtes féroces infeftoient notre marche. A cinq coffes de Balaffor j'entendis de loin un bruit confus, & vis bientôt paroître plus de cinquante hommes, qui jettoient de grands cris. Regardant autour de moi, j'apperçus à cent pas un Tigre de la hauteur d'un âne, qui marchoit gravement. Plus fûr de moi-même que de mon cheval, je mis pied à terre, & faifis ma Rondache & mon piftolet d'arçon. L'animal paffa fierement près de moi, fans fe détourner, malgré les cris des Payfans; & prudemment je ne jugeai pas à propos de lui chercher querelle.

Je partis de Tchoki Sarou le 31, & arrivai le foir à Badrek, Aldée confidérable, qui en eft éloignée de huit coffes. Les endroits par lefquelles je paffai furent le Tchoki de Kanfbans, qui eft à deux coffes de Tchoki Sarou, & au-delà duquel on paffe fur un Pont de pierre de granit, une riviere qui a fon embouchure dans la mer; le Tchoki de Semelia qui eft à trois coffes de celui de Kanfbans, & le Tchoki de Schadaria où je trouvai un affez beau puits. J'avois une Lettre de Mohammed Aali pour Mir Faizoulla, Mufulman de confidération qui demeuroit à Badrek. Ce Mir me fit offrir obligeamment fa maifon & des rafraîchiffemens; mais comme mes fonds ne me permettoient pas de répondre à ces politeffes, je n'acceptai ni l'un ni l'autre. Mes gens me conduifirent à la Kafcheri où je trouvai tout ce dont j'avois befoin. Le fecond du Fauzdar avoit été Serkar [1] d'un Marchand François de Schan-

---

[1] Le *Serkar* (c'eft-à-dire le *Chef des affaires*) dans le Bengale, eft un In-

dernagor, & parloit Portugais. Il vint me voir, quelques Indiens qui se trouverent dans la Kascheri s'approcherent de nous, & la conversation roula sur l'Europe & sur les différentes Religions, avec une liberté que je n'aurois jamais cru trouver dans le centre de l'Indianisme.

Je partis le premier Juin de Badrek, & passai le Salendi, qui a son embouchure dans la mer, & dont le lit étoit alors à sec. A deux cosses de là est le Tonda, qui se jette aussi dans la mer. Le pont de pierre sur lequel on passe cette riviere, est composé de plusieurs arches à voûtes presque plates. A une cosse du Tonda on rencontre le Tchourakouti qui se jette dans la mer, & que l'on passe aussi sur un pont. Une cosse plus loin est Damlagar, Aldée gardée par un Tchoki, & dont le Bazar est sur la route. A deux cosses de Damlagar on rencontre l'Aldée de Guenti, au-delà de laquelle est un grand arbre dont les branches extrêmement étendues couvrent le Bazar qui est sur le bord du Betarni. Ce Naddi a son embouchure dans la mer; je le passai, & continuant ma route dans l'Est, je le retrouvai une cosse plus loin. Après l'avoir traversé une seconde fois, je m'arrêtai à Djaspour, Aldée considérable qui formoit autrefois une grande Ville. On voit dans cet endroit les ruines d'un Palais superbe, bâti par un Nabab de Katek, nommé Mohammed Taki Khan. Ce qui reste de ce Palais consiste en trois enceintes fort dégradées, dont le pied est baigné par les eaux du Betarni. Ces enceintes sont de pierre, en grande partie de granit, & la plûpart de ces pierres posées simplement les unes sur les autres, se soutiennent sans ciment par leur propre poids. Les bains presque détruits, accompagnés de jets-d'eau & de bassins sont dans la premiere enceinte; la seconde s'annonce

───────────────────

dien qui vous sert sans appointemens dans l'achat des marchandises & des denrées. Ses profits sont un certain nombre de coris qu'il retire par roupie des Marchands Indiens. Ce droit s'appelle en Portugais de l'Inde, la *Coustumade*. Il monte fort haut dans les marchés considérables : aussi les Indiens offrent-ils de l'argent pour être Serkars des personnes en place ; outre qu'ils se servent quelquefois du nom de ceux dont ils sont Serkars, pour faire eux-mêmes le Commerce, en ne payant les droits que sur le taux fixé pour les Européens établis dans le Bengale.

par un grand veſtibule qui conduit au logement de Fauz-dar ; dans la troiſiéme eſt un très-beau Maſdjed, précedé d'un baſſin pour les ablutions : le haut du Maſdjed eſt terminé par trois dômes en pierre revêtue de maſtic. On voit encore aux environs de ce Palais & ſur le chemin pluſieurs ruines de bâtimens en pierre & des reſtes d'eſcaliers dont le bas eſt garni de Sphinxs en relief. La pierre eſt aſſez commune à cette partie de la Côte. Les carrieres d'où on la tire ſont à ſix à ſept coſſes de Djaſpour : auſſi les Maſdjeds dans cette Aldée & les fondemens des maiſons ſont-ils pour la plûpart en pierre.

Le ſoir j'eus un démêlé avec celui de mes Alkaras qui portoit les Lettres du Rajah. La modeſtie, ou plûtôt l'économie qui me faiſoit refuſer les honneurs & les préſens, ne lui plaiſoit pas. Il voulut prendre un ton vis-à-vis de moi ; & je me vis obligé d'en venir aux voies de fait, en préſence de plus de cinquante Indiens, au milieu de la Kaſcheri. Je forçai enſuite cet Alkara de me remettre les Paſſeports. Il alla ſe plaindre au Fauzdar, qui me fit appeller. Mais ſans daigner répondre à la ſommation, je reſtai tranquille ſur ma peau de Tigre ; & ma fermeté fit rentrer l'Alkara dans le devoir. Je laiſſai mon ſecond Alkara malade à Djaſpour ; mon Cuiſinier & mon Saïs m'avoient déja abandonné : & comme je ne les avois pris à Balaſſor que pour ſoutenir le ton d'Envoyé, cette déſertion, qui d'ailleurs ménageoit ma bourſe, ne m'effraya pas.

Indépendamment de ce qui formoit mon train, j'avois une eſpece de cortége, qui, ſans m'être d'un grand ſecours, diminuoit pourtant l'ennui du Voyage. C'étoient dix-neuf Cypayes Telongous, qui s'étoient ſauvés de Schandernagor, & tâchoient de regagner leur Pays. Pluſieurs étoient armés de ſabres, les autres de bâtons ; ils étoient conduits par un Indien que Mohammed Aali leur avoit donné à Balaſſor, & qui devoit les remettre à Ganjam. Ces Cipayes ayant appris que j'étois François, avoient forcé leur marche, & m'avoient rejoint à une journée de Balaſſor. Deux Fakirs Indiens s'étoient encore joints à ma petite troupe, & faiſoient les mêmes journées que nous ;

PRÉLIMINAIRE.

nous ; le premier, jeune homme de dix-huit ans, fait autour, tout couvert de poussiere, de cendre & de bouse de vache, & nud comme la main, nous amusoit par ses culbutes & par les tours qu'il faisoit dans la route. Me sachant Européen, il s'étoit attaché à ma suite, dans l'espérance que je le guérirois de certain mal produit par son incontinence. Le second Fakir étoit un homme de quarante ans, bon dévot de Jagrenat, qui faisoit le pélerinage avec une belle Fakiresse de dix-huit à vingt ans, qu'il faisoit passer pour sa femme. Une taille haute & déliée, la jambe fine, le bras bien fait, une tête noble, le regard assuré & tendre, de grands yeux noirs & pleins de feu, une petite bouche avec des dents du plus bel yvoir ; toutes ces perfections faisoient presqu'oublier que cette Fakiresse avoit la peau noire. Ses yeux se fixoient volontiers sur moi, & plusieurs fois elle s'offrit avec une honnête timidité pour faire cuire mon Kicheri. Mais j'étois trop occupé de mon voyage & du personnage emprunté que je jouois, pour être sensible à ces avances. Mon Alkara, petit maître dans son espece, qui portoit la toque haute, toujours le Betel à la main, & le jarret bien tendu, profita de mon indifférence ; & le Fakir qui le voyôit se charger des frais du voyage, parut n'en pas prendre ombrage.

Je partis le 2 Juin de Djaspour, & trouvai au-dela de cette Aldée le Modaguïn, qui se jette dans la mer, lorsque son lit est plein ; il étoit alors à sec. Deux cosses plus loin est le Karsoüa, riviere considérable au-delà de laquelle est Baroüa, petite Aldée avec Tchoki : on voit dans cette Aldée les ruines d'un grand Palais de Mohammed Taki khan, suivi d'une espece de Fort ou enceinte en terre qui autrefois étoit garnie de canons. A une demi-cosse de-là on passe des bas-fonds sur un pont de pierre polie, dont les arches sont à voûte surhaussée & les quatre coins garnis d'especes de niches. Un peu plus loin est un Tchoki ; & à une demi-cosse de ce Tchoki, le Bameni, grande riviere gardée par un Tchoki. Au delà est l'Aldée de Tilsasen.

Je m'arrêtai quelque tems sur les bords du Bameni ; & satisfait des soumissions de l'Alkara, je lui rendis les Dastoks.

DISCOURS

J'agis prudemment, sans le sçavoir; trois heures après il eut eu occasion de me faire repentir de ma séverité. A une demi-cosse du Bameni nous trouvâmes le Komeria, qui tire son nom de la quantité de Komires (Caimans) qu'il nourrit: cette riviere étoit alors à sec. Une cosse & demie plus loin, est le Galgaçi, peu large, mais fort profond: nous le passâmes sur un pont, & prîmes ensuite entre les montagnes, les laissant à l'Est & à l'Ouest à une portée de canon. Toutes les Aldées étoient presque désertes : le Pays avoit été pillé par les Fakirs de Jagrenat. Nous trouvâmes un Tchoki près du Guinkti, riviere considérable; & en-deçà de cette riviere, l'Aldée d'Arekpour. Les bords du Guinkti sont couverts de bois remplis de Tigres. A deux cosses du Galgati, est un ancien Saraï détruit.

A une demi-cosse de ce Saraï, nous rencontrâmes l'armée des Fakirs de Jagrenat. Un Fakir de mauvaise mine nous avoit apris une heure auparavant que nous n'en étions pas loin. Le jour baissoit; tout étoit désolé à la ronde : j'aimai mieux m'exposer aux Fakirs, qu'aux Tigres, & continuai ma route.

Ces Fakirs sont des Pelerins qui se rendent à Jagrenat de toutes les parties de l'Asie. Ils y vont un à un de la Presqu'Isle de l'Inde, du Bengale, de la Tartarie : j'y ai vu jusqu'à des Chrétiens Noirs. A plusieurs cosses de Jagrenat, les Tchokis exigent d'eux des droits assez considérables qui font partie du revenu du Rajah, qui releve de Katek. Ils sont encore obligés de payer deux roupies par tête aux Tchokis qui sont à l'entrée de la Ville, & de présenter au moins une demi-roupie au premier Brahme de la Pagode, pour être admis en la présence de Jagrenat. Comme alors ils ne sont pas les plus forts, ils donnent ce qu'on leur demande, & se dédommagent, au retour, de cette maniere. Après avoir fait leurs dévotions, ils s'assemblent tous à quelques cosses de Jagrenat, & choisissent un Chef auquel ils donnent l'équipage d'un Général, des Gardes, un Éléphant, des Chameaux &c. Les Pelerins qui ont des armes, forment ensuite une armée partagée en différens Corps, qui marchent assez en ordre, mettent à contribution les Vil-

PRÉLIMINAIRE.

fes des environs, pillent & brûlent les Aldées. Quelquefois même le Rajah, est obligé de se racheter du pillage. Ces violences durent jusques assez avant dans le Bengale, où, à cause des fortes Garnisons & des Troupes qu'ils sont exposés à rencontrer, ils se dispersent, & portent ensuite chacun dans leur Pays les Indulgences de Jagrenat. De cette maniere, le Rajah, les Brahmes & les Pelerins s'enrichissent, pour ainsi dire, par une convention tacite; & c'est comme ailleurs le Peuple qui paie.

L'armée des Fakirs que je rencontrai, étoit environ de six mille hommes. Je fus arrêté par l'avant-garde composé de quatre cents hommes. Elle étoit sur deux lignes, dans une grande plaine : à la tête, marchoient trois hommes de haute taille, fort bien faits, qui, de la main droite, tenoient une longue pique, & de la gauche, une rondache; Le reste étoit armé de sabres, d'arcs, de fusils à mèche. Ma petite troupe n'auroit pas brillé vis-à-vis deux. Ils me demanderent fierement d'où je venois, & où j'allois. Mon Alkara, après le compliment Religieux, *Namou norogne*[1], leur montra le passeport de Rajah Ram Alkara, & leur dit que je venois de Moxoudabad, que j'étois un François échapé de la ruine Schandernagor, qui tâchois de regagner Pondichery par Ganjam : mon titre d'Envoyé m'auroit nui dans cette occasion, & m'auroit fait supposer des richesses ou des bijoux que je n'avois pas. Mon attirail leur confirma le rapport de l'Alkara : ils baiserent avec respect la Tchape du Rajah, & me souhaiterent un bon voyage. Les voyant s'humaniser ainsi, je leur demandai un passeport pour le reste de l'armée. La proposition leur parut singuliere; & ils me l'accorderent de bonne grace. Pendant plus de deux cosses, je rencontrai des bagages de toute espece, escortés par des bandes de cent & de deux cents Fakirs; & j'avoue que le passeport de l'avant-garde ne me tranquillisoit pas trop sur le zéle intéressé de ces Dévots d'une nouvelle trempe. Je passai la nuit à Padempour, éloigné de deux cosses & demie de

---

[1] *Namo Naraïen*, c'est-à-dire *je vous invoque (je vous releve, je bénis)* *Vischnou. Naraïen* est un des noms de ce Dieu, qui est adoré à la côte d'Orixa, sous le nom & la figure de Khreschnou.

l'endroit où j'avois rencontré les Fakirs, & eus beaucoup de peine à y trouver du ris pour ma petite troupe : Les Pelerins avoient pillé le Bazar & la maison du Moudi.

Le 3, à deux coffes de Padempour, nous passâmes le Maaladda dont le lit, qui est extrêmement large dans la saison des pluies, étoit alors à sec. Au-delà, nous fûmes arrêtés à un Tchoki, près du Gât de Djoguera ; l'Alkara montra ses Lettres, & un homme du Tchoki nous accompagna jusqu'à Katek. Nous laissâmes dans l'Ouest auprès des montagnes, le Fort de Barbati qui domine le Maaladda Nous vîmes sur la route le Dergah de Kadam Rezoul, beau bâtiment gardé par des Moullas Mahométans, & entourré de tombeaux & de maisons. Le reste du chemin, pendant une coffe, étoit rempli de Masdjeds & de jolies maisons de campagne.

J'arrivai sur les onze heures à Katek. Depuis Moxoudabad Katek est la plus grande Ville que j'aie vuë dans ces contrées : on y rencontre plusieurs maisons à deux étages. Le Palais du Nabab est dans la Forteresse ; mais ni les troupes de ce Prince, ni le Fort, grande enceinte de pierre sans bastions, n'avoient pu garantir cette Ville du pillage des Fakirs.

Je ne trouvai pas le Nabab à Katek ; & il fallut faire les deux tiers de la Ville, pour me rendre chez Rama Pandet, son Betha. Ce Seigneur étoit au bain, lorsque j'arrivai. On me fit traverser deux petites cours fermées par des murs de nattes ; & je montai sur un petit Divan de terre, couvert d'un tapis rouge, & dont le toit étoit si bas, qu'on ne pouvoit gueres s'y tenir que courbé. Au bout d'une demi-heure, je vis entrer, par une porte basse, qui, du corps de Logis répondoit dans le Divan, un grand homme de quarante ans, tout couvert de bijoux d'or, & nud jusqu'à la ceinture, avec le cordon de Brahme en écharpe. C'étoit Rama Pandet, à qui je remis les Lettres de Rajah Ram Alkara, & celles de Mohammed Aali. Il m'embrassa, en me prenant les mains, & portant sa tête au-dessus de mon épaule gauche ; & nous nous assîmes. Le Betha étoit accompagné de deux de ses Sécretaires qui parloient Persan, & qui me servirent d'Interprêtes. Après les premiers complimens, qui furent très-gracieux, il me présenta cinq betels, me demanda ensuite des nouvelles du Nabab de Bengale; nous parlâmes des guerres de ce Pays, de M. de Buſſy dont il me parut avoir une grande idée, & voulut ſçavoir ſi j'étois envoyé pour le faire venir dans le Bengale. Rama Pandet comptoit d'abord que j'étois le Bara Saheb (le Chef) de Caſſimbazar. Lorſque je l'eus détrompé, & qu'il eût vu la modeſtie de mon train, je m'apperçus que ſon air n'étoit plus ſi affectueux. Il me promit neanmoins, pour le lendemain, cinq heures du matin, un Paravana du Nabab de Katek, & une Lettre du Fauzdar de Barbati pour ſon Betha, qui réſidoit à Pipli. Je quittai Rama Pandet, enchanté de ſa politeſſe, mais comptant peu ſur les Lettres qu'il m'avoit promiſes, & j'allai paſſer le reſte de la journée ſous un Angar où ma petite troupe pouvoit tenir commodement.

Nous partîmes le 4, à ſept heures du matin, après avoir attendu deux heures les Lettres de Rama Pandet. Au-delà de Katek nous traverſâmes le Kadjori preſqu'à ſec. Le lit de cette riviere eſt fort large; le milieu, quand ſes eaux ſont baſſes, forme une eſpece d'Iſle qui eſt gardée par un Tchoki. Mon Alkara fut arrêté dans cet endroit; pour moi, je paſſai outre, & l'Alkara me rejoignit quelque tems après. A quatre coſſes de là, nous trouvâmes près d'un étang un autre Tchoki, qui portoit le nom du Fakir Indien Keſendas Kakara; & une coſſe & demie plus loin, le Tchoki de Kowamari. Nous nous arrêtâmes à cinq coſſes de-là, à Balenta, Aldée aſſez conſidérable, gardée par une Fortereſſe où je vis deux canons en batterie. Nous y éprouvâmes encore des difficultés de la part du Tchoki ; & cela me détermina à envoyer en diligence mon Pion à Katek chercher les Lettres que Rama Pandet m'avoit promiſes.

Le 5, nous partîmes de Balenta, & rencontrâmes à deux coſſes de cette Aldée, le Kousbadra que nous côtoyâmes une demi-coſſe, à la vuë d'un Tchoki que j'avois mis en fuite. Nous paſsâmes une coſſe plus loin, par Serkana. A une coſſe de cette Aldée, coule le Modoupour, riviere aſſez conſidérable : nous le paſsâmes, & nous nous rendîmes à Pipli qui en eſt éloigné de deux coſſes.

Lorsque j'entrois dans cette Ville, un homme d'une physionomie fort commune, s'avança vers moi, un gros bâton à la main, & prit la bride de mon cheval, en me commandant de m'arrêter. Dans le premier mouvement, je lui donnai un soufflet de la main gauche, & tirai le sabre de la droite. Cet homme court comme un furieux dans l'Aldée, & se rend chez le Betha, demandant justice de l'affront que je lui ai fait. J'ignorois ce qui se passoit, & traversois l'Aldée, où je vis plusieurs Corps-de-gardes remplis de Soldats. Les Cipayes Telongous, qui étoient restés derriere moi, furent arrêtés, sans que je m'en apperçusse, sur le prétexte qu'ils étoient Bengalis, & alloient en pelerinage à Jagrenat. Pour moi, je continuai ma marche, jusqu'au bout de l'Aldée, où je m'arrêtai sous un arbre qui étoit au bord d'un grand étang. Je considérois de-là le Fort qui étoit en face, & allois mettre pied à terre, lorsque je vis courir à moi un jeune homme de dix-huit ans, bien monté, accompagné d'une quinzaine de Cavaliers Marates, armés d'arcs & de piques. Le jeune homme me fit signe avec une baguette de fer qu'il tenoit, de le suivre, & je fus sur-le-champ entouré de ses gens. Je m'apperçus alors que j'étois seul avec mon Alkara : mais ne songeant pas à l'homme que j'avois frappé à l'entrée de l'Aldée, je crus qu'il seroit simplement question de m'expliquer, comme j'avois fait à Balassor & à Katek, & suivis les Marates. A mesure que nous passions devant les Corps-de-gardes, les Soldats se joignoient à ceux qui m'escortoient : de façon que j'étois au milieu de près de deux cents hommes, lorsque j'arrivai à la maison du Betha. C'étoit le jeune Marate qui m'étoit venu chercher ; il m'avoit devancé, & m'attendoit dans son Divan avec trois Conseillers d'un âge avancé. Je vis en entrant dans la cour, tout mon monde désarmé, assis sur le sable ; & à l'entrée du Divan, l'homme que j'avois frappé, qui crioit comme un Énergumene, montrant son visage, ses bras. Je montai seul & voulus entrer dans le Divan ; mais on me fit rester un peu plus bas entre quatre Sentinelles. Je compris alors de quoi il étoit question ; je regrettai les Lettres de Rama Pandet, & prenant sur-le-champ mon

PRELIMINAIRE. lxxix

parti, je mis la main à mon piſtolet d'arçon, prêt à frapper le premier qui oſeroit me toucher, les yeux fermés ſur les ſuites.

Le jeune Betha, avec une gravité au-deſſus de ſon âge, fit venir l'Alkara, & lui demanda qui j'étois & où j'allois. Celui-ci voulut faire l'Orateur, & crut ſe donner de l'importance, en relevant Rajah Ram, ſon maître; le jeune Marate, ſans s'émouvoir, lui fit diſtribuer douze coups de fouet ſur les épaules, en lui diſant: apprends que je n'ai nul rapport à ton Rajah de Balaſſor. Cette ſcene avoit de quoi m'effrayer: mais j'étois diſpoſé à tout, & payai de fermeté.

Le Betha ſçachant que je parlois Perſan, fit venir un Marchand de l'Aldée qui ſçavoit cette Langue, & me ſervit d'Interprête. Aux premiers mots, je crus voir dans les yeux de cet homme, qu'il prenoit part à ma ſituation, & deſiroit que l'affaire s'accommodât. C'étoit en effet de cette ſeule maniere qu'il pouvoit eſpérer quelque récompenſe. On me demanda d'abord pourquoi j'avois frappé le Cotoüal. Je répondis que celui que j'avois frappé, n'avoit nullement l'air d'un Cotoüal; que les François, Peuple guerrier, comme les Marates, repouſſoient la violence par la force; que d'ailleurs j'avois moins frappé le Cotoüal, que détourné ſa main qui ſaiſiſſoit la bride de mon cheval. Cette réponſe fut priſe pour ce qu'elle valoit. Je m'apperçus pourtant que les Gardes n'étoient pas fâchés que M. le Cotoüal eût une fois reçu quelques mortifications.

On me dit, en ſecond lieu, que depuis quatre ou cinq Tchokis, je n'avois payé aucuns droits; qu'un grand nombre de Bengalis que je menois avec moi, s'en étoient de même exemptés; & qu'ainſi, indépendamment de la réparation dûe au Cotoüal, il falloit payer ſix cents roupies. Quand je vis que l'affaire commençoit à ſe civiliſer, je crus qu'il falloit doubler de fierté. Je répondis que n'étant pas Pelerin de Jagrenat, je n'avois aucun droit à payer; & que les perſonnes qui m'accompagnoient, étant ſpécifiées dans le Paravana du Nabab de Katek, & dans la Lettre du Fauzdar de Barbati, devoient jouir de la même exemption. Le Fakir & la Fakireſſe avoient eu la prudence de diſparoître, & le jeune Jogui nous avoit quitté à la rencontre de l'armée des Pélerins de Jagrenat.

Voyage aux Indes Orientales, Ie. Partie.

Cette réponse auroit été bonne, si le second Alkara eût été présent. Le seul effet qu'elle produisit, fut que de six cents roupies, on rabattit à deux cents. Je refusai de les payer, parce que je ne les devois pas, & sur tout parce que je ne les avois pas. A ce refus, les Conseillers se consultent avec le Betha ; leurs regards & l'air inquiet de l'Interprète ne m'annonçoient rien que de sinistre, lorsque je vis arriver en diligence l'Alkara de Rama Pandet. Il avoit marché jour & nuit, prévoyant les difficultés qu'on me feroit aux Tchokis, & en particulier à celui de Pipli. Il apprit à l'entrée de l'Aldée l'embarras dans lequel j'étois ; ce qui lui fit hâter le pas : & il étoit si éssoufflé, qu'il n'eût que la force de présenter ses Lettres, sans pouvoir presqu'articuler un mot.

A la lecture de la Lettre du Fauzdar de Barbati, adressée à son Betha résident à Pipli, tout changea de face : les Soldats prirent par les épaules le Cotoüal qui se débattoit en demandant justice & le mirent dehors. On me dit ensuite que je pouvois me retirer avec mes Domestiques particuliers, mais que les Cipayes resteroient. Trop heureux de me voir hors d'affaire j'allois accepter ce parti : leurs cris & la compassion me firent hazarder un dernier effort. Je dis au Betha que je ne partirois pas, sans le nombre de personnes spécifiées dans mes Passeports. L'affaire fut un peu débattue, & se termina à ma satisfaction. Nous partîmes tous & allâmes préparer notre dîner au bout de l'Aldée sous l'arbre où l'on m'avoit arrêté. Avant que de partir je fis présent à mon Interprète d'un joli coûteau, & au Betha de six fleches de Bengale qu'il choisit lui-même dans mon Carquois. Il me régala d'un Betel : ses Cavaliers firent devant moi quelques tours de manége, lançant leurs javelots en l'air, & les recevant au galop ; & nous nous séparâmes bons amis.

Il y avoit cinq cents Cavaliers Marattes dans le Fort qui étoit au-delà de l'étang au bord duquel je m'arrêtai avec ma troupe. Ainsi, pour peu que l'Alkara de Katek eût tardé, ce jour auroit vrai-semblablement été le dernier de ma vie. L'Alkara de Balassor en fut quitte pour se faire frotter le dos avec du Safran, du sel & du beurre, & pour mettre

PRÉLIMINAIRE. lxxxj

mettre sa cabaye. Mais ce qui l'affligeoit, c'est qu'il craignoit que ses Stigmates ne déplussent à la Fakiresse.

A Pipli, commencent les étangs quarrés en pierre, garnis de degrés, qui, des quatre côtés, vont en talus jusqu'au fond, où ils se réunissent à une petite Pagode de pierre. Je partis le 6 de cette Ville, & rencontrai à une cosse, l'Aldée de Mokadempour, & une cosse plus loin, Mirmola. Le Pays est beau, rempli de Hameaux; les chemins sont bordés de Cocotiers, de Palmiers, de Cassiers, mais dangereux à cause des tigres. A une cosse de Mirmola, est Patnaeka pokor; & une cosse plus loin, Amedpour pokor. Je trouvai près de cet endroit un Tchoki de soixante-dix Cavaliers Marates, & de cent hommes de pied, posté sur le chemin, pour faire payer les droits aux Pelerins. Un peu au-delà, on passe la riviere de Gadambari; & trois cosses plus loin, celle de Kabelpour, sur le bord de laquelle est l'Aldée de Dangadaepour. A une cosse de Kabelpour, est le Doria; & une cosse en-deçà de Jagrenat, le Tcharnala, ainsi nommé de quatre Nalas (ou Nalis) qui s'y réunissent.

A une demi-cosse du Tcharnala, le Tchoki d'Attaranala (les huit Nalas) voulut m'arrêter : je passai outre. J'en rencontrai un second proche de Jagrenat, qui ne me fit aucune difficulté, & me trouvai à la porte de cette Ville, sur les deux heures après midi.

Jagrenat est à plusieurs Cosses de la mer. Cet endroit est célebre par trois grandes Pagodes, dont les Vaisseaux faisant route pour le Bengale, apperçoivent les Dômes de huit & dix lieues. Du côté de la Terre, une multitude de petites Pagodes accompagnées de bois & d'étangs en pierre de taille, forment à cette Ville une avenue très-propre à nourrir la dévotion des Pelerins, & à récréer la vuë d'un Voyageur.

Les trois Pagodes dont je viens de parler, sont renfermées dans une enceinte faite de pierres noires, d'une énorme grosseur, qui ne paroissent liées par aucun ciment. Cette enceinte peut avoir environ cent toises en quarré : elle est coupée par quatre portes qui regardent l'une le Sud, l'autre l'Est, la troisiéme le Nord & la quatriéme l'Ouest. Les deux dernieres sont ouvertes. Les cuisines sont à côté de la porte de l'Est.

VOYAGE aux Indes Orientales, I^e. Partie.

DISCOURS

Voyage aux Indes Orientales, I:e Partie.

La Statuë de Jagrenat, figure d'homme, haute de plus de huit pieds & travaillée grossierement, est dans la Pagode la plus élévée. Tous les Bengalis, de quelque Caste qu'ils soient, excepté les Parias, sont admis en la présence de ce Dieu: mais ils ne peuvent prendre leurs repas, ni dormir, que dans les deux autres Pagodes.

J'entrai dans Jagrenat par la ruë qui mene à ces Pagodes: elle est fort longue & ornée de plusieurs grandes maisons, accompagnées de jardins. J'aurois desiré de voir l'intérieur des Pagodes; mais malheureusement j'étois connu, & l'argent que j'offris, ne put engager les Brahmes à m'en permettre l'entrée: il fallut donc me contenter de considérer les dehors de l'enceinte. A droite de la porte du Nord, paroît sur le mur un bas-relief représentant Jagrenat, sa sœur & son frere. Je n'y vis aucune inscription en caracteres différens des modernes.

Le vol du rubis qui formoit un des yeux de la Statuë de Jagrenat, me fut confirmé: mais on me dit que c'étoit le Chef d'un petit Comptoir Hollandois, qui avoit fait le coup. L'autre œil est, à ce que l'on prétend, formé par une grosse escarboucle. Je pense, au reste, que ces pierres précieuses & les richesses immenses que l'on dit être renfermées dans le Temple de Jagrenat, sont de la nature du *Pagode d'or massif, & de quarante-deux pieds de haut,* que l'Abbé de Choisy *Voyage de Siam, p. 180.* avoit vu à Siam. Les Rajahs & les Brahmes de Jagrenat sont trop avides, pour laisser au bois & à la pierre des Ornemens précieux qu'il leur seroit facile de remplacer aux yeux du Peuple, par de simples dorures, par des grains de verre ou par de faux rubis placés dans des jours favorables.

Je vis dans cette Ville quantité de Piras & de Casbis. Les premiers sont de petits Sanctuaires isolés qui renferment la Statue de quelque Divinité Indienne; les seconds sont des arbres plantés à l'honneur de Jagrenat, & dont le pied est entouré de chaux. Les trois chariots sur lesquels on devoit promener ce Dieu, étoient sur le chantier. Les roues, faites à rayons comme en Europe, me parurent *Mœurs des Bramines, p. 249. & suiv.* avoir vingt pieds de diametre. Douze jours plus tard, j'aurois vu cette Procession qui est à-peu-près pareille à celle

PRÉLIMINAIRE. lxxxiij

de Ganga. Mes affaires ni mes fonds ne me permirent pas d'attendre le jour de cette cérémonie.

Je me retirai dans un petit Verger de Cocotiers, où l'on m'apporta des lentilles & du ris, cuits sans poivre ni sel dans la Pagode de Jagrenat. Mon Alkara voulut me persuader que ces légumes avoient un goût admirable. Pour moi, je les trouvai insipides, quoiqu'ils passassent pour préparés par la Déesse Lakhschimi. Il fallut pourtant s'en contenter, parce que dans le tems des préparatifs de la Fête des chariots, on n'en trouve pas d'autres chez les Marchands. On vent aussi dans ces Pagodes des pains bénis que les Pelerins paient plus cher, & trouvent plus délicats que les pains ordinaires.

Je ne dirai rien ici de l'origine du Culte de Jagrenat [1], parce que je n'ai pas encore lu les Livres Sacrés des Indiens. De même, dans la suite de cette Relation, lors-

[1] Il est parlé fort au long de Jagrenat dans l'*Ezour Vedam*, Ouvrage traduit de l'Indien que M. de Voltaire a envoyé en 1761 à la Bibliotheque du Roi. Ce Manuscrit apporté en France par M. de Modave, vient originairement des papiers de M. Barthelemy, second du Conseil de Pondichery, qui vraisemblablement avoit fait traduire l'original par les Interpretes de la Compagnie qui étoient à ses ordres. L'Ouvrage est en forme de Dialogue, & divisé en huit Livres : les Interlocuteurs sont Biache & Chumontou. Les Curieux ne seront peut-être pas fâchés de trouver ici le morceau de l'*Ezour Vedam* qui a rapport au Culte d'une des plus célebres Villes de l'Inde.

Le Chapitre III. du Livre VII. commence ainsi : « J'ai encore une question à
» vous faire (c'est Biache qui parle) au sujet de Khrischnou, qu'on adore dans
» l'Outkolo Dekan, appellé aujourd'hui l'Oriza, sous la figure d'un tronc de bois.
» J'ai donné à ce bois le nom d'Être suprême. J'ai fait son Histoire fort au long ;
» je l'ai même enseignée. Bien des Sçavans pensent là-dessus comme moi.

« Il y eut autrefois dans l'Outkolo-Dekan ou l'Oriza, un Roi appellé Indro
» Doumeno. Ce Prince qui souhaitoit sincerement de se sauver, voyoit à regret
» qu'il n'avoit encore rien fait dans tout le cours de sa vie qui pût lui assurer un
» sort plus heureux après sa mort. Cette pensée l'affligeoit beaucoup. Il commu-
» niqua plus d'une fois ses inquiétudes là-dessus à Bramma à quatre visages, dont
» il avoit fait sa Divinité favorite, & lui demanda quel seroit son sort après sa
» mort. Bramma touché de ses peines, & charmé tout-à-la-fois de voir dans lui
» tant de bonne volonté, lui dit un jour : cessez grand Prince de vous inquiéter sur
» votre sort à venir ; je vais vous enseigner un moyen de vous en assurer un qui
» sera vraiment digne d'envie, & qui mettra le comble à tous vos vœux. Tout
» auprès de la mer est situé l'Outkolo Dekan. C'est là que se trouve la montagne
» appellée Nilo, qui a deux lieues & demie d'étendue. Elle porte aussi le nom de
» Pourouschotomo, du nom du Dieu qui y habitoit autrefois. Cette montagne
» est un lieu vraiment sacré, & qui a encore le pouvoir de pardonner les péchés.
» Du tems du premier âge on y voyoit un Temple tout d'or consacré à Vischnou,

l ij

que j'aurai occasion de parler de la Religion de ces Peuples, je me contenterai de rapporter ce que j'ai vu, ou ouï dire,

» l'Être suprême. Il subsiste encore ; mais il a été enseveli sous le sable & ne pa-
» roît plus. Faites-en revivre la mémoire, renouvellez les sacrifices qu'on y of-
» froit alors, & vous vous assurerez un sort fortuné. Le Roi charmé de ce qu'il
» venoit d'entendre, demanda quels étoient ceux qui avoient fait bâtir ce Tem-
» ple, & où étoit précisément l'endroit où il avoit été bâti. Ce sont vos ancê-
» tres, grand Roi, répondit Bramma, qui le firent bâtir dans le premier âge du
» Monde, & qui procurerent par-là aux hommes le bonheur de voir sur la Terre
» l'Être suprême en personne, & un moyen sûr de se sauver. Allez donc, renou-
» vellez encore une fois la mémoire d'un lieu si respectable ; faites-y descendre
» de nouveau l'Être suprême, & vous leur procurerez le même bonheur. Le moyen
» de trouver un Temple enseveli sous le sable, répondit le Roi avec inquiétude !
» Je ne saurois jamais en venir à bout, si vous ne vous donnez également la
» peine de me le montrer. Bramma lui en donna plusieurs indices, & lui dit en-
» fin qu'il trouveroit dans un étang tout auprès de la montagne Nilo une tortue
» aussi ancienne que le Monde, qui pourroit le lui montrer.

» Le Roi satisfait rendit grace à Bramma, & s'en fut. Il ne fut pas long-tems
» à chercher l'étang dont Bramma lui avoit parlé : il y vit en effet une Tortue
» d'une grosseur prodigieuse, qui l'ayant apperçu s'approcha des bords, & lui
» demanda qui il étoit, d'où il venoit, & ce qu'il cherchoit dans ce lieu. Je
» suis Roi de naissance, répondit Indro Doumeno ; mais je ne suis par état que
» pêcheur, & le plus grand des pêcheurs. Le Dieu Bramma m'a dit en général,
» qu'il y avoit un lieu sacré sur la montagne Nilo, mais il n'est point entré dans
» un plus grand détail, & m'a renvoyé auprès de vous, m'assurant que vous étiez
» parfaitement au fait de tout cela, & parfaitement en état de m'y mettre. Je
» suis charmé, Prince, répondit la Tortue, que vous me fournissiez une occa-
» sion de contribuer au bonheur des hommes, & à leur utilité. Je ne suis pas en
» état de remplir tout-à-fait vos vœux, parce que mon grand âge m'a fait per-
» dre la mémoire, mais je vous donnerai au moins quelques indices sur ce que
» vous m'avez demandé. Il y avoit autrefois sur la montagne Nilo un Temple
» fameux par son éclat & par ses richesses. Le Dieu à quatre bras, le Dieu des
» Dieux y faisoit sa demeure ; tous les Dieux venoient assidument lui rendre leurs
» hommages ; c'étoit de tous les lieux le plus fréquenté, & c'étoit là commu-
» nément que les Dieux venoient se satisfaire & contenter leurs passions. Depuis
» long-tems la mer a couvert ce lieu sacré, & le Dieu n'y recevant plus les sa-
» crifices de personne, s'est retiré dans le Veikountan : je sçai en général que ce
» Temple est enfoncé environ une lieue sous le sable : mais je ne me souviens
» pas précisément de l'endroit où il est. Je vous enseignerai cependant un moyen
» sûr de le découvrir. Vous trouverez auprès de l'étang appellé Markondeo, une
» Corneille qui jouit de l'immortalité ; interrogez-la sur tout cela, & vous ap-
» prendrez sûrement d'elle tout ce que vous souhaitez sçavoir.

Le Roi fut tout de suite chercher l'étang dont on lui avoit parlé, & y trouva
» en effet une Corneille, que le nombre de ses années avoit fait blanchir. Il la
» salua profondément, & lui dit : Corneille qui jouissez de l'immortalité, vous
» voyez devant vous un homme que le chagrin dévore, & il n'est que vous qui
» puissiez me soulager. Quel est donc le sujet de vos peines, reprit la Corneille,
» & que puis-je faire pour cela ? Je vous le dirai, répondit Indro Doumeno ;
» mais je vous prie de ne me rien cacher sur tout de ce que je vous demande, &
» de me dire au vrai ce qui en est. Dites-moi donc d'abord quel est le premier

PRÉLIMINAIRE. lxxxv

sans porter de jugement. La comparaison que j'ai faite de ce que les Voyageurs disent de la Religion & des usages

» Roi qui a regné dans ce Pays, & qu'est-ce qu'il a fait. La Corneille qui se res-
» souvenoit parfaitement des histoires de l'ancien tems, lui dit : le premier Roi
» qui a regné dans ce Pays s'appelloit Soturanouno. Il eut pour fils Bichio Bahu,
» & de celui-ci naquit Indro Dumeno, qui ayant toujours eu pour Bramma à
» quatre visages, une piété sincere, s'est depuis quelque tems retiré auprès de
» lui, & est allé jouir de la présence de ce Dieu. Ce Soturanouno dont je vous ai
» parlé gouverna ce Pays avec beaucoup de bonté, & avoit pour ses Sujets la
» vraie tendresse d'un pere. Parmi les grandes actions qu'il a faites il y en a une
» en particulier qui éternisera à jamais sa mémoire : c'est qu'il a eu la gloire de
» faire descendre le Dieu des Dieux du Veikountan, pour le faire habiter sur la
» Terre. Il lui avoit fait bâtir sur la montagne Nilo un Temple magnifique : les
» murailles en étoient d'or, & l'intérieur étoit enrichi de tout ce qu'il y a de
» plus précieux en pierreries. Les âges se sont succedés les uns aux autres ; & tan-
» dis que tout a péri, ce Temple a toujours subsisté. Il subsiste encore aujour-
» d'hui : mais depuis long-tems la mer l'a enseveli sous le sable, & il ne paroît
» plus. Depuis ce tems le Dieu qui l'habitoit a quitté à la vérité ce lieu char-
» mant, & n'a plus habité dans ce Temple ; mais il ne voulut pas quitter une
» montagne qu'il avoit consacrée par sa présence, & y resta sous la métamor-
» phose d'un arbre. Un jour le Pénitent Markondeo, qui depuis nombre de sié-
» cles faisoit pénitence sur cette montagne, voyant que cet arbre ne donnoit point
» d'ombre, en fut indigné, souffla sur lui & le réduisit en cendres. Cependant,
» comme cet arbre étoit Vischnou, étoit l'Être suprême, & que par-là il devoit
» être immortel de sa nature, il ne fut pas tout réduit en cendres, & il en est
» resté encore le tronc. Je ne me souviens pas de l'endroit où étoit cet arbre ;
» mais je sçais bien qu'il a été réduit en cendres en partie, & que c'étoit une
» métamorphose de Vischnou. Vous souviendriez-vous, dit le Roi, de l'endroit
» où étoit le Temple, & pourriez-vous me le montrer ? Oui sans doute, reprit
» la Corneille ; vous n'avez qu'à me suivre, & il ne faudra pas aller bien loin.
» Dès qu'ils furent arrivés à l'endroit, la Corneille se mit à creuser la montagne
» avec son bec, & après avoir creusé une lieue de profondeur, elle lui fit voir le
» Temple magnifique qui avoit servi de demeure à Narajon le Dieu des Dieux,
» & la couvrit de nouveau. Le Roi convaincu de la vérité de tout ce que la Cor-
» neille venoit de lui dire, & charmé d'avoir trouvé ce qu'il souhaitoit, s'adressa
» encore à elle, & lui dit : voudriez-vous me dire encore de quels moyens je
» pourrai me servir pour réveiller dans l'esprit des Peuples, la mémoire d'un
» lieu si sacré, & lui rendre son premier éclat. Ce que vous me demandez, ré-
» pondit la Corneille, est au-dessus de moi. Mais allez trouver Bramma, & il
» vous dira ce que vous aurez à faire pour cela ».

Dans le Ch. IV. Chumontou, qui paroît être de ces Indiens nommés *Ganigueuls*, qui ne reconnoissent que l'Être suprême, réfute le récit de Biache par des raisons d'absurdité & d'impossibilité ; raisons que l'on peut alléguer contre toute merveille, contre tout fait hors du cours de la Nature, & opposé à ce que nous pensons d'après ce qui se passe tous les jours sous nos yeux.

Le titre du cinquième Chapitre est, « De l'Histoire de la Ville de Pontouschorromo & du Dieu Zaguarnato, appelié ici Jeangrena, & son Temple, la Pagode noire ».

Biache continue. « Endro Doumeno convaincu de la vérité de ce que la Cor-
» neille lui avoit dit, suivit le dernier conseil qu'elle lui donna, & fut de nou-
» veau trouver Bramma. Après lui avoir offert plusieurs fois ses adorations & ses

DISCOURS

de Parses, avec ce que contiennent leurs Livres sacrés, m'a plainement convaincu que dans l'étude des opinions, des dogmes & des cultes Religieux, la lecture des Livres

» hommages, il lui dit : j'ai trouvé, comme vous me l'avez annoncé, la mon-
» tagne Nilo ; j'ai vû le Temple magnifique qui a servi autrefois de demeure à
» Vischnou ; mais comment dois-je m'y prendre pour rappeller dans le souvenir
» des Peuples la mémoire d'un lieu si respectable, & lui rendre sa premiere splen-
» deur ? Si j'y fais bâtir une Ville, quel nom dois-je lui donner. Je sçai que
» Vischnou doit de nouveau honorer de sa présence ce lieu sacré sous la figure
» d'un tronc de bois : mais comment y viendra-t'il, & quels sont les présens
» qu'il faut lui faire ? Daignez grand Dieu m'instruire là-dessus. Pour rendre à ce
» lieu sacré son premier lustre, répondit Bramma, faites bâtir un nouveau Tem-
» ple au-dessus de l'endroit même où se trouve l'ancien. Vous lui donnerez le nom
» de Seridschoul. Qu'il ne soit pas de la même magnificence que le premier. Les
» Peuples réduits aujourd'hui à la derniere misere, l'emporteroient par pieces,
» & votre travail deviendroit inutile. Il suffira de le faire de pierres. Pour pro-
» curer aux Peuples qui viendront en foule le visiter toutes sortes de commodités,
» vous ferez bâtir en même-tems une Ville à qui vous donnerez le nom de Pou-
» rouschottomo. A peine aurez-vous fini tout cela, que le tronc de bois qui doit
» porter le nom & la figure de Khrischnou, viendra de lui-même sur la mer :
» vous aurez soin de le transporter dans son Temple. Bischiokormo l'y façon-
» nera, & lui donnera la figure du Dieu. Vous mettrez auprès de lui Schubodra,
» sa sœur & Boloramo, son frere. Vous leur offrirez des Sacrifices jour & nuit,
» mais en particulier, le matin, à midi, le soir ; & par-là, non-seulement vous,
» mais tous ceux qui imiteront en cela votre exemple, s'assureront le Veikountan.
» Comme le Dieu ne pourra pas manger tout ce qui lui sera offert dans les dif-
» férens sacrifices, les hommes trouveront de quoi se purifier en mangeant ce qui
» en-restera. Heureux ceux qui en pourront avoir quelque petite partie, ils iront
» sûrement dans le Veikountan ; & pour faire connoître toute l'excellence des
» restes du repas de Khrischnou, c'est que si, par inadvertance on vient à en
» laisser tomber par terre, les Dieux se le disputeront, quand bien même les
» chiens en auroient déja mangé une partie. Enfin, quand un Paria l'en tireroit
» de la gueule d'un chien pour le porter à la bouche d'un Brahme, ce ris est si
» pur & tant de vertu, que malgré tout cela il le purifieroit tout de suite.
» C'est la Déesse Lakschimi qui fait la cuisine, & qui prépare elle-même les mets
» qu'on doit servir à Khrischnou, & la Déesse Ounopourna qui les distribue.
» Une partie de l'arbre Kolpo descendra du Schvarguam, pour venir se placer au
» milieu de votre nouvelle Ville. Vous sçavez que c'est un arbre qui ne meurt
» pas, & qu'il suffit de souhaiter quelque chose de lui pour l'obtenir sût-le-champ,
» de quelque nature que soit le souhait qu'on a pû former. Voir seulement le
» Temple que vous bâtirez, sera un acte de vertu qui n'a point son égal. Rece-
» voir des coups de bâton ou de bambou de ceux qui le desserviront, en sera un
» tout égal. Indro & tous les autres Dieux habiteront votre nouvelle Ville, & se-
» ront compagnie au tronc de bois qui doit porter le nom de Khrischnou. Le
» côté de la Ville qui regarde la mer aura encore quelque chose de plus particu-
» lier & de plus sacré : ceux qui l'habiteront croîtront de jour en jour en vertu.
» Vous donnerez le nom de Konoko au sable de la mer qui se trouvera dans cet
» endroit-là : ceux qui mourront dessus iront sûrement dans le Veikountan. Voilà,
» Prince, la réponse à ce que vous m'avez demandé. Partez incessamment, allez

PRÉLIMINAIRE. lxxxvij

Originaux étoit un préalable nécessaire ; qu'elle étoit même le seul fil qui pût conduire dans le labyrinte d'une Religion divisée comme celle des Indiens, en quantité de Sectes, & répandue, depuis plus de deux mille ans, dans la plus grande partie de l'Asie. Un Tartare s'exposeroit à ne prendre qu'une

VOYAGE aux Indes Orientales, Ia. Partie.

,, exécuter ce que je viens de vous prescrire. En attendant que cela soit fait,
,, Vischnou sous la figure de l'arbre qui doit servir à former le tronc dont je vous
,, ai parlé, croîtra & se fortifiera.
,, Indro Doumeno après avoir rendu ses actions de grace à Bramma, s'en fut
,, exécuter ses ordres. Il fit bâtir le Temple & la nouvelle Ville. Tout étoit déja
,, fini, & le Dieu ne paroissoit pas. Cela commençoit à lui causer de l'inquié-
,, tude : mais peu de jours après, s'étant levé de grand matin, il vit sur la mer
,, ce tronc d'arbre tant desiré. Il se prosterna par terre, & s'écria dans l'excès de
,, sa joie : le jour d'aujourd'hui est le plus heureux de mes jours. Je comprens à
,, ce moment, & j'ai des preuves certaines que je suis né sous une étoile favo-
,, rable, que mes actions & mes sacrifices ont été acceptés, puisque j'en retire
,, un fruit si précieux, & que je vois de mes yeux celui que les hommes les plus
,, éclairés & les plus vertueux ne peuvent voir. Après quoi le Roi se leva &
,, fut au-devant du Dieu. Il fut suivi de cent mille hommes, qui le chargerent
,, sur leurs épaules & le porterent dans le Temple. Peu de tems après arriva Bis-
,, chiokormo, Charpentier de naissance, & tres-habile dans son métier. Il se
,, chargea de sculpter la piéce de bois informe & monstrueuse qu'on venoit de
,, mettre dans le Temple, & de lui donner la figure de Khrischnou : mais il mit
,, une condition ; c'est qu'il finiroit l'ouvrage dans une nuit, & que personne ne
,, viendroit le voir travailler. Comme il le faisoit sans bruit, le Roi toujours
,, dans l'inquiétude, s'imagina qu'il s'en étoit allé, & fut sans faire de bruit
,, épier par le trou d'une fenêtre s'il travailloit ou non. Comme il le vit occupé
,, à son ouvrage, il se retira fort content Bischiokormo qui l'avoit apperçu
,, sur le champ, se retira suivant la condition qu'il en avoit faite, & laissa l'ou-
,, vrage tout informe : de sorte que le tronc resta presque tel qu'il étoit, & qu'on
,, y reconnoissoit à peine les premiers traits d'une figure humaine. Le Roi ne
,, laissa pas d'en faire sa Divinité & de lui offrir ses sacrifices. Il lui donna
,, même sa fille en mariage, & la fête en fut célébrée avec toute la solemnité
,, possible. Voilà quelle est l'histoire de la Ville appellée Pourouschottomo, & du
,, tronc de bois qu'on y adore Il porte le nom de Zaguarnato, c'est-à-dire de
,, Maître du Monde. Il y a toutes les années un concours de monde infini ,,.

Dans le Chapitre sixiéme, qui est le dernier du septiéme Livre, Chumonton réfute ce que Biache vient de rapporter par les mêmes conséquences que dans le Chap. IV.

Dans le *Recueil des Lettres édifiantes* (T. 12. p. 419) le P. Tachard a aussi parlé d'une poutre de bois rouge, jettée par la mer sur le rivage, & qui devint la statue de Jagrenat. Il cite en témoignage la tradition du Pays, explique à sa maniere le merveilleux dont les Prêtres sçurent profiter. Mais il est difficile d'accorder la vénération que l'on a pour ce Temple dans plus de huit cens lieues de Pays, avec l'évenement tel que le rapporte ce Missionnaire ; il falloit qu'avant cela le lieu fut déja célebre dans l'Inde.

On peut encore consulter sur Jagrenat les *Voyages de Tavernier* in-4°. T. II. Liv. III. chap. 1, p. 360, 361, & ceux du Cap. Hamilton, vol. 1. ch. XXXI. p. 380-386.

connoissance imparfaite de la Religion Chrétienne, si, passant même dans les Royaumes Chrétiens les plus instruits, il se contentoit d'entrer dans les Eglises, de questionner le Sacristain ou le Portier d'un Couvent. C'est pourtant à quoi se bornent dans l'Inde les recherches de la plûpart des Voyageurs. Heureux même s'ils ne s'en tiennent pas au simple témoignage d'un Dobachi, d'un Pion, qui, pour ne pas rester court, leur explique, en mauvais Portugais, des Mysteres qu'il connoît à peine, & que ses Prêtres ne pourroient rendre que difficilement dans la Langue du Pays.

Je partis le 7 de Jagrenat, & trouvai à trois cosses de cette Ville, un Tchoki près du Tchilka dont l'eau est soumache, & qui se jette dans la Mer. Je cotoyai ce fleuve jusqu'à Manikpatan, qui est à huit cosses de Jagrenat, sans rencontrer, depuis cette derniere Ville, ni maisons, ni arbres. Deux cosses avant Manikpatan, on trouve un étang d'eau douce. Cette Ville a un Fauzdar qui réside à Maloud. Je passai la nuit dans le Dergah du Saïed Serabdurraman Medina.

Le 8, je traversai le Tchilka dans un endroit où il étoit fort large. La moitié de ce fleuve étoit guéable : je passai le reste dans une embarcation formée de deux Ballons, joints ensemble, comme sur la riviere de Balassor. De l'autre côté de ce fleuve, on trouve une citerne de pierre. Le terrein jusqu'à Maloud, est tout de sable : on rencontre seulement deux puits, l'un à quatre cosses, & l'autre à six de Manikpatan, & des arbrisseaux, dont la graine renfermée dans un pistil orné de feuilles blanches, repand une odeur fort agréable. Je descendis le Tchilka, dont le lit étoit rempli de bufles, laissant les montagnes sur la gauche. Une cosse en-deçà de Maloud je rencontrai un Tchoki & arrivai dans cette Ville sur les quatre heures. Le Fauzdar sortit de son Fort, pour venir me recevoir.

Je partis de Maloud le 9. Au-delà de cette Ville, le terrein est toujours sablonneux ; la route est le long des montagnes, qui sont environ à une demi-cosse. A trois cosses, on trouve un Tchoki qui marque les limites de la Province de Katek & des dépendances du Bengale. On passe

après

PRÉLIMINAIRE. lxxxix

après cela, un étang d'eau salée, & plusieurs fonds pleins d'eau. A une cosse de ce Tchoki, est Palour, premiere Aldée dépendante de Ganjam, avec Tchoki, & étang d'eau douce. Le chemin est ensuite très-mauvais, au milieu de montagnes de sables. Plusieurs de mes Cipayes se sentant près de leur Pays, m'abandonnerent dans cet endroit. A deux cosses de Palour, je rencontrai une petite Pagode, isolée au milieu des sables, qui de loin ressembloit à une Ananas. Les Marins l'apperçoivent en mer, & la nomment la Pagode blanche. Je vis dans la chambre-basse de la Pagode, une pierre large de trois à quatre pieds, avec un Takour dessus pareil à celui de la Pagode de Tirvikarey. Je gravai mon nom sur le mur de la Pagode, qui regarde l'Ouest. A une cosse de-là, je passai un grand Cari; & quelques pas plus loin, je manquai de me noyer dans la vase. En sautant un petit fossé, mon cheval fit un faux pas, & enfonça dans la boue. J'en eus jusqu'au haut des cuisses; la difficulté fut ensuite de tirer mon cheval du bourbier. Une fois sorti de ce mauvais pas, le soleil qui dardoit à plomb, m'eut bientôt séché. Je trouvai après cela, des terres ensemencées de Nelis & de grains, & de grands étangs de sel que l'on prépare de cette maniere. On forme des monceaux de terre salée tirés des Caris, & on les met dans des creux. Le sel repose; & lorsque la pluie a pénétré ces monceaux de terre, & rempli les creux, détaché par l'eau; il paroît sur la surface, où l'on le ramasse avec des rateaux.

A une cosse du Cari précédent, est Ganjam, premiere Ville dépendante du Souba du Dekan. Là commence la Langue Telongouë (ou Talenga).

J'arrivai à Ganjam sur les deux heures après midi. Si M. Azam, qui commandoit dans cet endroit, fut surpris de voir un Européen dans l'équipage où j'étois, mon étonnement ne fut pas moindre, de me trouver dans un Comptoir François, après un voyage de quarante jours semé de difficultés & de périls de toute espece. Quoiqu'il m'eût vu à Pondichery chez M. Goupil, j'eus de la peine à me faire connoître à lui, tant j'étois changé. Enfin, après des témoignages réciproques d'amitié, je mangeai un morceau, & me jettai sur un lit. J'y restai jusqu'au lendemain, six heures après midi, sans me reveiller, le bras gauche sur mes yeux, selon l'habitude que j'avois contractée dans mes voyages, & la main droite sur l'endroit où j'avois coutume de mettre mes armes. J'avois le visage, les mains & les pieds presque noirs. Ce sommeil, le premier auquel je me fusse livré sans inquiétude depuis plus de deux mois, remit mes esprits. M. Asam m'engagea à passer quelques jours avec lui; & ses manieres étoient trop polies, pour que je m'y refusasse. Mais je vis que le moyen le plus sûr d'obtenir les secours dont j'avois besoin pour la suite de mon voyage, étoit de continuer le rôle d'Envoyé de M. Law à M. de Bussy. Malgré ma répugnance à feindre, je soutins ce personnage emprunté; & M. Azam crut, en me rendant service, obliger un homme utile à l'État: il le marqua même à M. de Moracin; & moi, pour soulager en quelque sorte ma conscience, je lui écrivis le contraire.

La maison qu'occupoit M. Asam, avoit autrefois appartenu aux Anglois. Elle étoit au milieu d'un petit Fort, fait de terre soutenue par des bambous, & qui ne pouvoit gueres la mettre à l'abri que du premier coup de main. Cet Établissement me parut alors d'une grande importance. C'est à Ganjam que se fabriquent les plus belles Betilles (espece de Mousseline) de la Côte. Les vivres y sont à grand marché, les grains & le ris en abondance, & cette Contrée pourroit presque en fournir autant à Pondichery que le Bengale. Il seroit très-facile d'y rassembler des Tisserands des Provinces Voisines. Enfin c'est la clé du Dekan du côté du Nord. Aussi Ganjam a-t-il toujours été fréquenté par les Marchands de Bengale, par les Arméniens; & les Vaisseaux d'Europe du port de cinq à six cens tonneaux, au lieu d'aller hiverner à la côte de l'Est, pourroient se retirer dans son Port, si l'on le nettoyoit, & l'élargissoit.

La riviere de Ganjam, formée de trois rivieres qui viennent, l'une du Sud, l'autre du Sud-Est, la troisieme du du Nord-Est, va du Nord-Ouest dans l'Est; & après avoir fait un coude, décharge ses eaux dans la mer. Les lames y sont terribles. La langue de sable qui fait le coude, une fois coupée, elle couleroit directement dans l'Est, & pourroit recevoir des Vaisseaux de cinq cents tonneaux. Il faudroit encore construire une digue, parce que dans quelques endroits elle n'a que deux brasses & demie, & dans d'autres, trois & quatre; & c'étoit ce que M. Azam avoit dessein de tenter. Ce projet paroissoit facile à exécuter: les Arméniens & les autres Marchands de la Ville consentoient même à payer un droit annuel pour le nettoyage du Port. Nous allâmes, M. Azam & moi, voir l'endroit où l'on pouvoit faire la digue. Le 15, nous plantâmes les piquets dans le Nord-Est de la langue de sable; M. Azam en commença la scission, en tirant la premiere pelletée de sable; & un Mahométan tua sur la place un Cabril d'un coup de sabre, pour assurer le succès de l'opération. J'ai appris depuis que cette entreprise avoit été abandonnée.

Je quittai Ganjam le 15, à cinq heures du soir, comblé des politesses de M. Azam, qui me donna les Passeports nécessaires, un Alkara, deux Cipayes, me prêta de l'argent, & me reconduisit même jusqu'à la riviere de Ganjam. Un peu plus loin, je traversai un autre bras de cette riviere, & côtoyai le Naddi de Naogaon, jusqu'à l'Aldée de Guederpara, l'espace d'une grande cosse. Je m'arrêtai à trois cosses de-là, à Mansoulkot, Aldée considérable, & y passai la nuit.

Je partis le 16 de Mansoulkot; & à une demi-cosse de cette Aldée, je passai à gué le Cari de Tchilka, qui est au milieu des sables, dans un Pays de Montagnes. On rencontre, à deux cosses & demie de ce Cari, une petite Aldée; à une cosse de-là, Mataraddi, grande Aldée; & trois cosses plus loin, des marais salans, qui rendent le passage difficile, quoique le Pays soit d'ailleurs fort beau. La route est toujours au milieu des Montagnes. Un peu plus loin est la petite Aldée de Biperempali; à une demi-cosse, un Tchoki; & une demi-cosse plus loin, Itchapour, gros endroit où l'on voit un Fort en terre, à moitié ruiné & sans bastions. La Ville, précédée d'une avenue charmante, a les montagnes à l'Ouest, au Sud, la mer à l'Est, & est elle-même située au pied d'une montagne. A l'entrée, on rencontre plusieurs Dergahs & beaucoup de Tombeaux Musulmans. Les maisons dans cet endroit, (& en général chez les Telongous) me parurent plus propres que dans le Bengale.

Au-delà d'Itchapour, d'où je partis le 17, est la riviere du même nom, qui est peu considérable ; & une cosse plus loin, Madoupatti, petite Aldée située un peu en-deçà du Gondipara, que je trouvai à sec. A trois cosses de Madoupatti est la grande Aldée de Djaripondi ; & deux cosses plus loin, Bolgaon, endroit considérable, orné d'un bel étang. J'avois toujours les montagnes à droite, & m'en approchois de plus en plus. A deux cosses de Bolgaon, je rencontrai Sasseram, Aldée assez belle, près d'une rivière qui se jette dans la mer à Baroüa où il y a un petit Port. J'allai coucher, une grande cosse plus loin, à une petite Aldée, nommée Amgaon : la terre dans ce Canton me parut bien cultivée.

A quatre cosses d'Amgaon, je trouvai, le 18, une petite Aldée au milieu des sables & des bruyers ; & à une cosse de là, Parsamba, appellé aussi Kasibougaec : cet endroit est assez considérable & situé au pied des montagnes. J'en laissai une grande à gauche : le Pays étoit beau, garni de cocotiers. A deux cosses de-là, je passai par Kaita, jolie Aldée, toujours au pied des montagnes, au-delà de laquelle le Pays est en friche. On rencontre, à deux cosses de-là, une petite Aldée ; & trois cosses plus loin, Tourka takeli, Aldée peu considérable, dont les Habitans sont, partie Musulmans, partie Telongous. A trois quarts de cosse est le Nali Bendi, qui se jette dans la mer au Port de Panri. Je m'arrêtai à Nopara, éloigné d'un quart de cosse de ce Nali, & allai droit au Fort, qui n'étoit qu'une espece de grande Kaschery. A la porte, je fus arrêté brusquement par un Cipaye à qui je donnai un coup de houssine. Je comptois que la proximité de M. de Bussy & les Passeports qui portoient sa Tchape, suffisoient pour me faire respecter. Mais on sçavoit qu'il retournoit à Aurengabad, & ma vivacité pensa me coûter cher. Le Daroga, Sayed, à qui le Cipaye alla porter ses plaintes, sortit le sabre nud avec plus de cinquante Soldats, & me remena assez vivement

PRÉLIMINAIRE. xciij

à deux cens pas du Fort, me difant avec mépris, qu'il ne reconnoiſſoit en rien M. de Buſſy. Il fallut paſſer la nuit fous un Apentis; & comme on m'avoit refuſé un Couli, je pris le lendemain, ſelon l'uſage du Pays, le premier Payſan que je rencontrai, & lui fis porter mon bagage, en le payant bien.

Le 19, à une coſſe & demie de Nopara, je paſſai le Cari du même nom, dont le fond eſt vâſart, & qui ſe jette dans la mer. Une demi-coſſe plus loin, je trouvai un puits d'eau douce, & continuai ma route dans l'Eſt. Là je perdis les montagnes de vuë; j'avois la mer à une portée de fuſil. Le Pays eſt ſabloneux, couvert de bruyeres & de cocotiers. A cinq coſſes du puits d'eau douce eſt Latchenpour, petit endroit ſuivi de belles plaines incultes. A deux coſſes de-là, je trouvai une branche du Bari, dont le fond eſt bourbeux; & à une portée de fuſil, le lit même de cette riviere, dont le fond eſt vâſart & l'eau ſoumache. A une coſſe du Bari, je m'arrêtai à Kalinkapatnam, endroit peu confidérable où eſt le Dergah du Saïed Medina, & qui eſt éloigné d'un quart de coſſe du Port de Walapalam.

De Kalinkapatnam, d'où je partis le 19, à Gaela, Village peu confidérable, on compte deux coſſes. A quatre coſſes de-là, on rencontre un grand Takia de Fakirs Mahométans, eſpece de Chaudri en paille, où ces Fakirs demeurent avec leur famille, & où ils donnent l'hoſpitalité, moyennant quelques aumônes. A deux coſſes de-là, eſt un autre Takia, & à une coſſe de ce Takia, Schikakol, Capitale de la Province du même nom. Cette Ville eſt entourée de Villages: on y voit de fort belles maiſons Maures. Depuis Moxoudabad, en deſcendant la côte, c'eſt la Ville la plus confidérable que l'on rencontre. La Province de Schikakol étoit une des quatre Serkars que Salabedzingue avoit donnés à la Compagnie.

Je demandai en entrant s'il n'y avoit pas de François dans la Ville, & l'on me conduiſit à une aſſez belle maiſon, où je trouvai M. Law, frere du Chef de Caſſimbazar, & le Chevalier d'Ahrembures, à table avec d'autres Officiers: ils devoient partir le foir pour réjoindre l'armée de M. de Buf-fy, qui étoit à une journée de là. La maniere affectueufe dont ils me reçurent, avoit quelque chofe de touchant. La plûpart de ceux qui étoient préfens, m'avoient vu deux ans auparavant à Pondichery avec un teint de lys & de rofe, & ne m'auroient pas reconnu, fi je ne m'étois nommé. M. Law me fit changer de linge (c'étoit la premiere fois depuis Moxoudabad): je mis une cabaye d'un de fes Dobachis, & commençai à refpirer, en me voyant avec des François & même avec des perfonnes fur l'amitié defquelles je pouvois compter. J'appris en même tems que mon frere (celui qui eft maintenant Chef du Comptoir François du Surate) étoit à Pondichery. Cette nouvelle ranimant mon courage, me détermina à hâter mon voyage. Mon Tatou fut alors réformé. M. Law me donna un de fes chevaux. Nous partimes le foir, pafsâmes la riviere de Schikakol dans un endroit où elle étoit guéable, quoiqu'affez difficilement (les chevaux d'une petite taille traverfent cette riviere à la nage ; on paffe les canons, de quelque groffeur qu'ils foient, fur des radeaux portés fur des outres), & arrivâmes à l'armée fur le minuit. Je fus coucher chez M. Defcroutes, Capitaine dans le Bataillon Allemand, qui voulut bien partager fa Tente avec moi. La fatigue ou le changement de fituation firent fur moi une telle impreffion, que je me trouvai mal en arrivant. Quelques verres de bonne liqueur me remirent les fens, & je dormis tranquillement le refte de la nuit.

Il fut queftion le lendemain d'aller chez M. de Buffy. On lui avoit dit qu'il étoit arrivé du Bengale un François qui avoit à lui parler de la part de M. Law, Chef de Caffimbazar. J'avois cru devoir foutenir mon perfonnage à Schikakol, parce que les explications étoient impoffibles devant vingt perfonnes, & qu'il étoit important de former les premieres impreffions en ma faveur : mais il falloit enfin que le mafque tombât. Je fçavois que M. de Buffy avoit demandé plufieurs fois s'il ne me verroit pas bientôt. Je me rendis fur les cinq heures à la Tente du Général. L'accueil qu'il me fit, fut des plus gracieux ; fuppofant que j'a-

PRÉLIMINAIRE.

vois quelque chose de secret à lui communiquer, il me mena dans un coin de sa Tente, où l'on apporta deux fauteuil. Alors, pour ne pas me laisser entamer par des questions qui eussent paru tirer de moi un aveu forcé, je lui dis nettement : Monsieur, je ne suis pas ce que vous croyez. Je viens de l'armée de M. Law. Telle catastrophe m'a obligé de la quitter ; & les circonstances m'ont mis dans la nécessité de prendre un titre auquel je renonce actuellement avec bien du plaisir ; car je n'ai jamais aimé à feindre. Ainsi ne soyez pas surpris de ne me pas voir de Lettre de M. Law pour vous. Au reste vous êtes trop galant homme pour insulter à ma disgrace. Le peu d'égards que vous voudrez bien avoir pour moi, me mettra dans le cas de me rendre plus surement à Pondichery. Je compte partir demain ; je vous prie de me faire expédier les Passeports nécessaires jusqu'à Masulipatan. Ce début parut étonner M. de Bussy. Touché de ma situation, il me dit, avec une sorte de tendresse : je suis fâché que vous vous soyez brouillé avec M. Law ; vous pouvez cependant compter sur moi, & me mettre à l'épreuve : vous avez sans doute besoin d'argent ? Je le remerciai de ses offres obligeantes : nous parlâmes ensuite du Bengale, & je vis avec peine qu'il n'avoit pas une assez grande idée de la richesse de cette Province. Au sortir de la Tente de M. de Bussy, je trouvai M. Law qui voulut me conduire dans la sienne ; mais je le priai de ne pas trouver mauvais que je me retirasse chez M. le Chevalier d'Ahrembures, parce que je ne pouvois me résoudre à lui avoir obligation, après ce qui s'étoit passé entre son frere & moi. Je lui racontai ensuite l'aventure de Calgan ; & sur ce qu'il m'assura qu'il seroit le premier à donner le tort à son frere, si la chose étoit comme je la lui rapportois, je l'embrassai, & me disposai à continuer mon voyage. Il étoit question dans l'armée du siége de Vizigapatan, Établissement Anglois à la Côte d'Orixa ; & comme M. Law, Prisonnier des Anglois, ne pouvoit servir dans cette Expédition, il devoit quitter le Camp, & se rendre à Mazulipatam. On me conseilla de partir avec lui ; & le desir de rejoindre mon frere promptement, m'y détermina, quelqu'envie que j'eusse

Voyage aux Indes Orientales, Ie. Partie.

Mém. du Col. Lawrence, Trad. Franç. T. I. p. 248-252.

de me trouver à ce siége, dont on parloit diversement. Je partis le 24, avec M. Law, laissant l'armée du Dekan campée à douze cosses de Schikakol. Nous suivîmes la route ordinaire. Comme nous allions par journées de quinze à vingt cosses, il ne me fut pas possible de marquer tous les lieux par lesquels nous passâmes : je pense qu'on les verra décrits dans les Campagnes de M. de Bussy, & l'on peut déja consulter à ce sujet son Mémoire sur l'*État présent de la Nation Françoise dans l'Inde*, & les *Lettres de M. de Moracin à M. Godeheu*, & aux *Syndics & Directeurs de la Compagnie*; morceaux exacts & vraiment patriotiques.

Mém. de M. Dupleix, Piec. justific. p. 55-108.

Nous mîmes neuf jours à nous rendre à Mazulipatam, parce que nous nous arrêtâmes près de trois jours à Narzapour, endroit considérable, connu par ses Betilles, & où se fabriquent les belles Tchittes, qui portent le nom de Mazulipatam.

De Schikakol à Mazulipatam, il ne nous arriva rien de particulier. Seulement, étant à-peu-près par le travers d'Ianaon, notre promptitude pensa nous être funeste. M. Law avoit écrit à M. de Bury le fils, Résident à Ianaon, de lui faire tenir sur la route les Passeports nécessaires pour une Aldée dont les habitans n'étoient pas trop soumis : mais impatient d'arriver, il part, devance ses Cipayes, je le suis, & nous approchons seuls de cette Aldée. A l'entrée, une vingtaine de Caleres, hauts de taille, armés de piques longues de dix-huit à vingt pieds, viennent nous recevoir avec quelque chose de sinistre dans la phisionomie. Malgré nos armes ils pouvoient d'un seul coup nous enfiler dans nos Palanquins. M. Law leur demande ce qu'ils veulent. Sans trop faire attention à nos paroles, ils s'approchent de nous branlans leurs lances, & nous en voyons déboucher des forêts qui viennent grossir le peloton. Nous ne sçavions trop quel parti prendre, lorsque nos Cipayes parurent. Ils écarterent ceux qui entouroient nos voitures ; on donna quelques roupies au Chef, & sur ces entrefaites arriva M. de Bury, qui étant connue de la Nation, les engagea facilement à se retirer.

Voy. les Mémoires du Col. Lawrence, T. I. p. 47, 48.

Nous passâmes le Godavri à Rajimendri, Capitale de la

PRÉLIMINAIRE.

la Province du même nom, un des Serkars donnés à la Compagnie.

Lorsque nous fûmes à quelques cosses de Mazulipatam, une soif ardente m'obligea de descendre de mon Douli, pour boire au travers de mon mouchoir, d'une eau bourbeuse & fort froide que je trouvai sur le chemin. Il me prit aussi-tôt une colique violente, dont les douleurs me mirent dans un état affreux. Mes Beras s'arrêterent. M. Law voyant que le mal continuoit, sans qu'il pût me procurer aucun soulagement, précipita sa marche. Arrivé à Mazulipatam, il m'envoya le Palanquin de M. Denis son beau-frere, second de la Ville, avec double train de Beras & quelques cordiaux. La violence du mal étoit passée lorsque le Palanquin parut. Mes nouveaux Beras me porterent comme une éclair à Mazulipatam, où j'arrivai le 2 Juillet sur les huit heures du soir.

J'eus tout lieu de me louer de l'accueil que l'on me fit dans la Colonie, & de la maniere obligeante dont le Commandant de la Place, M. de Moracin, se prêta à ma situation. Il m'offrit plusieurs milliers de roupies, & me permit de prendre au Magasin de la Compagnie, ce qui me seroit nécessaire. Je me contentai de retirer les mois de mon revenu qui m'étoient dûs; ce qui monta à trois cents roupies. Avec une partie de cette somme, j'achetai un Palanquin, & me disposai à quitter Mazulipatam. Les plaisirs de cette Ville me touchoient peu ; d'ailleurs Madame la Commandante m'avoit donné des nouvelles sûres de l'arrivée de mon frere, & de son état à Pondichery. ces circonstances me déterminerent à abréger le tems que demandoient les préparatifs du reste de mon voyage.

Mazulipatam, la plus ancienne Ville de Commerce de l'Inde, est comme l'entrepôt du Dekan, & le débouché des marchandises de l'Indoustan pour l'Europe, & de l'Europe pour l'Indoustan. Cette Place étoit alors sous les ordres de l'homme le plus propre à faire fleurir une Colonie, à étendre les branches de son Commerce & à y en attirer de nouvelles. Il eut seulement été à desirer que la mollesse, le luxe & des divertissemens de toute espece n'eussent

DISCOURS

Voyage aux Indes Orientales, I^e. Partie.

engourdi l'activité que demandent les opérations de Commerce, ou du moins n'en eussent pas empêché les effets. Je vis à Mazulipatam une de ces sangsuës qui ont absorbé la substance de la Compagnie. C'étoit un Abbé que l'on disoit de condition, envoyé dans l'Inde pour quelques fredaines, & qui recevoit par mois (la punition est remarquable) mille roupies, comme les Capitaines de l'armée du Dekan. Il étoit alors occupé à faire un Voyage & même l'Histoire du Pays. Je m'avisai de lui demander quelles Langues il sçavoit & quels Livres il avoit lus. Il me répondit avec satisfaction qu'il entendoit un peu le Portugais, ainsi que son Dobachi qu'il consultoit sur ce qu'il ne sçavoit pas. J'avois vu à la Côte & dans le Bengale un autre individu d'une espece singuliere. C'étoit un Prêtre Irlandois, qui se disoit Envoyé du Ministre, pour examiner comment les Indiens fabriquent les toiles de coton & les mousselines. Le jeu, les femmes & le Commerce particulier l'occuperent uniquement dans les quatre endroits où je le rencontrai, sçavoir, à Pondichery, à Schandernagor, à Schikakol, & à l'armée de M. de Bussy.

On me parla à Mazulipatam de la Pagode de Sandol, qui est à trois cosses de Nizampatnam. On voit sur les murs de cette Pagode plusieurs Inscriptions en caracteres différens des Telongous, accompagnés de bas-reliefs. Un de ces bas-reliefs représente, à ce que l'on me dit, un arbre chargé d'un fruit qui ressemble à la pomme. Au-devant est un homme qui montre de la main l'arbre à une femme. De l'autre côté de la pierre où est ce bas-relief, paroît un homme ayant une tête de chien qui monte à un arbre. J'aurois souhaité d'aller visiter cette Pagode : les circonstances ne me le permirent pas, & je ne pus avoir communication du dessein que l'on en avoit tiré. Si le Monument est tel que je viens de le décrire, la premiere idée qui s'offre à l'esprit, est de prendre ces personnages pour Adam & Eve, & l'arbre, pour celui de la science du bien & du mal ; la seconde, de reconnoître dans ces

Ci-d.p.lxxxvj. not. Alphab. Thibetan. p. 104, 105.

bas-reliefs Indra (ou Indro), Dieu des Indiens, qui monte à un arbre pour cueillir une Grenade que sa femme desiroit avec passion.

PRÉLIMINAIRE.

Je partis de Mazulipatam le 18 Juillet en Palanquin, avec un Officier de l'armée du Dekan. Au sortir de cette Ville, nous trouvâmes une longue chauffée faite de planches, sur laquelle on passe dans le tems des pluies : c'est ce que les Voyageurs appellent le Pont de Mazulipatam. A une cosse de cette Ville on rencontre un endroit nommé les Pettes, qui consiste en plusieurs taupes d'arbres avec un petit Bengala, où les Particuliers de la Colonie vont faire des parties de plaisir. Les chemins de ce côté sont fort mauvais pendant les pluies. Au-delà est la petite riviere de Manguelkaloüa. A une cosse des Pettes nous traversâmes le Kara goudoupalom sur des Sangris, bateaux de passage en usage dans cette Contrée. Ce sont des especes de radeaux formés de deux troncs de Palmiers creusés & unis par des traverses, à trois pieds de distance l'un de l'autre : les troncs sont beaucoup moins gros que ceux que l'on employe sur la riviere de Balaffor. Nous trouvâmes ensuite le Gaon de Goudoupalom, suivi de plaines coupées par des fossés. A deux cosses de-là est Salempalom, Aldée située sur une assez grande riviere, que l'on passe en Sangri ; & deux cosses plus loin, le Kischna, fleuve considérable qui a sa source dans les Gâtes. Nous le côtoyâmes une cosse & demie sur une espece de levée. Sans ces levées les chemins remplis de fonds que les pluies inondent, seroient impraticables ; mais aussi ce mélange de haut & de bas fatigue prodigieusement. A trois cosses & demie de Salempalom est Divi, grosse Aldée, Capitale d'un Canton du même nom, qui forme une espece d'Isle entre le Kischna & la mer. C'est à Divi que se fabriquent les mouchoirs à quarante conjons (c'est-à-dire à quarante fils). Le nombre des conjons dans une étendue donnée, fixe la finesse & le prix de ces mouchoirs, & en général de toutes les toiles de la Côte. Je fus obligé de m'arrêter à Divi, pour faire raccommoder mon Palanquin, dont les supports avoient été brisés dans les bas-fonds.

Le 19, nous passâmes en Sangri le Kischna, qui à Divi, est orageux. A deux cosses de là, nous entrâmes dans un bois, après avoir traversé des plaines de sable fin ; & deux

Voyage aux Indes Orientales, I^e. Partie.
Lett. édif. & cur. Rec. XV. p. 27.

coffes plus loin, nous pafsâmes le Haraldi fur des Sangris. Le chemin étoit toujours dans les bois, fur du fable fin, fort gliffant & tout couvert d'eau. A deux coffes & demie du Haraldi, on trouve le Gaon Kalipalom, près d'une petite riviere qui se jette dans la mer; & à une coffe & demie de-là, Nizampatnam. Cette Ville est la Capitale d'un Canton du même nom, qui est célebre comme Divi, par les beaux mouchoirs qu'on y fabrique, & fur-tout par le rouge vif qu'on y donne aux toiles.

Nous partîmes de Nizampatnam le 20, & rencontrâmes à un quart de coffe une petite riviere guéable; & une demi-coffe plus loin, le Mouterro, riviere de Nizampatnam qui se paffe en Sangri. Les chemins, une demi-coffe devant & après cette riviere, sont fort difficiles; on marche dans des plaines de fable mou & gliffant, & couvertes d'eau: après quoi la route est affez belle. A cinq coffes & demie est Bapatera, grande Aldée dans laquelle on voit une Pagode de moyenne grandeur.

Nous y pafsâmes la nuit; & le lendemain matin, 21, j'eus la douleur de voir mon train réduit à cinq Boués: les trois autres qui étoient de Mazulipatam, avoient déferté la nuit avec leur paie. Ce contre-tems m'obligea de laiffer mon Compagnon de voyage, & d'aller plus lentement. A une coffe de Bapatera, je paffai au milieu des bois par Edellapalli, qui n'est qu'une continuation de l'Aldée de Bapatera. Les fables dans la chaleur, rendent les chemins brûlans & difficiles. A une demi-coffe, est Iperpalom; à une demi-coffe de-là, Pearar; une coffe plus loin, Tchira, au delà duquel, à deux coffes, est Iadpalom, grande Aldée. On paffe enfuite, à une coffe d'Iadpalom, par Pandellapalli, au-delà duquel, à une coffe, est Kadrakoudrou, Pofte peu confidérable, d'où l'on ne tire que du fel. Les Conceffions dépendantes de Mazulipatam finiffoient à une coffe Sud de cette Aldée.

D'Iperpalom à Kadrakoudrou, la route est variée par de belles taupes d'arbres. Montepelli est à une coffe de ce dernier endroit, près de la mer. Je rejoignis mon Compagnon de voyage à Kadrakoudrou; l'Employé François de

PRÉLIMINAIRE.

ce Poste me fit donner quelques Coulis, & nous partîmes le 22 de grand matin. Nous passâmes à une cosse & demie de Kadrakoudrou, le Cari Fereuguidipa. Le terrein dans cet endroit est sec, sablonneux, la terre couverte de landes. A deux cosses de-là, est l'étang Maticonta, éloigné d'une cosse d'Amelmol, grande Aldée, où il y a Chaudri & Pagode. Au-delà de ce dernier endroit, est le Gondakamma, qui est agréable dans la belle saison. A deux cosses de ce Naddi, on trouve la petite riviere de Moudikondi; plus loin, l'Aldée d'Azaraspalom; & à une cosse & demie de là, Ongol. Cette Ville est soumise à un Rajahs: deux freres avoient alors ce titre. Le Cadet, après avoir battu un Détachement François, fit dire au Commandant de Mazulipatam qu'il recommenceroit les hostilités, si on ne lui opposoit qu'un simple Capitaine. M. de Moracin marcha contre lui; & le Rajah se retira. Ongol est défendu par un Fort, dont le pied me parut en pierre, la porte garnie de Tours. A quatre cosses de cette Ville, est Pellour, Aldée assez considérable : on y arrive par un fort beau chemin, bordé de terres labourées. Nous allâmes nous reposer à Ollour, petite Aldée éloignée de deux cosses.

Le 23, à une grande cosse d'Ollour, nous passâmes à gué le Mouci; &, trouvâmes, une cosse plus loin, Taraltour, joli endroit entouré de Sales d'arbres, & dont les environs étoient bien cultivés. A une cosse de Taraltour, nous passâmes le Cari Engaler: deux cosses au-delà, nous trouvâmes une petite Aldée; & deux cosses plus loin que cette Aldée, Karpour. La nuit nous surprit passé cet endroit; nos Boués se tromperent de chemin, & nous fûmes obligés d'envoyer deux Cipayes à la découverte, pour tâcher de trouver quelqu'un qui nous remît dans la route. En attendant, nous restâmes au milieu des champs; & il faut convenir que, si nos Boués nous avoient alors abandonnés, nous aurions été furieusement embarrassés. Nous les fîmes coucher par terre, & veillâmes sur eux jusqu'au retour des Cipayes. Ceux-ci revinrent seuls; nous nous remîmes en route sans sçavoir où nous allions, prenant tantôt à droite tantôt à gauche, & nous arrivâmes haraffés à Karero, éloigné de Karpour environ de trois coffes.

Nous en partîmes le 24, & pafsâmes à gué, à une grande coffe de-là, un bras du Manner, qui étoit fort large; & un quart de coffe plus loin, un fecond bras de la même riviere. A une coffe de ce fecond bras du Manner, nous trouvâmes l'Aldée de Carwar, dans un Pays de landes. A deux coffes de cette Aldée, eft Sanralla; & une coffe plus loin, le Erker, riviere peu large, au-delà de laquelle on trouve Ramapatnam, endroit confidérable, avec une Pagode. Deux coffes plus loin, on rencontre le Nali Oupoukaloüa, & après ce Nali, une Chaudri. Depuis cet endroit jufque paffé Managuidine, qui en eft à quatre coffes, le Pays n'eft pour ainfi dire qu'un bois de cocotiers, de palmiers & de tamariniers. A deux coffes de Managuidine, eft Koladende; cette Ville étoit alors dépeuplée: nous y pafsâmes la nuit.

Comme je me méfiois de mes Boués, gens ramaffés dans les Aldées par mes Cipayes, je les avois renfermés avec quelques Coulis, dans une paillotte. Le lendemain, voulant partir de grand matin, j'ouvre la paillotte, & la trouve vuide: Boués & Coulis, tous s'étoient fauvés par un trou qu'ils avoient fait au pié de la muraille qui étoit en terre. J'étois feul avec mes Cipayes, plus embarraffé de mon Palanquin, que de la route; il fallut m'armer de patience. Mes Cipayes, qui paroiffoient m'être attachés, firent des courfes pendant deux heures de différens côtés, & m'amenerent quatre Coulis qui porterent mon Palanquin. J'avois déja eu des preuves de leur zéle. Plufieurs fois les Cipayes de mon Camarade de voyage, homme un peu chaud, l'avoient abandonné, pour fe joindre à eux; & dans un mouvement de colere, il étoit prefque venu à moi l'épée à la main, me croyant le moteur de cette défertion. Je le reçus avec le froid que donne l'expérience des dangers; fes Cipayes retournerent à fon Palanquin: mais ces manieres vives me déterminerent à le laiffer aller feul. D'ailleurs il n'étoit pas d'humeur d'attendre que mes Boués fuffent raffemblés. Il partit donc, & je reftai tranquillement dans mon Palanquin jufqu'au retour de mes Cipayes.

PRÉLIMINAIRE.

Le 25, à une demi-coſſe de Koladende, je paſſai à gué le Tchipiler, & trouvai à cinq coſſes de-là, une Chaudri. Une coſſe plus loin, eſt Ellour, endroit aſſez conſidérable, au milieu de plaines incultes. A une coſſe d'Ellour, je paſſai par Mopour, au-delà duquel eſt le Paender, avec une belle Chaudri. Plus loin, à deux coſſes, eſt Coraolour, éloigné de deux coſſes de Coour, grand endroit avec une belle Chaudri.

Je paſſai à une coſſe & demie de-là, une petite riviere; & une demi-coſſe plus loin, le Penna, grand Fleuve guéable dans quelques endroits, & que l'on paſſe dans d'autres, en Sangri. Je trouvai au-delà du Penna, une Chaudri, pluſieurs Tombeaux Maures; & m'atrêtai à Nellour, grande Ville, plus longue que large, entourée de murs en pierre, & dont les portes ſont Nord & Sud. L'enceinte de Nellour forme une eſpece de Fort qui renferme le Marché & les principales maiſons; le reſte des Aldéens habite autour des murs en dehors. On voit dans cette Ville, deux belles Pagodes, dont les murs ſont chargés d'Inſcriptions Telongoues : le tems ne me permit pas de les copier.

Nadjiboulakhan, Nabad de Nellour, n'étoit pas alors dans la Ville. Une Expédition particuliere l'avoit fait deſcendre à ſix coſſes dans le Sud-Eſt, près d'Irenpali. Je me rendis le lendemain 26, à ſon Camp. L'armée de ce Prince étoit de trois mille hommes, renforcés de cent trente François, de cinq cents Cipayes & de quelques pieces de canons, le tout ſous les ordres du Chevalier de Mouy. Ce Prince, ami des François de Mazulipatam, leur avoit demandé ce ſecours contre Pedanna, Chef des Pions, (Peuple Indien de cette contrée) qui refuſoit de lui payer une ſomme d'argent aſſez conſidérable qu'il lui devoit.

Il étoit tems que j'arrivaſſe : mon Palanquin étoit porté par trois hommes qui n'en pouvoient plus, n'étant pas faits à cette corvée ; & rien n'étoit plus inquiétant que de faire chercher des Boués, tous les matins, & d'obliger le premier homme qui ſe rencontroit, des Brahmes mêmes, à porter mon Palanquin. Cette violence me coutoit beaucoup, quoique je tâchaſſe de la réparer en payant largement.

La bonne réception de M. de Mouy, me fit oublier pour quelque temps les fatigues paſſées. Lorſque j'arrivai, il étoit à table avec le corps de ſes Officiers. Nous paſſames enſemble le reſte de la journée. Il m'avoit vu à Pondichery chez M. de Goupil. Notre entretien roula ſur la Littérature Orientale pour laquelle il avoit du goût.

Le lendemain j'allai avec M. le Chevalier de Mouy faire ma Cour au Nabab, gros homme, affable & d'une humeur gaie. Ce Prince me reçut avec bonté. On me préſenta de ſa part cinq betels; nous converſâmes en Perſan, & cet entretien me valut un de ſes Alkaras & ſix de ſes Boués, gens robuſtes, qui me porterent grand train à Palicate.

Tandis que j'étois au Camp du Nabab de Nellour, il fut queſtion d'une négociation. L'Employé François qui réſidoit auparavant pour la Compagnie à Nellour, fut envoyé pour cela à Pedanna avec Mir Kalil', Miniſtre du Nabab, & il y eut une tréve de trois jours. Je profitai de cet intervalle de paix, & partis du Camp de Nellour le 28, après dîner. A une grande coſſe je rencontrai Bendepalli, Aldée conſidérable; & à quatre coſſes de Bendepalli, Manamanoura, où je m'arrêtai. Les ennemis (les Pions) étoient à deux coſſes de-là, cinq cents dans une Aldée, cinq cents dans une autre. A l'Oueſt de Manamanoura, eſt le Potelkalwa, petite riviere, dont le bord eſt eſcarpé & le lit profond dans la crue des eaux.

Le 29, à deux coſſes de Manamanoura, je me trouvai à l'Aldée d'Endour, & ſur les bords du Mitatkouri. La route étoit aſſez belle, toujours dans l'Eſt. A une coſſe de-là, je paſſai par Gourour, Aldée conſidérable, au-delà de laquelle je trouvai de fort mauvais chemins dans des fonds. A deux coſſes de Gourour eſt une levée d'une coſſe & demie de long & de quatre à cinq pieds de large, briſée dans pluſieurs endroits : les chemins étoient toujours coupés par des fonds & en partie couverts d'eau. Une demi-coſſe plus loin, je rencontrai Karwar, Fort quarré, en pierre & garni de Tours, dont deux défendoient deux Courtines conſtruites auſſi en terre, à l'Eſt, des deux côtés de la porte. Les Foſſés me parurent peu profonds, les murs hauts de 30 pieds.

PRÉLIMINAIRE.

pieds. J'envoyai une Lettre de M. de Mouy à celui qui commandoit dans ce Poste. C'étoit Razemkhan : il me fit faire des complimens, les accompagna de rafraîchissemens, me donna même deux Pions, mais ne me permit pas l'entrée du Fort. Je passai sous une Taupe voisine l'ardeur du soleil, & partis ensuite. Les chemins au-delà de Karwar sont mauvais, dans un bois long de deux cosses, au bout duquel finit le territoire de cette Ville, & commencent les terres de Pedanna, Chef des Pions. Je fus arrêté à Narvapett par un Tchoki, armé de Fusils Européens. Il fallut y passer la nuit, & attendre une Lettre de l'Ameldar, qui demeuroit à deux cosses de-là.

Le Lendemain, 30, voyant que cette Lettre n'arrivoit pas, je partis à midi avec un Pion du Tchoki, qui me servoit comme d'escorte, & laissai mon Alkara en otage. C'étoit lui qui m'avoit mis dans ce mauvais pas ; la Trêve alloit expirer, & j'étois exposé, après ce terme, à la fureur des Pions. On lui avoit ordonné de me mener le long de la mer; & pour abréger, il m'avoit engagé dans le terres de Pedanna, au risque, si les affaires ne s'accommodoient pas, de me rendre victime de son imprudence.

A deux cosses du Tchoki, je passai par Ongeli, petit Gaon, avec un Tchoki, d'où je pris une Lettre pour Narpett. Le chemin étoit dans les bois, difficile & étroit. Je trouvai ensuite une levée longue d'une demi-cosse, suivie de descentes, de fonds; & laissai à droite un long étang. A une cosse de-là, je rencontrai Panlour, petite Aldée, au milieu des bois, dans un Pays plat. A une cosse & demie, allant toujours dans le Sud, je passai la petite riviere de Mamrikaloüa; & plus loin, à une demi-cosse, le Sournamouki, large & guéable. A une cosse de-là, est la petite Aldée de Toumour, sur un Naddi du même nom. Les chemins sont ensuite assez beaux, variés par de petites taupes d'arbres. A une grande cosse de Toumour, est Narpett. Le Pion de Narvapett porra à celui de Narpett le Passeport du Tchoki d'Ongeli : malgré cela je fus obligé d'attendre mon Alkara, à cause des difficultés que me faisoient les Tchokis, qu'il n'étoit pas posfible d'éviter, & qui n'étoient pas si traitables, que ceux du Bengale. Heureusement il arriva au bout d'une demi-heure avec les Daftoks néceſſaires, & m'apprit que les affaires s'accommodoient. Cette nouvelle me fit un vrai plaiſir. J'étois au milieu des bois, parmi des Gens preſque voleurs de profeſſion, & qui jettoient des regards de complaiſance ſur mon petit mobilier. A une grande coſſe de Narpett, je trouvai l'Aldée de Gueurdol, dans les bois; & à une autre grande coſſe, la petite Aldée de Nalabell. Deux coſſes au-delà, eſt celle d'Iekol, après laquelle les chemins ſont aſſez beaux : enſuite les bois recommencent, mêlés de terres cultivées. Deux coſſes plus loin, on rencontre une Chaudri, & deux coſſes au-delà, l'Aldée de Tandanbar, toujours dans les bois. A une coſſe de Tandanbar eſt l'Aldée de Manarpour; & une demie coſſe plus loin Soulour, ſur le Kalengué. Les bords de cette riviere ſont eſcarpés; Je la paſſai à gué, & allai coucher à Akamapett, joli endroit à deux coſſes du Kalengué.

J'en partis le 31, de grand matin, & trouvai à un quart de coſſe une Chaudri à côté d'un étang ; à une demie coſſe de-là, le Nali Oupouguei, & deux coſſes plus loin, le Cari Pellaldendi, fort large, & que l'on paſſe en batteau. Je marchois toujours dans les bois. A quatre coſſes de-là, je me trouvai à Ramaparom, Aldée conſidérable, coupée en deux par le Mordagaola, riviere fort large, & que l'on paſſe à gué. A quelque diſtance de là je traverſai pluſieurs petits bras de cette riviere, au-delà deſquels finiſſent les terres de Pedanna, & le Pays où l'on parle Telongou.

Enſuite commence la Côte de Coromandel & la Langue Tamoule. A une coſſe du Mordagaola, je trouvai Schenipokonta, endroit aſſez conſidérable, premiere Aldée dépendante de Ram Rajah ; & à trois coſſes de là, Iedour, petite Aldée : les chemins étoient aſſez beaux. A une demie coſſe d'Iedour eſt Schombor, petite Aldée. Prenant ſur la droite du chemin qui conduit directement à Paliacate, je me trouvai au bout de trois coſſes, à Korour, où Ram Rajah faiſoit ſa réſidence ; la route étoit au milieu

PRÉLIMINAIRE.

des Nelis, garnie de beaux étangs. De Korour à Paliacate, qui en eſt à trois coſſes, le chemin eſt uni. Cette derniere Ville eſt précedée d'un grand Cari qu'il faut paſſer en trois endroits. Le Pavillon Hollandois étoit au premier.

Paliacate eſt le ſecond Comptoir Hollandois à la Côte de Coromandel. La Ville eſt protégée par un petit Fort confié à la garde de quelques Soldats commandés par un Sergent. Cet endroit eſt célebre par ſes mouchoirs de ſoie rayés. Le ris y eſt abondant; mais on y trouve peu de bled, & encore moins de volaille. M. le Baron Van Eick qui commandoit alors à Paliacate, me reçut avec la politeſſe qu'il a toujours eue pour les François, & je trouvai un lit préparé chez M. Agmeſter, Pruſſien, Secretaire du Conſeil.

Le lendemain, ſur ce qu'on me dit que je ne pourrois continuer ma route par terre, ſans Paſſeport de Madras, pour ne pas perdre de tems, je pris le parti de me rendre à Pondichery par mer, quoique le bruit courût que deux Vaiſſeaux Anglois étoient en rade de cette Ville. Le Baron Van Eick me fit en conſéquence donner une Schelingue, & je m'y embarquai le ſoir avec mon Palanquin.

Les Schelingues ſont des embarcations légeres, profondes, dont les planches ſont couſues avec de la corde faite de filamens de cocotier. Elles ſont rondes par le bas, cédent facilement à la lame, & s'échouent ſans danger ſur le ſable. Il y en a de différentes grandeurs; la mienne étoit des moyennes, armée de ſept Makois & d'un Mokodom ou Pilote. Les Mariniers rament en cadence, comme je l'ai déja dit, ne faiſant preſque que laiſſer tomber l'aviron (qui eſt une grande perche avec un cœur de planche large attaché au bout), & fatiguent moins que nos Matelots qui pouſſent l'eau en ramant. L'habileté conſiſte à éviter la lame, ou à la fendre à propos.

Je paſſai la premiere nuit & les deux jours ſuivans (*2 & 3 Août) avec un mal de mer violent, ſans rien prendre, & ſans pouvoir me lever de mon palanquin: mes Maquois pendant ce temps là, dormoient, ou avoient tou-

VOYAGE aux Indes Orientales, Iᵉ. Partie.

Ci-d. p. xxx.

jours quelque raison pour aller lentement, & même s'arrêter. Le soir du troisieme jour, je n'étois qu'à six lieues en deçà de Madras, Chef-lieu des Établissemens Anglois à la côte de Coromandel. Le danger & l'impatience me rendirent les forces. Je me leve & le pistolet à la main, j'oblige mes Maquois de ramer. La mer étoit très-grosse, & l'Equipage diminué de deux hommes qui étoient allé à terre faire de l'eau. Je me trouvai malgré cela le 4, à quatre heures du matin, à la vue de Madras. Jusqu'alors la Lune avoit éclairé ma route; mais heureusement elle fut quelque tems obscurcie par des nuages. Je passai à deux portées de fusil de terre, laissant sur la gauche une longue file de Vaisseaux & autres Embarcations. Le jour me prit vis-à-vis les dernieres, & je les avois à peine passées, qu'un coup de canon m'annonça l'ouverture de la rade. Une demi-heure plus tard, j'étois arrêté, parce qu'après le coup de Canon, les Schelingues se mettent en mer. D'ailleurs on m'auroit apperçu de la terre ou des Vaisseaux. La position étoit critique pour un homme qui venoit du Bengale, & que l'on auroit pu croire mieux instruit qu'un autre.

A deux cosses de-là, je passai devant Saint-Thomé. Cette Ville, si célebre, par ce que les Chrétens du Pays racontent de Saint Thomas, & dont l'Évêque, Suffragant de Goa, étend sa Jurisdiction sur-tout sur la Côte, ne présente maintenant sur le bord de la mer qu'un amas de paillottes séparées de l'Eglise. Au bout de la Ville, on voit encore un reste de Forteresse.

Je fis huit cosses dans ma Schelingue presque couvert de lames qui la balottoient étrangement, & m'arrêtai à un endroit de la Côte, absolument inhabité. Là, je fis descendre mon Palanquin, tirer la Schelingue à terre, & tâchai d'y prendre quelques heures de repos. Il y avoit deux jours que je n'avois, ni mangé, ni dormi. Je fus assailli d'une pluie affreuse qui, fouettée par un vent violent, me perça jusqu'aux os. Dès que le jour parut, content d'avoir passé Madras, je résolus de continuer m'a route par terre, ne voulant plus m'exposer aux caprices de la mer, ni à la lenteur de mes Maquois.

PRÉLIMINAIRE.

Je les obligeai en conféqueuce, le 5, de porter mon Palanquin, les fuivant à pied, le piftolet à la main ; & nous allâmes ainfi jufqu'à Kowelon. Après avoir marché deux coffes, nous trouvâmes Karigar, petite Aldée de Pêcheurs, dont les paillottes, faites en cônes, n'avoient au bas qu'une petite ouverture, ou porte de deux pieds de haut. Deux coffes plus loin, eft Kowelon, appellé par les Maures Saadat Bander. Cet endroit étoit en 1750 entre les mains des François : il fut pris en 1752, par les Anglois, ou plûtôt livré lâchement par le François qui y commandoit. Les Anglois le donnerent enfuite, à la charge d'une redevance de plufieurs milliers de pagodes, à Mïr Saheb Seigneur Maure qui y réfidoit lorfque j'y paffai. On voyoit de loin les ruines du Fort bâti par Anaverdikhan fur le bord de la mer, & démoli par les Anglois.

Je n'étois pas trop en fureté à Kowelon. Le Cotoüal vint me voir : je lui dis que j'allois de Madras à Sadras; & me croyant Arménien, il me donna un homme pour me conduir dans ce dernier endroit. Si mes Maquois s'étoient vengé en me découvrant, j'aurois été fort embarraffé ; car les Tchokis Anglois n'étoient pas loin. Comme j'étois habillé en Maure, je paffai dans l'Aldée pour un Seigneur Mogol. Je n'étois pourtant pas fi bien déguifé, qu'on ne pût aifément me reconnoître : le P. Ange, Capucin, Miffionnaire de l'endroit, devina qui j'étois en me voyant paffer, & m'envoya hors de Kowelon fon Dobachi, qui m'accompagna jufqu'à Pondichery.

A quelques pas de Kowelon, je voulus mettre mes botines, parce que le fable me brûloit les pieds ; mais je vis que le Peuple fe difoit déja : c'eft un Feringui. J'avois encore à paffer une Aldée dépendante des Anglois ; il fallut donc continuer de marcher, les jambes nues, & avec de mauvaifes fandales, dans le fable, dans la boue, au milieu des ronces. A deux grandes coffes de Kowelon, nous paffâmes par Karné, petite Aldée aux Anglois ; & une grande coffe plus loin, nous nous trouvâmes à Mawlipourom, Aldée dépendante de Sadras. Cet endroit eft célebre par fes Pagodes, auxquelles on va en Pelerinage de plufieurs endroits de la Côte. On voit sur les murs des Incriptions en Malabar, des caractères Bengalis gravés sans suite, quelques Lettres qui ressemblent aux caractères Tamouls des Privilèges des Juifs de Cochin, d'autres approchantes des caracteres des Inscriptions de Keneri. Quelques-unes de ces Pagodes sont creusées dans le roc. Près de ces Monumens, une espece de jeu de la Nature attira mon attention. C'étoit un bloc de pierre, rond, de deux toises de diametre, qui sembloit posé sur le penchant d'un rocher, & ne tenir au talus que par une surface de trois ou quatre pouces. Les gens du Pays me dirent qu'ils l'avoient toujours vû dans cette position.

J'arrivai le soir à Sadras, qui est à une cosse de Mavlipourom. Le Commandeur Hollandois me reçut avec beaucoup de politesse. Il fallut céder à ses instances, & lui donner le jour suivant. C'étoit l'effet des Lettres du Baron Van Eick. Il y eut gala pendant toute la journée. Ce qui me récréa le plus ce furent des jeux Malabares qui se donnoient dans l'Aldée à l'occasion d'une fête de Pagode. La Place étoit remplie de Peuple des deux sexes. On y voyoit des siffleurs de couleuvres, des Devins, des joueurs de Gobelets, des faiseurs de touts de force. Je ne pense qu'avec effroi à un de ces tours, qui fut répeté plusieurs fois. On avoit planté dans la Place un Bambou haut de trente pieds, qui tenoit par deux cordes à des arbres peu éloignés. Ce Bambou étoit terminé par une baguette de fer. Une jeune fille de quinze ans monta dessus, se mit le bout du fer dans le nombril, se donna dans cette position un élancement, & fit la pirouette ayant le corps horisontal à la terre.

Je partis de Sadras le 7 avec de bons Boués, & passai à une cosse & demie de-là par Lenguefchetti, où il y a une Chaudri. Six cosses plus loin est Moutoukara, Aldée avec Chaudri. On rencontre ensuite le Scheïour, que l'on passe en bateau, & à une cosse de-là, Lamparvé. Ce dernier endroit étoit alors le premier Poste au Nord de la Côte dépendant de Pondichery. L'Aldée est protegé par un Fort dont la Courtine est en pierre & s'étend le long de la mer.

PRELIMINAIRE.

J'écrivis de Lamparvé à M. de Leyrit & à mon frere, & en partis le 10 Août de grand matin, après m'être morfondu deux jours à attendre des Boüés.

Je traversai en bateau la riviere de Lamparvé. De-là je me rendis à Kourekatti, Aldée avec Chaudri, qui est à cinq gueris (heures de 24 minutes, environ trois coffes) de Lamparvé ; à la Chaudri de Viraschetti, qui est à deux gueris (environ une coffe & demie) de Kourekatti ; à Scheschaschelom, éloigné d'un gueri (environ trois quarts de coffe) de Viraschetti ; à Kounmour, qui est à trois gueris (près de deux coffes) de ce dernier endroit ; à Kalapour, éloigné de Kounmour, d'un gueri ; à la Chaudri d'Arangapoulei, où je trouvai un Poste de Cipayes, & qui est à près de trois gueris (environ une coffe trois quarts) de Kalapour ; à Ninipoullei, éloigné de deux gueris de la Chaudri d'Arangapoulei ; aux Limites qui font à un demi gueri (environ un quart de coffe) de Ninipoullei, & enfin à Pondichery, situé à un gueri des Limites.

J'entrai dans cette Ville à une heure après-midi, & allai descendre au Gouvernement. Je me rendis ensuite chez M. de Goupil, où je trouvai mon frere. On étoit à table ; les Convives étoient mes anciens amis. La joie de nous voir fut réciproque ; mais la nature ne pouvant tenir à celle que je ressentis en embrassant mon frere (& peut-être le plaisir de me voir au terme d'un si long voyage [1] y contribua-t'il), je me trouvai mal. Les transports de mon frere ne furent pas moins vifs. Plusieurs fois M. de Leyrit lui avoit fait entendre qu'il ne me verroit plus. Ma mort avoit été annoncée du Bengale, & confirmée pendant le cours de mon Voyage.

Je trouvai Pondichery fort différent de ce qu'il étoit

---

[1] Calgan est par vingt cinq degrés, environ trente-une minutes de latitude Septentrionale ; Pondichery, par onze degrés, cinquante-cinq minutes : ce qui fait à-peu-près Nord & Sud trois cens quarante lieues, à vingt-cinq au degré : mais comme le gissement de la côte est Nord-Ouest, avec bien des coudes, ces trois cens quarante lieues en donnent plus de quatre cents, & plus de six cens coffes (selon l'exacte évaluation de M. Danville). Ce résultat s'accorde avec le relevé de mon Journal, qui présente plus de six cens coffes, faites en cent un jour, environ cinquante-six jours de marche, & quarante-cinq de séjour en différens endroits.

lorsque j'y abordai pour la premiere fois en 1755. Le Comptoir manquoit de fonds ; les Conseillers, les Capitaines & les Sous-Marchands ne recevoient pas leurs appointemens. Mon frere avoit ce dernier grade ; & M. de Leyrit, convaincu que nous n'avions pas d'autre ressource pour subsister, nous donna une Ordonnance pour la Caisse, en conséquence de laquelle nous touchâmes notre revenu tout le tems que nous passâmes dans cette Colonie.

Les amis que j'y avois retrouvés étoient toujours les mêmes à mon égard : mais je m'apperçus bientôt que l'interruption du Commerce les mettoit un peu à l'étroit. Plutôt que de m'exposer à des refus qui leur auroient beaucoup coûté, je m'adressai au Gouverneur & le priai de me permettre d'emprunter cinq cens roupies à la Compagnie. C'étoit le moins que je pusse dépenser pour me mettre en état de paroître à Pondichery, n'ayant pour tout équipage que ce qui m'avoit servi dans mon Voyage. M. de Leyrit toujours occupé des intérêts de la Compagnie, me répondit qu'il ne pouvoit charger le Comptoir de cette dette ; & me menant dans son Cabinet, il ouvrit sa bourse & en tira cent Pagodes qu'il me pria d'accepter. Mes refus furent inutiles : ses paroles obligeantes vainquirent ma répugnance ; à peine même me permit-il de lui faire mon Billet. Il fut ensuite question de ce que j'allois devenir. Je dis à M. de Leyrit que je ne voyois que Surate qui me convînt, à cause des Lettres que j'avois reçues de M. le Verrier : il approuva cette idée & dissipa celle qu'une sorte de découragement produit par les fatigues que j'avois essuyées, m'avoit fait naître, de retourner en Europe.

L'état de mon frere m'inquiétoit plus que le mien. Je représentai à M. de Leyrit que les vûes de la Compagnie étoient qu'il fût avec moi, pour faciliter mes recherches & assurer la correspondance dont j'avois besoin ; & comme le bruit couroit que M. le Verrier vouloit quitter Surate, je priai le Gouverneur d'envoyer mon frere second dans ce Comptoir, avec l'expectative de la place de Chef. Plein de bonnes intentions, M. de Leyrit approuvoit mes raisons : mais le Poste étoit brigué, & sa tranquillité naturelle

PRÉLIMINAIRE.

relle l'empêchoit de me dire sur-le-champ ce qu'il vouloit faire. Je le pressai si vivement, qu'il témoigna au P. Lavaur que mes instances lui déplaisoient. Il s'adressoit sans le sçavoir à mon Avocat. Ce Pere qui m'a toujours aimé comme son fils, lui représenta que ma demande étoit juste, qu'elle ne me regardoit pas personnellement, mais le bien des Lettres, & qu'elle exigeoit une réponse prompte & décisive. Mon frere fut nommé en conséquence second du Comptoir de Surate, avec l'espérance de relever M. le Verrier, quand celui-ci voudroit quitter cette Ville. Je remboursai à M. de Leyrit les cent Pagodes qu'il m'avoit prêtées si obligeamment; & après avoir pris congé de lui, de M. le Chevalier de Soupire, Commandant Général des Etablissemens François dans l'Inde, & de nos amis, nous partîmes mon frere & moi pour Mahé, le 27 Octobre 1757, sur le Bristol, Vaisseau de vingt-cinq piéces de canon, commandé par M. Duhoux, & armé en guerre [1].

VOYAGE aux Indes Orientales, Iᵉ Partie.

---

[1] Tandis que le Bristol voguant à pleines voiles m'éloigne pour toujours de la Côte de Coromandel, je jette les yeux sur la conduite des Européens dans cette partie de l'Inde, & sur les concessions que le Souba du Dekan avoit faites aux François à la côte d'Orixa. La plûpart des objections que l'on peut faire contre l'utilité des conquêtes des Européens dans l'Inde se réduisent à ces quatre chefs.

1°. Il n'en est pas des Indes Orientales comme de l'Amérique. Les Européens dépérissent dans l'Inde, parce qu'il n'y a pas la moitié de ce qu'on appelle l'Etat-major de marié, parce que la plûpart de ceux qui se marient ne prennent ce parti qu'à un âge avancé, ne portent au mariage qu'un corps usé; & que d'ailleurs très-peu épousent de femmes Européennes, ou du moins de sang blanc. Parmi les Soldats quelques-uns se marient à des femmes noires, dont les enfans forment les Mulâtres, espece abâtardie, que la Nation ne peut avouer, & qui en effet ne lui est d'aucune utilité. Il suit de ce calcul 1°. Que deux cens hommes envoyés dans l'Inde, sont à-peu-près cent-quatre-vingt familles perdues pour la Nation, le retour ne devant presque être compté pour rien. 2°. Qu'on doit faire passer dans ces Contrées le moins d'Européens qu'il est possible; & cependant de grandes concessions, & les guerres qu'elles occasionnent exigent de grands envois.

2°. Les frais des expéditions militaires, & les pertes qui résultent du malheur des armes, sont pour le compte des Compagnies, tandis que leurs Officiers partagent au moins avec elles le fruit des succès.

Voy. le Mém. de la Compagnie des Indes & celui de M. Godeheu.

3°. Le Commerce, pendant cette fermentation, languit ou même cesse absolument; ceux qui sont au service des Compagnies portent dans la gestion des affaires cet esprit de rapine & de violence, que le trouble des armes a fait naître & qu'il semble excuser.

4°. Enfin il est à craindre que les Puissances du Pays aguerries par les échecs qu'elles reçoivent, renforcées par une multitude de déserteurs Européens & par

Tome I.   P

ceux de leurs Sujets qui sont formés à notre maniere de combattre, ne se portent un jour à exterminer des Peuples qui viennent sans autre droit que leur épée, s'emparer d'une partie de leur Domaine. D'ailleurs, témoins des guerres que de grandes possessions doivent naturellement allumer entre les Nations Européennes établies dans leur Pays, elles ne se regardent plus comme protectrices de quelques Marchands qui demandent simplement la liberté du Commerce. Ce seroit donc s'abuser que de compter sur leur secours pour défendre ces fantômes de neutralités qu'elles pensoient être en état de maintenir lorsqu'elles les ont prescrites : elles s'attacheront à la Nation la plus puissante, & seront les premieres à se déclarer contre le Peuple vaincu, ne se croyant plus obligées aux engagemens qu'elles ont contractés avec lui lorsqu'il n'étoit que Marchand, depuis qu'ayant comme changé de nature, il a voulu devenir Conquérant. De plus, ces Puissances fondées sur le despotisme, & qui ne reconnoissent par conséquent que le droit du plus fort, sont divisées par des intérêts toujours subsistans, & entraîneront dans leurs querelles des Peuples dont elles connoîtront la force, & pour qui ces querelles seront un appas à de nouvelles acquisitions. Reste à sçavoir après cela, si de simples Compagnies de Marchands peuvent supporter les suites de pareils engagemens.

Les mêmes réflexions ont lieu contre les grandes concessions accordées par les Princes du Pays, parce qu'elles attisent la jalousie, parce que la garde de ces concessions demande une augmentation de troupes, & que d'ailleurs elles supposent une ligue offensive & défensive entre celui qui donne & celui qui reçoit ; ligue, qui entraîne tous les inconvéniens que l'on oppose au systême des conquêtes.

Il faudroit un volume pour bien discuter les quatre objections que je viens d'exposer, & jamais on ne le fera d'une maniere satisfaisante, si l'on n'a pas une connoissance exacte du climat de l'Inde, du génie des Peuples qui l'habitent & de la nature de leur Gouvernement. Je me contente de présenter ici plusieurs vûes propres à jetter quelque jour sur un objet dont l'intérêt personnel permet difficilement d'envisager également le bon & le mauvais côté.

On peut d'abord demander en général si les Etablissemens que les Européens ont formés dans l'Inde, & le Commerce qu'ils font dans cette Contrée, leur sont réellement avantageux. Avant que de répondre à cette question, j'examine ce qui donne naissance aux Colonies.

Un Peuple resserré dans son propre Pays, ou borné dans son Commerce National, se met au large par des envois d'hommes, qui augmentent en mêmetems sa puissance & ses revenus, en répandant au loin le fruit de son industrie, dont les retours également lucratifs animent les ressorts.

Des Insulaires dont la puissance & la richesse ne posent que sur leurs Vaisseaux, sur l'étendue & la multiplicité de leurs rapports avec les Etrangers, peuvent avoir deux motifs d'envoyer dans l'Inde des Colonies qui leur seroient d'ailleurs à charge ; le premier, de tenir en haleine les bras qui font leur sûreté, c'est-à-dire, d'avoir une Marine toute prête & toute exercée, en cas de rupture avec leurs voisins ; le second, d'augmenter ou du moins de soutenir leur crédit par l'apparence d'un Commerce universel.

Les Portugais & les Hollandois sont dans le premier cas ; le second s'applique naturellement aux Anglois : & comme les François ne sont ni dans l'un ni dans l'autre, je pense que les Etablissemens de l'Inde & le Commerce qu'on y fait, ne sont pas à la France d'une utilité réelle. J'ajoute qu'ils lui sont même onéreux ; car un Commerce de vingt à vingt-cinq millions par an peut faire un objet pour un Peuple peu considérable, surtout s'il est exclusif comme celui des Hollandois à Ceilan, à Batavia : mais à peine fera-t-il sensation dans un Royaume comme la France ; tandis que s'il est attaqué par une Nation puissante, l'appareil de défense sera aussi couteux que pour un objet de la derniere conséquence,

PRÉLIMINAIRE. cxv

parce que l'honneur de la Nation y sera également intéressé. Ainsi, sans entrer dans l'examen particulier des marchandises que ces Contrées fournissent à la France, de leur utilité réelle ou idéale, je veux dire, de mode, je crois pouvoir avancer que dans l'état où sont actuellement les choses, il n'y a que deux motifs qui puissent engager à conserver les Colonies de l'Inde ; le premier, de diminuer & de rendre dispendieux le Commerce de nos voisins ; le second, de ne pas recevoir des Etrangers, même à moindre prix, ce que nous pouvons aller chercher nous-mêmes, & de montrer à l'Europe & à l'Asie que les François sont aussi actifs & aussi propres à des entreprises périlleuses, quoiqu'elles ne leur soient pas absolument nécessaires, que les Nations dont le Commerce est l'élément.

Voyage aux Indes Orientales, I^e. Partie.

Voilà le point de vûe sous lequel j'envisage l'état actuel des Colonies Françoises dans l'Inde. Car de penser qu'avec un esprit d'équité & de modération on pourra se soutenir dans ce pays & y faire le Commerce avec honneur & avantage, sans courir les risques qu'il a jusqu'ici entraînés, c'est connoître bien peu l'Histoire de l'établissement des Européens dans cette partie de l'Asie, & les dispositions des Nations qui y commercent. Les Espagnols n'ont-ils pas employé tous les moyens pour empêcher les Hollandois de s'établir dans l'Inde ? Ceux-ci, d'abord sur la défensive, n'ont-ils pas ensuite réussi à leur enlever le Commerce des Moluques, celui de la Chine, à envahir la plûpart des Etablissemens Portugais ; & à leur tour n'ont-ils pas souffert dans la formation de leurs Comptoirs aux Indes, autant de traverses de la part des Anglois, que de celle des Naturels du Pays ? On peut consulter à ce sujet le *Recueil des Voyages qui ont servi à l'établissement & aux progrès de la Compagnie des Indes Orientales, formée dans les Provinces-Unies des Pays-Bas.* C'est l'Ouvrage, à quelques fautes près, le plus instructif qu'on puisse lire sur cette matiere. Il présente un tableau fidele de la Politique des Indiens, & des moyens que l'avidité suggere pour supplanter un rival dans le Commerce.

T. I. Avertiss. edit. Amsterdam T. IV. p. 376, p. 428 &c.

Cette lecture montrera clairement la fausseté de ce qu'on a avancé contre M. Dupleix. C'est lui, dit-on, qui le premier s'est déclaré Conquérant dans l'Inde, & qui y a allumé une guerre ruineuse à la Compagnie. Je réponds que ce grand homme n'a fait que prévenir les Anglois, qui l'auroient devancé si leurs affaires le leur eussent permis.

Voy. l'Hist. des guerres de l'Inde (Ouvrage bien fait & singulierement impartial), en Angl. p. 111. 111. & suiv. Trad. fr. T. I. p. 117. 119 &c.

En 1749, avant les guerres auxiliaires, les Anglois ne balancerent pas à donner du secours à Saujohi, Roi du Tanjaour, qui leur abandonna en conséquence Divikoté.

En 1754, avant la déclaration de la guerre entre les deux Nations, Madras encouragea Jafer Ali khan Gouverneur des Provinces de Rajimendri & de Schikakol à ne pas remettre ces Serkars à M. de Bussy.

Id. en Angl. p. 374. Trad. fr T. II. p. 187.

En 1755, la Compagnie Angloise fit partir pour Bombaye des troupes qui dévoient se joindre à Nana (Balajirao) contre Salabetzingue, afin d'engager ce Prince à renvoyer M. de Bussy.

Id. en Angl. p. 319, Trad. fr. T.II. p 445.447. Mém. de M. Godeheu. p. 370. art. IX. 373. art. III

Dans la même année, les Anglois, pendant la trêve, s'emparerent du Maduré, de Tinavelli &c. ; en 1756, ils firent marcher un détachement contre Velour, pour soutenir les prétentions du Nabab Mahmet Ali khan ; & l'on sçait que dans la même année, sans la prise de Kalkuta, dans le Bengale, ils alloient envoyer à Salabetzingue un secours considérable, pour l'aider à chasser entiérement les François du Dekan. Ces procédés ne marquent pas un grand amour pour la paix : mais ils paroîtront moins extraordinaires, lorsque l'on fera réflexion qu'une Nation puissante ne peut se contenter dans l'Inde que d'un Commerce exclusif, à moins qu'elle ne soit dédommagée d'ailleurs. Les Hollandois eux-mêmes ne se soutiennent que par leur Canelle, leur Muscade, leur clou de Girofle : s'ils partageoient ces trois articles avec les autres Nations Européennes, ils seroient bientôt obligés d'abandonner l'Inde. Et encore, quoi-

Hist. &c. en Angl. p 410. Tr. fr. T. II. 474, 475. Id. en Angl. p. 41c. T. fr. T.II. p. 485, 486. Rec. des Voyag. des Holland. &c. T.III p. 385. Mém. de M. Dupleix. p 211.

p iij

que leur Compagnie faſſe ſeule ce Commerce, elle ſeroit actuellement hors d'état de réſiſter aux François ou aux Anglois, ſi l'envie leur prenoit d'attaquer ſes Comptoirs. On ſçait la peine qu'ils ont à faire face aux Rois de Ceylan & de Bantam, qui n'ont d'autre relation avec les Européens, que quelques armes que les Anglois leur fourniſſent.

Mais ni les Anglois ni les François ne peuvent faire un Commerce excluſif, ou jouir long-tems de poſſeſſions capables de les enrichir, ſans être expoſés à de fâcheux revers de fortune. Leur état dans l'Inde n'eſt donc que précaire ; c'eſt-à-dire, que la Compagnie Françoiſe ne doit pas attendre de ce Pays de profits réels, parce qu'elle n'y aura jamais de ſuccès durables, & que les Anglois n'ont d'autres avantages à en retirer que ceux qui ſont propres à leur qualité d'Inſulaires.

Si à la longue les Compagnies ſe ruinent dans l'Inde, les Etats auxquels elles appartiennent en ſouffrent-t'ils ? Je réponds que d'un côté c'eſt toujours un avantage pour ces Etats que d'avoir affoibli leurs voiſins, en partageant leur Commerce ; que de plus ils paroiſſent en quelque ſorte dédommagés par les droits conſidérables qui entrent dans leurs tréſors pendant le brillant du Commerce & des conquêtes, & par les fortunes des Employés, des Officiers &c. fortunes, qui mettent l'émulation dans les Arts, & en général répandent l'activité dans la Nation. D'un autre côté les frais de défenſe, l'état qu'il faut tenir dans ce période de fortune & de grandeur, les pertes que les guerres nées de cette grandeur, occaſionnent, balancent au moins les profits, & peuvent même les abſorber : de maniere qu'abſtraction faite de toute autre conſidération, en cinquante ans l'Angleterre, par exemple, ne pourra montrer que le Commerce de l'Inde l'ait enrichie ; je ne crains pas même d'avancer que ſi elle eſt de bonne foi, elle avouera des pertes.

Ces raiſonnemens ont auſſi lieu à l'égard de la France, quoiqu'elle n'ait pas retiré de ſes Colonies les mêmes avantages que l'Angleterre. Ses malheurs ne viennent ſelon moi, que de certains arrangemens mal pris. Si Madras eut été raſé comme le vouloit M. Dupleix, la France auroit joui pendant pluſieurs années des richeſſes qui aveuglent actuellement l'Angleterre : & ſi nos conceſſions, au lieu d'être ſituées à deux cens coſſes de Pondichery, s'étoient trouvées à portée des ſecours, comme celles des Anglois dans le Bengale, que de faux frais d'épargnés ! Les revenus immenſes de ces Provinces auroient été perçus exactement ; cette armée toujours ſubſiſtante d'Européens & de Cipayes, qui en abſorbent la plus grande partie, n'auroit pas été néceſſaire ; enfin je vois dans cette perſpective la Compagnie riche & mille Particuliers revenir avec des fortunes.

Mais ce qui a porté un coup mortel à nos ſuccès dans l'Inde, c'eſt le nouveau plan de conduite ſuivi par les ſucceſſeurs de M. Dupleix. Voici comment je m'exprimois à ce ſujet dans un petit Mémoire que je préſentai en 1762, à mon retour de l'Inde, aux Commiſſaires de la Compagnie. Les réflexions que j'ai faites depuis ne m'ont pas fait changer de façon de penſer. » Il paroît, diſois-je à Meſ-
» ſieurs de la Compagnie, que les malheurs des François dans l'Inde doivent être
» en partie attribués à la maniere dont ceux que l'on met à la tête des Comp-
» toirs enviſagent le génie des Peuples qui l'habitent, la nature de leur Poli-
» tique & la forme de leur Gouvernement.

» L'un s'imaginera avoir affaire à des Sauvages, que la crainte ſeule, fondée
» ſur une domination inflexible & arbitraire, pourra tenir en reſpect. L'autre
» animé par des vertus qu'il croit naturelles à tous les hommes, & comptant
» peut-être un peu trop ſur l'eſprit d'ordre qui regne parmi pluſieurs Peuples de
» l'Europe, ſera pour les procédés doux & purement juſtes. L'idée qu'il s'eſt for-
» mé de la probité du Genre-humain, l'empêchera de prendre des meſures, qui
» ailleurs paſſeroient pour offenſives, mais qui dans l'Inde ne ſeront peut-être que
» de prudence. Tenir le milieu entre ces diſpoſitions, ſeroit le vrai moyen de ſe
» concilier l'amour & le reſpect des Indiens.

» Cette Nation peut être conſiderée ſous deux faces différentes, comme ſeula

PRÉLIMINAIRE.

» ou comme alliée aux Européens établis sur les Côtes de la Presqu'Isle. L'Indien
» est naturellement doux, mais d'une douceur de nonchalance & de paresse. Les cha-
» leurs excessives du climat sous lequel il vit, l'énervent. L'abondance & le bas prix
» des vivres, lorsque les pluies viennent dans leur saison, l'invitent au repos. Le
» froid ne réveille pas son industrie. Il ignore la nécessité de se garantir de l'in-
» tempérie de l'air par des vêtemens épais & multipliés, & par des bâtimens
» dont les murailles soient revêtues d'étoffes. Il n'est jamais mieux couché que
» sur la terre ou sur un quadre de rottin : des matelats mollets l'échaufferoient
» trop. Un simple tapis, un morceau de toile, celui même dont il se couvre les
» épaules, une natte enfin peut lui servir de lit. Les enfans jusqu'à sept à huit
» ans, abandonnés nuds dans les chemins, ne coûtent à leurs parens qu'un peu
» de ris à l'eau.

» La lâcheté accompagne ordinairement la mollesse. Aussi l'Indien est-il foible
» & timide. Cette force qui répandue dans tout un Peuple conserve les Gouver-
» nemens libres, en tenant les esprits en haleine, épuiseroit les ressorts de ceux
» des Indiens. De là le Despotisme général qui regne dans ces vastes Pays. Mais la
» Nature ne suit pas toujours les mêmes Loix ; il se rencontre quelquefois de ces
» génies mâles que le climat n'a pû dompter. Leur ambition ne connoît de bornes
» que le trône. L'Indien effrayé à la vûe du joug qui le menace, fait de foibles
» efforts ; bien-tôt il se lasse de résister, & l'amour du repos le soumet. Le Con-
» quérant qui ne doit la victoire qu'à la lâcheté de nouveaux Sujets, les
» méprise, & croit faire beaucoup que de n'en vouloir qu'à leurs richesses : la
» tyrannie devient alors insupportable ; aucun Particulier n'est sûr du peu de
» bien qu'il possede, & la vie du riche foible devient le jouet d'un pouvoir arbi-
» traire.

» L'Indien qui vit sous ce Gouvernement en suit les impressions. Obligé de
» ramper, il devient fourbe, parce qu'il ne peut se révolter ouvertement. Com-
» me il ne sçait ce que les Chefs lui laisseront de son gain, il se permet
» l'usure & la fraude dans le Commerce. Le mécontentement le fait cabaler sour-
» dement. Sujet, mais sans attachement pour son Prince, il se livre au premier
» homme extraordinaire qui sçait captiver son admiration, & lui inspirer quel-
» que confiance. D'un autre côté, le Prince ignore le plaisir que goûte un Chef
» équitable & aimé de ceux qui lui obéissent. La méfiance fait sa sûreté, & le
» vuide de son ame ne peut être rempli que par les plaisirs grossiers que l'or ou
» la force lui procurent.

» La Politique de ces Princes doit tenir de leur Gouvernement : leur amitié
» est simulée. D'une main on les voit signer un Traité, & de l'autre, ils jurent la
» perte de celui avec lequel ils font alliance. Le mensonge est la base de leurs
» accords, comme l'intérêt ou la crainte est le lien qui retient leurs Sujets ; l'ha-
» bilité consiste à bien feindre. Jamais ils ne pardonnent, parce que le repentir
» chez eux n'est dû qu'à la crainte, & des années passées en témoignages d'ami-
» tié ne sont souvent qu'aiguiser le poignard qui doit frapper leur ennemi.

» Telles étoient à-peu-près les dispositions des Indiens, lorsque les Européens
» leur demanderent des Etablissemens dans leur Pays. La fuite de la tyrannie
» & l'appas du gain portoient le Peuple à desirer des Etrangers sur ses Côtes ; les
» Princes comptoient s'en faire un rempart contre leurs voisins, & augmenter
» leurs trésors par un nouveau Commerce.

» Les vûes des Indiens sont encore & seront toujours les mêmes. Les ménager
» adroitement est le seul moyen de former & de conserver dans ces Contrées
» des Colonies florissantes. La familiarité & la barbarie produiront les mêmes
» inconvéniens. Une douceur molle leur paroîtra foiblesse & les déterminera, en
» cas de rupture, à se retirer chez votre ennemi. L'injustice atroce leur rap-
» pellera les Princes du Pays, & révoltera les esprits. Une confiance extrême

VOYAGE aux Indes Orientales, Ie. Partie.

DISCOURS

VOYAGE aux Indes Orientales, Ie. Partie.

» passera pour stupidité. Un Gouvernement noble, ferme & juste, est celui qui
» convient à un Peuple esclave par mollesse. S'il est de plus soutenu par un
» Commerce roulant, que les Chefs soient d'un abord facile, le Marchand pro-
» tégé & même respecté, alors on verra les Indiens, qui généralement ne cher-
» chent dans nos Etablissemens que leur avantage, peupler les Colonies & y dépo-
» ser leurs trésors ».

Ce seroit trop nous flatter que de reconnoître notre administration dans le tableau que je viens de tracer. Chez nous, une partie de plaisir arrêtera une expédition de la derniere importance. Quel Capitaine Marchand osera se présenter à certaines heures pour régler avec le Gouverneur ce qui regarde son Vaisseau ? Jamais il ne pourra percer la haie de Pions, de Dobachis &c. qui l'environnent : c'est aux affaires à se ranger à nos commodités. Cela fait voir que nous ne sommes pas fort intéressés : mais aussi ce caractere n'est gueres propre à un Pays où nous ne voudrions nous soutenir que par le Commerce. Une faute irréparable sous le Gouvernement de M. Dupleix, c'est de n'avoir pas permis aux Arméniens d'avoir une Eglise à Pondichery. Cette Nation a porté ses richesses à Madras, & le plus fort du Commerce qui se fait d'Inde à Inde, comme les Juifs établis à Cochin font celui de la Côte Malabare.

Malgré cela, notre caractere, je ne crains pas de le dire, est celui qui agrée le plus aux Maures & aux Indiens, parce qu'il porte une certaine franchise qui les gagne. Le Hollandois en est souverainement méprisé, comme simple Commerçant. Ils craignent les Anglois & ne les aiment point, parce qu'ils voyent qu'une avidité insatiable porte à envahir non-seulement le Commerce des autres Européens, mais même le leur, pour enrichir l'Angleterre, sans parler des injustices & des violences qui ne leur coûtent rien quand elles sont utiles à leur Nation. Ils pensent bien différemment de nos conquêtes ; ils ne les regardent que comme une suite de notre humeur guerriere, aussi célebre en Asie qu'en Europe. Ils nous voyent dépenser nos revenus en plaisirs, en pompe, & leur rendre ainsi d'une main ce que nous leur enlevons de l'autre. Ils n'ont pas oublié le trait de générosité de M. Dumas lors de l'irruption des Marates en 1740, la conduite de M. Dupleix à l'égard de Schandasaheb, notre attachement constant aux intérêts de Salabetzingue. Tous ces traits ont fait regarder les François comme des guerriers généreux, sur la parole desquels un Prince malheureux pouvoit compter, quand même leurs intérêts en souffriroient. C'est un préjugé honorable pour la Nation qui nous a soutenu dans le Dekan & à la Cour de Dehly. Malgré l'étendue de nos Conquêtes & les maux qu'elles ont dû naturellement entraîner, jamais il ne nous est rien arrivé de pareil au massacre des Anglois à Kalkuta & à Patna. Les Marates eux-mêmes, Peuple fier & ennemi né des Mogols, ne voulurent traiter en 1752 & 1753 avec le Souba du Dekan, que sous la garantie de M. de Bussy ; & ils déclarerent en 1757 que Salabetzingue devoit la paix au mérite personnel des François & de celui qui les commandoit (M. de Bussy).

Rép. de M. Dupleix à M. Godeheu, Piec. justif. p. 234, 235.

C'est notre réputation qui a porté le Nabab du Bengale à nous offrir Kalkuta ; à prendre notre défense, quoique nous ne l'eussions pas aidé dans son expédition contre les Anglois ; à faire marcher (trop tard, il est vrai,) son armée au secours de Schandernagor, contre l'avis de son Conseil que les Anglois avoient gagné ; enfin à protéger les restes fugitifs des Colonies Françoises du Bengale. Mais ce malheureux Prince se trompoit, croyant avoir affaire aux François qu'il avoit vus sous la Nababie de son oncle & sous le Gouvernement de M. Dupleix, remplir le Bengale de leur nom. Tout étoit changé. Les Anglois avoient dit aux Maures & aux Indiens, que la façon de penser de M. Dupleix n'étoit pas celle de sa Nation. Leur dessein étoit de nous faire perdre l'ascendant que nous avions sur l'esprit des Princes du Pays, & de leur ôter la confiance qu'ils s'accoutumoient à avoir dans nos Traités & dans les secours que nous leur avions promis. Le rappel de M. Dupleix, tandis que son rival, M. Saunders, étoit ro-

Mém. de M Dupl. p. 107, 108.

PRÉLIMINAIRE. cxix

vêtu de nouveaux pouvoirs, devoit mettre le sceau à ce qu'ils avançoient. Ils l'obtinrent; l'étonnement dans l'Inde fut général. Les Anglois allerent plus loin: ils répandirent que leur Nation plus puissante en Europe que la nôtre, nous avoit obligé de rappeler celui qui nous avoit acquis une partie de l'Inde, que déformais nous nous garderions bien de les attaquer, & qu'il n'y avoit nul secours pour les Princes du Pays à attendre de notre part.

La conduite foible ou gênée des successeurs de M. Dupleix, fideles observateurs des Traités par lesquels les Anglois nous jouoient, & dont les pas mesurés étoient représentés comme la marche timide de la Nation, confirma aux Indiens la vérité des discours des Anglois. L'abandon du Bengale qui pouvoit d'un moment à l'autre être attaqué par les Vaisseaux de guerre que nous avions eu l'imprudence de laisser à nos rivaux, acheva de les persuader. C'étoit la mine d'où les Anglois vouloient tirer les trésors dont ils avoient besoin pour les frais des expéditions qu'ils méditoient à la Côte, & pour gagner les Chefs Maures qu'un reste de réputation nous attachoit encore dans le Dekan.

Aussi ai-je toujours regardé comme un défaut de vûe de n'avoir pas fait l'impossible à la Côte pour mettre Schandernagor hors d'insulte, lorsque l'on sçut que le Colonel Clive partoit avec six cens Européens pour reprendre Kalkuta sur les Maures; ou du moins de n'avoir pas fait marcher l'armée du Dekan dans le Bengale, surtout lorsqu'elle étoit près de Ganjam. 1°. La conservation du second Comptoir François de l'Inde, & peut-être du plus utile à la Compagnie, étoit préférable à celle des quatre Provinces, surtout depuis qu'on avoit renoncé aux projets de M. Dupleix; & tous ceux qui ont vû le Bengale de près, diront avec moi, qu'un corps de troupes réglées, conduit par un Chef tel que M. de Bussy, actif, profond dans la politique des Mogols & des Rajahs, & dont le nom avoit volé d'une extrêmité de l'Inde à l'autre, qu'une telle armée auroit fait changer de face au Bengale, même après la prise de Schandernagor : la longue résistance de M. Law avec une poignée de François prouve ce que j'avance. 2°. Qu'étoit-il besoin de retourner si promptement à Aurengabad? Salabetzingue étoit obsédé; sa Cour étoit livrée aux Anglois. Je le veux pour un moment. Mais ceux-ci obligés d'envoyer toutes leurs forces dans le Bengale ne pouvoient donner aucun secours au Souba. La perte de Kalkuta les avoit forcés de renoncer aux offres que Salabetzingue leur avoit faites. On pouvoit donc, & même plus facilement, retourner dans le Dekan après la prise du Bengale, & recouvrer à Aurengabad l'ascendant que l'on y avoit auparavant; tandis que les Conquêtes des Anglois dans le Bengale, en leur donnant des monts d'or, entraînoient la perte du Dekan. De plus, cette Province, après l'expulsion des Anglois du Bengale, étoit aussi aisée à reprendre, quand cette marche l'auroit fait perdre, que difficile à conserver après la réduction du Bengale au pouvoir des Anglois. Ce dernier événement est l'époque de nos malheurs, ou du moins c'est depuis ce tems que l'on voit nos affaires aller en décadence dans l'Inde.

La perte du Bengale; l'espece d'indifférence sur l'accroissement de la puissance Angloise à Surate; le manque d'argent dans le Dekan & à la Côte, malgré l'étendue de nos possessions; les épargnes auxquelles l'état de nos affaires nous forçoit; notre conduite timide, & juste jusqu'au ridicule, qui ne nous permettoit de soupçonner les Anglois de rupture, que lorsque nous les avions sur les bras, voilà ce qui a tourné la fortune contre nous.

Il se trouve que dans le même tems les Anglois soutiennent avec avantage la supériorité que nous leur avions abandonnée. L'expédition de Surate, entreprise contre toute équité, a assuré l'approvisionnement de leur Escadre, & leur a fait un nom, quoique les Militaires s'y soient conduits comme de simples Milices. Mais ce nom, ils ne le doivent qu'aux qualités personnelles du Chef de l'entreprise (M. Spencer). Il n'a pas moins fallu que l'humanité, la douceur, la probité de ce généreux Anglois, pour faire oublier aux naturels du Pays la violence qu'il exerçoit au nom de sa Nation.

Voyage aux Indes Orientales, Ie. Partie.

Lett. de M. de Leyrit dans le Mém. de M. Dupleix, p.169, 170.

Mém. de Bussy, exposé. &c. 1764. p. 60. 88.
Hist. des Guerr. de l'Inde, T. I. p. 485. 486.
Mém. du Col. Lawrence, Tr. fr. T. I. p. 247.

DISCOURS

VOYAGE aux Indes Orientales, I^e. Partie.

Cependant les Anglois, malgré leurs succès, n'ont peut-être jamais été plus près d'une révolution. Toute l'Inde est convaincue que c'est pour la dépouiller de ses tréſors qu'ils ſont venus porter le fer & le feu dans ſes Ports. D'ailleurs, s'ils obligent, ce n'eſt qu'autant que leurs intérêts le leur permettent : d'abord, pour ne pas ſe brouiller avec Nana, dont la Capitale eſt à quatre journées de Bombay, ils refuſerent de donner des troupes au Souba du Dekan paſſé Aiderabad. Auſſi voit-on les Princes du Pays avoir un reſte de compaſſion pour les François échappés au déſaſtre de leur Nation. Le caractere qu'ils remarquent en eux, leur fermeté, leur gaieté même au milieu de l'accablement où ils ſont, ſont des traits qui confirment aux Indiens que ce qui s'eſt fait depuis M. Dupleix eſt contre le génie de ce Peuple ; & je ne crains pas de dire qu'ils ſeroient les premiers à nous offrir du ſecours ſi nous remontrions notre premiere valeur, au riſque, il eſt vrai, de les voir nous abandonner, lorſque de nouveaux changemens nous replongeroient dans l'indolence qui nous a perdus.

Après ces réflexions que la vuë même des lieux m'a fournies, il eſt aiſé de penſer de quelle maniere je répondrai aux quatre objections que je me ſuis faites.

Ci-d. p. xvij.
p. cxv.

La premiere eſt ſans réplique, à moins qu'on ne ſuive le plan que j'ai déja propoſé, ou qu'on ne croie les foibles avantages que j'ai touchés plus haut, préférables à la conſervation de cent quatre-vingt familles ſur deux cents hommes, par exemple, qu'on enverra dans l'Inde.

La ſeconde objection eſt une erreur de fait : elle ſuppoſe que ce qui eſt arrivé une ou pluſieurs fois, doit toujours être de même. Si les revenus de la Compagnie étoient bien adminiſtrés, le gain dans un tems équivaudroit en partie aux pertes que l'on auroit ſouffertes dans un autre, comme on le voit actuellement dans la Compagnie Angloiſe. Je conviens cependant qu'en prenant une perode fixe de tems, comme cinquante ou cent ans, on trouveroit, comme je l'ai déja dit, qu'après cet eſpace, la perte l'emporteroit ſur le gain, parce que le Commerce ordinaire eſt peu conſidérable en lui-même; que les Conquêtes & l'augmentation du Commerce ne peuvent ſe ſoutenir long-tems; & que ces différens avantages doivent à la fin être abſorbés par les frais qu'une grande Nation eſt obligée de faire, pour réſiſter aux forces d'une Rivale égale en puiſſance.

Rien de plus juſte & de plus réel, que la troiſieme objection. La Compagnie Angloiſe n'en ſent que trop la triſte influence. Des gens accoutumés à voir les Princes du Pays mettre à leurs pieds des laks de pagodes, à recevoir des préſens de cinquante, de cent mille roupies pour une affaire qui ſe termine en deux heures, aſpirent après les Richeſſes, & ne peuvent ſe reſtraindre au gain lent que donne le Commerce. M. Spencer fut envoyé en 1764 dans le Bengale, pour rétablir l'ordre dans les Comptoirs, & mettre un frein à cette avidité qui détrônoit, & réinſtalloit les Nababs à ſon gré. Ses peines ont été vaines. Avec cinquante & cent mille livres de rente, on ſe joue des Réformateurs.

Au reſte, cette inſubordination a lieu en tems de paix comme eu tems de guerre. J'ai vu à Surate le Tombeau d'un Commiſſaire-Général envoyé aux Indes par la Compagnie Hollandoiſe. Les perſonnes qui ſon voyage pouvoit regarder de près, trouverent le moyen de l'empêcher d'aller plus loin.

D'ailleurs, ſi la guerre influe ſur l'eſprit des Particuliers, on peut dire que la paix rend ſouvent les Chefs de petits Tyrans ; parce que tant que les affaires ſont ſur un bon pied, on voit rarement les Compagnies examiner leurs rapines, & daigner écouter les plaintes des ſubalternes.

Mais c'eſt en vain qu'on voudroit parer à tous ces inconvéniens ; ils tiennent à l'humanité. Si les Particuliers qui vont dans l'Inde, ſont des ſujets médiocres, ils feront peu de mal & peu de bien. Si ce ſont des gens d'eſprit, le climat les invite d'abord au libertinage ; les plaiſirs conſument leurs premieres années. Eſt-il ſurprenant qu'ils tâchent enſuite d'aller vîte, pour réparer le tem perdu

PRÉLIMINAIRE.

perdu ? La seule chose qu'il y ait à faire, c'est de les veiller autant que cela est possible de six mille lieues, de les mettre dans le cas de se satisfaire, en faisant le bien des Comptoirs, & de n'en venir aux réformes & aux punitions, que lorsque les fautes ne sont excusées, ni par le climat, ni par les usages du Pays, ou qu'elles ne sont pas couvertes par des talens capables de les effacer. Il ne faut pas croire, au reste, que les exemples, à moins qu'ils ne soient d'une certaine force (& dès-là ils sont très-rares), fassent grande impression dans un pareil éloignement. Celui qui est obligé d'agir souvent de lui-même, & qui a le courage d'entreprendre des choses extraordinaires, se flatte toujours ou d'avoir raison, ou que le succès le justifiera aux yeux de ses Supérieurs & à ceux du Public.

Voyage aux Indes Orientales, IIe. Partie.

La premiere partie de la quatrieme objection m'avoit d'abord frappé : mais faisant réflexion sur ce que j'ai vu moi-même dans le pays, j'ai changé à ce sujet de façon de penser. En effet, les Européens s'abâtardissent dans l'Inde ; à la seconde ou à la troisième génération, on auroit de la peine à les assujettir à la Discipline des troupes d'Europe : les Naturels du Pays en sont donc encore moins susceptibles ; & si on les voit observer quelqu'ordre, résister quelque tems, lorsqu'ils sont soutenus par des Européens, pour peu qu'ils soient abandonnés à eux-mêmes, ils retombent bien-tôt dans leur premiere mollesse, plient ou se débandent ; ce qui est une suite de la chaleur du climat & de la nature de leur Gouvernement. Il peut être dangereux d'apprendre le métier des armes à des Peuples nombreux, accoutumés à un froid rigoureux. Des corps endurcis par les glaces, se feront un jeu de ces exercices pénibles qui peuvent les rendre redoutables à leurs maîtres. Chez les Nations qui habitent un sol brûlant, le courage aura, si l'on veut, de la vivacité ; mais la premiere pointe émoussée, les ressorts du corps se relâchent, & une expédition militaire dégénere en courses particulieres, en pillages, & finit par une retraite honteuse ; sur-tout si l'honneur n'est point l'ame des combats : & ce mobile agit rarement sur les troupes Asiatiques, & en général sur celles des Etats despotiques. Le Soldat, qui n'est exposé qu'à changer de maître, y est insolent & indiscipliné ; la guerre lui montre le besoin que le Despote a de lui pour se soutenir, & il s'en prévaut sans qu'on ose quelquefois l'en punir. Au contraire, sous un Gouvernement libre, chaque soldat se croit chargé de la défense de l'Etat, s'obéit pour ainsi dire à lui-même, en obéissant à son Capitaine, & celui-ci n'étant que le dépositaire de l'autorité que les Citoyens, & le soldat, par conséquent, lui ont confiée, commande avec fermeté, parce qu'il ne craint pas de révolter des esprits que la vûe de leur propre bien lui soumet, & qu'il n'a lui-même d'autre intérêt que le leur.

La seconde partie de l'objection est fondée sur l'ignorance des passions & de la marche du cœur humain. Tout homme qui fait un Commerce considérable cherche à le garentir de l'insulte de ses voisins. De-là les Forteresses & les Troupes dans un Pays dont le maître n'est pas en état de donner la sûreté que tout possesseur desire. Ces fortifications augmenteront en proportion du Commerce, & par conséquent de la jalousie des voisins, parce que plus on est riche & plus on craint de perdre ce que l'on a : jusqu'ici c'est la défense naturelle.

Le Prince qui vous a reçu sur ses terres prend ombrage de ces précautions, prétend qu'il peut vous défendre, exige que vous démolissiez vos Forts. Mais est-il naturel d'exposer ainsi son Commerce ? Peut-on honorablement se réduire à l'état où l'on étoit en arrivant ? Et qui sçait si des ennemis jaloux ne le portent pas à faire cette proposition, pour tomber ensuite sur celui qui aura eu l'imprudence de se mettre ainsi à découvert ? On refuse ; & voilà la guerre, toujours comme défense naturelle.

Le Prince est lui-même attaqué par ses ennemis. Il suppose que les forces qu'il vous voit sont à son service, puisqu'il s'est engagé à vous protéger, puisqu'il vous a donné azyle sur ses terres ; il vous demande du secours : voilà la

DISCOURS
VOYAGE AUX INDES ORIENTALES.
IIᵉ. PARTIE.

C'EST ici proprement que commencent mes travaux Littéraires. Les deux premieres années de mes Voyages présentent un mélange de courses, de dangers, de malheurs, de ressources, dont il faut chercher la cause dans les plaisirs enchanteurs des Colonies, dans ma jeunesse, dans la fougue des passions, & dans l'état où se trouvoient nos Etablissemens à la Côte de Coromandel & dans le Bengale. Les deux mois que je passai à Pondichery depuis mon retour de cette derniere Contrée, furent deux mois de réflexion. Surpris moi-même des travers dans lesquels j'avois donné, ce qui me touchoit le plus étoit la perte de deux années, & la crainte de voir la guerre mettre obstacle à l'ardeur raisonnée dont je me sentois animé.

Telles furent les idées qui m'occuperent pendant la tra-

---

guerre auxiliaire qui peut vous mettre aux mains avec des Européens unis d'intérêts avec les ennemis de votre Protecteur.

Vous le refusez : il soupçonne quelques liaisons avec ses ennemis, cherche ailleurs du secours, enrichit vos voisins en leur faisant des corcessions dont vous pouviez jouir, gêne votre Commerce, & vous accable lorsque vous vous y attendez le moins.

Vous vous trouvez assailli par des voisins jaloux : il vous abandonne & vous devenez la victime de votre modération, très-bonne pour l'état d'innocence, mais absolument déplacée au milieu de ce tourbillon de passions qui meut le Genre-Humain. Tout homme riche a des envieux, a besoin de secours contre eux : & dans des Pays aussi éloignés. pour être en état de se défendre, on doit être en état d'attaquer ; ou bien il faut se borner à un Commerce ruineux, & s'attendre à devenir le jouet des Naturels, comme les Portugais le sont du Sonde, du Marate & du Bonsolo.

On me passera sans doute ces réflexions sur les Etablissemens des Européens dans l'Inde. Ce sont les observations d'un Voyageur qui a pù mal voir, être mal instruit, mais qui rapporte avec impartialité & sans prétendre choquer personne, le bien & le mal qu'il a été à portée de remarquer ; ce sont les réflexions d'un homme de Lettres, qui sur les possessions des François dans cette partie de l'Asie, sur leur conduite à l'égard des Anglois, présente le pour & le contre avec la critique qu'il se croiroit permise, s'il parloit des Colonies des Romains des guerres Puniques & de la ruine de Carthage.

PRÉLIMINAIRE. cxxiij

verſée; elle fut de près d'un mois, & ſans événement intéreſſant. J'eus à mon ordinaire le mal de mer pendant les douze premiers jours; on me plaiſanta ſelon l'uſage, & je pris enfin le deſſus. Nous mouillâmes devant Mahé le 17 Novembre 1757.

La Côte Malabare, où j'ai paſſé le reſte du tems que j'ai voyagé dans l'Inde, peut ſe diviſer par Royaumes & par Langues. Actuellement, remontant du Sud au Nord-Oueſt., on y diſtingue onze Puiſſances principales. 1°. Le Travancour, dont les Etats commencent au Cap Camorin. 2°. Le Roi de Cochin. 3°. Le Samorin. 4°. Le Bayanor. 5°. Le Cananor. 6°. Kolaſtri. 7°. Le Canara. 8°. Le Sonde. 9°. Le Bonſolo. 10°. Les Marates. 11°. Les Maures.

Selon la ſeconde diviſion, il y a à cette Côte cinq Langues principales (ſans les Jargons) que je regarde toutes, excepté le Maure (qui tient beaucoup du Perſan & du Tartare Mongal avec un mélange d'Indou), comme dérivées ou corrompues du Samskretan. La premiere de ces Langues eſt le Malabar pur ou le Tamoul, qui s'étend de Koëlan au Mont Delli; la ſeconde, le Canarin, qui, de Pongaye va juſqu'aux Terres du Bonſolo; la troiſiéme, le Marate, qui commence aux Terres du Bonſolo & a cours juſqu'à Surate; la quatriéme, le langage du Guzarate ou l'Indou; & la cinquiéme, le Maure.

Les Jargons ou Dialectes ſont 1°. Le Patois de la Côte de la Pêcherie, qui eſt un Malabar corrompu; 2°. le Toulou, mélange de Tamoul & de Canarin, qui a cours entre les Pêcheurs, les Poulias & autres Caſtes baſſes, depuis le Mont Delli juſqu'à deux journées Nord de Mangalor; 3°. le Maraſte formé du Canarin, du Marate, du Maure &c. qui eſt en uſage depuis Bombay juſqu'à Surate.

En général on pourroit rapporter toutes les Langues de la preſqu'Iſle de l'Inde, relativement à ce qu'elles ont de commun ou de différent dans le génie, la conſtruction, les racines des mots, le fond de la forme des Lettres & la marche des Alphabets, à deux principales; le Malabar ou Tamoul, & l'Indou ou Guzarate : la premiere Langue, pour les Pays qui s'étendent d'un côté depuis le Cap Camorin

Voyage aux Indes Orientales, IIᵉ. Partie.

q ij

jufqu'au-delà du Canara, & de l'autre jufque près de Ganjam; la feconde, pour le refte de la prefqu'Ifle jufque affez avant dans l'Indouftan.

Par une diftribution particuliere, la Prefqu'Ifle peut fe partager du Sud au Nord en cinq Zones. La premiere contiendra les Peuples des deux Côtes, depuis le Cap Camorin jufqu'aux Pays où le Tamoul & le Malabar font en ufage. Ces deux Langues forment la feconde Zone, qui comprend Mahé & Pondichery. Dans la troifiéme, font le Canarin & le Telongou, dont les lettres ont des rapports. Le Marate qui forme la quatriéme Zone fe parle à Katek & à Poni. L'Indou ou Guzarate, le Maure & le Bengali (on peut y joindre le langage de Balaffor) rempliffent la cinquiéme. Le Perfan eft très ufité dans les deux dernieres Zones, & même dans la feconde & dans la troifiéme, à la Côte de Coromandel. Ces combinaifons méritent d'être approfondies; mais ce n'eft pas ici le lieu de m'y arrêter.

Je reprends la fuite de mon Voyage. Mahé me parut mériter à-peu-près le nom d'exil qu'on lui donnoit à la Côte de Coromandel; & comme il falloit attendre plufieurs mois avant que les occafions pour Goa ou Surate fe préfentaffent, me voyant fans engagement, je réfolus de tirer parti de cette relâche, & voulus d'abord me mettre au fait de la fituation de nos Comptoirs à cette Côte. M. de Palmas, Ingénieur de la Place, voulut bien me communiquer les Plans particuliers de nos différentes poffeffions. Celui qu'il avoit levé de Mahé & des environs, fixa d'abord mon attention, & je vérifiai fur les lieux l'exactitude de fon travail [1]. Mais bientôt les manieres rebu-

---

[1] Les François s'établirent à cette partie de la Côte Malabare en 1722. Il y avoit long-tems que le Bayanor, Souverain du Pays, avoit invité la Compagnie à venir former un Comptoir dans fes Etats. M. Molandin, Réfident François à Calicut, fut chargé de traiter avec ce Prince, qui lui fit l'accueil le plus gracieux, parce qu'il avoit deffein de fe fervir de nous contre les Anglois établis à Talichery. On bâtit en conféquence une Loge à Mahé. Mais bien-tôt le Bayanor gagné par l'argent des Anglois, & pour fatisfaire aux conditions de la paix qu'il venoit de faite avec eux, obligea les François d'abandonner cet Etabliffement, où ils n'étoient encore qu'en petit nombre, & de retourner à Calicut.

PRÉLIMINAIRE.

tantes du Chef de ce Comptoir, homme haut & dur, qui avec des prétentions à l'esprit, affectoit de le mépriser, m'obligerent d'écrire à M. de Leyrit, pour le prier de certifier au Commandant de Mahé le traitement que la Compagnie nous faisoit à mon frere & à moi, & lui demander même quelques avances. La premiere partie de ma Lettre eut son effet, & je me disposai sur-le-champ à deux Voyages, l'un au Nord l'autre au Sud de Mahé, que j'avois projettés en arrivant a la Côte.

J'avois lû dans les Voyages du Pere Vincent Marie de Sainte Catherine de Sienne [1] que le Canara étoit séparé

Trois ans après, en 1725, la Place qui étoit presque détruite, fut reprise par M. de Pardaillan, ce qui occasionna avec le Bayanor une guerre qui dura huit mois. Ce Prince eut d'abord quelques avantages : mais la paix mit fin aux hostilités. Depuis, Mahé s'est aggrandi considérablement Cet Établissement méritoit l'attention de la Compagnie, tant à cause de son Commerce(de Poivre, de Cardamon, de Sandal, de Gingembre, de Canelle pour l'Inde & pour l'Europe, de Perles que fournit la Côte de la Pêcherie, de pierres précieuses que l'on trouve dans les terres, d'ailes de Requin que l'on porte à la Chine, de grosses toiles fabriquées aux environs de Mahé & de Coleche, & qui sont d'un grand débit à Bassora, &c), qu'à cause de son emplacement, qui étoit susceptible d'embellissemens & de fortification : mais pour cela les trois Forts auroient dû être unis par de bons murs. On auroit même pû renfermer dans ces murs Kalaicounou (le Fort de la montagne verte), & former ainsi une enceinte raisonnable, prolongée jusqu'à Kodati, & à portée des secours. Il auroit ensuite fallu dresser une forte batterie sur le bord de la mer près de Kodati, pour empêcher l'approche des Vaisseaux. Au moins ces ouvrages, en assurant la Colonie contre les entreprises des Noirs & des Anglois, auroient ils été plus utiles à la Compagnie que les conquêtes qu'elle a faites dans l'intérieur des Terres. J'aurai occasion de parler de ces conquêtes dans la ●te de cette Relation ; je ne puis en attendant m'empêcher de faire quelques réflexions relatives à cet objet. Il suffit de faire un pas à la Côte Malabare, depuis le Cap Camorin jusqu'à Mangalor, pour voir que les Européens ne peuvent se soutenir dans les terres sans des frais & même des pertes considérables. Le Pays bordé de montagnes qui le dominent de près est coupé par des rivieres sans nombre, & rempli de champs de Nelis & de Forêts de Bambous qui le rendent impraticable. Ajoutez à cela que la Noblesse Indienne (les Naïrs) y est beaucoup plus brave qu'à la Côte de Coromandel ; que derriere ses Bambous & ses Cocotiers un Noir y vaut un Blanc qui n'a pû traîner avec lui son Artillerie, & que le secours, dans un pareil Pays, ne peut venir à tems, ni prévenir un assaut dans la saison des pluies : les François l'ont éprouvé à Neliceram & à Matelaye. Il n'y avoit donc que l'espérance flatteuse d'un gain considérable qui pût nous engager à pénétrer dans les Terres. Cette espérance ne s'est jamais réalisée, & ne pouvoit même avoir lieu, parce que les mêmes raisons que je viens d'exposer devoient nous empêcher de compter sur les récoltes, sur la foi des Traités, sur la perception des droits & des tributs, ayant affaire à des Princes que nos Troupes ni nos Vaisseaux ne pouvoient aller assiéger dans leurs retraites.

[1] » Smontati (au sortir d'une tonne) in questo nuovo Regno, vedemmo

VOYAGE aux Indes Orientales, IIe. Partie.

Voy. les Eclaircissemens sur la Carte de l'Inde, p. 93. 94.

du Cananor par une muraille qui s'étendoit des montagnes à la Mer, dans un espace de deux journées de chemin; & je sçavois que M. Delisle avoit placé cette muraille au Sud, peu loin de Mangalor, & M. Danville, dans sa Carte de l'Inde, au Sud de Dekle. Un Monument de cette nature me parut digne de ma curiosité. Je me flattois en même-tems d'y trouver quelqu'Inscription en anciens caracteres. Je laissai donc mon frere à Mahé, & me rendis en tonne à Ramataly le 2 Décembre 1757.

Les tonnes sont de petits bateaux longs & étroits, dont l'arête ou la quille fait un angle très obtus. Les plus grandes peuvent contenir jusqu'à vingt-cinq personnes; les plus petites, six à sept. Ces embarcations s'échouent facilement sur le sable; & comme elles sont fort légeres, deux personnes suffisent pour mettre les petites à flot. On peut élever sur l'avant des grandes tonnes une cabane de Bambou propre à contenir deux personnes: dans les petites on est exposé à toutes les injures de l'air.

M. Bourguenoud, Commandant de Ramataly, me fit oublier par ses politesses les rudesses du Gouverneur de Mahé, quoique je n'eusse pour lui aucune Lettre de recommandation.

Ramataly situé environ à quatre lieues Nord de Cananor, ne présenta rien à mes yeux qui me parut mériter quelqu'attention. C'est un assez gros endroit défendu par un petit Fort en terre. Le Gouvernement, bâtiment très commun, avoit vûe sur la Mer. C'étoit le second Poste des François à la Côte Malabare [1]. Je ne passai qu'une nuit à Ra-

---

» poco distante la cinta di muro, laquale stendosi per due giornate dalla monta-
» gna sin'almate, divide questo (le Canara) de quello di Cananor: licentiati
» li Marinari, che subito s'absentarono; montando la collina, dove sta situata
» la Fortessa (de Decle), fummo à visitare il Governatore, o Generale di quel
» Presidio..... » *Viaggio all'Indie Orientali.* L. V. Cap. III. p. 448, 449. Venet.
1683. in-4°.

[1] En 1750, le Canara porta ses armes dans le Sud jusqu'à Palorte, que les Portugais appellent Bamlipatam, & qui est deux lieues & demie plus bas que Ramataly. C'est dans cette Ville que résidoit autrefois Kolastri. Depuis, ce Prince a fixé sa Cour à Kottar, dans la Province de Tcherikel, à un quart de lieue de Palorte, dans les Terres; & c'est de là qu'il porte le nom de Tcherikel dans le Pays qui est en-deçà de cette derniere Ville.

PRÉLIMINAIRE. cxxvij

mataly ; M. Bourguenoud me donna des Lettres pour Neliceram, & je partis le lendemain en tonne pour ce dernier endroit, où j'arrivai le soir même [1].

Les Nairs poursuivis par le Canara nous appellerent à leur secours, en nous offrant Neliceram : & comme dès-lors l'entrée de la riviere qui conduit à ce Poste, nous devenoit nécessaire, Kolastri nous donna Aïkan, situé sur la langue de terre qui est à l'embouchure de cette riviere. Nous arborâmes Pavillon François dans ces deux endroits le 22 Juillet 1751, & fûmes obligés de soutenir la guerre pendant un an contre le Canara.

Ce Monarque étoit maître de Matelaye, & arrêtoit les tonnes que l'on envoyoit à Neliceram ; ce qui obligeoit d'y transporter tout par terre & à grands frais. Une circonstance nous rendit la jouissance de la riviere de Neliceram. Kolastri avoit conservé Ramataly, moyennant quarante mille Pagodes d'or : mais comme il ne pouvoit les payer sur le champ, le Roi de Palery, Pays éloigné de quelques journées à l'Est de Neliceram, avoit répondu pour cette somme, & occupoit en conséquence la moitié du Fort. Kolastry, pour se décharger de la dette qu'il avoit contractée avec le Roi de Palery, renonça au Fort de Ramataly & nous l'abandonna, nous déclarant qu'il n'étoit pas en état de le défendre ; le Roi de Palery nous ayant fait le même aveu, nous y arborâmes le Pavillon François en Octobre de la même année 1751. Il ne nous restoit plus que Matelaye à prendre pour être maîtres de la riviere de Neliceram. Ce Poste étoit alors un grand Fort flanqué de huit tours, précédé d'une avance de terre qui formoit deux anses. Les premiers Soldats qu'on y envoya n'ayant pas été soutenus, furent hachés sur cette langue de terre, au nombre de cinquante, faute de tonnes, pour se rembarquer ; le Topaye François (l'Interprete Noir) s'étant ensuite rendu au Fort pour faire des propositions, eut le col coupé. Cette Place tomba enfin au pouvoir des François le 23 Janvier 1752. Elle fut surprise en 1756, le 22 Juin, par Adiodi, neveu du troisiéme Roi de Neliceram, le même dont les troupes battirent à Palaye un détachement François dont le Canon s'étoit trouvé embarrassé dans de mauvais chemins ; ce Prince nous la rendit pour une rançon. Voilà le récit succinct de nos principales & très-inutiles expéditions à la Côte Malabare ; expéditions dans lesquelles le Canara nous a ménagés par un reste d'amitié pour les François qui avoient autrefois une Loge à Mangalor, & un Agent (M. Desnoyers) à Bedrour.

[1] Au sortir de Ramataly le Mont Delli me resta au Sud-Est, & la chaîne des montagnes de Cardamon me parut aller du Sud-Est au Nord, la terre ferme & la riviere de Neliceram au Nord, & la langue de terre formée par cette riviere au Nord Nord-Ouest. Le Mont Delli dont je viens de parler, est appellé en Malabar Ettou-koulam , à cause des huit anses qu'il forme, & dans lesquelles se retiroient les Pirates avant que les François s'en fussent emparés. Les bornes de sa dépendance vont jusqu'à la riviere de Maraye.

La riviere de Ramataly prend ce nom a une lieue environ au-dessus de ce Comptoir : avant que de s'y rendre elle passe près de Maraye , tourne ensuite Ramataly de l'Est au Nord & à l'Ouest , & se jette dans celle de Neliceram. Une demie lieue plus haut , la riviere de Cavaye , qui descend à-peu-près du Nord-Est , se jette dans la riviere de Neliceram. Cette derniere coule parallelement à la Côte & est remplie d'Isles, dont les Nairs ni les Brahmes n'ont jamais voulu dire les noms à M. de Palmas. Ceux qu'elles portent maintenant leur ont été donnés arbitrairement par M. Duhaisse, qui leva le plan de cette riviere en 1752 En 1753 Messieurs Dupassage & de Palmas rectifierent ce plan par ordre de la Compagnie ; depuis

DISCOURS

VOYAGE aux Indes Orientales, IIe. Partie.

Le Commandant du Fort, M. Doudan, à qui je remis les Lettres de M. Bourguenoud, me donna deux Cipayes François; l'Employé chargé des affaires de la Compagnie, deux Paliagars Indiens qui devoient me servir de guides & de sauve-gardes, & je continuai le 4, à pied, ma route dans le Nord.

ce tems l'embouchure de la riviere de Neliceram s'est retirée de cinq cens toises dans le Sud-Est. Elle empiéte continuellement de ce côté, & des vieillards de soixante ans m'ont dit avoir vû l'ancienne embouchure, qui avoit trois cens toises de large, à trois lieues & demie Malabares (environ six lieues Françoises) de la nouvelle. Au bout de la premiere Isle (l'Isle de sable) la riviere est resserrée par une langue de terre considérable suivie de la seconde Isle. Les montagnes continuent dans la même direction: au bout de l'Isle longue (la troisiéme Isle) elles paroissent aller du Sud-Est au Nord Nord-Ouest. La riviere va toujours dans le Nord. Delà le Mont Delli paroit dans le Sud-Est. C'est aussi sa position à l'égard de la quatriéme Isle.

Matelaye est vis-à-vis la cinquiéme Isle. Ce n'étoit lorsque j'y passai qu'une espece d'enceinte quarrée fortifiée, située au Nord-Est un quart Est, ayant les montagnes au Nord Nord-Ouest.

Le Fort de Neliceram est le centre d'un entourrage de quinze cens toises. Voici sa position à l'égard des lieux voisins, telle qu'elle a été relevée par M. de Palmas. Neliceram a au Nord Kondinkadav; la montagne de Tricounou au Nord-Est, trois degrés Est; la montagne de Chatot, à l'Est un quart Nord-Est; la montagne de Cheroutour (Biroumaley), à l'Est un quart Sud-Est, trois degrés Sud; le Retranchement de Moly, sur la montagne de Niacounou, au Sud-Est un quart Est, deux degrés Est; la croupe de la montagne de Matelaye au Sud-Est un quart Sud, trois degrés Sud; Palicounou au Sud un quart Sud-Est, trois degrés Sud.

La montagne de Biroumaley dont je viens de parler, est à un grand quart de lieue de Neliceram: elle fut prise en 1755 sur le Roi de ce dernier endroit, qui s'en étoit emparé pour se rendre maître de la récolte des Nelis, sans rien payer à la Compagnie. Il n'y avoit alors ni Fort ni Aldée. Elle est baignée par une riviere qui descendant du Nord-Est, des montagnes, passe à Palaye, & se jette à l'Ouest Nord-Ouest dans celle de Neliceram. La riviere de Palaye est profonde: on y voit des Caimans. Au-delà de Palaye, au Nord Nord-Est, est Canour, Fort en terre, & trois quarts de lieue plus loin Podar, Fort construit en pierre. Le cours de la riviere est ensuite à-peu-près Est & Ouest. Le pied de la montagne de Biroumaley est encore arrosé par un bras de la riviere de Neliceram, qui se jette dans celle de Palaye. Un autre bras de la premiere riviere passe à Matelaye, tourne ensuite du Sud-Est à l'Est Nord-Est, & se jette dans celle de Palaye.

Voici la route par terre de Ramataly à Neliceram, telle qu'elle m'a été donnée par l'Ecrivain Noir de ce dernier endroit. Elle est par heures mesurées au sable. De Neliceram à Tchanderoutti, une heure de chemin; de-là à Touroutti, une heure; delà à Palicounou, deux heures; delà à Matelaye, une heure (à une heure environ de chemin, à l'Est de ce dernier endroit, est Polikotou, Ville dépendante du premier Roi de Neliceram); de Matelaye à Padinaye, une heure: c'est dans cette Aldée que réside le premier Roi de Neliceram; il y a un grand basar de Maures. De Padinaye à Cavaye, deux heures; delà à Ramataly, une demie heure de tonne: ce qui fait près de neuf heures, qui reviennent environ à six heures Françoises.

A

PRÉLIMINAIRE.

A quelques portées de fufil de Neliceram je paffai par Kondinkadav, petite Aldée où nous avions un Pofte de Cipayes foutenus par quelques Blancs. Les montagnes de Cardamon me parurent aller au Nord. A une demie-heure de chemin de-là je trouvai les limites des poffeffions de la Compagnie.

On rencontre enfuite à quelque diftance au Nord le Fort de Madrangaye, que les François prirent en 1751, & abandonnerent en 1756. Près de là eft une chaîne de montagnes affez baffes, qui tournent de l'Eft au Nord-Oueft. Je paffai la Riviere de Neliceram en tonne. Au-delà, le Pays jufqu'à Dekle eft inculte; mais la fituation en eft belle. Areikerao, autre Pofte, toujours au Nord, eft fur une des petites montagnes dont je viens de parler, à trois quarts de lieue de la mer. On trouve à une lieue de là Madikaye, Fort occupé par des Nairs, & dont les François fe font emparés deux fois. Le terrein où font fitués ces différens Poftes appartenoit alors au premier Roi de Neliceram.

A un quart de lieue environ de Madikaye eft Pongaye, premier Pofte du Canara. Cet endroit eft défendu par un Fort en pierre & en terre, flanqué de onze baftions. La porte eft au Nord. L'angle de l'Eft eft protegé par une plate-forme garnie de huit canons, efpece de Pâté que les Canarins ont élevé dans le Fort par le confeil des Anglois. La Courtine du Sud eft plus longue que les autres. A un quart d'heure de chemin de-là je m'arrêtai un moment pour jouir du coup d'œil que le Pays me préfentoit. A l'Eft s'élevoit un amphithéâtre de montagnes de différentes hauteurs, qui contraftoient parfaitement avec les bas-fonds de l'Oueft. Le Pays hors des lieux habités étoit inculte, on ne rencontroit fur la route que des Lingams de pierre. Un de mes Cipayes mandé par le Gouverneur de Pongaye, alla déclarer qui j'étois, & que la fimple curiofité étoit le motif de mes Voyages.

Après avoir marché une heure, je me trouvai à Ajenour, Aldée Maure affez confidérable avec une Mofquée. Entre Pongaye & Ajenour, je m'éloignai un peu dans l'Oueft pour aller voir une pierre qu'on m'avoit dit marquer anciennement les limites du Canara ; mais je me contentai pour lors de la reconnoître, mon deſſein étant de l'examiner une autre fois à loiſir. A un quart de lieue d'Ajenour eſt un Fort preſque détruit, garni de quatre tours rondes & bâti par Ciapnek, Général du Canara. Les fondemens ſubſiſtent encore, & ſont très-ſolides. On voit à l'Oueſt Nord-Oueſt un Etang ſec. Je paſſai au pié des montagnes dont j'ai parlé ci-deſſus, allant dans le Nord Nord-Oueſt. Sur ces montagnes eſt le Fort de Tchittaye, bâti en pierre & en terre, & qui me parut en fort mauvais état. Il eſt baigné dans le Nord Nord-Eſt par une riviere du même nom, large & guéable, qui coule de l'Eſt au Nord-Oueſt, & ſe jette à deux portées de fuſil delà dans la mer.

De Tchittaye à Dekle, ſuivant le Nord Nord-Oueſt, on trouve le Pays couvert de Landes. La diſtance eſt la même de Pongaye à Tchittaye, & de Tchittaye à Dekle. Ce dernier endroit eſt fort conſidérable & très-éloigné des grandes montagnes qui vont toujours dans le Nord : j'aurai occaſion d'en parler dans la ſuite. Le Brahme Bagapayar, Gouverneur de Dekle, ſous les ordres de Karnik, un des Généraux du Canara, me permit de me rafraîchir dans l'Aldée.

A une heure de chemin de Dekle, je paſſai par une groſſe Aldée, nommée Trikenar. Tournant enſuite Kotekelon, je continuai ma route par le bord de la mer, & arrivai à Kiour ſur les neuf heures du ſoir. Cette Aldée eſt à une demie lieue Canarine (c'eſt-à-dire une lieue Malabare, ou deux heures) de Dekle ; & je fis le chemin en deux heures, ainſi que celui de Dekle à Pongaye, & celui de Pongaye à Neliceram, ſans trouver ſur la route, ni appercevoir aux environs aucune trace de muraille. Je paſſai la nuit ſur une natte dans une caſe de Tive (une des dernieres Caſtes Indiennes), ſans rien prendre, parce que la fatigue m'avoit alteré le poux. Quelques heures de repos me remirent dans mon aſſiette.

Le lendemain matin je paſſai aſſez près du Fort de Kiour, flanqué de douze baſtions, c'eſt-à-dire, de douze Loges couvertes de toits & garnies de peu de canons. Les murs me parurent faits de pierre & de terre, la porte à l'Eſt Süd-Eſt.

PRÉLIMINAIRE.

Le Pays aux environs est bien cultivé. Vis-à-vis de Kiour est la Riviere que les Canarins nomment Kanserkora, & les Malabars, Kangerakottou, & au Nord-Ouest la Forteresse du même nom. La riviere de Kanserkora descend du Sud-Est, passe au Sud, coule ensuite l'espace d'une portée de canon de quatre, le long de la mer dont elle est séparée par une langue de terre très-mince, & s'y jette à l'Ouest Sud-Ouest. Son embouchure est défendue par une Redoute garnie de deux canons, construite en pierre & en terre sur une montagne qui la domine.

Je mis une demie-heure à me rendre de Kiour à Kanserkora. Arrivé dans cet endroit, mon premier soin fut de m'informer de la muraille qui étoit l'objet de mon voyage. Les Brahmes que je consultai, me dirent qu'ils n'en avoient nulle connoissance. Le Gouverneur de l'endroit me vint voir. C'étoit un vieillard respectable, nommé Poursapnek. Il voulut m'engager à rester quelques jours avec lui, & me pria d'accepter un petit présent de figues bananes. Un de ses Sécretaires m'écrivit l'Alphabet Canarin, & le Brahme Tameya, qui l'accompagnoit, me raconta plusieurs expéditions du Canara. Il me parla d'Iemtapnay, Général du Canara, qui prit il y a trois cens ans, Konda pour (appellé par les Portugais Barcelor), éloigné de cinq journées de Kanserkora, & de Ciapnek, qui chassa il y a quatre-vingts ans les Portugais de Mangalor, & poussa les conquêtes du Canara sur les Nairs jusqu'à Ajenour, où il fit élever la pierre que j'y avois vûe.

Après m'être reposé quelque tems, assuré par mes yeux & par le témoignage des anciens de Kanserkora qu'il n'y avoit ni le long de la riviere, ni aux environs aucune muraille d'une ni de plusieurs lieues, je revins sur mes pas pour regagner Neliceram. En chemin je m'arrêtai sur un massif de pierre haut de trois pieds, au Sud-Ouest de Kanserkora. De-là je vis Kiour au Sud Sud-Est, la mer au Sud-Ouest, & à l'Ouest Nord-Ouest une Mosquée accompagnée d'une pyramide. A une demie-heure de chemin de Kiour je rencontrai une petite Pagode ruinée, fuivie d'un étang en pierre qui étoit prefque détruit. J'y vis un Caiman long de trois pieds fur lequel je tirai. Je repaffai enfuite à une heure de chemin de Kiour, par Kotekelon, Promontoire efcarpé & fans habitations, qui forme dans la mer une anfe avec le rocher oppofé. Les petites montagnes me parurent fuivre la Côte, qui dans cet endroit eft Nord & Sud. Une demie heure de chemin plus loin s'avance dans la mer un fecond Promontoire du même nom que le précédent. La Côte qui y conduit va du Nord au Sud Sud-Eft.

Je venois de me défalterer au milieu de la plaine qui fépare ces deux Promontoires, dans un petit ruiffeau d'eau douce qui arrofe le Village de Jogreimata, lorfque je vis paroître une vingtaine de Noirs armés de fabres, de piques, de longues épées tenantes à des braffarts, de rondaches, de fléches, qui me crierent de m'arrêter. Le petit ruiffeau dont je viens de parler me féparoit d'eux ; mon premier mouvement fut de me mettre en défenfe, & je les tins quelques minutes en refpect avec un fufil à deux coups : mais je vis mes deux Cipayes prêts à m'abandonner, fur ce que ces gens leur dirent qu'ils étoient de Kiour, & qu'ils avoient ordre de me conduire à leur Commandant de gré ou de force. Comme nous étions alors en paix avec le Canara, & que j'avois deffein de prendre dans la fuite cette route pour me rendre à Goa, je ne voulus rien brufquer. Je tâchai feulement d'obtenir qu'ils me laiffaffent paffer le refte de la journée dans une Chaumiere qui étoit peu éloignée, tandis que deux de mes gens iroient faluer le Gouverneur de Kiour. Un Maure de la troupe, d'une phyfionomie affez revenante, paroiffoit porté à m'écouter, lorfque le Chef arriva avec le refte de l'efcorte. Elle pouvoit monter à deux cens hommes, que je vis fe précipiter des hauteurs voifines & m'entourer à l'inftant. Alors mes raifons furent inutiles, & tout haraffé que j'étois, il fallut, dans le fort de la chaleur, marcher avec eux. A cette violence près, ils me donnoient des marques de refpect que je ne devois pas attendre d'une pareille foldatefque, fe tenant toujours à quelque diftance de moi.

Je m'arrêtai un moment pour me rafraîchir à la porte

PRÉLIMINAIRE. cxxxiij

d'une jolie Pagode, située à une portée de fusil du Fort de Kiour. Le Maure qui m'avoit témoigné de l'humanité obligea les Brahmes du lieu de me donner un verre d'eau que je trouvai délicieuse.

Nous arrivâmes enfin au Fort de Kiour : mais on ne m'en permit pas l'entrée. Je descendis au bas de la montagne sur laquelle il est construit, & m'y reposai à l'ombre d'un arbre toufus, tandis qu'on interrogeoit mes gens séparément. Craignant que dans un Pays où l'on ne connoissoit les Européens que par leur avidité, les Canarins ne prissent ma curiosité en mauvaise part, s'ils étoient instruits de l'objet réel de mon Voyage, dans la route j'avois prévenu mes gens de ce qu'ils devoient répondre au Gouverneur.

On leur demanda d'abord qui j'étois & où j'allois. Leur réponse fut que j'étois François & que j'allois à Mangalor. Mais, ajouta-t'on, pourquoi n'a-t'il pas continué sa route, & pourquoi examine-t'il le Pays avec une Lunette ? Ces deux points prouvent que c'est un espion. Mes Paliagars ni mes Cipayes ne se couperent point. Ils répondirent que j'avois oublié quelque chose à Neliceram, & que voyageant par terre, je remarquois les chemins pour ne pas me tromper au retour. Mes gens furent ensuite gardés dans des paillotes séparées. Le Gouverneur me fit proposer deux partis ; le premier, d'aller à Mangalor. Je refusai net. J'acceptai le second, qui étoit d'attendre la réponse à une Lettre que l'on alloit envoyer à Neliceram. Je craignois pourtant de n'avoir pas la liberté d'écrire de mon côté, & que la réponse de Neliceram, démentant les dépositions de mes gens, ne me mit dans un nouvel embarras.

Mais les bons offices du Maure qui m'avoit témoigné de l'amitié me tirerent de ce mauvais pas ; il fut décidé que je retournerois à Dekle. Je partis sur le champ à quatre heures après-midi, avec une escorte nombreuse, dont le Chef devoit remettre une Lettre au Gouverneur du Fort. Je n'avois mangé dans la journée que quelques figues, & mes gens étoient presque à jeun.

cxxxiv **DISCOURS**.

Mes nouveaux Guides qui connoiſſoient mieux le Pays que mes Paliagars, me firent prendre par les montagnes. Le chemin étoit plus court, plus beau ; mais les eaux le rendent impraticable en Hiver, & la nuit on eſt expoſé à y rencontrer des Voleurs & des Pirates qui s'y retirent. Je paſſai la riviere de Dekle en ballon (la langue de ſable qui la veille la ſéparoit de la mer, ſe trouvoit alors coupée), laiſſant en deçà une jolie Pagode, & arrivai dans cette Ville à ſix heures du ſoir extrêmement fatigué.

On me conduiſit ſur-le-champ au Dorbar dans le Fort, où j'attendis le Gouverneur aſſez long-tems. Il parut enfin, & me dit obligeamment de m'aſſeoir. Tandis qu'un Sécretaire liſoit la Lettre du Commandant de Kiour, la Garniſon du Fort, compoſée de près de trois cens hommes, les Officiers à la tête, vint faire, paſſant comme en revûe, le Salam au Gouverneur. Les brandons allumés, le bruit confus des tâls & des tambours, le ſon rauque des flutes & des Clairons, tout cela entremêlé de coups de fuſil, faiſoit un vrai charivari très-propre à déconcerter un homme haraſſé, & inquiet du perſonnage qu'il alloit jouer.

Après cette ſcène Militaire il fallut en commencer une Juridique, & dans laquelle je n'étois plus ſimple ſpectateur : mais la vûe de l'Interprete me raſſura. C'étoit un Canarin Chrétien qui parloit Portugais. Je lui fis entendre en deux mots qu'il n'avoit rien à eſperer du Gouverneur, s'il me deſſervoit, & que, de mon côté, ſes bons offices ne ſeroient pas ſans récompenſe. On lui donna à examiner mes papiers qui étoient pleins de lignes avec quelques plans, ma Bouſſole, ma Lunette ; & ſur ce qu'il aſſura que toutes ces choſes avoient rapport à l'Aſtronomie, on me les rendit. Après cela recommencerent les queſtions qu'on m'avoit faite à Kiour, & auxquelles je répondis de la même maniere. On me demanda enſuite pourquoi je n'avois pas de Lettres de Neliceram : c'étoit en effet la négligence du Commandant de cet endroit qui m'expoſoit aux ſoupçons des Canarins. Je répondis ſimplement que je ne les avois pas cru néceſſaires, mais qu'au reſte le Gouverneur pouvoit envoyer un Exprès à Neliceram, & qu'on lui feroit connoître qui j'étois. Cette réponſe ne parut pas ſatisfaiſante.

Voyage aux Indes Orientales, IIe. Partie.

PRÉLIMINAIRE.

Le Dorbar fini je me retirai chez le Portugais qui m'avoit servi d'Interprete, avec permission d'aller où je voudrois dans l'Aldée: mais on avoit eu la précaution de répandre cinquante hommes autour de la maison où je couchai, & mes Cipayes consignés étoient gardés à vue.

Le Gouverneur étoit lui-même fort embarrassé. Il craignoit de déplaire à Karnik de qui il relevoit, s'il laissoit échapper un espion: d'un autre côté il appréhendoit de se brouiller avec les François, qu'il pouvoit en quatre heures avoir sur les bras, s'il me retenoit sans raisons apparentes. Voici en conséquence la tournure qu'il donna à cette affaire. Le lendemain 6, il envoya dès cinq heures du matin un Exprès au Commandant de Neliceram, & lui marqua dans sa Lettre qu'il avoit fait arrêter un soldat blanc, accompagné de quatre Cipayes, & qu'il croyoit déserteur. Pendant la journée on me manda plusieurs fois du Dorbar: mais crainte de nouvelles difficultés, je refusai d'y paroître, & remis les Canarins à la réponse du Commandant de Neliceram.

Ma Paillotte étoit à une portée de fusil Est du Fort: de-là les montagnes me parurent aller du Sud-Est au Nord-Est. Je voyois de cet endroit le Fort à découvert. Il est bâti sur un Promontoire qui domine la mer. La porte est à l'Est. Il est flanqué de treize bastions ou tours rondes, & peut contenir huit mille hommes. L'Aldée qui est à l'Est du Fort, placée sur le côteau & entourée d'un petit mur de terre renfermoit sept à huit mille chevaux. La garde s'y faisoit exactement. Le soir, sur les huit heures je vis passer de ma Paillotte la ronde, composée de seize hommes commandés par deux Officiers.

Une heure après, j'eus avec mon hôte une querelle qui pouvoit avoir des suites. Le bon Canarin non content du petit présent que je lui avois fait, comptoit encore me rançonner à son aise sur le prix des vivres qu'il me fournissoit ; mais comme ma dépense étoit fixée, & que je n'y avois pas fait entrer le tems de ma détention à Dekle, je me trouvois alors très à l'étroit. Aussi, pour me délivrer de cette tyrannie domestique traitai-je mon Portu-

Voyage aux Indes Orientales, IIᵉ. Partie.

gais comme il le méritoit, & mon air assuré produisit l'effet que j'en attendois.

Le 7, à dix heures du matin arriva la réponse du Commandant de Neliceram. Le Cipaye qui l'apportoit n'eut audience qu'à deux heures après midi, parce que le Gouverneur étoit allé à quelques lieues de-là accompagné de cinq à six cens Cavaliers, examiner une affaire dans laquelle un Nair avoit été tué.

Après la lecture de la Lettre du Commandant François les avis furent partagés pendant quatre heures. Les uns vouloient que l'on écrivît à Mangalor, d'autres qu'on me renvoyât à Karnik, quelques uns qu'on me retint encore: mais le Cipaye de Neliceram avoit répandu dans le Fort, que Mahé étoit informé de ma détention, & que mon frere qui y étoit, alloit venir à Dekle avec un détachement me tirer de leurs mains. Ce bruit semé à propos termina la Délibération. A six heures du soir on m'annonça que je pouvois partir avec mes gens. Le Cipaye de Neliceram fut chargé d'une Lettre pour le Commandant François, dans laquelle le Gouverneur de Dekle se faisoit auprès de lui un mérite de la modération qu'il ne montroit sûrement que malgré lui.

La visite des Brahmes, Ecrivains & Pions du Gouverneur qui m'étoient venus faire Salam, m'avoit appris que l'heure de ma délivrance approchoit. Il fallut me saigner pour répondre à leur politesse par de petits presens.

Mon dessein d'abord étoit de passer la nuit à Dekle; mais les craintes de mes Cipayes me forcerent de partir. Jamais en effet je ne vis de gens si effrayés. Il sembloit qu'ils eussent tout le Canara sur le dos. Ils me dirent nettement que si je voulois rester, ils alloient me quitter, appréhendant que le Gouverneur ne changeât d'avis, & & ne les envoyât passer le reste de leur vie dans les prisons de Bedrour; je me rendis à leurs raisons. Nous prîmes dans l'Est de Tchittaye, de Pongaye & de la riviere de Neliceram, marchant dans l'eau jusqu'à la ceinture, plutôt que de nous approcher des Aldées ou des Forts. La plus petite lumiere, le bruit d'un Tamtam éloigné, fai-

soit

PRÉLIMINAIRE. cxxxvij

foit voler mes Cipayes. Pour moi, à qui la crainte ne donnoit point d'aîles, je fentois toute la fatigue d'une pareille marche. Nous nous trouvâmes enfin à onze heures du foir fur le bord de la riviere Neliceram. A peine mes Cipayes me laifferent-ils repofer au pié d'un arbre en attendant le Canot qui devoit nous paffer. Les pauvres gens fe tâtoient encore lorfqu'ils furent dans le Fort, doutant prefque que ce fût eux-mêmes.

Voyage aux Indes Orientales, IIe. Partie.

Je trouvai mon frere à Neliceram, & le plaifir que je reffentis en l'embraffant me fit bien-tôt oublier le péril auquel je venois d'échapper.

Ma curiofité n'étoit pas fatisfaite : je m'étois contenté de reconnoître la pierre qui marquoit anciennement les limites du Canara. J'allai la voir une feconde fois avec deux Cipayes que l'on eût bien de la peine à déterminer à m'accompagner. Nous partîmes le foir, pour n'être pas vûs, & arrivâmes fur les dix heures dans l'endroit où elle étoit, à une demi-heure de chemin Nord Nord-Oueft de Pongaye. Je la deffinai à la lueur d'une bougie. Cette pierre étoit renverfée. C'eft une efpece de colonne qui a quatre pieds, deux pouces de fût, & vingt-trois pouces de bafe. Cette derniere partie devoit être enterrée. Son diametre eft de feize pouces, neuf lignes. Je n'y vis d'autre figure que celle qui occupe la face fupérieure depuis environ le milieu du fût jufqu'au haut, & que je crois être un Lingam ou un bâton de Commandement. Je demandai dans la fuite à des vieillards de Pongaye s'il n'y avoit rien d'écrit fur la face qui touchoit la terre. Les uns me dirent que Ciapnek ayant trouvé le nom d'un Particulier gravé auprès de fon Infcription, avoit tout effacé; d'autres m'affurerent qu'il n'y avoit pas d'autre gravure que celle qui étoit fur la face fupérieure. Ils ajoutoient que c'étoit une pierre de Pagode qu'on ne pouvoit remuer fans s'expofer à être frappé de mort. Mais j'ai remarqué généralement que ma curiofité les effarouchoit. Quel fonds après cela peut-on faire fur de pareils témoignages ?

Ci-d.p. cxxix.

Je paffai un jour à Neliceram; le P. Claude, Miffionnaire Carme, qui étoit à la Côte Malabare depuis

Tome I. ſ

DISCOURS

Voyage aux Indes Orientales, IIe. Partie.

1743, m'y communiqua les recherches qu'il avoit faites sur les Antiquités & la Religion du Pays [1]; & l'Ecrivain

[1] Je trouvai dans les papiers du P. Claude quelques traits d'Histoire & de Mythologie Indienne, que l'on verra peut-être ici avec plaisir. Ce Missionnaire fait remonter au tems de Schoparia, Prince puissant, Auteur de la distinction des Castes, l'origine de celle des Parias. Ce Monarque ayant défendu de tuer des Vaches ni d'en manger (ceci semble prouver que l'abstinence des Indiens à l'égard de cet animal ne tient pas au fond de leur Religion), déclara ceux qui dans la suite furent nommés Parias, immondes & même abominables, pour avoir transgressé son ordre. Il est en conséquence défendu de les toucher ; & c'est pour se prêter au génie Malabare, très-porté aux superstitions, & qui les quitte difficilement, que dans le Maduré, le Mayssour, le Carnate, les Jésuites ont cru pouvoir baptiser les Parias dans des Fonts particuliers, & leur donner la Communion hors de l'Eglise. Les Parias forment entr'eux plusieurs Castes particulieres. Celle des Poulias est releguée dans les varges (les champs). Ils ne peuvent entrer dans les bazars ; ils doivent se retirer quand ils voyent passer des Malabares d'une Caste différente de la leur. Les Brahmes, en allant le matin à la Pagode, crient de tems en tems, pour avertir les Indiens des autres Castes de ne pas se trouver sur leur chemin, ce qui pourroit altérer leur pureté. Les Nairs en font autant, d'aussi loin qu'ils apperçoivent un Poulia ; & si ce pauvre malheureux, par inadvertance ou autrement, se trouvoit près du Nair ou le touchoit, celui-ci pourroit le tuer, sans autre forme de procès.

Hist. de la Mission Dano:se dans les Indes &c. Tr. fr. T. I. p 111.

Voici ce que le même Pere rapporte de la Théologie Indienne. Selon les Gentils, Karta (c'est-à-dire, *agissant*, en Maur) appellé encore Bara Vastou (*le grand Être*) ou Parasaschy, seul Dieu Souverain, le plus subtile des Elémens, infiniment parfait, éternel, indépendant, la sublime puissance qui contient l'Univers & en est le soutien, l'ame, pour y produire tout dans un ordre merveilleux, subsiste par lui-même, répandu partout, & principe de tout.

Ce Dieu suprême, pour se manifester, a répandu sa substance dans tout l'Univers, & en a composé les merveilles des quatorze Mondes. Ensuite il a paru sous une figure humaine, qu'il a nommée Schiva : mais comme Schiva alloit se retirer dans le Ciel des êtres les plus parfaits, nommé Sattialogom, Karta, pour demeurer avec les hommes, s'est transformé en trois autres figures humaines ; la premiere, appellée Roudra (Iswaren) ; la seconde, Vischnou, & la troisième, Brouma, (Brahma) ; & a rempli ces trois personnes d'intelligence. En elles il n'y a qu'une Divinité, qui est Karta. C'est pour (peut-être, par) elles qu'il opere tout.

Brouma est le Créateur, & préside à la transmigration des ames. Vischnou est le conservateur & entretient le bon ordre dans les Mondes. Roudra est le destructeur & met fin à tout. Schiva qui est la plénitude de Karta & Karta lui-même dominent sur tout.

Selon d'autres Théologiens Brahmes, Karta ayant pris une figure humaine qui avoit mille têtes, deux mille bras & deux mille jambes, Vischnou sortit de son estomac & reçut de lui le pouvoir de conserver ; Brouma sortit du nombril de Vischnou, & eut le pouvoir de créer ; Roudra sortit du visage de Brouma, & eut le pouvoir de détruire.

Quelques-uns veulent que Parasaschy (Karta) ait fait naître d'un œuf Brouma & Latchimi, d'un autre œuf Vischnou & Parvati, d'un troisième œuf Roudra & Sarasouvadi, qu'il ait ensuite donné ces trois Déesses formées de sa substance pour femmes à ces trois Dieux, avec les attributs distinctifs dont j'ai déja parlé, & fait Sarasouvadi, Déesse des Sciences, Latchimi, Déesse des richesses, & Parvati, des plaisirs charnels.

PRÉLIMINAIRE. cxxxix

des Cipayes, né dans les Etats du Sonde, me donna les noms des grandes montagnes qui divisent la presqu'isle de l'Inde en deux parties, Est & Ouest, depuis les

Voyage aux Indes Orientales, IIe. Partie.

Karta plaça ces trois Dieux dans un rocher d'argent, appellé Nahou merou, rempli de délices, & y produisit une infinité d'autres Dieux pour gouverner l'Univers.

Comme ces trois premiers Dieux ne devoient regner qu'un certain nombre d'années ou de siécles (parce qu'ils étoient bornés dans leur être), Karta les fit passer dans le Sattialogom, pour les y faire jouir (comme un dédommagement) d'une Béatitude plus parfaite. Il les a ensuite reproduits plusieurs fois au commencement des Mondes : desorte qu'il y a dans le Nahou merou Paravadam, & dans le Sattialogom plusieurs de ces reproductions de Vischnou, de Brouma & de Roudra.

Le tems du regne des autres Chefs du Monde est aussi fixé : après quoi, ils iront selon le mérite de leurs œuvres dans le Sattialogom, ou bien ils renaîtront dans le Pulhoam, sous quelque figure particuliere, pour y faire pénitence de leurs péchés.

Karta a détruit plusieurs fois tous les Mondes : on en est au quatriéme âge. Après cette destruction toutes les ames qui sont dans le Sattialogom retournent dans la premiere substance de Karta, & ne font plus avec lui qu'une même chose. Les autres (ames) vont dans le Memai (l'Enfer) Monde particulier, plein de ténebres, où il n'y a ni peine ni plaisir, & où ils attendent la production d'un nouveau Monde.

Lorsque Karta opere cette production, il reproduit aussi les Chefs du Nahoumerou Paravadam, & ceux qui sont dans les Enfers vont de nouveau selon leurs mérites, habiter ou gouverner les autres Mondes.

Les Brahmes croyent le Monde (matériel) éternel, sans principe ; un pur esprit ne leur paroît pas possible.

La plûpart des Gentils admettent le destin pour le bien & pour le mal. Tout est reglé dès la naissance par Brouma, qui selon les mérites envoye ensuite en Enfer ou en Paradis, ou bien fait repasser les ames dans des corps Ils comptent trois millions, trois cens mille Dieux grands & petits, à la tête desquels est Karta ou Arianaden, l'Être suprême. Les Indiens croyent l'ame d'origine divine. Il n'y a chez eux ni Athée ni personne qui nie la vie à venir ; seulement au lieu de résurrection, c'est une reproduction.

On verra plus bas dans la Description des Pagodes d'Iloura & de Kenery, les noms d'une partie des Divinités subalternes des Indiens ; je me contente d'ajouter ici quelques réflexions à l'Exposé du P. Claude. 1°. La maniere dont les Indiens s'expriment sur la nature de l'Être suprême s'accorde avec ce que me raconta, lorsque j'étois à Kandanate l'Archevêque Jacobite Schokor-eulla. Un Chrétien Kottariguite (peut-être Kottagarekaré) lui dit un jour, qu'il avoit lû dans un Livre Indien que les Divinités Malabares n'étoient que secondaires, créées par l'Être infini, & que c'étoit cet Être que l'on adoroit, en leur rendant des respects ; mais qu'il n'y avoit que les habitans des montagnes, & les Brahmes particulierement consacrés au culte de ce Dieu, qui pussent en parler dignement.

2°. Ce qui distingue encore dans une même Caste les Indiens les uns des autres, c'est la dévotion particuliere qu'ils marquent pour quelqu'un des trois Dieux secondaires, Brama, Vischnou & Roudra. Le culte de ce dernier Dieu, est le plus étendu. Le Lingam, (c'est-à-dire, *les parties naturelles de l'homme réunies à celles de la femme,*) sous la forme duquel on l'honore, est le symbole de la Nature toujours produisante ; tous les êtres participent à la matiere & se perpétuent par l'union de ces parties, qui en elles-mêmes n'ont rien d'indigne de celui qui les

s ij

DISCOURS

Pays qui font au Nord de Goa descendant dans le Sud, jusqu'à Neliceram [1].

Après avoir fait une petite course à Biroumaley, je me rendis à Ramataly, & visitai en passant le Poste de Matelaye. De Ramataly j'eus la curiosité d'aller voir le Mont Delli, dont le Fort, dans l'état où il étoit alors, me parut de peu de défense. Les Malabares, depuis cette Montagne jusqu'à Pongaye se nomment Toulous. On verra plus bas que les Toulous, avant que d'avoir été subjugués par les Canarins, s'étendoient jusqu'à deux journées Nord de Mangalor.

Je voulus ensuite retourner à Mahé par les terres, & le Commandant de Ramataly me donna pour guide un Nair. Les Indiens de cette Caste sont très-braves. C'est la Noblesse militaire du Pays. Avoir un Nair pour soi, c'est avoir toute sa Caste, parce qu'ils se soutiennent mutuel-

---

a faites : voilà en deux mots le fonds du Linganisme, que l'on fera remonter, si l'on veut, jusqu'aux premiers âges du Monde.

3°. L'éternité du Monde matériel ne désigne proprement que l'éternité de l'étendue, qui, divisée dans le tems, forme la matiere ou les corps particuliers.

4°. La transmigration des ames tient à la perfection absolue & unique du premier Être, Karta, & à la maniere dont il produit, c'est-à-dire à l'émanation. Comme d'un côté cet Être souverain ne peut donner l'éternité, même postérieure, à des parties détachées de son être, parce qu'il seroit alors éternellement privé d'une portion de lui-même, & que de l'autre le nombre des émanations doit être borné; il suit de-là que pour perpétuer les Mondes au-delà du tems fixé à ces émanations, il faut qu'il les fasse reparoître par transmigrations ou par reproductions.

[1] Les montagnes qui divisent la presqu'Isle en deux parties, ont depuis le Cap Camorin jusqu'à Paniane, un nom général que j'ignore. De Paniane à Mangalor on les appelle les montagnes de Cardamon, & au-delà de cette Ville, simplement les Ghâtes; elles sont encore désignées par les noms des Rajahs, dans les terres desquels elles se trouvent.

Voici plusieurs de leurs noms particuliers. Dans le Nord, à quinze journées de Patmar de Neliceram, sont les *Baoeleka-ghât*. Dans le Pays du Bonsolo, toujours au Nord de Goa, à dix journées de Patmar de Neliceram, sont les Ghâtes de *Patgaon* (*Patghaonka-ghât*) ; les Ghâtes de Bimber (*Bimberka-ghât*, ou *Bin-guer*); les Ghâtes de Djabouti (*Djaboutika-ghât*) ; les Ghâtes de Nangaon (*Nangaonka-ghât*). Dans le Pays du Sonde, au Sud-Est de Goa, sont les Ghâtes de Schangueri (*Schunguerika-ghât*); les Ghâtes d'Ialepour (*Ialepourka-ghât*) ; les Ghâtes de Mosaeki (*Mosaekiha-ghât*. Dans le Royaume de Benrouälé, à six journées de Patimar de Neliceram (le Canara) sont les Ghâtes de Belghi (*Belghika-ghât*); les Ghates de Kolori (*Kolorika-ghât*) ; les Ghâtes de Ofchangri (*Of-changrika-ghât*) ; les Ghâtes de Schighari (*Schigharika-ghât*) , les Ghâtes de Besali (*Besalika-ghâte*. A la hauteur de Neliceram sont les Ghâtes de Karnia.

lement. Auſſi font-ce les guides les plus fûrs. Si l'on vous fait quelqu'avanie, ils font hommes à vous défendre aux dépens de leur vie, & même à fe donner la mort, pour attirer la vengeance de leur Caſte fur ceux qui les attaquent. Leur principal défaut eſt d'être extrêmement fiers.

A deux heures de chemin de Ramataly je paſſai par Kougniengalao. Le Pays eſt très-beau, les bords de la riviere de Ramataly font couverts de Nelis. A une heure un quart de chemin delà je traverſai cette riviere, qui du Nord-Oueſt tourne dans le Sud où elle baigne une petite chaîne de montagnes qui va du Sud-Oueſt à l'Eſt Sud-Eſt. Les grandes montagnes Sud & Nord un quart Nord-Eſt; les plus prochaines de ces montagnes, à une heure de chemin.

Après avoir marché deux heures & demie je me trouvai à Maraye, fitué un peu au-delà d'un Fort de Kolaſtry, bâti en pierre fur une haute montagne & flanqué de douze tours ou baſtions. Maraye eſt une groſſe Aldée, dont les environs prolongés entre deux chaînes de montagnes, font bien cultivés ; elle eſt arroſée par une riviere de même nom qui fe jette dans la Mer près de l'embouchure de la riviere de Palorte.

Cette derniere riviere eſt à une petite heure de chemin de Maraye, à l'Oueſt d'une montagne fur laquelle eſt la grande Pagode de Kerekotta : vis-à-vis de cette Pagode eſt une Chaudri & un étang d'eau douce. La riviere de Palorte eſt fort large, & ne peut fe paſſer à gué. Après avoir deſcendu dans l'Eſt elle fe jette dans la mer au Sud Sud-Oueſt. Des deux côtés de fon embouchure font deux Forts nommés Palorte, qui étoient alors entre les mains des Anglois. L'ancien Palais de Kolaſtry eſt dans le Sud-Eſt.

Le Pays compris entre Maraye & Palorte fe nomme Tcherougouna, du nom de deux montagnes fort hautes qui le dominent. A moitié chemin l'on paſſe fur un pont de bois une petite riviere qui fe jette dans celle de Palorte. Dans cet endroit les petites montagnes font à gauche, les terres baſſes & peu cultivées, quoique le fond en foit bon. On rencontre beaucoup de Pagodes en bois : on

Voyage aux Indes Orientales, IIe. Partie.

en voit une conſtruite ſur un rocher; l'eſcalier qui y conduit eſt taillé dans le roc.

Palorte ſitué ſur la riviere de ce nom, eſt un endroit conſidérable. Il eſt protégé par un Fort qui appartient à Kolaſtry, élevé ſur une petite montagne. Ce Fort conſiſte en quelques Tourelles qui communiquent par une Courtine, eſpece de rempart garni d'embraſures. A une portée de fuſil dans l'Oueſt eſt une batterie dreſſée ſur une montagne qui défend la riviere. Un peu dans l'Oueſt on voit un autre Fort commencé, & dans l'Eſt, à un quart de lieue, le Château de Kolaſtry, nommé Kottar. En tout il peut y avoir deux lieues & demie de Ramataly à Palorte, & une lieue de Palorte à Cananor. Généralement le Pays eſt bien cultivé aux environs des Aldées, & comme les champs ſont ſouvent enclôs de petites levées, garnies de cocotiers, on ne peut voyager qu'avec peine & lentement.

A une heure de chemin de Palorte eſt Inkounnou, dernier Fort du Pays de Kolaſtry. Je fus arrêté par les gens du Tchoki, qui me tinrent près de deux heures ſur le chemin, tandis que mon Nair étoit allé au Fort, déclarer au Commandant qui j'étois. J'eus beaucoup de peine à les empêcher de s'emparer de mes armes, & ſurtout de mon fuſil à deux coups. Il ſembloit de leur part qu'il n'y eut que curioſité; mais ſi mon Nair ne m'eut pas rejoint avant la nuit, il eſt certain que j'étois volé, & même que j'aurois couru riſque d'être aſſaſſiné. Ce malheur étoit arrivé quelques tems auparavant à un Soldat François qui alloit de Mahé à Ramataly. Ce retard m'obligea, après avoir paſſé une petite riviere qui coule de l'Eſt Sud-Eſt, des montagnes, de m'arrêter à Tchauguès, petit Village ſitué à une demie lieue d'Inkounnou. Je paſſai la nuit dans l'enceinte d'une Pagode, couché dans l'eau au milieu des herbes. Le moins que je riſquaſſe étoit d'être mordu par quelque couleuvre.

Je partis le lendemain de Tchauguès, paſſai à une petite portée de canon d'Aguerikotta, Fort du Cananor, Prince Muſulman, & traverſai une petite riviere ſur un pont de bois à moitié détruit. Je vis de cet endroit la

PRÉLIMINAIRE. cxliij

Kyenna, rivière peu considérable, qui du milieu de deux montagnes fort hautes, formant une espece de Promontoire, se jette à l'Ouest dans la mer. Plus loin paroît sur une montagne un petit Fort appartenant aux Anglois, appellé Arekati. L'Aldée de ce nom est dans un fond; elle est considérable & dépend de Kolastry, qui est toujours maître du Pays, dans l'intérieur des terres; le Cananor ne possede que la Côte. On voit à Arekati deux grandes Pagodes en pierre, précedées d'une cour, comme à la Côte de Coromandel: mais les portes sont beaucoup plus basses, & couvertes d'un toît qui déborde en forme d'auvent; au lieu qu'à l'autre Côte elles se terminent en Pyramides.

Je mis près de trois heures à me rendre de Tchauguès à Eleena, par des chemins affreux, dans des fonds & dans des champs de Nelis. A une demie-lieue du Fort de Cananor (apperçu du haut des montagnes qui conduisent à Arekati) la route dans l'Est, le Nord-Est & l'Est Nord-Est. Un peu plus loin est la riviere de Moutattou, large & non guéable, qui mene à Talichery, Comptoir Anglois. Je la passai à Porator, Aldée assez considérable.

Au-delà de cette riviere commencent les Etats du Roi de Kotiat & de ses deux freres, appellés les trois Nambiars: ce sont des Princes Gentils qui ont conquis ce Pays sur Kolastri. Le Palais de Kotiat est à un quart de lieue, sur une montagne, entourré de murs percés de crenaux, & garnis de deux especes de tourelles. A une lieue & demie est Kotiat, grosse Aldée sur une riviere de même nom, qui n'est pas guéable. Je vis dans cet endroit des fusils à batterie Européenne faits par les Naturels du Pays. Les grandes montagnes du Sud Ouest au Nord-Est. Je laissai à quelque distance dans l'Ouest un Fort abandonné, que Kolastri avoit pris sur les Anglois. Le Domaine de ce Prince recommence à la riviere de Ponia, & va jusqu'à celle de Mahé. La premiere de ces rivieres descend du Nord-Ouest & se jette dans la mer au Sud-Ouest, après avoir fait le tour du Compas.

Je me trouvai vers les deux heures après-midi sur la rive septentrionale de la riviere de Mahé, dont l'aspect de ce

DISCOURS

VOYAGE aux Indes Orientales. IIe. Partie.

———— côté est très riant. Les Malabares appellent Aïjour les Villages situés aux environs de ce Comptoir.

Je passai quelques jours à Mahé avec mon frere, qui se disposoit à partir pour Goa, dans le dessein de se rendre ensuite à Surate par terre. C'étoit aussi mon projet : mais les Chrétiens de Saint Thomas, après ce que j'avois lû dans l'*Histoire du Christianisme des Indes* de La Cro-*Imprimé à* se, & dans l'*Histoire de l'Eglise Malabare* de Raulin, *Rome en 1745* me tenoient trop au cœur, pour que la proximité de leur *in-4°.* Pays ne m'engageât pas à leur rendre visite. Je me disposai en conséquence au Voyage de Cochin ; M. Houssaye, Résident François à Calicut, me donna des Lettres pour le Commandeur & le Secretaire de cette Ville, & pour le Pere Anastase, Carme, Missionnaire de Matenchery, & je partis de Mahé en Tonne le 28 Décembre, à dix heures du soir.

J'arrivai à Calicut à neuf heures du matin. Les François, les Anglois, les Danois & les Portugais ont des Loges dans cette Ville. Les premiers ne l'occupoient pas alors toute l'année, les clefs étoient entre les mains du Topaye, qui même n'y résidoit pas. La Loge Portugaise avoit pour Facteurs trois Jésuites.

Calicut est une Ville considérable, bâtie l'an 815 de J. C. (l'an 933 de sa fondation répondoit à l'an 1758 de J. C. selon le fils du Topaye de la Loge Angloise, & située à onze degrés dix-sept minutes de Latitude Septentrionale, à deux journées Ouest des montagnes de Cardamon. Son Commerce consiste principalement en Poivre, Cardamon, Sandal, bois de Sisem. Cette Ville a toujours fait partie du Domaine *Govea Hist.* du Samorin. On croit qu'elle a été fondée par Scharan Pe-*Orient. &c.tr.* roumal Empereur de la Côte Malabare, dont les Etats par-*franç. 1609,* tagés entre ses parens & ses principaux Officiers, ont for-*p. 14-16.* mé les Royaumes de Calicut, Crancanor, Cochin &c.

Lorsque je passai à Calicut le Palais du Samorin étoit à une portée de fusil de la Ville. Ce Monarque pouvoit mettre cinquante mille hommes sur pied. Ouniaschi Erary & Teningery Namboury, Ministres fort habiles, étoient à la tête de ses Conseils. Il étoit alors en guerre avec le Roi

de

PRÉLIMINAIRE. cxlv

de Cochin, & s'étoit déja avancé à la hauteur de Cranganor avec une armée de trente mille hommes, dont trois à quatre cens étoient armés de fusils Européens. Le Roi de Travancour s'approchoit aussi du côté du Sud, sous prétexte de vouloir secourir le Roi de Cochin : mais il se retira quelque tems après. Les Hollandois se seroient trouvés fort embarrassés, si le Roi de Travancour d'un côté, & le Samorin de l'autre, les eussent attaqués en même-tems, comme ils paroissoient le craindre.

Je ne passai à Calicut que huit heures, dont j'employai une partie à me promener dans la Ville. Elle fourmille de Maures[1] qui y ont un Bazar particulier & sont même fort insolens, & de Tives, Caste d'Indiens dont le caractere est bien différent. Les Tives sont doux, assez fideles, & s'accommodent fort bien avec les Européens, qui les prennent volontiers pour domestiques.

On distingue à cette partie de la Côte Malabare cinq principales Castes, dont voici les noms, tels qu'ils m'ont été donnés par le Caçanare Mataye.

La premiere Caste est celle des Bramenies (les Brahmes), dans laquelle les Nambouris, leurs Patriarches, tiennent le premier rang ; la seconde, celle des Tchetteries, dont les Prêtres se nomment Nambis (c'est la Caste du Roi de Cochin) ; la troisiéme, celle des Vaïschies : ces trois Castes ne mangent pas de chair, pas même de poisson. La quatriéme Caste est celle des Tchouteries (les Nairs), qui mangent de tout, excepté de la Vache ; & la cinquiéme, celle des Tcheigoes, qui comprend les Tives.

Dans ces différentes Castes, l'état de Cuisinier n'a rien d'avilissant. Le Cuisinier du Bramenie est plus grand que le Tchetterie. Lorsqu'un Nair donne un repas, s'il y invite des Brahmes, il faut que ce soit un Brahme qui prépare les mets. Mais l'état de Barbier & celui de Blanchisseur ne peuvent être exercés que par des Castes inférieures

---

[1] Les Maures étoient déja puissans à Calicut en 1498, lors de l'arrivée des Portugais ; ils souleverent contre eux les Puissances du Pays, & même leur attirerent sur les bras les forces du Soudan d'Egypte.

Tome I.

La Caste des Tives est originaire de Ceylan. Voici ce qu'on rapporte de son arrivée à la Côte Malabare. La fille d'un Charpentier étant un jour allé trouver une de ses amies, fille d'un Blanchisseur, pour l'engager à jouer avec elle, la trouva occupée à couler la lescive. Celle-ci craignant de quitter le linge qu'elle blanchissoit, la fille du Charpentier lui dit d'en attacher les deux bouts à deux bâtons, & de laisser couler la lescive d'elle-même. La fille du Blanchisseur suivit son conseil, & le linge fut mieux blanchi. Le Roi charmé de voir son linge plus blanc qu'à l'ordinaire, demanda au Blanchisseur d'où cela venoit. Celui-ci lui répondit que c'étoit la fille de tel Charpentier qui avoit passé sa lescive, & le pria de la lui donner pour domestique. Le Roi lui accorda sa demande, & les Charpentiers se croyant insultés, se retirerent à Ceylan avec les Orfévres, les Serruriers ou Forgerons & les Fondeurs. Les instances que leur fit Scharan Peroumal pour les engager à revenir à la Côte, furent inutiles. Enfin, Thomas Knaye vainquit leur résistance, & ce Monarque le récompensa de ses bons offices en lui donnant pour Mosse la fille d'un Blanchiseur. Les Charpentiers, à leur retour à la Côte, furent accompagnés par un grand nombre de Tives qui s'y établirent, & qui sont la tige de ceux qu'on y voit actuellement.

Ce Colloque du Roi avec son Blanchisseur, paroîtra sans doute ridicule, ainsi que la simplicité de cette fille, qui ne devine pas que les sels se filtrant d'eux-mêmes, le linge doit être mieux blanchi : mais il faut faire attention que dans ce monde-ci tout est relatif. Les inventions les plus simples & les plus utiles sont souvent dûes au hasard ; & chez des Noirs qui trouvent que le blanc contraste agréablement avec leur teint, une nuance plus fine dans cette couleur, paroît une découverte aussi intéressante, que le seroit pour nous l'invention d'une nouvelle étoffe d'or, ou le secret de blanchir la soie à la maniere des Chinois [1].

---

[1] Tandis que j'étois à Calicut, le Topaye François me donna la route de Mahé à Cochin par le bord de la mer telle qu'elle suit, & je la vérifiai à mon

PRÉLIMINAIRE. cxlvij

Je partis de Calicut à cinq heures du soir & me trouvai à Panany le lendemain au lever du Soleil. Le 31 j'arrivai à Cochin sur les neuf heures du matin. Cochin est dans une Isle qui appartient aux Hollandois. Le Roi de Cochin n'étend sa Jurisdiction que sur la terre ferme. On distingue dans cette Isle le grand Cochin, qui est la Ville que les Hollandois prirent en 1663 sur les Portugais & qu'ils occupent maintenant, & le petit Cochin, à quelques portées de fusil Sud du Village de Matencheri,

Voyage aux Indes Orientales, IIe. Partie.
Voy de Tavern T. II p. 114 & suiv.
Rec. des Voyag. des Hollandois. T. III. p. 19 & suiv.

retour. A quatre lieues (ou quatre heures de chemin) de Mahé est la Riviere de Kotta qui sert de limites aux Etats du Bayanor. Avant que d'y arriver on trouve à une lieue de Mahé, Schombaye; une lieue plus loin, Madapalli; à une lieue de la, Badeguerey, éloigné d'une lieue de Kotta. A deux lieues de ce dernier endroit est Trikodi, & une lieue plus loin, Kodi. Le mot *Kodi* signifie pierre, & en effet, vis-à-vis de Kodi, la mer, à une lieue ou deux de terre, est si remplie de rochers que les tonnes ne peuvent s'exposer à y aller à la voile; les Maquois les tirent alors le long du rivage à la Cordelle. A une lieue de Kodi est Koelandy. On rencontre deux lieues plus loin Elettour, dont la riviere se jette dans la mer, & qui est à deux lieues de Calicut. La Côte suit le Sud-Est un quart Sud. La riviere de Calicut est à une demie lieue de la Ville. Une lieue & demie plus loin on rencontre Beipour, dont la riviere porte des embarcations de trois cens tonneaux. Une lieue plus loin coule la riviere de Karmandi. On trouve à une lieue de-là, Parporangaye, Aldée habitée par des Chrétiens Portugais. A deux lieues de-là est Tanor, où l'on voit les ruines d'un Comptoir Anglois & d'une Eglise Portugaise. Panany est à quatre lieues & demie de Tanor, & par conséquent à dix lieues & demie de Calicut. Les Hollandois avoient autrefois dans cette Ville une Loge qu'ils ont abandonnée depuis seize ans. On n'y trouve qu'une Paillotte ou deux de Chrétiens. La riviere est assez grande; le Port s'annonce par une pointe qui avance dans l'Ouest.

De Panany à Palepetti, petite Aldée, on compte trois lieues, & deux de Palepetti à la riviere de Blangatte qui borne les terres du Samorin. Une lieue plus loin (une demie lieue par terre, selon le Topaye) est Schetoüa, Fort Hollandois auquel commencent les possessions de la Compagnie. La Côte suit le Sud-Est & le Sud-Sud-Est. Lorsque l'on vient de Cranganor on ne peut passer à Schetoüa sans un ordre du Commandeur de Cochin, qui ne le donne que difficilement. On compte six lieues de Schetoüa à Cranganor, où les Hollandois ont une Garnison assez considérable; le Fort est bâti sur un roc qui avance dans la mer & forme une anse, ou une espece de Port avec la terre ferme. Près de Crancanor est la Ladrerie des Hollandois, bâtiment qui a quelqu'apparence, & deux lieues plus loin, Paliparom (Palliporto). La riviere du même nom est un peu dans le Sud. La Côte suit le Sud-Est un quart Sud.

Cochin est à six lieues de Paliparom. Ce que M. Daprès dit de la vûe de cette Ville & de l'entrée de la riviere m'a paru assez exact; mais je n'ai pas trouvé toutes les positions de ses Cartes aussi justes: par exemple, il compte quatorze lieues de Calicut à Paniane (Panany), & il n'y en a que dix & demie; il en met sept de ce dernier endroit à Cranganor, & il y en a douze.

t ij

où est le Palais du Roi, bâti par les Portugais. Plus loin, toujours dans le Sud, le long de la riviere de Cochin est le Bazar des Juifs Blancs, suivi de celui des Noirs, puis quelques Palmars (Vergers de Cocotiers, Palmiers &c.) & le Bazar Maure accompagné d'une Mosquée. A une demie lieue de Matencheri est Palorte, Paroisse Catholique; & à deux lieues Est, Trepontaré, grande Pagode où le Roi de Cochin va quelquefois faire ses dévotions.

La Ville de Cochin s'étendoit autrefois jusqu'à Matencheri. On voit encore au passage qui porte ce nom une partie des fondemens de l'ancienne Doüane. Les Hollandois en ont resserré l'enceinte pour la garder plus facilement. La face de l'Est est la plus longue ; à celle du Nord est une jettée de pierre qui va jusqu'à la petite porte. A côté de cette porte est un Corps-de-Garde suivi de Magasins. Au-delà paroît une avancée de cinquante toises, au bout de laquelle la riviere communique avec les fossés qui entourrent la Ville. Cette riviere près de la petite porte, peut recevoir des Manschoües chargées [1].

---

[1] Voici (à-peu-près) l'état de Cochin & la position de cet Etablissement à l'égard des Puissances voisines. Le premier du Comptoir a le titre de Commandeur & est à la tête du Conseil, qui est composé de huit personnes, le Chef compris; sçavoir, le sur-Marchand ou second, le Commandant des troupes, le Fiscal qui fait aussi l'office de Notaire, le Garde-Magasin, le Teneur de Livres & le Caissier, tous trois Sous-Marchands, & le Sécretaire : deux Mestices, le Topaye & le Douanier ont aussi le titre de Conseiller. En général il y a aussi beaucoup de sang mêlé parmi les Employés ; & presque toutes leurs femmes, du Commandeur au dernier Assistant, sont Noires ou Mestices.

Les troupes de ce Comptoir sont un mélange de Nations, dans lequel les Allemands ont la préférence, ensuite les Hollandois, puis les François. Les Capitaines ont par mois cinquante roupies d'appointemens, les Lieutenans à proportion, les Enseignes vingt-deux, les Soldats neuf florins payés en fanons, à vingt pour une roupie ; ce qui fait environ deux cens douze fanons : mais par une œconomie inhumaine, ils ne reçoivent que cent dix fanons, parce qu'on leur retient l'habit, les souliers & ce qu'ils ont reçu d'engagement en Europe. Lorsqu'un Soldat a fait son tems, il peut se rengager à des conditions plus avantageuses, & sa paye avec le tems passera quelquefois celle du Caporal. Le Commandant des troupes, retire des droits de la Ladrerie, de la Maison des Orphelins & des Soldats qui veulent être exempts de service ; ce qui joint à ses appointemens, lui fait un revenu assez considérable. Les autres Officiers sont à peine à l'aise. Pour les Soldats, après avoir été mal nourris en route, ceux qui se trouvent à Cochin sans métier, sont dans la misere. J'en ai vu monter la garde en veste & sans souliers. Ils sont encore sujets à la ladrerie, maladie causée par la mauvaise nourriture, le poisson salé, & sur-

PRÉLIMINAIRE. cxlix

Descendu à terre, ma premiere visite fut chez le Commandeur. Il étoit alors à sa maison de campagne. J'allai l'y trouver; je lui déclarai l'objet de mon voyage, & lui demandai la permission d'aller à Veraple & à Odiamper. L'ac-

Voyage aux Indes Orientales, IIe. Partie.

tout par les eaux saumaches de Cochin : les François n'en sont pas attaqués. Ce sont vraisemblablement les eaux qui produisent encore l'enflure de jambe qui est générale chez les Naturels de Cochin & des environs.

La position des Hollandois à cette Côte est assez critique. Généralement ils n'ont pas le talent de se faire aimer des gens du Pays. Le Samorin les inquiete du côté du Nord. En 1757, ils attendoient deux Vaisseaux de Batavia qui devoient leur amener trois cens Blancs & dix-sept cens soldats Noirs, la guerre ayant été heureusement terminée dans cette derniere Isle, après la perte de bien du monde, par la valeur des François qui formoient la garde du Général. Ils comptoient avec ce renfort être en état de tenir la Campagne, comme ils avoient fait trois ans auparavant, contre le Travancour. Car, quoique le systême de la Compagnie soit de ne pas s'aggrandir, & même de tout souffrir plutôt que d'avoir la guerre, les Hollandois ne vouloient pas de paix avec le Samorin qui consentoit à se retirer, qu'il ne les eût dédommagés des frais de cet armement. D'un autre côté, celle qu'ils avoient faite avec le Travancour ne leur étoit pas tout sujet de crainte; autrefois les bornes de cet Empire étoient au-delà de Kalikoulan; il y a quelque tems qu'elles étoient près de Porca : en 1757, il s'étendoit jusqu'à la riviere de Castelle.

Le Prince qui gouvernoit alors ce Royaume, occupoit le trône depuis trente ans : on le soupçonnoit de viser à la Monarchie de cette partie de la Côte. Il avoit été en guerre avec les François, les Anglois, les Hollandois & toujours avec avantage. Ses troupes bien disciplinées pour le Pays, montoient à plus de cinquante mille hommes. Fidéle à sa promesse, lorsque son intérêt n'y étoit pas absolument opposé, ce Prince étoit cruel par occasion, vif dans ses reparties, & pénétroit un homme jusqu'au fond de l'ame. Son regne avoit été traversé par mille événemens dont il s'étoit tiré heureusement. Étant de Caste Naire, il se trouvoit comme inférieur aux Brahmes, & ne pouvoit manger avec eux. Pour se naturaliser en quelque sorte Brahme, il fit faire en 1752 un veau d'or, entra dedans par le mufle & sortit par-dessous la queue. Depuis ce tems il est reconnu pour Brahme & date ses lettres du jour de sa renaissance du Veau d'Or. Mais les Brahmes étrangers taxent de lâcheté ceux de leur Caste qui mangent avec lui.

Au commencement de son regne, voulant tirer quelques sommes des Hollandois, il les envoya complimenter sur leurs pertes, les plaignant de l'état de disette où ils se trouvoient. On lui répondit que grace à Dieu, malgré ses malheurs, la Compagnie ne manquoit pas de fonds. Ce Prince, profitant de l'aveu, demanda des subsides, une grosse somme pour en avoir au moins une petite.

En 1749, le Baron Imhof, Commandeur de Cochin, homme d'une politique rafinée, eut quelques entretiens avec le Travancour au sujet de la Reine de Changanat, Souveraine de Koëlan. On s'échauffa de part & d'autre, & sur ce que le Travancour répondoit aux menaces du Baron, qu'il avoit pour retraite assurée des rochers inaccessibles, celui-ci répliqua que la Compagnie Hollandoise étoit assez forte pour percer les montagnes. A la bonne heure, lui dit le Travancour d'un air mocqueur, & moi avec quelques Manschoués armées en guerre je vais faire la conquête de l'Europe. On se sépara plus aigri que jamais, & l'on se prépara à la guerre.

cueil qu'il me fit fut des plus polis. Les Zopis de Brandevin, la Bierre, les pipes de Tabac & le vin se succéderent tour à tour & firent le fonds de la conversation. Il fallut rester à dîner ; j'attirai l'attention de Mesdames les Hollandoises, moitié blanches, moitié noires, qui étoient à

Ce Prince devoit une partie de ses succès à un François nommé de Lanoye, qui avoit établi quelque discipline parmi ses troupes. Ce François, bien intentionné pour sa nation, profita de la faveur du Travancour pour nous faire offrir un Établissement à Coleche, lieu important pour les toiles que l'on y fabrique, & par la proximité d'Anjingue & de Ceylan. Ce projet présentoit une utilité plus réelle que des conquêtes au Nord de Mahé dans les terres.

Tant que le Travancour avoit eu besoin de M. Lanoye, il l'avoit ménagé, lui avoit donné des biens considérables : il avoit même favorisé ses passions. Le fait mérite d'être rapporté. M. Lanoye s'étant pris d'une belle passion pour la fille du Topaye d'Anjingue, la demanda à son pere en mariage. Elle lui fut refusée. Celui ci s'adresse au Travancour, lui expose sa situation, l'excès de son amour, & lui fait sentir le mépris que les Anglois font d'un homme qu'il honore de sa confiance. Ce Prince offensé dans son Général, envoye un Exprès au Commandant d'Anjingue, & menace de le suivre de près avec une armée formidable, si l'on tarde plus long-tems de satisfaire son favori. Les Anglois ne jugerent pas à propos de soutenir un siége comme celui de Troye : la fille du Topaye fut envoyée à M. de Lanoye qui l'épousa.

A mesure que le Travancour a vu croître sa puissance, ses égards pour M. de Lanoye ont diminué. En 1757 il ne le consultoit plus. Confiné dans les terres avec des biens suffisans, mais sans considération, ce François chargé de discipliner quelques blancs à moitié nuds, auroit bien voulu quitter un Pays, qui vraisemblablement, s'il vit encore, sera pour lui un exil éternel, parce que le Prince dont il connoît les forces & le génie, a intérêt à ne pas l'en laisser sortir.

Il est visible qu'un homme du caractere du Roi de Travancour devoit intriguer les Hollandois. D'un autre côté, ils n'avoient aucun secours à attendre du Roi de Cochin, quoiqu'il pût mettre sept à huit mille hommes sur pied : ce Prince qu'ils tenoient comme en tutelle, auroit été le premier à s'élever contre eux, si ses forces le lui eussent permis. La Compagnie, il est vrai, lui donnoit une partie du revenu de la Doüane de Cochin, & il avoit le privilège de charger un vaisseau de poivre & de le vendre aux Etrangers Mais, connoissant les vraies intentions de ses Alliés, ou plûtôt de ses maîtres (La Compagnie s'est réservé ce commerce exclusivement) il étoit rare qu'il s'en servit pour lui-même.

Quoique le Roi de Cochin n'ait qu'une ombre d'autorité, il est cependant réputé plus grand que les autres Rois de la Côte, parce qu'il est regardé comme vrai successeur de Scharan Peroumal, du moins quant aux prérogatives spirituelles. Il porte le nom de Radjaw. (Rajah), & a sous lui quatorze Princes Souverains nommés Kartaws, qui ont droit de vie & de mort. Après eux sont les Généraux d'armée nommés Morambis, qui possedent des terres & sont supérieurs aux Karikars, Ministres ou Intendans. Les Meynommars, Ecrivains, Secrétaires, Commis de Finance & Officiers subalternes en tems de guerre, forment la cinquiéme grade de la Cour du Rajah ; après eux sont les Kotonaymars, chefs de troupe, de vingt, de trente hommes &c, & enfin les Nairs qui sont les soldats.

PRÉLIMINAIRE. clj

table. En prenant congé du Commandeur, je lui réitérai ma demande. Mais sa réponse fut qu'il ne pouvoit me l'accorder, sans en avoir fait part au Gouverneur de Ceylan. Je n'insistai pas davantage, de peur de faire naître des soupçons qui auroient pû me nuire, résolu que j'étois de me passer, s'il le falloit, de la permission du Commandeur.

Une visite plus intéressante pour moi, fut celle de M. Van Vechten, Secretaire du Conseil, à qui je remis une Lettre de M. Houssé. C'étoit un homme poli, obligeant & Lettré. Les Missionnaires cultivoient son amitié avec fruit. Notre entretien roula sur l'Histoire, les mœurs & les Antiquités, tant Indiennes que Chrétiennes de la Côte Malabare. M. Van Vechten m'avoua que depuis quatorze ans qu'il faisoit des recherches à ce sujet, il n'avoit rien pû trouver de certain, & que le Greffe de Cochin ne renfermoit que des piéces relatives aux affaires des Hollandois avec les Princes du Pays. Je l'engageai à ne pas abandonner malgré cela l'entreprise, & le priai de me permettre d'avoir avec lui de Surate un commerce de Lettres.

M. Van Vechten me parla de M. Vanderpute, qui avoit été envoyé de Hollande pour des recherches relatives aux Lettres, à l'Histoire Naturelle, & qui étoit mort à Batavia. Il me fit connoître le Syrien George Namet eulla, qui avoit déja passé à Cochin, & qu'il croyoit propre à satisfaire ma curiosité sur les Chrétiens de S. Thomas, & me donna la traduction en Hollandois des Bulles par lesquelles Ignace George, Patriarche d'Antioche, établissoit Basilius Schokor eulla, Archevêque de la Côte Malabare, données à Diarbekir le 23 Juillet 1749. M. Van Vechten me conseilla aussi de m'adresser à M. Van Dorts, Juif du Duché de Juliers, converti au Christianisme, & qui étoit alors Professeur de Théologie à Colombo. J'écrivis en conséquence en Latin à ce Professeur une Lettre, dans laquelle je lui demandois son amitié, les caracteres Ceylanois, l'origine de l'Idolâtrie Indienne, des nouvelles de l'Inscription que l'on disoit être sur le Pic d'Adam, & lui marquois d'envoyer la réponse dont il voudroit bien m'honorer, à M. Van Vechten, qui devoit me la faire tenir à Surate. Je re-

DISCOURS

çus en effet dans cette Ville une Lettre de M. Van Dorts écrite auſſi en Latin, datée de Colombo le 22 Février 1758. Après des complimens & des éloges que je ne méritois pas, ce Profeſſeur offroit de me communiquer ſur l'Hiſtoire & la Religion des Indiens tout ce qu'il pouvoit avoir recueilli: *uti*, dit-il, *talem apparatum harum rerum poſſideo, qualem... in multis non reperies litteris*. Pour appaiſer en quelque ſorte cette ſoif de Littérature Indienne que je lui avois montrée, il joignit à ſa Lettre le *Pater &c.* en Tamoul de la Côte de Coromandel, & en Ceylanois, avec la prononciation & la traduction Latine entre lignes ; il me marquoit en même-tems qu'il deſiroit que de ſon côté notre commerce de Lettres fut en Hollandois. Les événemens qui dans la ſuite ont partagé le tems que j'ai paſſé dans l'Inde, m'ont empêché de ſuivre cette correſpondance.

J'allai encore rendre viſite au Miniſtre de Cochin, qui me parut peu inſtruit, quoiqu'il eut une belle Bibliothéque, riche ſurtout en Commentateurs de la Bible.

La vie que je menois à Cochin ne me plaiſoit pas trop. Je voyois qu'il n'y avoit rien à attendre des Hollandois pour la connoiſſance du Pays, & le ſéjour de la Ville m'occaſionnoit des frais dont je commençois à ſentir le poids. L'Aubergiſte de Cochin, obligé de payer une ſomme conſidérable au Commandeur, a en conſéquence le droit excluſif (monopole d'une nouvelle eſpece) de rançonner les Etrangers, ceux-ci ne pouvant deſcendre que chez lui. Celui qui tenoit alors cette eſpece de Ferme étoit un gros Hollandois à large circonférence, riche de plus de cinquante mille roupies, & qui bûvoit le Zopi & fumoit la pipe avec une grace inimitable. Il y avoit plaiſir à le voir au bout de la table, entourré de deux Caffres & de trois ou quatre Negrillons occupés, l'un à lui verſer à boire, l'autre à lui eſſuyer la bouche, celui-ci à lui chaſſer les mouches le quatriéme à l'éventer. Il n'y avoit pas dans l'Auberge d'autre table que la ſienne ; & il crut preſque me faire honneur en me l'offrant. J'avois pour Convives trois Arméniens bien rentés, qui bûvoient du vin de Bordeaux, tan-

dis

PRÉLIMINAIRE. cliij

dis que pour plus d'une raison je m'en tenois à la Bierre. Je voulus tirer parti de ces Arméniens, en attendant réponse à la Lettre que j'avois écrite à Veraple à M. Florent de Jesus, Evêque d'Areopolis, & Vicaire Apostolique à la Côte Malabare: mais je les trouvai fort ignorans, & uniquement au fait de leur Commerce. Seulement le plus jeune des trois me montra le *Dictionnaire Latin-Arménien* de Villotte, dont il faisoit grand cas. Les Lettres que je vis entre les mains de cet Arménien me firent faire des réflexions sur les ressources qu'enfante l'avidité. A peine âgé de trente ans il avoit parcouru la Moscovie, l'Allemagne, la Hollande, l'Angleterre, la France, & étoit muni de Lettres de recommandation & de créance pour tous les Chefs des Comptoirs Européens établis dans l'Inde: il m'en montra même une pour M. de Lally, que l'on attendoit à la Côte.

Au retour d'une petite Fête que l'Aubergiste nous avoit donnée à sa maison de campagne, & dont les Arméniens avoient payé les frais au Billard, je trouvai à Cochin le P. Anastase, Missionnaire de Matencheri. Il revenoit de Veraple & me remit une Lettre de M. Florent. Les Missionnaires Catholiques, ainsi que les Schismatiques, vivent fort tranquillement sous la protection des Hollandois, & exercent en toute liberté les fonctions de leur ministere : du tems des Portugais les Missionnaires Etrangers étoient obligés de prêter serment de fidélité au Roi de Portugal. Les politesses que me fit le Pere Anastase m'engagerent à l'aller voir au lieu de sa Mission. Il faisoit bâtir deux petites chambres, & n'avoit alors pour couvert qu'une Paillotte. Ce Pere voulant me traiter avec une sorte de distinction, fut obligé de se servir de son Eglise. Il me donna dans un coin de la Nef un petit repas d'œufs qui me parut meilleur que la table de l'Aubergiste Hollandois. Je lui promis de revenir le voir, & formai dès-lors le dessein de me retirer à Matenchery, pour y vivre en Missionnaire. Mes fonds, toujours trop modiques pour un Voyageur, & même ma santé, s'accommodoient mieux de cette réforme : j'étois d'ailleurs trop éclairé à Cochin pour pouvoir faire *incognito* dans les terres les petits Voyages que je méditois.

Je priai en conséquence à une seconde visite le P. Anastase de me faire chercher une petite chambre aux environs de son Eglise. En attendant qu'elle fut trouvée, il m'offrit la moitié de sa Cellule, & dès le lendemain je reglai avec mon Hôte Hollandois, fort mécontent de la modicité de ma dépense & de ma retraite précipitée, & me rendis à Matencheri.

Cette Aldée est séparée de Cochin par une petite riviere, ou plutôt par un bras de la riviere de Cochin. Elle s'étend le long de la Côte de l'Isle ; l'endroit où demeurent les Peres est éloigné de Cochin, environ d'une demie lieue.

J'arrangeai dans cette retraite mon voyage de Veraple, sans en parler au Commandeur de Cochin, quoique M. le Vicaire Apostolique m'eût marqué qu'il desiroit que j'eusse pour cela son agrément, & sans songer à l'armée du Samorin, qui étoit à quatorze lieues de Veraple, & dont les Coureurs en infestoient le voisinage. M. Florent m'avoit marqué que pendant plus de dix-sept ans qu'il avoit résidé dans cette Contrée, il n'y avoit rien vû qui ne fut connu ; que les montagnes, il est vrai, pouvoient sur les usages, les mœurs, les Religions, présenter du nouveau, de l'intéressant ; qu'elles renfermoient une infinité de plantes inconnues aux Européens ; mais que pour y découvrir sur ce dernier objet quelque chose qui ne se trouvât pas dans l'*Hortus Malabaricus*, il falloit y faire un long séjour ; que les Chrétiens de Saint Thomas se servoient d'Evangiles traduits en Syro-Chaldéen, & en usage dans toute la Chaldée, sans que leurs Prêtres sçussent par qui, ni de quelle Langue ils avoient originairement été traduits : Ce Prélat me renvoyoit pour les détails au P. Anastase. La Lettre de M. le Vicaire Apostolique ne fit que hâter mon voyage ; je me flattois de pouvoir éclaircir dans la conversation des matieres difficiles à développer sur le papier.

Je partis donc en tonne de Matencheri. Laissant la maison des Peres au Sud-Ouest, je vis l'Eglise de Balarparte, éloignée d'une demie lieue. Avançant dans le Nord j'avois à gauche, au Nord Nord-Est, Ramandourte, Isle apparte-

PRÉLIMINAIRE.

nante à la Compagnie Hollandoise, & où l'on voit quelques maisons; la pointe de Cochin au Nord-Ouest; au Nord Nord-Ouest, Vaïpin au de-là de la riviere de Cochin : & à droite Bendurté à l'Est Nord-Est, éloigné d'une demie lieue. A deux portées de fusil de Bendurté est Angikaïmal (c'est-à-dire, *les cinq Seigneurs*) à l'Est, sur la terre ferme : l'Eglise située à l'Est Nord-Est paroît vis-à-vis de Matenchery. Cet endroit est considérable. Il y a deux bazars, l'un pour les Juifs, l'autre pour les Maures : c'est de-là que Cochin tire ses provisions. Au Nord-Est est l'Isle de Kanatcha, sur laquelle est la Maison de campagne de l'Aubergiste : là commence la riviere qui conduit à Veraple.

Remontant cette riviere, à gauche, on range l'Isle de Kanatcha, qui peut avoir une lieue & demie de long ; à droite, au-delà de deux pointes qui avancent, on voit Tchetiate. Parti, dans le tems du flot, je mis quarante minutes à me rendre de Matencheri à Tchetiate. La route est Est & Nord-Est. La riviere suit (je parle de la direction du lit) le Nord Nord-Ouest, entre Kanatcha & Tchetiate, & porte le nom de Bardelapoïa, un peu avant Bardela. Ce dernier endroit dépend de la Paroisse de Tchetiate, & en est à dix minutes. La riviere toujours Nord Nord-Ouest.

A gauche, à cinq minutes de Bardela est Boulegate. A droite, la riviere toujours Nord Nord-Ouest ; le lit étroit & seulement praticable dans le flot à cause des joncs dont il est rempli. Il fait un coude & recommence ensuite Nord Nord-Ouest. A droite, à quinze minutes de Boulegate, où borde Bardela ; puis la riviere suit le Nord au milieu des joncs.

A dix minutes de-là, à gauche, la petite Kolangouri au Nord-Ouest, & la grande au Nord Nord-Ouest, vûes à un quart d'heure de chemin. A droite, Tchittour au Nord-Est. Le lit de la riviere plus large ; elle porte le nom de Tchittour.

A cinq minutes de-là, à gauche, Molenboulli, au Nord Nord-Ouest. La riviere toujours Nord Nord-Ouest.

A gauche, à dix minutes de Molenboulli, paroît Pegoley au Nord-Ouest ; à droite, à vingt minutes, au Nord-

DISCOURS

Eſt, Kodate. La riviere ſuit le Nord, puis le Nord Nord-Oueſt.

A gauche, à huit minutes de Pejeley reparoît la grande Kolangouri aſſez proche ; le lit de la riviere s'élargit. A ſept minutes de là, la riviere Nord-Eſt.

A gauche au Nord-Eſt commence le terrein de Veraple : la riviere porte le nom de cet endroit. A droite, à l'Eſt on voit Tcheramelour. La riviere de Veraple ſuit l'Eſt, puis l'Eſt Nord-Eſt.

A dix minutes, la riviere Eſt, ſon lit s'élargit.

A dix minutes de-là, la riviere ſuit le Nord-Eſt.

A cinq minutes ſur la rive gauche, à l'Oueſt, eſt Veraple. La riviere qui y conduit paroit venir du Nord. Elle porte de grands batteaux plats qui peuvent contenir vingt pipes d'eau. Pendant quatre mois de l'année l'eau de cette riviere eſt très-bonne puiſée à Veraple ; les principales maiſons de Cochin s'en fourniſſent ; depuis Septembre juſqu'en Mai, il faut la prendre au-deſſus de Veraple, parce qu'au-deſſous elle eſt ſaumache.

La riviere de Veraple ſe jette dans la mer à Aïpika, grande Aldée au Nord de Coélan. Par un bras de cette riviere qui communique à celle de Paleporte, on peut aller en hyver juſqu'à Panani, & preſque juſqu'à Calicut. En Été les barques n'ont de l'eau que juſqu'à trois lieues en-deçà de Panani.

Veraple eſt le lieu où réſide le Vicaire Apoſtolique de la Côte Malabare ; il eſt environ à cinq lieues de Cochin. L'Egliſe appartient aux Miſſionnaires Carmes. Quelques-uns de ces Religieux demeurent avec l'Evêque dans une maiſon attenante à leur Egliſe. Ces bâtimens ſont pauvres & de peu d'apparence.

Je trouvai à Veraple M. le Vicaire Apoſtolique ſeul dans ſa maiſon (ou comme nous dirions, ſon Palais). Le Pere qui lui tenoit ordinairement compagnie, étoit alors occupé à la viſite des Egliſes du Dioceſe. Je fus frappé à la vûe de ce Prélat, Polonois de naiſſance. Un air vraiement Apoſtolique accompagné de manieres nobles & aiſées, donnoit à la ſimplicité de ſon habit Religieux & des meubles de l'appartement qu'il occupoit, un éclat que l'on chercheroit vainement dans l'or & dans les pierreries. La plus belle piece de sa maison étoit une petite chambre garnie d'un lit & de deux chaises en serge bleue. Il me conduisit d'abord à l'Eglise. Il fallut ensuite céder à son empressement & accepter un leger déjeûner. Pendant ce petit repas le Prélat me quitta plusieurs fois sous prétexte de quelques affaires ; c'étoit pour veiller au dîner que son domestique préparoit. Nous nous entretûnmes quelques tems de l'Europe & de nos Comptoirs ; l'heure du dîner vînt & nous nous mîmes à table. Le service consistoit en un petit plat de poissons & un plat d'œufs, & je puis dire que je n'ai jamais fait un repas qui m'ait plu davantage. Je mis promptement la conversation sur l'état des Chrétiens à la Côte Malabare. M. Florent m'avoua qu'il ignoroit l'époque de leur établissement à cette Côte, & qu'il n'avoit nulle connoissance des Priviléges accordés à Mar Xabro, & à Mar Prod, dont parle Govea.

Voyage aux Indes Orientales, IIe. Partie.

Lib. cit. p. 21.

Voici à peu-près les éclaircissemens que je tirai du Prélat Polonois pendant quatre heures que je passai avec lui. Il me dit qu'il pouvoit y avoir à la Côte deux cens mille Chrétiens, cinquante mille Catholiques Latins, cent mille Catholiques Syro-Malabares, & cinquante mille Syro-Malabares Schismatiques. On distingue encore les Chrétiens Catholiques en trois classes ; 1o. Les Chrétiens de S. Thomas. 2o. Les Topas nés des Portugais & des Noires en mariage légitime ou en concubinage, & qui sont habillés à l'Européenne : la plûpart des domestiques des Hollandois, Anglois & François dans l'Inde sont de cette classe. 3o. Les Moundoukaren, (c'est-à-dire, *les porteurs de pagnes*), Malabares nouvellement convertis au Christianisme (lorsqu'ils sont dans des Paroisses Syriennes, on leur en permet le Rit) ; & Les Kouloukaren, qui habitent la Côte de la Pêcherie : la plûpart sont Maquois, c'est-à-dire, Mariniers & Pécheurs, ou de basse Caste.

Les Chrétiens de Saint Thomas sont bien faits, ont les traits beaux, un air distingué, & sont assez difficiles à soumettre. Aucun ne voudroit s'abbaisser, quelque pauvre qu'il fût, jusqu'à servir les Peres. Ils jugent de la Noblesse par l'ancienneté de profeſſion de la Religion. M. Florent me dit que leur Liturgie Syriaque étoit à la Bibliotheque du Roi. Son prédéceſſeur l'avoit confiée au P. Clément, pour la porter à Rome. Ce Pere mourut en route, & comme perſonne ne reclamoit ce Manuſcrit, on le mit chez le Roi [1]. Le même Pere avoit été chargé d'un Manuſcrit in-4°. ſur les Malabares Gentils, leur Religion &c, dont on n'a pas entendu parler. Le Pere Paul porta à Rome il y a trente trois à trente-quatre ans un autre Exemplaire de la Lyturgie Syriaque des Chrétiens de S. Thomas. Le Syrien que l'on avoit chargé de la traduire, mourut, & ſes parens reporterent le Manuſcrit en Syrie.

Les curioſités naturelles que le Prélat Polonois avoit vûes à la Côte étoient 1°. Un enfant long de trois pouces, large d'un pouce & demi, blanchâtre & parfaitement bien formé. 2°. Une grenouille volante, de grandeur ordinaire & couleur de terre, garnie ſous les pattes de poches qui s'enfloient & la ſoutenoient en l'air. 3°. Le vers honteux, reptile long, en forme de Lézard, & couvert d'écailles ſous leſquelles il ſe replioit quand on le touchoit. 4°. Un petit Singe qui avoit le nez d'une Maquie (Guenon), les yeux d'un Chat-huant & les pattes fort longues : cet animal eſt très rare à la Côte. 5°. Une petite mouche de ſix lignes de diametre, faite comme une Tortue, avec deux cornes vertes & dorées, & qui s'envoloit en entr'ouvrant la corne qui lui couvroit le dos.

M. Florent me confirma ſur les Amoques ce que le P. Claude m'en avoit dit à Neliceram. Le mot *Amoque* vient des Portugais : on les appelle en Tamoul *Narangols*. C'eſt un Peuple peu nombreux, dont le Pays eſt au Nord-Eſt de Veraple. Ils ont la Langue, les uſages & les mœurs des Malabares. Tous les douze ans le Samorin ſe préſente à une lieue de Panani dans un grand champ, couvert de diamans & entourré de cinq à ſix mille ſoldats. Là il attend

---

[1] Le Catalogue des Manuſcrits Orientaux de la Bibliotheque du Roi ne fait pas mention de cette Liturgie. Elle ne ſe trouve pas non plus parmi les Manuſcrits apportés de l'Orient, & placés dans ce riche Dépôt, depuis l'impreſſion du Catalogue.

PRÉLIMINAIRE. clix

pendant trois jours les Narangols ; & s'il n'en paroît pas, il se retire. Ceux de ce Peuple qui se sont faits Amoques, au nombre de six ou douze, plus ou moins, se présentent devant ce Prince ; après l'avoir accablé d'injures, ils se jettent sur les troupes qui l'environnent, & sont pour l'ordinaire mis en piéces. On en a vû percer assez près du Samorin. M. Florent s'étoit trouvé deux fois à ce spectacle, qui étoit passé en cérémonie publique, & en ignoroit l'origine. Selon le P. Claude, cette scène étoit une sorte de satisfaction à laquelle les Samorins s'étoient obligés, pour réparer l'injure qu'un de leurs prédécesseurs avoit faite aux Narangols, en faisant empaler un de leurs Chefs.

Voyage aux Indes Orientales, IIe. Partie. Hamilton dans sa Relat. de l'Inde, T. I. chap. 25. p. 307.) donne à cette cérémonie un objet dont je n'ai point entendu parler dans le Pays.

Dans les montagnes qui séparent les deux Côtes, à la hauteur de Veraple, on trouve un Peuple particulier, qui n'est ni Malabare ni Pandi (c'est-à-dire Tamoul de la Côte de Coromandel). Cette Nation, au rapport de M. Florent, n'a ni Prêtres, ni Livres, ni Ecriture ; elle entend le Malabare ; mais les Malabares n'entendent pas son langage. Elle suit la Loi Naturelle, a des Chefs en qui elle reconnoît le droit de punir. Les femmes y portent de longues pagnes, & une espece de mouchoir en écharpe sur la gorge (ceci leur est commun avec les Malabares de l'autre Côte). Celles qui sont mariées ont un anneau au nez. M. Florent avoit vû quelques-uns de ces montagnards, & me promit de s'informer plus particuliérement de l'état de cette Nation. Il étoit à portée de le faire par la position de Veraple. A six lieues de cette Aldée est l'Eglise de Maleatour au pié des montagnes, éloignée de trois lieues d'une autre petite montagne sur laquelle est une Croix, & d'où l'on découvre tout le plat Pays. Veraple même est à cinq lieues Ouest des grandes montagnes. En Eté, la route qui y conduit n'est coupée par aucune riviere : mais en Hiver Veraple est dans une espece d'Isle. Pour aller de-là à Pondichery il faut prendre dans le Nord-Est ou descendre chez le Travancour.

Selon M. Florent, le mot *calamine* est formé de *cal, pierre*, (peut-être *Kelaa, Forteresse*) & de *min aigu*, & désigne une pierre peu éloignée de S. Thomé, où l'on prétend que S. Thomas fut massacré par les Brahmes; *Calliane* signifie *réjouissance*, & non Calicut. Ce Prélat me fit présent de quelques Livres Orientaux, & de cinq volumes d'Olles en Malabare, dont deux de Médecine & trois contenant le Concile d'Odiamper. On appelle *Guerindam* les volumes composés d'Olles, & *Pooftagam* les Livres en papier reliés. M. Florent avoit en dépôt plusieurs Manuscrits Syriaques appartenant à des Eglises brûlées par le Travancour : mais ces Ouvrages ne traitoient que de Rits, Prieres &c. Il me promit d'en faire chercher d'Historiques, me donna la liste des Eglises dépendantes de son Diocese, & la traduction Samskretanne des Priviléges accordés aux Chrétiens de S. Thomas par Scharan Peroumal. J'aurai dans la suite occasion de faire connoître ces deux pieces plus en détail.

J'aurois souhaité rester plus long-tems avec ce respectable Prélat ; mais ç'eût été l'exposer à des reproches de la part du Commandeur de Cochin, qui ne m'avoit pas permis de faire ce voyage ; je le quittai sur les quatre heures comblé de ses bontés & remontai dans ma tonne. Le Jugean (le reflux) étoit à moitié, ce qui m'obligea de descendre par un autre bras de la riviere de Veraple, qui va Ouest Sud-Ouest, jusqu'à environ dix minutes de Tchetiate. Il n'y a entre ce bras & celui que j'avois suivi le matin, que des mattes (terres inondées & pleines d'arbrisseaux) & des joncs autour desquels on tourne jusques près de Tchetiate. Lorsque le Jugean est plein (& par conséquent l'eau très-basse), on va dans le Sud-Ouest, & l'on apperçoit à trois quarts d'heure de chemin de Veraple, à gauche, Kodate ; à droite, Toutoukarey : ensuite la riviere s'élargit.

A dix minutes de-là, la route Sud, à gauche paroît Tchanour ; à droite, une riviere qui conduit à Schatenati, éloigné d'une lieue. La riviere fuit l'Ouest.

A huit minutes de-là, à gauche, l'Isle de Pejeley.

Vingt-cinq minutes plus loin, à gauche, paroît la petite Kolangouri. Dans le Sud-Ouest la riviere est fort large, pleine d'Islots & de mattes. Fin des dépendances de Veraple, & commencement de la riviere qui mene à Paleporte. Le bras de la riviere de Veraple, qui descend dans le Sud-Ouest, s'appelle Kerinmaley.   En

PRÉLIMINAIRE.

* En defcendant, on voit à droite Tchendourti, Ifle habitée & plantée de Palmiers; à gauche, Boulegate & des plans de Palmiers; plus loin du même côté, Panambougate, Balarparte; & à droite, la riviere de Morigagni, fuivie du Village appellé *Crus dos milagros*, après lequel paroît Matencheri.

De retour à Matencheri, mon premier foin fut de m'affurer d'un Ecrivain habile, pour copier la traduction Samskretanne des Priviléges accordés aux Chrétiens de S. Thomas. Le P. Anaftafe chargea de ce travail le Caçanare Mattaye, qui confentit même à m'interpreter cette traduction : & comme je ne voyois pas de jour à pénétrer en quelques mois dans les Antiquités du Pays, je me difpofai à retourner à Mahé. Je n'attendois pour partir que la fin du travail du Caçanare Mattaye, lorfque le Chorévêque George Namet eulla, à qui M. Van Vechten avoit parlé de moi, vint me trouver à Matencheri. Il alloit à Kandanate conférer fur quelques affaires avec l'Archevêque Syrien Schokor eulla. Je profitai de l'occafion & le fis confentir fans peine à accepter mon ballon. C'étoit un grand homme fec de trente-cinq à quarante ans, poli, rufé & fpirituel. Il étoit d'Alep, marié; & la Miffion Malabare en autorifant le féjour qu'il faifoit dans l'Inde, fervoit à cacher des opérations de Commerce qui l'occupoient plus que les fonctions de fon Miniftere. Il parloit bien Portugais, entendoit le Latin, l'Éthiopien; l'Arabe étoit fa Langue naturelle. Comme il fçavoit que mon deffein étoit d'aller à Surate où mon frere devoit dans peu être Chef du Comptoir François, & que fes affaires le demandoient lui-même dans cette Ville, il fe prêta de bonne grace à ce qui pouvoit piquer ma curiofité. Nous arrivâmes en peu de tems à Kandanate, qui eft environ à trois lieues de Cochin. Dans la route nous parlâmes des différens endroits où il avoit été. Il me dit au fujet de l'Ethiopie où il avoit paffé trois ans, qu'il avoit trouvé les Rituels & les Cérémonies effentielles femblables en tout à ce qui s'obferve chez les Syriens. Il ajouta que ces Peuples étoient fort ignorans ; que la plûpart donnoient aux années le nom d'un des quatre

Tome I.

VOYAGE aux Indes Orientales, IIe. Partie.

* *Le refte de la route dicté par un Malabare Chrétien.*

Evangélistes, & recommençoient ainsi tour à tour.

Un peu avant que d'arriver à Kandanate, qui est dans les terres à une petite demie lieue, on passe un ruisseau formé par l'eau de la riviere qui vient du Nord vers la gauche : dans le tems des pluies les Manschouës peuvent aller jusques-là. On rencontre un peu plus loin une croix, & ensuite Kandanate.

Cette Ville, après avoir été brûlée par le Travancour, commençoit à se rétablir. Il n'étoit resté sur pié que les murailles des maisons bâties autour de l'Eglise. Le Pays est assez riche, quoiqu'on y voye beaucoup de landes. Tous les habitans sont Chrétiens, de ceux qu'on appelle de Saint Thomas, à quelques Payens près : les Evêques qu'ils ont demandés au Patriarche d'Antioche, vivent à leurs frais ; & malgré cela ils les préferent aux Prélats Catholiques qui les aident eux-mêmes de leur bourse. Le Chorévêque George me présenta à l'Archevêque Schoko reulla [1]. Ce Prélat me reçut avec une sorte de

---

(1) Voici ce que M. le Vicaire Apostolique m'a rapporté au sujet des Prélats Syriens envoyés à la Côte Malabare. Les Chrétiens Schismatiques de Saint-Thomas, las d'obéir à Mar Thomas, simple Archidiacre, demanderent aux Hollandois la permission de faire venir un Évêque de Syrie. Le Conseil de Cochin y consentit, & donna ordre aux Vaisseaux Hollandois de Bassora de prendre le premier qu'ils trouveroient. On leur présenta un Évêque nommé Jean, qui avoit été chassé d'Éthiopie, & qu'un Minoriste de ses amis venoit de faire sortir des prisons de Bassora, en payant pour lui cinq cents guinées. Le Prélat arriva à Cochin en 1747, & fut reçu au bruit du canon & avec des honneurs extraordinaires : les Hollandois ont toujours marqué plus d'égards pour les Hérétiques que pour les Catholiques. La passion que cet Évêque avoit pour le vin, le rendit bientôt méprisable aux Chrétiens Malabares. Ils furent même obligés de retirer des mains des Juifs la Croix d'une Église & un Encensoir, qu'il leur avoit donnés en paiement d'une somme qu'il leur devoit. Un jour ce Prélat s'embarqua yvre dans une tonne, & ordonna aux Maquois de le conduire près de Cochin ; de-là il les envoye chercher une bouteille d'Eau-de-vie, la boit & s'endort. Les Fideles qui le cherchoient par-tout, le trouverent dans cette tonne au lever du Soleil. Le Commandeur instruit de l'aventure, mit Monseigneur aux arrêts à Cochin, & le renvoya en 1751 à Bassora dans l'équipage à peu-près où il étoit en sortant des prisons de cette Ville. Malgré ces vices grossiers, cet Évêque n'avoit jamais voulu sacrer Mar Thomas. Selon George Namer eulla, c'étoient les Évêques, arrivés en 1751, qui l'avoient renvoyé en Syrie.

Mar Thomas desirant plus que jamais de se faire sacrer, promit à la Compagnie Hollandoise quatre mille roupies, si elle faisoit venir des Évêques de Syrie : c'étoit aussi le vœu des Fideles. L'offre de Mar Thomas fut acceptée : on fit venir à Cochin l'Archevêque Basile Schokor eulla, Grégoire Jean Évêque Mé-

PRÉLIMINAIRE. clxiij

distinction, m'embrassant tendrement, au lieu qu'il avoit coutume (ainsi que le Chorévêque) de donner son anneau & sa main à baiser aux Chrétiens qui l'abordoient. Il étoit entouré de Schamasches (Diacres, Minoristes &c), qui le servoient dans le particulier comme à l'Eglise. Il ne portoit pas de Croix sur la poitrine; mais en entrant & en sortant de l'Eglise, ou de sa Maison, il donnoit la bénédiction avec une petite Croix de cuivre doré, longue de quatre à cinq pouces. Il avoit sur la tête une espece de Capuchon noir de toile, dont le sommet étoit semé de Croix, & une toque blanche par-dessus.

La maison que ce Prélat occupoit étoit attenante à l'Eglise, à droite. On montoit à son appartement par un

---

tropolitain qui résida à Paru, Jean Jean, Évêque, qui se fixa à Kalicoulan, accompagnés du Chorévêque George Namet eulla & de plusieurs Schamasches Ces Prélats arriverent en Avril 1751, & furent reçus avec de grandes marques de distinction. Quand il fut question de payer les quatre mille roupies, Mar Thomas, que ces Evêques n'avoient pas voulu sacrer, le refusa. Le Roi du Travancour de qui il dépendoit, le fit venir; & ne pouvant en tirer la somme en question, promit lui-même à la Compagnie six mille roupies, dont deux mille en compensation du retard. Pakimous, Ministre de ce Prince, amena ensuite Mar Thomas à Cochin, où le Commandeur le menaça de l'envoyer à Batavia. Mar Thomas de son côté, ne s'accordoit pas trop avec les Evêques Syriens, qui en regle, jouissant seuls des Priviléges de leurs Dignités, devoient payer les quatre mille roupies. Un jour même étant à Cochin, il alla jusqu'à frapper le Métropolitain; & le Commandeur crut devoir les mettre tous deux aux arrêts. Enfin, pour terminer cette affaire, le Métropolitain fit entendre que lorsqu'il seroit dans le lieu de sa résidence, il trouveroit plus aisément l'argent que l'on demandoit; & en effet, il fournit quelque tems après six mille roupies, qui, jointes aux six mille du Travancour, font douze mille roupies, dont quatre mille pour la Compagnie, & huit mille pour le Commandeur : voilà la proportion du gain des Compagnies avec celui de leurs Officiers. Ensuite Pakimous remena Mar Thomas dans le Sud; & le Travancour aura bien sçu en tirer les six mille roupies qu'il s'étoit engagé de payer pour lui. Une exaction pareille à celle qu'il fit en 1756 suffisoit pour cela. Les Schismatiques lui avoient offert douze mille roupies, pour ravoir une Église qu'ils prétendoient leur appartenir anciennement, & qui étoit alors entre les mains des Catholiques. Ces derniers, pour la conserver, furent obligés de payer la même somme, mais à titre de subside.

Tandis que les Schismatiques se disputoient sur le paiement de la somme qui avoit été promise aux Hollandois, M. l'Évêque d'Aréopolis, Vicaire Apostolique arriva à cette partie de la Côte en 1752. Ce Prélat fit son entrée à Cranganor, d'où il se rendit à Veraple, sans passer par Cochin. La suite de l'histoire de cette Mission jusqu'en 1754, est à Rome, où elle a été portée par le P. Geminiani, Carme Italien. Je vis ce Pere en 1758 à Matencheri. C'étoit un petit homme tout de feu, plus propre à courir qu'à diriger, grand parleur, & assez bien avec les Hollandois & les Anglois.

x ij

petit escalier qui conduisoit à une Varangue (gallerie) délabrée, au bout de laquelle étoit une chambre obscure où couchoient deux Caçanares. A droite de cette chambre on voyoit l'appartement Archiepiscopal, consistant en une chambre percée de deux fenêtres basses & garnies de vieux chassis en Croix, à côté de laquelle étoit une garderobbe. Là couchoit Monseigneur sur un cadre mal assuré & couvert d'un matelas fort mince : ses caleçons, chemises, mouchoirs &c. séchoient au milieu de la chambre suspendus à des cordes qui la traversoient. Ses Livres, en petit nombre & fort poudreux, étoient entassés sur une planche qui cachoit la moitié de son lit, & l'on voyoit à côté un coffre qui renfermoit les ornemens de l'Eglise.

L'Archevêque eut la complaisance de me montrer ses Bulles. C'étoit un parchemin long de vingt-cinq pieds, & large de six pouces, écrit en Syriaque, avec la Tchape du Patriarche d'Antioche, celle de l'Archevêque répetée trois fois, & les témoignages des cinq Evêques assistans avec leurs Tchapes ; le tout orné de fleurs & de desseins à l'Oriental. Ce rouleau lui avoit coûté vingt roupies.

Nous nous entretînmes en attendant le souper de matieres de Religion. Les Caçanares Schismatiques qui étoient présens ne connoissoient ni l'*Evangile de l'Enfance de J. C.* ni les *Actes des Apôtres* attribués à Abdias : le nom même de ce Personnage leur étoit inconnu. Quant à l'Archevêque, il parloit peu ; & quoique le Chorévêque George qui servoit d'Interprete tâchât de commenter ses paroles, je vis bien-tôt que ce n'étoit qu'un Caloyer ignorant que la pauvreté avoit engagé à quitter sa Patrie.

L'heure du souper arrivée, Monseigneur qui ne vivoit que de laitage, mangea seul à son petit couvert, tandis que le Chorévêque George me régaloit d'un plat d'œufs & de petits poissons salés. Sa grandeur jeûnoit presque toute l'année, selon l'usage des Caloyers Grecs : mais on me dit que dans les jeûnes les plus rigoureux, ils pouvoient boire de l'eau, & même manger quelque chose le soir, si leurs forces ne leur permettoient pas de s'en tenir à un seul repas.

Le lendemain, j'assistai à l'Office, qui fut célébré par

l'Archevêque. Il fortit de fon appartement, ayant à la main une croffe de bois qui reffembloit exactement à une houlette. Les Caçanares qui l'accompagnoient avoient des caleçons blancs, des fandales de bois; ils étoient revêtus de tuniques blanches en forme de longues chemifes, & avoient fur la tête une efpece de grande calote de toile.

L'Eglife, à moitié ruinée n'étoit éclairée que par deux fenêtres hautes, larges environ de deux pieds & demi en dedans & d'un demi pié en dehors. J'y vis plufieurs Autels ornés d'une fimple Croix, fans chandeliers ni figures de Saints. Le maître-Autel élevé de deux pieds étoit dans le fond. On voyoit derriere quatre quadres fans tableaux. Les Acolytes revêtus de tuniques jaunes, avec une étole rouge fur l'épaule gauche, tenoient les cierges.

Une partie des Chrétiens étoit debout, l'autre affife fur des nattes, tandis que les Caçanares, Prêtres & Minoriftes, plufieurs le dos à l'Autel, entourroient un treteau qui leur fervoit de Lutrin, & chantoient l'Office de mémoire & en cadence, fur des Livres non notés, la plûpart fans entendre ce qu'ils prononçoient. Les fons me parurent plus mélodieux que ceux de notre Pfalmodie, & approchant affez des airs Provençeaux. Les paroles de la Confécration furent prononcées à haute voix.

Au retour de l'Office, voyant que je ne pouvois rien tirer des Chrétiens Malabares ni des Syriens fur l'Apoftolat de Saint Thomas, je priai le Chorévêque George de me montrer l'endroit de la Confécration dans les différentes Liturgies dont on fe fervoit en Syrie & à la Côte Malabare [1]. Il m'écrivit lui-même ce qui étoit en Syriaque

---

(1) La premiere Liturgie que le Chorévêque George me montra, fut celle de S. Jacques, Evêque de Jérufalem, écrite à Merdin, où réfide ordinairement le Patriarche d'Antioche, & apportée dans l'Inde en 1751 par les Prélats Syriens. Voici la Traduction littérale de l'endroit de la Confécration. *Cum fe preparavit ad fubeundam mortem voluntariam pro nobis peccatoribus fine peccato, (Jefus) cœpit panem manibus facris, poftquam laudavit (Deum), benedixit & fanctificavit, fregit & dedit fuis Apoftolis fanctis, & dixit : fumite & comedite de hoc. Hoc est Corpus meum* (honah pagueri), *quod pro vobis & pro multis frangitur & datur in remiffionem peccatorum & vitam æternam. Amen. Similiter accepit ca-*

clxvj · *DISCOURS*

ordinaire & le Caçanare de Mamlafcheri, ce qui étoit en *Eſtranglo*. On fçait que ce dernier caractere eſt le plus

VOYAGE aux Indes Orientales, IIe. Partie.

licem & poſtquam laudavit (Deum), benedixit, ſanctificavit & dedit ſuis Apoſtolis ſanctis, & dixit : Sumite & bibite de hoc, vos omnes. Hic est Sanguis meus, (honah dami) *qui pro vobis & pro multis effunditur & datur in remiſſionem peccatorum & vitam æternam. Amen.*

Voy. la liſte des 31 Liturgies conſervées par les Maronites, dans les Notes d'Abraham Ecchellenſis ſur le Catal. des Livr. Chald. &c. d'Hebed Jeſu. Rom. 1653 ; la Nouv. Bib. choiſ. (par M. Barat). T. II. p. 184. (Il y a quelque différence dans les noms); & le Catal. des Mſſ. de la Bibl. du Roi, T. I. Mſſ. Syr. Nos. 31, 64, 65, 66, 68 & 94.

Je vis les mêmes paroles dans les différentes Liturgies, que renfermoit un volume précieux qu'on me montra. Ces Liturgies ſont celles de ſaint Jean, Évêque; des douze Apôtres; de ſaint Pierre; de ſaint Marc; d'Euſtathe, Patriarche d'Antioche; du Pape Jules ; de Mathieu, un des ſoixante douze Diſciples; de Jean Ebn (fils de) Khomham, Patriarche d'Antioche; de Denis Jacques Barſalibi ; du Pape Xiſte ; de ſaint Marout, Catholicos de Ninive; de Jacques, Patriarche d'Anthioche; de Thomas, Évêque de Germanicie; de ſaint Jacques, Évêque d'Urfa ; de Denis l'Aréopagiſte; d'Ignace, Diſciple de ſaint Jean, Patriarche d'Antioche; de Clement, Diſciple de ſaint Pierre; de Cyrille, Patriarche d'Alexandrie; de Philoxene, Évêque de Mambetch; de Jean Jacques, Évêque de Nizibe; de ſaint Jacques, Oncle de ſaint Ephrem; de Pierre, Patriarche d'Antioche; de Philoxene, Évêque de Baghad; de Sévère Moiſe, Bar (fils de) Caiphas ; de Jean Barmoudan, Patriarche d'Antioche; d'Ignace Bar oep, (ou Barceps) Patriarche de Merdin; de Gregoire, Patriarche d'Antioche; de S. Jacques, Frere de Jeſus-Chriſt; d'Abraham, Évêque d'Amid, dans le Diarbekir; de Mariſhac, Docteur de l'Égliſe Syrienne; de ſaint Pierre Apôtre (une grande & une petite) ; de Jacques, Évêque de Syroug en Syrie; de ſaint Philoxene; de S. Cyrille, Évêque de Ha, en Arabie.

Govea, Meſſe des Chrét. de S. Thomas &c. Præf. p. 78, 79. Aſſem. Biblioth. Orient. T. III. Part. 2. p. 302.

J'aurois été curieux de voir la Liturgie, dont ſe ſervoient anciennement les Chrétiens de ſaint Thomas : celle, par exemple, qui mettoit au nombre des Saints Neſtorius, Thedore de Mopſueſte &c. & dans laquelle, au rapport de Govea, la forme (de la Conſécration) vitiée faiſoit entendre qu'au Saint Sacrement de l'Autel étoit le Corps & le Sang de notre Sauveur ſeulement par figure : mais les Caçanares ne purent m'en montrer d'antérieure à l'Archevêque Meneſes : il fallut donc me contenter de celle que les Prélats Syriens avoient trouvée entre les mains des Schiſmatiques. Elle étoit en caractere *Eſtranglo*. Petros Caçanare de Mamlafcheri me donna l'endroit de la Conſécration, dont voici la Traduction littérale. *Ante ſuam Paſſionem (Jeſus) cœpit panem ſacris & venerabilibus manibus, & levavit oculos ſuos in cœlum ad te Deum Patrem ſuum omnipotentem, & laudavit te benedixit, ſanctificavit, fregit, dedit ſuis Diſcipulis, & dixit : ſumite & comédite, vos omnes de hoc.** Hoc est enim Corpus meum, *quod pro vobis & pro multis frangitur & datur in remiſſionem peccatorum & vitam æternam, pro illo qui capiet illud. Poſt cœnam, accepit etiam pretioſum illum Calicem in manus ſuas ſacras & venerabiles, & iterum laudavit te, benedixit, ſanctificavit, dedit ſuis Diſcipulis, & dixit : ſumite & bibite de hoc, vos omnes.** Hic est enim Calix mei Sanguinis *Teſtamenti Novi & æterni, Myſterium Fidei, qui pro vobis & pro multis effunditur in remiſſionem peccatorum & vitam æternam. Amen.*

**Dans le Syriaque ces paroles ſont les mêmes que dans la Liturgie de S. Jacques Évêque de Jeruſalem.*

Le Miſſel des Schiſmatiques & celui des Catholiques ſont actuellement les mêmes; ſeulement ces paroles, *quod pro vobis & pro multis frangitur & datur in remiſſionem peccatorum & vitam æternam pro illo qui capiet illud*, ne ſe trouvent pas dans le Miſſel des Catholiques, comme je l'ai reconnu, par l'Extrait que m'en a donné le Caçanare Catholique Mattaye Mattaye (c'eſt-à-dire, Mathieu, fils de Mathieu), Curé d'Anjikaimal.

PRÉLIMINAIRE.

anciens. Les lettres Syriaques ordinaires formées sur l'Estranglo sont attribuées à S. Jacques, Evêque d'Urfa, (Edesse), Docteur Syrien, qui florissoit sur la fin du septième siécle : ces Lettres sont maintenant reçues généralement, & même employées dans les Livres.

Je quittai Kandanate le 13 Janvier ; un séjour plus long dans cet endroit eut pû me trahir. Le Peuple avoit paru étonné de voir un Européen dans cette Contrée, & on lui avoit fait entendre que le Commandeur de Cochin m'avoit envoyé vers l'Archevêque pour quelqu'affaire. Je pris congé de ce Prélat, qui vouloit me retenir, & il fallut lui promettre que je reviendrois le voir. Je me rendis en une demie heure avec le Chorévêque George à Odiamper, qui est peu éloi-

---

Je priai ensuite le Chorévêque George de me donner sa Confession de Foi, en qualité de Jacobite. Il me l'écrivit lui-même en Syriaque, dans la chambre, & en présence de l'Archevêque Schokor eulla. En voici la traduction : *Nos Syrus Jacobita Orthodoxus Christianus verus (où veridicus) jure laudatus, credimus & confitemur secundùm Fidem trium Sanctorum Conciliorum Niceni, Constantinopolitani, Ephesini (contra Nestorium), Christum Deum nostrum, Deum perfectum & filium hominis perfectum* (em schamilio) *esse sicut nos, excepto peccato, in unitate admirabili & mirificâ sine separatione, & sine mixtione, unam personam & unam naturam incarnatam* (had kanouma o had kiona embassera) *veri Dei incarnati.*

Hac scripsi manu meâ debili ego Chorepiscopus Georgius Syrus Jacobita ex Urbe Khalep, anno 1758, primo Jan. V. st. (12 Janv. n. st.)

A la vuë de cette Profession, j'objectai au Chorévêque George que, si Jesus-Christ étoit *Dieu parfait & Homme parfait, sans mélange*, il devoit, en bon Logicien, reconnoître en lui deux natures. Sur cela il me demanda comment Dieu étoit né d'une Vierge. Je lui repondis que c'étoit par miracle. Et bien, me dit-il, c'est aussi un miracle qu'il n'y ait qu'une volonté & une nature incarnée en Jesus-Christ Dieu & homme parfait, sans mélange. Je voulus lui prouver que la comparaison n'étoit pas juste, & il mit la conversation sur un autre sujet. La réponse du Chorévêque George fait voir qu'en fait de Dogmes Religieux, il faut s'en tenir à l'autorité qui, des hommes, remonte à l'Être suprême, sans avoir recours aux raisonnemens toujours foibles contre celui à qui on aura accordé un premier mystere.

Avant que de quitter Kandanate, je demandai au Chorévêque George les différentes Ères des Peuples avec lesquels il avoit conversé. Selon lui, les Grecs étoient alors (le 12 Janvier 1758) en 7266 de l'Ère d'Adam (c'est celle de Constantinople); les Syriens, en 2069 de l'Ère d'Alexandre ; les Arméniens, en 1207 de leur Ère ; les Égyptiens, en 1474 de la mort des Martyres : ces quatre Peuples suivent encore l'Ère de Jesus-Christ. J'ajoute à ces Ères, celle des Juifs, qui me fut donnée à Matenchery par un Rabbin. Au mois de Janvier 1758 (de Jesus-Christ) répondoit le mois Schebat, de l'an 5518 depuis Adam : tous les trois ans, on intercale le mois Adar.

gné de Kandanate, fur la riviere de Mangakarao, dans un terrein qui forme une grande Anfe, du Sud-Oueft au Sud-Eft. L'Aldée eft maintenant prefque détruite. Les murs de l'Eglife où fe tînt le Concile, fubfiftent encore & ne préfentent rien de remarquable.

Ces deux endroits, Kandanate & Odiamper, font à l'Eft Nord-Eft de Matencheri : par l'Eft Sud-Eft du premier on va chez le Travancour, & par le Nord-Oueft, chez le Samorin.

Comme à mon retour j'étois feul dans mon balon, jeus la liberté d'obferver le giffement des lieux. Je partis d'Odiamper à onze heures, dix minutes. La riviere de Mangakarao va dans le Sud. En la defcendant, on voit au Sud Sud-Eft la riviere de Tchenmanon, qui arrofe l'Ifle de ce nom, fituée de même au Sud Sud-Eft, & fe rend à Coélan ; à droite, Peroumbalan, & une partie de l'Anfe qui defcend du Nord-Oueft. A onze heures, quarante-quatre minutes, la pointe de l'Anfe ; la riviere tourne un peu dans le Sud Sud-Oueft ; à gauche, l'Aldée de Tekenbardela ; à droite, au Nord-Oueft, la riviere de Schatembé qui mene à Cochin, avec une Aldée du même nom. A cinquante-deux minutes, la riviere fuit l'Oueft Sud-Oueft. A midi à gauche, au Sud Sud Oueft, Aerou, qui donne fon nom à une riviere qui defcend à Coélan ; l'entrée de cette riviere eft fort étroite : à droite, au Nord Nord-Oueft, Panangate. A midi, dix minutes, à droite, Kaïdapé: la riviere fuit l'Oueft Nord-Oueft. A vingt-cinq minutes, à gauche, Oueft un quart Sud-Oueft, Combelon, avec une riviere du même nom ; à droite, au Nord Nord-Oueft, la riviere de Caftelle: on apperçoit de-là Bendurté, à trois quarts de lieue, & une pointe de Caftelle. A trente-cinq minutes, à gauche, à l'Oueft, Caftelle, groffe Aldée, où les Hollandois ont des maifons de campagne. A cinquante-trois minutes, la riviere Nord Nord-Oueft, traverfée par des filets de Pêcheurs. A une heure l'Aldée de Marati, au Nord : la riviere fuit la même direction. A une heure, cinq minutes, à gauche font les dépendances de Caftelle ; à droite Anjikaïmal:

PRÉLIMINAIRE.

kaïmal : la riviere suit le Nord-Ouest. A seize minutes, à gauche, au Sud-Ouest, Palorte; à droite, Bendurté, au Nord Nord-Ouest : la riviere prend le nom de Palorte. A deux heures, à gauche, le Bazar Maure, & à deux heures dix minutes, celui des Juifs. A vingt minutes, Anjikaïmal reparoît. A vingt-trois minutes Matenchery.

À mon retour dans cette Aldée, je me trouvai logé assez commodément pour un Voyageur. Le P. Anastase avoit parlé de moi à un riche Juif nommé Elikh (Elie), dont la maison étoit près de la sienne. Ce Juif m'offrit obligeamment une petite chambre, qui lui servoit auparavant de Magasin, & je l'acceptai, comptant lui en payer le loyer. Ce fut chez lui que j'entendis parler des Priviléges accordés à la Nation Juive par Scharan Peroumal. Je lui témoignai l'envie que j'avois de voir un Monument si précieux ; & à sa recommandation le Moudeliar (le Chef de la Nation) qui demeuroit au Bazar des Juifs blancs, m'en prêta l'original : il le fit même avec une politesse à laquelle je ne devois pas m'attendre, & voulut bien me montrer sa Bibliotheque, qui consistoit en Livres Hébraïques imprimés & modernes, renfermés dans un coffre.

Les Priviléges des Juifs sont écrits en ancien Tamoul, & gravés sur deux lames de cuivre bien conservées, qui doivent se lire de gauche à droite, comme les Olles Malabares. La premiere lame est gravée des deux côtés ; la seconde, d'un seul côté & jusqu'aux trois quarts. Ces deux lames couvertes d'une troisiéme, sur laquelle il n'y a rien de gravé, entrent comme dans un étui, dans deux liens de cuivre, plats & larges d'un doigt [1].

J'emportai ces Lames chez moi, & copiai exactement

---

[1] Voilà le Monument que le Capitaine Hamilton, dans sa *Relation des Indes Orientales*, appelle les *Archives* des Juifs de Cochin, & qu'il prétend renfermer leur Histoire depuis Nabuchodonozor jusqu'au tems où il écrivoit : » They » (the Jews), dit cet Anglois, have a Synagogue at Couchin, not far from the » King's Palace, about 2 miles from the City, in which are carefully kept their » Records, ingraven on copper-plates in *Hebrew* characters; and when any of » the characters decay, they are new cut, so that they can shew their own » History from the Reign of *Nebuchadnezzar* to this present time.

» *Myn Here van Reede* before mentioned, about the year 1695, had an

l'Inscription qui étoit gravée dessus, lame par lame, & ligne pour ligne, telle qu'elle étoit dans l'Original. Ce travail achevé, je priai le Moudeliar de certifier l'exactitude de la copie. La ligne en Hébreu de Rabbin, qui est au bas de la Pl. III. est le Certificat de ce Chef des Juifs. Je voulus ensuite essayer d'en déchiffrer quelque chose avec les Caçanares les plus habiles ; mes efforts furent inutiles. Le Caçanare Mattaye m'avoua qu'il n'en pouvoit entendre un seul mot, qu'il y reconnoissoit seulement plusieurs lettres ressemblantes aux caracteres Tamouls actuels. A mon retour, passant par Mahé, je priai le Topaye de ce Comptoir d'en envoyer quelques lignes au Chef des Brahmes de cette partie de la Côte, résident à la Pagode de Taliparom, à huit grandes cosses de Mahé ; l'Archi-Brahme répondit qu'il les avoit montrées à plusieurs personnes habiles, sans qu'aucune pût y rien comprendre. Il me restoit un moyen dont je profitai. Le Rabbin Ezechiel, Pere du Juif chez qui je logeois, & Courtier des Hollandois à Cochin, avoit traduit cette Inscription en Hébreu de Rabbin,

» abstract of their History translated from the *Hebrew* into low *Dutch*. They
» declare themselves to be of the Tribe of *Manassek*, a Part whereof was,
» by order of that Haughty Conqueror *Nebuchadnezzar*, carried to the easter-
» most Province of his large Empire, which, it seems, reacht as far as Cape
» Comerin, which Journey 20000 of them travelled in three years from their
» setting out of *Babylon*. » (*A New Account of the East Indies*. Vol 1, ch. 26,
p. 321, 322.)

1°. Le Lecteur qui a sous les yeux la copie exacte de ce Monument, est en état de juger s'il est écrit en caracteres Hébraïques. Je n'ai vu, dans l'Original, aucun caractere retouché : on a seulement frotté les planches de blanc, pour faire sortir les Lettres. 2°. L'extrait communiqué au Commandeur Van Reede, ne renfermoit vraisemblablement que les détails que j'ai vûs dans le *Recueil Rabbinique* d'Ezechiël, sur l'Époque de Scharan Peroumal ; l'établissement des Juifs à Cranganor, leur retraite à Cochin après la prise de Cranganor par les Portugais, la distinction des Juifs blancs & des Juifs noirs &c. L'Inscription gravée sur les lames de cuivre, présente simplement les dons & Privileges accordés aux Juifs, dont le Chef étoit alors Joseph Raban ; tels que le droit d'aller sur des Éléphans, le don de soixante-douze maisons &c. 3°. Quant à l'origine de ces Juifs, je ne leur ai point ouï dire qu'ils fussent particulierement de la Tribu de Manassé, ni qu'ils eussent d'autres Monumens authentiques de leur ancienne Histoire, que la Bible. Mais sûrement on n'en trouvera aucun qui recule l'Empire de Nabuchodonozor ju'qu'au Cap Camorin. 4°. Le Cap Hamilton, avec la même exactitude, place dans le quinzième siecle (*Lib. cit.* vol. 1, ch. 24, p. 289) Scharan Peroumal, qui regnoit à la Côte Malabare, dans les huit & neuvieme siecle.

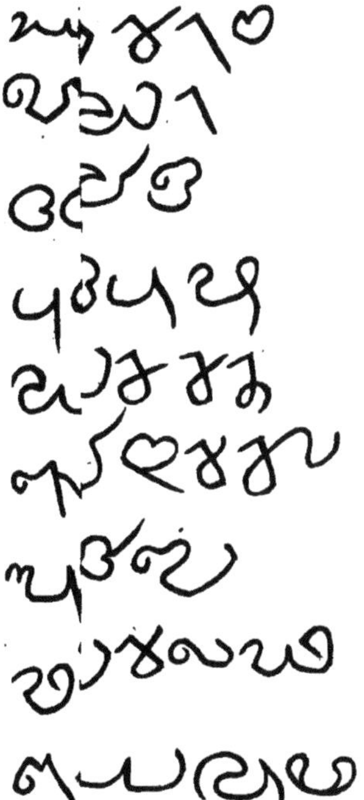

Pl. I.   *T.I.Disc. Prélim. p. clxxxj.*

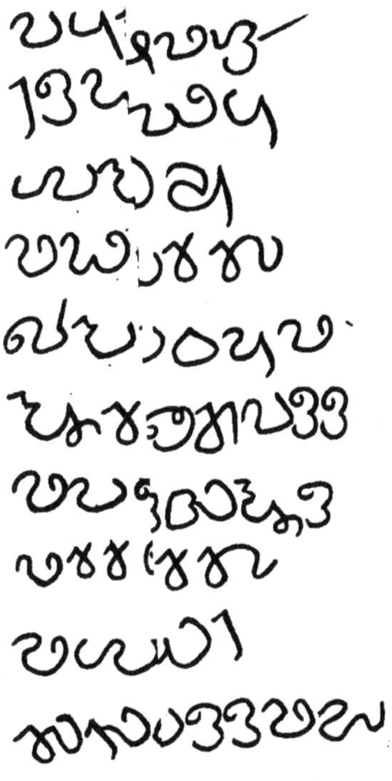

Pl. II.   T. Disc. Prélim. p. clxxvj.

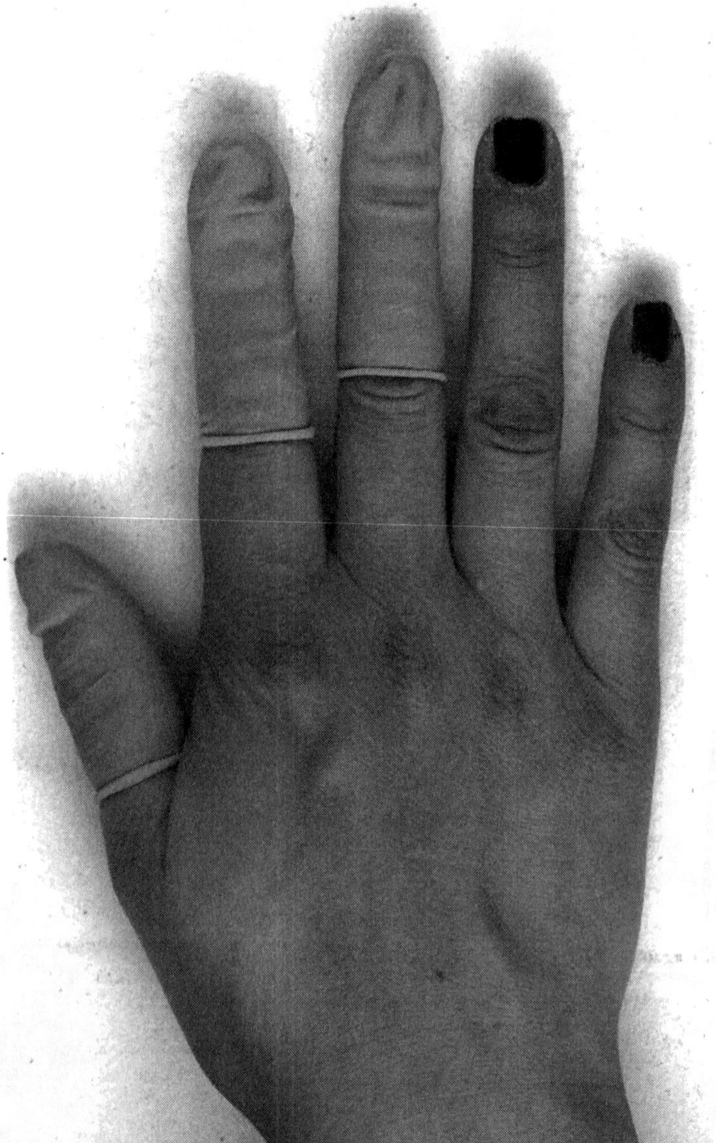

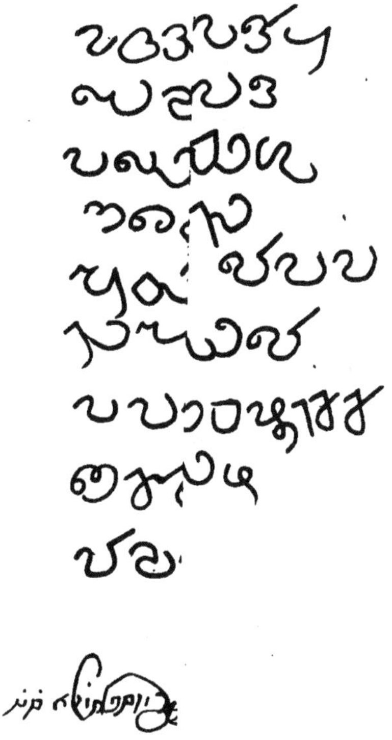

Pl. III.   Disc. Prélim. p. clxxxj

ಬಂಬಚ್ಚು
ಲಸುತ
ಬಲುಯಲ
ಾನಾ
ಹಂ ಬಬಬ
ನಂಯಂಲ
ಬಬಂಂಷಾಶ
ಅಸಳ
ಬಬ

PRÉLIMINAIRE. clxxj

sous la dictée d'un Brahme, à ce que me dit dans la suite le Moudi de Panani. J'allai en conséquence rendre visite à ce Rabbin, qui à la recommandation de son fils & du Secretaire Van Vechten, me prêta son Recueil Rabbinique. Ce Recueil renfermoit la lecture du Texte Tamoul en caracteres Hébraïques, avec la traduction en Hébreu de Rabbin sur chaque mot. Un jeune Juif, nommé David Cohen, me la copia en beaux caracteres Hébraïques avec les détails dont je viens de parler, & je tirai moi-même en deux nuits la copie de deux Cartes en caracteres Rabbiniques, que renfermoit le même Recueil; l'une, de l'intérieur des terres aux environs de Cochin, & l'autre présentant le dessein de quelques Monumens Indiens. Je compte, lorsque mes occupations me le permettront, donner en François la traduction Hébraïque des Priviléges des Juifs, comparée avec le Texte Tamoul, & avec les additions du Recueil d'Ezechiel. En voici le titre : *Traduction de ce qui est gravé sur l'Olle de cuivre donnée par Scharan Peroumal: Haatakah schel schefeod vehou ttaff nekhaschet sché natan Scheran Perimal.* A la fin on lit ces paroles : *zé hou khotam schel schirah Perimal*, c'est-à-dire, *tel est le sceau de Scharan Peroumal ;* & le trait ou caractere désigné par ces paroles est le même que celui qui termine l'Inscription Tamoule. Je n'entre pas dans de plus grands détails sur cette traduction ; je me contente pour le présent de donner l'Original, Monument qui doit paroître précieux à ceux qui sont curieux de Littérature Orientale.

La traduction Samskretanne des Priviléges accordés aux Chrétiens de Saint Thomas étoit copiée. Je voulus la mettre en François, & me rendis pour cela à Anjikaïmal, où j'en fis une traduction libre sous la dictée du Caçanare Mattaye, qui me l'interprétoit en assez mauvais Portugais. J'envoyai ensuite à M. l'Evêque d'Areopolis la copie que le Caçanare m'a faite de la traduction Samskretanne des Priviléges, le priant d'en certifier l'exactitude, & de me marquer ce qu'il sçavoit de l'Original même. On m'avoit dit que cette piece étoit à Coëlan. En attendant la réponse du Prélat, je profitai du voyage que fit à Matencheri le Caçanare Mattaye, pour m'instruire

Voyage aux Indes Orientales, IIe. Partie.

Ci-d. p. clxx. suite de la note art. 2.

Voyez les Pl. I. II. & III.

y ij

DISCOURS

de plusieurs choses concernant la Côte Malabare [1].

[1] Ce Caçanare me donna d'abord une copie nette de l'Alphabet Samskretan, usité à la Côte Malabare. Cet Alphabet est composé de seize voyelles ; (*a* , *a* , *i* , *ī* , *ou* , *oū* , *ir* , *īreu* , *ileu* , *īleu* , *é* , *ai* , *o* , *au* (*aou*) *am* , *ah*), & de trente-cinq consonnes (*ku* , *kha* , *ga* , *gha* , *gnha* , *scha* , *schha* , *ja* , *jha* , *gnha* , *da* (prononcé des dents) , *dha* , *da* (prononcé du Palais) , *dtha* , *nna* , *ta* , *tha* , *da* , *dha* , *na* , *pa* , *pah* , *ba* , *bha* , *ma* , *ja* , *ra* , *la* , *va* , *scha* , *scha* , *sa* , *ha* , *lla* , *kscha*). J'ajoutai quelques variantes qui me furent données par un Topaye Hollandois. On sçait que, pour former les syllabes, l'usage, comme dans le Tamoul de la Côte de Coromandel, est de marquer les voyelles par des traits ajoûtés aux consonnes, & différens de seize voyelles meres. Ces trente-cinq consonnes combinées de six autres manières, forment six différens grouppes de consonnes & de voyelles. Le même Alphabet m'a été donné à Mahé, les caracteres un peu plus arrondis. Ce Samskretam s'appelle encore *Ariom*.

Le second caractere usité à cette Côte est le Tamoul, appellé *Batte-ejouttou*, c'est-à-dire, *caractere rond*. L'Alphabet renferme treize voyelles & dix huit consonnes. Celui qui m'a été donné à Mahé approche par sa forme quarrée des caracteres des Lames Juives. Les Maures, depuis Cochin jusqu'à Mangalor, se servent du caractere Tamoul. Lorsqu'on l'allonge un peu ; c'est le *kole ejouttou*, (*le caractere long*) qui est d'usage dans les actes, & forme la troisieme sorte d'écriture. Ce Tamoul suit la même marche que celui de la Côte de Coromandel : la forme des voyelles est différente; mais plusieurs consonnes paroissent les mêmes. Il seroit difficile de décider lequel des deux est le plus ancien. Seulement on peut croire d'après les Lames juives, que le Tamoul de la Côte Malabare existoit au moins dans le neuvieme siecle ; & c'est peut-être le seul Monument qui puisse faire foi, à moins qu'il n'y ait dans quelque Pagode des Inscriptions gravées sur la pierre : car les Olles de palmier, au bout de cent ans, sont à demi-rongées de vers. On voit que le manque (ou du moins la rareté) de Monumens authentiques couvre les Antiquités Malabares d'une obscurité, qu'on désespereroit presque de voir jamais dissipée.

Les chiffres malabares different un peu des Lettres de l'Alphabet. Les dixaines, centaines, &c. se forment comme à la Côte de Coromandel, en mettant le plus petit nombre le premier ; par exemple, deux dix=10, trois cents=300, &c. Dans le Samskretam, les unités, les dixaines & les centaines , sont formées par les vingt-huit premieres lettres de l'Alphabet : le reste, en mettant le petit nombre le premier ; dix cent mille=un million, &c.

Les Chrétiens de saint Thomas, indépendamment des caracteres malabares, se servent encore de l'Alphabet Syriaque moderne mêlé d'*Estranglo* : mais comme plusieurs Caçanares entendent le Malabare sans pouvoir le lire, & que les Missels Syriaques qu'ils ont continuellement entre les mains, leur rendent les caracteres Syriaques plus familiers, quoique souvent ils ignorent la langue même ; pour leur donner la facilité d'écrire le Malabare en caracteres Syriaques, on a ajouté à ces caracteres huit lettres destinées à exprimer les sons Malabares que ces caracteres ne peuvent pas rendre exactement. Ces huit lettres se nomment *Karsoundes*. Par exemple, si l'on veut écrire en Syriaque le mot *Tampouran*, qui signifie *Dieu*, en Malabare, il faut employer l'*r karsound*, parce que le *resch* Syriaque ne rend pas pleinement l'*r* de la syllabe *ran*. Quelques-unes des lettres *karsoundes* sont prises du Malabare, d'autres approchent du Samskretan, ou paroissent arbitraires.

Les Malabares n'ont pas d'autre instrument pour marquer les heures qu'un petit

PRÉLIMINAIRE. clxxiij

Je reçus le 16 Janvier la réponse de M. l'Evêque d'A-
reopolis, avec le Certificat que je lui avois demandé [1].
Ce Prélat me promettoit en même-tems de faire chercher le Particulier qui possédoit l'Original des Priviléges.
Cette promesse me fit naître l'idée du Voyage de Coélan.
Je me flattois de trouver chez les Chrétiens la même facilité que chez les Juifs. Je crus devoir faire part de mon
projet à M. l'Evêque d'Areopolis, qui m'en détourna par
sa Lettre du 18 Janvier, la derniere que j'aye reçue de lui.
Le Prélat dans cette Lettre me marque d'abord que la copie des Priviléges qu'il m'a communiquée a été faite par
un homme habile, sur l'Original, gravé sur des lames de
cuivre, & cela par l'ordre de son prédécesseur M. Jean-
Baptiste-Marie de Sainte Thérese, Evêque de Limire,
Vicaire Apostolique, qui avoit passé trente-trois ans à
Veraple, & de qui il tenoit ces particularités. Il m'assure en second lieu, que je ne trouverai pas à Coélan
l'Original des Priviléges, parce que ce n'est pas l'Eglise
du lieu qui le possede, mais une famille Schismatique qui

Voyage aux Indes Orientales, IIe. Partie.

---

vase de cuivre, rond & percé par le fond; l'eau entre par le trou, & fait enfoncer le vase au bout d'un intervalle de tems, nommé *Najika*, & dont soixante forment le jour, *Devasam*. Le *Najika* se partage en soixante *Vinaïgas*, le *Vinaïga*
en six *Birpés* (la respiration), le *Birpé* en dix *Kenikans*, le *Kenikam* en quatre
Mattirés, & le *Mattiré* en huit *Kanni'nas* (clins-d'œil) ou *Caignodis* (l'action
de frapper le doigt du milieu avec le pouce.

Les Malabares pesent avec une sorte de Romaine nommée *Belicol*. Leur plus
grand poids est le *Titan*, égale à peu-près à seize livres un quart hollandoises.
Le *Titan* se partage en 100 *Pulons*, le *Palon* en douze *Kalanges*, le *Kalange*
en 10 *Pouties* (Fanons d'argent composés d'or, d'argent & de cuivre.)

[1] *Privilegia quæ in his tribus foliis continentur Litteris Malabaricis scripta;
à Cherumal Perumal ultimo Malabarium Imperatore Christianis Sancti Thomæ data,
& in laminâ cupreâ exarata, quæ usque hodiè in Oppido Collam apud Christianos
asservantur: jussu Opt. Mem. Illustrissimi ac Reverendissimi D. Joannis Baptistæ-
Mariæ à Sancta Theresia Episcopi Limi-ensis, in Provinciis Malabarium Vicarii
Apostolici transumpta sunt ac transcripta. Quod autem, à Præfecto Antecessore
nostro, scilicet Illustrissimo & Reverendissimô D. Joanne Baptistâ-Mariâ, ita
accepimus, quod ve hac præsens transcriptio concordet cum prædicto transumpto,
fidem facimus subscribendo eam manu propriâ, & Sigillo nostro muniendo. Datum
Varapoli in Indiis Orientalibus apud Malabares, die 16 Januarii, anno Domini
1758.*

Place du Sceau (Signé) *J. Florentius à Jesu,
Episcopus Areop. Vic. Apost. Malab.*

de crainte que ce Monument ne lui soit enlevé, dit tantôt qu'elle l'a, tantôt qu'elle ne l'a pas ; que dans une affaire comme celle-là, cette famille n'aura pas plus d'égard pour son propre Evêque Schifmatique que pour tout autre, & qu'ainsi cette recherche demande du tems, & une personne non suspecte. 5°. Sur ce que je lui avois marqué des Priviléges accordés aux Musulmans, M. d'Areopolis m'avertit que si je ne les trouve pas dans leur Bazar près de Matencheri, ceux de Panani, quand ils les auroient, ne me les montreront pas ; que les Juifs blancs faits au Commerce des Européens sont plus communicatifs : mais que les Noirs, Chrétiens Maures, ou Juifs sont naturellement défians. Le Prélat finit en ajoutant que la copie des Priviléges qu'il m'a communiquée, *est transferée parole par parole, c'est-à dire comme elle est en son Original : mais*, dit ce Prélat, *si elle (l'Original) est écrit en caracteres Samoscardis, comme je vous le donne, ou en caracteres Tamuxam (Tamouls) ; je n'ai pas occasion de m'informer ; avec le tems je tâcherai de me faire éclaircir sur ledit Original.*

Ces dernieres paroles ont rapport aux questions que j'avois faites à M. l'Evêque d'Areopolis, au sujet de la copie Samskretanne. Il la regardoit comme faite sur l'Original écrit du tems de Scharan Peroumal ; & moi je pensois que ce n'étoit qu'une traduction, surtout depuis que j'avois copié les Priviléges des Juifs. En effet il est naturel de croire que ces différens Priviléges étant du même tems, & venant du même Prince, auront été écrits dans la même Langue & dans les mêmes caracteres, c'est-à-dire en Tamoul. D'ailleurs il y a apparence que cette Langue s'employoit alors comme à présent dans les Actes publics. Je ne pressai pas davantage le Prélat.

Après ces éclaircissemens sur l'Original & la traduction Samskretanne des Priviléges accordés dans le neuviéme siécle aux Chrétiens de la Côte Malabare, je pense qu'on ne sera pas fâché d'en trouver ici la traduction. J'ai mis entre deux crochets les mots que j'ai été obligé d'ajouter pour lier les phrases & rendre le sens plus clair.

PRÉLIMINAIRE. clxxv

« (Ainsi parle) Scharan Peroumal, dans son Olle de
» cuivre.

» De cette maniere est conçu ce qu'il a ordonné en fa-
» veur de l'Eglise (des Chrétiens de Saint Thomas). Ces
» Priviléges sont gravés (sur quatre Olles de cuivre).

» Énoncé (ou substance) de la premiere Olle.

» L'an cent mille d'Eravi [1], Aïeradiguel (Scharan
» Peroumal) qui est la personne du Roi, son Ministre, les
» cinq Castes (les Seigneurs) Manigramom, Pounnatala-
» padiom, Poulakoudipadiom; après avoir pris conseil,
» ont fait (tel) don à l'Eglise. Aïeradiguel &c. son Mi-
» nistre &c. ont donné à l'Eglise quatre familles de Ceylan
» (de Tives [2]) & huit de Pujukkiares (autre Caste) habi-
» tans (de Ceylan). Ces douze personnes (familles) & une
» (de la Caste) de Vennera, sont obligées de payer à l'E-
» glise les droits dont elles sont redevables au Roi, lequel
» en a fait & fait (par ces Présentes) don à l'Eglise.

» Énoncé de la seconde Olle.

» Deux familles (de la Caste) Yropvarom, une famille
» de Tascheroms (Charpentiers), quatre familles de Cey-
» lan (de Tives), une famille (de la Caste) Kourivannerom,
» quatre familles de Velalers (de Naires); ces douze per-
» sonnes (familles) sont esclaves de l'Eglise, données à
» l'Eglise & au Peuple, pour diminuer les dépenses (par
» leurs services). L'Eglise a été mise en possession de tous
» ces droits avec l'eau [3], les feuilles &c. Aïeradiguel &c.
» & le second Roi Tama, les Conseillers & les Marambis,
» & six cens personnes de la Maison du Roi, Pounnata-

Voyage aux Indes Orientales, IIe. Partie.

[1] Les Priviléges des Juifs, selon la Traduction hébraïque, sont du même Prince, Roi de Cranganor, & à peu-près de la même date :

Schem melek guezirah harbeh meot alaf schenah.... Knaganor Birvi barmen tirvaddi pallé gour aïrté addé.... Magoderikott

Hébreux. Tamoul.

[2] Ceci confirme ce qui a été dit ci-devant, p. cxlvj, de l'arrivée des Tives à la Côte Malabare du tems de Thomas Knaye. Les Tives & les autres habitans de Ceylan établis à la Côte, étoient obligés, comme Etrangers, à des droits, que Scharan Peroumal affecte aux Eglises des Chrétiens, dont Thomas Knaye professoit la Religion.

[3] Lorsqu'on met quelqu'un en possession d'un Pays, on le couvre de feuilles & de terre, on lui verse de l'eau sur le corps, pour marquer qu'on lui livre tout ce dont est composé le bien qu'il acquiert.

DISCOURS

» lapadiom, Poulakoudipadiom, ayant pris conseil, ont
» fait & font don près (de Cranganor, où réside Scharan
» Peroumal), à l'Est, de tout Vailekave, à l'Est de Kaï-
» lour, de Tchennouvadin, de tout ce qui est à l'Est de la
» Mer, au Nord, de tout Tornatoton, du Nord à l'Est, de
» Pounnatalé andiloum, & de tout ce qui est compris entre
» ces limites, (pour que l'Eglise en jouisse) sans interrup-
» tion, tant que le Soleil & la Lune dureront. Le Roi en a
» passé l'acte sur une Olle de cuivre. Aïeradiguel &c. le
» second Roi Tama & les Conseillers, ont décidé unani-
» mement que le Pays & ses Habitans dépendroient, même
» pour le temporel, de l'Eglise qui aura pouvoir de punir &
» de pardonner. L'Eglise recevra aussi le droit de Capita-
» tion & de mammelles [1]; elle gouvernera avec une au-
» torité absolue en qualité de Seigneur; elle jugera les cri-
» mes, & aura sur le Peuple un pouvoir incontestable.
» Les six cens personnes de la Maison du Roi, les cinq
» Castes, & Manigramom, doivent veiller à l'exécution
» des présens Ordres, tant que dureront l'Eglise, la Terre,
» le Ciel & la Lune, & pour toujours, comme il est écrit
» dans l'Olle de cuivre. Aïeradiguel étant dans la Pago-
» de de Vaïkam & le second Roi Tama ont accordé
» tous ces Priviléges.

» Énoncé de la troisiéme Olle.

» Pour faire des marchés, vendre des meubles, ache-
» ter des esclaves ou faire tout autre commerce, il faut
» avoir l'approbation de l'Eglise (& lui payer les droits
» prescrits). Les cinq Castes, & Manigramom, doivent veil-
» ler à la conservation de ces droits, & de celui qu'ont les
» Chrétiens, de monter sur des Éléphans le jour de leurs

---

[3] Les hommes paient ce droit, à raison de leur tête; & les femmes, à raison de leur sein; parce que c'est l'homme qui agit & dirige : les femmes ne font quelque chose que par leurs enfans.
Les noms de Castes, de Dieux, & les autres noms propres qui ne sont pas expliqués en parenthèse, sont maintenant inconnus. Les Indiens des Castes affectées au service ou à la défense des Eglises, font encore le Salam aux Prêtres Chrétiens, quand ils les rencontrent. L'Eglise a droit de faire travailler les Ouvriers à plus bas prix que le reste du Peuple.

» nôces.

PRÉLIMINAIRE. clxxvij

» nôces. Les Conseillers ont encore donné aux Chrétiens
» soixante-douze maisons neuves. Le Roi Aïeradiguel étant
» dans la Pagode de Vaïkam avec le second Roi Tama,
» ses Conseillers, six cens personnes de sa maison, Poun-
» natalapadiom, & Poulakoudipadiom, après avoir tenu
» Conseil, ont donné ces choses à l'Eglise, (pour qu'elle
» en jouisse) tant que la Terre, le Soleil & la Lune dure-
» ront. Ces Priviléges sont écrits sur une lame de cuivre.
» Les cinq Castes & Manigramom doivent défendre ces
» droits, s'il s'excite à ce sujet quelque différent. Par la
» cérémonie de l'eau, le Roi les a accordés (à l'Eglise),
» comme une chose qui lui appartiendroit par droit d'a-
» chat, tant que la Terre, le Soleil & la Lune dureront.
  » Énoncé de la quatriéme Olle.
  » Tous les Priviléges énoncés ci-dessus & accordés à
» l'Eglise sans aucune différence (c'est-à-dire, sans distinction de telle ou telle Eglise, & sans modification), sont
» écrits sur un Olle de cuivre, & scellés de son (du Roi) sceau.
» Dans les Bazars & les murs de ces (bazars) où sont nourris
» les Tives de l'Eglise & les Panens (Tailleur d'habit) qui la
» servent, si ces (gens) commettent quelque faute, l'E-
» glise a droit de les punir, tant que dureront la Terre, le
» Soleil & la Lune, comme il est écrit sur cette Olle de
» cuivre. Le Roi a accordé ces droits. Que Dieu conserve
» celui qui fera exécuter ces ordres ! Ecrit par Aïera (peut-
» être, donné par Aïeradiguel).
  » Soit témoin Bellacoul Tchandirenoum (la Lune).
  » Soit témoin Vischeïa Naraïnen (Vischnou).
  » Soit témoin Idirafchi oudiakarnen nadonem.
  » Soit témoin Madinaïa binavadinem.
  » Soit témoin Kanan nandienna.
  » Soit témoin Naladirenjou tirien.
  » Soit témoin Kamen kanen.
  » Soit témoin Tchanden kanen.
  » Soit témoin Kanden tcharen.
  » Soit témoin Yakondayen.
  » Soit témoin Kanavadi adittianen (fils de Vischnou,
  » représenté sous la figure d'un Éléphant).
  Tome I. z

» Soit témoin Mouriguen tchaden.
» Soit témoin Mouriguen kamapien.
» Soit témoin Poulkouri tanouartanen.
» Soit témoin Pountaley kodi oudoudeyan aikanen.
» Soit témoin Pountaley kourania koumaraïa kanen.
» Soit témoin Schamboudou veria.

„ [1] Lorsque le Bazar de Cranganor subsistoit, c'étoit
„ autrefois le Bazar de Coilon Cranganor. Sacraverin, Con-
„ seiller, vint trouver le Roi, & lui demanda un terrein
„ long de quatre mille quatre cens quarante-quatre cobes [2]
„ d'Éléphant couvert d'arbres, consistant en mattes. Le
„ Roi le lui accorda.

» Au tems où Jupiter étoit dans le premier Signe (*Kom-*
» *bo*, le jour *Rooni*, le Samedi (*Tchani*), neuviéme de
» *Magarmas* (Janvier), le septiéme jour de la Lune, dans
» le Palais d'Irignale koudi, qui est une Pagode, Thomas
» Knaye, Chrétien Paradischi [3], a reçu par écrit ces Pri-
» viléges, avec les tambours, les trompettes, les feuilles,
„ l'eau de rose, les fusils : le Cordon de Brahme, le So-
„ leil & la Lune en sont témoins. Écrit par le second Roi.

Ensuite est écrit :
„ Moi Mattaye, Caçanare d'Anjikaïmal, ai transcrit ces
„ Priviléges l'an 1758, le 14 de Janvier [4].

---

[1] Ou, *Près du Bazar de Cranganor*..... *Sacraverin*..... *demanda un terrein*..... Voy. ci-d. p. clxxv.
[2] Longueur comprise entre le pied & le genouil de l'Eléphant.
[3] C'est-à-dire, *Européen*, selon le Caçanare Mattaye. Peut-être faut-il lire
Padeschahi; c'est-à-dire, *sujet du Roi de Perse* : selon la Tradition du Pays, & au
rapport de M. l'Evêque d'Aréopolis & des Peres Carmes, Thomas Knaye étoit
un Marchand Armenien.
[4] Tels sont les Privileges dont jouissoient autrefois les Chrétiens de Saint
Thomas. Il est dit positivement dans les Olles, qu'ils furent accordés par Scharan Peroumal; & à la fin de la quatrieme, que l'acte qui les renfermoit, fut
donné à Thomas Knaye Il suit de-là qu'on ne doit pas distinguer avec Gouvea les
Privileges accordés par Scharan Peroumal, de ceux qu'obtint Thomas Knaye. 2°.
L'époque du Monarque Indien, qui répond incontestablement aux huitième & neu-
vième siécles de l'Ere Chrétienne, sixe celle de Thomas Knaye, qu'on ne peut par
conséquent placer, avec la Crose, avant le sixieme siècle. 3°. Les honneurs, les biens,
les familles, les soixante-douze maisons & le terrein donnés à l'Eglise, supposent des Chrétiens formant un corps dans l'Etat, du tems même de Thomas Knaye,
& ne peuvent regarder uniquement les enfans de sa femme légitime & ceux de
sa concubine, cette fille de Blanchisseur que l'Empereur lui avoit donnée pour
Mosse.

Avant que de quitter Cochin, je priai le Chorévêque

Quelle est donc l'origine du Christianisme dans l'Inde ? Je crois que cette question ne peut être décidée par les Monumens qui existent actuellement dans cette Contrée. Ce qu'on dit d'un Mage, qui avoit le titre de *Mannaca vasser* (mot qu'on prétend signifier *Manicheen*), & qui passa dans l'Inde où il répandit sa doctrine, ne m'a été confirmé par aucun Chrétien de Saint Thomas, Catholique, ni Schismatique.

Mais, sans m'arrêter aux autorités vraies ou supposées, je dis que ceux qui connoissent l'Orient ne trouveront rien d'impossible, ni même d'extraordinaire dans l'Apostolat de Saint Thomas aux Indes Orientales. Les Caravanes de Syrie pour Bassora, marchoient alors comme à présent. Les Arabes alloient aux Indes tous les ans, & débarquoient aux environs des lieux nommés maintenant Calicut & Mazulipatam. J'ajoute que, selon une opinion reçue dans le Pays, plusieurs Chrétiens de Chaldée, fuyant, dans le septieme siecle, la persécution des Mahométans, s'embarquerent à Bassora, & vinrent s'établir parmi les Chrétiens de Saint Thomas.

Je reviens à Thomas Knaye. M. Assemani (& après lui, Raulin) en fait un Évêque Syrien, que Thimothée, Patriarche Nestorien, envoya dans l'Est prêcher l'Evangile, vers l'an 800 de J. C. Ses deux femmes ne sont, selon ce Sçavant, que les deux Eglises qu'il a gouvernées. Les tems se rapportent assez : mais la méthaphore est un peu forte, surtout relativement aux Chrétiens qui sont traités de bâtards. D'ailleurs la distinction qui existe actuellement dans le pays, rend nulle l'explication du Sçavant Italien. Les descendans de Thomas Knaye sont encore une partie considérable des Chrétiens de Saint Thomas, & sont divisés en deux classes. Ceux qui viennent de la branche légitime, sont nommés *Bubkombayes*, c'est-à-dire, *enfans du Nord*; & ceux qui viennent de la branche bâtarde, *Tekembayes*, c'est-à-dire, *enfans du Sud*. Ces derniers ont cinq Eglises & la moitié d'une Eglise : les autres Eglises de ces Chrétiens, sont aux enfans légitimes.

Les enfans du Nord, ainsi que tous les Chrétiens de Saint Thomas établis de ce côté, se servent de l'Ère de Vaïpin, qui commence au temps où cette Isle a été découverte & peuplée, c'est-à-dire, au mois de Sept. de l'an 1341 de J. C. Les enfans du Sud, avec les Chrétiens de cette Partie, emploient l'Ère de la Fondation de Coulan, qui répond au mois d'Août de l'an 822 de J. C. Tous ces Chrétiens sont actuellement soumis à différens Princes ; mais ils relevent plus particulierement du Roi de Cochin qui a hérité des droits de leur dernier Roi, mort sans Successeur.

Je ne répéterai pas ce que la Crose & Raulin nous apprennent de l'état de ces Chrétiens avant & depuis le Concile d'Odiamper, d'après Govea & les PP. Vincent Marie de Sainte Catherine de Sienne, & Joseph de Sainte Marie. Je vais seulement rapporter quelques traits postérieurs aux événemens qui terminent l'Histoire de la Crose ; ils éclairciront ce qu'on lit à ce sujet dans Raulin.

Le P. Joseph de Sainte Marie, Carme, Archevêque d'Hierapolis, & Vicaire Apostolique à la Côte Malabare, étant obligé, après la prise de Cochin par les Hollandois, de quitter cette partie de l'Inde, laissa le Gouvernement de l'Eglise des Chrétiens de Saint Thomas, au Caçanare Alexandre de Campo, qu'il avoit sacré Evêque de Megare. Il lui donna en même tems, pour Conseil, le Pere Mathieu de Saint Joseph ; ce qui n'empêcha pas l'Archidiacre Thomas de Campo de soulever les Chrétiens contre le nouvel Evêque. Le Pere Mathieu ayant ensuite été appellé à Goa, fit venir à la Côte le P. Corneille de Jesus-Nazareth qui eut beaucoup à souffrir des menées du même Archidiacre ; &, après avoir passé deux

VOYAGE aux Indes Orientales, IIe. Partie.

La Crose, lib. cit. p. 62.

Bbl. Orient. T. II. 2e. Partie, p. 441, 443. Hist. Eccles. Malabar. p. 434.

Lib. citati

Raulin, lib. cit. p. 442. Mss du P. Cl. Missionnaire de Neliceram.

George Nameteulla de s'informer de l'état des Chrétiens de

Mss. du P. Cl.

Relat. abregée des Missions de la Serre, envoyée d Rome le 20 Janvier 1687; tirée t Mss. du P. Claude.

ans dans cette Ville, il revint à Cochin. La conduite de ce Missionnaire étoit reconnue pour irréprochable. La Médecine qu'il exerçoit habilement, lui attira l'estime du Commandeur Henri van Rheede qui, à sa considération, rappella de la Serre, l'Evêque Dom Alexandre de Campo. C'est à lui que l'on a en partie obligation de l'*Hortus Malabaricus*. En 1674, ce Pere, assuré de la protection du Commandeur, demanda à Rome des Missionnaires & un Coadjuteur à Dom Alexandre de Campo, auquel l'âge ne permettoit pas de remplir tous les devoirs de sa place. La Congrégation de la Propagande envoya promptement quatre sujets, dont deux arriverent heureusement à la Côte; le Pere Ange François de Sainte-Therese, Vicaire Apostolique, & le Pere Barthelemy, qui, deux ans après, mourut empoisonné, au rapport de quelques-uns, par les Schismatiques. Il fut ensuite question de donner un Coadjuteur à Dom Alexandre de Campo; le choix tomba sur Dom Raphaël de Solgade, natif de Cochin, qui avoit été Chanoine de la Cathedrale de cette Ville. Ce choix ne pouvoit que déplaire aux Hollandois, parce que Don Raphaël tenoit aux Portugais; & il fut difficile de le faire aggréer à l'Evêque Dom Alexandre, qui avoit jetté les yeux sur son neveu, Mathieu de Campo.

Sur ces entrefaites, le Pere Mathieu fut rappellé à Goa, pour remplir le poste de Visiteur. Il laissa à la Côte trois Missionnaires nouvellement arrivés de Rome; les PP. Pierre Paul de Saint François, Armand de Saint Elie & le Prêtre Bartholomé Anne, natif d'Alep. On prétend que les Hérétiques avoient tenté de les empoisonner, & que le Pere Armand mourut Victime de leur animosité.

Après bien des difficultés, Alexandre de Campo reconnut Dom Raphaël pour son Coadjuteur, dans une Assemblée tenue en 1682 à Schouveré; & l'année suivante, le Bref de confirmation étant arrivé, il l'admit en cette qualité dans une Assemblée publique tenue à Rapolin, & déclara qu'à cause de son grand âge, il se déchargeoit sur lui d'une partie de ses fonctions.

Raphaël se voyant en pied, voulut usurper toute l'autorité, & refusa bien-tôt de reconnoître Alexandre qu'il traitoit d'incapacité. Cette conduite aliéna les esprits, & occasionna de grandes divisions. Le nouvel Evêque trouva un Ministre de ses passions dans le Syrien Barthomoloé Anne. Ce Pere, après avoir échappé au poison des Schismatiques, s'étoit d'abord fixé à Veraple, où l'on l'avoit chargé d'instruire les Cathécumenes: mais ayant séduit une de ses Disciples, il avoit été obligé de quitter cette Mission. Ne sçachant où donner de la tête, il se retira auprès de l'Evêque Raphaël, qui lui donna toute sa confiance. On verra plus bas les excès auxquels ils se porterent. Après la mort de Raphaël, les remords de la conscience, soutenus de la maturité de l'âge, firent rentrer le Pere Bartholomé en lui-même : il demanda pardon des fautes qu'il avoit commises, & obtint dans la suite le Vicariat de Palleporte. Sentant sa fin approcher, il se fit transporter à Veraple où il mourut dans les sentimens d'un vrai pénitent.

La révolte de Raphaël contre l'Evêque Alexandre & sa conduite scandaleuse, obligerent en 1687 les Carmes d'envoyer à Rome pour demander un autre Coadjuteur à Dom Alexandre. Le Pere Laurent-Marie fut chargé de la commission. Il portoit à la Propagande des lettres des PP. François Armand & François Innocent, qui constatoient le triste état de la Mission, & servoient de réponse à celle que Raphaël avoit écrite sur le même sujet.

Le Pere Laurent Marie avoit fait lui-même une Relation de ce qui concernoit la Serre, adressée au Procureur-général de son Ordre, dans laquelle il exposoit tous

PRÉLIMINAIRE. clxxx

Saint-Thomas, avant l'arrivée des Portugais ; de faire

les griefs que les Peres de la Mission avoient contre Raphaël. Il commence dans cette Relation par faire connoître les Chrétiens de Saint Thomas, & parle ensuite des Evêques Schismatiques ou Jésuites qui les ont gouvernés. Le Vicaire Apostolique Joseph de Sainte Marie, ayant été obligé de se retirer en 1664, le Patriarche de Babylone, sollicité par l'Archidiacre, envoya à la Côte un certain George, en qualité de Patriarche, qui mourut au bout de six ans dans l'Eglise de Paru en odeur de sainteté chez les Schismatiques. Il leur vint en 1677 de Baghdad un autre Patriarche nommé Andraos, que les Carmes d'Alep annoncerent comme un Prêtre Jacobite renegat. Ce Prélat se fit mépriser des Schismatiques par la passion qu'il avoit pour le vin, & mourut en 1683. Deux ans après arriverent de Baghdad trois autres personnages ; un Patriarche qui mourut au bout de trois mois, un Evêque, & un simple Religieux. Ces trois Syriens étoient Jacobites, & semerent leurs erreurs parmi les Chrétiens.

L'Archidiacre Thomas de Campo qui avoit demandé un Evêque au Patriarche de Babylone, mourut en 1677 d'un coup de tonnerre. Quelque temps après, son frere montant sur une chaise *, lorsqu'on le présentoit au Peuple, tomba & mourut de cette chûte. Il fut remplacé par son neveu nommé aussi Thomas, qui avoit été ordonné par l'Archidiacre, & qui mourut en 1686, après avoir gouverné cette Eglise près de huit ans.

Après ces détails, le Pere Laurent-Marie fait sçavoir au Pere Procureur que le Commandeur Nosburg a promis aux Missionnaires de soutenir les Evêques que la Cour de Rome enverroit, après la Mort d'Alexandre de Campo ; mais que les Hollandois, ennemis de Raphaël, qui étoit de Race Portugaise, & sur-tout le Commandeur Van Reede contre l'avis duquel il avoit été élu, & qui alloit revenir à la Côte Commissaire-Général, favoriseroient à son préjudice les Evêques Schismatiques. Le Pere Laurent-Marie expose ensuite les griefs qu'il a lui-même contre Dom Raphaël ; griefs qui le portent à demander son rappel à Goa, si l'on n'envoie pas de Rome un autre Evêque. Le Prélat Portugais & le Syrien Bartholomée Anne avoient d'abord marqué des déférences pour Dom Alexandre ; mais voyant que ce Prélat ne vouloit pas donner sa démission par écrit, le Coadjuteur refusa de le reconnoître pour son Supérieur, & prit de son vivant le titre de Vicaire Apostolique de la Serre & de Cochin. Le Pere Laurent-Marie l'accuse après cela de différens excès, comme d'avoir donné les Ordres & les dispenses à prix d'argent, d'avoir souffert des Prêtres concubinaires, retiré des Moines & des Clercs fugitifs de Goa, vendu le vin de la Propagande, retenu les fonds envoyés de Goa pour le saint Sacrifice ; d'avoir tenu des discours calomnieux au sujet des Missionnaires Carmes, & refusé d'ordonner ceux qu'ils présentoient quoique doués des qualités requises, exigeant qu'ils reconnussent sa Juridiction & déclarassent Alexandre absolument incapable de remplir aucune de ses fonctions ; enfin d'avoir exposé l'Eglise au mépris des Etrangers, en employant l'autorité des Princes Gentils, pour se faire obéir.

Raphaël, pour intimider les opposans, cita à son Tribunal le Pere George de Saint Jean, établi Vicaire-Général du Diocèse de la Serre, par Dom Alexandre de Campo qui s'étoit retiré à Carlongati, à trois journées de Cochin. Ce Pere refusa de comparoître, parce qu'il ne dépendoit pas de Raphaël, & que d'ailleurs il étoit Vicaire d'une Eglise du Diocèse de Cochin, qui demandoit sa présence. Huit jours après, fête de l'Epiphanie, Raphaël lança contre lui une excommunication qu'Alexandre déclara nulle. Les Carmes firent en même tems un Mémoire dans lequel il prouverent que l'excommunication étoit invalide, 1°. parce

VOYAGE aux Indes Orientales, IIe. Partie.

Gregoire, selon Raulin, p. 444.

* *Les Indiens de la Côte, au lieu de s'asseoir sur les chaises, montent dessus, & s'y tiennent accroupis.*

DISCOURS

des recherches au sujet des Ouvrages attribués à Abdias;

que le Coadjuteur, du vivant de Dom Alexandre, n'avoit pas de Jurifdiction ; 2°. parce que le Pere George, Curé du Diocèfe de Cochin, ne dépendoit pas de l'Evêque de la Serre ; 3°. parce que l'on n'avoit pas fait les monitions qui étoient d'ufage dans ces circonftances. A l'appui de ces raifons venoit le Précis de la vie du Pere George. Ce Pere étoit né à Matencheri, Village foumis, pour le temporel, au Gouvernement de Cochin ; &, pour le fpirituel, à l'Evêque titulaire de cette Ville. Lorfque les Hollandois fe furent emparés de Cochin, le Pere George quitta le Rit latin auquel il s'étoit formé chez les Francifcains, & embraffa le Rit Syrien. Ayant enfuite appris que les Hollandois n'avoient pas touché aux Eglifes, il demanda à Dom Alexandre la permiffion de retourner à Matencheri, & l'obtint. Le Pere Diego-Laurenzo, Evêque de Cochin, lui donna la Cure de Matencheri. Il conduifit dix-huit ans cette Eglife, fut fait Vicaire-Général de la Serre, par Dom Alexandre, & remplit cette place fans quitter fa Cure.

L'excommunication lancée par Raphaël caufa de grands troubles, parce que le plus grand nombre des Chrétiens, frappé de ce coup d'autorité, la gardoit. Les Hollandois auroient defiré finir cette affaire, pour délivrer le Pere George de la honte qui le couvroit aux yeux de fon peuple. Raphaël voyant que les Miffionnaires Carmes ne s'inquiétoient pas de fes foudres, engagea les Jéfuites à en prouver la validité dans un Manifefte, ainfi que la légitimité de fa Jurifdiction dans la Serre.

De cette façon, dit le Pere Laurent Marie, tout eft divifé en trois partis ; celui des Schifmatiques qui forme la moitié de la Chrétienté à la Côte Malabare ; celui des Catholiques foumis à l'Evêque Dom Alexandre de Campo & aux Miffionnaires Carmes ; & celui des Chrétiens attachés à Raphaël, à Bartholomée-Anne, & aux Jéfuites qui appuient le Coadjuteur dans l'Inde & à Rome, pour avoir encore entrée dans la Serre.

Tel étoit l'état des Chrétiens à la Côte Malabare en 1687. Les divifions ont prefque toujours duré depuis ; mais j'en ignore le détail. En 1704. Pour arrêter le mal, M. Ange-François de Sainte Thérefe, Evêque de Metellopolis & Vicaire Apoftolique, envoya le Pere Vincent de Saint Onuphre dans les Eglifes de Schanguenafchery, Kalourcate, Porca & Alapaje, où il trouva beaucoup d'oppofition. Les Hérétiques voyant la Foi fructifier, tentèrent même d'empoifonner ce Miffionnaire, & voulurent animer contre lui le Prince du Pays : mais il le gagna par fa conduite édifiante. D'un autre côté, le Pere Arfene travailloit à Mouttam, tandis que le Pere Pierre Paul réduifoit Paru. Enfin la paix fut rétablie entre les Catholiques avant la mort du Vicaire Apoftolique qui arriva en Octobre 1712. C'étoit le deuxieme de l'Ordre des Carmes. Sa place vaqua pendant fix ans, & fut enfuite remplie par M. Jean-Baptifte-Marie de Sainte Thérefe, Evêque de Limire, mort le 17 Avril 1750. Le Pere Geminiani fit pendant un an & demi les fonctions de Vicaire Apoftolique, & fut relevé le 3 Mai 1752 par M. Florent de Jefus, Evêque d'Areopolis, que j'ai vu en 1758 à Veraple.

Il paroît que Rome n'eut pas trop égard aux repréfentations des Carmes, car la plûpart des Succeffeurs de Raphaël furent Jefuites. Antoine Pimentel, le dernier Archevêque de Cranganor, dont parle Raulin, mourut eft 1750. Il fut remplacé par le Jéfuite Jean Louis, mort en 1755, qui réfidoit à Puttenfchera, dans les Etats du Samorin. En 1757, on reçut à la Côte la nomination de Dom Salvador dos Roys, auffi Jefuite, qui ne voulut pas y confentir : mais fon refus ne fut pas accepté, & en 1758, on difoit qu'il devoit être facré fous peu de tems. L'Evêque de Cochin, dont la réfidence actuelle eft à Anjingue, étoit auffi Jefuite.

PRELIMINAIRE. clxxxiij)

de les acheter, s'il les trouvoit; & de les remettre, à

Pour ce qui regarde les Schismatiques, indépendamment de ceux qui étoient soumis aux Prélats Syriens, dont j'ai parlé ci-devant, une grande partie, en 1758, reconnoissoit, pour premier Pasteur depuis vingt-cinq à trente ans, l'Archidiacre Thomas de Campo, qui residoit à Naranam [1], & à Schanganascheri [2], à cinq lieues Est de Cochin. Cet Archidiacre voyant que personne ne vouloit le sacrer Evêque, s'étoit approché du dernier Archidiacre Thomas (successeur de George de Campo), qui venoit de mourir & avoit pris, lorsqu'il vivoit, le titre d'Evêque; il lui avoit mis entre les mains la Crosse, la Mitre & les autres habits Episcopaux, & les avoit ensuite repris comme s'il les eut reçus de l'Archidiacre. Depuis ce tems, il faisoit les fonctions d'Evêque, & étoit reconnu pour tel.

Je termine ce qui regarde les Chrétiens de Saint Thomas par la liste des Eglises dépendantes du Diocese de Veraple, telle qu'elle m'a été donnée à Veraple même par M. l'Evêque d'Aréopolis. De retour à Matencheri je fis écrire les noms en Tamoul, par le Caçanare Mattaye; pour être plus sûr de la prononciation. J'ai mis entre deux crochets quelques notices, & les noms de plusieurs Eglises qui ne se trouvent pas dans la liste de M. d'Aréopolis. La plûpart de ces additions sont prises de l'Etat des mêmes Eglises, tiré des papiers du Pere Claude, & fait du tems de M. l'Evêque de Limire.

J'aurois été bien-aise d'avoir la position juste & les distances de ces différentes Eglises; mais les PP. Geminiani & Anastase me dirent que la chose n'étoit pas possible, parce que les Chrétiens de Saint Thomas les plus pratiques du Pays, ne connoissoient que quelques lieues aux environs de l'endroit où ils demeuroient; & que d'ailleurs il étoit rare qu'ils s'accordassent, l'un mettant une lieue ou une heure (de vingt-quatre minutes), où un autre en comptoit deux.

Les Eglises généralement sont assez éloignées les unes des autres. Les Royaumes Malabares eux-mêmes ne forment pas des corps, dont toutes les parties soient contiguës; souvent ces parties sont séparées par d'autres petits Etats. Ce qui augmente la confusion, c'est que les Eglises ont quelquefois trois noms; celui de l'Eglise, celui du lieu & celui du Fondateur; & il est impossible de trouver les files de leur Fondation. On rencontre dans le Pays des Croix qui ont, à ce que l'on croit, cent & deux cents ans d'ancienneté, sans que les Chrétiens sçachent qui les a élevées.

Liste des Eglises dépendantes du Diocese de Verapte.
Dans le Royaume de COCHIN.

1°. *Palliporam*, Eglise dédiée à la sainte Vierge; Syrienne, Catholique; (Paroisse assez considérable: les Chrétiens zélés & bien réunis, depuis le Concile d'Odiamper).

2°. *Mouttam*, déd. à la sainte Vierge; Syr. Catholique.

3°. *Artoungel*, déd. à saint André: Paroisse latine, Catholique, avec quatre Oratoires.

4°. *Odiamper*, déd. à saint Gervais; Syr. Catholique: l'Eglise a été brûlée.

5°. *Tekeparrour*; déd. à saint Jean-Baptiste; Syr. aux Catholiques & aux Schismatiques, qui y officient les uns après les autres · brûlée.

---

[1] Peut-être est-ce *Nerim*, 16° Eglise du Royaume de Batekangour.
[2] La quatrième Eglise du Royaume de Tekengour dit é au Sud-Ouest de Cochin. Ou bien ces deux endroits sont des Eglises du Royaume de Travancour, qui manquent dans la liste ci-après.

VOYAGE aux Indes Orientales, II. Partie.

Note donnée par le Curé d'Anjikaimal.

Tiré des Mss. du P. Claude.

Raul. lib. cit. p. 418, 429.

M. le Secrétaire Van Vechten, qui s'étoit chargé de la má-

6°. *Naramel* ; déd. à la sainte Vierge ; Syr. Catholique, Schismatique.
7°. *Caringoschera* ; déd. à la sainte Vierge ; Syr. Catholique, Schismatique.
8°. *Molandourté* ; déd. à la sainte Vierge ; Syr. Schismatique.
9°. *Caramattam* ; déd. à la sainte Vierge ; Syr. Schismatique.
10°. *Mamlascheri* ; déd. à la sainte Vierge ; Syr. Catholique, Schismatique.
11°. *Pallikaré* ; déd. à la sainte Vierge ; Syr. Catholique, Schismatique.
12°. *Cajoukambalam* ; Syr. Catholique.
13. *Kolangouri*, déd. à saint Pierre saint Paul ; Syr. Catholique.
14°. *Kandanate* ; déd. à la sainte Vierge ; Syr. Catholique, Schismatique : (en 1758 purement Schismatique ; résidence de l'Archevêque Syrien, Jacobite, Schokor eulla).
15°. *Pouttenpalli* ; déd. à sainte Thérese ; Syr. Catholique.
16°. *Kourripoupali* ; déd à la sainte Vierge ; Syr. Catholique, Schismatique.
17°. *Parumattam* ; déd. à la sainte Vierge ; Catholique, Schismatique.
18°. *Kadamangalam* ; Syr. Catholique.
19°. *Une autre* ; déd. à la sainte Vierge ; Catholique, Schismatique.
20°. *Une autre*, déd. à la sainte Vierge ; Catholique, Schismatique.
21°. *Raakate* ; déd. à la sainte Vierge ; Syr. Schismatique.
22°. *Maleatour* ; déd. à la sainte Vierge ; Syr. Schismatique.
23°. *Oratoire*, déd. à la sainte Croix de la Serre ; Catholique.
24°. *Cagnour* ; Eglise dédiée à la sainte Vierge ; Syr. Catholique.
25°. *Schouveré* ; déd. à la Sainte Vierge ; Syr. Catholique.
26°. *Schenotte* ; déd. à l'Exaltation de la Croix ; Syr. Catholique.
27°. *Cranganor* ; déd. à saint François ; Latine, Catholique.
28°. *Palleporte* ; déd. à Notre Dadame des Neiges ; Lat. Catholique.
29°. *Poiga*, Oratoire déd. à la sainte Vierge ; Lat. Catholique.
(*Pokotte*, Chapelle autrefois aux Jesuites, avec une petite maison.)
30. *Verapoli* ; Eglise dédiée à saint Joseph ; Lat. Catholique ; (contiguë à la maison des Missionnaires Carmes : Résidence du Vicaire Apostolique.)
31°. *Gnarika* ; déd. à la sainte Vierge ; Catholique ; Syr.
32°. *Balarparte* ; déd. à la sainte Vierge ; Syr. Catholique.
33°. *Ernagolta* ; déd. à la sainte Vierge ; Syr. Catholique.
34°. *Tchetiate* ; déd. à Notre Dame du Mont-Carmel ; Lat. Catholique. (C'est la premiere Eglise & l'ancienne Résidence des Carmes à la Côte Malabare.)
Parambana ; déd. à la sainte Croix ; Catholique :
Matencheri ; déd à saint Joseph ; Catholique.)
35°. *Bandurté* ; déd. à Saint Pierre saint Paul ; Lat. Catholique. (Du tems des Portugais, les redevances considérables affectées à cette Eglise, située dans l'Isle du même nom, faisoient partie des Revenus de l'Eglise Cathédrale de Cochin.)
36°. *Oratoire du Baptême*.
37°. *Pallourte*, Eglise dédiée à la sainte Vierge ; Lat. Catholique.
37°. *Castelle* ; déd. à la sainte Croix ; Lat. Catholique.
(*Changanate* ; déd. à la sainte Vierge ; Catholique.
Saint-Louis ; déd. à la Présentation de la Vierge au Temple ; Catholique.
Baïpim (ou *Vaïpin*) ; déd. à Notre-Dame du Rosaire ; Lat. Catholique. Cette Eglise est séparée de Cochin par la riviere. C'est-là que s'assemblent les Catholiques Européens ou Naturels du Pays, qui sont au service des Hollandois.)

niere

PRÉLIMINAIRE. clxxxiv

niere la plus obligeante, de lui en rembourser le prix, & de me les envoyer à Surate.

Voyage aux Indes Orientales, IIe. Partie.

Dans le Royaume du SAMORIN.

1°. *Amblakate*; Eglise déd. à saint Thomas; Lat. Catholique. (Le Collège & l'Eglise des Jesuites sont à un quart de lieue. Avant que les Marates, après un siege de trois ans, se fussent emparés de Bacim, dans le Nord, & de ses dépendances, les Jesuites avoient près de cette Ville de grands biens pour l'entretien de l'Eglise d'Amblakate & des Missionnaires, qui, après y avoir appris les Langues du Pays, & s'être formés aux fonctions de leur Ministere, étoient envoyés dans le Maduré, le Mayssour & le Carnate. Du temps de M. l'Evêque de Limire ce Collège ne renfermoit que quelques Missionnaires âgés & impotans.) — *Mss. du P. Ch.*

2°. *Autre Église*, aux Jesuites; Catholique. (Vraisemblablement c'est *Calicut*, dont l'Eglise est dédiée à la Nativité de la sainte Vierge, & conduite par les Jesuites, Facteurs du Roi de Portugal.) — *Ibid.*

3°. *Oratoire* aux Jesuites. (Je pense que c'est *Perperamgadil* ou *Parporangaye*; déd. à sainte Marie des Neiges. Les Maures, par leurs mauvais traitemens, ont forcé les Catholiques d'abandonner cette Eglise. Ils sont si puissans à cette partie de la Côte, que le Samorin, pour les reprimer, avoit été obligé de demander du secours au Marquis de Castel-Novo, Vice-Roi de Goa. A Tanor, éloigné de deux lieues de Perperamgadil, il y avoit autrefois une Eglise que les Maures ont brûlée.

4°. *Puttenschera*; Eglise déd. à la sainte Vierge; Syr. Catholique. (Siege de l'Archevêque de la Serre ou du Malabar, depuis la prise de Cranganor par les Hollandois.) — *Ibid.*

5°. *Coroutti*; déd. à la sainte Vierge; Syr. Catholique.
6°. *Schalakouri*; déd. à la sainte Vierge; Syr. Catholique.
7°. *Balenate*; déd. à la sainte Vierge; Syr. Catholique.
8. *Mapranate*; déd. à saint Jean de la Croix; Catholique. (L'Eglise a été bâtie par M. l'Evêque de Limire, Vicaire Apostolique.) — *Ibid.*
9°. *Pallour*; déd. à saint Macaire; Syr. Catholique.
10°. *Pajour*; déd. à saint Antoine de Pade; Catholique.
11°. *Enemaka*; déd. à la sainte Vierge; Lat. Catholique.
12°. *Kottapari*; déd. à saint Lazare; Syr. Catholique.
13°. *Mattatilé*; déd. à la sainte Vierge; Syr. Catholique.
14°. *Veschour*; déd. à la sainte Croix; Syr. Catholique.
15°. *Sehattu Kolangouri*; déd. à la sainte Vierge; Syr. Catholique, Schismatique.
16°. *Oratoire*, déd. à la sainte Croix; Catholique, Schismatique.
(*Schetoüa*, Eglise dédiée à la Nativité de la Vierge; Catholique.) — *Ibid.*

Dans le Royaume de PARU, au Nord-Est de Cochin.

1°. *Paru*; déd. à saint Gervais, S. Protais; Syr. Catholique.
2°. *Paru*; déd. à Saint Thomas; Syr. Schismatique.
3°. *Mourikolam*; déd. à la sainte Vierge; Syr. Catholique.
4°. *Mangnaparé*; déd. à la sainte Vierge; Syr. Catholique.
5°. *Kottamil*; Oratoire de saint Joseph; Syr. Catholique.

Dans le Royaume de BELLOUTA TAVAGI (ANGAMALE.)

1°. *Angamale*; déd. à la sainte Vierge; Syr. Catholique, Schismatique. (Il y a — *Ibid.*

Tome I. aa

DISCOURS

Je priai aussi le Pere Anastase de me faire copier la Carte

dans cette Eglise une Chapelle dédiée à saint George, où les Schismatiques célebrent l'Office, après les Catholiques).

2°. *Autre Eglise* (à l'extrémité du Basar d'Angamale), dédiée à saint Ormisdas, Martyr; Catholique. Le Siege de l'Archevêque de la Serre étoit autrefois à Angamale : sous les Portugais, en 1615, il fut transféré à Cranganor.)

3°. *Autre Église*; déd. à la sainte Vierge; Schismatique. (vraisemblablement c'est *Scheriapati* qui, dans le siecle dernier, étoit la Résidence de l'Archidiacre Malabar Mar Thomas.)

4°. *Aparam*; déd. à saint Gervais; Syr. Catholique, Schismatique.

Dans le Royaume de (MANGATE ou) KARTA TAVAGI, au Nord de Cochin.

1°. *Mangate*; déd. à sainte Marie-Majeure; Syr. Catholique. (C'est une des plus belles Eglises & des plus ornées du Malabare. Les Missionnaires Carmes y ont toujours eu un Hospice. La plus grande partie des Habitans a été convertie par le Pere Renée. Ce Missionnaire a établi à Mangate une Procession qui se fait tous les Vendredis de Carême, le soir, à huit heures, & où l'on porte l'Image de Jesus-Christ, crucifié. La Confrairie du Scapulaire y a aussi été établie. On voit sur le Maître-Autel, la statue de la Vierge entre celle d'Elie & celle de Simon-Stock. C'est dans cette Eglise que le Pere Ange François de Sainte Thérese fut sacré Evêque de Metellopolis, par Mar Simon, Prélat Chaldéen, attaché au Saint-Siege, & qui dans la Liturgie se servoit de pain Azyme.

2°. *Oratoire*, sur une Montagne voisine, déd. à l'Exaltation de la sainte Croix; Catholique.

Dans le Royaume de KLANGANOUR SOROUVAM, situé au Nord-Ouest de Cochin, en deçà du Royaume précédent. Klanganour est le nom de la famille Regnante.

1°. *Edapali* (*Rapolin*); déd. à saint Piere, saint Paul; Syr. Catholique.

2°. *Autre Église*; dans la même Ville, Capitale de cet Etat; déd. à saint George; Catholique.

3°. *Calloupar*; déd. à la sainte Vierge; Syr. Schismatique.

4°. *Baipor*; déd. à la sainte Vierge; Syr. Catholique.

Dans le Royaume de BAREKANGOUR, au Sud-Est & Sud Sud-Est de Cochin.

1°. *Carturté*; déd. à saint Paul; Catholique : brûlée.

2°. *Autre Église*; déd. à la sainte Vierge; Catholique : brûlée.

3°. *Oratoire*; déd. à saint Dominique; Catholique : brûlé.

4°. *Muttiera*; déd. au Saint-Esprit; Catholique : brûlée.

5°. *Oratoire*; déd. à saint Sébastien; Catholique : brûlé.

6°. *Karlongate*; déd. à la sainte Vierge; Syr. Catholique.

7°. *Oratoire*; déd à saint Sébastien; Catholique.

8°. *Elagni*; déd à saint Pierre saint Paul; Syr. Catholique.

9°. *Adrampajé*; déd. à la sainte Vierge; Syr. Catholique.

10°. *Codamalour*; déd. à saint Gervais, saint Protais; Syr. brûlée.

PRÉLIMINAIRE. clxxxvij

de l'intérieur & de la Côte de cette partie de la Presqu'Isle

VOYAGE aux Indes Orientales, IIe. Partie.

11°. *Ellour* ; déd. à faint Gervais , faint Protais ; Syr. brulée.
12°. *Ramrat* ; déd. à faint Auguftin ; Syr. Catholique : brûlée.
13°. *Baragarou*; Syr.
14. *Molecoulan* ; déd. à faint Alexis ; Catholique, Schifmatique.
15°. *Paratto* ; déd. aux Trois Rois ; Syr. Catholique , Schifmatique.
16°. *Schembi*; déd. à la fainte Vierge; Syr. Catholique, Schifmatique ; brûlée.
17°. *Bariate* ; déd. à faint Sauveur ; Syr. Catholique : brûlée.
18°. *Befchour* ; déd. à fainte Marie ; Syr. Catholique ; brûlée.
19°. *Poulingounel* ; déd. à Sainte Marie ; Syr. Catholique.
20°. *Jongom* ; déd. à faint Michel ; Syr. Catholique.
21°. *Modelakorté* ; Syr. Catholique.
22°. *Mailacomba* ; déd. à faint Thomas ; Syr. Catholique.
23°. *Arakoja* ; déd. à la fainte Vierge ; Syr. Catholique.
24°. *Battatattel*; déd. à la fainte Vierge ; Syr. Catholique.
25°. *Neriani* ; déd. à la fainte Vierge ; Syr. Catholique.
26°. *Nagapojé* ; déd. à la fainte Vierge ; Syr. Catholique.

Dans le Royaume de TEKENGOUR, *au Sud-Ouest de Cochin.*

1°. *Cotatte*; Syr. Catholique, Schifmatique.
2°. Dans la même Aldée , autre Eglife Schifmatique.
3°. *Manargate* ; Syr. Schifmatique.
4°. *Schanganafcheri*. Syr. Catholique.
5°. *Poudoupouli* ; déd. à la fainte Vierge; Syr. Catholique, Schifmatique.
6°. *Penoutara* ; déd. à la fainte Vierre; Syr. Catholique, Schifmatique : brûlée.
7°. *Scherpengué*; déd. à la fainte Croix ; Syr. Catholique : brulée.
8°. *Palaïa* ; déd. à faint Thomas; Syr. Catholique : brûlée.
9°. *Larat* ; déd. à Notre-Dame du Mont-Carmel ; Syr. Catholique : brûlée.
10°. *Cangnharapalli* ; déd. à la fainte Vierge ; Syr. Catholique.
11°. *Paingolt* ; déd. à fainte Croix ; Syr. Catholique : brûlée.
12°. *Anagalenguel* ; déd. à la fainte Vierge ; Syr. Catholique : brûlée.
13°. *Iratour* ; déd. à la fainte Vierge ; Syr. Catholique.
14°. *Pungnhate* ; déd. à la fainte Vierge ; Syr. Catholique : brulée.
15°. *Kadappelamattam* ; Syr. Catholique.
16°. *Kangnhara* ; déd. à la fainte Vierge ; Syr. Catholique.
17°. *Schenganour* ; déd. à la fainte Vierge ; Syr. Schifmatique (Catholique , felon le P. Claude.)
18°. *Nernate* ; déd. à la fainte Vierge ; Syr. Schifmatique.
19°. *Kattoufcheri* ; déd. à la fainte Vierge ; Syr. Schifmatique.
20°. *Maramanil*; déd. à la fainte Vierge ; Syr. Schifmatique.
21°. *Cojjeri* ; déd. à la fainte Vierge ; Syr. Schifmatique.

Dans le Royaume de PORCA SCHEMBANASCHERI SOUROUVAM.

(La Tradition du Pays porte que le Prince qui regnoit à Porca il y a deux cents ans, fe voyant affailli par des voifins puiffans, promit aux Chrétiens de Kalikoulan, Royaume peu éloigné du fien, de permettre dans fes Etats l'exercice de leur Religion, fi , par leur fecours, il triomphoit de fes Ennemis. Les Chré-

Mff. du P. Cl

a a ij

tiens, au nombre de douze mille, précédés de l'Etendart de la Croix, marchèrent contre les ennemis du Roi de Porca, les défirent ; & ce Prince, fidele à sa parole, leur permit de bâtir des Eglises, même auprès de son Palais. Dans les autres Etats, les Eglises étoient éloignées des Pagodes & des Palais des Princes.

1°. *Kalourcate* ; déd. à la Nativité de la sainte Vierge ; Syr. Catholique. (Cette Eglise est dans un grand Bazar du même nom, situé à deux lieues de Porca & entouré d'eau de tout côté. C'est un endroit charmant : il est habité par quantité de Caçanares ; ce qui fait que l'Office Divin n'y souffre point d'interruption.)

2°. *Porca* ; déd. à sainte Croix ; Syr. Catholique.

3°. *Alapajé* ; déd. à la sainte Vierge ; Syr. Catholique.

4°. *Kadamalour* ; déd. à la sainte Vierge (selon le Pere Claude à l'Invention de la Croix.); Catholique. (Cette Eglise a été bâtie proche le Palais du Roi, en reconnoissance, à ce que l'on dit, du service qu'un Chrétien de Saint-Thomas avoit rendu à un Roi de Porca. Ce Prince, poussé par la vengeance, avoit fait égorger douze Brahmes ; il crut pendant long-tems les voir demander Justice, & le tourmenter jour & nuit. Persuadé que c'étoit Brahma qui le punissoit, il convoqua les *Canianes* ou Enchanteurs, qui ne purent dissiper le prestige. Un Chrétien de Saint-Thomas, instruit de ce qui se passoit, alla trouver le Roi, & lui promit de remettre dans son ame le calme qu'il desiroit, s'il vouloit faire bâtir une Eglise dans un lieu qu'il lui indiqua. Le Roi en fit aussitôt jetter les fondemens, le Chrétien adressa sa priere à Dieu, & le Prince se trouva guéri.)

Dans le Royaume de KALIKOULAM SCHERRAVI, & autres Tavagis & Nambouris.

(Aucune des Eglises des Chrétiens de Saint Thomas de cet Etat n'a voulu se réunir à l'Eglise Romaine. En 1747, la plûpart furent brûlées par le Roi de Travancour, qui, après avoir chassé le Roi de Kalicoulan & exterminé le plus grand nombre de ses Sujets, s'empara des biens des Eglises, & des effets que les Chrétiens y avoient renfermés.

1°. *Kalicoulan* ; déd. à la sainte Vierge ; Syr. Schismatique.
2°. *Poudiagavil* ; déd. la sainte Vierge ; Syr. Schismatique.
3°. *Bemanil* ; déd. à la Vierge ; Syr. Schismatique.
4°. *Kartiapalli* ; déd. à la saint Thomas ; Syr. Schismatique.
5°. *Kojienkolangaré* (ou, *Kolingouri*) ; Syr. Schismatique.
6°. *Tombonour* ; Syr. Schismatique.
7°. *Omolour* ; Syr. Schismatique.
8°. *Teulekaré* ; Syr. Schismatique.
9°. *Kalleré* ; Syr. Schismatique.
9°. *Karamtanara* ; Syr. Schismatique.
10°. *Kondoura* ; Syr. Schismatique.
11°. *Kottagarekaré* ; Syr. Schismatique.

Dans le Royaume de KOULAN (COÉLAN).

1°. *Koulan*, (ou *Coëlan*) ; déd. à saint Thomas ; Syr. Schismatique.
2°. *Coulan decima* ; déd. à la sainte Vierge ; Lat. Catholique ; de l'Evêché de Cochin.

lier, curieux & instruit, avoit été douze ans Secrétaire du

Il y a dans ce Royaume & dans celui de Kalicoulan, plusieurs autres Eglises conduites par les Jésuites & par les Cordeliers, dépendantes du Diocese de la Serre.

Dans le Royaume de TRAVANCOUR.

Travankotta; déd. à Saint Thomas ; Syr. Schismatique. (Le Caçanare qui m'écrivoit les noms en Malabare, nomma en même tems au Pere Anastrase cinq à six Eglises du Travancour, qui ne sont, ni dans la Liste de l'Evêque d'Aréopolis, ni dans les Mss. du Pere Claude.)

Eglises de la CÔTE DE LA PÊCHERIE, au Sud, dépendantes du Diocese de la Serre, régies par les Jésuites.

1°. *Katteré*.
2°. *Kagnharakotté*; Syr.
Celles des Cordeliers de l'Observance sont sur le bord de la mer au nombre de cinq.

1°. *Mangate*; déd. à la sainte Croix.
2°. *Arvanelle*; déd. à saint François d'Assise.
3°. *Karatouré*; déd. à la sainte Vierge : à la place de *Kalerica*, détruite.
4°. *Pallouturi*; déd. à Notre-Dame des Anges.
5°. *Kalicoulan*; déd. à sainte Antoine de Pade.

Tandis que j'étois à Matencheri, un Franciscain Portugais de Coélan me donna la route qui mene par la riviere, de Cochin à Coélan, & de ce dernier endroit à Anjingue. On va dans le Sud Ouest jusqu'à Kalicoulan. De Cochin à Castelle une lieue & demie; de Castelle à Palleporte, quatre lieues : vis-à-vis ce dernier endroit est Tchemboukatti, où l'on voit une Pagode couverte en cuivre. Au-dessus de Palleporte, commence un bras de mer, large de deux lieues & long de cinq. A deux lieues de Palleporte en descendant, est Atekat, de l'autre côté de ce bras de mer, Poste Hollandois commandé par un Sergent. On côtoie de-là le bras de mer dans sa longueur. A l'Est, vis-à-vis d'Atekat est Beschour, où les Hollandois ont un Fort sans troupes. D'Atekat à Taranpalli, qui est à un quart de lieue dans les terres, deux lieues. Le bras de mer, dont j'ai parlé, finit à cet endroit; on entre ensuite dans une petite riviere. De Tatanpalli à Porca, trois lieues; de-là à Kartiapalli, trois lieues Deux lieues & demie plus loin est la grande Ipika ; Poste Hollandois gardé par un Caporal : on y voit une Eglise. De-là à Kalikoulan, dans les terres, une lieue : les Hollandois ont dans cet endroit une Loge, les Schismatiques un Evêque, & les Catholiques une Eglise. De Kalikoulan à la petite Ipika située à l'embouchure d'une riviere, cinq lieues : le Poste Hollandois de la petite Ipika, est gardé par un Caporal : Les Catholiques y ont une Eglise. De-là à Kaïdaval, trois lieues : ici finit la riviere qui vient de Porca. De Kaïdaval, par terre, à Coélan, un quart de lieue.

Pour aller de Kalikoulan à Coélan, on peut encore remonter à la grande Ipika, & prendre la riviere qui, dans le Sud un quart Sud-Est, conduit à Coélan ; la route est de six lieues.

De Coélan à Anjingue, on suit le bord de la mer. Le Travancour, en 1758, faisoit creuser dans les terres un Canal de communication. De Coélan à Tay, Eglise aux Jésuites, trois quarts de lieue ; de-là à Ariavaram, Eglise aux Jésuites,

Voyage aux Indes Orientales, IIe. Partie. Ci-d.p. clxxix, suite de la note. Conseil à Ceylan ; il commandoit alors à Coélan, & se disposoit à partir pour l'Europe, ou il portoit, outre sa Carte, des observations sur l'Histoire naturelle du Pays. J'engageai le même Pere à tâcher de découvrir l'Ere qui étoit en usage chez les Malabares avant celle de Vaïpin & celle de Coélan, & lui laissai quelqu'argent pour les Monnoies du Mayssour, du Maduré, de Cochin, &c. Car ma regle, dans les commissions, a toujours été de payer d'avance; & pour cela, comme mes fonds étoient très-modiques, souvent il a fallu prendre sur ma propre substance, & risquer des sommes assez considérables.

Encore, si mes commissions avoient été exécutées : mais aucunes de celles que j'ai données dans l'Inde, n'a eu son effet. Ainsi, après avoir écrit de Surate à M. le Secrétaire Van Vechten, pour lui rappeler les commissions dont il s'étoit chargé, & lui faire part de l'état de mes travaux, je reçus de lui en date du 4 Novembre 1758, des complimens obligeans sur la découverte des Ouvrages de Zoroastre : mais il me marquoit avec les regrets les plus vifs, qu'il avoit souvent demandé au Syrien George les Manuscrits qu'il m'avoit comme promis ; & que celui-ci, après plusieurs belles paroles, *n'avoit pas fait scrupule de lui dire tout nettement, que les Evêques ayant laissé ces Manuscrits à Antioche,*

---

une lieue un quart ; de-là à Parour, grand Bazar de Maures, avec un Poste Hollandois gardé par un blanc & quelques Cipayes, une lieue un quart ; de-là à Edava, une lieue. Les Anglois ont une Loge dans ce dernier endroit. Sur le bord de la mer paroit une Pagode ronde, bâtie sur une petite montagne. De-là à Barklay, trois quarts de lieue. On voit dans ce dernier endroit, une montagne fort haute, inhabitée & célebre dans le Pays. De-là à Manpouli, Eglise aux Jesuites, trois quarts de lieue ; de-là à Anjingue, un quart de lieue. Les Anglois ont dans cet endroit un Comptoir assez considérable. C'est aussi-là que réside l'Evêque de Cochin ; il se nommoit, en 1758, Dom Clement-Joseph.

Manakoudi, Eglise des Jesuites, est à deux lieues d'Anjingue en-deçà du Cap Camorin. Un peu en-deçà du même Cap, on voit une autre Eglise, une Loge Hollandoise, & près de-là, un Fort du Travancour, qui protege la muraille qui sert de limites à ses Etats. Cette muraille s'étend du bord de la mer, jusque sur les montagnes. Elle a trois portes, dont l'une est sur le bord de la mer, l'autre plus loin dans les terres, la troisieme dans les montagnes.

Parpanadabaram, qui est dans le Nord de la troisieme porte, à une lieue & demie de la mer, fait le triangle, avec Colecho & Anjingue. C'est-là que demeure *Ci-dev. p. cl.* M. de Lanoye, dont j'ai parlé plus haut.
suite de la note.

PRÉLIMINAIRE.

il lui étoit impossible de lui en remettre des Copies. De même, après deux Lettres écrites de Cochin & de Mahé au Pere Anaſtaſe au ſujet de l'Original des Privileges des Chrétiens de Saint Thomas & des Monnoies de la Côte, je reçus de ce Miſſionnaire des promeſſes qui n'ont pas eu de ſuites. Auſſi depuis, malgré les commiſſions que j'ai riſquées, n'ai-je jamais compté que ſur moi-même, ſans vouloir remettre au lendemain ce que je pouvois faire le jour même. Celui qui entreprendra la Traduction des *Vedes* (ſi les circonſtances ne me permettent pas de retourner aux Indes), doit avoir égard à ces obſervations. Dans un Pays, où la chaleur du climat eſt en quelque ſorte ennemie de toute application, la patience, ſur-tout ſi l'Ouvrage que l'on entreprend eſt de longue haleine, accompagnée d'une activité ſoutenue, eſt le ſeul moyen qui puiſſe aſſurer le ſuccès.

Je quittai Cochin le 25 Janvier 1758, muni d'une Lettre du Juif Elikh, pour le Chef des Maures de Panani, nommé Magdoud. On m'avoit dit que le Moudeliar de Balapatten près de Talichery, poſſédoit autrefois l'Original des Privileges accordés aux Maures par Scharan Péroumal; & que depuis la deſtruction de cette Ville, ce Monument étoit entre les mains de Magdoud.

Je m'embarquai à Matencheri dans l'Almedine d'un Maure qui devoit s'arrêter quelque tems à Panani, & me remettre à Mahé. Je laiſſai au Pere Anaſtaſe quelque choſe que je le priai de préſenter à Elikh pour le loyer de la chambre que j'avois occupée pendant douze jours. J'ai appris depuis, que ce Juif n'avoit rien voulu recevoir.

Je comptois être en quelques heures à Panani : mais je ne connoiſſois pas la lenteur de ma nouvelle embarcation. Les Maures, dans leurs voyages, mettent quatre mois, où les Européens n'en emploient qu'un. Au moindre vent, ils baiſſent toutes les voiles, ſe rapprochent de la terre; & il eſt rare qu'ils reprennent leur courſe, que le tems ne ſoit fait. Cette maniere de naviguer aſſure les marchandiſes qu'on leur confie; mais auſſi elle ennuie terriblement un Paſſager. Il y avoit deux jours que nous tenions la mer fans avancer. Le mal de mer m'avoit empêché de rien prendre depuis Cochin. Las de me voir au même point, quoique le tems me parût paſſable, je priai le Mokodom de faire hiſſer les voiles. Mon empreſſement le toucha peu. Dans un mouvement d'impatience, je le menaçai, mettant la main ſur mes piſtolets. Le dépit de voir Monſieur le Scheikh conſerver ſa gravité, ſans donner même ordre pour la route, anime ma fureur ; je le prens par la barbe. Auſſi-tôt une vingtaine de Maures m'entourent en grinçant des dents. Il y en avoit plus de cinquante dans l'Almedine qui pouvoient facilement me jetter à la mer. Il eſt vrai que mon parti étoit pris ; les deux premiers qui m'euſſent abordé, auroient payé pour les autres. Le Mokodom, plus ſage que moi, ſe contenta de laiſſer exhaler ma fureur que le danger avoit un peu ralentie ; il fit mettre une voile, & il fut réſolu qu'on me deſcendroit vis-à-vis Panani qui étoit peu éloigné.

C'étoit en être quitte à bon marché, après l'affront que j'avois fait au Mokodom : je quittai fierement l'Almedine, & m'embarquai dans une petite Tonne qui ne pouvoit contenir que le Conducteur & moi. Mon Domeſtique m'avoit précédé avec mon petit bagage. Deſcendus à terre, nous eûmes de la peine à trouver gîte. Mon Tive découvrit enfin une maiſon de Chrétien, la ſeule preſque qu'il y eût dans l'endroit ; j'y fus reçus fort humainement.

Il y avoit à craindre que dans une Ville ſoumiſe aux Maures, les gens de l'Almedine ne divulgaſſent mon aventure : heureuſement ils ne le firent point. Du moins Magdoud, à qui je remis le ſoir la Lettre du Juif Elikh, ne m'en témoigna rien. Ce Maure me reçut poliment, me préſenta des rafraîchiſſemens en ſucreries, me fit des offres de ſervice : mais il vérifia le pronoſtic de M. d'Aréopolis, en me répondant, lorſque je lui parlai des Priviléges, qu'ils étoient peut-être entre les mains du Sidi de Koélandí ; il fallut me contenter de cette réponſe. Le Moudeliar des Juifs de Cochin m'avoit dit que l'Original des Privileges des Maures étoit entre les mains de Mendikouttinaga. J'allai voir ce Maure ; il étoit en feſtin & me remit poliment à trois jours,

PRÉLIMINAIRE. cxciij

jours. Je vis bien que ce que cela fignifioit, & regagnai, après avoir traverfé le Bazar qui étoit rempli de Marchands, la paillotte de mon Chrétien, chez qui je paffai la nuit.

Le lendemain, je fis marché pour Mahé avec cinq Maquois, & m'embarquai dans leur Tonne. Je paffai une nuit dans la Loge Françoife de Calicut, & pourfuivis ma route pour Mahé, où j'arrivai le 29 Janvier, fur les huit heures du matin.

Je ne paffai dans ce Comptoir que le tems néceffaire pour arranger mon voyage de Goa [1], & je priai pendant cet intervalle, M. Houffaye, Chef à Calicut, de faire écrire au Sidi de Koelandy au fujet des Privileges accordés aux Maures. Sur ce que le Pere Eufebe, Miffionnaire Carme de Mahé, me parla du Secretaire du Comptoir Anglois de Talichery, comme d'un homme poli & inftruit, je le chargeai d'une Lettre qui n'eut pas d'autre fuite. Je laiffai vingt roupies au P. Emmanuel, Supérieur de la Miffion, pour me faire copier le Dictionnaire François-Tamoul du Pere Beski, & quarante à M. Houffaye pour les Manufcrits que le Secrétaire Van Vechten pourroit lui envoyer de Cochin: cette derniere fomme m'a été dans la fuite rendue.

---

[1] Avant que de quitter Mahé, je copiai les obfervations fur la quantité de pluie tombée à cette partie de la Côte, faites par MM. Dupaffage & de Palmas. Ce dernier fe fervoit pour cela d'un feau de bois de Tek, bien lié avec de forts cerceaux de fer; ce vafe étoit rond, fait en cône tronqué renverfé, d'un pied de diametre par le haut, & contenoit un pied cube, quatre pouces d'eau. Selon les Obfervations de M. Dupaffage, il tomba à Mahé, pendant l'Hiver (c'eft, comme l'on fçait, à la Côte Malabare, la faifon des pluies) de 1743, c'eft-à-dire, du 15 Mai au 15 Octobre, neuf pieds, deux pouces, fix lignes d'eau. La pluie la plus abondante fut de huit pouces, fept lignes & demie (le 29 Juin) ; & la plus foible alla à une demie ligne. En 1744, du 27 Fevrier au 14 Août, il tomba dix pieds, un pouce, deux lignes & demie d'eau. La pluie la plus abondante fut de cinq pouces, trois lignes (le 13 Juillet) ; & la plus foible, d'une ligne. En 1756 il tomba à Mahé, felon M. de Palmas, du 8 Mai au 19 Septembre, neuf pieds, huit pouces, trois lignes d'eau. La pluie la plus forte fut de fix pouces, deux lignes, (le 23 Juillet) ; & la plus foible, d'une demie ligne. En 1757, depuis le 3 Mai jufqu'au 23 Août, il tomba douze pieds, onze pouces, une ligne trois quarts d'eau. La pluie la plus forte fut de huit pouces, deux lignes (le 16 Juin) ; & la plus foible, d'une ligne.

Tome I.   b b

Je quittai Mahé le 13 Février 1758 ; & me rendis en Tonne à Ramataly. Je pris, dans cet endroit, une autre Tonne armée de cinq Maquois commandés par un Mokodom, & me mis en mer à la vuë des Pâles & des Pirogues Pirates qui bordoient la Barre. Le danger étoit assez évident. Poursuivi par ces Pirogues, la seule ressource qui me restât étoit de m'échouer & de me sauver à terre ; les Tonnes armées de ces Pirates prenant plus d'eau que la mienne : mais je brûlois de rejoindre mon frere à Goa. Je partis de Ramataly le 15 Février de grand matin, & me trouvai à midi à l'embouchure de la riviere de Kanserkora : mes Maquois s'arrêterent dans cet endroit, à cause des Pirates. Nous reprîmes notre route, à 8 heures du soir, & arrivâmes le lendemain, 16, à Mangalor, à 6 heures du matin.

On compte de Kanserkora à Combelaye, Fort qui domine le bord de la mer, trois lieues (environ quatre heures de chemin) ; de là à Magneceram, Aldée avec Bazar, quatre lieues (plus de cinq heures) ; de-là au Fort d'Ollal, cinq lieues (environ sept heures). Ce dernier endroit est séparé du Fort de Mangalor par la riviere de ce nom.

Mangalor est situé sur une riviere qui reçoit des embarcations du port de six à sept cents Candis : elle est dominée par deux Forts qui sont entre les mains du Canara ; l'un, nommé le Fort Mangalor, est au Sud de la Ville ; & l'autre, appellé Kodial, est au-delà de la Féterie Portugaise. Cette Féterie, construite en forme de Fort, bat l'embouchure de la riviere : elle est garnie de quelques canons mal en ordre, & a été plusieurs fois, faute munitions, pillée & brûlée par les Angrias. Les Portugais, il y a plusieurs années, commencerent à bâtir un Fort dans le Nord de leur Féterie sur une petite hauteur qui la commande : mais un coup de Canon qu'ils tirerent dé-là, ayant porté jusqu'à la Pagode de Koderete, le Canara fit cesser les travaux qui n'ont pas été repris depuis.

L'embouchure de la riviere de Mangalor est maintenant près de huit cents toises plus Nord qu'elle n'étoit autrefois : la riviere a gagné & gagne continuellement de ce côté, où elle

PRÉLIMINAIRE.

a formé un Canal qui augmente tous les jours ; & il y a apparence que, dans quelques années, elle s'ouvrira dans le fond une embouchure plus Nord encore que celle d'à préfent. C'eft le long de ce Canal qu'eft fituée la Ville qui s'étend principalement dans le Nord. Les rues font larges, & comme percées dans des hauteurs de fable rouge ; elles font remplies de Palmars murés joignans les maifons. Le Bazar, qui eft confidérable, borde le Canal : on y voit les Bankafals (les magafins) des Anglois, des Marchands particuliers, celui qu'avoient autrefois les François ; le ris fe vend dans une rue féparée. Le Palais de Karnik, Gouverneur de cette Ville en 1757, ne me parut qu'un grand entourage en terre.

Mangalor eft environ à quatre journées de Bedrour, (trois journées de Patmar), Capitale du Canara, & à vingt, de Satara, ancienne Capitale des Marates. Autrefois cette Ville étoit fort riche ; mais les fommes confidérables que le Canara en tire continuellement, l'ont appauvrie. Ce Prince, pour empêcher les Marates de piller fes Etats, eft obligé de leur donner tous les ans cinq à fix lacs de roupies, & augmente en conféquence les droits de Doüane. Par exemple, la courge de ris (de quarante-deux fardes), qui coutoit, lorfque je paffai à Mangalor, vingt-quatre Pagodes d'or fur le terrein, & vingt-fept, tous frais faits, payoit quatre Pagodes d'or de droit. Malgré cela, Mangalor étoit encore très-fréquenté par les Etrangers : on y voyoit beaucoup d'embarcations de Maskate. Le commerce de cette Ville confifte principalement en bois de Sandal que l'on apporte de Bedrour, en poivre, en cardamom & en canelle d'une forte plus commune que celle de Ceylan.

Le Gouvernement à Mangalor eft affez tyrannique. Lorfqu'un homme qui a plufieurs fardes de ris fe plaint de ce qu'on lui en a volé une, il n'eft pas rare de voir le Juge lui faire enlever le refte : mais les plaintes du Peuple percent quelquefois jufqu'au Prince, qui ordonne alors aux Gouverneurs de venir lui rendre compte de leur geftion. C'étoit pour ce fujet, que Karnik alloit faire le voyage de Bedrour.

DISCOURS

On donne au Canara douze journées d'étendue en longueur, sur quinze en largeur. Lorsque je passai à Mangalor, le trône de cet Empire étoit occupé par un enfant de quatre ans, qui devoit son élévation aux galanteries de la Reine Douairiere. Cette Princesse accordoit ses faveurs à un des Grands du Royaume. Craignant pour elle le sort de sa rivale, dont le Roi du Canara avoit puni les débauches par le poison, elle s'étoit défait par cette voie de son mari, & avoit placé sur le Trône un jeune Prince du Sang Royal, à peine âgé de douze ans. Mais, lorsqu'elle le vit prendre lui-même connoissance des affaires, elle jugea à-propos de s'en débarrasser, & lui substitua le jeune enfant qui regnoit en 1758 : ce Prince se nommois Somehet. Au reste, le libertinage n'est pas moins commun dans le reste de l'Empire, qu'à la Cour de Bedrour; car on ne peut regarder comme un simple usage national, la coutume chez les femmes de servir à cinq à six freres à la fois : les Canarins sont Linganistes, & par-là plus portés que les autres Indiens aux actions charnelles de toute espece. Ils admettent la succession du Pere au Fils; en quoi ils différent des Malabares, chez qui le Neveu succéde, ainsi que parmi les Toulous. Ce dernier nom désigne les cinq Royaumes suivants, qui sont maintenant soumis au Canara.

Le premier Roi Toulou, nommé Banguer, résidoit en 1758 à Nandera, située à une journée de chemin au Sud de Mangalor : autrefois cette derniere Ville dépendoit de ce Prince. La résidence du second, nommé Chaauter, étoit à Morbidrin, à une journée de chemin à-peu-près, au Nord de Mangalor. Le troisieme, nommé Ciounter, tenoit de même sa Cour au Nord, à Tarkol, situé à deux journées de Mangalor; le quatrieme, nommé Adelair, à Moulouki sur une montagne, une journée & demie au Nord de Mangalor. Les Chrétiens ont une Eglise à Moulouki ; ce lieu est défendu par deux Forts éloignés l'un de l'autre d'une demie-lieue ; le premier élevé sur le bord de la mer; le second sur les montagnes. Le cinquieme Roi Toulou, nommé Mouller, résidoit au Nord, à Calianapour, à deux journées de Mangalor. Au Nord de cette der-

PRELIMINAIRE. cxcvij

niere Ville, on apperçoit les ruines d'un ancien Fort en terre, qui étoit extrêmement vaste, construit par un des Rois Toulous; & près de la Croix des Miracles, on voit un autre Fort détruit, qui, du Nord au Sud, s'étend presque jusqu'à la mer.

Voyage aux Indes Orientales, IIᵉ. Partie.

Au sortir de ma tonne j'allai rendre visite au Chef de la Féterie Portugaise, chez qui je pris quelques tasses de thé au milieu d'une Pepiniere de petits Negrillons qui l'appelloient leur Papa. De-là je me fis conduire à la maison du Curé des Chrétiens de Mangalor, où je trouvai un Canarin de qui je tirai quelques éclaircissemens sur les lettres, les jours, les mois & les années en usage dans le Canara. Mais personne ne put me donner de nouvelles de la prétendue muraille qui avoit manqué me releguer à Bedrour.

Ci-ap.p.ccxij, suite de la not.

Comme j'avois peu de tems à passer à Mangalor, après quelques momens d'entretien avec le Curé de cet endroit, je pris un guide qui me conduisit à la Pagode de Koderete située dans le Nord, à une lieue à-peu-près de la Ville. On voit sur le chemin, à l'Est, une muraille fort basse, continuée assez loin sur les hauteurs. Cette muraille est de sable mêlé de terre & petri comme du plâtre: les murs dont les Canarins entourent leurs palmars, sont ordinairement de cette matiere.

L'emplacement de la Pagode de Koderete est Nord & Sud. Après la premiere porte, on rencontre deux Pagotins, l'un à droite & l'autre à gauche, qui sont à l'entrée d'une allée de deux cents pas, formée entre deux murs garnis de banquettes, & qui conduit à l'enceinte de la Pagode. Cette enceinte peut avoir deux cents pas en quarré; la porte est au bout de cette allée. On voit en dedans, à gauche, plusieurs cellules ou maisons pour les Brahmes. A droite, c'est-à-dire, à l'Est, sur une hauteur en terre où l'on monte par plusieurs degrés, on trouve un grand étang. Du même côté, vis-à-vis la porte de la Pagode, est un chandelier de bois couvert de lames de cuivre, haut de plus de cinquante pieds, & d'un pied & demi environ de diametre. La Pagode est une piramide tronquée par le haut, dont la baze peut avoir trois pieds de haut & soixante pas de diametre. Cette piramide est cxcviij   *DISCOURS*

comme partagée en deux par quatre couleuvres Capelles, dont les têtes répondent aux angles. Les quatre faces d'en bas préfentent des éléphans ; fur celles du fecond rang, paroiffent, à l'Eft, Lakhfchimi ; au Sud, Boani, femme de Roudra ; au Nord, Comoradivi, fille Brahma ; à à l'Oueft, Natjogui. Toutes les faces font furmontées de la tête de Narzingue avec des cornes ; aux corniches, ce perfonnage paroît tout entier. On voit encore à l'Oueft dans l'enceinte, & à l'Eft fur les degrés, de petites Pagodes. Au Nord, font les maifons des Brahmes. Ils font Linganiftes, & me dirent que cette Pagode pouvoit avoir mille ans d'ancienneté ; j'y vis un chariot de Jagrenat.

Je partis de Mangalor le 17 Février à neuf heures du foir. Le 18 à fix heures du matin, la vuë d'une Manfchouë Malabare, me fit mettre en défenfe dans ma Tonne. A fept heures, je me trouvai devant la petite Capi, fituée à l'Oueft Nord-Oueft ; la mer entre cette Ifle & la terre, eft femée de rochers. La Côte fuit le Nord Nord-Oueft ; de Mangalor à la petite Capi, elle eft bordée de Palmars. A fept heures trois quarts, la grande Capi, rocher un peu détaché du bord de la mer ; l'enceinte forme un quarré couvert en paille, & dont les murs paroiffent de terre : elle eft protégée par un petit Fort percé de quelques embrafures. La Côte, toujours Nord Nord-Oueft, & garnie de Palmars ; deux roches fur l'eau à une portée de fufil, une deffous. A huit heures, vingt minutes, grand rocher à une portée de fufil de terre. A neuf heures, cinq minutes, gros rocher & la Côte Nord-Oueft. A la vuë de Carepate, nous fûmes fuivis quelque tems par une Galvette de Pirates. On compte quatre lieues (ou un Gaon), de Capi à Carepate. Cette derniere Ifle eft une efpece de montagne, éloignée de la terre ferme d'une demie lieue, & entourée d'un mur qui fuit la pente du terrein, & eft garni de tourelles, & d'une petite batterie qui domine fur la mer : on voit au Nord quatre petits rochers. A onze heures, rochers & petites Ifles à une lieue de terre. A onze heures, dix minutes, deux rochers à une demi-lieue de terre. A midi, Pofte de Barcour, fur le bord de la mer, accom-

PRÉLIMINAIRE. cxcix

pagné de paillotes : la Côte Nord-Ouest. Ce dernier endroit est à trois lieues de Carepate. A midi & demi, Calianapour, Fort en terre avec trois bastions de front ; le terrein bas & couvert de Palmars. Les Chrétiens ont une Eglise dans cet endroit; la Côte Nord Nord-Ouest. A trois heures après midi (cinq lieues de Kalianapour) la Pagode de Koticere accompagnée de maisons. A quatre heures (une lieue de Koticere), Kondapour sur le bord de la mer : le Fort & le Bazar sont sur les montagnes. A quatre heures & demie, Barcelor, Fort Hollandois, avec une Eglise de Chrétiens. Près de cette Ville, les sujets du Canara révoltés, pilloient alors le Pays, blessoient les Voyageurs & les Etrangers, pour que les plaintes portées à Bedrour obligeassent de les déchager d'un nouvel impôt qu'ils ne vouloient pas payer : c'étoit une suite du mauvais Gouvernement de la Reine du Canara. A cinq heures (à une lieue de Kondapour), Gonguely, dont le Fort est composé de trois bastions ronds, joints ensemble sur un rocher ; les murs sont blancs, & se voyent de loin. La Côte Nord Ouest ; les grandes montagnes Nord-Nord-Ouest. A Ouest Nord-Ouest dans la mer, on rencontre quatre Rochers placés de suite, Est & Ouest, à deux portées de fusil de terre, & un cinquiéme plus près de terre, & qui en paroît simplement détaché : la Côte est couverte d'arbres. A cinq heures un quart, groupe de rochers formant dans la mer une espece d'enceinte Est, Ouest, Nord & Sud, propre à faire un petit Port : la Côte bordée de rochers à pic, & d'autres à fleur d'eau. A cinq heures, trois quarts, la Côte Nord-Ouest. A neuf heures (à quatre lieues de Gonguely), Naguinkate situé sur une riviere, & protégé par un Fort : le terrein est bas ; la Mer vis-à-vis est remplie de rochers. A onze heures (à deux lieues de l'endroit précédent), Boindour situé sur une riviere ; le Fort est dans le Sud sur la croupe d'une montagne : vis-à-vis beaucoup de rochers dans la mer.

Pendant le reste de la nuit nous dépassâmes Syrour situé à deux lieues de Boindour, près d'une montagne, avec une petite riviere ; Batekol, Fort construit à deux lieues de là sur un rocher, avec une riviere ; Scheraoli situé deux lieues plus

Voyage aux Indes Orientales, IIe. Partie.

Ci-d. p. cxcvi.

loin fur une petite riviere, & garni de maifons & de Palmars; Mordefer, Fort conftruit à deux lieues de Scheraoli, fur un rocher qui avance confidérablement dans la mer. Depuis Syrour, la Côte eft comme coupée à pic dans des montagnes qui fuivent le Nord Nord-Oueft. Près de cet endroit, on voit une Ifle affez grande, couverte d'arbres, & quantité d'autres petites.

Le 19 à huit heures trois quarts du matin, je me trouvai à deux lieues de Mordefer, devant Moki, qui forme une Ance à-peu-près pareille à celle du Mont Delli. La Côte & les montagnes, Nord-Oueft; le Fort fitué fur la croupe d'une montagne, defcend en pointe fur le panchant. A neuf heures, douze minutes, Ance, rocher qui avance; autres rochers dans le Sud-Oueft de cette Ance, à deux lieues dans la mer. A dix heures trois quarts, Onor, à deux lieues de Moki, fitué dans un fond, ainfi que la Loge Angloife: on n'apperçoit pas de la mer le Pavillon Anglois; la riviere eft dans le Sud. Vis-à-vis, au Nord Nord-Oueft, eft l'Ifle de Kooloudourouk, protégée par un Fort. Le Canara ne permet pas de paffer entre cette Ifle & la terre ferme, de peur qu'on ne fçache combien il y a de braffes d'eau. La Côte toujours couverte de montagnes. Onor eft environ à dix coffes Sud de Gokorn & à trois journées de Bedrour: les Chrétiens y ont une Eglife. On compte une lieue d'Onor à Rajoumendrig, Fort conftruit dans la mer à une demi-lieue de terre. A deux heures, quinze minutes après midi, (à cinq lieues d'Onor), Kominta avec une riviere & une Eglife de Chrétiens: le Fort eft fur une montagne, au bord de la mer. La Côte fuit le Nord un quart Nord-Oueft, puis le Nord-Oueft & paroît former une Ance de plus d'une lieue. Les montagnes s'éloignent enfuite un peu du rivage jufqu'à Mirjau. A quatre heures, Mirjau fitué fur une riviere du même nom, fort profonde. Cet endroit eft défendu par deux Forts, dont le grand eft un peu éloigné, bâti fur une montagne, & ne peut être apperçu en mer. La riviere reçoit des Vaiffeaux à trois mâts, quoique l'entrée paroiffe embarraffée par un petit rocher. Elle eft précédée d'une Ance formée par les montagnes. A l'entrée

PRÉLIMINAIRE.

de la riviere, à droite, est une Vigie (un petit Poste) ; à gauche, au pied de la montagne, on trouve de l'eau douce & des paillotes : enſuite commencent des rochers qui s'étendent de l'Eſt à l'Oueſt, après leſquels eſt une autre petite Ance dans le Nord Nord-Oueſt. Les Pirates ſe mettent à l'abri de ces rochers, pour faire de l'eau dans la grande Ance ; & paſſent pour cela ſur d'autres rochers qui ſont preſqu'à fleur d'eau. Généralement toute la Côte eſt bordée de rochers. Au-delà de Mirjau, eſt le Fort de Kagal, à quatre lieues de Kominta ; plus loin, on trouve une riviere à deux lieues en-deçà de Gokorn. A cinq heures cinquante-cinq minutes, Gokorn, à trois lieues de Mirjau, Pagode célébre, près d'une Ance dont la derniere pointe eſt à l'Oueſt : le Chef des Brahmes de Gokorn ſe nommoit alors Segnaſi Schamſeripadé. A ſept heures un quart, le Village & la riviere de Gangaoli ; plus loin, à deux lieues de Gokorn, le Moſgani, riviere qui ſépare le Pays du Canara de celui du Sonde. La nuit, je paſſai devant Ankola, premier Fort du Sonde, à trois lieues du Moſgani. Ce Prince étoit alors en guerre avec les Marates.

Le 20, à deux heures du matin, je me trouvai devant l'Iſle d'Anjedive, à ſix lieues d'Ankola, vis-à-vis d'une Ance, au-delà de Belinguin. Cette Iſle appartient aux Portugais, & eſt aſſez bien fortifiée : C'eſt où ſe font les meilleurs bas de coton de la Côte.

Une lieue plus loin qu'Anjedive, eſt la riviere de Carvar. Cet endroit appartenoit autrefois au Sonde qui y avoit fait conſtruire une Foreterſſe ; maintenant l'entrée de la riviere eſt entre les mains des Portugais, qui s'en emparerent à l'occaſion que je vais rapporter. Je tiens ceci de M. l'Evêque de Carvar. Les Anglois ayant d'abord été chaſſés de cet endroit par le Roi du Sonde, obtinrent quelques tems après de ce Prince la permiſſion d'y reprendre leur commerce ; ils conſtruiſirent en conſéquence des paillottes & des pandales pour leurs marchandiſes. Dans le même tems, les Jeſuites voulant faire une Proceſſion ſolemnelle, reçurent défenſe de la part du Commandant Sonde, de paſſer dans un endroit qui étoit près de la Pagode du lieu. Ces Miſſionnai-

Tome I.

res ne cturent pas devoir prendre la défenfe à la lettre : ils fe préfenterent à l'endroit en queftion. Mais, voyant qu'on leur refufoit conftamment le paffage, ils retournerent à leur Eglife. Le Viceroi de Goa inftruit des vexations que les Chrétiens fouffroient à cette partie de la Côte & mécontent de ce que le Sonde avoit rendu aux Anglois la liberté du commerce dans fes Etats, déclara la guerre à ce Prince, & envoya une Fregate de Roi, s'emparer du Fort Pir gourou qui étoit à l'entrée de la riviere. Les Anglois gênés par-là dans leur commerce, furent obligés de quitter Carvar ; les Portugais les tranfporterent à Bombaye, & dans la fuite, augmenterent confidérablement le Fort de Pir.

A l'entrée de la Barre, on apperçoît d'abord deux Ifles occupées par les Portugais; la premiere eft la petite Simpi ; le feconde, la grande Simpi, fur laquelle eft une enceinte flanquée de baftions, qui cercle l'Ifle par le bas. La grande Simpi eft éloignée d'une demi-lieue du Fort Pir gourou, conftruit en terre ferme fur une montagne qui domine au Nord-Oueft l'entrée de la riviere. Ce Fort eft garni de baftions, & communique à un Rempart qui defcend dans le Sud Sud-Eft, jufqu'au bas de la Montagne.

Je fus obligé d'attendre deux heures fur le fable au pied du Fort, pour avoir la permiffion de remonter la riviere jufqu'à Carvar qui eft à une grande lieue de l'embouchure. J'arrivai dans cet endroit fur les neuf heures. Le Miffionnaire du lieu, Carme Italien, nommé Evêque de Carvar, m'y reçut avec cet air poli & aifé que j'avois trouvé dans M. l'Evêque d'Aréopolis. Il fallut accepter un petit déjeûner. Nous fîmes enfuite quelques tours aux environs de la Maifon Epifcopale qui étoit près de l'anciene Féterie Angloife. Ce Prélat alloit partir pour Veraple, fe faire facrer par M. le Vicaire Apoftolique. Notre entretien fut affez court : le tems me preffoit, & d'ailleurs un plus long féjour auroit pu inquiéter les Portugais.

La riviere de Carvar vient du Nord, où elle a fa fource, & va de l'Eft Sud-Eft à l'Oueft Nord-Oueft, puis à l'Oueft. Un bras de cette riviere tourne, à l'Eft Nord-Eft,

PRÉLIMINAIRE.

la Maison Episcopale. Un peu au-dessous de l'Eglise ; elle peut, dans le tems des pluies, porter de fortes embarcations. Je quittai Carvar à dix heures vingt minutes, & laissai à gauche, un peu plus bas, une Vigie du Sonde, près de l'ancien Fort. A dix heures vingt-six minutes, le lit de la riviere assez large; les montagnes dans le Sud; la riviere allant de l'Est à l'Ouest; le Fort de Pir à l'Ouest Nord-Ouest. Je pris ensuite le long de la Côte qui est Nord Nord-Ouest ainsi que les montagnes, & bordée de rochers ; la mer couverte de petites Isles. A une heure après midi, la Côte Ouest Nord-Ouest, Ance, ensuite rochers coupés à pic, suivis d'une autre grande Ance presque fermée dans le Sud par des rochers, & terminée par une montagne; puis trois Ances dont les pointes à l'Ouest; les montagnes à deux heures de chemin de la Côte. Vuë de la Barre de Carvar, la Côte semble ne faire qu'une seule Ance du Sud à l'Ouest. A quatre heures, Ance ; les montagnes moins hautes au bord de la mer; la Côte va de l'Est à l'Ouest Nord-Ouest; chaîne de montagnes une demi-lieue dans les terres, qui semble aller Est & Ouest. A sept heures, Boetakol, Village au milieu d'une Ance. A huit heures & demie, à quatre lieues de Boetakol, le Fort de Cap de Ram, qui appartient au Sonde, sur la montagne de Kolgodou, au Nord de la pointe de l'Ance. A neuf heures & demie, à une lieue & demie de Cap de Ram, riviere d'Asolna qui sépare le Sonde des Portugais ; la moitié du Village est à ce Prince, & l'autre aux Portugais. Asolna est dans Salcette, Province qui peut avoir cinq lieues de long.

Le 21, à six heures du matin, la Côte me parut toujours escarpée & Nord Nord-Ouest. A sept heures, premiere Ance de Mourmogaon ; trois Isles vis-à-vis ; le fond de l'Ance de sable & garni de cocotiers. Au bas de la montagne qui forme le côté septentrional de l'Ance, dans l'angle est un Fort Portugais qui en bat l'entrée. A huit heures dix minutes, pointe du Sud de la seconde Ance de Mourmogaon.

C'est dans cette seconde Ance qu'hivernent les Vaisseaux. Elle en peut contenir plus de vingt à l'abri de tous vents, excepté de celui de l'Ouest: le fond y est de très-bonne tenue.

ecciv   DISCOURS

Le Fort Mourmogaon eſt conſtruit au pied d'une montagne aſſez près de l'angle méridional de l'Ance ; il ſeroit mieux placé à la pointe. La deſcente eſt pavée,& conduit,en tournant ſur la droite,à une porte voûtée & profonde. Le parapet a peu d'épaiſſeur. A gauche ſont les maiſons des particuliers; & à droite du Fort, ſur le panchant de la montagne, les magaſins de ris de Goa. Aux deux tiers de l'Ance eſt l'embouchure d'un bras de la riviere de Goa, qui ſépare l'Iſle où cette Ville eſt ſituée, de la Province de Salcette. Cette Ance eſt encore défendue par le Fort de Sainte Marie Magdeleine, ſitué au côté Septentrional, près de l'angle, & qui répond au Fort Mourmogaon.

A neuf heures vingt-cinq minutes, pointe du Nord de l'Ance: cette pointe avance beaucoup moins dans la mer que la premiere ; elle eſt défendue par le Fort de Noſtra Signora di Capo, & ſuivie du Port de Goa.

Il ſuffit de jetter les yeux ſur le plan de la riviere de Goa, tel même qu'il ſe trouve dans les *Voyages de Linſchot*, & dans la *Relation des Conquêtes faites dans l'Inde par le Vice-Roi D. P. M. Dalmeida, Marquis de Caſtel-nuovo*, pour voir qu'elle arroſe un Pays enchanté. Malheureuſement il eſt habité par le Peuple le moins propre à en faire valoir la ſituation. Une ſuite de canaux dans l'eſpace de trois lieues, du Port à la Ville, varie le cours de la riviere de la maniere la plus intéreſſante. Les Portugais ſe ſont prêtés à cette diſtribution marquée par la Nature. Ces différens bras de la riviere de Goa forment pluſieurs quartiers très-peuplés ; les bords ſont ornés de jolies maiſons bâties des débris de celle de la Ville, que le manque de bonne eau (à ce que l'on prétend) oblige d'abandonner. Les viſites ſont autant de promenades charmantes qui ſe font dans des ballons proprement décorés. Mais cette eſpece de diſperſion eſt la mort du commerce, qui demande une communication plus aiſée. Auſſi des mains des Portugais a-t-il paſſé d'abord dans celles des Arméniens & des Noirs, Maures & Gentils. Enſuite la crainte de l'Inquiſition, fondée ſur les injuſtices les plus criantes auxquelles de ſimples accuſations, nées de l'avidité, donnoient lieu tous les jours, a diſperſé les principaux Marchands à Bacim, à Surate, &c.

PRÉLIMINAIRE.

En 1758, je vis à Goa un Brahme Marate (Vetuſi Kamotin) qui, après avoir été long-tems en priſon, n'en étoit ſorti qu'en livrant ſa fortune, & en permettant à un de ſes fils de ſe laiſſer ordonner Prêtre.

Les ſeuls alors qui fiſſent fleurir le commerce dans cette Ville, étoient les Procureurs des quatre Provinces des Jéſuites. Maintenant que ces Religieux ont été chaſſés de Goa, je doute que le commerce puiſſe s'y ſoutenir.

C'eſt pourtant, à parler exactement, le ſeul Port de la preſqu'Iſle de l'Inde; & on peut y faire le commerce des deux Côtes, par mer & même par terre. Pour cela, il ne ſeroit queſtion que d'avoir la clef des montagnes, qui commencent à cinq lieues de Goa, & ſont très-faciles à garder. Je ne parlerai pas du commerce de Mozambique, Gouvernement indépendant de Goa à la Côte d'Afrique, où l'on porte de groſſes toiles, & des vivres de toutes eſpeces; & d'où l'on rapporte en échange, des Cafres, de l'yvoire & de l'or. Goa a encore un petit commerce particulier, celui du Cachondé; compoſé d'Alcaſſou de cot & de paſtilles, qui ſe fabrique chez les Religieuſes de Sainte-Monique: on en fait des bouquets, des grouppes de différentes formes, qui ſont portés en Europe & dans toute l'Inde où le Cachondé fait partie du Betel.

Mais l'activité & l'exactitude que demande le commerce, ne ſont pas les qualités dominantes des Portugais abâtardis de l'Inde. Trois ans avant que je paſſaſſe à Goa, le Roi de Portugal avoit donné des Privileges à une Compagnie Marchande, pour faire le commerce de l'Inde à Liſbonne. Un François, M. de Rocfeuille, fut mis à la tête de l'entrepriſe avec pluſieurs Subrecargues. On diſoit à Goa que les fonds de cette Compagnie avoient péri dans le bouleverſement de Liſbonne; ce qui l'avoit fait manquer avant qu'elle eut rien porté en Europe: d'autres prétendoient que le Chef avoit mangé le principal & les intérêts. Mais pourquoi cette Nation, autrefois Maîtreſſe de l'Inde, eſt elle obligée d'avoir recours à des Etrangers pour conduire ſon commerce? Il n'y a rien de plus inſolent que les Douanniers de Goa, qui ſont ſoutenus dans leur tyrannie, parce

Voyage aux Indes Orientales, IIe. Partie.

DISCOURS

qu'ils paient par an à l'Etat 175000 séraphins (plus de deux cens mille livres). Ces Doüaniers ont sous eux des Courtiers Gentils propres à se prêter aux procédés les plus iniques. Un Capitaine de Vaisseau, après avoir payé les droits, ne peut avoir ses marchandises dans ses magasins ; les Courtiers de la Fazende (la Doüanne) s'en rendent les Gardiens ou plutôt les Maîtres ; & par-là obligent en quelque sorte les Marchands de la passer aux prix qu'ils jugent à-propos de fixer. Joignez à cela les procédures, qui, par la multitude de Canarins qui font le métier de plaideurs, & vivent d'écritures, ne finissent jamais. Du tems du Colonel Pierre-Pont, Gouverneur de Salcettes, cette vermine eut l'impudence de se plaindre au Viceroi de la tranquillité qui regnoit dans cette Province, où ce sage François avoit en quelque sorte aboli les procès. Je ne parlerai pas d'un monde de Prêtres, Moines, Chanoines, &c. Noirs & Blancs ; vraies Sauterelles des Colonies, où il ne faut que des bras pour fabriquer les marchandises, & des Vaisseaux pour les transporter. Les Moines mendians, Franciscains & autres, sont les seuls qui paroissent être de quelqu'utilité : ils ne sont soufferts dans cette Ville, qu'aux conditions qu'en cas d'attaque, ils prendront le mousquet, & feront l'office de Soldat.

Goa, le plus beau & le plus pauvre Établissement de l'Inde, coûte par an plus de 300000 piastres au Roi de Portugal, qui y envoye souvent des sommes considérables pour les besoins pressans, & paye les appointemens des principaux Officiers. Le premier de ces Officiers est le Viceroi. Après lui est le Primat, puis le Chancelier, le Lieutenant Civil, le Lieutenant Criminel, le Procureur du Roi : ces quatre derniers ne peuvent se marier tant qu'ils sont en place, mais les concubines les dédommagent d'une femme légitime. Après eux sont le Capitaine de la Ville, le Chef de la Fazende, les Capitaines Mary guerre (de mer & de terre), les Colonels, Capitaines, &c. de troupes de terre. Le Conseil du Viceroi est composé des quatre Officiers inférieurs au Primat & du Capitaine de la Ville. Les Affaires Civiles ou Régulieres vont au Lieutenant Civil ; les Cri-

PRÉLIMINAIRE.

minelles & celles qui regardent les Militaires, au Lieutenant Criminel. Quand les affaires le demandent, tous les Juges s'assemblent à la Case de Polvere où réside le Viceroi. Ce sont les Canarins qui font l'Office d'Avocat & de Procureur.

Le Tribunal de l'Inquisition a maintenant pour Président, un Prêtre séculier. Celui qui occupoit cette place me parut un galant homme, à son titre près. J'eus la curiosité de l'aller voir. Il me reçut avec beaucoup de politesse; & je sçus dans la suite que les *Auto de feè* étoient devenus bien moins fréquents, & n'avoient plus pour victimes que quelques misérables Canarins coupables de crimes rares par-tout ailleurs qu'à Goa.

La pauvreté du Gouvernement de Goa, paroît encore dans les appointemens qui sont beaucoup plus foibles que dans les autres Comptoirs Européens. En 1758, il y avoit, dans cet Établissement, deux mille Européens, formant deux Régimens de deux bataillons chacun, commandés par deux Colonels; une Compagnie d'Artillerie, & cinq mille Cipayes, dont les Capitaines étoient Européens. Les Capitaines ont seize roupies par mois, & les autres Officiers à proportion; aussi ne vivent-ils que de ris & de petit poisson. Les Soldats en usent assez familièrement avec leurs Officiers. Dans cette Ville, un *Signor Soldado* est quelque chose; & généralement, lorsqu'ils arrivent d'Europe, les Portugaises les voient avec plaisir. Il se trouve parmi ces soldats beaucoup de jeunes gens de famille, qui viennent dans l'Inde pour y servir six ans, & être faits ensuite Officiers.

On sçait qu'en Portugal, le Grade Militaire se marque par la pomme de la canne. Les Capitaines Mar y guerre de l'Inde la portent d'or; ils n'ont que cinquante roupies à terre, & cent en course: mais ils se dédommagent avantageusement de la modicité de ces Appointemens par les sommes qu'ils retirent des embarcations qu'ils escortent.; aussi ne naviguent-ils que par faveur. Ils ont le pas sur les simples Capitaines de troupes de terre; mais ils ne roulent pas avec les Capitaines Mar y guerre d'Europe; privilege dont jouissent les Officiers de troupe de terre.

DISCOURS

Les Fregates que commandent les Capitaines Mar y guerre sont des Vaisseaux de cinquante à soixante canons. Il y en a pour l'ordinaire deux dans l'Inde, & quelquefois quatre. Elles partent de Lisbonne en Septembre, vont hiverner à Mozambique, & arrivent à Goa l'année suivante, en Septembre. Elles parcourent ensuite la Côte, protegeant les petites Flottes de Marchands qui vont à Surate, ou dans le Sud, ou à Bengale, ou à Bassora; & retournent en Europe en Janvier.

Je reprends la description de Goa & des environs. L'entrée de la riviere, dominée par deux Montagnes, forme une Ance, ou un Port qui est défendu au Sud par le Fort de Nostra Signora di Capo, & par celui de Gaspardie; & au Nord-Ouest, par le Fort d'Agoada, & par une Redoute construite un peu plus bas, au Sud Sud-Est de ce Fort. Entrant ensuite dans la riviere, on trouve à droite une langue de terre séparée par un ruisseau, de celle où est le Fort Gaspardie. C'est dans cette partie de l'Isle de Goa qu'est situé le Palais du Primat. Paroissent (ou du moins, paroissoient en 1758) ensuite du même côté sur le bord de la riviere, les maisons de commerce des Jésuites de Goa & du Japon; puis le Palais de Panjin au-delà d'un petit pont, derriere lequel est le vieux Goa adossé à des terres actuellement inondées. Plus loin, est une levée suivie d'un petit pont qui conduit à Ribandar. On rencontre au-delà de ce dernier endroit de beaux Palmars qui aboutissent à la Case de Polvere où réside le Viceroi. Ce Palais est peu éloigné de Goa.

Sur la rive opposée, vis-à-vis le Fort Gaspardie, on voit celui d'Os Reyes; ensuite Verin & Betin, maisons de commerce des Jésuites de la Chine & de la Côte Malabare, qui répondent à celles de Goa & du Japon; plus loin, à peu-près en face de Panjin, Pourpanjin, derriere lequel est la Province de Bardefch; & toujours en remontant du même côté, l'Eglise & le quartier de Pen de France : là le continent est coupé par un bras de la riviere de Goa, qui vient de Mapsa. Plus loin paroît le Fort Schouron sur une langue de terre, formée par le bras précédent & par une division du même bras qui vient de Narva.

La

PRÉLIMINAIRE.

La riviere de Goa jufqu'à une demi-lieue de la Ville, a aſſez d'eau pour des Vaiſſeaux de ſoixante pieces de canon, déchargés ; chargés, ils peuvent aller juſqu'à Ribander qui eſt environ à une lieue de Goa. Cette riviere a ſa ſource dans les Ghâtes d'où elle coule juſqu'à Ganjin, en ſuivant l'Oueſt Nord-Oueſt. Cet endroit eſt environ à une journée de Goa & dépend du Bonſolo ; l'eau y eſt douce : c'eſt de-là que l'on tire le Tek & les autres bois de conſtruction. Depuis Ganjin, la riviere de Goa coule dans l'Oueſt & le Nord-Oueſt. Elle ſe partage à l'Iſle Saint-Eſtevan en trois bras.

Le principal de ces bras coule dans le Sud, le Sud Sud-Oueſt, paſſe devant Goa, & ſuivant enſuite l'Oueſt & l'Oueſt un quart Sud, va ſe décharger dans la mer.

Le ſecond bras de la riviere de Goa paſſe par derriere Narva, arroſe le Nord de la Province des Bardeſch, & rentre, ſous Schouron, dans le lit du premier bras. Narva, dont je viens de parler, eſt une petite Iſle à l'Oueſt Nord-Oueſt de Goa, qui eſt défendue par un Fort, & où le Vice-roi a une maiſon de plaiſance. A une heure de chemin de Narva eſt le Fort Bitchoui. Allant dans l'Eſt, à une heure & demie de ce dernier endroit, on rencontre Sankeli, ſuivi des montagnes & du Pays du Bonſolo. A deux heures de Sankeli, eſt Ouſpaha, Aldée dépendante d'un des Deſſays particuliers qui relevent de ce Prince. Les terres des Bonſolos s'étendent l'eſpace d'une journée de chemin juſqu'aux grands Ghâtes : les Zamboteys occupent enſuite un terrein d'une demi-journée, qui eſt borné par le Pays des Marates. Au Nord Nord-Oueſt de Goa, à trois heures de chemin, eſt le Fort de Coloüalle, près duquel eſt le Baſar de Mapſa. Au Nord Eſt à deux lieues & demie, eſt Alorna ; enſuite commencent les terres du Bonſolo.

Le Troiſieme bras de la riviere de Goa forme, avec le premier, l'Iſle où cette Ville eſt ſituée, en deſcendant de l'Eſt par le ſud dans l'Oueſt, où il ſe décharge dans l'Ance de Mourmogaon, au-deſſous du Fort de Sainte-Marie-Magdeleine. L'Iſle de Goa eſt défendue par pluſieurs Forts conſtruits ſur les bords de ce bras ; le plus près de la Ville eſt Aujin. A une demi-heure de-là, tournant au Sud-Eſt on rencontre le Poſte de Samras, devant lequel eſt l'Iſle de Comarjon dépendante des Portugais. Au-delà de cette Iſle, ſur la terre ferme, eſt l'Aldée de Marſel qui appartient au Sonde : le reſte du Pays juſqu'à Ponda, qui eſt à cinq heures de chemin de Comarjon, étoit, en 1758, entre les mains des Marates, ſur leſquels les Portugais ont repris Ponda en 1763. Du Poſte de Samras au Fort de Saint-Jago, il y a une demi-heure de chemin. Ce dernier Fort eſt à une heure de celui de Saint-Laurent, après lequel le bras ſur lequel il eſt ſitué ſe diviſe en deux canaux ; l'un ſe décharge dans l'Ance de Mourmogaon ; l'autre prenant dans l'Eſt Sud-Eſt., borne, à l'Eſt, la Province de Salcette. On voit ſur ce ſecond canal Raſchol, Fort Portugais, à deux heures de celui de Saint-Laurent, & plus bas, à une demie journée du même Poſte, Jamaoly, Fort du Sonde. A une heure de-là, deſcendant dans l'Oueſt, on rencontre Coucouly, Fort Portugais actuellement détruit & ſitué à une demi-lieue d'Oſolna, dont la riviere, qui s'étend peu dans les terres, ſépare, comme je l'ai déjà dit, le Domaine des Portugais de celui du Sonde.

On voit, par la deſcription précédente, que le territoire de Goa eſt enclavé entre le Sonde, au Sud ; le Bonſolo & le Marate, à l'Eſt & au Nord, & la mer à l'Oueſt. [1]

[1] Le Roi de Sonde en 1758, ſe nommoit Imliſadaſchiou. Ce Prince étoit âgé de près de ſoixante ans, avoit quatre freres, point d'enfans mâles, & une ſeule fille qui étoit alors veuve : ſa famille étoit ſur le Trône depuis fort long-tems. Il avoit un Miniſtre habile nommé Adikary, & manquoit d'ailleurs de bons Généraux. La Capitale du Sonde eſt dans les Montagnes au Sud-Eſt, à ſix journées environ de Goa. Au-delà de ce Royaume, dans l'Eſt, ſont les Etats des Marates, & à treize à quatorze journées de Goa, ceux du Nabab de Schanour. Autrefois le Bonſolo & le Sonde relevoient de ce Prince : maintenant c'eſt au Marate que le Sonde paye ce tribut. Nana voulut en 1756 attaquer le Nabab de Schanour, ſous le prétexte de quelques Conquêtes qu'il avoit faites ; Moraro ſe joignit au Chef Patane ; & ils auroient tous deux défait Nana, ſi ce dernier n'eût appellé Salabedzingue à ſon ſecours : en 1758 ils étoient ſur le qui vive. Le Souverain de Kittour, (le Neveu de Malappa), Ville ſituée dans les montagnes à huit journées de Goa, relevoit alors du Nabab de Schanour.

Le ſecond Prince voiſin des Portugais eſt le Déſaye ou Conducteur des Bonſolos : ce Peuple parle Marate. En 1758, le Déſaye étoit un enfant de dix ans, fils de Ramſchendreſaont, mort deux ans auparavant. Sa famille étoit en place depuis environ ſoixante ans. Il avoit pour premier Miniſtre Devàſinin, homme d'eſprit ; & Delvi, pour premier Général. La Capitale de ſes Etats eſt Wadi, à deux journées d'Alotna dans le Nord de Goa.

Au-delà du Bonſolo, ſont les Marates, dont la Capitale actuelle eſt Ponin

PRÉLIMINAIRE.

Je reprens la suite de mon Voyage. Je trouvai mon frere à Goa logé chez M. Jalama, un des Subrecargues de la Com-

que j'aurai occasion de faire connoître dans la suite. En 1758, ils avoient, pour Roi légitime, Ram Rajah, Prince de Caste Marate, & âgé de vingt-cinq ans : Nana, son premier Ministre & Chef réel des Marates, le tenoit renfermé avec Schantarabaye, sa tante, Princesse de quarante-cinq ans, dans la Forteresse de Satara, située sur une montagne, dont ses troupes cercloient le pied & les avenues. Ram Rajah étoit fils de Schah Rajah mort quelques années auparavant. Le pere de celui-ci étoit Sambadji Rajah qu'Aureng-Zeb mena prisonnier à Dehli. Là le Mogol lui fit offrir la vie, à condition qu'il embrasseroit le Mahométisme. Sambadji refusa de se rendre à la proposition d'Aureng-Zeb, ajoutant qu'il ne le feroit pas, quand ce Prince lui donneroit en mariage sa fille Bigmi. A ces paroles, Aureng-Zeb ordonna qu'on lui coupa la langue, & le pressa une seconde fois de se faire Musulman. Sambadji fit par écrit la même réponse, après laquelle on lui trancha la tête (selon quelques-uns, Sambadji étoit Soubehdar de Dakken ; aureng-Zeb le fit clouer à son Trône, & scier par la tête). La fille d'Aureng-Zeb prit en amitié Schah Rajah, qu'Aureng-Zeb avoit amené à Dehli avec Sambadji ; & ce Monarque lui rendit le Trône de son pere. Sambadji étoit fils de Sevagi, qui, sur la fin du dix-septieme siecle, étoit Chef des Marates, & a pillé plusieurs fois Surate.

Schah Rajah, eut huit Ministres, qui, par eux-mêmes ou par leurs Descendans, ont partagé ses Etats. Tous sont morts, excepté le quatriéme. Le premier de ces Ministres Sirpotirao Pretinidi, c'est-à-dire, Chancelier, étoit de la Caste de Bethou ou Brahme ; il a laissé un fils qui est en démence. Schah Rajah avoit eu d'abord pour Général à Satara (ou pour premier Ministre) Indourao Gourparé-Mamlakat Maduré (c'est-à-dire, du Royaume de Maduré), de Caste Marate. Son second Ministre étoit Nararam Schenvi, qui a laissé un neveu actuellement sans emploi ; le troisieme, Maïpotirao ; le quatrieme, Bagirao baoda, qui en 1758, vivoit tranquille & retiré des affaires, à Colapour dans les montagnes, à neuf journées environ de Goa, avec Sambadji, cousin-germain de Schah Rajah. Le cinquieme Ministre de ce Prince étoit Baji Bollalrao, mort en 1742 ; le sixieme Ananjipont, fils de Detopont, mort Pesevé, c'est-à-dire, Conducteur ou Connetable ; le septieme, Candodji Davada. Le nom du huitieme m'est inconnu : peut-être est-ce Indourao Gourparé.

Ce dernier Marate eut pour fils Schedoudji Gourparao qui a laissé trois enfans ; le premier, Ananderao, mort jeune ; le second, Moradji Gourparao ; le troisieme, Soubandji Gourparao, qui en 1758 vivoit avec son frere. Celui-ci que nous nommons Morato, étoit alors un des Chefs Marates. Il avoit son appanage près de Siringapatnam, Capitale du Rajah de Maïssour ; & étoit avec son armée à Soubremani, Pagode située entre Bedrour & Siringpatnam.

Baji Bollalrao, cinquieme Ministre de Schah Rajah, a eu un frere nommé Tchemenanji Apa, qui a fait la Conquête de Bacim, de Tanin & de plusieurs autres Établissemens Portugais dans le Nord de la Côte. Ce Chef Marate a laissé un fils, nommé Sodoba, qui périt en 1761 dans la défaite des Marates près de Singar.

Les enfans légitimes de Bagi Bollalrao sont Bagi Nana & Ragoba ; ce Chef Marate a aussi laissé un fils naturel, Musulman, nommé Schamschir Bahadour, que Nana envoya en 1757 à Dehli avec Ragoba & Malargi Holkar. L'armée Marate, composée de 80000 chevaux, étoit sous les ordres de Ragoba. C'est Schamschir Bahadour qui a détrôné & ensuite rétabli le Mogol Alemguir sani.

Balagirao, Chef réel des Marates en 1758, & connu dans l'Inde sous le nom de Nana, n'étoit proprement que le Pesevé ou Connétable de Ram Rajah : mais il

DISCOURS

pagnie Portugaise, qui habitoit le Château de Panjin. La joie que je ressentis, en l'embrassant, fut bien diminuée par s'étoit rendu indépendant, & tenoit sa Cour à Ponin. Ce Prince avoit plusieurs fils, l'un desquels nommé Viswasrao, fut envoyé sur la fin de 1757 dans le Guzarate, & perdit la vie en 1761 à l'affaire de Singar. Ses Principaux Lieutenans étoient ; 1°. De-taji Schinna, détaché sur la fin de 1757, avec vingt mille Cavaliers pour rejoindre l'armée de Ragoba : 2°. Damangikaekvar, envoyé au commencement de 1757 dans le Guzarate avec quarante mille chevaux ; 3°. Balo Vandrao, envoyé dans le même tems avec vingt-cinq mille chevaux à Sirao Karpa près de Bedour : 4°. Bapoudjinek, détaché dans le même tems pour le même endroit avec une armée. Ses autres Généraux étoient Vaftwatrao, le fils de Ragogi-Bonsolo, Gopalrao, Emangi-Schinna.

Vers le milieu de 1757, plusieurs Chefs Marates abandonnerent Nana, & se joignirent à Salabetzingue; sçavoir, Ragogi Sindo, Damangigaïkewada, avec son fils, le fils de Condodji Davada, septieme Ministre de Schah Rajah. Le Soubah du Dekan, ou du moins M. de Bussi, lorsque son armée étoit sur le Ganga, dans le Royaume de Mouguipatan, avoit avec lui ces quatre Chefs Marates, Sultan Djinim Holkar, Rajah Ram schandre, Lakhscheman Kandaguela, & Baleraojanoji.

Les Marates Linganistes sont divisés comme en deux Castes générales; l'une porte les trois raies sur le front perpendiculaires à la ligne des Yé--- l'autre les porte horizontalement. En 1758, le Segnasi Schettiapourené résida- à Schettiapour, dans le Pays des Marates, étoit Chef des premiers, & même au-dessus de l'Archi-Brahme de Gokorn ; Sankradjari, qui résidoit à Stringuery, aussi dans le Pays des Marates, étoit le Chef des seconds. Dom Juan de Saldaigne, Vice-Roi de Goa, devant qui ces deux Chefs avoient porté leurs prétentions pour la prééminence, décida en faveur de Sankradjari, mais les premiers ne s'en tinrent pas à sa décision.

Telles sont les Puissances qui, par terre, resserrent & menacent les Portugais. Les ennemis contre lesquels ils sont obligés de défendre leurs Vaisseaux marchands, sont les Pirates Bonsolos ; ceux de Melondi qui ont un Fort construit dans la mer; ceux de Gria, Forteresse prise en 1756 par les Marates aidés des Anglois; les Pirates de Colab, de Rajpouri ; les Marates de Bacim, des environs de Bombaye; les Tchontias, & les Sangans qui ont des Forts au-delà de Diu.

Tous ces détails m'ont été donnés par Vetusi Camotin & par Antasinay, Courtiers Marates, que j'avois occasion de voir à Panjin. C'étoit le seul fruit que je pusse tirer de mon séjour à Goa ; Colonie la plus ennuyeuse qui soit au monde pour un François même foiblement sage.

Le même Vetusi m'écrivit les différens Alphabets en usage chez les Marates & chez les Canarins. La marche de tous ces Alphabets est pareille à celle du Tamoul. Dans les Ouvrages qui traitent de la Religion, les Marates se servent des Caracteres Samskretans. Les lettres de l'Alphabet Canarin du Marate Camotin, sont un peu allongées, comme celles que m'avoit données le Canarin de Mangalor. Les caracteres du Brahme de Kanserkora sont plus ronds, les traits plus mêlés, ainsi que dans l'Alphabet que me donna à Onor, en 1761, l'Interprète Noir de la Loge Angloise.

Les Chiffres Marates & Canarins sont, à quelques traits près, ceux du Guzarate. Les noms des nombres sont aussi les mêmes. Les mois & les années ont les mêmes noms chez les Marates, les Canarins, les Malabares, & en général chez tous les Indiens qui portent sur la tête la petite touffe de cheveux nommée *Sindi* : Il n'y a proprement de différence que dans la prononciation.

PRÉLIMINAIRE. ccxiij

la réfolution où je le vis de partir inceffamment pour Surate. Le defir de fe rendre promptement au lieu de fa deftination

VOYAGE aux Indes Orientales, II$_e$. Partie.

Noms des fept jours de la femaine.

| Adito. | Somo. | Mâgollo. | Bodh. | Gourou. | Soukrou. | Seni. | *Maratte.* |
| Aïter. | Somevar. | Mangalevar. | Boudouvar. | Brafpativar. | Soukravar. | Senvar. | *Canarin.* |

Noms des Mois.

Avril.	Mai.	Juin.	Juillet.	Août.	Septembre.	
Tcheitrou.	Vaifchako.	Djettou.	Afchad.	Sravanna.	Badrâpada.	*Mar.*
Tfité.	Viffak.	Djhiet.	Afchardhé.	Sravan.	Bahdrepet.	*Can.*
Octobre.	Novembre.	Décembre.	Janvier.	Février.	Mars.	
Afuino.	Katriko.	Margacir.	Poufcha.	Mago.	Falgouna.	*Mar.*
Afvidjé.	Kartik.	Marguecir.	Pous.	Mâg.	Pahlvan.	*Can.*

Les jours du mois fe comptent du premier de la Lune au 14 incluſivement. En Canarin, *Souddé paroüo, Souddé bi, Souddé teï, Souddé tavat &c.* c'eſt-à-dire, *Le premier de l'apparition de la Lune, le fecond, le troifiéme, le quatriéme ;* enſuite *la pleine Lune, Bola ;* puis on compte *le premier, le ſecond &c.* de la pleine Lune juſqu'à *la nouvelle Lune, bolo Paroüo, bolobi &c. amoff.*

Cycle de foixante ans.

1°. Probhâva.	2°. Vibava.	3°. Soukla.	4°. Promodé.	5°. Pradjopatti.	6°. Anguira.	*Mar.*
Prabava.	Vibava.	Soukra.	Promodah.	Predjopatha.	Anguira.	*Can.*
7°. Srimoker.	8°. Bhava.	9°. Iva.	10. Dhatha.	11°. Ifchouara.	12°. Booundanen.	*Mar.*
Srimoker.	Bhava.	Ivé.	Dahrou.	Ifvaren.	Boudann.	*Can.*
13°. Paremarti.	14°. Vikram.	15°. Rouchavé.	16°. Tchitravanum.	17°. Sobhanum.		*Mar.*
Pramâti.	Vikrame.	Viff.	Kittere bahnou.	Soubahnou.		*Can.*
18°. Tarounin.	19°. Partchivin.	20°. Veii.	21°. Sarvadjita.	22°. Sarvadari.		*Mar.*
Tarenam.	Parteva.	Yeïa.	Sarva djitou.	Sarva dahri.		*Can.*
23°. Virodi.	24°. Vikrout.	25°. Keré.	26°. Nandanam.	27°. Vidjeïa.		*Mar.*
Virodi.	Vikrouthou.	Kara.	Nandanam.	Vidjeïa.		*Can.*
28°. Djea.	29°. Manmar.	30°. Dormoti.	31°. Iemolammi.	32°. Vilambi.		*Mar.*
Guïaïa.	Mannemata.	Dourmoki.	Imvelambi.	Vilembi.		*Can.*
33°. Vikari.	34°. Scharweri.	35°. Pallaw.	36°. Sabakrouta.	37°. Soufakrouta.		*Mar.*
Vikari.	Saloueri.	Pallava.	Souvakroutou.	Schobakroutou.		*Can.*
38°. Virodhi.	39°. Vifchwa vafou.	40°. Paravo.	41°. Palevangué.	42°. Kilakia.		*Mar.*
Khrodhi.	Viffbavafou.	Paratbeva.	Palevangha.	Kilka.		*Can.*
43°. Somian.	44°. Sadarana.	45°. Varadakrouta.	46°. Peridavi.	47°. Paramadhi.		*Mar.*
Saomian.	Sadarenang	Virodhi kretou.	Peridhavi.	Pramatitcha.		*Can.*
48°. Anandé.	49° Rakfchece.	50°. Nall.	51°. Pingucle.	52°. Kalioukté.		*Mar.*
Ananda.	Rakfcheta.	Nala.	Pengala.	Kaletakfchi.		*Can.*
53°. Schiddartchi.	54°. Roudré.	55°. Dourmouti.	56°. Doudoumbi.			*Mar.*
Siddarthi.	Ravoudri.	Dourmouti.	Donderi.			*Can.*
57°. Rodera degari.	58°. Raktakfchi.	59°. Khroudhan.	60°. Kfché.			*Mar.*
Roudro degari.	Retakfchi.	Krodanan.	Kfcheïa.			*Can.*

Lorfque le Cycle eft achevé on recommence à la première année *Probhâva &c.* Les Marates ajoutent tous les trois ans à leur année un mois appellé *Adikou.* L'Époque la plus générale à la Côte, ſurtout chez les Aſtronomes, eſt celle de la mort du Rajah Salouan (en Malabare, *Schalivaganafchakan*). Selon le Topaye Anglois d'Onor, le 8 Mai 1761 de J. C. répondoit chez les Canarins au 3 du mois Viffak de l'an 1683 de ce Rajah, *fola haẓar tchahar biſt tin mena viffak rouṭ teï Rajah Salouan fin* : ainfi la mort de ce Rajah tombe à l'an 78 de l'Ere Chrétienne.

ne lui permettoit pas de rester plus long-tems à Goa ; trois jours après mon arrivée dans cette Ville, il prit la route des Etats du Bonfolo & du bord de la mer, & arriva heureusement à Surate au bout de trente jours d'une marche fort fatiguante.

Rien ne fut plus monotone que la vie que je menai à Goa. Dans cette Ville, on ne peut voir les femmes sans intrigue ; la société des hommes, Laïcs & Eccléfiaftiques, y eft souverainement infipide, & celle des Moines dangereufe. Auffi, après avoir reçu de Vetufi Camotin, & d'Antafinay, Courtiers Marates, le peu de connoiffances qu'ils voulurent bien me communiquer, ne m'occupai-je que des préparatifs de mon Voyage, qui devoit être plus long que celui de mon frere, parce que j'avois deffein de paffer par Aurengabad. Dans l'intervalle je rendis quelques vifites à Dom Lopes, dont le Pere avoit été Gouverneur de Goa en l'abſence du Viceroi ; ce Gentilhomme fe piquoit de faire politeffe aux Etrangers. J'allai auffi voir le Secrétaire Carvalho, que l'on m'avoit dit poffèder quelques Cartes du Pays ; il me communiqua le plan de Bombaye & celui de Gria, dont je tirai copie. De petites courfes à Mourmogaon & à la Ville de Goa, dont l'objet étoit de m'affurer de la position de ces lieux, quelques promenades aux environs de Panjin, & la lecture des *Decades de Barros*, que Dom Lopes m'avoit prêtées, remplirent le refte de mon tems. J'affiftai un jour au Sermon d'un Prêtre Canarin, qui mit fans façon la Sainte Vierge au-deffus de J. C. parce que dans l'ordre de la Nature la mere eft au-deffus du fils. Je vis à Goa le tombeau de S. François Xavier, dont plufieurs Voyageurs ont donné la defcription, & ne pus m'empêcher d'admirer la Maifon des Jéfuites, édifice fuperbe, qui auroit pû figurer en Europe avec les plus belles Maifons Religieufes.

Lorfque mes affaires furent arrangées j'allai prendre congé du Primat & du Chancelier qui faifoient conjointement l'office de Gouverneur, en l'abfence du Viceroi, que l'on attendoit d'Europe. Je ne pus voir que le fecond, qui réfidoit à Narva ; encore eus-je bien de la peine à le tirer pour un moment de fon Sérail,

PRÉLIMINAIRE.

Muni des Passeports nécessaires & de petites Lettres de Change d'Antasinay, l'une pour Narapnek, fameux Saukar d'Iadevar; l'autre pour Ingana Banian de Ponin, je partis enfin de Goa le 23 Mars 1758, pendant la semaine Sainte. J'avois pour guide un Canarin qui devoit me conduire jusqu'à Aurengabad, & mon bagage étoit porté par un cheval d'assez pauvre mine, mais excellent pour les montagnes, & qui au besoin pouvoit encore me servir de monture, parce que la charge de mon corps étoit fort peu de chose. La vie que je menois depuis quatre mois ne m'avoit pas donné d'embonpoint, & l'officieux Portugais chez qui je passai le Carême à Goa, m'entretint dans le même degré de légereté, par un éternel & unique ragoût de petits Concombres, rehaussé tous les huit jours d'un petit plat d'œufs. Je passai la premiere nuit à Comarjon, vis-à-vis le Poste de Samras, dans la maison d'Antasinay.

Le lendemain 24, je gagnai la terre ferme, à l'Est, où est l'Aldée de Marsel, dépendante du Sonde. A une lieue de Marsel est Orgaon; la route est ensuite dans le Sud. On compte d'Orgaon à Tourin une demie lieue; delà à Bom, une demie lieue; de Bom à Maddol, une lieue. Entre Bom & Maddol s'éleve à plus de cent toises une montagne assez roide, qui est pavée régulierement de haut en bas de grandes pierres; il n'y a pas d'intrépide qui osât la descendre à cheval. Le sommet de cette montagne présente le plus beau point de vûe. On découvre de-là le cours de la Riviere de Goa, les Pays qu'elle arrose & les différens Postes qui la défendent. Je voulus me dédommager de l'ennui que m'avoit causé cette Ville maussade, en contemplant à mon aise la beauté de sa situation. Je vis au Nord la Province de Bardesch, au Sud celle de Salcette, qui donne les meilleurs fruits de l'Inde, les mangues, entr'autres, les figues bananes & les Ananas; au milieu, l'Isle de Goa précédée d'un beau Port, le seul de la presqu'Isle, & adossée à une Ance dans laquelle les plus grands Vaisseaux peuvent se tenir en tout tems; & à l'Est les montagnes où j'allois entrer & qui ouvrent le Commerce de l'Inde entiere. Je regrettai, en m'arrachant à ce spectacle ravissant, que Goa ne fut pas habité par d'autres hommes.

DISCOURS

On voit à Maddol une Pagode dont la Tour est à étages & ronde en forme de Lingam. Au-delà de cette Aldée est une autre montagne pavée qu'il faut passer pour se rendre à Ponda, qui en est à deux lieues. Je m'arrêtai à la porte de cette Ville, sous un Angar de paille, ouvert de tout côté; de-là je considérai le Fort qui est bâti sur une montagne, & en suit la pente dans l'Ouest. Du côté du Nord on l'apperçoit d'une demie lieue. La porte est à l'Ouest; l'Aldée à peu près est Ouest. Il pouvoit y avoir alors dans le Fort 3000 Marates.

Tandis que j'étois sous mon toît, le Canarin qui me servoit de guide porta mes Passeports à l'Agent des Portugais, pour qu'il les montrât au Gouverneur de Ponda, & me fît expédier les Dastoks nécessaires pour le passage des montagnes: mais ce jour-là ni le suivant (le 25) il ne fut pas possible d'avoir d'Audience du Commandant Marate.

C'étoit alors le *Simgat*, Carnaval des Gentils, qui dure deux jours. Le premier, le travail est défendu, les Tribunaux sont fermés, le vol & autres crimes sont impunis. Le Peuple se barbouille & fait comme parmi nous mille folies. Il arrête les Passans, les dépouille, court par bandes dans les rues; personne n'a alors l'imprudence de laisser sa porte ouverte. Comme j'ignorois jusqu'où alloit la licence du *Simga*, je me contentai d'attacher mon cheval par les pieds, & la nuit venue, je m'endormis tranquillement. A peine avois-je pris quelques heures de repos, qu'un petit cliquetis me réveilla; c'étoit le bruit du harnois de mon cheval qu'un habile Linganiste alloit enlever avec l'animal même, dont il avoit détaché les quatre pieds. Je n'eus que le tems de sauter sur mes armes; le filou décampa au plus vîte, & ce petit accident me rendit plus précautionné.

On peut bien penser que la journée du 25 me parut mortellement longue. Enfin, le 26, mon Passeport fut trouvé légitime; j'allai rendre sur les dix heures visite au Gouverneur Marate qui sortoit du bain, & il me fit expédier les Dastoks qui m'étoient nécessaires. Restoit après cela la Doüane dont il falloit me débarrasser. Je craignois pour mes papiers. En effet j'eus besoin d'appeller, comme à Dekle, l'Astronomie

PRÉLIMINAIRE. ccxvij

l'Aſtronomie à mon ſecours. Les baſtions ronds du plan de
Gria furent convertis en phaſes de la lune ; & avec une
roupie de préſent, on m'en crut ſur ma parole. Je ſa-
crifiai à l'humeur ſoupçonneuſe des Doüaniers, une Lettre
cachetée qu'une Portugaiſe de Goa m'avoit donnée pour
l'Armée Françoiſe du Dekan, ne ſuppoſant pas qu'elle dût
parler d'affaires d'Etat. C'étoit peut-être une indiſcrétion:
mais il auroit fallu attendre qu'on l'eût traduite en Marate,
& j'étoit preſſé de partir.

Je quittai Ponda ſur les onze heures, au fort de la chaleur, & m'enfonça dans les montagnes qui, au commencement étoient peu élevées & couvertes d'arbres. A deux
lieues & demie de Ponda, je rencontrai un Tchoki ; à
une demi-lieue de là, la riviere de Carndella, qui pendant
l'hiver ſe jette dans la mer ; & une demi-lieue plus loin, la
petite riviere de Tchounor. A une lieue de cette riviere,
coule le petit Nirengal qui, pendant les pluies, ſe décharge dans la mer. La route Sud Sud-Eſt & Sud-Eſt. Nirengal,
Aldée actuellement détruite, eſt à une demi-lieue du Tchoki précédent. Au-delà on rencontre un autre Nirengal,
ſuivi, un peu plus loin, d'un troiſieme Nirengal. Cela fait,
avec le Nirengal dont je parlerai plus bas, quatre bras de
riviere qui ſe réuniſſent à Nirengal. Près de cette Aldée
le Nirengal n'eſt pas guéable.

Le 27, je me mis en route à deux heures du matin, pour pouvoir me trouver au commencement du
jour au pied des Ghâtes. Le chemin me parut aſſez
beau, au milieu d'un Pays plat. Après avoir fait une
lieue je rencontrai le grand Nirengal qui, dans le tems des
pluies, eſt une riviere conſidérable. A une demi-lieue delà
eſt Ouklouas, Aldée détruite, à droite de laquelle coule
une riviere ; plus loin, on voit un étang : la route toujours
dans les bois. A une lieue & demie d'Ouklouas, eſt le
Tchoki de Vaddol, Aldée détruite, avec une petite riviere. Ce Tchoki eſt à ſept coſſes de Ponda, & à deux du
ſommet des Ghâtes. A ſept heures & demie, je me trouvai
au pied des Ghâtes ; j'arrivai au haut à onze heures, après
m'être repoſé trois fois en route. Le chemin étoit affreux &

Tome I. e e

ccxviij DISCOURS

presque à pic : à droite & à gauche se précipitoient au milieu des ronces, des arbrisseaux & des rochers, des torrens qui faisoient un bruit effrayant. Je marchois à pied, avec quelques Indiens qui portoient sur des bœufs des marchandises chez les Marates, & dans le Dekan. La route étoit Nord-Est & Nord Nord-Est.

Du sommet des Ghâtes, je vis à l'Ouest Nord-Ouest Doumongor, Fort Marate construit sur une montagne. La grande chaîne des montagnes me parut aller d'un côté du Sud-Est au Sud, & de l'autre du Nord-Ouest au Nord. Je suspendis à l'Est Nord-Est à un arbre sur le haut des Ghâtes, un thermometre portatif long d'un demi-pied, divisé comme ceux de M. de Reaumur, qui me donna mille vingt-une parties, ou vingt-un degrés au-dessus de la congelation artificielle.

Le sommet des Ghâtes présente de surface, Est & Ouest, plus d'une demi-lieue de Pays plat qui forme la plus belle pelouse du monde. Le sol est pierreux & calciné en plusieurs endroits. Je m'arrêtai un moment sur cette pelouse, pour jouir d'un plaisir que les richesses ni les grandeurs ne donnent point. Je suis, me disois-je à moi-même avec une sorte de ravissement, au centre des saisons qui reglent les opérations de l'Inde & des Nations Européennes qui se disputent la possession de cette riche contrée ; sur le haut de cette chaîne de montagnes qui divisant la presqu'Isle en deux parties, s'étend dans plus de douze cents lieues de Pays, du Cap Camorin au Nord de la Tartarie. Je tournai ensuite ma vûe du côté de l'Ouest : & je ne puis me rappeller, sans une espece de transport, ces étages de montagnes environnées de nuages & bornées par l'immense étendue des mers que l'on plonge du haut des Ghâtes ; ces suites de vallées dont le sombre contraste admirablement avec les côtés éclairés ; ce grouppe, si je puis m'exprimer ainsi, de hauteurs, amoncelées, jettées au hazard & comme fumantes des rayons du soleil réfléchis par les flots de la mer : cet ensemble présente encore à mon esprit un cahos qui me transporte en quelque sorte à l'origine de l'Univers.

PRÉLIMINAIRE.

Après avoir marché une demi-heure, je me trouvai à la descente des Ghâtes du côté de l'Est. De là les montagnes du second ordre me parurent aller Nord & Nord-Est, les plus hautes à l'Est. La vûe de ce côté n'est pas si belle : ce sont des plaines immenses coupées au commencement par quelques montagnes.

<small>VOYAGE aux Indes Orientales. IIe. Partie.</small>

La Mousson n'étoit plus la même. A la Côte Malabare, l'Été étoit sur sa fin, le vent venant à-peu-près de l'Ouest & du Sud-Ouest; à l'Est des Ghâtes, il alloit commencer. En effet, le même vent doit produire aux deux Côtes opposées des effets contraires, porter les pluies, les orages & quelque fraîcheur à celle qu'il attaque immédiatement venant de la mer, se briser ensuite contre ces masses énormes que présentent les Ghâtes, se filtrer en quelque sorte dans l'entre-deux des montagnes ; & après s'être échauffé ou raréfié sur les terres & sur les sables par lesquels il passe, ne porter à l'autre Côte qu'un reste d'haleine brûlante, mais peu nuisible aux Vaisseaux.

<small>Rec. des Voy. &c. des Holl. T. III. pag. 619, 640. Hist. des guerres de l'Inde, T. I. p. 135.</small>

A une lieue du sommet des Ghâtes, on rencontre, en descendant, la petite riviere de Tandel. A deux heures après midi, je me trouvai au pied des Ghâtes, où le thermomettre exposé à l'Est me donna mille vingt parties ou vingt degrés au-dessus de la congélation. Je m'y arrêtai une heure dans un endroit qui me parut fait pour les tems fabuleux. C'étoit au bord d'une riviere dont l'eau couloit tranquillement entre des saules au milieu des cailloux. L'obscurité produite par l'espece de muraille que formoient les Ghâtes, répandoit dans ce lieu quelque chose de sombre propre à la méditation. A l'Est s'étendoient, dans des entre-deux de montagnes moins élevées, des Campagnes fleuries, qui, sans rien ôter au silence de cette solitude, la rendoient plus accessible, & par-là plus délicieuse. Que ne puis-je, disois-je alors, passer le reste de mes jours, avec quelques amis, dans cette retraite que la Nature semble avoir, par ces hautes montagnes, garantie du tumulte du monde! Pure illusion! Les Canarins, les Marates ou les Tigres, ne m'y auroient pas laissé plus en repos que les Traitans dans les Villes. Les Aldées détruites à l'Est

& à l'Oueſt des Ghâtes, étoient de triſtes traces de leur avidité. Je vis même ſur le bord de cette riviere un reſte de cabane qui prouvoit que le lieu avoit été habité. Mon Canarin m'arracha à mes rêveries, & nous nous mimes en route.

A trois quarts de lieues de-là, beau Pays, le Tchoki de Tinin, à côté Aldée détruite, ſuivie d'une riviere; une demi-lieue plus loin, la riviere de Domp; & à deux lieues & demie de-là, Embarguine, Aldée détruite, avec un Tchoki. J'arrivai dans cet endroit à ſept heures du ſoir, après avoir paſſé pluſieurs rivieres.

La langue (ou le jargon) de Goa a cours juſqu'aux Ghâtes: on parle enſuite le Canarin pur juſqu'au Kiſchna; & au-delà de ce fleuve, le Marate.

Je partis le 28 du Tchoki d'Ambarguine à trois heures du matin. Je rencontrai l'Aldée de Dongrine ſuivie d'une riviere; plus loin, une autre riviere; le Tchoki de Montourguine ſuivi d'une riviere; & à une demi-coſſe delà, Konapour, Ville conſidérable, avec une riviere du même nom. Konapour eſt entouré de murs, défendu par un petit Fort, & peut être à quatre lieues du Tchoki d'Embarguine. J'y arrivai ſur les neuf heures du matin, & envoyai mon Canarin à la Ville chercher du ris pour lui & pour moi, & du grain pour mon cheval. Je m'étois aſſis au pied d'un arbre peu éloigné de la Ville, comptant m'y repoſer deux heures, & continuer enſuite ma route; j'attendis le Canarin juſqu'à cinq heures du ſoir, mais vainement. Quelques Voyageurs que l'ombre de mon arbre avoit invité à s'arrêter, prenoient part à l'inquiétude dans laquelle j'étois. Le Canarin ne parut point: ce qui me touchoit n'étoit point l'argent qu'il m'emportoit (je l'avois payé d'avance): mais il avoit mes Paſſeports de Ponda; & par ſa fuite, je me trouvois ſeul, au milieu du Pays des Marates, ſans connoiſſances, & ignorant les routes. La faim & la crainte des bêtes féroces m'obligerent, au coucher du Soleil, de gagner la Ville, au riſque d'être arrêté. J'y entrai, le chagrin le plus profond peint ſur le viſage; & après avoir attaché mon cheval au premier apentis de boutique que je rencontrai, je me jettai ſur le cuir qui me ſervoit de matelas, & m'abandonnai à toute l'horreur de ma situation. La curiosité attroupa bien tôt du monde autour de moi. Je demandai du ris en Maure, & fus satisfait sur-le-champ. On apporta aussi de la paille pour mon cheval. Lorsque les premieres fureurs de la faim furent appaisées, ma position me parut encore plus triste. J'étois à penser aux moyens de continuer ma route, & je n'en trouvois aucun, lorsqu'un Topa, fugitif de Goa, m'aborda. A sa vûe je sentis renaître mes espérances. Je sçavois que l argent pouvoit tout sur cette espece de Chrétien. Je lui fis entendre ce qu'il avoit à espérer, s'il me tiroit du mauvais pas où je me trouvois. Il étoit question dè me donner deux guides sûrs jusqu'à Ponin : le marché ne fut pas difficile à conclure ; mais un incident manqua rompre mes mesures. Le Fauzdar de la Ville allant faire ses dévotions à la Pagode, passa au bruit des instrumens, des fusées, des pétards, devant l'endroit où je m'étois arrêté, & demanda qui j'étois. Sa curiosité m'inquiéta ; une heure après, un Secrétaire vint de sa part, me dire qu'il étoit bien-aise de me parler. Que lui dire ? J'étois sans passeports ; mon aventure pouvoit passer pour une défaite. Le moins que je dûsse craindre étoit d'être renfermé, jusqu'à ce que M. de Bussy eût été informé de ma détention. Je pris sur-le-champ mon parti. Je fis prier le Fauzdar de m'excuser pour le moment, & lui promis de me rendre le lendemain à mon devoir.

Débarrassé du Secrétaire du Fauzdar, je déclare au Topa que je suis résolu de partir la nuit, & qu'il faut qu'il me fasse ouvrir les portes. Quelques roupies gagnerent un des Gardes, & je pris deux heures de repos en attendant le moment convenu. Ces deux heures me parurent des siécles. Enfin, mes deux conducteurs arrivent, prennent mon cheval par la bride, & nous avançons à bas bruit vers la porte dans l'obscurité de la nuit. Près de la Forteresse, mon cheval s'avisa de hannir, & s'il eut recommencé nous étions découverts & j'étois perdu. Nous trouvâmes l'officieux Marate éveillé. Il nous ouvrit, & nous prîmes, le 29, à une heure du matin, notre route à tra-

DISCOURS

vers les sables, les roches, les bas-fonds, les landes, évitant le grand chemin dans la crainte qu'on ne nous eut suivis. J'étois si fatigué que mes deux conducteurs étoient obligés de me soutenir. Deux fois je pensai m'évanouir de besoin & de foiblesse. Le jour me rendit mes forces. Il commençoit à paroître lorsque nous arrivâmes à Ougli, après avoir passé entr'autres Aldées par Lakebel, Deolatti & Panchevar. Ougli est à cinq cosses de Konapour. Cet endroit est considérable & défendu par un Fort dont la riviere du même nom baigné les murs; vis-à-vis du Fort est un grand Etang près duquel nous nous reposâmes, ayant toujours les yeux sur les chemins qui conduisoient à l'Aldée. Ce Pays ne présente que des plaines immenses & arides, qui ne sont gueres cultivées qu'aux environs des Aldées. A deux cosses d'Ougli nous passâmes par Sabgaon, Aldée protegée par un Fort, & précedée d'une riviere. A une grande cosse delà est Nangenour, suivi d'une riviere & d'un étang ; deux cosses plus loin, Inchel; & à l'Est, Mourgour. A une grande cosse de-là, nous trouvâmes un étang auprès duquel nous passâmes la nuit avec d'autres Voyageurs & avec des Boyades venues des environs de Goa, qui portoient des Marchandises dans le Dekan, & jusqu'au Nord de l'Indoustan.

Ces Boyades me rappelloient la vie des Patriarches, Abraham, Jacob, Job. Elles sont ordinairement de cinq à six cents bœufs, dont le plus grand nombre porte les marchandises & les provisions. Les autres servent de montures aux femmes & aux enfans des conducteurs. Ces gens-là menent toute leur famille avec eux ; les femmes accouchent en route & allaitent leurs enfans, qui naissent, vivent & meurent en quelque sorte Voyageurs. Le Chef à la tête de la Boyade, conduit la marche au son d'une espece de flageolet à trois trous, & le soir le troupeau s'arrête à l'endroit où il se trouve. Ces Boyades ne reviennent que l'année suivante au lieu d'où elles sont parties; & ceux qui en sont chargés, passent ordinairement leur vie à les conduire & à les ramener. Tout chez ces Indiens m'intéressoit; la simplicité de leur habillement, de leurs repas, l'in-

PRÉLIMINAIRE. ccxxiij

nocence de leurs mœurs : & s'ils me parurent d'abord trop livrés à leurs fens, je vis d'un autre côté qu'avec plus de reflexion, l'ambition & le train des paffions qui lui fervent de cortege, les euffent bien-tôt arrachés à la vie fimple & prefque fans befoins qu'ils menoient au milieu de leurs Boyades.

Je partis le 30, de grand matin avec les Boyades. A une coffe du puits, auprès duquel j'avois paffé la nuit, eft Alki, peu éloigné d'une montagne fur laquelle eft Boudekop, citerne fans eaux. Je rencontrai enfuite l'Aldée d'Arikelkondi, & celle de Satiguera qui eft défendue par deux Forts. A une grande coffe de-là, eft un puits près d'une Aldée ; plus loin, à une grande coffe, un étang ; à une coffe de-là, Goulkoun, & à quelque diftance de Goulkoun, Iadevar qui eft entouré d'un Nala. Je paffai la nuit dans cette Ville, où j'arrivai fur les deux heures après midi. Narapnek, pour qui j'avois une lettre-de-change, logeoit au Fort ; je ne pus le voir que le lendemain fur les fept heures, qu'il vint à fon Bureau (efpece de boutique), accompagné de plufieurs Ecrivains : il prit part au malheur qui m'étoit arrivé, recommanda à mes deux guides de m'être fideles, & me donna le montant du billet d'Antafinay. La franchife de ce Marate me raffura. Je remarquai en effet dans cette Nation un caractere bien différent de celui des Canarins. Ceux-ci foupçonneux & défians, ferment toutes leurs Villes. Le Pays des Marates généralement eft ouvert. Le Peuple gai, fort & plein de fanté, ne compte que fur fon courage & fur fes armes. Leur force principale eft dans la Cavalerie ; l'hofpitalité eft leur vertu dominante. Ce Pays me fembloit être celui de la Nature. Je croyois prefque, en parlant aux Marates, converfer avec les hommes du premier âge. En effet, comme la Nature dans ces heureux climats, eft fujette à moins de befoins, elle eft auffi moins active ; & dans l'efpace de plufieurs fiecles, à peine fouffre-t-elle quelque changement.

Le 31, étang nommé Goulkoun, à une demi-coffe d'Iadevar ; enfuite le chemin affez beau : on rencontre des terres cultivées, fuivies d'un terrein pierreux. A deux coffes de l'étang de Goulkoun, coule le Mirji, Naddi guéable, dans lequel fe décharge le Nala ccxxiv   *DISCOURS*

d'Iadevar. Une grande coſſe plus loin, on rencontre Balagueli, avec un Nala ſec & un puits. Au delà de cet endroit on paſſe un autre Nala qui traverſe le chemin. Nous nous arrêtâmes à une coſſe de ce Nala, près du puits de Chambor, ſous un arbre dont l'ombre pouvoit couvrir près de ſix cents bœufs. Nous y trouvâmes un grand nombre de Voyageurs qui attendoient que le fort de la chaleur fût paſſé. A une coſſe de-là, eſt le puits d'Alagandi; & une coſſe plus loin, Terdol qui a deux enceintes. Cette Ville eſt précédée d'un puits & d'une ſalle d'arbres; ſes murs ſont entourés de rochers, & à l'Eſt, d'une eſpece de foſſé creuſé dans le roc.

Premier Avril. Depuis Terdol, le Pays m'a paru aſſez beau & abondant en djoari (bled de Turquie). Les Forts ſont en pierre depuis Iadevar, & ont pour l'ordinaire une Tour plus élevée que les autres; des Ghâtes à Iadevar, ils ſont conſtruits avec des eſpeces de mottes de terre quarées, cuites, ou ſéchées ſimplement au Soleil. A deux coſſes de Terdol, je me trouvai à Kalikoude, petite Aldée défendue par deux ſimples Tours. Deux Coſſes plus loin, je paſſai à gué le Kifchna dont le lit, dans cet endroit, eſt rempli de rochers. La vûe de ce fleuve me rappella un projet dont M. Miran, Conſeiller des Indes, m'avoit parlé à Pondichery, ſur la fin d'Octobre, 1757. C'étoit de remonter le Kifchna depuis Divi, d'y établir des Poſtes à différentes diſtances, d'avoir Goa du Roi de Portugal, & de s'emparer du triangle qui eſt entre Mazulipatam, Goa, le Cap Camorin, & dont le Kifchna feroit la baſe vers le Nord. A l'Eſt du Kifchna, eſt Kiamnapour; & à deux portées de fuſil, Sidapour; à l'Oueſt on voit ſur le bord de ce fleuve, un Village qui eſt comme le Fauxbourg de Kiamnapour. A une coſſe de-là eſt Kittour; & à une coſſe de Kittour, Enapour, groſſe Aldée avec un Nala. C'eſt le dernier endroit où l'on parle Canarin, & vraiſemblablement celui qui ſervoit de limites à l'Empire de Bedrour avant les Conquêtes des Marates.

Le 2. A deux coſſes d'Enapour, eſt Monſoli, premiere Aldée pure Marate; la Ville eſt entourée d'un Nala. A une coſſe de-là, autre Nala, au-delà duquel eſt Areg, jolie Ville

. précédée

PRÉLIMINAIRE.

précédée de taupes d'arbres qui forment un beau couvert. A deux coſſes de-là, ſur la gauche, eſt le Dergah de Sammamirapir : à une demi-coſſe, Nala ; enſuite l'Aldée de Courli. La route Oueſt Nord-Oueſt, Oueſt, Nord-Oueſt & Nord Nord-Oueſt. A une demi-coſſe de Courli, on rencontre Malgaon, avec un Nala ; à une coſſe de-là, Malwari, petite Aldée au milieu de terres incultes ; une coſſe plus loin, Wari, Aldée peu conſidérable, avec un puits ; & à une coſſe de-là, Bandarkotta, avec un Nala : montagnes à droite, quelques-unes à gauche. Je paſſai la nuit dans un Dergah, moyennant quelques Peças que je donnai au Fakir qui l'habitoit.

Le 3, je paſſai un Nala au de-là duquel, à une coſſe & demie de Bandarkotta, eſt Barekounta, avec un Nala : celui de Meſſ, peu éloigné, vient de l'Eſt, & ſe jette à l'Oueſt dans le Kiſchna. A deux coſſes & demie de-là, je me trouvai à Taſgaon, grande Ville murée, défendue par des tours & par un foſſé, avec un Nala du même nom. Le Pays aux environs, beau & cultivée. A une coſſe & demie de Taſgaon, eſt Tourti, petite Aldée, avec un Nala (les Peças d'Iadevar n'ont plus cours ici) ; enſuite paroît la riviere d'Ierla qui va dans le Sud-Oueſt. Au-delà eſt Douli, autre petite Aldée. De cet endroit le Kiſchna me parut venir du Nord-Oueſt, deſcendre & continuer ſon cours dans l'Eſt. Sur la route, Nala ſec. A une coſſe de Douli, eſt Rajapour avec un Nala ; à une coſſe de là, Morelay ; à une coſſe de Morelay, Adli avec un Nala ; une demi-coſſe plus loin, Belori avec un Nala : à une demi-coſſe de-là, Ramapour avec un Nala à l'Oueſt de l'Ierla ; & Kamrapour, ſur la rive Orientale de cette riviere. Dans cet endroit l'Ierla ſuit le Nord-Oueſt, & ſe jette enſuite dans le Kiſchna.

Le 4. A trois quarts de coſſe, Nala dans un endroit dont la vûe eſt la plus belle du monde. Une coſſe trois quarts plus loin eſt Bangui, ſimple Aldée ; à trois quarts de coſſe de cet endroit, Inguelgaon ; à même diſtance de cette dernière Aldée, Carepour avec un puits : le Nala eſt à une demi-coſſe. Le Pays beau ; les montagnes à droite & à gauche dans le lointain. A une demi-coſſe de ce Nala, Badely ; à une demi-coſſe de-là, Wari ; trois quarts de coſſe plus loin, Belora,

Tome I. ff

à une demi-coſſe de cette Aldée, Yera; une demi-coſſe plus loin, Bara inguengaon, Aldée d'où l'on voit à l'Eſt, ſur une montagne, un Fort nommé Bozengueré. A deux coſſes de l'Aldée précédente, eſt Saonlos. Le Nala de Carepour ſert pour toutes ces Aldées qui ſont ſans Forterelles.

Le 5. La route dans les montagnes, un peu Oueſt. A deux coſſes, l'Aldée de Mavi, avec un Nala; le chemin aſſez beau. On rencontre enſuite Sap, ſuivi d'un Nala; & à une portée de fuſil à gauche, Sapkewari : Satara eſt à neuf coſſes Oueſt ſur les montagnes. A une coſſe de Mavi, eſt Abſinga, avec un Nala; & une coſſe plus loin, Nigri, belle Aldée, avec un Nala. A gauche de cet endroit, à deux portées de fuſil, eſt la petite Aldée de Schirmi, avec un Nala. A un pao (quart de) coſſe de Nigri, on trouve Ietſerkat, petite Aldée avec un Nala ; & à une demi-coſſe de-là, Coregaon, grande Aldée avec un Bazar, précédée & ſuivie d'un Nala, & ſituée au pied d'une montagne. La route au milieu des arbres, dans les montagnes. A l'Oueſt coule la riviere de Padimoni, bordée d'arbres. Sur ſa rive occidentale, eſt Zelgaon, à ſix coſſes de Satara.

Le 6. La route toujours dans les montagnes. A gauche à une coſſe eſt Molapour ; à une demi coſſe de là, Tchemangaon parſi, grande Aldée, avec un Nala ; plus loin, la riviere de Naggeri, puis le Nala de Mandigueri : à gauche, ſur les montagnes paroît la maiſon de deux freres Rajepoutres, nommés Tchanderwann. A une demie coſſe du dernier Nala on rencontre la petite Aldée de Nandebetti ; une demie coſſe plus loin, Nandebettikewari ; à une demi-coſſe de-là, Manſergui, avec un Nala ; à une demie coſſe de Manſergui, Vagouli, groſſe Aldée, avec deux Nalas ; & à une demie coſſe delà, Sonka, près de Djourko, grande Aldée. A une demie coſſe de Sonka eſt Ramapour avec un Nala : à l'Oueſt paroît Manaretti, avec un Verger & un Nala; enſuite Boulbaëdalé. A une coſſe de Ramapour on trouve Naogaon, groſſe Aldée, avec un Nala ; à une demi-coſſe de-là, Toulſinaogaon, avec un Nala. La route Oueſt par des montagnes hautes & eſcarpées, portions des Ghâtes : les voitures prennent à deux journées dans l'Eſt. A deux coſſes

PRÉLIMINAIRE.

de Toulſinaogaon, eſt Kandagle, précédé d'un grand Nala: à l'Eſt, eſt le chemin qui conduit à Naſſek tirmek.

Le 7. La route Nord, dans les montagnes. A deux coſſes, on trouve Hoskota, & au-delà du Nala Schiroulou, le Naddi Nira; à une demie coſſe de Hoskota, Coetivola; une coſſe & demie plus loin, Kikivi avec un Nala : le chemin fort beau. A une coſſe de Kikivi, paroît Alſchandikapourwar, avec un Nala; à une coſſe & demie delà, Naori avec un Nala; & à deux coſſes & demie de Naori, Schoura, avec un Nala.

Le 8. A une coſſe de Schoura, eſt Schouapour; à une coſſe de-là, Ieulou. A une demi-coſſe de cette Aldée, on rencontre des montagnes fort hautes & difficiles à franchir, qui bornent la vallée qui commence près de Hoskota. La longueur de cette vallée eſt Nord & Sud; elle peut avoir une coſſe & plus de large, & eſt exactement environnée de montagnes. Le matin le vent ſouffloit du Sud-Oueſt, enſuite de l'Oueſt, & le ſoir, du Nord-Oueſt & enſuite, du Nord. A deux coſſes de ces montagnes, commence une autre vallée, dont la longueur eſt dans la même direction que la précédente, & dans laquelle eſt l'Aldée de Cotterefch. Au-delà de cet endroit commence le Naddi de Ponin : on faiſoit alors à ce Naddi un autre Canal dont le revêtement étoit en pierre, & avoit quatre pieds d'épaiſſeur. On rencontre enſuite un puits & une petite Aldée à l'Eſt du Naddi; & plus loin, un grand Verger non fermé, au-delà duquel eſt Ponin.

Quatre à cinq Aldées raſſemblées dans une plaine, avec un Bazar commun & quelques maiſons à un étage, ou qui renferment un terrein plus conſidérable; voilà ce qui forme Ponin, qui n'eſt proprement qu'un grand Camp de Paillotes. Cette Ville, Capitale actuelle des Marates (l'ancienne eſt Satara) eſt aſſez floriſſante. Le Bazar eſt une rue large qui la traverſe d'une extrémité à l'autre. On y trouve toutes les marchandiſes de l'Aſie, & même une partie de celles de l'Europe, que les Anglois y envoient de Bombaye qui eſt à quatre ou cinq journées. Mais toutes ces richeſſes ſont plûtôt conſommées par les Maures, que par les Marates. Ce peuple a beſoin de peu. Un morceau de toile rouge, pour toque; un autre de toile blanche, autour des reins;

un troisieme en écharpe, & quelques aunes de drap pour l'hiver : voilà l'habillement des plus riches. Leur or est converti en joyaux, dont ils se parent, ainsi que leurs femmes. Leur nourriture consiste le plus souvent en riz & en légumes auxquels ils mêlent un peu de beurre fondu. Cette espece de liqueur leur sert encore de boisson ; elle les engraisse, & ils en prennent quelquefois jusqu'à s'ennyvrer. Il est visible que le commerce des Européens dans l'Inde, périroit absolument, si cette Nation avoit par-tout le dessus. Mais la mollesse & le luxe des Maures nous dédommagent bien de la stérile frugalité des Marates.

Nana n'étoit pas à Ponin, lorsque j'y passai. Il campoit à quelques cosses de là, avec un corps de Cavalerie, près de Nassektirmek, lieu réputé saint chez les Marates, parce que, dit-on, l'eau du Ganga sort dans cet endroit par le mufle d'une vache.

J'arrivai à Ponin sur les dix heures, & eus toutes les peines à trouver le Banian, pour lequel Antasinay m'avoit donné une Lettre. Il fallut faire tout le Bazar, où je rencontrai beaucoup d'Européens fugitifs, & parcourir une partie des rues qui ne me présenterent pas une maison digne d'être remarquée, mais en revanche beaucoup d'écuries & de fourage. Enfin je rencontrai mon homme ; c'étoit le Marate Ingana qui me reçut fort humainement. Un de ses gens prit soin de mon cheval ; & moi, avant que de parler d'affaire, je fus obligé d'accepter un repas qui venoit on ne peut pas plus à-propos : la chaleur & les sables du Bazar m'avoient mis sur les dents. Lorsque j'eus dévoré deux plats de lentilles, de riz & d'achars, que l'on m'avoit servis sur des feuilles d'arbres cousues en maniere d'assiettes, le Banian me remit, selon le contenu de la Lettre, une partie de la somme qu'elle portoit, & me donna un billet du reste à tirer sur son Correspondant d'Aurengabad.

Je congédiai ensuite mes deux guides. Ils m'avoient inquiété dans la route. M'étant apperçu deux fois qu'ils avoient envie de me jouer le même tour que le Canarin de Goa, j'avois cru devoir m'assurer de leurs toques, lors-

PRÉLIMINAIRE.

qu'ils étoient couchés, & les garder fous mon chevet (c'étoit la felle de mon cheval) pendant que je dormois. L'officieux Ingana me donna deux hommes sûrs, & je paffai chez lui une nuit tranquille ; ce qui ne m'étoit pas arrivé depuis Goa.

Je partis de Ponin le 9, & pris par l'Eft, fur le bord du Naddi, qui fuit la même direction. Au-delà de cette Ville, on rencontre de jolis jardins : enfuite le chemin eft entre deux montagnes & fort gliffant. A une coffe de Ponin, fur le Naddi de cette Ville, eft l'Aldée d'Olli.

Je m'arrêtai à quelque diftance de cet endroit, pour voir un fpectacle qui a été décrit par plufieurs Voyageurs. C'étoit une jeune Femme Marate que la tyrannie de la coutume obligeoit de fe brûler avec le cadavre de fon mari. Les brandons allumés, le bruit des tambours, le fon clapiffant des flûtes & les cris des affiftans ajoutoient à l'horreur de la cérémonie. Mais (je ne fçai fi l'on ajoutera foi à ce que je vais avancer) j'ai remarqué que, dans ces contrées toutes livrées aux fens & à ce qu'ils ont de plus vif, la vie malgré cela fe quittoit moins difficilement que dans nos climats. La Nature énervée par les chaleurs, & accoutumée aux violences du Defpotifme, y voit arriver les malheurs, la mort même, avec une forte de nonchalance, ou fi l'on veut, de courage qui, dans les Pays libres & dans les climats tempérés, ne fe trouve guere que chez les femmes.

A quatre coffes d'Oulli, on rencontre un jardin fans eau; à une coffe de ce jardin, Vagoli, Aldée précédée d'un étang & défendue par un Fort : la porte eft de pierre & en arcade. A une coffe de cet endroit, eft Nouni, avec un Nala (qui étoit alors à fec) & un puits. Le chemin Nord; l'eau rare. A une coffe & demie de Nouni, eft Koragaon : les environs incultes. On rencontre enfuite le Naddi Bimera qui coule de l'Oueft à l'Eft ; & à une coffe & demie de la derniere Aldée, Vangola, avec un Nala qui fuit la même direction. A deux coffes de-là, eft Sacrapour, avec un Nala qui va de même de l'Oueft à l'Eft. Les montagnes ne paroiffent plus que dans le lointain. La route Eft Nord-Eft.

Le 10. Beau chemin ; terres labourées. A trois coffes

de Sacrapour, on rencontre Goné, Ville murée & défendue par un Fort. Cet endroit est dans un fond, sur un Nala : on y voit plusieurs Deols ou Pagodes. A une cosse de Goné est Vangola, aussi dans un fond : le Fort de cette Ville est ruiné. Plus loin, on trouve un Nala ; & au-delà, Sindi, situé à une cosse de Vangola, dans un fond : les murs de cette Aldée sont presque détruits, elle est défendue par un petit Fort & garnie d'un puits. Les montagnes se rapprochent ensuite à droite & à gauche : la route Est Nord-Est. A deux cosses de Sindi, est Edlavat, arrosé par le Naddi Gourindri, dont le cours est de l' Ouest à l'Est. Le Fort de cette Ville est à l'Est ; la porte à peu-près dans le goût Européen : au-dessus on a construit deux chambres. Les Peças de Ponin finissent à Edlavat ; ceux du Mogol ont ensuite cours, sans doute parce que le Dekan s'étendoit autrefois jusque-là. La route, au milieu de montagnes peu élevées ; les Vallées qui les séparent, bien cultivées. A deux cosses d'Edlavat, est Pipelgaon, petite Aldée sur la riviere de Tongri ; & à une portée de fusil delà, Saveran, dont le Fort & les murs sont détruits. A une cosse & demie de Saveran, est Zavela, Ville murée qui a un Nala : le Fort est séparé de l'Aldée. Je passai la nuit dans le lieu où le Maître d'Ecole faisoit sa classe. C'étoit un simple Apentis de bois, dont le sol étoit en terre & élevé de deux pieds. Les Écoliers sur deux files, accroupis sur leurs talons, traçoient avec le doigt les lettres ou les mots, sur une planche noire couverte de sable blanc ; d'autres répétoient les noms des Lettres en forme de mots. Car les Indiens au lieu de dire, comme nous, a, b, c, prononçent ainsi : awam, banam, kanam. Le Maître ne me parut occupé pendant une demi-heure que la classe dura encore, qu'à frapper avec un long rotin le dos nud de ces pauvres enfans : en Asie, c'est la partie qui paie ; la passion malheureusement trop commune dans ces contrées, veille à la sûreté de celle que nos Maîtres sacrifient à leur vengeance. J'aurois été bien aise de m'entretenir avec Monsieur le Pedagogue Marate, ou du moins d'avoir un alphabet de sa main : mais sa morgue ne lui permit pas de répondre à mes politesses.

PRÉLIMINAIRE.

Le 11. La route dans les Montagnes; les terres cultivées & garnies d'arbres. On rencontre trois Nalas ; plus loin, dans une plaine, Gansikora, Ville murée, située sur le Naddi Napour qui va en l'Est Nord-Est : ensuite paroissent des montagnes un peu escarpées qui terminent la plaine précédente. A trois cosses de Zavela, dans un fond, est Parnir, Ville murée, qui a un Nala & une Forteresse : la porte dans le goût Européen. Le Pays fort beau : les montagnes s'éloignent un peu. A trois cosses de Parnir, Zemgaon, Aldée avec un Fort : le chemin de landes. A trois cosses de-là, Balousi, Aldée défendue par un Fort, devant lequel il y a une espece de demi-lune en terre : les environs sont montagneux, pierreux & entourés de plaines arides. A une cosse de Balousi, Nipgaon, petite Aldée avec une forteresse ; toujours plaines arides, bas-fonds, & monticules. On passe ensuite un Nala. Plus loin, est Pipli, Aldée peu considérable, avec un Nala.

Le 12. Pays inculte. A deux cosses de Pipli, Nibadera, Aldée avec Forteresse : le Pays redevient beau. A trois cosses de-là, l'Aldée d'Amouri garnie d'un bel étang en pierre : aux environs, Jardins, Hameaux ; la route tracée par les voitures. A une cosse & demie d'Amouri, le Hameau du Fakir Suami Gossin ; ensuite Plaines désertes. On rencontre de belles citernes de pierres bien jointes, faites en arcades, comme dans les Pays Musulmans : les Deols ou Pagodes sont devant les portes des Forts. A trois cosses du dernier endroit, est Honani, grande Aldée avec un Fort ; à deux cosses de-là, le Nala de Plori précédé & suivi de landes ; une cosse & demie plus loin, Pipla, Aldée ruinée, au milieu de plaines vastes & incultes ; & à une demi-cosse de-là, Hoschtol, assez gros endroit, avec un beau puits.

Le 13. A une cosse de Hoschtol, est Nipgaon, petit endroit; plaines & Nala. A deux cosses de-là, Karka, Aldée ruinée ; terres cultivées, puits, étang; Deol de Jagrenat. A trois cosses de Karka on rencontre, Toka, grande Aldée divisée en deux parties, par le Ganga, fleuve considérable dont le cours est de l'Ouest à Est, & qui a dans cet endroit environ cent toises de large. Les murs de la partie de Toka qui est au Nord du Ganga, sont de pierre : la porte dans le goût

Voyage aux Indes Orientales, IIe. Partie.

Européen. A une coſſe de Toka, à l'Eſt, eſt Monguipatan, & à ſeize coſſes Oueſt, Naſektirmek ſur le Ganga. Ce fleuve ſéparoit originairement le Pays des Marates de celui du Mogol : mais le Soubah du Dekan venoit de donner à Nana le Paragana de Gandapour qui renferme Toka, Gandapour, Gonès, petite Aldée à une coſſe du Ganga, &c. A une grande coſſe de Gonès, on trouve Bendala. La route belle; autour, terres cultivées & plaines. A deux coſſes de-là eſt Hardigaon avec un Nala. Ici finit le Domaine des Marates.

Plus loin, eſt Saotagaon, premiere Aldée du Soubah du Dekan : le Pays beau & cultivé. A une coſſe de-là, Sonour, petite Aldée ; arbres ſur la route, vergers aux environs. A une coſſe de Sonour, Hingaon, Aldée de moyenne grandeur, avec un puits. Le Pays plus couvert d'arbres.

Le 14. A une coſſe de Hingaon, eſt Hani. Plus loin on rencontre le Naddi qui baigne les murs d'Aurengabad. A deux coſſes de ce Naddi eſt Baloude ; & deux coſſes plus loin, une autre Aldée du même nom, dont une moitié eſt aux Marates, & l'autre au Soubah du Dekan. A deux coſſes de cette Aldée eſt Aurengabad. Cette Ville eſt environnée de murs, & précédée d'un grand Fauxbourg. Les Montagnes l'entourent à une certaine diſtance : le Pays aux environs eſt bien cultivé.

Je paſſai la nuit dans le Fauxboug d'Aurengabad; & le lendemain, après m'être fait connoître au Cotoüal, je traverſai la Ville, & me rendis à l'armée de M. de Buſſy, qui étoit campée hors des murs, à l'Oueſt, à côté de celle de Salabetzingue. Je trouvai dans l'Armée Françoiſe quelques-uns de mes anciens amis : mais l'affaire de Calgan préſentée ſous une face déſavantageuſe, par un particulier venu de l'armée de M. Law, m'attira une réception aſſez froide. Ce contretems fut réparé par les politeſſes du Chevalier d'Etrées, Major de l'armée ; & par les ſervices eſſentiels que me rendit M. Gentil, Officier d'Artillerie.

Je vis bientôt qu'un plus long ſéjour à l'armée du Dekan ne pouvoit que me conſtituer en dépenſe, ſans m'être d'aucune utilité. J'allai en conſéquence à Aurengabad recevoir du Correſpondant d'Ingana, le billet que ce dernier m'avoit

PRÉLIMINAIRE. ccxxxiij

voit donné à Ponin; & je pris enfuite mes mefures pour viſiter dans le moins de tems qu'il me feroit poſſible, les objets qui pouvoient piquer ma curioſité. L'intérieur d'Aurengabad ne m'offroit rien de ce genre. Qui a vu une Ville Maure d'une certaine étendue, les a vûes toutes. Les Édifices grands ou petits font à-peu-près bâtis fur le même plan. Aurengabad ne me préfenta de particulier, qu'une débauche pouſſée plus loin encore que dans le Bengale: les lieux publics de jeunes garçons y font communs & plus fréquentés que ceux de femmes. Mes vûes fe tournerent en conféquence fur Iloura & fur Doltabad, dont on m'avoit vanté le merveilleux. M. Gentil me donna fon Palanquin, deux Pions, & je partis le 16 Avril de grand matin, pour me rendre à Iloura, qui eſt à neuf coffes d'Aurengabad.

A une coffe en deçà d'Iloura je paſſai par Caghafvara, Aldée fort propre, qui tire fon nom de fes Manufactures de Papier. Une demie coffe plus loin eſt l'Aldée de Nanderabad; & à un quart de coffe d'Iloura, Rouza, Ville murée qui renferme beaucoup de maiſons de pierre. La porte eſt à l'Oueſt Sud-Oueſt. En entrant, on voit un beau Mafdjed; à l'Oueſt, le chemin eſt en forme de rampe & pavé; à l'Eſt paroît le tombeau d'Aureng-Zeb, accompagné d'un Dergah & de beaucoup d'autres tombeaux de pierre, fermés de murs. Les Mahométans de Rouza font fiers & même infolens.

J'arrivai fur les onze heures au haut de la montagne d'Iloura, & m'arrêtai quelques momens pour en confidérer la fituation. Cette montagne forme une eſpece de fer à cheval creufé preſque à pic, dont le centre eſt environ à l'Oueſt. Au bas de la montagne, à quelque diſtance, eſt l'Aldée, à laquelle le concours des Pélerins, des Prêtres & des curieux, a donné naiſſance.

Je defcendis enfuite par un fentier frayé dans le roc, & après m'être muni de deux Brahmes que l'on me donna pour fort inſtruits, je commençai la viſite de ce que j'appelle les Pagodes d'Iloura. Ce font des excavations faites dans le roc avec le marteau & le ciſeau, qui préfentent un grand nombre de Logemens, Palais ou Temples à un ou deux étages. Ces excavations forment elles-mêmes pluſieurs

Tome I.   *gg*

rangs ou étages qui rempliſſent la façade du fer à cheval. Conſiderées du pié de la montagne, elles paroiſſent avancer toutes à peu-près également, celles d'en-haut comme celles d'en-bas, avec une légere inclinaiſon qui naît de la poſition de la montagne ; de maniere qu'elles ne font pas exactement en amphithéâtre.

Voyage des Indes, p. 220, 221,222,223. Comme je ſçavois que les Pagodes d'Iloura n'avoient été décrites que fort ſommairement par Thevenot, je voulus les voir toutes en détail, & en meſurer les dimenſions, autant que pouvoit me le permettre le peu de tems que j'avois à y paſſer. Je crois devoir répéter que tout dans ces Temples, eſt pris dans le roc, tout en fait partie ; & c'eſt en creuſant, évaſant à droite & à gauche que l'on en a fait ſortir les colonnes, les figures d'hommes & d'animaux, les bas-reliefs que l'on y voit encore.

Theven. Lib. cit. p. 222. Le premier endroit qui ſe préſenta à ma vûe étoit à peu-près au centre du fer à cheval. C'eſt une grande excavation de vingt-une cannes (ma canne avoit à peu-près quatre pieds de Roi) de long, ſur neuf de large, garnie de trente colonnes hautes de ſix cannes & demie, & de près de deux tiers de canne de diametre. Le haut de la partie la plus conſidérable de cette excavation préſente une voûte à membres, ſemblable à peu-près à la carcaſſe d'un Vaiſſeau renverſée. Cette partie eſt précedée d'un Portique d'une canne & demie de large ſur neuf de long. Au fond de l'excavation eſt le tombeau de Viſchnou, dont le haut eſt en dôme, & qui forme une eſpece de Sanctuaire. Ce Dieu eſt aſſis, peint de couleur rouge, & d'une forme giganteſque : il a deux Schoupdars (deux Gardes) à ſes côtés. Il y a un paſſage entre le Sanctuaire & le reſte du Temple. A trois cannes & demie de la hauteur du mur, dans le même Temple, eſt une eſpece de Galerie qui en fait le tour. Elle contient l'Hiſtoire de Viſchnou en bas-reliefs dont les figures ſont à peu-près dans le goût de celles que l'on voit à Paris autour du Chœur de Notre-Dame. La porte de cette excavation eſt au Sud-Oueſt : au-deſſus on voit une fenêtre, &, comme à un ſecond étage, deux trous dans la façade. Cette Pagode eſt accompagnée de huit chambres, chacune de deux cannes environ en quarré, dont les murs sont chargés de figures représentant Vischnou avec ses femmes.

Laissant ensuite mon Palanquin avec un Cipaye dans cette excavation, je m'avançai vers la droite (regardant la montagne du centre), où les Pagodes étoient en plus petit nombre, moins belles & en moins bon état. Les Brahmes ne voulurent pas m'y accompagner, à cause, disoient-ils, de la sainteté du lieu. Je fus obligé d'y aller seul avec mon second Cipaye. Ce sont les Pagodes de Schambar, Cordonnier de Vischnou.

Le premier Temple renferme deux rangs de colonnes, précédés d'un grand Vestibule de six cannes en quarré, dont les pilliers ont une demie canne de diametre. A gauche sont cinq chambres, chacune de deux cannes en quarré, & de deux cannes & demi de haut. Le Sanctuaire, long de quatre cannes, contient le Kabar (le Tombeau) de Schambar, qui est creux & de trois cannes de diametre. Au bout est une chambre longue de six cannes & large d'une & demie, soutenue par deux colonnes. On voit sur les murs, en bas-relief, des traits de l'Histoire de Schambar & de ses deux femmes. Des deux côtés de la porte du Sanctuaire sont deux Naukers (deux Serviteurs).

A droite de cette excavation est une chambre de deux cannes en quarré, qui y communique, soutenue autrefois par quatre pilliers, dont trois sont écroulés. Cette chambre est entourrée de onze chambres, chacune d'une canne & demie en quarré. C'est le lieu où s'assemblent les Cordonniers.

Montant ensuite, toujours à droite, au troisiéme étage des excavations, on rencontre un Temple de Schambar, qui a dix colonnes dans la longueur & quatre dans la largeur ; celles de devant & deux sur la longueur à gauche, sont abbatues. Cette excavation a vingt-une cannes de long, onze de large, & deux & demie de haut. A droite & à gauche sont des especes d'aîles, soutenues par deux colonnes, & qui comprennent cinq chambres, chacune de quatre cannes en quarré. Au bout de l'excavation est une chambre de la largeur de la Pagode, où l'on voit la niche

VOYAGE aux Indes Orientales, IIe. Partie.

gg ij

DISCOURS

de Schambar : de chaque côté font quatre chambres, deux à l'entrée & deux au bout.

Montant toujours, à gauche, on se trouve dans un autre Temple de Schambar, qui a un Veſtibule, une eſpece de Portique & un Sanctuaire. On y voit trois grandes figures & beaucoup de petites. Le Portique eſt soutenu par quatre colonnes : à droite de cette piece sont trois chambres ; à gauche eſt un autre Veſtibule de cinq cannes en quarré & de haut, dans lequel sont six chambres, chacune de deux cannes en quarré, trois à l'Eſt, trois au Nord.

Tournant à gauche (de ce Temple), on rencontre un petit Pagotin de Schambar avec les mêmes figures, qui a trois cannes de profondeur & quatre de largeur, avec une chambre haute de deux cannes un quart.

Pour revenir au premier Temple (ci-d. p. ccxxxv), on prend par un paſſage creuſé dans le roc, qui a quatre cannes de long, une de large, & une & demie de haut.

A droite de la grande colonnade, en bas, c'eſt-à-dire au premier étage des Pagodes de la montagne, preſque deſſous le grand Temple de la page ccxxxv, eſt une Pagode détruite, où il ne reſte qu'une colonne & la figure de Schambar ; l'excavation a six cannes de large, quatre de profondeur, & conſiſte en trois chambres, chacune de deux cannes de large. Au-deſſus sont deux trous ſans paſſage qui y conduiſe.

Au-delà, toujours sur la droite, eſt un petit Pagotin de deux cannes de large, d'une canne & demie de profondeur & d'une canne un quart de haut, dont les murs en dedans sont couverts de figures relatives à l'Hiſtoire de Schambar.

Après ce Pagotin on rencontre une Pagode baſſe, dont le milieu eſt ſoutenu par quatre colonnes ſituées quarrément. De chaque côté sont cinq chambres, chacune de deux cannes en quarré. Le Sanctuaire de Schambar a deux cannes un quart de haut, & huit en quarré.

Cette Pagode eſt suivie d'une autre excavation de neuf cannes en quarré, & de trois cannes un quart de haut., ſoutenue de quatre colonnes ſituées quarrément. A droite & à

PRÉLIMINAIRE.   ccxxxvij

gauche font des bas-côtés garnis auſſi de quatre colonnes. On y voit la figure de Schambar. Au bout de l'excavation eſt ſon Sanctuaire, à droite & à gauche duquel eſt une chambre avec un Veſtibule prenant enſemble deux cannes en quarré. On peut voir dans la Pl. IV. n°. I. 1. la forme des colonnes de cette excavation.

A droite de cette Pagode eſt une autre excavation formant un Veſtibule de ſept cannes en quarré & d'une canne & demie de haut, qui renferme huit chambres, chacune de deux cannes en quarré.

Après avoir ſatisfait ſeul ma curioſité de ce côté de la montagne, je vins rejoindre mes Brahmes qui m'attendoient à l'endroit où j'avois laiſſé mon Palanquin. J'achevai avec eux le reſte, c'eſt-à-dire la partie la plus intéreſſante de mon pélerinage.

Prenant ſur la gauche, on rencontre une grande excavation large de vingt cannes, qui eſt nommée la maiſon de Viſchnou. Au rez-de-chauſſée l'excavation préſente une Citerne ſeche dans laquelle on deſcend par quatre marches. Enſuite, au bout de la ſeconde Galerie (c'eſt-à-dire, du ſecond intervalle entre deux files de colonnes) qui coupe la Pagode dans la largeur, paroît ſur le mur, d'un côté Soudam, Nauker (domeſtique) de Viſchnou, entourré de Schoupdars ; & de l'autre, Gori, avec ſes femmes & ſes Schoupdars : c'eſt lui qui prépare le lait de Viſchnou. A côté de Gori eſt une chambre, puis Bala Rajah ſchaker (Serviteur) de Viſchnou, avec ſes femmes & ſes Schoupdars : plus loin eſt une eſpece de Cour de ſept cannes de profondeur, qui a un jour percé dans le roc. Au bout de la cinquiéme Galerie, à droite eſt Oudo Nauker de Viſchnou, entourré de Schoupdars : l'excavation de la Pagode a ſept cannes de profondeur. Le rez-de-chauſſée ſemble poſé ſur un maſſif de deux cannes d'épaiſſeur, & eſt ſéparé du premier étage par un autre maſſif épais d'une canne & demie.

Le premier étage a deux cannes & demie de haut, & cinq rangs de colonnes. Dans le premier rang, le troiſiéme & le quatriéme, les colonnes ſont dégagées ; dans le ſecond

VOYAGE aux Indes Orientales, IIe. Partie.

ccxxxviij DISCOURS

& le cinquiéme l'entre-deux est rempli par des massifs. Il y a sept colonnes dans la longueur, & seulement deux dans les colonnades à massifs. L'excavation au centre a onze cannes de profondeur. Dans le fond, à gauche est le Sanctuaire de Vischnou, au milieu on voit une seconde figure de ce Dieu accompagné de deux Schoupdars. A chaque extrêmité de la premiere Galerie, est une chambre d'une canne & demie en quarré.

Suivant à gauche la direction de la montagne, on trouve la maison de Ramdji, à deux étages. Le rez-de-chaussée est séparé du premier étage par un massif ou plancher d'une canne & demie d'épaisseur. On monte sur la porte de la Pagode par un petit escalier fort étroit, pratiqué dans le roc à gauche; & l'on trouve sur cette porte deux petites chambres, une de chaque côté. La façade de l'excavation a dix-neuf cannes de large, & présente au rez-de-chaussée huit colonnes qui sont quarrées & unies, excepté les deux du milieu, qui à la moitié de leur hauteur sont sculptées en forme de panier. A droite est une chambre qui a trois cannes de profondeur, quatre de largeur & deux colonnes : c'est le Kabar (le tombeau) de Bandari Peça reknevala (c'est-à-dire, qui garde les Peças, le Tréforier de) Ramdji. Dans la Cour qui est fermée, profonde de neuf cannes, & large de dix-neuf, à gauche est un Vestibule quarré, de deux cannes de large sur trois de long, où l'on voit une Citerne. Au bout de la premiere Galerie, à droite paroît Loukeratchari, à gauche Bararpati; tous les deux Naukers de Schischenag, parent de Ramdji. Au fond de l'excavation est Schischenag, avec sa femme & ses Schoupdars. L'excavation a onze cannes de profondeur, & présente trois Galeries à colonnes dégagées, & trois dont les colonnes sont unies par des massifs, avec des Schoupdars de chaque côté.

Au premier étage, au bout de la premiere Galerie, à droite est Djom. Au fond (dans le Sanctuaire) est Latchimana, frere de Rama, de forme gigantesque; sa femme, de même grandeur, est à côté de la porte, à gauche. Autour d'eux paroissent des Schoupdars avec le cordon de Brah-

PRÉLIMINAIRE. ccxxxix

me, le Lingam sur le front perpendiculaire à la ligne des yeux (Pl. IV. n°. I. 2.), & des bonnets faits en mîtres & aussi hauts que le visage. Cette excavation présente cinq colonnades de huit colonnes chacune ; à la seconde il y a deux massifs entre les colonnes. On voit six chambres de chaque côté. Les colonnes du Sanctuaire & du petit Vestibule qui l'accompagne, sont quarrées.

Les colonnes du second étage sont à une canne trois quarts l'une de l'autre, dans la longueur de l'excavation. Au bout de la premiere Galerie, à droite est Sadeo : au bout de la deuxiéme, à droite paroît Kounbi ; à gauche, Lokoulbina. Au bout de la troisieme Galerie, à droite est Bima ; à gauche, Mardjouna : au bout de la quatrieme, à droite est Lokoul ; à gauche, Sadeo, frere de celui de la premiere Galerie. Suit une Salle de trois cannes de profondeur, soutenue par deux colonnes ; sur le mur autour paroissent les femmes de Rama. Devant les deux colonnes sont les Naukers de Rama assis : au bout de la Salle, à droite on voit Darmeradj, & à gauche, Soudam. Au fond de cet étage est le Sanctuaire de Rama.

Cette piece a quatre cannes en quarré, & trois cannes de haut. La statue du Dieu est à quelque pas du fond du Sanctuaire, & porté sur un pié d'estal haut de deux pieds & demi. Elle a deux cannes & demie (dix pieds) de haut ; les cuisses ont un pied & demi d'épaisseur. La premiere femme de Rama est à côté de la porte ; à droite sont les Schoupdars ; à gauche, paroît Nila Schoupdar anoumal dont la main résonne quand on frappe dessus (parce qu'elle est vuide) ; selon les Brahmes, parce qu'il a donné de l'argent à Rama. On voit à côté de Nila, Papi dont la main ne résonne pas (parce qu'elle est massive) ; selon les Brahmes, parce qu'il a refusé de l'argent à Rama.

Suivant la montagne à gauche, on rencontre une excavation qui a six cannes de profondeur, neuf & demie de large, & deux & demie de haut.

Plus loin est une grande Pagode de Raona, Dieu du Lingam. Cette excavation a douze cannes de profondeur, dix de large, trois de haut, & présente cinq rangs de colonnes en tout fens ; trois de ces colonnes font brifées. Au fond eft le Sanctuaire de Raona, dont la figure a été brûlée & détruite par Ramdji. Aux deux bouts de la premiere Galerie, à droite & à gauche font les femmes de Raona, qui paroiffent encore dans d'autres endroits de la Pagode. Au bout de la feconde Galerie, à gauche eft Latfchimi : deux Éléphans lui verfent de l'eau fur la tête avec leur trompe ; près d'eux font deux Domeftiques qui portent une gargoulette. Au bout de la troifieme Galerie, à droite eft Baero, parent de Raona ; une couleuvre lui fert de ceinture : à gauche paroît Baraotar, Nauker de Rama, avec une tête de Sanglier. Au bout de la quatrieme Galerie, à droite eft Raona, qui a dix têtes, dix bras ; au-deffus de lui paroiffent fes Brahmes : à gauche eft Askarné, Nauker de Raona. Au bout de la cinquieme Galerie, à droite eft Kombe kerené, frere de Raona ; à gauche, Bawaadam. Autour du Sanctuaire font Danuobi tué par Raona, & Gonès, avec une tête d'Éléphant.

Après cette excavation on rencontre un grand Temple de Maha Deo, c'eft-à-dire, le grand Dieu, le Dieu mere, le Lingam.

Au milieu de la Cour eft un Temple de fix cannes en quarré, auquel conduit un efcalier : les murs font couverts de figures en relief. A gauche on monte à une petite excavation longue de fix cannes, large de trois, & haute d'une canne trois quarts, formant deux chambres, fuivie d'une autre qui a les mêmes dimenfions.

Dans le grand Temple, au rez-de chauffée font deux colonnades, chacune de fix colonnes, qui ont trois quarts de cannes de diametre ; avec quatre chambres, chacune de deux cannes en quarré : le haut du Veftibule eft foutenu par deux colonnes.

Le premier étage a feize cannes de large, & huit colonnes de profondeur. Au fond eft le Lingam, dans un Sanctuaire précédé d'un Veftibule qui a fix colonnes de front. A gauche, dans ce Veftibule, paroît Gonès, & à droite, Suami Kartik, Maha Deo Betha (Lieutenant de Maha Deo). A droite du Veftibule eft Bala Rajah, avec quatre bras,

PRELIMINAIRE. ccxlj

bras, renfermé dans une Kambour (rond ou efpece d'écuffon épais de cinq à fix doigts); en face eft Souranaram (le Soleil) Nauker de Maha Deo, avec huit bras : à gauche du même Veftibule on voit Maha Deo, de figure humaine, qui a le pié fur un Voleur, qui avoit lié fon Domeftique, qui eft fous fa jambe ; à côté paroiffent Narana & Latfchimi. Sur le maffif qui fépare le rez-de-chauffée du premier étage, eft, à droite le Portier Latpat, à gauche le Portier Bendoudâs. Enfuite, au bout de la premiere Galerie, à droite on voit Narchiotar, a huit bras & tête de Tigre, & Parclad; le premier étoit Gourou (Directeur, Docteur), le fecond, Djelaouska (celui qui brûle les parfums, allume les lampes): à gauche de cette Galerie paroît Virbodré, Maha Deo Betha, qui frappe Dietafourdeith, qui lui-même avoit frappé Maha Deo par derriere. Au bout de la feconde Galerie, à droite eft Brafpati, qui a huit bras, & paroît aller à l'armée ; à gauche, Gopaldâs qui a huit bras. Au bout de la troifieme Galerie, à droite eft Baraotar, qui a fix bras & une tête de Sanglier; à gauche, une pierre de Lingam. Au bout de la quatrieme Galerie, à droite eft un pié d'eftal du Lingam ; à gauche, Maha Deo avec fa femme. Au bout de la cinquieme Galerie, à droite eft Keifcht nedji, avec quatre bras, couché fur Garour ; à gauche, Brahma & fa femme Saetri. Au bout de la fixieme Galerie, à droite on voit Ramfedj avec quatre bras, couché ; à gauche, Maha Deo, fa femme Parbati, & au-deffus Raona. Au bout de la feptieme Galerie, à droite eft Goordendari avec fix bras, qui conduit des troupeaux de Bœufs.

Après cette excavation eft la belle Pagode nommée Kelaa (c'eft-à-dire, Forterefle), dont le plan, au dire des Brahmes, eft le même que celui de Doltabad. La premiere porte de l'excavation a neuf cannes de profondeur & un étage, avec deux maffifs en avant garnis de crenaux. Sur les murs paroiffent des Schoupdars & des Cavaliers : en entrant on voit Latfchimi ; à côté, deux Eléphans qui lui verfent de l'eau fur la tête avec leurs trompes ; & des Schoupdars à droite & à gauche.

Suit un Temple quarré qui a un étage & tient par une ef-

Tome I. h h

pece de Galerie à un petit Temple, qui eſt ce qu'on appelle proprement le Kelaa. Tournant à gauche, on trouve le Schoupdar Kanéïa, & quantité de femmes qui paroiſſent s'être raſſemblées pour le voir. Derriere, ſous la Galerie précédente, eſt Gatourdije, haut de trois cannes & demie, qui a dix bras & porte le Kelaa. A droite de ce Coloſſe paroît Narchiotar à tête de Tigre, qui dévore un homme. A droite & à gauche, dans la Cour, ſont deux colonnes fort hautes, qui ſoutiennent chacune une lampe en l'honneur de Maha Deo. A côté de chaque colonne on voit un Éléphant de grandeur naturelle, détaché du Temple, & qui ne tient au roc que par les pieds.

Autour de ces Temples regne une Galerie qui commence à la porte du premier. Sous cette Galerie, autour du Kelaa, on voit ſur les murs en bas-relief Rajah Bordj; au-deſſus, Raona, Parbati en petit; & à gauche, l'armée du Dieu Pando, dans laquelle on diſtingue des Cavaliers, des Éléphans, des Palanquins, des Tigres &c. Ces figures ſont aſſez bien faites, & vont juſques derriere le Kelaa. Tournant de-là ſur la droite, on voit ſur le mur en bas relief Maha Deo & Parbati, qui ſemblent dormir; enſuite l'armée de Kaïron. Sur le Kelaa s'élevent pluſieurs Dômes qui couvrent tous des Takias de Maha Deo; trois derriere, deux de chaque côté, & un plus haut que les autres, au milieu. Sous un des Dômes de la droite eſt Manouré; le Dôme qui eſt au milieu de ceux de derriere, eſt l'appartement des femmes de Maha Deo; & le grand Dôme, le Sanctuaire de ce Dieu.

Au rez-de-chauſſée du Temple quarré, à gauche eſt la Pagode de Parlanka. Au fond de cette Pagode, au milieu on voit Brahma, Viſchnou & un Buffle; à droite, les ſerviteurs de Brahma, puis Viſchnou qui avale une femme, Latſchimi, & ſur le côté, à droite, un Takia de Raona; enſuite, Raona, au-deſſus Maha Deo, Parbati, & Kalberom, Cotoüal du Kaſchemire. A gauche, toujours au fond, paroît un Bœuf ſur un pié d'eſtal, puis Tirmolnara, Gonès & Bankodbeari avec une tête de Tigre. A l'entrée du même rez-de-chauſſée, à droite eſt une chambre où les femmes de Rama

PRÉLIMINAIRE.

font représentées en petit : au bas paroît Latchimi ; en-deçà de cette chambre est une petite excavation de six cannes de large & de deux de profondeur. L'excavation de la Pagode de Parlanka a onze cannes en quarré & deux cannes trois quarts de haut. Elle présente cinq colonnes situées quarrément.

Au premier étage, à gauche on voit en entrant Latchiminar (ou Latchimana) & Ganga ; à droite Narchiotar dans un Kambour : le plat-fonds présente Latchinara (le Soleil) qui regarde de tous côtés. Au fond est le Sanctuaire de Maha Deo ; ses femmes paroissent à la porte : on voit à droite Latchiminar ; à gauche, un Bœuf. L'excavation est soutenue par six colonnes situées quarrément, & a neuf cannes en quarré. Ces colonnes sont sculptées ; l'argamasse des murs est peinte & comme dorée : le lambris commence à se détacher.

Toutes ces excavations que l'on prendroit pour de vrais bâtimens, & qui supposent un travail incroyable, sont au milieu d'une espèce de Cour, dont une partie est entourée d'une Galerie, qui d'un côté est soutenue par des colonnes, & dont le mur de l'autre, est chargé de bas-reliefs. Commençant par celui qui est près de la porte de l'enceinte, à gauche, & continuant par la droite, on apperçoit Maha Deo, & au-dessous de ce Dieu, Raona & neuf de ses têtes autour du Lingam. Le deuxieme bas-relief présente Maha Deo, Parbati, & au-dessous les Brahmes de Raona ; le troisieme, Maha Deo, Parbati, Pendi (ou Pando), & au-dessous, un Bœuf ; le quatrieme, les mêmes figures ; le cinquieme, un Brahme ; le sixieme, Maha Deo & Parbati. Le septieme, Banguira ; le huitieme, Maha Deo & Parbati ; le neuvieme, les mêmes figures, avec un Bœuf ; le dixieme, la même chose ; le onzieme, Rajah Bal ; le douzieme, Maha Deo, Parbati & un voleur ; le treizieme, Ram & sa femme Gangam ; le quatorzieme, Schiddadji & sa femme ; le quinzieme, Djakodji & sa femme ; le seizieme, Maha Deo, Parbati & un Bœuf ; le dix-septieme, Seadji ; le dix-huitieme, Narchiotar dans un Kambour ; le dix-neuvieme, Toulladji ; le vingtieme, Mankoudji ; le vingt-unieme, Satyadji ; le vingt-deuxieme, Latchimana ; le vingt-troisieme, Dondi ; le vingt-quatrieme,

h h ij

DISCOURS

Mallari ; le vingt-cinquieme, Bonhi ; le vingt-fixieme, Tchemenandji ; le vingt-feptieme, Makoundji ; le vingt-huitieme, Moradji ; le vingt-neuvieme, Nembadji, à quatre bras ; le trentieme, Dondi & fa femme à quatre bras ; le trente-unieme, Schamdji, voleur qui a quatre bras, & à gauche fa femme ; le trente-deuxieme, Anandji, Bibi (femme); le trente-troifieme, Goupala ; le trente-quatrieme, Manoukou à quatre bras, attaché à un pilier ; le trente-cinquieme, Anandji, avec un vifage de Tigre, dévorant Kepaldji, & auquel on tire les entrailles du ventre ; le trente-fixieme, Ramfedj couché ; le trente-feptieme, Guirigoorden, à quatre bras ; le trente-huitieme, Bafck Rajah, à fix bras ; le trente-neuvieme, Krefnedji (ou Keefcht nedji), à quatre bras, couché fur Garour ; le quarantieme, Vifchnou qui avale une femme ; le quarante-unieme, Tchendoupala à quatre bras, marchant fur Matchelé ; le quarante-deuxieme, Goindrâs à quatre bras, appuyé fur une efpece de Trône ; le quarante-troifiéme, Anapourna, Bibi.

Suit une excavation de neuf cannes de long, de quatre de large, foutenue par trois colonnes ; puis, une autre de huit cannes de long, quatre de large, dont les murs font chargés de femmes en bas-relief ; en bas, à côté, une troifieme avec deux colonnes, large de fix cannes, profonde de trois, haute de deux & demie, au-delà de laquelle on voit un Lingam dans une excavation, à deux colonnes, d'une canne de long fur une & demie de profondeur.

Le tour des deux Temples du milieu fait foixante-quatre cannes. La profondeur totale de l'excavation eft de trente-huit cannes ; la largeur, de vingt-une. Les figures dans la Galerie qui fait le tour de la Cour, vont jufqu'à quatorze cannes : le refte de la Galerie en comprend vingt-quatre. Le rocher eft creufé à pic, environ à cent cinquante pieds de haut.

J'allai enfuite à deux portées de fufil de là, fuivant l'Oueft Nord-Oueft, voir la Pagode Rajah Indre, qui a un étage féparé du rez-de-chauffée par un maffif. Avant la porte, à droite, eft le Sanctuaire de Soukedeogoli, dans lequel paroiffent à droite Beani (ou Bawani), Dearam & fa femme ; vis-à-vis, Mearam, & à côté, Latchimi. Cette excavation a trois

PRÉLIMINAIRE. ccxlv

cannes de profondeur, quatre de large, une & demie de haut, & est soutenue par quatre colonnes. On entre ensuite dans une grande enceinte qui renferme plusieurs excavations. Vis-à-vis la porte, sur laquelle est une espece de tombeau, s'éleve un Temple quarré, à colonnes. On voit au milieu de ce Temple un massif, sur lequel Vischnou paroît en bas relief des quatre côtés. Les Brahmes prétendent que le haut de cette Pagode est terminé comme Doltabad, & l'appellent en conséquence Tchota (le petit) Doltabad. A gauche de cette Pagode est la maison de Tchaliram, dans laquelle, à côté du Sanctuaire paroît Koschalram sur un Éléphant; au milieu est Gossin nagardjani, & vis-à-vis, Djoraorsing. Cette derniere excavation a six cannes en quarré, & est soutenue par quatre piliers.

A l'entrée de la Pagode de Rajah Indre, à gauche, est une grande colonne aussi haute que le Temple, qui soutient une lampe. Dessous cette Pagode est celle de Rajah Darm (ce qui forme le rez-de-chaussée de celle de Rajah Indre), qui a six cannes de large & quatorze de profondeur. La statue de ce Dieu est dans le Sanctuaire: les autres figures sont détruites. On voit dans cette Pagode quatre rangs de colonnes, & au milieu une grande salle formée par huit colonnes, & haute de trois cannes & demie; à gauche, Bendoudâs, puis une chambre où est Balgopal, avec sa femme Satekschitaram; & à côté du Sanctuaire, Alebela avec ses femmes.

Le premier étage, qui est proprement la Pagode de Rajah Indre, est large de huit cannes, & en a treize dans sa plus grande profondeur. On rencontre d'abord deux rangs de colonnes qui coupent le Temple dans la largeur; ensuite un quarré formé par quatre colonnes sculptées, & dont le haut est plafonné. Au milieu de ce quarré est le siége de Kischni. Suivent trois autres rangs de colonnes terminés par le Sanctuaire, dont la porte est quarrée & garnie de deux colonnes en partie canelées; l'argamasse en est encore colorée. Dans le Sanctuaire paroît Kischnigouarka. Au bout de la premiere Galerie formée par les colonnes, est Rajah Indre, auquel répond sa femme Indrani. Au bout de la troisieme Galerie, paroît d'un côté, Nagarardjoun (ou Nagardjani), avec ses femmes; de l'autre, Gatomourschi : les Schoupdars occupent un espace de trois cannes. Au bout de la quatrieme Galerie, d'un côté est Monpond, & vis-à-vis, Tchanderna.

A gauche, dans la Cour, est une excavation qui a un étage. On voit en bas un endroit comblé de terre, & à gauche, la Pagode d'Adenat. Ce Dieu est dans le Sanctuaire : de chaque côté de cette piece est une chambre vuide, dont la porte est basse. Les Schoupdars paroissent sur les murs de la Pagode : en face est Nimnat, vis-à-vis duquel est Parasnat. L'excavation est soutenue par six colonnes, trois de profondeur sur deux de face. Au bout de la premiere Galerie de traverse est d'un côté Bawani, femme de Jagrenat, & de l'autre, le Betha de Bala Rajah. Au bout de la seconde Galerie, d'un côté est Sodaman, & vis-à-vis, Penda. L'excavation a sept cannes de profondeur, six de large, & deux un quart de haut. A gauche, est une porte basse qui conduit à l'appartement des femmes, qui a six cannes en quarré & deux Colonnes.

Au premier étage, on voit huit Colonnes, quatre de profondeur sur deux de face : c'est la Pagode de Poroscheram, Betha (Ministre) de Bawani. Tout autour sur les murs paroissent ses Schoupdars ; en face est Tentempal, & vis-à-vis, Madangoupal. Au bout de la premiere Galerie de traverse formée par les Colonnes, on voit d'un côté Bala Rajah, & de l'autre, une chambre. L'excavation a seize cannes en quarré, & une canne trois quarts de haut.

Toujours à gauche dans la Cour, est la Pagode de Jagrenat, séparée de l'endroit précédent : Jagrenat est dans le Sanctuaire. Au bout de la premiere Galerie formée en travers par les colonnes, paroît, à droite, Bawani, femme de Jagrenat, avec Soud, Boud, & ses Domestiques tout autour ; à gauche, Tchentamen. Au bout de la seconde galerie, on voit Carna Rajah, Matchendernat & Goreuschna. L'excavation a sept cannes de profondeur, onze de large & trois de haut : à gauche on voit une petite chambre & une Galerie qui fait le tour d'une salle vuide. Les colonnes ont deux tiers de canne d'épaisseur : celles des côtés sont sim-

PRÉLIMINAIRE. ccxlvij

ples; celles du milieu à moitié cannelées & sculptées: l'argamasse en est brisée.

En revenant de cette derniere excavation, à celle par laquelle j'avois commencé, & où mes gens étoient restés, je passai devant une Pagode de Maha Deo. En dehors paroît d'abord une excavation de deux cannes en quarré, où l'on voit Pendi & Maha Deo; puis en entrant, à droite on apperçoit Maha Deo & Parbati, au-dessous Raona, vis-à-vis, Virbodré, Schaker de Maha Deo. Ensuite, à droite, sous une espece de bas-côté, sont Maha Deo & Parbati; à côté, la femme de Rajah Bal, & vis-à-vis, Parbati, Kamou karan (Kombé kerené) & sa femme, au-dessous desquels on voit un Bœuf & un prisonnier. A gauche, de même sous un bas-côté, paroît Djibril (Gabriel, les Indiens ont pris ce nom des Mahométans) une massue à la main: au-dessus on voit quatre femmes & deux de ses Domestiques liés à un poteau. Vis-à-vis de Djibril est Bassemassus, qui bat du Tambour. Plus loin, du même côté, est une belle Citerne, creusée dans le roc, & dont l'eau coule en partie entre des colonnes: on y descend par des degrés sur lesquels sont deux Tigres pris du roc même, ainsi que deux autres Tigres qui sont près de là à côté d'une porte. Plus bas que la Citerne, à côté est Schitama, femme de Ramaki. Au fond de l'excavation est le Sanctuaire, grande piece quarrée, percée de quatre portes auxquelles on monte par quatre degrés. Les Schoupdars qui les gardent sont de figure colossale & accompagnées de leurs femmes qui sont nues. L'excavation en total a dix cannes de large, quatre de haut, & vingt-une de long: elle est soutenue par quarante colonnes, dont le plus grand nombre est distribué en cinq rangs: la derniere file, à droite & à gauche, est de huit colonnes.

Je rencontrai encore sur ma route différentes excavations de deux, trois & quatre cannes en quarré; entr'autres, au haut de la montagne, une Pagode de Vischnou, consistant en trois chambres vuides, de douze cannes de large & de quatre de profondeur. Le Sanctuaire & le Vestibule comprennent quatre cannes & demie de large: la figure

Voyage aux Indes Orientales, IIe. Partie.

Theven. lib. cit. p. 223.

de Vifchnou n'y eft point. A l'entrée paroiffent Baraotar avec une tête de Sanglier, avalant une femme ; Bawani montée fur un Bens (Buffle) ; Brahma, Vifchnou & un Buffle : de l'autre côté de la porte on voit Bala Rajah (Laboureur), Latfchimi, Suam Karti, & Kombé kerené, frere de Raona, qui dort après s'être raffafié.

A droite de cette excavation eft une autre Pagode de Maha Deo de douze cannes de long, trois de large, & qui a de face fix colonnes, hautes de trois cannes & demie. Veftibule à droite & à gauche, de fix cannes en quarré, avec deux piliers. Le Sanctuaire de Maha Deo, plus grand que les Sanctuaires du même Dieu, qui font dans les autres Pagodes.

Enfuite paroît la Pagode d'Arikombar, Potier de terre. Le Sanctuaire eft garni de Schoupdars. On n'y voit point la ftatue du Dieu : elle eft à la porte en entrant à droite ; c'eft là qu'il réfide. L'excavation a treize cannes de large & deux colonnes, trois quarts de haut, fix colonnes de face, & dix dans la profondeur : il y a deux maffifs près du Sanctuaire, & quelques-uns entre les colonnes ; ce qui donne en tout, dix colonnes dégagées.

Autre excavation : le Veftibule de deux cannes en quarré & d'une canne deux tiers de haut, fuivi d'un Sanctuaire; autour, fur les murs, paroît Maha Deo.

Plus haut, fecond Sanctuaire de Maha Deo: le Veftibule de fix cannes de large, une canne & demie de profondeur.

Autre Pagode de Maha Deo. Le Lingam eft dans le Sanctuaire. A droite du Sanctuaire paroiffent Latchimana & Suamkarti ; à gauche, Anapourna, Bawani, Sarafati, & Gonès. L'excavation préfente dix-huit colonnes & a dix cannes de profondeur, dix de large & deux & demie de haut.

Autre Pagode de Maha Deo, profonde de huit cannes & demie, large de douze, haute de trois un quart. A droite à la porte eft le Schoupdar Gaulan. A gauche en entrant on voit Gaolande, femme de Rajah Indre, & près de là, une Citerne. L'excavation eft foutenue par huit colonnes, & a deux bas-côtés. Sous celui qui eft à gauche, on voit Kombé kerené,

PRÉLIMINAIRE. ccxlix

kerené, Mendé, à tête de Cabril, & la repréſentation du mariage de Maha Deo avec Parbati. Vis-à-vis de Kombé kerené eſt Bawani montée ſur un Buffle. Sous le bas côté qui eſt à droite paroiſſent Kalberom, avec ſes femmes, Gonès, puis Sombakila & ſa femme, qui n'ont que les os, comme des ſquélettes, parce qu'ils n'ont pas fait l'aumône. Au fond de l'excavation eſt le Sanctuaire, accompagné de deux maſſifs. Sur celui qui eſt à gauche on voit Bawaadam avec ſa mere; au-deſſous, Raona. Le maſſif de la droite préſente Maha Deo & Parbati qui jouent au Tchopel; au-deſſous eſt un Bœuf.

Voyage aux Indes Orientales. IIe. Partie.

Telle eſt la deſcription des Monumens d'Iloura, que les Indiens rapportent à des tems très-éloignés, & qu'ils regardent comme l'Ouvrage des Génies. Je conviens qu'elle eſt fort ſéche, & même aſſez difficile à entendre, faute de plans : la partie Mythologique n'eſt appuyée que ſur le témoignage de deux Brahmes, qui pouvoient m'en impoſer, ou n'être pas eux-mêmes plus inſtruits du fond de leur Religion que ne le ſont pour l'ordinaire de la leur les Sacriſtains & autres Miniſtres chargés des vaſes & de la décoration des Egliſes. J'ai cru malgré cela que les curieux ne ſeroient pas fâchés de la trouver ici. Premierement cette deſcription peut leur donner une idée du travail des Indiens, de la hardieſſe de leur conception, & de leur patience dans l'exécution. Qu'on faſſe réflexion qu'un coup de marteau donné mal-à-propos dépareilloit une colonnade, obligeoit d'effacer un bas-relief, de creuſer de nouveau une ſurface de rocher conſidérable. 2°. Ces Monumens préſentent les principaux perſonnages qui paroiſſent dans les Antiquités Indiennes : les noms mêmes de ces perſonnages ſe retrouvent encore dans ceux des premiers Chefs Marates, comme, *Anandji pont*, *Tchemenandji apa*; de quelques Villes, comme, *Dondi Rajapour* [1]. Voilà ce qui m'a en-

---

[1] Ceux qui ſeront curieux de connoître plus en détail les Perſonnages principaux que je n'ai fait que nommer dans cette deſcription, peuvent conſulter deux Ouvrages Manuſcrits apportés depuis peu de Pondichery.
Le premier eſt à la Bibliotheque du Roi, & conſiſte en quatre vol. in-fol.

Tome I. i i

DISCOURS

VOYAGE aux Indes Orientales, IIe. Partie.

gagé à entrer dans des détails que les Ecrivains à tableaux généraux & racourcis pourront trouver minutieux. Je suivrai la même marche dans la description des Pagodes de Keneri : mais ces dernieres seront accompagnées de plusieurs plans. D'ailleurs elles ont l'avantage de présenter des inscriptions très-anciennes, que quelqu'Œdipe expliquera peut-être un jour : au lieu qu'à Iloura, je n'ai rien trouvé

Ci.l.p. ccxlij. co xxxviij.

d'écrit que sur un pilier de la Pagode de Parlanka, & au bas des deux pilliers du milieu du premier rang de colonnes au premier étage de la Pagode de Ramdji ; le tout en caracteres Marates & modernes.

Je reviens à Aurengabad le 17 au soir, & me disposai sur-le-champ au voyage de Doltabad qui est à quatre cosses de cette premiere Ville. Les deux Pagodes faites sur le modele de Doltabad (ou peut-être sur le modele desquelles Doltabad a été construit) m'engagerent à aller voir un lieu si célebre. On peut jetter les yeux sur ce que Thevenot

Lib.cit.p. 22 55 & Tav. Voy. T. II. p. 82.

Il a été fait (ou du moins rédigé & écrit) en 1758, sous les yeux de M. Porcher, Conseiller de Pondichery, & Commandant à Karikal, Comptoir François, situé dans le Royaume de Tanjaour. Le premier vol. commence par une exposition de la Théologie Indienne en François & en Malabare. Ce morceau est suivi de plus de cent Planches ou Peintures qui représentent la création de l'Univers &c. & les huit petites Incarnations de Vischnou dans le plus grand détail. Le second vol. présente en cent trente-deux Planches, l'Histoire de l'incarnation de Vischnou sous la figure de Rama Sami ; le troisieme, celle de l'incarnation de Vischnou sous le nom de Kischnen, son mariage &c. en cent quatre-vingt-douze Planches ; & le quatriéme, l'Histoire de Routren ou Siven (le Lingam), en cent quarante-quatre Planches. Derriere chaque Planche est ordinairement l'explication en Malabare & en François. Les figures & les explications sont selon la Théologie des Tanjaouriens. Ce Recueil est peut-être le plus complet qui ait jamais été fait sur ces matieres ; je doute qu'on en trouvât un second dans l'Inde.

Le second Ouvrage à consulter sur la Mythologie Indienne, a pour titre : *Bágavadam* (c'est-à-dire, *Histoire divine*), *un des dix-huit Pouránam ou Livres sacrés des Indiens*, traduit en François par *Maridas Poullé*, Interprete en Chef du Conseil Supéritur & de la Chaudrie de Pondichery, l'an 1769, & dédié à M. Bertin, Ministre & Secretaire d'Etat. Cet Ouvrage, comme le Traducteur le dit dans sa Préface, est attribué à Viâssen, fils de Brahma, le même qui a mis en ordre les quatre *Vedams*. Il est divisé en douze *Kandams* ou Livres, & contient la Doctrine des Indiens (particulierement de ceux qui reconnoissent Vischnou pour l'être suprême) « sur la Divinité, la béatitude, la vie parfaite, la Morale,
» l'Histoire de la Création, de la conservation & de la destruction de l'Univers,
» celle des métamorphoses de Vischnou & l'origine des Dieux subalternes, des
» hommes, des Geans &c.

dit de la Ville ; c'eſt la partie la moins intéreſſante : & comme il ne put voir la montagne ni le Fort que de dehors, il n'eſt pas ſurprenant qu'il n'en parle que très-ſuccintement.

VOYAGE aux Indes Orientales; IIe. Partie.

 Je partis d'Aurengabad le 18 de grand matin. A gauche de cette Ville, allant du Sud Sud-Oueſt au Nord Nord-Oueſt, je vis de beaux Jardins ; & à droite, dans l'éloignement, une chaîne de montagnes. A deux coſſes d'Aurengabad, eſt un magnifique tombeau d'un Gouverneur de Dakī, accompagné d'un Dergah & d'une Citerne.

 Je fus rendu en moins de trois heures à Doltabad. On entre dans cette Ville, comme dans la plûpart des Villes fortifiées de l'Inde, " par une grande pile de maçonnerie " compoſée de pluſieurs parties, qui s'avance, en forme de " parallélogramme, du principal rempart. Cette pille forme " pluſieurs terraſſes continues, de la même hauteur que le " principal rempart, & qui communique avec lui. Les murs " intérieurs de ces terraſſes forment les côtés d'un paſſage " difficile, embarraſſé, d'environ vingt pieds de large, qui " par pluſieurs détours très-cours & toujours à angles droits, " pratiqués dans toute la pile, conduit à la principale por- " te, laquellle joint le principal rempart. "

Hiſt. des Guer. de l'Inde ; trad. franç. T. II. p.266. 267. Origine Angl. p. 324.

 Je trouvai au pied du Fort, M. de Saint-Paul, Commandant des Allemands, que j'avois vu en 1757 au Camp François près de Schicakol. Cet Officier ſe fit un plaiſir de contribuer au ſuccès de mon voyage ; il me donna deux Cipayes qui m'accompagnerent juſqu'au haut avec un homme du Keleidar, qui étoit alors le frere d'Ederzingue. De-là je fixai, autant qu'il me fut poſſible, la poſition de la montagne relativement aux principaux endroits des environs.

 La montagne me parut à l'Oueſt Sud-Oueſt de la Ville ; la longueur de la Ville, du Nord Nord-Oueſt au Sud Sud-Eſt ; la largeur, de l'Eſt Nord-Eſt à l'Oueſt Sud-Oueſt. Je vis les batteries d'Aureng-Zeb élevées ſur une montagne, au Nord un quart Nord-Eſt ; Rouza, au Nord un quart Nord-Oueſt ; Aurengabad, au Sud un quart Sud-Eſt ; la porte de cette Ville, au Sud Sud-Eſt ; des plaines, du Nord-Oueſt au Sud, & à perte de vûë dans l'Oueſt ; des montagnes, du

DISCOURS

Nord un quart Nord-Oueſt à l'Eſt Sud-Eſt. Je tâchai enſuite de lever, en deſcendant, le plan de la Fortereſſe. Ce n'eſt proprement qu'un roc défendu par quatre enceintes où l'on voit pluſieurs pieces d'Artillerie, & dont deux ſont conſtruites ſur le penchant de la montagne.

La quatrieme enceinte renferme un Magaſin de riz & une Citerne couverte, creuſée à l'Oueſt Nord-Oueſt, dont l'eau eſt ſi vive & ſi fraîche, qu'à dix heures du matin à peine oſe-t'on en boire, de crainte des tranchées qu'elle peut donner. Sur la pointe, pour ainſi dire, du rocher, eſt un maſſif, qui porte une piece de fonte tournée au Nord, longue de quatre cannes un quart; le diametre de la bouche & celui du collet ſont les mêmes, c'eſt-à-dire d'un pied environ: près de la lumiere eſt une Inſcription Marate, & plus loin, une autre en Maure. Au-deſſous de ce maſſif on en voit un autre à l'Oueſt Sud-Oueſt, qui porte une petite piece de fonte. On deſcend enſuite par l'Eſt Nord-Eſt.

Un peu plus bas que le mur de la quatrieme enceinte, eſt une terraſſe garnie de crenaux dans l'Eſt. Prenant après cela de l'Oueſt Nord-Oueſt au Sud-Eſt, on ſe trouve à la Maiſon du Keleidar, dont le bas eſt garni de crenaux. Enſuite le chemin en eſcalier, Eſt Nord-Eſt; on rencontre une porte avec une plate-forme: au Nord Nord-Eſt le chemin garni de crenaux, & enſuite découvert autour de la montagne dans l'Oueſt & le Nord-Eſt. Au Nord, eſt un canon de fer démonté.

Sur le penchant de la montagne, hors du chemin, eſt la troiſieme enceinte, près de laquelle on voit le Takia de ſacré Sultan: le chemin frayé autour de la montagne; de-là on apperçoit les foſſés. De diſtance en diſtance les tourelles & les crenaux ſont abbatus. Au Sud, petite piece Maure de trois doigts de balle; un peu plus loin, eſpece de Cavalier; & quatre toiſes plus bas, autre piece de deux cannes un quart de long, & de quatre doigts de balle, dont le diametre total eſt de cinq doigts, & la bouche terminée par une tête d'animal imaginaire. Au Nord, plus loin, on voit un maſſif aſſez élevé, au bas duquel eſt un baſtion rond avec un canon,

PRÉLIMINAIRE. ccliij

dont la bouche de cinq pouces de diametre est terminée en tête d'animal. Près du chemin est une porte qui conduit à une petite enceinte ronde, crenelée, plus basse environ de quinze toises. A l'Ouest, massif qui porte un canon de fonte de trois pieds, dont la bouche, en tête d'animal, est de quatre pouces de diametre. De-là on bat la premiere & la seconde enceinte. Retournant à l'Est on trouve un petit fauconneau sur un bastion, auquel répond un escalier qui descend presque dans la seconde enceinte, séparée de la premiere par le fossé. Du Takia à cet endroit l'enceinte, à l'Est, est sans crenaux.

On descend ensuite à l'Est, l'Est Nord-Est, par un escalier, suivi d'un trou creusé dans le roc, & qui est bouché en haut par une trape de fer de trois pouces d'épaisseur. On marche ainsi dans le roc l'espace de quatre cannes; l'excavation a quatre aunes de large & huit de haut. Ensuite on trouve une petite chambre : le chemin continue dans le roc, tournant au Nord, & a une canne de large, une de haut & quinze de long. Il y a un autre chemin plus bas, allant à l'Ouest, qui est comblé : on en voit encore la porte, & quelques colonnes qui sont enterrées. On ne pourroit y marcher sans un flambeau ; la route seroit de deux minutes dans le roc. A quelque distance de-là est le fossé : le chemin qui y conduit, est en voûte; la porte, du côté du fossé est à l'Est.

Le fossé a neuf cannes de large ; au milieu est un massif de maçonnerie haut de quelques toises, qui le partage en deux à peu-près dans la longueur, du Sud-Est au Nord-Ouest : le mur (l'escarpe) est partie coupé à pic dans le roc, partie en maçonnerie. Au-delà du fossé est un ouvrage avancé. On voit sur une pierre oblongue du pont qui forme la communication, une Inscription Persanne que je n'eus pas le loisir de copier.

Tirant dans le Sud-Est, après le pont & la seconde porte, on rencontre le mur qui forme la premiere enceinte de la Forteresse. Cette enceinte a trois portes, l'une au Nord, l'autre à l'Est, la troisieme au Sud. On y voit une piece de fonte longue de trois cannes ; le diametre de cette piece est d'une demie canne, & à la culasse, de près de deux tiers de

VOYAGE aux Indes Orientales, IIe. Partie.

canne : la bouche est garnie d'un cercle de fer épais de neuf pouces. Au milieu du canon est une Inscription Persanne, qui fait mention de l'an 1082 de l'Hégire (1671 de J. C.), & de l'an 15 du regne, vrai-semblablement d'Aureng-Zeb : on en voit une autre autour de la culasse.

La description précédente ne présente rien qui ait un rapport direct aux deux Pagodes nommées *Kelaa* : on peut dire seulement que ce sont des Monumens creusés dans le roc, & qui s'élevent comme la Forteresse de Doltabad, au milieu de plusieurs enceintes. Cette description fait voir en même-tems que Doltabad est une place imprenable. Il est impossible d'en escalader les murailles, ni de la réduire par le canon ; dix hommes placés au-dessus de la trappe de fer, n'ont qu'à l'entretenir brûlante, l'entrée sera inaccessible de ce côté-là, & les circuits que fait l'ouverture amortiroient le boulet, quand on tenteroit de l'enfoncer. D'ailleurs le Magasin qui est enhaut peut contenir des vivres pour plus de cent hommes pendant un an, & donner le tems au secours d'arriver : aussi Doltabad n'a-t-il jamais cedé qu'à la surprise où à la trahison. C'est une de ces Forteresses dont le Gouverneur, nommé immédiatement par le Mogol, étoit autrefois indépendant du Soubah du Dekan, & même lui servoit comme de surveillant. Celui qui y commandoit en 1757, en avoit acheté le Gouvernement de son prédécesseur ; & les François, pour soutenir les prétentions de Salabetzingue, s'en étoient emparés par surprise.

Je quittai Doltabad, comblé des politesses de M. de Saint Paul. De retour à Aurengabad, j'allai avec M. Gentil hors de la Ville, voir la Maison des Moullahs. Cet Établissement peut en contenir une trentaine ; il a été fondé par le Mogol & est très-bien doté de Jaguirs. Le Chef des Moullahs, qui étoit Sayed, me reçut avec six des principaux dans un petit Divan : de-là nous vîmes l'effet assez amusant de plus de cinquante jets-d'eau peu élevés, qui retombant sur des pierres taillées en talus, & dont la surface étoit couverte de petits trous distribués en lozange, formoient de belles nappes. On nous servit une

PRÉLIMINAIRE.

collation en fruits : ce qui suppléa à la conversation ; car ces Messieurs étoient parfaitement ignorans : quelques nouvelles d'Europe en firent le fond. Je voulus hasarder un peu de Méthaphysique & d'Histoire Orientale ; mais ce fut en pure perte. En sortant, nous traversâmes la maison, qui fourmilloit de jeunes Mignons de neuf, dix, douze & quatorze ans, bien nourris, d'une peau bien tendue, à l'usage de ces respectables vieillards.

Je ne voulus pas quitter Aurengabad, sans avoir vu le Tombeau de la fille * d'Aureng-Zeb. Ce Monument est à quelque distance de la Ville, dans un édifice somptueux, élevé par ce Monarque à la mémoire de cette Princesse. On appelle ce bâtiment le Jardin de la Begom (*Begomka bâgh*). C'est un emplacement considérable, composé de Cours & de Jardins, où l'on voit plusieurs corps de logis. Le plus beau est celui dans lequel est le Tombeau de la Begom. La Chapelle qui renferme le cercueil, est terminée par un Dôme couvert de cuivre doré, qui est accompagné, selon l'ordre de l'Architecture Musulmane, de quatre Tourelles, & domine le reste de l'Edifice. On y entre par quatre portes de marbre blanc, ciselées à jour, d'un travail exquis. Ce fut à travers la ciselure, que je vis le cercueil qui renferme les cendres de la Princesse. Il est couvert d'un drap d'or, & éclairé par une lampe qui brûle continuellement dans la Chapelle. Vis-à-vis cette Chapelle, est un Masdjed, dont le plancher est en compartimens de marbre, & couvert d'un riche tapis de Perse. J'y vis un Moullah réciter l'Alcoran : la Fondation est de quatre, qui, jour & nuit, doivent remplir ce ministere à l'intention de la Begom. Le reste du bâtiment diffère peu du Palais de Teigh beg Khan, dont je donnerai la description dans la troisieme Partie de cette Relation. On voit sur la premiere porte, une Inscription Persanne que je n'eus pas le loisir de copier.

Je fixai le jour de mon départ au 12 Avril. Les courses que j'avois faites, avoient presque épuisé mes forces & ma bourse ; le plus souvent j'avois marché dans le fort de la chaleur ; le 19 elle fut si grande,

VOYAGE aux Indes Orientales, IIe. Partie.

* *Sa premiere femme, selon Tav. Voyag. T.II.p.83. & Theven. Lib. cit. p. 216.*

*VOYAGE aux Indes Orientales, II*e. *Partie.*

DISCOURS

que je trouvai dans la tente de M. Gentil, le tube intérieur de mon thermometre caffé, fans doute par la fermentation de l'efprit-de-vin. Je commençois auffi à fentir des douleurs de dyffenterie. Tout cela, joint à la nouvelle que l'on me donna de l'arrivée de mon frere à Surate, me fit hâter mon départ. M. Gentil fe chargea de me faire avoir un paffeport & deux Alkaras de M. de Buffy, pour Surate; & de mon côté je le priai de ne pas négliger les occafions qu'il pourroit trouver d'approfondir l'Hiftoire & la Géographie du Pays [1].

Je partis d'Aurengabad le 22 fur les 10 heures du foir, avec mes deux Alkaras, monté fur mon petit cheval des montagnes. Mon équipage furprit le Chevalier d'Etrées,

―――――――――――――――――

[1] Je rappellai de Surate à M. Gentil ce qu'il m'avoit comme promis à ce fujet ; & il me répondit d'Aurengabad, « qu'il avoit acheté beaucoup de Livres, » parmi lefquelles étoient 1°. Une Hiftoire Générale de la prefqu'Ifle de l'Inde de- » puis Surate, ou le fleuve Indus jufqu'à Bengale inclufivement, en trois vol. in-4°. » 2°. Une Hiftoire du Monde ou des Rois, depuis Adam jufqu'à préfent ; un » vol. in-fol. 3°. L'Hiftoire de tous les Empereurs Mufulmans de Dehli jufqu'à la » fin du regne d'Akbar ; un vol. in-fol. 4°. Celle de Djehanguir, les Coutumes & » Ufages des Iranians & des Touranians ; l'Hiftoire des guerres des fils d'Aali ; celles » de Rouftoum &c. » Vous pouvez compter deffus ces Manufcrits, ajoute M. Gen- » til, fi les pluies ne me les pourriffent pas. J'ai bien eu de la peine à cela. J'en » ai encore plufieurs autres que je ne connois pas. J'ai quelques Livres Arabes que » le hafard m'a procurés, que les Cipayes avoient pillés dans la Maifon de Chana- » vaskhan. J'aurois eu un plan & une vûe de toutes les Fortereffes de l'Indouftan ; » mais ma bourfe n'y a pû fuffire, vû qu'on me demandoit vingt à vingt-cinq » roupies pour chaque Planche. J'aurai le plan & la vûe de Doltabad, par notre » Ingénieur Anglois. »

Ces Plans m'auroient été fort utiles, ainfi que le premier Ouvrage en trois vol. in-4°. Le fecond eft, je crois, le premier volume du *Rozot] euffafa*; les autres font à la Bibliotheque du Roi. M. Gentil avoit alors deffein, comme il me le marquoit, de fe livrer férieufement aux Lettres. Les événemens malheureux qui ont entraîné la perte des Etabliffemens François dans l'Inde, ne lui auront pas permis de réalifer ce projet. Cet Officier eft maintenant avec le fils du Mogol, dont l'armée campe dans les quartiers d'Elabas & de Benarès. C'eft lui qui dirige toutes les opérations de ce Prince. Dans ce degré de confidération, fçachant parfaitement le Maure, & je crois, le Perfan, je ne doute pas qu'il n'acquiere & ne communique à la France des connoiffances utiles fur ces Contrées. J'apprens auffi que quelques Anglois s'appliquent à Patna & à Benarès au Perfan & au Samskretan, & font dans ces Villes des recherches relatives à l'Hiftoire Naturelle & aux Antiquités de l'Indouftan. Je fouhaite que ce goût d'obfervation devienne un peu plus général ; les lumieres qu'il répandra en Europe feront peut-être les feuls avantages réels, & dont elle n'ait pas à fe repentir, qu'elle retirera des expéditions pénibles & coûteufes qu'elle a faites dans l'Inde.

PRÉLIMINAIRE.

qui m'étoit venu voir dans la tente de M. Gentil: en effet, il ne pouvoit être plus mince. Je portois sur moi toute ma garde-robbe, qui consistoit en une chemise, un habit de toile verte & un pantalon de même étoffe. D'un côté pendoient à la selle de mon cheval ma gargoulette & mes cartouches; de l'autre, un pistolet d'arçon. J'avois mon sabre en bandoulière & mes papiers dans un cuir de bœuf roulé, mis en crouppe en forme de manteau, & qui me servoit à terre de matelas.

A une demi-cosse du Camp, je passai par Idga, petite Aldée, avec un Nala sec. A deux cosses & demie de-là est un Takia de Fakirs, garni d'arbres, avec une citerne. La route Ouest Nord-Ouest, à gauche des montagnes & du chemin de Doltabad. A une grande cosse de ce Takia, est Bordjagaon, petite Aldée, avec un Nala : celui de Doltabad, à l'Est. A une cosse de-là, est Nizampet, précédé d'un Takia de Fakirs & d'un Nala.

Le 23. A deux cosses & demie de Nizampet, on rencontre Boudnapouri, avec le Naddi du même nom. La route presqu'Ouest : plaines : à droite, fin des montagnes: le chemin frayé. A trois cosses de-là est le Gaon de Nepour sur la gauche, avec un Nala; une cosse & demie plus loin, celui de Sindi avec un Nala ; & à une cosse & demie de Sindi, Latour, sur un grand Naddi, à quatre journées de Nassek tirmek. Je passai la nuit à Latour, où les vivres étoient fort cheres à cause d'une Fête qui y avoit attiré beaucoup de monde; mais cet inconvénient ne regardoit que mes Alkaras & mon cheval ; car la dyssenterie qui se déclaroit chez moi de plus en plus, m'empêchoit de rien manger de solide : le soir, un peu de riz faisoit toute ma nourriture.

Le 24. La route Ouest. A une cosse & demie de Latour est Pipelgaon, avec un Nala sec; une cosse plus loin, Karenjgaon avec une citerne, Aldée dépendante de Nana. La route Ouest un quart Nord-Ouest, puis Ouest Nord-Ouest. A une demi-cosse de Karenjgaon, à gauche est Daïgaon, hors du grand chemin ; deux cosses plus loin, Palsera, précédé d'un Nala qui vient du Nord-Ouest, & d'un Deol Indien; & à une demi-cosse de-là, Doukervari, sur le même Nala: la route Nord Nord-Ouest. Depuis Karenjgaon, tout est du Paragana de Gandapour. A trois quarts de coſſes de Doukervari, on rencontre, ſur la gauche, Songaon ; à droite, Wari, avec un Fort & une citerne. Ces Aldées ſont du Paragana de Kandaal, que Schah Rajah avoit donné à Nana : le Pays beau, cultivé : la route Oueſt. A une coſſe de Songaon, eſt Lounoüan : plaines à perte de vûe, en partie incultes. Une coſſe & demie plus loin on rencontre Djarour avec une citerne, une petite montagne à gauche; & à deux coſſes & demie de-là, le petit Pano & enſuite le grand, avec un Nala ſec, & deux Citernes. Ces deux endroits ſont du Paragana de Bajapour, qui eſt à une coſſe & demie delà, au Sud. La route Oueſt : de petites montagnes à droite : plaines ; quelques arbres ; terres incultes. A une coſſe de Pano, eſt Deotan, précédé d'un Nala ſec ; & une coſſe & demie plus loin, Souriegaon. Le chemin fort beau, le Pays cultivé, la terre noire & forte : Citernes de tems en tems : les montagnes à droite. A une demie coſſe de Souriegaon on rencontre Gondegaon, petite Aldée, avec un Nala ; & une coſſe plus loin, Inderſoul, précedé d'un Nala. Cette Aldée eſt du Paragana de Patoüal, ſitué au Sud, environ à ſix coſſes : elle eſt conſidérable, & à vingt-huit à trente coſſes de Naſſek tirmek. Je paſſai la nuit dans un beau Jardin qui eſt à l'entrée ; & ne pouvant plus digérer le ris, je me mis au Cange léger (à l'eau de ris) qui fit toute ma nourriture juſqu'à Surate.

Le 25. A deux coſſes d'Inderſoul je trouvai Gotemgaon, petite Aldée avec un Nala : la ſuite des montagnes au Nord. A trois coſſes de là eſt Yeula, grande Aldée, avec une Citerne. La route Nord Nord-Oueſt, enſuite Nord juſqu'à Babelgaon, éloigné d'une demie coſſe. A un quart de coſſe delà eſt Danoura. La route Oueſt Nord-Oueſt, puis Nord Nord-Oueſt, & Nord un quart Nord-Oueſt. A une coſſe d'Yeula eſt Badgaon, avec un Nala ſec : le Pays inculte. Le chemin commence à être montagneux. A deux coſſes & demie, une demie coſſe ſur la gauche, eſt Pipli : jardins ſur la route. A une demie coſſe de là, on trouve Tangaon : les montagnes s'approchent ſur la droite. Une coſſe plus loin eſt Aregaon, avec un Nala ; & à une coſſe d'Aregaon, Kancri avec

PRÉLIMINAIRE.

un Puits : les montagnes assez proches ; la route presque Nord, sur des rochers applanis ; à gauche plaines immenses. A une cosse de Kaneri, arbres qui forment de beaux couverts, Nala alors à sec. A une cosse delà est Talegaon, Aldée assez considérable ; deux cosses un quart plus loin, Itava, endroit ruiné, avec un puits ; & à trois quarts de cosse d'Itava, Ponnala, Aldée murée & alors sans porte. La route Nord un quart Nord-Ouest, presque droit aux montagnes, qui vont de l'Ouest à l'Est.

Le 26. Paragana de Tchandor. A trois quarts de cosse je trouvai l'Aldée de Paterschomba : le Pays beau & cultivé. Une cosse un quart plus loin, on rencontre Tchandor, au pied d'une montagne. Le Fort est à l'Est sur cette montagne ; la Ville grande, murée & défendue par des bastions ; elle avoit été donnée à Holkar, Chef Marate, avec sept Aldées, qui formoient son Paragana. La route est ensuite par des montagnes aisées à franchir: sur le sommet, on voit un étang de pierre. A deux cosses de Tchandor on rencontre un Tchoki ; & une demie cosse plus loin un Takia de Fakirs : ensuite le chemin est, l'espace d'une cosse, entre deux montagnes escarpées. A cinq cosses de Tchandor est Pipelgaon avec une Citerne, Aldée du Paragana de Loner ; à trois cosses un quart, Loner ; & au-delà, le Naddi de Tingala : je le passai à gué. A deux cosses de Loner je trouvai un Tchoki de Bils : le Pays coupé de montagnes & de Plaines. Les Bils sont une espece de Caste qui forme comme un Peuple particulier au milieu des Marates & des Maures. Ils habitent les montagnes, passent l'Hiver sous des huttes, l'Été en plein air, & ne paroissent dans les Villes que pour y porter la paille des montagnes. A une cosse du Tchoki de Bils je passai le Naddi d'Oujargaon. Deux cosses & demie plus loin est Kourgaon : le Naddi d'Irgaon coule près de cette Aldée. A une demie cosse de là on trouve Irgaon, Aldée considérable. La grande Vallée qui commence au-delà de Tchandor, finit environ quatre cosses avant Tarabad.

Le 27. Beau chemin dans les montagnes. La route Est ; trois cosses plus loin, Nord un quart Nord-est, ensuite Nord & Nord un quart Nord-Est, large & assez aisée. On rencontre au milieu, un Naddi ; aux environs, beaucoup d'arbres : les montagnes commencent à en être couvertes. A cinq coffes d'Irgaon est Tarabad, Ville dépendante du Mogol, fituée endeça du Mouei, environnée d'arbres, & fuivie d'un plan de Manguiers qui joignent au plus beau coup d'œil le parfum le plus fuave: ce plan termine la vallée où est fitué Tarabad. A fix coffes Ouest Nord-Ouest de cette Ville est Saler Moller, Fort qui relevoit alors de Salabetzingue, & venoit d'être attaqué par Apadjigane, un des Généraux de Nana à la tête de quatre mille Marates : c'est le principal endroit de Baglane, diftrict où fe parle le Baglanique, dialecte Marate, mêlé de Guzarate. A une coffe de Tarabad, je rencontrai le Nala d'Oujargaon; une coffe & demie plus loin, un Tchoki de Bils, près d'une riviere ; à une demie coffe de-là, un deuxieme Tchoki de Bils, & un puits de Damangi Ekbar (ou, Ekvar), Chef Marate, qui réfidoit alors à Ahmadabad. A une coffe de ce puits est Dongra, Aldée dépendant des Marates. Au-delà, on trouve un Nala ; une coffe plus loin, un autre Nala à moitié fec ; & à une coffe de là, un troifieme Nala : le chemin montagneux, dans les bois. La route Nord-Ouest, Nord, Ouest. Plus loin est Lakañdi, Gaon détruit : enfuite chemin creufé dans les montagnes & fermé avec des portes. A une coffe du dernier Nala est Pankira, affez groffe Aldée du Paragana de Moller, prife alors par Nana. Le Fort est avant la Ville, & fitué fur une montagne à gauche ; au-delà de Pankira, le Naddi de Panmer.

Le 28. La route fur les montagnes, à l'Ouest, enfuite au Nord-Ouest. A quatre coffes, on rencontre Deolipara, à droite, hors du chemin. Les maifons commencent à être couvertes de tuiles; les grandes montagnes paroiffent dirigées fur Raepour. A une coffe de Deolipara, à gauche, Pipelpara. A une demi-coffe de là je trouvai fur le chemin de l'eau vive, & plus loin fur les montagnes une troupe de Bils.

Jamais je ne me fuis vu fi embaraffé que près de ces Bils. Mes Alkaras avoient perdu la route : après avoir traverfé des ravines affreufes au milieu des torrens, des ronces, des pierres, nous ne nous trouvâmes pas plus avancés. Il fallut alors fe détacher & aller chacun

PRELIMINAIRE. cclxj

de son côté, pour découvrir un sentier ou une chaumiere. Le soleil étoit caché. Je me conduisis pendant une heure avec ma boussole, allant à-peu-près Ouest Nord-Ouest, parce que nous n'étions qu'à quatre journées de Surate. Mes Guides, après avoir cherché une heure environ, devoient revenir sur leurs pas au rendez-vous, près d'un gros tas de foin appartenant au Bils. Si par malheur ce tas, dans notre absence, eût été enlevé, j'étois perdu. Nos peines furent inutiles ; nous étions dans un Pays qui n'étoit connu que des Bils eux-mêmes. Tandis que nous étions à nous consulter, parut un de ces Montagnards, qui humainement nous donna du lait, & en deux heures, nous remit en route sans vouloir presque recevoir de récompense. En pareille circonstance, chez des Peuples policés, nous eussions couru risque de perdre la vie, ou du moins d'être volés.

VOYAGE aux Indes Orientales, IIe. Partie.

A une grande cosse de Pipelpara, bas des montagnes ; le chemin toujours un peu montagneux : le Pays couvert d'arbres. A trois cosses de-là, puits, & Tchoki de Worodom. A deux cosses de ce Tchoki, on rencontre le Naddi de Raépour, & au-delà, un peu avant l'Aldée de ce nom, deux Nalas : le premier étoit alors à sec. A une cosse du Naddi de Raépour est l'Aldée de ce nom, qui est du Paragana de Bandari. Là commencent les boutiques des Banians du Guzarate. L'Aldée est au bout d'une fort belle vallée : à droite est un Gaon.

Le 29. Beau chemin, quelques montagnes. A cinq cosses, Nala & Gaon de Bils. A une grande cosse on rencontre un beau Nala sans Gaon : ensuite on entre dans une Forêt qui s'étend à cinq lieues au-delà de Songuer, & renferme de beaux bois de construction : montagnes à gauche. A deux cosses & demie du dernier Nala est le Tchoki de Couttemar ; une demi-cosse plus loin, un Nala avec un grand Tchoki de Damangi ekbar ; & à deux cosse de-là, un troisieme Nala. A une cosse de ce Nala est Songuer, grande Ville située au pied des montagnes, entourée de murs, & précédée d'un Fauxbourg. Nana, Holkar & Damangi y avoient alors des Officiers ou Résidens particuliers. Anauro

Ekbar commandoit dans le Fort, où étoient les femmes de Damangi Ekbar son frere.

Le 30, au sortir de Songuer, je fus arrêté à cause de mon cheval qui devoit un droit de Péage. Un de mes Alkaras retourna en conséquence à la Ville où il donna une roupie & demie pour les Daftoks nécessaires ; & je continuai ma route. A une cosse de là on rencontre un puits & un Tchoki, dans un lieu désert ; une cosse & demie plus loin, Tchitapouri, dans les bois, à droite; à une demie cosse de là, un mauvais Nala ; & une demie cosse plus loin, toujours dans les bois, Morempouli, petite Aldée ruinée; au-delà de laquelle est un assez beau Nala. A trois cosses & demie de Morempouli est Beara, Aldée que Babourao, Chef Marate, avoit achetée de Damangi : le Fort est en pierre. Je pris dans cet endroit un nouveau Daftok de deux roupies qui devoit me servir jusqu'à trois cosses de Surate. Les bois s'éclaircissent, les montagnes disparoissent ; la route Ouest un peu Sud. A quatre cosses de-là, est Bagipoura, belle Aldée bâtie par Badji bolalrao, pere de Nana, & précédée d'un Nala: la route Ouest, Ouest-Sud-Ouest, Sud Ouest, ensuite Nord Nord-Ouest.

Le premier Mai. A deux cosses & demie de Bagipoura, on rencontre Maneikpoura avec un Tchoki: la route Ouest un peu Nord. A deux cosses & demie delà est un Nala assez beau : ensuite le chemin inégal, coupé dans les montagnes ; les terres cultivées ; les arbres clair-semés. A trois cosses du Nala précédent on rencontre Bardoli, le Naddi Meda & un Tchoki: le Pays beau. A deux cosses de Bardoli est Gangapour, Aldée dont les maisons sont dispersées;beau puits.Deux cosses plus loin est un autre puits ; le Pays cultivé ; des maisons d'espace en espace. A deux autres cosses, puits, le Pays cultivé ; au milieu Nala gâté par les buffles. A une cosse de ce dernier puits on trouve Carodragaon, avec un Tchoki : deux cosses plus loin, le Tchoki de Kombaria (aux Marates); & à une cosse de-là, un Nala, après lequel commence le territoire de Surate, qui est à deux cosses de ce Nala. On rencontre sur la route un Takia de Fakirs.

Je me trouvai à la porte de Surate sur les cinq heures du

PRÉLIMINAIRE. cclxii

foir, extrêmement affoibli par la dyffenterie. Il fallut attendre quelque tems le paffeport du Nabab: enfuite un Pion du Chef François vint me prendre; & au bout d'une demie-heure, j'eus le plaifir d'embraffer mon frere à la Loge Françoife.

Voyage aux Indes Orientales, IIIe. Partie.

VOYAGE AUX INDES ORIENTALES.

IIIᵉ. PARTIE.

AVANT que d'entrer dans le détail de ce qui s'eft paffé à Surate pendant les trois ans que j'y ai demeuré, je penfe qu'il eft à propos de dire quelque chofe de l'origine de cette Ville.

Surate eft une des plus grandes Villes de l'Inde & des plus peuplées, quoiqu'elle ait beaucoup fouffert des invafions des Maures, de celles des Marates, & qu'elle ait été pillée plufieurs fois. Ce n'étoit originairement qu'un amas de Cabanes de Pêcheurs qui fe raffembloient fur le bord méridional du Tapti. Dans le treizieme fiecle, elle n'étoit pas encore connue, quoique Cambaye fût déja célebre. Voici ce que Nour beigue, Bibliothécaire du dernier Soubehdar Mahométan d'Ahmadabad, m'a appris de l'origine de cette Ville.

Mém. de l'Ac. des Bell. Lett. T. XXXI. p. 344. not. d.

Sous le regne de Mahmoud Beigreh, cinquieme Roi d'Ahmadabad, fur la fin du quinzieme fiecle, il y avoit près du lieu où étoit en 1760 la maifon de Fares khan, fecond de la Ville, plufieurs cabanes de Marchands de poiffon qui avoient à leur tête un homme de leur profeffion, nommé Suratdji. Ce Chef payoit les droits de fa petite Aldée à l'Hakem (au Gouverneur) de Render, (Ville fituée fur la rive Septentrionale du Tapti), qui commandoit dans le Pays pour le Roi d'Ahmadabad. Les Portugais, dans leurs courfes, ayant pillé les bords de cette rivere, Suratdji, dont les Gens étoient fans défenfe, & avoient fouffert confidérablement, porta fes plaintes au Roi d'Ahmadabad. Ce Prince fe fit informer de ce que le territoire de ces Pêcheurs pouvoit rapporter, & ordonna enfuite à Khodavand khan, Gouverneur de Render, d'élever une Fortereffe

cclxiy   DISCOURS.

VOYAGE aux Indes Orientales, IIIe. Partie.

qui mît l'Aldée de Suratdji à l'abri de toute infulte [1]. Khodavand khan choifit d'abord pour cela un emplacement dans l'endroit où eft maintenant fon tombeau, proche de la maifon de Farès-khan & de celle du Fakir Kheir cullah : mais comme cet emplacement étoit éloigné de la riviere, ce choix n'eût pas de fuite. Il en prit un autre près du Bagh talao, où font maintenant les Serafs (les Changeurs) à une demie coffe environ de la riviere; la même raifon le lui fit abandonner : il étoit difficile d'y faire venir de la riviere l'eau qui devoit remplir les foffés dont il vouloit entourer la Fortereffe. Enfin les fondemens de cette Place furent jettés dans le lieu où elle eft maintenant; & Khodavand khan promit à Suratdji de donner fon nom à cet Établiffement, pour prix de l'emplacement qu'il lui cédoit. Du nom de Suratdji, ce lieu fut donc appellé Surate. L'Infcription que j'ai citée dans la note 1, nous apprend que la Fortereffe ne fut achevée que l'an de l'Hegire 931 (de Jefus-Chrift 1524).

Voyage de Tavern. T.II. p. 3, &c. Thevenot, Voyage des Indes in-4°. p. 41 & fuiv. Voy. de Dellon, T. I. p. 97 & fuiv.

La Ville s'agrandit avec le tems ; en 1666, elle n'avoit encore que des murailles de terre en fort mauvais état. La premiere enceinte fut faite quelques années après, & la feconde il y a plus de cinquante ans, fous la Nababie de Heider Kouli khan : elles ont chacune douze portes, & font garnies de tours rondes où l'on voit quelques canons.

Surate, ainfi que les autres Places fortes de l'Indouftan, a toujours eu fous les Rois du Guzarate & fous l'Empire Mogol, un Gouverneur pour la Ville, & un pour la Fortéreffe, indépendant l'un de l'autre, & chargés en quelque forte de s'obferver mutuellement [2]. Située avantageufe-

[1] C'eft ce que porte une Infcription Perfane que l'on lit fur la porte de la Fortereffe. *Sadd boudbar fineh djan Feringui ia benah : cette Fortereffe a été confiruite pour arrêter les Feringuis (les Européens).*

[2] Je n'ai pu avoir les noms des Commandans de la Fortereffe de Surate, ni ceux des Gouverneurs de la Ville, depuis Souratdji, furnommé Mahiguir (le Preneur de Poiffon, le Pêcheur) , jufqu'au tems d'Aureng-zeb.

Gouverneurs de Surate fous & depuis Aureng-Zeb.

* Ces trois places font vuides dans le Mff.

* 1°. N. 2°. N. 3°. (Salabat khan). 4°. Mohammed Beigue, appellé Farzand khan , Karttalab khan & Schodja aat khan.. 5°. Dianat khan. 6°. Amanat khan, gendre du Nabab Eenaïet eullah khan Naheb (Lieutenant) du Vifir; (fous le nom de Monaem khan). 7°. Ectebar khan; de Cambaye. 8°. Kokeh fils fon

ment

PRÉLIMINAIRE. cclxv

pour le commerce de la presqu'Isle de l'Inde & pour celui des Golfes Persique & Arabique, elle acquit des richesses

VOYAGE aux Indes Orientales, IIIe. Partie.

khan, de la Cour de Dehli. 9°. Mohammed beig khan Koderi (le Parcheminier); du Guzarate 10°. Mohaterem khan, Divan d'Ahmadabad. 11°. Aabdul hamid khan, fils du Kazi Aabdullah, Divan d'Ahmadabad. 12°. Delaverkhan, élevé avec Amanat khan. 13°. Scheikh eul eslam khan, sous le nom de Mohammed Akram. 14°. Heider Kouli khan. 15°. Tohour khan, qui étoit attaché à Heider Kouli khan. 16°. Momoün khan kalan (le grand ou l'aîné). 17. Une seconde fois, Scheikh eul eslam khan, Seder (premier Juge) d'Ahmadabad, fils de Scheikh Mahieuddin, fils du Kazi Aabdulvahab. 18°. Roustoum Aali khan; du Guzarate. 19°. Sohrab khan, son fils; du Guzarate. 20°. Teigh beig khan; de Schahdjehan abad. 21°. Safder khan, frere de Teigh beig khan. 22°. Maaïn euddin khan, sous le nom d'Atchen; de Brhânpour. 23°. Une seconde fois Safder khan, de retour de la Ville de Tatah (sur le Sind). 24°. Aali navâz khan, fils de la sœur d'Atchen. 25°. Une seconde fois Maaïn euddin khan. 26°. Le fils de Maaïn euddin khan. Maintenant les Gouverneurs de Surate ont le titre de Nabab, & sont censés nommés par la Cour de Dehli, qui leur envoie leurs Firmans : autrefois, ils dépendoient d'Ahmadabad, Capitale du Guzarate, & où résidoit le Soubeh dar de cette Province.

En 1762.

Le Guzarate, douzieme Soubah de l'Indoustan, a, depuis Odheipour, à l'Est, jusqu'à Por Bender, à l'Ouest, deux cents cinquante cosses d'étendue; & deux cents vingt, depuis Bargaon au Nord, jusqu'au-delà de Surate, au Sud. On le nomme encore *Zin el belad, la beauté des Pays, ou le Pays précieux.* Autrefois cette Contrée étoit soumise, comme le reste de l'Indoustan, à des Rajahs; je n'ai pu en avoir les noms : le dernier s'appelloit Sadradjesingue.

Rois d'Ahmadabad.

1°. Le premier Musulman qui ait commandé dans le Guzarate, est Mousafer khan, qui reçut ce Gouvernement de Firouz, Empereur de l'Indoustan. Après la mort de ce Monarque, Mouzafer khan renonça à la Domination Mogole, & ses Successeurs se soutinrent dans l'indépendance jusqu'à Akbar. Mouzafer khan regna onze ans, & mourut à Patan, où il avoit fixé sa résidence.

Dans le dix-huitiéme siécle de l'Ere Chrétienne

2°. Ce Prince eut pour Successeur le Sultan Ahmed, son petit-fils, qui regna trente-un ans & plusieurs mois. Ce fut lui qui bâtit Ahmadabad. Voici ce que les Historiens du Pays rapportent de l'origine de cette Ville. Le Sultan Ahmed voyant un jour un de ses chevaux Persès tout en sueur, voulut sçavoir d'où cela venoit. Un de ses Officiers lui avoua qu'il étoit épris des charmes d'une femme Indoue, qui tous les jours se rendoit à une Pagode éloignée de quarante-cinq cosses de Patan; qu'il l'alloit voir, & revenoit, en quatre Pehrs (douze heures). Le Sultan voulant s'assurer de la vérité du fait, fit donner un cheval à cet Officier, & monta lui-même sur un autre : ils arriverent à la Pagode, où ils trouverent la femme Indoue. Tandis qu'Ahmed consideroit le Pays, il apperçut un lievre qui se battoit contre un chien de chasse. Jugeant par-là que cette terre devoit produire des guerriers, il y bâtit, à quarante cosses de Patan, une Ville qui fut appellée de son nom, Ahmad abad (c'est-à-dire, *Ahmed a rendu ce lieu fertile*, ou *le lieu fertile d'Ahmed*). Cette Ville devint dans la suite la Capitale du Guzarate; elle a même donné son nom à la Province : elle est située à vingt-trois degrés, trente-deux minutes de latitude septentrionale, & à quarante cinq lieues de Surate, se-

Tome I. *ll*

DISCOURS

immenſes qui devinrent en 1664 la proie des Marates commandés par Sevagi. Des diviſions inteſtines, nées de l'avidité,

Ion Mandeſlo (*Voy. des Indes*, p. 136) ; à 86 coſſes, ſelon Thevenot (*lib. cit.* p. 10). Une Inſcription Perſanne fixe la conſtruction du Maſdjed d'Ahmadabad à l'an de l'Hégire 810 (de Jeſus-Chriſt 1407), & celle de la Ville, à l'an de l'Hegire 812 (de Jeſus-Chriſt 1409).

3°. Le troiſieme Sultan du Guzarate, ou d'Ahmadabad, fut Mohammed Schah, fils du Sultan Ahmed, qui regna quarante ans & pluſieurs mois. Ce fut ſous ce Prince que les Muſulmans s'emparerent de Sadjam.

4°. Mohammed Schah eut pour Succeſſeur, ſon fils aîné, nommé Schah Kottob euddin, qui regna ſix ans & pluſieurs mois.

5°. Le trône fut enſuite occupé par Sultan Mahmoud Beigreh, ſecond fils de Mohammed Schah. Ce Prince regna cinquante-deux ans & pluſieurs mois. Quelques Hiſtoriens rapportent qu'il fut ſurnommé Beigreh, à cauſe de deux Fortereſſes conſidérables (*be guer, deux montagnes*) qu'il avoit priſes; la premere, nommée Pavaguer, à cinq journées de Surate, & qui avoit trois coſſes d'étendue; l'autre, appellée Guernal, ſituée à vingt-cinq coſſes Oueſt d'Ahmadabad, & qui avoit ſept coſſes de tour. D'autres Ecrivains diſent, que le mot *Beigreh* déſignoit ſa force comparée aux cornes du Taureau (*gueré, corne de bœuf* en Indou). Ils racontent que ce Prince mangeoit à chaque repas une man de riz; qu'il voyoit toutes les nuits ſept femmes & un eſclave Abyſſin; & qu'il y avoit à côté de ſon lit des plats pleins de viande, & que chaque fois qu'il ſe retournoit, il en mangeoit une poignée.

6°. Mahmoud Beigreh eut pour Succeſſeur, ſon fils, nommé Sultan Mouzaffer halim, qui regna trente ans & pluſieurs mois.

7°. Ce Prince fut remplacé par ſon fils, le Sultan Mahmoud ſchahid, qui regna deux ou trois ans & pluſieurs mois.

8°. Après Mahmoud ſchahid, regna Sultan Bahadour, fils de ce Prince, qui occupa le trône vingt-ſept ans & pluſieurs mois. Les Hiſtoriens du Pays rapportent que ce Prince ſe retira à Dahman, pour ſe ſouſtraire aux pourſuites du Mogol Akbar, qui s'étoit emparé de ſes Etats. Lorſqu'il ſçu que ce Monarque étoit parti pour Dehli, il pria les Portugais de lui donner un Vaiſſeau pour rétourner à Ahmadabad. Ceux-ci lui accorderent ſa demande & le firent noyer en route. Le reſte de l'Equipage étant arrivé à Cambaye, Allo khan, eſclave de Bahadour, raſſembla une armée de huit mille Cavaliers, & mit le fils de ce Prince ſur le trône.

9°. Le fils de Bahadour, nommé Mouſaffer ſani, fut le dernier Roi d'Ahmadabad : il regna deux ou trois ans & pluſieurs mois, & fut fait priſonnier par Khan khanan, Général d'Akbar. Ahmadabad, ſous l'Empire de ce Mogol, l'an 979 de l'Hégire (de Jeſus-Chriſt 1571), avoit ſous ſa dépendance trois cens quatre-vingt Villes ou Aldées conſidérables.

Après la défaite de Mouſaffer ſani, le Guzarate devint un Soubah de l'Indouſtan, dépendant du Mogol.

Soubeh dars d'Ahmadabad.
Sous le Regne d'Akbar.

Le Nabab Kan khanan, ſurnommé Abdurrahim, fils du grand Khan khanan.

Aazem khan Kokeh (frere de lait d'Akbar), ſurnommé par le Peuple, *Odey*, c'eſt-à-dire, l'*Ennemi*, ou *le Vers qui ronge & réduit en pouſſiere*, à cauſe des batteries de canons qu'il avoit fait élever autour de la Ville, & qui pouvoient la foudroyer.

PRÉLIMINAIRE.

nuisirent bientôt à son commerce. Les Portugais, les Hollandois, les François & les Anglois, y avoient des Comptoirs considérables, dont plusieurs Relations imprimées

VOYAGE aux Indes Orientales, IIIe. Partie

Djehanguir, Schah zadeh, c'est-à-dire, fils du Roi (Akbar.)
Kottob khan.
Deleir khan.

Sous le Regne de Djehanguir.

Mortezi khan.
La femme du Roi, Nour djehan Beigom, qui a fait frapper des roupies (*Zan Padeschah Nour djehan Beigom saheb sikkah.*) Voici la Legende de ces roupies.
  * *Be hokhm Schah Djehanguir iaft sed zevár.*
    Benam Nourdjehan Padeschah Beigom tar.
C'est-à-dire, par l'ordre du Roi Djehanguir, l'or a acquis cent (degrés d')extellence, en (recevant) le nom de Nour djehan Beigom, Roi.
Schah djehan, fils de l'Empereur.
Aabdullah khan Zakhmi.
Khadjeh Basnat, Naéb (Lieutenant) d'Aabdullah khan.
Seif khan, élevé avec Schah djehan.

* *Tiré du Djehanguir Namah, Ouvrage composé par le Nabab Motamet Khan Général de la Cavalerie de Djehanguir, & le compagnon de ses Voyages.*

Sous le regne de Schah djehan.

Seif khan, pour la seconde fois.
Aureng zeb, fils de l'Empereur.
Rajah Hosounat Singah, Rajah de Djodpohour.
Mohabat khan.
Morad bakhsch.

Sous le Regne d'Aalemguir (Aureng Zeb).

Le Visir Almamalek Nabab Asad khan, natif de l'Iraá.
Zoulfekar khan, son fils, surnommé Khan Bahadour.
Schaesteh khan, oncle de l'Empereur.
Amir el Omra Bakhschi Almamalek Ardjemand khan.
Serdar khan.
Radjah Djesounat Singah.
Bahadour khan.
Mokhtar khan, Samdchi d'Azem Schah, c'est-à-dire, qui avoit reçu le nom du Pere du fils du Roi.
Kamar euddin khan, fils de Mokhtar khan.
Mohammed Amin khan, fils de Mir hamel Bahadour; douze ans.
Schodjaaat khan, Naéb d'Azemschah; dix-huit ans.
Aazemschah, fils de l'Empereur; quatre ans.
Sultan Beidar bakht, fils d'Aazem schah; six mois.
Aabdul hamid khan, Naéb (de Beidar bakht).

Sous le Regne d'Aazem Schah, qui fut de neuf mois.

Zoulfekar khan, Visir Almoulk (Ministre d'Etat).
Beidar bakht, fils aîné de l'Empereur.
Vala tebar, second fils de l'Empereur.
Aali tebar, dernier fils de l'Empereur.
Pouti Beigom, fille de l'Empereur.
Mohammed Beig khan Kodeti, Naéb du Soubah (sous Beidarbakht).
Djani Beigom, fille de Dara schakoh (frere d'Aureng Zeb), femme d'Aazem schah.

font m'ention ; leurs querelles & la mauvaife geftion de leurs Chefs troublerent la tranquilité de cette Ville. Les Marates qui en connoiſſoient l'opulence & la foibleſſe, & qui

Sous le Regne de Bahadour fchah, nommé (encore) Maazem fchah.

Monaem Khan Khan khanan, Vifir Almoulk.
Bahadour khan & Mohabbat khan Rifch terafch (le Barbier), tous deux, fils du Vifir Almoulk.
Amt el habib, femme de l'Empereur.
Ibrahim khan, fils d'Aali Mordan khan; natif d'Ifphahan : un an.
Zabardaft khan, fon fils, Soubehdar de Lahor.
Ghazi euddin khan Bahadour, furnommé le Nabab Firouz djingue, fils d'Aſad bad khan Seder el ſſedour (c'eſt-à-dire, premier Miniſtre) ; quatorze ans.
Une feconde fois, Mohammed Beig khan, Naéb du Soubah.
Le Nabad Amanat khan, en quittant le Commandement de Surate.
Le Nabad Eenaiet eullah, natif du Kaſchmire, Naéb du Vifir.
Le Nabad Hedaïat eullah khan, fon fils, qui fut tué par Zoulfekar khan, fous le regne de Maazuddin.

Sous le Regne de Maazuddin, fils aîné de Bahadour, qui fut de dix mois.

Mohammed Beig khan, furnommé Djaafer beigue, Commandant de la Garde; trois ans.
Ettefat khan Nokdeh ; trois mois.
Sar beland khan, élevé avec Rafii euſſchan, fecond fils de Bahadour Schah ; quatre mois.

Sous le Regne de Ferrokh feir.

Le Nabab Gheirat khan, fils de la fœur d'Aabdullah khan, Darogah Top khaneh Mir atefh (c'eſt-à-dire, *Commandant de l'Arfenal, Seigneur du Feu*), qui fut tué avec Hoſſein Aali khan.
Le Nabab Kottob ul moulk, Vafir Almamalek Aabdullah khan Bahadour Zefir djingue.
Le Nabab Amir al Omra Hoſſein Aali khan Bakhfchi Almamalek.
Aalim Aali khan, Soubehdar de Daken, fils de la fœur d'Aabd eullah khan, tué par Nizam el moulk.
Nodjom uddin Aali khan Soubehdar d'Adjemir.
Seifuddin khan, fils de la fœur d'Aabd eullah khan.
Une fecond fois, Amanat khan.
Daoud khan, Patane attaché au Nabab Zoulfekar khan.
Rajah Adjib Singah, Rajah de Djodpohour.
Aab lul hamid khan, Naéb de Khandoran Samſſam eddaulah.
Heider kouli khan, Naéb de Khandoran.

Sous le Regne de Mohammed fchah.

Nizam el moulk, qui, après que les Miniſtres de Ferrokh feir eurent été tués, devint Vifir, & eut, pour Naéb, Takmir uddin khan.
Khandoran, premier Bakhfchi (Général d'armée).
Saadat khan, fecond Bakhfchi.
Rofchan ed daulah, troifieme Bakhfchi.
Le Nabab Mir khan, quatrieme Bakhfchi.

PRÉLIMINAIRE.

campoient presque à ses portes, la rançonnerent de tems en tems; elle se ressentit de leur passage, lorsqu'en 1731 ils se répandirent aux environs d'Ahmadabad. Les Gouver-

Voyage aux Indes Orientales, IIIe. Partie.

Le Rajah Adjib sengah, une seconde fois.
Une seconde fois, Maaz-eddaulah Heider Kouli khan, avec une autorité absolue.
Le Nabab Hamed khan Bahadour, oncle de Nizam el moulk, Naéb de Ghazi euddin khan, fils de Nizam el moulk.
Schodjaat khan, frere de Roustoum Aali khan, Naéb d'Ahmed schah, & surnommé Maasoum beigue.
Une seconde fois Hamed khan par ses propres forces, après que les trois freres, Schodjaaat khan, Roustoum Aali khan & Ibrahim Kouli khan, eurent été tués : ceci arriva l'an 1144 de l'Hégire (de Jesus-Christ 1731). Les Ganimes (les Marates) envoyés par Nizam el moulk, se répandirent aux environs d'Ahmadadab, ayant à leur tête Kanta & Hamed khan qui avoit été chassé par Schodjaaat khan.

Voyage d'Otter, T. I. p. 344 & suiv.

Pour la seconde fois le Nabab Mobarz el moulk Sar beland khan, nommé Mir Rafii, fils de Mir Mohammed Aali khan, Divan d'Odjen.
Le Rajah Abhi singah, fils d'Adjib Singah.
Moumen khan Noudjoum eddaulah.
Moftakhar khan, fils de Moumen khan Hakem (Gouverneur) de Cambaye.
Le Nabab Fekher eddaulah, frere du Nabab Roschan eddaulah; lequel ayant été fait prisonnier par les Ganimes près de la Forteresse d'Ahmadabad, mourut plusieurs mois après dans sa captivité.
Le Nabab Kamal eddin khan baby.
Ce Prince a été le dernier Soubeh dar d'Ahmadabad : il commandoit dans cette Ville il y a dix-neuf à vingt ans, lorsque les Marates, conduits par Ragoba, s'en rendirent les maîtres au nom de Nana, leur Chef. Les Marates donnerent à Kamal eddin khan le Gouvernement de Patan, où les premiers Rois du Guzarate avoient tenu leur Cour, avec quatre laks de roupies, deux Eléphans & d'autres présens de cette nature. Depuis ce tems le Guzarate est resté sous la domination des Indous, auxquels il avoit été enlevé il y a près de quatre cens ans, dont deux cents quatorze depuis le dernier Roi, jusqu'en 1771.
On a vu ci devant que c'étoit à Nizam el moulk que les Marates devoient la premiere entrée qu'ils ont eue dans cette Province. Ce Ministre est aussi le principal agent de l'irruption de Thamas kouli khan dans l'Indoustan. Ces événemens considérables m'ont porté à faire des recherches sur la famille de Nizam elmoulk, dont descend le Soubah actuel de Dekan. Voici ce que j'ai pu découvrir sur ce sujet.

Voy d'Otter T. I. p. 355. & suiv.

Famille & principaux Officiers de Nizam el Moulk.

Le premier des Ancêtres de Nizam el moulk, connu dans l'Histoire, est Aabed khan, Aïeul de ce Prince. Sorti du Touran, Aabed khan fut présenté au Roi Aureng zeb, qui le fit Mansebdar de cinq mille (chevaux); & dans la suite, SSeder el sfedour, c'est-à-dire, son premier Ministre. Dans le même tems, parut à la Cour Mohammed Amin khan, sorti aussi du Touran, fils de l'oncle d'Aabed khan; & qui, après la mort de ce dernier, obtint le poste de SSeder el sfedour. Après lui, Aabdulssamad khan, de la même famille, & sorti du Touran, fut présenté au Roi, qui lui donna un Manseb de cinq mille chevaux.

DISCOURS

neurs eux-mêmes contribuerent beaucoup par leurs exactions à diminuer le commerce de Surate. Moulna, qui avoit dix-neufs Vaisseaux en mer, & ignoroit lui même jusqu'où

marginalia: Voyage aux Indes Orientales, IIIe. Partie.

Mohammed Amin khan fut pere de Kamar eddin khan Bahadour Nasseret djingue, Visir du Maître de l'Indoustan; & eut pour gendres, le Nabab Zekeria khan, Soubehdar de Lahor, & Aazim ullah khan, fils du Nabab Reaaïet khan, Soubehdar d'Odjen.

Aabad khan eut pour fils Khadjeh Schahab euddin, surnommé Ghasi euddin khan, Mansebdar de sept mille chevaux; & Hamed khan, Soubehdar d'Ahmadabad, & pere de Kheir eullah khan.

C'est de Khadjeh Schahab euddin Khan Firouz djingue, qu'étoit fils Tchin Kalidj khan, nommé encore Nizam el moulk, & Asefdjah; neveu de Mohammed khan, & d'Aabdurrahim khan Soubehdar de Brhanpour; & frere de Nour ouddin khan par une autre mere.

Les enfans de Nizam el Moulk sont, Ghazi euddin khan, second du nom, Fatch djingue; Mir Ahmed, surnomméNizam eddaulah Nasser djingue; Sfalabet djingue, né d'une autre mere; Nizam Aali khan, né d'une autre mere, & (* Basalet djingue): il eut pour gendre, Maroufal khan.

marginalia: * La place est vuide dans l'Original.

Ses autres parens sont, Gholam Mahi uddin khan, son Nebisch, (c'est-à-dire, celui qui s'informe de ce qui se passe, & l'écrit au Ministre, fils de Maroufal khan; le Nabab Scherf eddaulah Aradat mand khan, natif du Touran; Kera khan, aussi du Touran; le Nabab Roschan eddaulah ttarehbar khan, gendre de Nasser djingue; le Nabab Fekher eddaulah, frere de Roschan eddaulah; le Nabab Schamf eddaulah, frere de Roschan eddaulah, deuxieme Bakhschi; le Nabab Aoz khan, nommé l'appui de l'Empire, Manzebdar de sept mille chevaux; le Nabab Djamal uddin khan, fils d'Aoz khan; Ghazi uddin khan, troisieme du nom; Hamid uddin khan Nimtcheh.

Nizam el moulk eut encore, pour premiers Officiers, sans compter ceux qui étoient de sa famille, le Nabab Aasker Aali khan, (Mansebdar) de cinq mille chevaux; un autre Schodjaaat khan, Soubehdar de Behrar; Anour khan, Soubehdar d'Attehkâtt; Gheiats khan, Soubehdar d'Aurengabad; Abdullah khan, Soubehdar d'Ahmed nagar; Karlebaf khan; Schah navâz khan (mis à mort en 1758); Makboul Aalem, (Mansebdar) de cinq mille chevaux; Khadjeh khan, Capitaine de ses Gardes; Hâschem Aali khan Mounschi (Ecrivain, Secrétaire) du Nabab, Mansebdar de cinq mille chevaux.

Soubahs de l'Indoustan.

L'Indoustan, dont je viens de nommer plusieurs Provinces, est divisé en vingt-deux Soubahs, dont les Chefs portent le titre de *Soubeh dar*, c'est-à-dire, *qui a, qui possede un Soubah.* On en compte quelquefois un vingt-troisieme, celui de Candahar, qui alors est le sixieme en rang. Mais, comme cette Province passe souvent des mains des Mogols dans celles des Persans, & *vice versâ*, il est plus ordinaire de la pas mettre au nombre des Soubahs.

Ces vingt-deux Soubats sont, 1°. celui de Schah djehan abad ou Dehli, appellé *Dar eul khelafeh* (c'est-à-dire, *le Palais du Roi*, ou le *Siege de l'Empire*). Cette Ville a pris son nom de Schah djehan, qui l'a fait bâtir, vis-à-vis de l'ancien Dehli. Le Palais du Roi est dans la Forteresse dont les murs sont lavés par les eaux du Gemna. Les deux Dehli ont dix coffes de tour; le nouveau en a

marginalia: Voy. les Voy. de Bern. T.II. p. 1. & suiv.

PRÉLIMINAIRE. cclxxj

alloient ses richesses, succomba sous la tyrannie de Teigh-beig khan. Les personnes employées au commerce de ce riche Marchand, formoient vis-à-vis de Render une

Voyage aux Indes Orientales, IIIe. Partie.

cinq, & est fermé de murs. La Ville de Schahdjehan abad est à trois cens cinquante cosses d'Ahmadabad, par la route de Djodpohour ; à trois cents, par celle d'Odheipour ; & à quatre cents cinquante, par celle d'Odjen ou Maloui. Djodpohour situé sur une montagne, dans le Soubah d'Adjemir, est à trois cents cinquante cosses de Surate, à cent cinquante de Schahdjehanabad, & à quarante de Miste, qui est à cent cinquante cosses de Schahdjehan abad.

2°. Le Soubah d'Agra, appellé *Moskaker eul Ikhelafeh* c'est-à-dire, *le Siege fixe de l'Empire*. Cette Ville est à quatre-vingt cosses de Dehli, à l'Ouest. Elle est encore nommée Akbar abad, du nom d'Akbar, qui y fixa le Siege de son Empire. Ce Prince avoit en quelque sorte été mis sur le trône par Behram khan, surnommé Khan khanan, son premier Ministre. Fier de son autorité, le Visir maîtrisoit Akbar de telle sorte, que les repas de ce Prince dépendoient de lui. Un jour que Khan khanan dormoit, le jeune Roi commanda au Moullah de reciter la priere de deux Pehrs, un guéri (midi 24 minutes) ; & dîna ensuite. Khan khanan, à son reveil, fit trancher la tête au Moullah, qui, sans son ordre, avoit osé faire la priere. Le Roi cacha pour le moment son mécontentement ; & feignit quelques jours après, de vouloir prendre le divertissement de la chasse. Khan khanan fit aussitôt les préparatifs d'usage par terre & par eau. Akbar prit cette derniere voie, & descendit par la riviere de Dehli à Agra, bien résolu d'y rester pour se soustraire à l'insolence de son Ministre. Sa Cour & les personnes qui lui étoient particulierement attachées, se rendirent dans cette Ville ; ce qui augmenta Agra considérablement : & de cette maniere, Khan khanan se trouva presque seul à Dehli. Ce Ministre comptant toujours avoir le même ascendant sur l'esprit du Roi, vint à Agra, & demanda à le voir. Akbar lui refusa cette grace, exigeant auparavant qu'il eût soumis les Kaschmiriens ; il avoit donné ordre qu'on l'en défît pendant l'expédition. Khan khanan partit pour le Kachemire ; son armée fut défaite, & il eut lui-même bien de la peine à échapper. Lorsqu'il fut de retour à Agra, le Roi ne voulut pas l'admettre en sa présence qu'il n'eût fait le pélerinage de la Mecque. Le Général se mit en route ; & arrivé à Patan, il fut massacré dans la Mosquée, sous le prétexte qu'il étoit Rabzi (Sectateur d'Aali), par le Fauzdar des Afgans, qui en avoit reçu l'ordre d'Akbar.

Voy. l'Homayoun namah & l'Akbar namah.

3°. Le Soubah de Lahor, appellé *Dar eul Sultanat*, c'est-à-dire, *le Palais de l'Empire*. Cette Ville est à deux cents cinquante cosses de Dehli.

4°. Celui d'Elahbal, appellé *Aman abad*, c'est-à-dire, *lieu de repos & d'abondance* ; à deux cents cosses de Dehli.

5°. Celui de Kaboul, Capitale du Pays des Afgans, à cinq cents cosses de Dehli, & à sept cents de Surate. Le Pays des Afgans a trois cents cosses de longueur, depuis la mer d'Atek, près de Lahor, jusqu'à Candahar, qui est à cent cosses de la Perse & de Kaboul.

6°. Le Kaschmire ; à cent cinquante cosses de Lahor.

7°. Morad abad, petit Soubah ; à cent cosses, Est de Dehli.

8°. Bahar, grand Soubah ; à trois cents cosses Est de Dehli.

9°. Le Soubah de Patnah.

10°. Celui du Bengale ; à six ou sept cents cosses de Dehli.

11°. Celui du Guzarate ; dont la Capitale est Ahmadabad.

12°. Odjen, à deux cents une cosses Nord de Surate.

13°. Le Moultan ; au Sud, à cinq cents cosses de Dehli.

cclxxij   *DISCOURS*
petite Aldée où il vivoit presqu'en Souverain, adoré des Gens dont il faisoit la fortune & le bonheur. Le Gouverneur de Surate pilla cet endroit, enleva les trésors de Moul-

14°. Tattah ; à trois cents cosses d'Ahmadabad ; le Sind en dépend.
15°. Le Soubah d'Adjemir appellé, *Dal eul kheir*, c'est-à-dire, *le Palais du bon-heur*; à cent vingt cosses de Dehli : Djodpohour en dépend.
16°. Celui de Brhânpour, appellé *Dar eul serour*, c'est-à-dire, le *Palais du plaisir*.
17°. Celui d'Aureng abad, appellé *Khodjesteh bouniad*, c'est-à-dire, *Origine bénite*. Cette Ville, avant Aureng zeb, étoit connue sous le nom de de Kehrki; elle est à cent cinquante cosses de Surate & à cinq cents de Dehli.
18°. Celui d'Heider abab, à deux cents cosses d'Aureng abad.
19°. Celui d'Attehkar, à huit cents cosses d'Ahmadabad.
20°. Celui de Bitchapour.
21°. Celui d'Ahmednagar, à cent vingt cosses d'Aureng abad.
22°. Le Berar, à cent cinquante cosses d'Aureng abad.
Ces sept derniers Soubahs forment ce qu'on appelle les Soubahs de Dakken.
Je termine ces détails par la Liste des Monarques de l'Indoustan, qui ont succédé aux Rajahs.

Empereurs de l'Indoustan.

Le dernier Rajah de Dehli se nommoit Pethara, & vivoit dans le douzieme siecle de l'Ère Chrétienne.
1°. Après lui, le Sultan Schahab euddin Ghori (nom de la Famille Patane, qui a détrôné les Ghaznevides), regna à Dehli quinze ans, onze mois, six jours.
2°. Le Sultan Rokon euddin regna treize ans, neuf mois, dix-huit jours.
3°. Sultan Schamf euddin Ghori ; dix-neuf ans, quatre mois, douze jours.
4°. Sultan Kottob euddin Ghori ; dix-sept ans, six mois, vingt jours.
5°. Sultan Schahab euddin ; vingt-un ans, quatre mois, vingt jours.
6°. Sultan Bibi Reza, fille de Schahab euddin ; sept ans, trois mois.
7°. Sultan Nasser euddin Ghori ; treize ans, cinq mois, neuf jours.
8°. Sultan Gheiats euddin Kheledji (nom de Famille Patane) ; onze ans, deux mois, vingt jours.
9°. Sultan Maaz euddin ; treize ans, sept mois, douze jours.
10°. Sultan Schah Hossein Ghori ; quatorze ans, trois mois, dix jours.
11°. Sultan Djelal euddin, fils de Maaz euddin ; seize ans, quatre mois, quatorze jours.
12°. Schah Doldol ; trois ans, neuf mois, vingt-un jours.
13°. Schah Sandjer ; dix-neuf ans, deux mois, six jours.
14°. Schah Schams euddin Kheledji ; trois ans, sept mois.
15°. Schah Aala euddin daulah ; vingt sept ans, sept mois.
16°. Sultan Kottob euddin zer bakhich ; quatre ans, cinq mois, treize jours.
17°. Sultan Gheats euddin, nommé *le petit Bourreau* ; cinq ans, un mois, neuf jours.
18°. Schah Serift (ou *Serhift*) Ghori ; sept ans, neuf mois.
19°. Khalek schah Kheledji ; vingt-un ans, neuf mois.
20°. Mohammed Aala euddin Aadel ; vingt ans, dix mois.
21°. Sultan Firous (sous lequel a commencé le Royaume d'Ahmadabad) ; quarante-sept ans, cinq mois, douze jours.

PRÉLIMINAIRE. cclxxiij

na, & brûla en 1737 la maison qu'il avoit à la Ville. Les autres riches Marchands étoient aussi exposés aux vexations des Gouverneurs. Mais cette administration tyrannique, en tirant les richesses d'une main les répandoit dans une autre ; ce qui au fond n'appauvrissoit pas la Ville : & l'avidité trop commune chez les Commerçans ne leur faisoit envisager, dans la ruine d'un Concurrent, que l'oc‑

VOYAGE aux Indes Orientales, IIIe. Partie.

22°. Sultan Mohammed, fils de Firouz ; quatorze ans, onze mois, neuf jours.
23°. Sultan Ahmed schah ; cinq ans, sept mois, douze jours.
24°. Kottob schah, fils de Firouz schah ; cinq ans, trois mois, neuf jours.
25°. Sultan Togholok schah, trente-un ans, neuf mois, ving-cinq jours (Sous le regne de ce Prince ont fleuri les Poëtes *Scheikh Sadi* & *Mir Khossro*. C'est aussi lui qui a bâti Togholabad, à six cosses au Sud de Dehli ; grande Forteresse, qui en contenoit cinquante-cinq petites. Elle est maintenant abandonnée : une partie sert de retraite aux Vendeurs de Tigres).
26°. Sultan Nour schah Ghori ; cinq ans, sept mois, vingt-cinq jours.
27°. Rajah Mani ; dix ans, neuf mois, quinze jours.
28°. Sultan Mahmoud Aarioud ; six-ans, quatre mois, deux jours.
29°. Mola Schah ; sept ans, cinq mois, sept jours.
30°. Schah Mobarek ; seize ans, sept mois, treize jours.
31°. Sarhesheh Guehesi (ou, Sarhind Kohoneri) ; cinq mois.
32°. Sultan Aman Schah, fils de Mobarek Schah ; deux ans, sept mois.
33°. Timour Schah (Tamerlan) ; sept ans, six mois, dix jours.
34°. Mohammed Odehri ; neuf ans, trois mois, vingt-quatre jours.
35°. Schah Aaia euddin, fils de Mohammed Schah ; seize ans, onze mois, vingt-sept jours.
36°. Sultan Hossein Pani (nom de Famille Patane) ; onze ans, trois mois.
37°. Schah Behloul Nouri ; quarante-deux ans, sept mois, vingt jours.
38°. Sultan Sekander, fils de Behloul ; vingt-neuf ans, neuf mois, vingt-neuf jours.
39°. Sultan Ibrahim, fils de Sekander schah ; huit ans, sept mois, neuf jours.
40°. Sultan Babor ; quatre ans, neuf mois, onze jours. (Ce Prince eut quatre fils ; Homaïoun, Mirza Kam ram, Mirza Askari, & Mirza Andal : (voyez l'*Homaïoun Namah*).
41°. Homaïoun, Roi pour la premiere fois ; dix ans, quatre mois.
42°. Schir Schah (Prince Patane) ; onze ans, deux mois.
43°. Selim Schah ; huit ans, neuf mois. (Ce Prince étoit fils du frere de Schir-Schah. C'est lui qui a bâti Selimguer, Forteresse qui forme comme une Isle au milieu de la riviere de Dehli, & dans laquelle on renferme les enfans des Empereurs Mogols, lorsque leurs Peres sont morts : elle communique au bord de la riviere, par un pont).
44°. Firouz Schah, fils de Selim Schah ; deux mois, trois jours.
45°. Heimou Banih (Banian ou Indou) ; un an, deux mois.
46°. Homaïoun, pour la seconde fois ; un an.
47°. Akbar Padeschah (fils d'Homaïoun) ; cinquante-un ans, neuf mois.
48°. Djehanguir Padeschah ; vingt-deux ans, dix mois, douze jours. (Ce Prince a eu cinq enfans).

Tome I. mm

casion de faire de nouvelles fortunes. Aussi Surate avoit-il bien tôt réparé ses pertes. L'état de foiblesse & presque de pauvreté où cette Ville se trouve actuellement, quoiqu'elle ait en quelque sorte hérité du commerce d'Ahmadabad & de celui de Goa, doit son origine aux guerres intestines des successeurs de Teigh beig khan.

1746. Ce Gouverneur mourut le 9 Septembre 1746, fort âgé, après avoir tenu le Dorbar quinze ans. Ce Prince étoit aimé du Peuple ; mais il s'étoit rendu la terreur des Grands qu'il dépouilloit de leurs biens. Avant que de mourir, il paya toutes ses dettes, donna liberté à ses esclaves qui étoient en grand nombre, & ordonna qu'ils partageroient ses biens avec ses enfans. Voilà l'origine de la fortune de

---

49°. Schah djehan (nommé au paravant Khorram) ; trente-un ans. (Ce Prince a eu quatre fils ; Dara, Schodjaa, Aureng zeb & Morad bakhsch).
50°. Aalemguir (Aureng zeb) ; cinquante ans, deux mois. (Ce Prince a eu quatre enfans ; Bahadour Schah, Akbar, Aazem schah & Kam bakhsch).
(51°. Aazem Schah, neuf mois).
52°. Bahadour Schah (après avoir tué Aazem Schah) ; cinq ans.
53°. Padeschah Maaz eddin, avec la Danseuse Laal koner; neuf mois, vingt-quatre jours. (Cette Comédienne gouvernoit absolument le Roi;elle se servit de son crédit pour avancer ses freres).
54°. Ferrokh seir, après avoir tué Maaz eddin ; six ans, neuf mois.
55°. Neiko seir; six mois.
56°. Rasi el deredjat; quarante jours.
57°. Schah djehan ; deux mois.
58°. Mohammed Schah; trente ans, un mois, sept jours.
59°. Ahmed Schah ; sept ans, deux mois, trois jours.
60°. Aaziz euddin Schah,(fils de Maaz eddin, & nommé Aalemguir sani, Empereur de l'Indoustan sur la fin de 1754, après qu'Ahmed schah eût été déposé par Schaab euddin khan, fils de Ghazi eddin khan, fils aîné de Nizam ; six ans, trois mois, sept jours ; (assassiné par les ordres du même Schaab euddin khan, son Ministre, sur la fin de 1759).
61°. Schah djehan sani, (âgé de quinze ans, Prince de la Famille Royale).
(C'est, sous ce Prince, qu'arriva,en Janvier 1761, la défaite des Marates. Leur Camp étoit à Singar. Les troupes du Mogol les entourerent ; les Marates affamés voulurent se faire jour, & furent mis en piece, si l'on en croit la Lettre envoyée de Dehli aux Vassaux de l'Empire. Le Sidi de Rajpouri reçut la sienne le 19 Mars 1761. Il y est marqué, entr'autres détails, que le Général Visivasrow (fils de Nana) avoit la tête tranchée ; que Sodoba (cousin de Nana) avoit d'abord été blessé, & ensuite écrasé par son propre éléphant ; que Malardji Holkar avoit perdu la vie ; & que Schikodji & Damangi avoient été faits prisonniers.
Les six Listes qui forment cette note, sont traduites du Persan, & m'ont été données par le Bibliothécaire Nour beigue, qui m'a fourni de vive voix les courtes explications qui les accompagnent. Ce qui est entre deux crochets, est de moi.

PRÉLIMINAIRE. cclxxv

plusieurs Sidis puissants à Surate; tels que Sidi Makoul, Sidi Polat, Sidi Iakout, Sidi Jafer, Sidi Fateh Iab khan, esclaves de Tegh beig khan. Un reste de tendresse avoit présidé à ces dispositions testamentaires; ces esclaves ayant servi aux plaisirs de ce Gouverneur, le plus luxurieux que Surate ait eu. On voit encore dans le Palais de la Beigom, le lieu où Tegh beig khan se livroit à une débauche outrée. C'est un grand bassin, au milieu duquel est un lit de mousse porté sur des outres enflées. Ce Prince passoit des journées entieres dans le jardin délicieux où est ce bassin, nud & entouré d'Esclaves des deux sexes, nuds comme lui. C'étoit à qui reveilleroit le mieux les passions amorties de ce vieux débauché, tandis que des femmes nues, espece de Tritons, promenoient sur cet étang ce nouveau Neptune, en poussant dans l'eau le lit de verdure sur lequel il étoit nonchalamment couché.

Tegh beig khan étoit le second de quatre freres : l'aîné se nommoit Ghada beig khan; le troisieme, Azeret khan, & le dernier, Sabder khan. Azeret khan, à la mort de Tegh beig khan, étoit Gouverneur de la Forteresse. J'ai déja dit que ce Gouvernement étoit distingué de celui de la Ville: c'est aussi le Mogol qui y nomme, ou qui est censé y nommer; mais le Gouverneur de la Ville a le pas sur celui de la Forteresse. Après la mort de Tegh beig khan, Azeret khan, prit le Commandement de la Ville, dans le dessein de le garder jusqu'à ce qu'il eut reçu à ce sujet de nouveaux ordres de Dehli. Il sortit en conséquence de la Forteresse, & la remit à Mohammed Vakar khan, son neveu, fils aîné de Sabder khan; mais il y rentra au bout de quatre jours, après avoir pris connoissance des affaires de son frere. Ce Prince mourut le 2 Mars 1747, âgé de 80 ans, & fut enterré près de Teigh beig khan son frere : il y avoit quinze ans qu'il étoit Gouverneur de la Forteresse.

Mohammed Vakar khan, nommé trois ans auparavant pour succéder à Azeret Khan dans le Gouvernement de la Forteresse, prit possession de cette place; & Sabder Khan, son pere, eut la Nababie de Surate.

Ces arrangemens ne s'accommodoient pas avec les vûës ambitieuses de la Beigom, Veuve d'Azeret khan. Cette Princesse avoit des biens considérables, & vouloit par le mariage de sa fille faire rentrer la Nababie dans sa famille. Elle jetta pour cela les yeux sur Miatchen, dont elle connoissoit l'activité & les liaisons avec les Anglois, projettant dès-lors de l'élever au Gouvernement de Surate. Voilà l'origine des guerres de Surate, l'ambition d'une femme riche; guerres qui, par les suites qu'elles ont eues, la prise de la Forteresse par les Anglois, les secours que Bombaye & l'Escadre Angloise ont tirés de cette Ville, qui tiennent par-là à la catastrophe qui a fait perdre aux François leurs Etablissemens dans l'Inde.

Ce conflit d'intérêts opposés annonçoit les troubles qui alloient éclater. Déja par la mauvaise administration des Chefs, la cherté des vivres, malgré l'abondance des pluies, commençoit à se faire sentir.

1747. Le 4 Décembre de la même année, à midi commença la guerre. Miatchen, soutenu par l'argent de la Beigom, & alors ami d'Aali navâz khan, s'empara avec deux cents hommes de la Forteresse sans coup férir, & mit aux arrêts Vakar khan qui en étoit Gouverneur. Il menaça en même-tems Sabder khan de réduire le Dorbar en poudre, s'il n'en sortoit. Miatchen se disoit autorisé par des Lettres de Nizam el moulk, à qui les Marchands de Surate, avoient porté des plaintes de la tyrannie du nouveau Nabab : mais ces prétendues Lettres étoient pour amuser le Peuple. Depuis long-tems à Surate, le Gouverneur de la Ville & celui de la Forteresse étoient dans l'usage, lorsque leur intérêt le demandoit, de supposer des Lettres de Dehli, de contrefaire même la Tchape du Mogol.

Sabderkhan, sans s'effrayer, se prépara à faire une bonne défense. Il avoit huit mille hommes de troupes : il fit murer sept des douze portes de la Ville, & garnir de fascines mêlées de terre, le dehors du Dorbar, qui étoit d'ailleurs couvert par un Fort Caravanseräï. Tout le monde dans la Ville, Maure, Indou, Européen, se barricada, mit ses effets en lieu de sûreté. Ces préparatifs n'empêche-

PRÉLIMINAIRE. cclxxvij

rent pas Sabder khan de faire des propofitions de paix ; il offrit à Miatchen de lui laiffer la Forterefle : mais celui-ci infiftant fur les Letres de Nifam, vouloit le Dorbar. On fe cannona en conféquence de part & d'autre ; & il y eut deux mille maifons de brûlées entre la Forterefle & le Dorbar.

Sabder kan menaça d'introduire dans la Ville les Coulis, efpeces de Pirates qui infeftent la riviere de Surate & les environs de la Barre. Miatchen, fans attendre l'effet de cette menace, fit venir deux mille Marates, commandés par Damangy. Il y eut après cela des deux côtés des forties dont le fuccès fut à peu-près égal ; on prit & on reprit des Mortchâs (des batteries de canons); trois cens hommes périrent dans ces différentes actions ; & les deux Contendans, le 31 au foir, confentirent à une fufpenfion d'armes qui dura tout le mois fuivant.

Les Marates cependant pilloient hors de la Ville amis & ennemis, & coupoient le nez à ceux qui réfiftoient. Les Comptoirs Européens & les Capucins qui deffervoient l'Eglife des Chrétiens de Surate, furent feuls à l'abri de leur violence ; ils leur avoient accordé une fauve-garde. Les Marates firent payer cherement leur fecours à celui qui les avoit appellés ; Miatchen fut obligé de leur donner deux Laks de roupies. Ils en demandoient trois à Sabderkhan pour fe retirer ; le Nabab les refufa : les Marates arrêterent en conféquence les vivres ; ce qui mit la famine dans la Ville.

L'efpece de tréve à laquelle Miatchen avoit confenti, n'étoit qu'un repos qu'il fe procuroit, en attendant que toutes fes batteries fuffent dreffées. Le 18 Janvier il montra aux premiers de la Ville, au Cazi, au Moufti, au grand Saïed, les ordres de Nizam, & une Lettre que ce Prince écrivoit aux Marchands pour les engager à le feconder, lui Miatchen. Sabder khan ne put empêcher que ces ordres fuffent publiés dans la Ville: mais le Cazi qui les avoit ratifiés fe retira prudemment à la Forterefle auprès du Gouverneur.

Les hoftilités recommencerent le 30 à cinq heures du foir, & furent fuivies de la prife de la porte cclxxviij   *DISCOURS*

de la Doüane & de celle de la mer. Miatchen maître par-là de trois portes fur la riviere, fe pofta près du Tankafal (la Monnoie), & s'y fortifia.

Le 4 Février le Gouverneur de la Forterelle fit une démarche qui lui coûta beaucoup de monde. Comptant fur le fecours des Hollandois & fur celui d'une efpece d'Envoyé de Perfe qui étoit à Surate pour quelques affaires ; il s'avança avec deux mille hommes, pour enlever Sabder khan dans fon Dorbar: mais paffant par les poftes des Hollandois, il s'y trouva arrêté ; ceux-ci avoient reçu quatre-vingt mille roupies de Sabder khan pour refter neutres. Trois cens hommes cachés dans la maifon de l'Envoyé Perfan, qui avoit reçu vingt mille roupies du Nabab, tomberent enfuite fur les gens de Miatchen. Il perdit trois à quatre cens hommes, & Sabder khan cent cinquante. Les Marates qui accompagnoient Miatchen eurent trois Chefs de tués ; & Damangy, en fe barbouillant le vifage de terre, jura de venger cet affront. Quelques jours après, la femme d'un des Chefs Marates tués dans cette action, fe brûla hors de Surate avec le corps de fon mari.

L'entreprife du Gouverneur de la Forterelle eut des fuites bien funeftes pour la Ville. Le 12 Février, fur les cinq heures du foir, Fares khan, un des Chefs de Sabder khan, fit mettre le feu aux maifons attenantes à la Douane, dont Miatchen s'étoit emparé. Il y en eut cinq cens de brûlées, & la perte monta à quinze Laks de Roupies. L'incendie fut arrêté fur le minuit par les foins des Tchelibis, Marchands Arabes, & par ceux du Sidi, Abyffin, qui avoit la Daroguie (l'Intendance) de la riviere. Ce procédé violent irrita les Marchands, le Sidi & les Anglois ; ils en vinrent aux menaces à l'égard du Nabab, & procurerent le 13 Février une fufpenfion d'armes.

Enfin, après bien des pourparlers & des menaces réciproques, Sabder khan voyant tout déclaré contre lui, confentit à fortir du Dorbar, aux conditions fuivantes : 1°. Qu'il fe retireroit avec fes gens où il voudroit. 2°. Qu'on ne lui demanderoit aucun compte. 3°. Qu'on donneroit pour lui aux Marates la somme qu'ils demandoient. 4°. Qu'on payeroit les troupes qu'il avoit employées & celles qu'il garderoit auprès de sa personne. 5°. Qu'on lui rendroit sa famille, que Miatchen retenoit dans le Fort. 6°. Enfin, qu'on lui donneroit un Écrit qui certifieroit, qu'il n'avoit pas fait mettre le feu à la Ville; que Miatchen s'étoit emparé de la Forteresse par trahison, & que lui, Sabder khan, ne cédoit le Dorbar que pour contenter les Marchands & appaiser les troubles. On donna à Sabder khan l'écrit qu'il demandoit, signé de Miatchen, du Cazi, des Chefs des Nations, des principaux Marchands, & de Damangi, Commandant des Marates : mais quand il fut question d'éxécuter sa promesse, ce Prince fit naître des difficultés; & ce ne fut qu'après de nouveaux ordres de Nizam el moulk & de Nazerzingue, qu'il se détermina à céder la Nababie.

Sabder khan quitta le Dorbar le 10 Mars, accompagné de six mille hommes, & se retira au Jardin Anglois, situé au-delà de la Forteresse, dans la seconde enceinte de la Ville. Ainsi finit, pour quelques tems, cette guerre, qui avoit duré trois mois. Il y périt quinze cens hommes; le nombre des blessés fut de cinq cens; & il y eut environ vingt mille coups de canon de tirés.

Les Hollandois qui avoient favorisé Sabder khan indirectement, ressentirent bientôt les suites de cette conduite. Il fallut d'abord rendre les quatre-vingt mille roupies qu'ils avoient reçues du Nabab. On les accusoit publiquement de trahison. Ils avoient obtenu de Sabder khan la permission de bâtir une Loge en pierre à leur Jardin, qui est entre la Forteresse & le Jardin Anglois; & cela pour être, disoient-ils, en état de défendre le Nabab contre la Forteresse. Ils avoient même employé la faveur de ce Prince pour forcer les Particuliers de leur vendre le terrein dont ils avoient besoin. Les fondemens étoient déja jettés, & l'emplacement fermé d'une enceinte de bambous. Avant que Miatchen se fut rendu maître de la Ville, ils se retirerent à leur Jardin, le 20 Février, & l'Ambassadeur Persan, qui avoit joué le même personnage qu'eux, au Bender du Sidi, situé près du Jardin Anglois, au Nord, sur la riviere.

Le nouveau Nabab, après avoir procuré à la Ville quelque soulagement, fit demander aux Hollandois pourquoi ils bâtissoient sur un terrein dépendant de la Forteresse, sans la permission du Gouverneur, sans celle du Cazi & du Moufti, & fit défense, sous peine de mort, de travailler chez eux. Ce ne fut pas la seule avanie qu'ils essuyerent. A Barotch (au Nord de Surate), les Marates, pour venger la mort de leurs Chefs, saisirent les marchandises de leur Comptoir, demandant dix laks de dédommagement. Manscherdji leur Courtier, Chef des Parses de Surate, & Manikschen, Divan de Sabder khan, furent arrêtés. On les regardoit comme les moteurs des procedés que l'on reprochoit aux Hollandois. La rançon que l'on exigea de Manscherdji étoit de quatre laks, & en attendant qu'il pût la payer, il étoit obligé de donner tous les jours cinq cens roupies pour la dépense de ses Gardes, sans parler des mauvais traitemens qu'on lui faisoit souffrir, jusqu'à lui mettre des excrémens dans la bouche.

Les Hollandois porterent leurs plaintes à Miatchen, & menacerent, si on ne leur rendoit justice, de se retirer à la barre de Surate, & d'y prendre les Vaisseaux Maures. Le Nabab les renvoya aux Marates, protestant que s'ils quittoient Surate, il ne les inviteroit pas à y revenir. Les Hollandois exécuterent leurs menaces; sept à huit Vaisseaux Maures pris à la Barre, les enhardirent à demander des dédommagemens : & Miatchen eut beau reclamer ces Vaisseaux, le 30 Mars, forcé par les cris des Marchands, il fut obligé de souscrire aux conditions que les Hollandois mettoient à leur retour. Ces conditions étoient, qu'on leur rendroit leur Courtier, leurs effets, & qu'ils pourroient désormais décharger leurs marchandises à leur Jardin. Pour ce qui regardoit la construction de leur Loge en pierre, le Nabab les renvoya à Nizam el moulk. Le retour des Hollandois fut une espece de triomphe; les Marchands allerent au-devant d'eux jusqu'à Ombra, grosse Aldée de Parses, située une lieue plus bas que Surate, sur la riviere.

Le 12 Mai arriva à Surate le fils du fameux Moulna, Farkher

PRELIMINAIRE. cclxxxj

kher eddin, qui, depuis quelques années s'étoit retiré dans le Dekan auprès de Nizam el moulk. Il avoit un cortege de trois cents hommes, & étoit autorisé par Nizam à redemander à Sabder khan les tréfors que Teigh beig khan avoit enlevés à fon Pere, après la guerre de Sorab khan. Miatchen ne manqua pas de lui rendre vifite; mais Sabder khan fongeoit à toute autre chofe qu'à une reftitution. On apprit alors d'Aurengabad la mort de Nizam el moulk qui avoit ordonné à Nazerzingue de foutenir fes prétentions fur le Guzarate; & le 6 Juin, Sabder khan, qui levoit tacitement des Troupes, fe fortifia dans le Jardin de Salabetpoura. Auffitôt Miatchen mit en état de défenfe un Caravanferâï qui étoit proche de ce Jardin, & y plaça trois cents hommes. Les hoftilités recommencerent de part & d'autre; & les Lettres que Miatchen prétendoit avoir reçues du Mogol les 23 Juin & 5 Juillet, qui le déclaroient Gouverneur de la Ville, n'empêcherent pas Sabder khan de s'emparer le 7 Octobre du Caravanferâï de Salabetpoura. Des trois Chefs qui commandoient dans ce Pofte, deux avoient été gagnés par argent; le troifieme fe défendit & mourut trois jours après d'une bleffure. Sabder khan trouva dans ce Caravanferâï de bonnes pieces d'artillerie & une provifion de poudre.

Cette perte obligea Miatchen d'abandonner la feconde enceinte de la Ville. Il ne garda que la porte de Dehli, par où les vivres entroient, celles qui donnoient fur la riviere, & il faifit l'occafion de ces nouvelles attaques pour demander de l'argent aux Marchands.

Cette feconde guerre commença par plufieurs incendies. Sabder khan fit mettre le feu à la porte de Brhânpour: mais il éprouva de la part de Miatchen une réfiftence à laquelle il ne s'attendoit pas; & l'on prétend que fi ce dernier eût été bien fervi, Sabder khan ne lui auroit pas échappé.

Les Anglois qui jufqu'alors avoient paru ne s'intéreffer qu'au bien général, commencerent à fe montrer favorables à Miatchen, & indirectement oppofés aux Hollandois attachés à Sabder khan. Ils portoient leurs vûes plus cclxxxij   *DISCOURS*

loin, connoissant le fort & le foible de la Ville, l'étendue de son commerce, & l'utilité dont elle devoit être à une Escadre qui séjourneroit dans l'Inde, par les vivres qu'on pourroit en tirer. Ils avoient perdu Madras en 1746, & ils venoient d'être obligés de lever le siege de Pondicheri. Nous les verrons dans la suite exécuter leur plan, & établir leur domination à Surate sur la ruine du commerce de tous les Européens, & sur-tout des Hollandois, qui jusqu'alors y avoient été les plus puissans.

En 1746, les Anglois avoient augmenté leur Loge, & y avoient creusé deux citernes. Bombaye, à l'approche de cette seconde guerre, donna ordre de la fortifier, & y envoya cent Soldats Européens. Le 31 Octobre 1748, arriva à Surate un nouveau Chef, nommé M. Darel, avec cent autres Soldats : la Loge Angloise se trouva alors gardée par deux cents cinquante hommes.

Ces secours qui fortifioient le parti de Miatchen, ne changerent rien dans les projets de Sabder khan. Il employa trois Chrétiens pour mettre le feu dans plusieurs endroits de la Ville & à la porte de Brhânpour. Cette tentative ne lui réussit pas ; & elle détermina Miatchen à mettre une garde chez les Chrétiens attachés à Sabder khan. Bientôt ce Prince la fit retirer, à la sollicitation du Pere Placide, Capucin, leur Curé ; il donna même des ordres pour que les Peres fissent leurs fonctions librement : mais cet acte de clémence ne put attirer à son parti les Topas ni les Portugais qui étoient au service de Sabder khan.

Le 18 Novembre il y eut une assemblée des Nations Européennes, à laquelle les Hollandois ne se trouverent pas ; & il y fut résolu qu'on obligeroit Sabder khan de sortir de Surate. Les Anglois se chargerent de l'exécution ; ils reçurent, pour cet effet, de Bombaye, des mortiers, un Ingénieur, soixante Soldats ; & se virent par-là plus de trois cents Européens. En attendant un nouveau renfort, pour exercer leurs troupes plus commodement, ils les placerent dans un Caravanseraï auquel ils percerent une porte en face de leur Loge.

Quelques jours après, ils firent un acte de sévérité qui

PRÉLIMINAIRE. cclxxiij

devoit apprendre aux Hollandois que Miatchen étoit leur homme. Un Hollandois, curieux de sçavoir ce qui se passoit dans le Camp des Anglois, étant allé se promener à la porte de Nauçari, fut pris comme espion, conduit à la Forteresse; & au bout de cinq heures, décapité devant la porte du Fort. Cette violence n'eut pas d'autres suites, malgré les plaintes que les Hollandois adresserent aux Nations, protestant qu'ils n'avoient donné aucun secours à Sabder khan. Celui-ci employoit pour se défendre, des moyens qui n'étoient pas plus légitimes. Il gagna quatre Coulis qui se chargerent d'aller tuer Miatchen, Mir Mohammed Aali, Tchelibi & Moulna Fakher eddin. Ces Assassins se rendirent à la Forteresse, le jour même de l'exécution du Hollandois. Le premier étant presque monté, tomba dans le fossé; & les autres voyant le coup manqué, se sauverent. Celui que l'on avoit pris, avoua tout, & fut condamné à la mort : mais au moment de l'exécution, Miatchen lui donna sa grace, & le fit simplement mettre en prison.

Les Anglois se croyant assez forts, se posterent, le 26, à plusieurs portes de la Ville, avec des mortiers & du canon. Leurs batteries jouerent près d'un mois, sans entamer Sabder khan. Le feu des Anglois fut terminé par deux sorties qui firent changer de face aux affaires. Dans la premiere, Sabderkhan eut sept canons d'encloués; dans la seconde, les Anglois s'emparerent de la batterie où étoient ces sept canons, & en prirent trois autres, dont ils entrerent quatre canons dans la Ville. Sabder khan perdit beaucoup de monde dans ces actions : deux de ses principaux Officiers y périrent. L'épouvante saisit son parti, & luimême perdit la tête. Du côté des Anglois il y eut dix-huit hommes de tués, douze Blancs & six Topas; & il leur en déserta vingt.

Enfin le 21 Décembre, Miatchen fit venir à la Forteresse Vakar khan & toute la famille de Sabder khan, qui, malgré les conventions, ne lui avoit pas été rendue; & l'on parla de préliminaires de paix. Alors Sabder khan se voyant abandonné, & prêt à être livré à ses ennemis, céda au conseil qu'on lui donnoit de quitter Surate, avec des

n n ij

conditions avantageuses : il demanda aux Anglois un Vaisseau pour se retirer au Sind, & fit mettre ses effets en vente. Le 28, ce Prince se rendit au jardin de Tchelibi, habillé en Fakir, & versant des larmes sur ses malheurs : le 6 Janvier, il fit voile pour le Sind sur un Vaisseau Anglois, armé de soixante Soldats ; & le 9 du même mois les Troupes Angloises & l'artillerie furent renvoyées à Bombaye.

Le Vaisseau qui portoit Sabder khan fut accueilli près du Sind d'une tempête affreuse, qui obligea le Capitaine de le ramener à Bombaye. Les Anglois offrirent à ce Prince un Vaisseau d'Europe, pour retourner sur-le-champ au lieu de sa destination. L'envie qu'il avoit de voir Bombaye, lui fit refuser cette offre. Il descendit à terre, & fut reçu dans la Ville au bruit de l'artillerie & avec les honneurs dûs à sa personne. Le Général, par ses politesses, tâcha de diminuer l'amertume de sa situation ; &, après avoir satisfait sa curiosité, le Nabab dépossédé fit voile une seconde fois pour le Sind.

Pendant que les Anglois triomphoient à Bombaye, Miatchen, qui pénétroit leurs desseins, délivré d'un Concurrent contre lequel leurs secours lui avoient été nécessaires, songea à en empêcher l'exécution. Quelques sommes considérables avoient commencé à le rendre favorable aux Hollandois ; pour parvenir à son but, il n'avoit d'autre moyen que de les soutenir dans l'état où ils étoient sous Sabder khan. La paix fut en conséquence conclue ; le fils du Gouverneur alla leur rendre visite, & fut reçu avec tous les honneurs ordinaires en pareille circonstance. Le Chef de la Loge Hollandoise, le reconduisit ensuite bien escorté, jusqu'à la Forteresse, & rendit sa visite au Gouverneur ; on lui tira sept coups de canons. Ces politesses ne manquerent pas de piquer la jalousie des Anglois ; mais Miatchen alla le soir même à leur Loge, pour les appaiser. Il étoit aisé de voir que c'étoit une feinte de sa part, puisqu'il permit aux Hollandois de faire leur Quai, & d'y ajouter deux bastions ; & en effet, ces Ouvrages furent achevés, malgré les menées sourdes des Anglois.

Miatchen, pour se concilier les esprits, donna encore

PRÉLIMINAIRE. cclxxxv

aux autres Nations Européennes des marques de bienveillance. M. le Verrier, Chef du Comptoir François, eut la permiſſion de convertir en roupies les piaſtres & autres monnoies étrangeres, ſans payer au Gouverneur le droit du coin; & ſur la vente des biens de Sabder khan, on lui remit cinq mille roupies pour les vols & autres dommages faits au Jardin François par les gens de ce Gouverneur.

Voyage aux Indes Orientales, IIIe. Partie.

Il ne reſtoit plus à ſatisfaire, que les Ganims (les Marates) auxquels Sabder khan avoit refuſé de payer trois laks. On leur donna un lak comptant, le 27 Avril; on leur en aſſigna ſept autres ſur le produit de la Doüane; & il fut ſtipulé que juſqu'à entier paiement ils auroient un Tchoki à la Doüane de la riviere, & un autre à une porte de la Ville. Ils laiſſerent alors l'entrée libre aux vivres, qui, depuis près d'un an, étoient arrêtés.

Lorſque la tranquillité fut retablie dans Surate, Miatchen qui voyoit les Vaiſſeaux Anglois éloignés pour quelque mois de la rade, & les Européens s'obſerver mutuellement, crut qu'il étoit tems de ſe dedommager ſur les habitans des frais de la guerre, & d'abaiſſer ceux qui avoient paru tenir la balance entre lui & Sabder khan. Il commença par Moulna Fakher eddin; l'invita à dîner le 6 Juillet, avec le Sidi & Tchelibi; & après le repas, fit lire une Lettre de Dehli qui lui donnoit ordre de l'arrêter: en même tems trois cents hommes furent envoyés à ſa maiſon, pour la cercler. Le coup étoit vigoureux; les Anglois dont Fakher eddin avoit pris le Pavillon, ſe remuerent en vain en ſa faveur; leurs menaces furent inutiles. Le Gouverneur fit ſignifier aux Marchands aſſemblés pour cette affaire, qu'ils euſſent à ne prendre aucun parti; & fit même publier une défenſe de travailler chez les Anglois, & de les ſervir. Fakher eddin ne fut pas plûtôt arrêté, que les Marates qui campoient à Poulpara, demanderent cinq laks, pour leſquels il s'étoit rendu caution; & Amerdin, ſon frere, en demanda vingt-cinq qu'il prétendoit que Fakher eddin avoit détournés du bien de leur pere. Telle eſt, pour l'ordinaire, la maniere de procéder des Aſiatiques, même entre parens.

DISCOURS

Pour donner le change & diſtraire les eſprits, Miatchen, le 11 Juillet, fit publier que le Firman du Mogol, qui l'établiſſoit Nabab, étoit arrivé. Fakher eddin, ſes gens & l'Ambaſſadeur Perſan qui avoit ſecondé Sabder khan, n'en furent pourſuivis que plus vivement. Sur cela, nouvelles menaces de la part des Anglois, cris contre la vexation du Gouverneur. En effet, la Politique des Anglois, juſqu'à ce que leur puiſſance abſorbât celle de la Ville, demandoit qu'ils ſoutînſſent les Particuliers dont les forces réunies pouvoient arrêter le deſpotiſme du Nabab.

Enfin le 25 Juillet, il ſe fit un accommodement. Mir Mohammed Aali, Gouverneur particulier (comme grand Maître) du Dorbar, alla voir les Anglois ; on ſe fit de part & d'autre des préſens : les Anglois accompagnés de ce Seigneur & du Sidi, rendirent viſite au Nabab ; & le lendemain, ils allerent voir le Sidi, qui, dans cette affaire, s'étoit porté comme Médiateur.

Miatchen de ſon côté donna, le 14 Août, un grand repas aux Anglois, dans le Jardin de Salabetpoura ; & le premier Septembre, il fit annoncer par pluſieurs ſalves d'artillerie, que la confirmation de ſes Patentes étoit arrivée, avec celles de Gouverneur de la Fortereſſe pour ſon fils aîné. C'étoit un jeu par lequel ce Gouverneur amuſoit le Peuple, tandis qu'il prenoit des meſures pour ſortir de la tutelle des Anglois.

Ceux-ci las, à ce qu'ils diſoient, de la tyrannie de Miatchen, ou plûtôt, qui avoient pénétré ſes vûes, ſe retirerent le 7 Septembre à la Barre de Surate, pour prendre les Vaiſſeaux qui alloient arriver de Moka & de Jedda. Miatchen qui ſçavoit le beſoin que les Anglois avoient de lui, ne s'attendoit pas à ce coup de vigueur. Il leur rembourſa douze mille roupies de frais qu'ils avoient faits ; ce qui n'empêcha pas les Anglois, qui demandoient la liberté de Fakher eddin, d'emmener deux Vaiſſeaux du Nabab à Bombaye.

Coja Vartane, Marchand Arménien, fut la victime du procédé des Anglois. Le 27 Septembre on le conduiſit à la Fortereſſe ; il y fut maltraité, & ne put en ſortir qu'en faisant des billets pour des sommes assez considérables. Dans le même tems, Miatchen fit entourer la Maison de l'Ambassadeur Persan. Vingt-cinq mille roupies données comptant, lui procurerent la liberté par l'entremise des Anglois & du Sidi ; mais à condition qu'il quitteroit la Ville, & iroit demeurer au Bender du Sidi, jusqu'à son départ pour la Perse : &, pour plus de sûreté, Miatchen garda trois laks d'indigo que laissoit cet Ambassadeur, sauf à lui à en tenir compte par la suite.

Miatchen n'étoit pas content de rencontrer toujours le Sidi sur ses pas, & il avoit tout sujet de s'en défier. Celui-ci étant un jour allé à son Jardin, le Gouverneur qui vouloit s'emparer de sa maison, fit fermer sur lui les portes de la Ville. Le Sidi plus adroit, rentra par une porte qui étoit mal gardée. Aussi-tôt menaces de rupture, annonces de guerre. Les personnes qui ne trempoient pas dans cette querelle, prierent les Chefs Européens d'être Médiateurs : mais les Anglois ne voulurent pas accepter ce titre, que Fakher eddin n'eût été mis en liberté. Miatchen, qui ne se sentoit pas le plus fort, y donna les mains le 7 Décembre ; à condition toutefois que tant qu'il seroit Gouverneur, Fakher eddin ne sortiroit pas de Bombaye. Ce Mogol partit de Surate le 27 Décembre, avec une escorte Angloise, fit voile pour Bombaye ; mais ses biens ne lui furent pas rendus.

Les demarches de Miatchen demandoient des forces plus considérables que celles qu'il avoit. Aussi ses procédés violens n'avoient-ils d'autre effet, que d'obliger les Grands qu'il avoit insultés, à se déclarer contre lui. Aali navâz khan, le propre fils de sa sœur, étoit du nombre de ceux-ci. Ce Seigneur naturellement brave & plein de probité, s'étoit d'abord lié avec lui, & l'avoit même aidé à déposséder Sabder khan. Malgré cela, un jour qu'il étoit sorti de Surate, Miatchen en fit fermer les portes sur lui ; Aali navâz khan fut obligé de rester dans le Jardin de la Beigom, & renoua dans la suite avec Sabder khan, dont il avoit épousé la fille aînée.

Ces querelles particulieres amortissoient le commerce, & annonçoient quelque rupture éclatante, tandis que d'autres fleaux affligeoient la Ville : le 9 Novembre, on avoit eu de la peine appaiser un incendie considérable, causé par une fusée qui tomba dans une des écuries du Cotoüal Fares khan.

Les mutations arrivées dans les Comptoirs Anglois & Hollandois ne changerent rien à la face des affaires. M. Darel ayant été relevé par M. Lemm, partit le 4 Janvier pour Talicheri; sa gession ne le fit point regretter : & Jagrenat, Courtier de la Loge Angloise, alla à Bombaye rendre compte de ce qui s'étoit passé à Surate. Le Comptoir Hollandois eut aussi un nouveau Chef: M. Sroder fut relevé par M. Pekok qui arriva le 13 sur un Vaisseau de Batavia.

Le 23 Janvier, les Marchands & les Principaux de la Ville, moyennerent un accommodement entre le Gouverneur & le Sidi. On vouloit que Miatchen quittât le Dorbar; mais il déclara qu'il n'en sortiroit pas, quand même la Cour de Dehli enverroit à Surate un autre Gouverneur. Ce Prince voyoit bien qu'on étoit las de lui, & que le nouveau Gouverneur se trouveroit à la porte de la Ville, quand on le voudroit. La paix se fit pourtant ; du moins on en eut les apparences : & Miatchen donna un serpeau au fils du Sidi. Cette reconciliation ne produisit pas dans la Ville l'effet qu'on pouvoit en attendre, parce qu'on apprit le 12 Février qu'un Vaisseau de Tchelibi richement chargé, avoit été pris par les Marates de Bacim; nouvelle qui jetta la consternation parmi les Marchands & les autres intéressés.

Il est suprennant que Miatchen n'eût pas prévu ce qui se tramoit contre lui. Sabder khan retiré au Sind, avoit pour créatures les Principaux de Surate que le Gouverneur aliénoit par sa conduite, & qui ne voyoient qu'avec peine les Anglois s'arroger dans cette Ville la qualité d'Arbitres. Le parti étoit pris entr'eux de retablir Sabder khan ; & les Hollandois piqués d'un côté des oppositions que les Anglois faisoient à la construction de leur parapet, & de l'autre liés de longue-main avec la famille de Sabder khan, n'étoient pas des derniers à appuyer cette résolution. Il falloit, pour en assurer le succès, brouiller Miatchen avec les Anglois, & arrêter par-là les secours qu'il pouvoit attendre.

PRÉLIMINAIRE. cclxxxix

tendre de Bombaye. En conséquence, ils l'engagent à faire fermer la porte de la Ville sur M. Lemm qui étoit allé à son Jardin. Le Chef Anglois la fit enfoncer à coups de hache ; & Miatchen eut beau désavouer ceux qui gardoient cette porte, il reçut de Bombaye une Lettre foudroyante , dans laquelle on le menaçoit de le chasser du Dorbar. Mais, comme les Anglois sçavoient à-peu-près d'où le coup étoit parti, ils insistoient sur ce que les ouvrages des Hollandois fussent arrêtés.

VOYAGE aux Indes Orientales, IIIe. Partie.

Ceux-ci allerent toujours en avant ; on se fit bonne mine le reste de l'année ; & en 1751 , lorsque la mousson des pluies fut décidée, & qu'on crût n'avoir plus rien à craindre de Bombaye, le 16 Avril, le Dorbar fut attaqué par Sidi Hafez Massoud khan, Vakar khan, Moulna khan, Fares khan, Sidi Kassem &c. & pris en vingt-quatre heures au nom de Sabder khan. Il y eut à-peu-près cent cinquante hommes de tués dans cette révolution. Miatchen, assiegé ensuite dans la Forteresse, se trouva dans une situation fort embarassante. Les Anglois qui malgré ses défauts avoient besoin de lui , parce qu'il étoit leur homme, firent du bruit, refuserent de reconnoître Sabder khan, & se fortifierent dans leur Loge. Vakar khan gouverna la Ville en attendant que Sabder khan fut de retour du Sind.

1751.

Jusqu'alors les Anglois n'avoient paru que comme amis de Miatchen : un événement , en soi de peu de conséquence, tourna contr'eux les armes de Sidi Hafez Massoud khan ; ce qui a causé dans la suite la ruine de Sidi Hafez Ahmed khan [1], fils de ce Sidi.

---

[1] On peut consulter à ce sujet les *Mém. du Col. Lawrence*, trad. franç. T. II. p. 46, 49 &c. Les causes de la guerre des Anglois contre le Sidi n'y sont pas présentées avec l'impartialité que l'on trouve sur d'autres événemens dans l'*Histoire des guerres de l'Inde* ; & c'est le défaut que l'on peut reprocher à M. Holwell , lorsqu'il rapporte l'origine des troubles du Bengale (*Evenemens historiques &c. relatifs aux Provinces du Bengale &v.* tr. fr. prem. Part. ch. 2.). L'Ouvrage de cet Anglois, quant à la partie Historique & à la description des Provinces du Bengale, mérite, malgré cela, d'être lû ; & l'on verra de même avec plaisir le Colonel Lawrence rendre un hommage forcé aux qualités de M. & même de Madame Dupleix. Je ne puis m'empêcher de transcrire ici ce qu'il dit de cette femme extraordinaire, qui à toutes les qualités & à tous les vices de son sexe, joignoit une fermeté, une grandeur d'ame, un esprit de détail, qui , au rapport des Européens établis dans l'Inde, lui ont fait partager avec justice la gloire des succès de son mari. « M. Dupleix, dit le Colonel Lawrence (*Mém.* T. I. p. 71.)

Tome I. oo

DISCOURS

Le 13 Juin, fur les 10 heures du matin, un Portugais, Soldat des Anglois, eut querelle avec un homme du Sidi; ils en vinrent aux coups & fe bleſſerent tous les deux. Au bruit de ce combat, foixante Anglois fortent tambour battant de la Loge; du côté du Sidi, on leur tire plufieurs coups de fuſil. Ils fe défendent, & font foutenus par trois cents Anglois qui marchent du côté du Poſte du Sidi. Ils y font reçus par plus de quatre mille hommes qui les accablent de fleches & de coups de fuſils. La guerre une fois déclarée, les Soldats du Sidi, ceux de Fares khan & de pluſieurs autres Chefs Maures fe raſſemblent, & marchent contre la Loge Angloife dont le canon les tient quelque tems en reſpect.

Le Sidi cependant étoit reſté ſeul dans ſa Maiſon, tandis que ſes gens courroient contre les Anglois. Son fils penſa tomber entre leurs mains; il fut rencontré par un Cipaye qui ne le connoiſſant pas, le relâcha pour quelques bijoux: Sidi Mouftah courut le même riſque.

Les troupes Angloifes fe replierent peu-à-peu fur la Loge où leur fecours étoit néceſſaire: les gens du Sidi gagnant de maifon en maifon, y avoient déja pénétré. Les affairent s'accommoderent enfuite; & Sabder khan, revenu du Sind, prit poſſeſſion de la Nababie, dont il jouit peu d'années.

Miatchen perdit encore la Fortereſſe, qui lui fut enlevée après la mort de Sabder khan par le même Sidi Hafez Maſſoud khan, Lieutenant du Sidi Iakout khan, Keleidar de Rajpouri (Dondi Rajapour), & Chef d'une Colonie de Cafres établis dans cette Ville. La fonction propre du Sidi Iakout khan, étoit de tenir la mer avec une flotte pour protéger les Marchands contre les Pirates. Le Mogol lui avoit aſſigné pour cela un revenu de pluſieurs laxs de roupies, payables en partie ſur le Domaine de Surate. Sidi Hafez Maſſoud khan, Chef de l'eſcadre du Sidi de Rajpouri, commandoit pour lui au Bender (Port) de Surate, & jouiſſoit au plus d'un

---

" avoit épouſé une femme qui ne lui cédoit ni pour l'eſprit, ni pour l'orgueil,
" & qui étant née dans le Pays, étoit au fait de toutes les intrigues qui s'y pra-
" tiquent, & fe fervoit de la connoiſſance qu'elle avoit de la Langue pour les
" faire réuſſir. Voy. encore l'*Hiſt. des Guerres de l'Inde*, T. I. p. 179, 180.

PRÉLIMINAIRE. ccxcj

lak de revenu ; mais il étoit puissant par les divisions qui regnoient dans cette Ville depuis la mort de Tegh beig khan.

Les Anglois ayant voulu s'opposer à l'invasion du Sidi, furent repoussés vivement; &, sans la médiation du Chef François, M. le Verrier, ils couroient risque d'être tous égorgés dans leur Loge.

Cependant le voisinage de Bombaye effraya le Sidi. Il donna aux Anglois quelques laks enforme de dédommagement, & s'engagea par écrit à rendre la Forteresse à Miatchen au bout de deux ans. Il mourut dans l'intervalle ; Sidi Hafez Ahmed khan, son fils, lui succéda en 1756 dans la place de Gouverneur de la Forteresse ; & appuyé indirectement par les Hollandois, refusa de remplir son engagement. Sidi Massoud khan s'étoit emparé d'un terrein considérable près de la Forteresse, & approprié le tiers des revenus de la Ville : un autre tiers étoit donné aux Marates ; de façon que la portion qui restoit au Nabab étoit peu considérable.

Le Dorbar étoit alors occupé par Aali navâz khan, gendre & successeur de Sabder khan. Les deux Gouverneurs réunis, celui de la Ville & celui de la Forteresse, étoient assez puissans pour se soutenir par eux mêmes, & ils avoient avec les Hollandois des liaisons qui ne pouvoient que porter ombrage aux Anglois : aussi ceux-ci jurerent-ils leur perte. Ils se déclarerent ouvertement pour Miatchen, en l'envoyant à Bombaye : & leur conduite fit voir qu'Aali navâz khan avoit eu raison d'empêcher les mariages par lesquels la Beigom vouloit serrer le nœud qui unissoit déja sa famille à celle de Miatchen, & d'engager Sabder khan, qui avoit fait venir à Surate les deux fils de ce Mogol, jeunes Seigneurs courageux, avec celui de Mian Mitten, son frere ; de l'engager, dis-je, à les faire sortir de la Ville, sçachant bien qu'ils ne manqueroient pas de remuer en faveur de leur pere & des Anglois.

Miatchen chassé de la Ville & de la Forteresse de Surate, courut le Pays pendant trois à quatre ans. Il alla trouver Nana à Ponin, lui exposa ses droits, ses malheurs, lui demanda du secours ; & lui promit, ce qui vaut mieux que les plus justes prétentions, une somme considérable, s'il le retablissoit dans la Nababie. Pour appuyer ses rai-

VOYAGE aux Indes Orientales, IIIe. Partie.

1756.

oo ij

DISCOURS

VOYAGE aux Indes Orientales, IIIe. Partie.

——— sons auprès de Nana par des succès en quelque sorte préparatoires, & commencer d'un autre côté à affoiblir le Sidi de Surate, Miatchen proposa au Chef Marate d'attaquer Rajpouri où résidoit le Sidi dont relevoit celui de Surate, lui représentant cette place comme très-facile à prendre. Nana goûta ce projet; & profitant des divisions qui regnoient à Aurengabad, mit le siege devant Rajpouri, dont il s'empara dans le courant de Juin 1758. Il attaqua ensuite la Forteresse, où le Sidi s'étoit renfermé : mais le siege de cette place traina en longueur.

Au commencement de 1759, le fils du Sidi de Rajpouri se rendit à Bombaye pour prier les Anglois d'engager Nana à se retirer, leur promettant pour cela la Forteresse de Surate. C'étoit offrir ce qu'il n'avoit pas; & les Anglois le sçavoient bien. Le Sidi de Surate qui en fut averti, ne fit que se tenir plus sur ses gardes ; & les Anglois laisserent agir Nana qui en prenant la Forteresse de Rajpouri, minā deux Puissances auxquelles ils en vouloient, les Sidis & les Hollandois.

Hamilt. Lib. cit. T. I. p. 199-214.

A la prise de Rajpouri, le Comptoir Hollandois qui étoit dans la Ville, fut ruiné, malgré les représentations du Chef de Surate, M. Taillefer, qui envoya pour cet objet à Ponin une personne de son Conseil. Il étoit aisé de deviner à qui ils devoient la perte de cet Établissement. Nana ne manqua pas d'écrire, comme on fait en Europe, aux Chefs Européens de Surate des Lettres en forme de Manifeste, dans lesquelles il exposoit ses griefs contre le Sidi de Rajpouri. M. le Verrier en reçut de lui deux à ce sujet.

Si M. de Bussi s'étoit trouvé alors à Aurengabad, Nana obligé de réunir ses forces, & même de les rapprocher de cette Ville, auroit levé le siege de la Forteresse de Rajpouri ; les deux Sidis se seroient dans la suite secourus mutuellement ; & peut-être que les Anglois auroient manqué la Forteresse de Surate. Alors, que de ressources de moins pour leurs Vaisseaux ! Mais ils étoient comme assurés de ce qui devoit se passer dans le Dekan : les trésors du Bengale fixoient les Événemens.

Heiderzingue, Divan de M. de Bussi, venoit d'être massa-

PRÉLIMINAIRE.

cré au milieu du Camp de Salabetzingue par les gens de Nizam Aali, lorfqu'il fortoit de complimenter ce Prince fur le Gouvernement d'Heider abad que le Soubeh dar, fon frere, lui avoit accordé pour fon entretien. Auffitôt, comme par repréfailles, Schanavâz khan, qui étoit en prifon lorfque je paffai à Aurengabad, & que l'on regardoit comme l'Auteur des anciens troubles, fut mis à mort avec fix perfonnes de fa famille, par l'ordre du Soubeh dar du Dekan. L'Armée Françoife partit enfuite pour Heider abad emmenant avec elle Bafaletzingue, troifieme frere de Salabetzingue qu'elle laiffoit à Aurengabad : Nizam Aali s'étoit retiré à Brhânpour. Les nouvelles portoient que nos troupes manquoient de tout ; que les Maures commandés par un Rajah, s'étoient tournés contre nous ; & que M. de Buffi, après les avoir battus, avoit été obligé de forcer Heider abad, dont on lui avoit fermé les portes.

Il n'eft que trop aifé de reconnoître, dans cette révolution, la main des Anglois qui nous fufcitoient des affaires dans le Dékan, & nous rappelloient à la Côte de Coromandelle, pour exécuter plus facilement les projets de Conquêtes qu'ils avoient formés fur celle de Malabare ; projets qui devoient conduire à notre expulfion totale des deux Côtes. Malheureufement M. Dupleix n'étoit plus à Pondichery. Malgré fes défauts, ce grand homme, je ne crains pas de l'appeller ainfi, auroit fçu deviner par fes intelligences, l'intrigue des Anglois, & la rompre par l'afcendant qu'il avoit fur les Maures & fur les Indous. J'ai vu en 1760 l'effet que fon nom feul produifoit encore dans les terres, & l'impreffion que faifoit fur les Anglois, la nouvelle qui courut quelque tems, qu'il revenoit dans l'Inde avec une Efcadre. Les Anglois étoient inftruits de notre fituation, de la foibleffe de notre adminiftration ; & c'eft ce qui les détermina à preffer l'expédition de Surate.

J'arrivai, comme je l'ai dit, dans cette Ville, le premier Mai 1758, lorfque les préparatifs de cette expédition fe faifoient à Bombaye ; & pour ne pas interrompre le fil d'une narration qui doit plus intéreffer que ce qui me regarde perfonnellement, je vais continuer les affaires de

Surate jusqu'à la fin des guerres qui ont comme livré son commerce aux Anglois : j'aurai assez le tems d'ennuyer le Lecteur du récit de mes aventures.

Aali navâz khan commandoit alors à Surate. Avant que d'attaquer le Sidi dans son Fort, il falloit être sûr de la Ville, & par conséquent enlever le Dorbar au Nabab, Prince naturellement brave, droit, incapable d'une trahison, & encore moins propre à recevoir des Loix dans son Gouvernement. On a vu ci-devant qu'il devoit pancher pour les Hollandois; aussi Manscherdji, leur Courtier, passoit-il pour tout-puissant dans la Ville : & il faut avouer que ce Parse abusoit de la considération que le Nabab avoit pour lui, ou plûtôt pour ses Maîtres. Aali navâz kan étoit encore porté pour les François; & il a toujours donné, même depuis sa disgrace, des marques sensibles d'amitié à mon frere, Chef du Comptoir François. Mais ce Prince avoit le défaut des cœurs grands & généreux, celui de ne pas soupçonner la perfidie, & de ne pas assez ménager ceux dont il croyoit n'avoir pas besoin.

Il s'étoit brouillé depuis quelque tems avec le Sidi pour des raisons d'intérêt que les Anglois ne manquerent pas de grossir par leurs Agens secrets. Il étoit question d'une portion des droits qui revenoient au Sidi, & que le Nabab avoit affectée au paiement des laks promis aux Marates. Cette dette donnoit droit à ces derniers d'avoir deux Postes dans la Ville; & la proximité d'une Puissance aussi formidable devoit naturellement inquiéter le Nabab, & même donner à penser au Sidi dont l'autorité n'étoit que précaire. Mais on lui fit envisager le refus d'Aali navâz khan comme un trait d'avidité, & de prétendue supériorité.

Miatchen cependant s'avançoit vers Surate avec quelques milliers de Cipayes dont plusieurs avoient servi dans l'Armée du Dékan, & avec des troupes de Nana. Desque le Sidi apprend qu'il est proche de la Ville, il va trouver la Beigom, dont il connoissoit les dispositions pour Miatchen, & lui offre d'aider ce Mogol à recouvrer la Nababie. Cette proposition fut reçue avec toute la vivacité qu'une femme ambitieuse peut mettre dans ses passions. La Beigom en fit part à Miatchen, & lui envoya en même tems quelques fonds pour qu'il pût continuer son entreprise. Elle avoit sçu cacher ses dispositions à Aali navâz khan, lorsque ce Prince, après le Ramadan (le 8 Juin) lui avoit, selon la coutume, rendu visite.

Cette intrigue ne put être si bien conduite, que le Nabab n'en eût quelque vent. Il envoie en conséquence chez le Sidi qui lui assure qu'il n'est absolument pour rien dans le retour de Miatchen; & ces explications occasionnent une espece de reconciliation qui n'étoit que feinte de la part du Sidi, quoiqu'il l'eût confirmée par serment.

Miatchen sûr des intelligences qu'il avoit dans Surate, se présenta à la vûe de cette Ville. Les Troupes du Nabab sortirent deux fois contre lui, & furent obligées de rentrer avec quelque perte. Ce succès enhardit Miatchen; il passe la riviere, & s'empare sans peine de Render, grosse Aldée qui est presque vis-à-vis de la Forteresse. Quelques jours après il repasse la Riviere; le Sidi lui donne entrée dans la Ville, & la Forteresse canone le Dorbar. La Loge Françoise, dont les Chefs ne sont jamais entrés dans les querelles des Gouverneurs, devint le dépôt des effets les plus précieux même des personnes en place dans la Ville.

Les Troupes du Nabab livroient par intervalles, de petits combats à celles de Miatchen : mais il étoit aisé de voir, à la conduite de leurs Officiers, que la plûpart étoient gagnés. La trahison pénétra jusques dans l'intérieur du Dorbar. Aalina vâz khan préparé à tout événement, veut sçavoir ce qui lui reste de vivres. On ouvre en sa présence les jarres qu'il avoit fait remplir de riz, & il les trouve pleines de terre couverte d'une couche de riz. Ceux qui paroissent ses meilleurs amis, l'abandonnent. Il avoit confié son artillerie à deux Portugais, qui pour deux cents roupies enclouent ses canons; & lorsque le Nabab ordonne de faire feu, le Canonier disparoît, & les canons se trouvent hors de service. Aali navâz khan se voit

DISCOURS

VOYAGE aux Indes Orientales, IIIe. Partie.

donc obligé de capituler : il fort du Dorbar avec les honneurs dus à fon courage, à fa naiffance, & fe rend à la maifon qu'il avoit dans la Ville, où il a vécu depuis en fimple Particulier, refpecté des Noirs & des Blancs, & même de fes propres ennemis.

1758.

Par cette révolution qui arriva en Décembre, & qui ne fut fuivie d'aucun pillage, la Nababie rentra dans la famille de la Beïgom, Veuve d'Azeret khan, belle-fœur *Ci-d.p.cclxxvj* de Tegh beig khan, & dont Miatchen avoit époufé la fille.

Les honneurs de la victoire furent pour le Sidi qu'il falloit endormir fur le précipice qu'il venoit de fe creufer, en fe privant du feul appui fur lequel il pût compter. Le nouveau Nabab ne manqua pas de le flatter : & dans le fond, il eût été bien-aife de le voir affez fort, pour pouvoir, joint avec lui, rompre les projets des Anglois, qui alors ne l'aimoient pas plus que fon neveu, & qui avoient deffein de mettre Fares khan à fa place. Auffi, lorfque fur la fin de Décembre, le Chef François, M. le Verrier, alla prendre congé de lui, ce Prince lui demanda-t-il, pourquoi les François ne venoient pas à Surate, pourquoi leur pavillon n'étoit pas élevé dans leur Loge; ajoutant, que fous fon premier Gouvernement, il avoit écrit à Pondichery pour faire revivre à Surate le commerce des François. Le Sidi que le Chef François avoit vu prefqu'enfant, lui tint les mêmes Difcours, le chargea, ainfi que le Nabab, de Lettres pour le Gouverneur de Pondichery, relatives à cet objet, & lui rendit fa vifite à la Loge Françoife; honneur qu'il n'avoit encore fait à aucun Chef Européen.

Malgré les careffes de Miatchen, le Gouverneur de la Forterefle avoit vent de ce qui fe tramoit contre lui à Bombaye; il auroit defiré de voir les François puiffants à Surate, convaincu que les Hollandois n'étoient propres qu'à dominer, & non pas à fe facrifier pour leurs amis. Mais quand Pondichery auroit eu quelques vûes générales fur le Comptoir de Surate, l'état des François dans l'Inde leur permettoit-il d'aller chercher les Anglois près du Golfe du Cambaye, après être devenus dans le Bengale la

victime

PRELIMINAIRE. ccxcvij

victime de leur ambition ; & tandis qu'à la Côte de Coromandel on se croyoit à peine en état de leur résister ? Il y avoit un moyen presque sûr de faire échouer les Anglois ; c'étoit d'armer contr'eux les Marates : la chose étoit facile, & on ne la tenta pas.

VOYAGE aux Indes Orientales, IIIe. Partie.

Bombaye connoissoit parfaitement la position critique dans laquelle se trouvoient nos Etablissemens. Aussi les Anglois continuerent-ils tranquillement les préparatifs de l'Expédition de Surate, sans même que la présence d'un Vaisseau Danois de soixante pieces de canon, leur portât ombrage. Ils eurent en même tems la prudence de confier l'exécution de leurs projets à l'homme le plus propre à couvrir en quelque sorte par les bonnes manieres le mal qu'il étoit obligé de faire : c'étoit M. Spencer, qui releva M. Ellis parti en Décembre 1758.

Il falloit au moins un prétexte pour commencer les hostilités. Les gens des Anglois ont querelle avec quelques Sidis : ceux-ci se défendent en braves ; & il y a du sang de répandu. Sur cela, plaintes portées à Bombaye ; la prétendue tyrannie du Sidi exagérée. Il y avoit déja à la rade deux Vaisseaux de guerre de l'Escadre de l'Amiral Pocok ; la flotte Angloise, composée de quelques Vaisseaux de Compagnie & de quantité de Barques de transport, étoit commandée par le Capitaine Watson. Dès que les Anglois apprennent qu'elle a mis à la voile, tout le Conseil, sur le prétexte d'une partie de promenade, sort de Surate le 3 Février sur le soir, & se retire à la Barre, pour y attendre les Vaisseaux. Ils laisserent à leur Loge un Employé, nommé Erskinne, qui sçavoit très bien le Maure, avec un Officier, trente Soldats & cent cinquante Cipayes, pour tenir seulement le Sidi en respect. Le Poste étoit dangereux ; les desseins des Anglois étoient connus. Les Marates qui en étoient instruits firent dire au Chef François de se tenir sur ses gardes ; ajoutant qu'il n'avoit rien à craindre de leur part, mais qu'ils ne répondoient pas des Anglois.

Voy. les Prétextes supposés dans les Mém. du Col. Lawrence, T. II. p. 46, 49.

1759.

Le Sidi quelques jours auparavant avoit été voir Aalinavâs khan ; & le 6 du même mois, le Parse Manscherdji,

Tome I.   PP

DISCOURS

accompagné d'un de ses Officiers, retourna chez ce Seigneur. Ces visites avoient sans doute pour objet, des secours que le Sidi prévoyoit bien qu'il ne devoit pas attendre de Miatchen. Aali navâz khan au lieu d'insulter à sa situation, & de lui reprocher la conduite qu'il avoit tenue à son égard, lui fit présent d'un cheval de deux mille roupies, & ne voulut entrer dans aucune ligue, résolu de vivre particulier.

Le Sidi fit aussi demander à M. Boucard, Négociant François, des canons qu'il avoit dans le Jardin François : mais le Chef du Comptoir François, les lui fit refuser, à cause de la neutralité qui étoit à Surate entre les Nations Européennes. Le même Chef, au risque de voir brûler deux Vaisseaux dans lesquels il avoit un intérêt considérable, n'avoit pas voulu permettre aux Anglois de s'en servir, quoique M. Spencer, qui sentoit l'avantage qu'il pouvoit en tirer, lui eût offert la valeur du plus grand (le *Louis-Quinze*) qui étoit de 32 pieces de canon.

La seule ressource étrangere qui restât au Sidi, étoit le secours des Hollandois : ils étoient au moins aussi intéressés que lui à empêcher les Anglois de prendre sur la Ville l'ascendant que la réussite de leurs projets alloit leur donner; sans parler des entraves que la Forteresse pourroit mettre au commerce des Nations établies à Surate. Ils avoient plus de deux cents Soldats; & quarante François auroient suffi pour défendre la Forteresse. Mais le caractere des Puissances foibles est de faire ce qu'il faut pour donner occasion à une plus puissante de les écraser, & de ne pas sçavoir se servir de leurs avantages, lorsqu'elles sont en forces. Les Hollandois ne voulurent pas prendre ouvertement le parti du Sidi, en employant à sa défense celles qu'ils avoient à Surate ; mais ils entretinrent correspondance avec lui : & tandis que les Anglois entroient dans la Forteresse par une porte, le second du Comptoir Hollandois en sortoit par l'autre, au sçu de toute la Ville.

Je reviens aux Anglois. Ils s'étoient retirés à la rade trop précipitamment. Il fallut y attendre assez de tems l'arrivée de leurs troupes, qui ne se trouvant pas réunies

PRÉLIMINAIRE. ccxcix

& prêtes aux eaux vives (qui ne viennent que de quinze en quinze jours) furent cause qu'il mirent près d'un mois à se rendre à la hauteur du Jardin françois; c'est-à-dire, à faire environ trois lieues dans la riviere de Surate. Ce qui les retarda le plus, ce fut une Galiote à bombe qui toucha deux fois sur le banc des Dombous. Pendant ce tems, la Ville étoit en combustion; chacun tâchoit de mettre ses effets en sûreté.

Le 17 Février, les Anglois arriverent à Ombra, qui à une petite lieue de Surate. Le Sidi vit alors clairement que Miatchen alloit l'abandonner, malgré les obligations qu'il lui avoit, & quoiqu'il eût auprès de lui dans la Forteresse un de ses fils comme en otage.

Le 20, les troupes du Sidi investirent la Loge des Anglois, tandis que leurs embarcations étoient à une demi-portée de canon du Jardin françois : le même jour il repoussa leurs troupes; & ses gens tirerent un bon augure, de ce que d'un coup de canon ils avoient tué quatre Soldats & abbatu le Drapeau Anglois.

Le 22 Février, le Sidi s'empara du Jardin Anglois, & y mit des batteries qui incommoderent ses ennemis. Le lendemain il plaça des Tchokis dans le Jardin François; & sa réponse aux protestations du Chef François, fut qu'il ne faisoit que prévenir ses ennemis, & que lui, Chef François, ne pourroit pas les empêcher de s'en emparer. Bientôt les Anglois se trouvant arrêtés vis-à-vis ce Jardin par les eaux basses, en chasserent les troupes du Sidi, s'y posterent, & firent jouer de-là, le 25, deux pieces de vingt-quatre & un mortier de treize pouces. Ils placerent le *Louis-Quinze*, Vaisseau François, à l'avant de leurs Galiotes à Bombe, pour les garantir du feu de la Forteresse, tandis que le Sidi d'un autre côté brûloit trois de ses propres embarcations & les maisons qui pouvoient masquer son canon.

Le Jardin François fut pendant plusieurs jours le théâtre de la guerre & devint la proie des flammes & de l'avidité des Soldats. Le terrein des Hollandois qui se trouvoit entre deux feux, reçut aussi des dommages considérables, malgré leur beau Parapet. Ils eurent l'imprudence de se plain-

Pp ij

dre avec hauteur aux Anglois. La réponfe de ceux-ci fut que, s'ils fe fâchoient pour quelques coups de canon perdus, on leur en enverroit directement.

Les Anglois canonerent la Forterefle pendant plufieurs jours, fans gagner un pouce de terrein. Lorfqu'ils virent toutes leurs embarcations en riviere, & que toutes leurs forces, qui confiftoient en huit cents cinquante Européens, Artillerie & Infanterie, & quelques milliers de Cipayes, fe trouverent réunies, ils fe préparerent aux eaux-vives, qui devoient commencer le premier Mars, à faire une attaque générale. Ils avoient abondance de munitions de guerre. Le Capitaine Maitland, Commandant des troupes de terre, qui étoit du Regiment Royal-Artillerie, en avoit demandé beaucoup à M. Bourchier, Général de Bombaye ; difant qu'il ne connoiffoit pas fon ennemi, & ne le méprifoit pas. Cette expédition leur avoit déja coûté bien du monde. Le 27, ayant appris de quelques-uns de leurs gens qu'il n'y avoit perfonne dans leur Jardin, le Capitaine Fenche partit avec deux cens hommes pour en prendre poffeffion : mais y il fut reçu de maniere à ne plus fe fier à de pareils rapports, & obligé de fe retirer avec perte de quarante-huit hommes.

Enfin la nuit du premier au deux Mars, huit embarcations monterent à la hauteur du Bender du Sidi ; & à trois heures du matin, commença l'attaque générale qui dura jufqu'à neuf heures : elle fut meurtriere pour les Anglois ; mais ils entrerent dans la feconde enceinte de la Ville, prirent leur Jardin, le Bender du Sidi, nettoyerent le Jardin de Tcelibi, & commencerent à bombarder la Forterefle avec trois mortiers à la diftance de fept cents verges. Ils traiterent en même tems avec Miatchen, à qui ils laifferent malgré eux le Dorbar, lui donnant Fares khan pour fecond [1] ; & ce Prince leur ouvrit en conféquence la

---

[1] Voy. dans les *Mém. du Col. Lawrence* (T. II. p. 57 & fuiv.). les pourparlers qui eurent lieu entre les principaux de la Ville, & M. Spencer, qui vouloit donner le Dorbar à Fares khan. Les premiers, malgré les promeffes qu'ils avoient (foi-difant) faites aux Anglois, (voyant qu'il n'étoit plus queftion de

PRÉLIMINAIRE. cccj

Porte de la Mecque de la premiere enceinte. Le Sidi se voyant abandonné par le Nabab, qui prétexte que sa famille est à Bombaye, entre les mains des Anglois, leur envoye demander ce qu'ils veulent, pourquoi ils l'attaquent. De leur côté, point d'autre réponse que, *la Forteresse ou la guerre* ; M. Spencer refuse même de lui députer personne. Le bombardement recommence le 3 à six heures du matin & dure jusqu'au soir. Le Sidi se défend foiblement : sa maison, celles de quelques Particuliers & la Tour dominante de la Forteresse sont endommagées par les bombes au commencement de la nuit ; trois de ses Jemidars prennent la fuite. Epouvanté par ce fracas, plûtôt que vaincu, le Sidi, la nuit même, demande à capituler, & consent à livrer la Forteresse. Il en sortit en effet, sans rien emporter de ce qui y étoit ; & elle resta fermée, jusqu'au moment où les Anglois y entrerent.

Le siége de la Forteresse de Surate dura proprement sept jours (du 25 Février à la nuit du 3 au 4 Mars), qui furent coupés par une tréve de deux jours & demi. Il y eut soixante-douze bombes de lancées. Le nombre des morts, du côté des Anglois, fut de cinquante-quatre hommes, parmi lesquels se trouverent trois Capitaines ; ils eurent plus de quarante blessés, & la desertion leur enleva une centaine d'Européens ; le tout bien par leur faute. Jamais en effet entreprise ne fut plus mal conduite que leur marche, depuis la barre jusqu'à Surate. Ils devoient arriver tous dans les mêmes eaux, & donner ensemble ; alors la prise de la Forteresse eût été l'affaire d'un jour ou deux : ou bien il falloit former un Camp hérissé de canons, pour arrêter les sorties & la Cavalerie, & se contenter de bombarder. La foiblesse de l'argamasse des magasins à poudre eût bientôt obligé le Sidi de se rendre, quand la desertion (qui ne déshonore pas en Asie), ne lui eût pas enlevé une partie de ses troupes.

L'étoile des Anglois l'a emporté à Surate sur les fautes

---

placer Fareskhan dans la Forteresse), insistent pour que Miatchen reste Nabab ; & M. Spencer est obligé d'y consentir ; suivent après cela les conditions du Traité entre Miatchen & les Anglois.

DISCOURS qu'ils ont faites au fiege de la Forterefle, & la conduite de M. Spencer a affermi une conquête qui, fi le Sidi eût eu de la tête, & que le Nabab l'eût fecondé, pouvoit avoir pour les vainqueurs, les fuites les plus funeftes. En effet, rien n'étoit plus facile, même après la prife de la Forterefle, que de les écrafer dans la Ville.

Ils y entrerent le quatre au matin; & les Tchokis qui environnoient la Loge, ayant été retirés, M. Erskine fe rendit auprès de M. Spencer avec une foible efcorte. Après cela le Capitaine Watfon, qui commandoit la Marine, alla au Dorbar avec un détachement de foixante-dix à quatre-vingts hommes. Au retour, comme il vouloit paffer devant la maifon que le Sidi avoit dans la Ville, pour fe rendre à la Loge Angloife, les gens de celui-ci s'y oppoferent : il y eut en route trois Anglois de tués ou bleffés, & une quarantaine d'hommes du côté du Sidi. Arrivé près de la Loge, le Capitaine Watfon, feul, à cheval & très-mal monté, crie à l'Officier qui gardoit la Loge, de faire fortir fon détachement ; celui-ci lui répond d'un balcon qui donne fur la rue. Lorfque les deux détachemens font réunis, ils entrent dans la Loge accompagnés de quelques Cipayes, ayant dans le centre une piece de canon dont l'affût étoit en fort mauvais état, & dont les bœufs s'étoient détachés à quelques pas de-là. Ils furent bientôt rejoints par un fecond détachement qui avoit pris un autre chemin, après avoir effuyé de tems en tems quelques coups de fufil tirés par l'ordre du Sidi. Un Officier, nommé Hamilton, reçut même un coup de Katari dans la cuiffe, étant à la tête de fa Compagnie, fans qu'on pût attraper celui qui l'avoit frappé. Enfin Miatchen envoya des Tchokis pour défendre la Loge Angloife ; il en pofta d'autres autour de la maifon du Sidi : les Anglois y en placerent auffi, & braquerent fix pieces de canon devant la Forterefle.

Pendant ce boulvari, il fembloit que les Anglois euffent perdu la tête, & rien n'étoit plus facile que de les affommer dans les rues, partagés comme ils étoient par détache-

PRÉLIMINAIRE. ccciij

mens qui ne pouvoient se soutenir. Lorsque tout leur monde fut rassemblé, ils se virent un corps de huit cents hommes portant chapeau, Blancs & Topas, & huit à neuf cents Cipayes. Ce fut avec ce Cortege, qu'ils entrerent dans la Forteresse à neuf heures du soir, en assez bel ordre. Tout se passa sans pillage ; ils avoient même ordonné d'effrayer simplement en tirant à poudre, s'il y avoit émeute, & de ménager les hommes : c'étoit le commencement de l'administration de M. Spencer. Ils trouverent dans la Forteresse cinquante mille mans de poudre.

Tout étant préparé pour le triomphe des Anglois, le lendemain, cinq Mars, à six heures du matin, leur Pavillon fut hissé seul à la Forteresse & sur les embarcations du Sidi, & salué d'une décharge générale de l'artillerie de la Place, de celle des Vaisseaux, & de la mousqueterie. A midi les salves recommencerent, lorsque les Anglois rentrerent dans leur Loge. L'ordre dans lequel ils marcherent du Fort à la Loge, avoit quelque chose d'imposant pour le Peuple & d'humiliant pour les Grands.

A la tête paroissoit un éléphant portant le Pavillon du Nabab, entouré d'un millier de Cipayes. Après eux venoit M. Spencer porté en Palanquin, entre Fares khan, second de la Ville, & le fils du Sidi de Rajpouri, aussi en Palanquin. Ils étoient suivis du fils de Miatchen & du Capitaine Watson à cheval, & de deux grands Jemidars aussi à cheval, qui précédoient quatre carrosses tirés par des bœufs, où étoient les Conseillers du Comptoir & les autres Employés. La marche étoit terminée par Jagrenat, Courtier de la Loge Angloise, suivi d'un éléphant, de plusieurs chameaux, & d'une foule de Cipayes, Dobachis &c.

Ainsi finit l'expédition des Anglois à Surate, bien conçue, mal concertée & encore plus mal exécutée. Ils y perdirent plus de deux cents Européens, quoiqu'ils eussent pour eux le Nabab ; qu'ils fussent maîtres de la riviere ; que Bombaye fût presque à la porte ; & ils ne dûrent leur succès qu'à l'imprudence d'un homme sans expérience (le Sidi), & au fracas, inusité dans ces Contrées, que firent leurs bombes.

Les choses dans la Ville resterent comme elles étoient avant la prise de la Forteresse par les Anglois. Les Européens conserverent leurs Comptoirs, leurs Privileges : Miatchen garda le Dorbar ; mais Fares khan, son second & l'homme des Anglois, fut le vrai Nabab : Vali eullah [1] fut chargé des dehors de la Ville.

Les Marates qui dans les querelles des Princes du Pays avoient coutume de se rendre nécessaires, & de partager les dépouilles du vaincu, furent obligés, dans cette révolution, d'être pour quelques tems simples spectateurs. Un corps de leurs troupes s'approcha de la Ville ; ils eussent voulu négocier avec Miatchen, malgré les protestations qu'ils avoient faites aux Anglois : & il est certain qu'un François député de Pondicheri à Ponin, auroit facilement tourné leurs armes contre les assiegeans. M. Spencer tint ferme, les éloigna poliment, éluda leurs offres de service, & déclara que pendant le siege il ne laisseroit approcher personne de la Forteresse. Les Marates se présenterent à la Loge Angloise le 11 du même mois de Mars ; & après plusieurs poursuites, obtinrent le 24, trente-cinq mille roupies, dont ils furent obligés de se contenter, parce que Nana écrivit à leurs Chefs, ainsi qu'au Nabab & aux principaux Marchands, que les Anglois n'avoient agi que par son ordre.

Les Européens lésés dans cette guerre, n'avoient pas de dédommagemens à attendre, comme dans celle de Sabder khan ; le plus grand mal étoit venu des Anglois qui étoient trop puissans pour faire des restitutions : ils avoient la Forteresse, un emplacement considérable près de cette Place appartenant au Sidi, sa flotte, un grand Caravanseraï, & ils étoient encore maîtres des deux portes de la Ville entre lesquelles leur Jardin étoit situé. Aussi les Hollandois envoyerent-ils complimenter M. Spencer, au lieu de

---

[1] Dans les *Mém.* du Col. Lawrence, T. II. p. 51. Ce Maure est représenté comme un fourbe, qui avoit sacrifié Aali navâz khan, & qui offroit aux Anglois d'agir contre Miatchen

PRÉLIMINAIRE.

se plaindre des dégats causés dans leur Jardin. Les Anglois ne firent que rire; de la députation, sans marquer aucune sensibilité à la part que les Hollandois prenoient à leurs succès. Ceux-ci s'aviserent quelques jours après de se brouiller avec les Anglois pour un salut de Vaisseau : mais leur Chef trouva le moyen de renouer avec M. Spencer, du moins politiquement, & lui rendit le 15 une visite d'une demi-heure. La réception de la part du Chef Anglois fut assez froide, quoique polie; & c'étoit tout ce qu'ils méritoient. D'un autre côté, ils recevoient tous les jours dans la Ville de nouveaux affronts. Leurs coulis étoient fustigés dans le Bazar par les ordres de Fares khan. M. Taillefer veut faire bâtir une cuisine; le terrein qu'il destine à cela dépend de la Forteresse; & la permission dont il a besoin lui est refusée.

Voyage aux Indes Orientales, IIIe. Partie.

Les François qui étoient moins puissans, furent traités avec plus d'égards, quoiqu'ils fussent les seuls qui n'eussent pas complimenté les Anglois : mais au fond ils ne reçurent que des paroles. Le 6, M. Spencer donna ordre d'évacuer leur Jardin; & quelques jours après il envoya le second du Conseil, assurer le Chef François des dispositions pacifiques de sa Nation à cette partie de la Côte, ajoutant qu'on lui rendroit ses Vaisseaux dont le besoin de la guerre l'avoit obligé de se servir. En effet, sur la fin du mois, le *Louis-Quinze* fut rendu dans l'état où l'avoient mis les canonades du Sidi. Le Chef François ne jugea pas que cette restitution méritât un remerciement; & les Anglois ne blâmerent pas sa fierté. Restoit le Nabab auquel on pouvoit demander des dédommagemens pour près de cinquante mille roupies de perte. Le Chef François s'adressa au Dorbar; on le pria d'attendre, on lui promit qu'il ne perdroit rien; & ce fut toute la satisfaction qu'on lui donna.

Les Sidis, esclaves de Tegh beig khan, se sentirent de la chûte de celui de la Forteresse. Adji Massoud, honnête homme, perdit le Gouvernement de Render. Sidi Jafer, caractere fourbe, intrigant & cruel, obligé de plier sous Fares khan, eut bien de la peine à se soutenir.

Mém. du Col. Lawrence, T. II. p. 51. 52.

Le Sidi retiré dans la maison qu'il avoit à Surate, y

Tome I. qq

cccvj   *DISCOURS*

———————— étoit en apparence tranquille : Fares kan lui avoit fait
Voyage dire de ne garder que dix pions, jufqu'à ce qu'on le me-
aux Indes nât à Bombaye. Le 14, le Capitaine Watfon fur quel-
Orientales
IIIe. Partie. ques foupçons, lui rendit vifite, & trouva dans fa maifon
vingt barils de poudre & un grand nombre de canons. On
découvrit auffi que plufieurs des premiers Maures de la
Ville, avoient chez eux des foldats cachés. Cela fit retarder le départ des embarcations & des Troupes Angloifes.
Tout ce qui étoit dans la maifon du Sidi fut enlevé ; &
on lui donna une garde de trois cents hommes, plus pour
le veiller que pour le défendre.

    L'*Intrus*, efpece de Carnaval qui dure quinze à vingt jours,
Chap. cccvj. finit cette année le 16 Mars au matin : les deux derniers jours
avoient été remarquables par des folies de toute efpece.
Après cette fête, Fares khan fe rendit à la Loge Angloife, d'où il fortit le foir avec M. Spencer, pour aller au
Dorbar le faire reconnoître en qualité de Gouverneur de la
Forterefle. Ils étoient précédés du Pavillon Anglois, fuivi
de celui du Nabab ; après eux venoient Sidi Jafer,
Vali Eullah & plufieurs Officiers Anglois en carroffe,
fans Troupes Européennes : le Sayed les avoit précédés
au Dorbar. Le lendemain de cette vifite, les Anglois hiffe-
rent à trois heures après-midi le Pavillon Mogol à la Forterefle avec le leur, & les affurerent tous les deux par des
décharges d'artillerie : on battit le Nogara ; ils répandirent même dans le Public qu'ils enverroient à l'Empereur
de l'Indouftân le revenu de la Forterefle. Ce n'étoit pas
affurément leur intention. Ils n'auroient pas même eu pour
les Maures cette premiere condefcendance, qui, au fond,
ne leur ôtoit rien de ce qu'ils étoient venus chercher à Surate, s'ils n'avoient pas craint les fuites du zele patrioti-
que. Le pays dépendoit toujours du Mogol ; & les Maures
de confidération étoient choqués de ne plus voir fon Pavillon à la Forterefle. On difoit qu'Aali navâz khan, le
Sayed, le Sidi même, excités par les Hollandois qui leur
faifoient entendre qu'ils alloient être comme à Bombaye,
fujets des Anglois, complottoient d'ôter cette tache au nom
Mogol. Surate d'un autre côté fe recrioit, difant que les

PRÉLIMINAIRE. cccvij

François regarderoient la Ville comme Angloife, & prendroient fes Vaiffeaux.

Les affaires ayant été arrangées par les bonnes façons de M. Spencer, qui fçavoit rendre fupportables les traitemens les plus injuftes, les Anglois, le 20 Mars, embarquerent pour Bombaye une centaine de foldats. Ils fe préparoient à y faire paffer le refte de leurs troupes ; mais le 31, ils reçurent ordre du Confeil fupérieur de les garder : en effet, ils en avoient encore befoin pour impofer au moins à ceux qui auroient voulu remuer. Les Marates, le Sidi, les Maures de confidération, le Peuple, tout étoit à craindre au commencement d'une adminiftration qui mécontentoit également amis & ennemis. Le 4 Avril, les Troupes de Nana en vinrent aux mains, hors de la Ville, avec celles de Damangi, qui après avoir été pris par les gens du Chef des Marates, s'étoit fauvé à Aurengabad. Le 10 du même mois, la tyrannie de Fares khan occafionna une émeute. Son fils voulant exiger quelques fommes, il y eut bruit dans le Bazar ; fes Pions furent battus par des Parfes, & plufieurs de ceux-ci bleffés. Ordre auffitôt de Fares khan de prendre tous les Parfes que l'on rencontrera. Le frere de Manfcherdji tombe entre les mains de fes gens, & eft renfermé. Manfcherdji a l'imprudence d'aller le redemander ; il eft lui-même arrêté : Jagrenat, fon ennemi perfonnel, rappelle que ce Parfe avoit menacé les Anglois du tems des pluies. Le fecond du Confeil Hollandois fe rend auffi-tôt chez le Nabab, & reclame le Courtier de la Loge : mais Fares khan le refufe aux ordres mêmes de Miatchen. Enfin les premiers de la Ville qui craignoient pour le commerce, s'il y avoit rupture ouverte entre les Anglois & les Hollandois, Tchelibi, Sidi Jafer, Vali Eullah, vont folliciter la liberté de Manfcherdji ; & après bien des pourparlers, ce Parfe fort à minuit de chez Fares khan, exhallant fa colere en menaces, dont celui-ci ne craignoit pas les fuites.

Voyage aux Indes Orientales, IIIe. Partie.

Ci-d. p. ccxij. fuite de la note.

Ces reftes d'incendie devoient inquiéter les Anglois. Cependant les befoins de leurs autres Établiffemens, quoiqu'ils euffent appris, le 21 Mars, la levée du fiege de Madras, les obligerent de renvoyer à Bombaye les forces avec

qq ij

lesquelles ils avoient établi leur puissance à Surate; ils ne gardèrent que trois cents hommes. Le rembarquement se fit le 19, & deux jours après parut en rade un Vaisseau qui venoit charger des bleds pour Madras.

Il falloit, pour terminer aux yeux des Naturels du Païs & des Européens, ce qui concernoit la conquête des Anglois, que le Mogol leur envoyât la Commission de Gouverneur. Les Lettres du Visir, arrivèrent enfin à Surate [1]. Le Nabab les lut en plein Dorbar, le 11 Juillet; & les Anglois invitèrent par des Députations & par des Lettres particulières les Nations Européennes & les Marchands de la Ville, à venir, le 18 du même mois, assister dans leur Loge à la lecture de ces Lettres, qui, par provision, en attendant le Firman du Mogol, leur donnoient pouvoir de garder la Forteresse, & la Daroguie (l'Intendance) de la mer avec les Prérogatives attachées à ces Places.

Le Chef Hollandois s'excusa de prendre part à cette cérémonie; les Portugais y députèrent leur Courtier. Le Chef François crut devoir marquer aux Anglois ce qui l'empêchoit d'envoyer à leur Assemblée. Ses raisons en général étoient qu'il n'y avoit que le Nabab, représentant à Surate le Mogol, qui eût droit de faire de pareilles convocations; que pour ce qui étoit des Nations Européennes, leurs Privilèges étoient les mêmes, émanés immédiatement du Mogol; qu'elles ne dépendoient que de ce Monarque, & non les unes des autres; qu'au reste, il ne pouvoit, sans les ordres de ses Supérieurs, députer personne à des Assemblées de cette nature; démarche qui, vis-à-vis de la Ville, passeroit pour une reconnoissance solemnelle de la légitimité de leur puissance.

---

[1] On peut voir les différentes pièces que les Anglois reçurent de Dehli, dans les *Mém. du Col. Lawrence*, T. II. p. 66-83. Les Anglois, dans la représentation qu'ils font au Mogol, lui dépeignent le Sidi comme un Tyran, un usurpateur, qui touchoit le Tanka sans protéger les Vaisseaux Marchands contre les Pirates. Ils ajoutent que les Habitans de Surate ont jetté les yeux sur eux comme seuls en état de les défendre; ce qui les a engagés à prendre la Forteresse, quoique, disent-ils, *nous ne nous mêlions dans ces Contrées du Monde que du Commerce de la Marchandise, & que nous n'aspirions ni à prendre ni à gouverner les Villes & les Pays*. (Ibid. p. 69). Il faut croire que ce langage est de stile : la conduite des Anglois dans le Bengale le contredit formellement.

PRÉLIMINAIRE. cccix

La lecture de la Lettre du Visir se fit à la Loge Angloise à dix heures, au bruit de vingt-un coups de canon.

Les Maures que les Anglois avoient mis à Surate à la tête des affaires, leur donnoient de tems en tems des scenes dont la violence, quoiqu'analogue à la leur, pouvoit leur causer de l'inquiétude. Il falloit toute la douceur & toute la fermeté de M. Spencer pour en arrêter les suites. Fares khan, las apparemment de n'être qu'en second, après les services essentiels qu'il avoit rendus, crut qu'il n'étoit question que de se défaire de Miatchem, pour devenir Nabab; il gagne en conséquence six des gens de ce Prince, Cipayes & serviteurs, qui entrent la nuit dans son appartement pour l'assassiner. Le bruit qu'ils font en forçant les portes, les décelle; les Gardes viennent au secours, trois des Assassins sont pris; & sur l'assurance que le Nabab leur donne de leur grace, ils avouent que c'est Fares khan qui les a engagés à commettre cet attentat. Le lendemain, le fils du Nabab alla demander justice à M. Spencer qui se trouva fort embarassé. Le crime étoit avéré; ces hommes avoient montré un écrit signé de Fares khan; & les Anglois avoient besoin de lui. Le Chef Anglois fit appeller trois fois Fares khan, qui, sous différens prétextes, ne parut pas tant que ceux qui déposoient contre lui furent à la Loge Angloise. Mais dès qu'il les sçut partis, il se rendit chez M. Spencer, & l'assura que le Nabab avoit formé contre lui le même dessein. L'affaire dormit deux jours: le troisieme, Fares khan, Sidi Jafer, le fils du Nabab & le Capitaine Watson, allerent au Dorbar, tous quatre dans le même carosse. Le Nabab & Fares khan se donnerent la main; & l'on présenta le Bethel en signe de reconciliation.

On emploie les Scélerats pour de certaines entreprises, & l'on voudroit, quand on a obtenu par leur moyen ce que l'on desiroit, se défaire d'eux, parce que l'esprit de violence & de rapine qui les anime, & qui est bon pour le coup de main, trouble la tranquillité que l'on a dessein d'établir: telles étoient à peu-près les dispositions des Anglois à l'égard de Fares khan. Si Aalinavâz khan, dont

VOYAGE aux Indes Orientales, IIIe. Partie.

la droiture étoit connue, avoit été difposé à fe prêter aux vûës des Anglois, c'eft-à-dire, qu'il eut confenti à gouverner la Ville, en les laiffant abforber le commerce, on lui auroit rendu la Nababie ; les offres qu'on lui fit quelques années après, prouvent ce que j'avance ici.

Ce qui devoit mettre le fceau à la Conquête des Anglois, étoit le Firman du Mogol, ou du moins le *Houzbeul hokom* du Vifir. Ils reçurent au commencement d'Août cette feconde piece, datée du 24 Juin ; & le 13 du même mois, elle fut lûe à leur Loge avec l'appareil le plus impofant. Le Miniftre dans fon *Houzbeul hokom*, approuvoit au nom du Mogol ce que les Anglois avoient fait, déclaroit M. Spencer Keleidar de la Forterefle de Surate, & Daroga de la mer & de la flotte du Sidi ; ajoutant qu'on lui enverroit les Firman & Paravana néceffaires pour ces deux Places : dans la feconde, les Anglois fuccédoient à Sidi Iakout khan, Keleidar de Rajpouri, avec les revenus accordés à ce Sidi par le Mogol.

La fatisfaction qu'eurent les Anglois, de voir une partie confidérable du revenu de Surate entre leurs mains, fut un peu troublée par un acte de fermeté qu'ils n'auroient pas attendue de la part du Chef François. On a vu ci-devant que celui-ci avoit refufé d'envoyer perfonne à la lecture de la premiere lettre du Vifir ; mais le fieur Boucard, Négociant François, y avoit affifté, fur le prétexte de quelques affaires. Ce Particulier étoit fort lié avec les Anglois. Lorfqu'ils fe retirerent à la Barre, il reçut chez lui leurs effets les plus précieux. Il les follicitoit alors vivement d'employer leur autorité pour lui faire payer quarante à cinquante mille roupies qu'il prétendoit lui être dûes par des Marchands de la Ville ; affaire dans laquelle les Chefs François n'avoient pas voulu entrer, parce qu'ils la croyoient louche. Le fieur Anquetil de Briancourt fçachant qu'on avoit répandu dans Surate, qu'il avoit approuvé la demarche de ce Négociant, l'envoya fommer trois fois de fortir de la Loge Angloife, où il étoit lors de la lecture de la feconde Lettre du Vifir. Il le refufa ; on lui remit en préfence des Anglois, une fommation par écrit au nom du Roi.

PRÉLIMINAIRE.

Il la mit dans sa poche, & resta à la Loge. Le Chef François prit ses mesures pour le faire arrêter sans esclandre à son retour. Mais les Anglois, qui ne vouloient pas qu'un homme sortant de chez eux, reçût un affront, le firent escorter de cent de leurs Pions. Le Chef François, sans foiblir, lui envoye le lendemain ordre de se rendre aux arrêts à la Loge Françoise, sous peine de désobéissance. Ce coup le frappe; & M. Spencer qu'il consulte est le premier à lui conseiller la soumission à son Chef légitime [1]. Le sieur Boucard se rend donc à la Loge, & y passe vingt-quatre heures, au grand étonnement de la Ville qui n'avoit

---

[1] L'autorité du Chef François de Surate sur les Particuliers de sa Nation, reconnue légitime par les Anglois maîtres de la Forteresse, dans une circonstance où cet aveu devoit leur coûter, & le détail de leur Expédition, prouvent l'inexactitude de ce qu'on a avancé dans la seconde Edit. de l'*Art de vérifier les Dattes*, p. 800. col. 1. art. Georg. II. Voici ce qu'on lit dans cet Ouvrage. « Le 2 Mars suivant ils (les Anglois) s'emparent de Surate, à l'embou» chure du Fleuve Indus, l'une des plus belles Villes de l'Inde, & la plus » Marchande, appartenante à l'Empereur du Mogol. Ils la pillent, ils y détrui» sent les Comptoirs des François, & en remportent des richesses inestimables, » sans que le Grand Mogol paroisse se ressentir de cet outrage.

1°. Surate n'est pas à l'embouchure de l'Indus, mais au commencement du Golfe de Cambaye. 2°. Les Anglois n'ont pas pris cette Ville ; ils ne l'ont pas pillée, selon la force de ce terme, quand il est question d'une Ville prise. 3°. Les François n'y ont qu'un Comptoir, que les Anglois n'ont pas détruit. 4° Ce que les Anglois ont retiré de leur Expédition ne peut pas s'appeller des richesses inestimables. Il est vrai que les Particuliers, entr'autres les Chefs du Comptoir y font de belles fortunes, en tyrannisant les Marchands, les Armateurs, & absorbant en quelque sorte le Commerce. mais la Compagnie Angloise, abstraction faite de toute autre considération, est plus chargée qu'enrichie par l'acquisition qu'elle a faite D'abord les cinq à six laks de Marchandises qu'elle peut envoyer d'Europe à Surate, s'y débiteroient également quand elle n'auroit dans cette Ville qu'une Loge comme les autres Européens. D'un autre côté le Gouvernement de la Forteresse, l'entretien de la petite flotte qui protége la navigation de la Ville, & les dépenses de la Loge, causent par an aux Anglois au moins deux laks & demi de frais ; & leur revenu réel consiste à-peu-près en 70000 roupies de Jaguires affectés à la Forteresse, & en pareille somme que la Doüane peut leur rapporter. Aussi n'est-ce qu'avec bien de la peine qu'ils payent l'intérêt de ce que leur Compagnie doit à Surate, & qui montoit encore en 1765 à cinq à six laks. 4°. Enfin, en arborant à la Forteresse le Pavillon du Mogol, les Anglois se sont reconnus Vassaux de ce Monarque ; & leur conquête a été ratifiée par les Firmans usités en pareille circonstance.

D'après ces Observations, communiquées aux Sçavants Auteurs de l'*Art de vérifier les Dattes*, l'article auquel elles ont rapport, a été corrigé dans un *Erraza* particulier : malgré cela, les suites funestes qu'a eu pour mon frere la prise du Vaisseau Maure le *Fez Salem*, m'obligent de les placer ici.

jamais vû chez les Européens un acte d'autorité de cette force. Fares khan avoit envie de le faire enlever; & la chose étoit facile. Le Chef François, pour faire voir le pouvoir que lui donnoit sa place, alla tranquillement le soir se promener à son Jardin, & traversa pour cela une partie de la Ville. Pendant les vingt-quatre heures que durerent les arrêts, le Nabab, le Sayed, Aali navâz khan, & plusieurs des Principaux de la Ville, envoyerent à la Loge Françoise, en sçavoir les raisons, & complimenter le Chef François. Deux jours après, les Anglois écrivirent au sieur de Briancourt une Lettre un peu forte., prétendant qu'il les avoit insultés en mettant aux arrêts une personne qui leur avoit rendu une simple visite : la réponse du Chef François, plus polie, ferma la bouche aux Anglois. Le mépris d'une sommation faite au nom du Roi, par un Chef légitime, méritoit punition.

Le Firman du Mogol, daté du 4 Septembre, arriva enfin à Surate. Il fut lû le 21 Novembre à neuf heures & demie du matin, sous une tente devant la Forteresse; & M. Spencer, après avoir bien établi l'autorité des Anglois dans la Ville, quitta Surate en Décembre 1759, pour aller prendre à Bombaye le Poste de Commissaire de la Marine. Il fut remplacé par M. Press, homme bouillant, fougueux même, & le plus propre à faire regretter l'administration douce, honnête & bienfaisante, autant qu'elle pouvoit l'être, de son Prédécesseur. J'aurai occasion de parler des procédés violens de cet Anglois dans la suite de cette Relation.

Ce que je viens de rapporter des troubles de Surate, peut donner une idée juste du caractere des Maures, des Marates & des Européens établis dans l'Inde. A Surate, substituez une Province entiere; au Nabab, un Soubehdar, le Mogol lui-même; au petit Chef Marate de cette Ville, Nana ou Moraro; aux Loges Européennes, des Établissemens tels que Madras, Pondicheri; aux Chefs des Comptoirs, des Gouverneurs; & vous trouverez les mêmes passions, les mêmes intérêts, les mêmes procédés. C'est ce qui m'a engagé à entrer à ce sujet dans d'assez grands détails.

Je reprens la suite de mes voyages. Arrivé à Surate j'aillai descendre à la Loge Françoise où mon frère m'attendoit.

PRÉLIMINAIRE.

doit. On m'y donna tous les secours dont je pouvois avoir besoin; & quelques jours de repos me remirent assez bien des fatigues que je venois d'essuyer. Il me restoit pourtant toujours des symptômes de dyssenterie que le changement de nourriture ne fit qu'irriter. Voyant que le mal augmentoit, malgré la force de mon tempérament, & las des remedes & des visites d'un Européen qui se disoit Médecin, je me condamnai à une diete absolue; & par le moyen de plusieurs prises d'Ipékakuanha que j'avois apportées de Mahé, je me tirai moi-même d'affaire en un mois & demi.

Le genre de vie que je menai après ma convalescence, ne contribua pas peu à retablir ma santé, qui demandoit un régime austere. Plusieurs raisons m'avoient engagé à prendre un logement particulier, & à paroître rarement à la Loge Françoise. Le caractere sec, mordant & exigeant du Chef François avoit dequoi rebuter. C'étoient difficultés sur tout, longueurs éternelles, remises qui ne finissoient point, pour des choses que l'on pouvoit faire sur-le-champ. Après bien des allées & des venues, je vis enfin paroître les Docteurs Parses pour lesquels j'avois fait le voyage de Surate, & avec qui je devois m'instruire de la Religion de Zoroastre : c'étoient les Destours Darab & Kaous, Chefs d'un des partis qui divisoient les Parses de Surate (on verra plus bas l'origine de cette division). Il ne fut d'abord question que du Manuscrit qu'ils prétendoient venir de leur Législateur. Ils devoient me le copier pour cent roupies ; cela demandoit du tems : & pressé de regagner les années que je croyois avoir perdues, j'aurois voulu commencer sur-le-champ l'étude de leurs anciennes Langues. Je m'apperçus dès-lors du manége des gens de la Loge. Ils cherchoient à se faire valoir, & craignoient que je ne devinsse trop-tôt au fait. Je résolus de me passer d'eux, & de conduire mes affaires moi-même. Pour cela, il falloit quitter la Loge Françoise où j'étois fort à l'étroit, & où je sentois déja que je gênois.

Ces contretems me touchoient moins que la conduite de mes Docteurs ; leur lenteur me désespéroit. Après trois mois de séjour à Surate, je reçus enfin le Manuscrit qu'ils m'avoient promis. C'étoit le *Vendidad*, vingtieme Ouvrage de leur Légiflateur, volume *in*-4°. écrit en Zend & en Pehlvi. J'ignorois alors qu'il fut tronqué & altéré, comme je le découvris dans la fuite; & après leur en avoir payé le prix, je comptois me mettre fur-le-champ à l'étude de ce Livre. Mais les Adarous qui craignoient de me voir marcher trop vîte, voulurent me faire commencer par l'Alphabet: je pris en effet celui qu'ils me donnerent; & il me fervit à démêler promptement les caracteres dans lefquels étoit écrit le *Vendidad*.

Ces premiers pas ne plurent pas à mes Docteurs, qui croyoient prefque me voir échapper de leurs mains; les réponfes aux queftions que je leur faifois, furent plus réfervées. Ils affectoient un ton myftérieux qu'ils croyoient propre à donner du relief à leurs Leçons. Leurs vifites étoient interrompues par de longues abfences, toujours fous prétexte des dangers qu'ils couroient en fortant de chez moi. Une autrefois, ils me parloient des fommes confidérables que M. Frafer leur avoit offertes pour avoir des Manufcrits Pehlvis, & de la récompenfe qui étoit réfervée en Angleterre pour celui qui auroit traduit leurs Livres facrés.

Tant que M. le Verrier refta à Surate, il ne me fut pas poffible de tirer des Docteurs Parfes autre chofe, que le *Vendidad Zend & Pehlvi*, & quelques éclairciffemens généraux fur leur Religion. Les fommer de leur parole, c'eût été peine perdue: s'appercevant même du peu de confidération que le Chef François avoit pour moi, ils fe retirerent infenfiblement.

J'étois alors dans la fituation la plus trifte, expofé aux traitemens que j'avois éprouvés dans le Bengale. On me refufoit tout à la Loge Françoife, & avec une forte de mépris, qui ne pouvoit qu'éloigner de moi les gens du Pays. Il fallut faire des fommations en forme au Chef François; me plaindre amerement de fes procédés au Confeil fupérieur & au Gouverneur de Pondicheri; envoyer à celui-ci une copie des Lettres que je venois de recevoir de M. le Comte de Caylus & de M. Boutin, Commiffaire du Roi à la

PRÉLIMINAIRE.   cccxv

Compagnie des Indes, qui me recommandoit au Gouverneur, & l'autorisoit à m'avancer de l'argent ; & en attendant la réponse à cette expédition, me voir hors d'état de rendre ce que j'avois emprunté à Goa, pour faire le voyage de Surate : il fallut me réduire même au Kischeri, pour de ce que j'épargnerois de mes appointemens, payer une partie de mes dettes, acheter les Livres dont j'avois besoin ; & avec tout cela, travailler.

Quelle étoit pourtant le fondement de cette conduite bizarre & dure de M. le Verrier, d'ailleurs homme de bon sens, de probité & même religieux ? La rareté de mes visites, mon peu de soin à faire ma cour, l'éloignement que j'ai toujours eu pour l'esprit de parti, & sans doute le silence de Pondichery qui ne m'avoit pas annoncé à Surate sur le pied que je m'étois flatté. Je tire un voile sur ces contradictions qui montrent la foiblesse de l'humanité. Peut-être même le Lecteur ne me pardonnera-t-il pas de l'en avoir entretenu. Mais je ne pense encore qu'avec une sorte d'attendrissement aux réflexions accablantes & souvent prolongées fort avant dans la nuit, que je faisois sur l'abandon dans lequel je me trouvois, après être venu du fond du Bengale chercher & traduire à Surate les Livres de Zoroastre [1].

Au milieu de ces querelles, que je puis appeler domestiques, j'étois assez bien avec les Nations Européennes établies à Surate, & en particulier avec le Chef du Comptoir Hollandois, M. Taillefer, homme poli & lettré. Comme Manscherdji, son Courtier, étoit le premier des Parses de Surate, je pensai qu'il pourroit avoir, lui ou son Docteur, un exemplaire du Manuscrit que les Destours de M. le Verrier m'avoient copié. D'ailleurs, comme il étoit ennemi personnel de mes Destours, la ressemblance

Voyage aux Indes Orientales, IIIe. Partie.

---

[1] La nuit du 20 au 21 Septembre 1758, jusqu'au 22 à midi, il y eut à Surate une crue d'eau extraordinaire ; la moitié de la Ville fut inondée : les eaux s'écoulerent le soir du 22 jusqu'au 23. Plusieurs vieillards m'assurerent qu'il y avoit trente-deux ans qu'on n'avoit vû l'eau si haute.
La nuit du trente Octobre, fête dans la Ville à l'occasion du *Divali*, premier jour de l'an des Gentils.

de son Manuscrit avec le leur devoit attester l'authenticité de celui de Darab : c'étoit le moyen de découvrir la vérité que d'avoir des liaisons dans les deux partis. Mes espérances ne furent pas vaines : M. Taillefer, sur la fin de Novembre, m'envoya le *Vendidad Zend & Pehlvi* de Manscherdji, me marquant que ce Parse lui avoit assuré que c'étoit la Copie la plus authentique & la plus exacte qui fût à Surate. Aussi me *prioit-il d'avoir soin qu'il ne s'en perdît point de feuillets, & de le lui renvoyer le plûtôt que je pourrois* [1].

Dès-que je me vis en possession de ce trésor, je le comparai lettre par lettre avec mon Exemplaire ; & y trouvant des différences considérables, je recrivis à M. Taillefer, pour le prier d'engager Manscherdji à me laisser son Manuscrit quelque tems. Mon dessein étoit d'en extraire, comme j'ai fait, les différences.

[1] Le 30 Décembre 1758, il y eut une éclipse de Soleil que j'observai simplement de mes yeux, prenant l'heure sur une montre ordinaire, & sans pouvoir déterminer exactement les portions du disque qui étoient éclipsées. A onze heures & demie, la partie australe du disque du Soleil étoit obscure. L'obscurité augmenta jusqu'à midi douze minutes : la partie orientale du disque formoit un croissant. A vingt minutes, la partie australe beaucoup plus claire : celle de l'Est toujours un peu prise. A trente minutes, le disque plus dégagé. A quarante minutes, encore un peu d'obscurité, ainsi qu'à cinquante-neuf minutes. Fin de l'Eclipse, à une heure un quart.
Tandis que j'attendois à l'Orient, en 1755 le départ des Vaisseaux, quelques-uns de mes amis & de mes Protecteurs faisant réflexion que je me trouverois dans l'Inde en 1761, au passage de Venus sur le disque du Soleil, crurent qu'il seroit bon de m'envoyer les instrumens nécessaires pour l'observation de ce phénomene. M. le Comte de Caylus & M. Lamoignon de Malesherbes firent les frais de l'envoi, qui devoit consister en une Pendule à secondes, un Quart de cercle, quelques verres &c; M. l'Abbé Barthelemy grossit la caisse de plusieurs bons Livres tirés de son Cabinet, & M. l'Abbé de la Caille (nom à jamais respectable pour moi), mon ancien Maître ; se chargea de revoir les instrumens. La caisse fut portée à l'Hôtel de la Compagnie : mais, vrai-semblablement par une erreur de chargement, elle n'aura pas été mise sur les Vaisseaux. Deux mois après mon arrivée à Pondichery, j'écrivis à ce sujet à M. de Saint Ard, Directeur de la Compagnie, qui par sa réponse, du 15 Juillet 1756, me fit entendre que cette Caisse étoit restée à l'Orient, & que je la recevrois au plus tard en 1757. Quatre ans après, mon frere, dans une Lettre du 28 Janvier 1760, crut devoir marquer à M. de Leyrit que je ne l'avois pas reçue ; & en effet je n'en ai entendu parler ni dans l'Inde, ni à Paris à la Compagnie. Je sens malgré cela toute l'obligation que j'ai aux personnes qui ont bien voulu contribuer à cet envoi ; & c'est avec bien de la sincerité que je leur en marque publiquement ma reconnoissance.

PRÉLIMINAIRE. cccxvij

La réponse du Chef Hollandois fut très-polie : sans m'accorder positivement ce que je demandois, il me promettoit d'en parler à son Courtier. Pour moi, résolu de profiter de l'occasion, je commençai mon travail. J'aurois souhaité que mes Parses m'eussent aidé dans ma revision : mais je craignois, si je leur en parlois, que la honte de se voir confondus, ne leur fît divulguer le service que Manscherdji venoit de me rendre; ce qui auroit pu porter ce Parse à redemander son Livre avant que j'en eusse tiré le parti que j'espérois. D'ailleurs, me voyant peu de fonds, ils se rendoient rares : à peine paroissoient-ils une fois en quinze jours.

Voyage aux Indes Orientales, IIIe. Partie.

Enfin pour sçavoir à quoi m'en tenir sur les différences que je trouvois entre deux Manuscrits que l'on me donnoit pour être les mêmes, je questionnai doucement mes Docteurs Parses. Ce fut aussi dans cette vûe que je leur payai assez largement quelques Ouvrages Persans dont ils cherchoient à se défaire, & que je les engageai à m'apporter un petit Dictionnaire Pehlvi & Persan qu'ils m'avoient promis, & que des prétextes inventés à-propos (ruses qu'il faut feindre de ne pas remarquer, quand on veut tirer parti des Asiatiques), les empêchoient d'achever.

M. le Verrier quitta Surate au commencement de Janvier 1759, & laissa le Comptoir François de cette Ville à mon frere, qui reçut quelques tems après la Commission de Chef.

Vers le commencement de Février, voyant que mes affaires languissoient, je dis au Destour Kaous que son Manuscrit étoit différent des autres *Vendidads* du Guzarate, & lui montrai sur-le-champ l'exemplaire de Manscherdji. Il pâlit à l'ouverture du Livre, & feignit d'abord de ne pas connoître cet Ouvrage, ajoutant que c'étoit quelqu'autre Traité : il voulut ensuite soutenir l'authenticité de son exemplaire, parce qu'il ne croyoit pas que j'eusse eu la patience de comparer les Manuscrits lettre par lettre, & me quitta d'assez mauvaise humeur. Le lendemain, Darab, son parent, plus habile & plus sincere; & qui voyoit d'ailleurs qu'il n'étoit plus temps de m'en imposer, m'apporta un exemplaire parfaitement semblable à celui de

DISCOURS

Manfcherdji, m'affurant que tous les exemplaires du *Vendidad* reffembloient à celui qu'il me préfentoit ; que la copie qu'il m'avoit donnée d'abord étoit corrigée dans la Traduction Pehlvie : mais que dans le Zend, il n'y avoit que quelques tranfpofitions & changemens de lettres de peu de conféquence. Il promit en même-tems de m'en apporter une pareille à celle de Manfcherdji, & même un exemplaire tout Zend, fans Traduction Pehlvie. Ces avances furent accompagnées du *Vocabulaire Pehlvi & Perfan* dont j'ai parlé plus haut ; de quelques autres Manufcrits, tant en Perfan Moderne qu'en ancien Perfan ; & d'une petite Hiftoire en vers de la retraite des Perfes dans l'Inde.

Cette Hiftoire conduit à celle des Parfes actuels, & peut faire connoître ce refte des Difciples de Zoroaftre, qui à Surate ont été l'objet principal de mes recherches : je crois en conféquence qu'on ne fera pas fâché d'en voir ici l'abregé

II. On fçait qu'Iezdedjerd, dernier Roi Perfe de la Dynaftie des Safanides, fut détrôné par le Khalif Hazeret Omar Ketab, & mourut l'an de Jefus-Chrift 651. C'eft à la premiere année du regne de ce Prince (de Jefus-Chrift 632), que commence l'Ère des Parfes.

La Religion de Zoroaftre ceffa alors d'être dominante en Perfe. Quelques mois après la mort d'Iezdedjerd, les Perfes perfécutés par les Mahométans, fe retirerent dans le Koheftan, où ils refterent cent ans. Ils defcendirent enfuite à Ormus, fur le Golfe Perfique ; & après y avoir paffé quinze ans, ils firent voile pour l'Inde, & prirent terre à Diu.

Les Parfes, & prefque tous les Peuples de l'Orient, confultent dans les affaires importantes, les Livres Aftrologiques. D'abord ils jettent le Dé ; cherchent enfuite dans les Livres de Divination, qu'ils appellent *Fals*, le nombre qui a retourné, & agiffent felon ce que porte l'endroit du *Fal* qui répond à ce nombre. Les Parfes au bout de dix-neuf ans, croyant voir dans leur *Fal* que le féjour de Diu ne leur convenoit pas, fe rembarquerent ; &, après avoir effuyé une violente tempête, ils aborderent à un endroit riant & fertile,

PRÉLIMINAIRE.   cccxix

situé environ à trois cosses [1] Sud de Nargol, qui est à sept cosses de Daman sur la route de Bacim.

Lorsqu'ils furent descendus à terre, un de leurs Chefs alla saluer Djadirach, Prince Indien de cette partie du Guzarate, & lui fit quelques présens. Le Rajah le reçut fort bien : mais voyant ensuite que ces Etrangers étoient en grand nombre & bien armés, il craignit qu'ils n'excitassent quelque trouble dans ses Etats ; ce qui le porta à leur proposer cinq conditions capables, à ce qu'il croyoit, de les détourner du dessein qu'ils avoient formé de s'établir dans son Pays. La premiere condition étoit, qu'ils lui dévoileroient les Mysteres de leur Loi ; la seconde, qu'ils quitteroient leurs armes ; la troisieme, qu'ils parleroient Indien ; la quatrieme, que leurs femmes paroîtroient en public découvertes comme celles des Indiens ; la cinquieme enfin, qu'ils célébreroient leurs mariages au commencement de la nuit, selon l'usage du Pays.

Comme ces cinq articles ne contenoient rien de contraire à la Loi de Zoroastre, les Parses y souscrivirent, & présenterent au Rajah le Précis de leur Religion. Ne craignez rien, lui dirent-ils, de notre part : nous sommes amis de tous les Indiens. Nous servons Dieu ; & l'amour de notre Loi, nous fait fuir les Ministres de l'enfer : nous avons tout abandonné pour elle. Descendus de Djemschid, nous adorons Dieu & tout ce qu'il a créé, les bœufs, les troupeaux, l'eau &c. Nous honorons le Soleil, la Lune, le feu. Nous ceignons le Kosti qui est composé de soixante-douze fils. Nous croyons que les femmes qui ont leurs regles, ou qui sont nouvellement accouchées, doivent être séparées du monde pendant quarante jours, sans voir le Soleil. Le Rajah satisfait de cet Exposé qui rentroit assez dans la Religion des Indiens, per-

VOYAGE aux Indes Orientales, IIIe. Partie.

---

[1] Généralement les mesures des distances varient beaucoup dans l'Inde. Les Indiens donnent le nom de *Cosse* au *Koroh* des Persans, lequel, dans les Livres, est le tiers du *Farsang* ou du *Gao*, mesures de 3000 toises. Voyez les *Farhangs Djehanguiri* & *Berhan katée*, aux mots *kos*, *gao*, *koroh* ; & sur le *farsang*, la note 30 du premier Mém. *sur les anc. Langues de la Perse*. Mém. de l'Acad. des Bell. Lett. T. XXXI. p. 391-392.

mit aux Parses de prendre le terrein qui leur convenoit ; & ceux-ci approuvant le choix fait par leurs Chefs, bâtirent dans l'endroit qui leur étoit accordé, une Ville qu'ils appellerent Sandjan.

Quelque tems après leur paisible établissement, le Chef des Destours rappella aux Parses le vœu qu'ils avoient fait, d'ériger dans leur nouvelle Colonie un Temple au Feu Behram, s'ils échappoient à la tempête qui les avoit assaillis au sortir de Diu. Le Peuple consentit à l'accomplir ; & les Destours allerent en conséquence demander au Rajah un terrein de trois Farsangs (neuf mille toises) en quarré, espace nécessaire, pour que du Sanctuaire on ne pût pas même entendre la voix des Prophanes. Le Rajah acquiesça à leur demande ; & les Parses, pleins de zele, contribuerent de tout leur pouvoir à faire fleurir le nouvel Établissement.

Trois cens ans, plus ou moins (depuis Iezdedjerd), se passerent ainsi sans autres événemens remarquables. Après ce tems les Parses se disperserent. Les uns allerent s'établir à Bankanir (à neuf ou dix cosses de Bansdah) ; d'autres à Barotch (à douze lieues au Nord de Surate) ; ceux-ci à Ankleiser (entre Surate & Barotch) ; ceux-là à Cambaye (à seize lieues au Nord de Barotch) ; plusieurs à Bariao (Aldée, éloignée alors d'une petite cosse du lieu où est la Forteresse de Surate, & qui forme maintenant au Nord un des Fauxbourgs de cette Ville) ; d'autres enfin à Nauçari (à dix cosses Sud de Surate) [1].

Les deux siecles qui suivirent cette dispersion ne présentent rien de considérable. Avec le tems, Sandjan se dépeupla ; les Destours disparurent : Khoscheft, jeune Mobed, & son fils, sont les seuls exacts Observateurs de la Loi, dont l'Histoire fasse mention jusqu'à l'an sept cents [2] (d'Iezdedjerd).

━━━━━━━━━━━━━━━━━━━━━━━━━━━━

[1] Les Parses du Kirman, écrivant l'an 885 d'Iezdedjerd, au mois Aban (l'an de J. C. 1516), à ceux de l'Inde, adressent leur Lettre aux Destours & aux Behdins de Nauçari, de Surate, d'Anklesein, de Barotch & de Cambaet. Dans le *Vieux Ravaët*, fol°. 161, *versò.* 199, *versò.*

[2] Les 700 & les 500 ans sont des comptes ronds, au lieu de 750 à 760 &

PRÉLIMINAIRE.

Il y avoit (plus de) cinq cents ans que les Parses étoient établis dans l'Inde, lorsque les Mahométans parurent à Tchapanir (huit cosses au-delà de Cambaye, sur la route d'Ahmadabad). Le nom du Rajah de Sandjan étoit devenu célébre dans le Pays. Le Sultan Mahmoud (Mohammed Schah) étant sur le thrône du Guzarate, voulut rendre ce Prince tributaire, & ordonna à Alaf khan, son premier Ministre, de marcher contre lui. Alaf khan partit aussi-tôt avec soixante mille chevaux. Le Rajah saisi de frayeur à la vûe de l'orage qui le menaçoit, fit venir les Destours Parses, leur rappella les bienfaits dont il les avoit comblés, ainsi que ses Ancêtres, & les engagea à le seconder dans cette guerre.

La revûe faite, il se trouva quatorze cents Parses en état de porter les armes, & qui vouerent tous leur vie au Rajah. La premiere action fut sanglante. D'un autre côté l'on combattoit pour la vie, pour la liberté; & de l'autre, pour la gloire. Le corps des Indiens tomba sous le fer Musulman. Alors Ardeschir, un des Chefs des Parses, propose à ses freres de soutenir seuls les efforts des ennemis. Les Parses, animés par son exemple, se présentent en bon ordre, & répandent la terreur dans l'armée d'Alaf khan. Ils ne perdirent qu'un de leurs Chefs nommé Kaouf, qui fut précipité d'un coup de lance. Le camp, les tentes & les bagages des Musulmans devinrent la proie des Parses vainqueurs.

VOYAGE aux Indes Orientales IIIe. Partie. Ci-d.p. cclxvj.

---

560 ou 580. L'Auteur de cette Relation adopte ordinairement les plus courts, & ses résultats sont assez difficiles à concilier avec la suite des événemens. Je suppose qu'il calcule d'après l'Époque d'Iezdedjerd, quoiqu'il ne la nomme qu'à la fin, à l'occasion du transport du feu Behram à Nauçari.

Henry Lord (*Lib. citat. p.* 141.) dit que les Parses dispersés dans l'Inde *perdirent enfin le souvenir de leur origine & de leur Religion, jusqu'à ne sçavoir plus d'où ils étoient descendus.* La suite de cette Histoire prouve le contraire. Les Parses se relâcherent, oublierent le Pehlvi : mais l'espece de fureur avec laquelle ils combattirent les Mahométans, fait voir qu'ils ne méconnoissoient pas les destructeurs de l'Empire de leurs ancêtres.

Ci d, p. clxxv. not. 1. lig. 4. au lieu de *Birvi,* lisez : *Éirvi.* P. cclxiv. not. 2. dern lig. 8°. *Kokeh fils son khan*; lisez, *Kokeh khan.* P. cclxv. Rois d'*Ahmadabad.* 1°. En marge, au lieu de 18°. *siecle,* lisez 14°. *siecle :* & p. cclxix. not. lig. 29. *Il y a près de* 400 *ans ;* lisez, *il y a plus de* 400 *ans.*

Tome I. ſs

DISCOURS

La déroute ne fut pourtant pas si générale, qu'Alaf khan n'eût mis promptement une nouvelle armée sur pied, & rassemblé les débris de la premiere. Il reparut quelques jours après à la tête d'un corps formidable de Musulmans. Quoiqu'affoibli par les actions précédentes, le Rajah ne refusa pas le combat. Les armées étoient en présence. Ardeschir, qui voyoit la supériorité de celle d'Alaf khan, demanda au Rajah la permission d'aller lui seul affronter l'ennemi, & partit aussi-tôt armé de toutes pieces, & un filet pendu à la selle de son cheval.

Aux paroles de mépris qui accompagnent son défi, se présente un brave de l'Armée d'Alaf khan. Tous deux, comme deux tigres altérés de sang, s'élancent l'un sur l'autre : mais la valeur d'Ardeschir fixe la victoire ; il démonte son adversaire, l'enveloppe de son rêts, & lui coupe la tête. Alaf khan, furieux de voir son champion vaincu, jure la perte des Parses & celle du Rajah. Aussi-tôt les armées en viennent aux mains ; le carnage des deux côtés est affreux ; Ardeschir, le rempart des Parses, tombe percé d'un trait ; plusieurs Chefs distingués & le Rajah lui-même restent sur-le-champ de bataille. La mort de ce Prince termine le combat : Sandjan fut livré au pillage, & le Pays réduit sous la Domination Musulmane [1].

Les Parses, obligés de quitter Sandjan, se réfugierent dans les montagnes de Bahrout (près de Tchapanir), où ils passerent douze ans. Ils se retirerent ensuite à Bansdah, Ville située huit à dix cosses en deçà d'Aurengabad, emportant avec eux le Feu Behram. Leurs anciens amis allerent au-devant d'eux les recevoir en pompe. Bientôt le concours fut général à Bansdah. On y alloit de tout côté adorer le Feu Behram ; ce qui occasionna un renouvellement de zele.

Ce fut à-peu-près vers ce tems qu'arriva dans le Guzarate

---

[1] Je pense qu'il faut entendre de l'invasion des Mahométans ce qu'on lit dans Henry Lord (*lib. citat.* p. 141.). Ce Voyageur rapporte qu'un des Rajahs qui avoient reçu les Parses dans ses Etats, fut attaqué par un autre Rajah qui conquit son Pays & passa tous les Parses au fil de l'épée, comme attachés au parti de son ennemi.

PRÉLIMINAIRE.

le Deſtour Ardeſchir, qui venoit du Siſtan. Ce Deſtour donna aux Parſes une copie du *Vendidad*, avec la Traduction Pehlvie. Comme celle que leurs Peres avoient apportée * en venant dans l'Inde, s'étoit perdue, on en tira deux de l'exemplaire d'Ardeſchir ; & c'eſt de ces deux copies que viennent tous les *Vendidads Zends & Pehlvis* du Guzarate.

Quatorze ans ſe paſſerent ſans événemens cônſidérables. On vit enſuite paroître à Nauçari un riche Parſe, nommé Tchengâh ſchah, fidéle obſervateur de la Loi. Il diſtribuoit ſon bien aux pauvres, fourniſſoit aux Parſes des *Koſtis* & des *Saderés*, & travailloit à ramener à la pratique exacte de la Loi de Zoroaſtre, les Peuples que l'ignorance & les troubles avoient engagés dans pluſieurs erreurs. Pour y réuſſir, il s'adreſſa aux Deſtours du Kirman, les conſultant ſur différens points de la Loi qui étoient négligés dans le Guzarate. Dans la ſuite, lorſqu'il ſe préſenta quelque choſe de douteux, les Deſtours de l'Inde, ſuivant l'exemple de Tchengah ſchah, écrivirent à ceux de l'Iran, & les réponſes de ces derniers forment les Ouvrages qui portent le nom de *Ravaët*, c'eſt-à-dire, *rapport, coutume, Hiſtoire*.

Tchengah ſchah repréſenta à ſes Concitoyens qu'il étoit difficile d'aller adorer le Feu Behram à Banſdah, parce que la fête deſtinée à ce culte arrivoit le 9 du mois Ader, qui étoit le tems des pluies [1]. Il leur fit enſuite goûter l'avantage d'avoir ce Feu dans leur Ville, & les engagea à l'y faire tranſporter. Le Peuple applaudit à la propoſition ; & le Feu Behram, l'an 785 d'Iezdedjerd (de J. C. 1415) fut apporté en pompe de Banſdah à Nauçari. Les trois Mobeds de Sandjan, qui l'avoient accompagné, furent chargés de le garder à leur tour avec les autres Mobeds.

VOYAGE aux Indes Orientales, IIIe. Partie.
* Ci-d. p. cccxviij.

Ci-ap. T. II.
p. 519.
Pl. IX. 1.2.

---

[1] En 785 d'Iezdedjerd, le 9 du mois *Ader*, répondoit au mois d'Août ; c'eſt la fin de la mouſſon des pluies à la Côte Malabare : elles y ſont encore abondantes, & les routes preſque impraticables. Un ſiecle ou deux après Tchengâh ſchah la Fête du Feu Behram ſe ſeroit trouvée au milieu de cette mouſſon. Dans la Lettre que j'ai citée ci-devant (p. cccxx. not. 1.), parmi les Parſes de Nauçari, paroît *Dehian Ranan*, *fils du frere de Tchengah ſchah*.

cccxxiv DISCOURS

Ici finit le petit Poëme, qui contient l'Histoire de la retraite des Parses dans l'Inde. Ce que j'ai dit du *Vendidad* apporté par Ardeschir, des Lettres écrites par Tchengâh schah aux Destours du Kirman, & ce que je vais rapporter des querelles excitées entre les Parses de l'Inde, je le tiens des Docteurs Parses avec lesquels j'ai conversé.

Pendant deux siecles les trois Mobeds de Sandjan n'eurent que leur mois de service auprès du Feu Behram, ainsi que ceux de Surate, Cambaye, Barotch, Nauçari & Souali; & selon ce qui avoit été reglé, ils ne remplirent pas à Nauçari d'autre fonction sacerdotale: mais dans la suite, par la négligence des Mobeds desautres Villes, ils s'arrogerent le droit de garder seuls ce précieux dépôt; droit considérable, par le revenu qui y étoit attaché.

Tel étoit-il y a plus de cent ans l'état des Parses & de leur Religion dans le Guzarate. Personne ne songeoit à troubler les Destours de Sandjan dans leur Ministere, tant qu'ils se tinrent dans les bornes qui leur avoient été prescrites. Mais depuis, les Mobeds de Nauçari les surprirent dans des fonctions différentes de celles qu'il leur étoit permis d'exercer dans cette Ville, le Peuple aimant mieux s'adresser à eux pour les prieres, qu'à ses propres Prêtres qui avoient tué six Parses dans une émeute de Religion. L'affaire fut portée devant les Marates, sous le Gouvernement desquels les Parses, qui formoient le plus grand nombre des Habitans de Nauçari, avoient alors (comme à présent) un Chef particulier. Le Commandant Marate ordonna aux Destours de Sandjan de retourner dans cette Ville ou à Bansdah, & sur leurs représentations, leur permit d'emporter avec eux le Feu Behram.

Ces Destours le porterent d'abord à Barsal, qui est à peu-près à douze cosses au Nord-Ouest de Daman, & l'y garderent sept ans. De-là il fut transporté à Odouari, grosse Aldée à quatre cosses environ, au Nord de Daman. Ce fut l'an 1114 d'Iezdedjerd (de Jesus-Christ 1744) que le feu Behram sortit de Nauçari, qui l'avoit possédé plus de trois cens ans ; & il fut porté à peu-près l'an d'Iezdedjerd 1121 (de J. C. 1751) à Odouari, qui est environ à douze cosses de Sandjan, Aldée où il avoit d'abord été adoré.

Voyage aux Indes Orientales, IIIe. Partie.

Voici ce qui avoit donné lieu au meurtre dont je viens de parler. Les Parses & les Mobeds de Nauçari étoient en dispute depuis long-tems au sujet de la rétribution qu'on devoit donner pour la lecture du *Vendidad*. Dans le feu de la division un Mobed, il y a plus de cent ans, fut victime de la fureur des Parses, & les autres Mobeds sacrifierent six Parses à leur sainte vengeance.

Salabat khan, Gouverneur de Surate, informé de ce tumulte, envoya un Officier à Nauçari, qui dépendoit alors de cette Ville, avec ordre d'emmener les Mobeds à Surate. On en prit cent, que Salabat khan retint six mois prisonniers. Cependant les Parses de Nauçari avoient écrit à ceux de Surate la maniere dont les Mobeds s'étoient conduits, leur marquant de ne pas communiquer avec eux. Les Parses de Surate refuserent en conséquence aux Destours, qui avoient des liaisons avec les Mobeds de Nauçari, les droits qu'ils avoient coutume de leur payer. La division dura plusieurs années, & ne cessa que sous Kartalab khan. Les Destours, à la tête desquels étoit Espendiar, voyant qu'ils ne pouvoient vaincre l'animosité des Parses, résolurent d'employer la force. Ils se rendent chez le Gouverneur, lui portent leurs plaintes, & lui découvrent que les Parses ont un Chef riche & puissant parmi eux, nommé Dandjipatan. Kartalab khan le fait aussi-tôt renfermer avec onze autres Parses, & ordonne qu'on les batte avec des rotins : son but étoit d'en tirer quelques sommes considérables. Lorsque les Mobeds virent frapper ces douze Parses, la compassion fit taire la vengeance ; & croyant par-là les sauver, ils dirent au Gouverneur, que Dandjipatan n'étoit que le frere du Chef des Parses ; mais Kartalab khan indigné de la fourberie, fit prendre les Mobeds, & les renvoya bien fustigés. Ce cruel traitement toucha les Parses. Ils ne pûrent voir les Mobeds punis pour avoir voulu sauver leurs freres, sans se réconcilier avec eux. La paix se fit, & les

Ci-d.p. cclxiv; not. 2, n°. 3.

Ibid. n°. 4.

Parses de Surate payerent aux Destours les droits qu'ils leur avoient refusés pendant cinq ans. Les divisions dont je viens de parler n'étoient que le prélude de celles qui agitent maintenant les Parses de l'Inde. Lors de mon arrivée à Surate, je les trouvai partagés en deux Sectes, plus animés l'une contre l'autre que ne le sont chez les Mahométans celles d'Omar & d'Aali. Voici en peu de mots l'origine de ce Schisme.

Il y a quarante-six ans, plus ou moins, qu'il vint du Kirman un Destour fort habile, nommé Djamasp. Il avoit été envoyé pour réunir les Parses divisés à l'occasion du *Penom*, linge double dont les Parses, dans certaines circonstances, se couvrent une partie du visage. Les uns vouloient qu'on le mît aux mourants, d'autres ne le vouloient pas. Djamasp décida en faveur des derniers, selon l'usage du Kirman. Si ce Destour n'avoit pas fait le voyage de l'Inde, cette frivole contestation auroit fait couler des ruisseaux de sang.

Djamasp crut encore devoir examiner le *Vendidad*, qui avoit cours dans le Guzarate. Il en trouva la Traduction Pehlvie trop longue & peu exacte en plusieurs endroits. L'ignorance étoit le vice dominant des Parses de l'Inde. Pour y remédier, le Destour du Kirman forma quelques Disciples, Darab à Surate, Djamasp à Naucari, un troisieme à Barotch, auxquels il apprit le Zend & le Pehlvi. Quelque tems après, las des contradictions qu'il avoit à essuyer, il retourna dans le Kirman.

Les Livres que ce Destour a laissés dans l'Inde, sont une Copie exacte du *Vendidad Zend & Pehlvi*, le *Feroüeschi*, la traduction du *Vadjerguerd* & le *Nerengueftan*. Ces deux derniers Ouvrages sont en Persan, mêlé de Zend, & purement Cérémoniaux.

Darab, premier Disciple de Djamasp, & Destour Mobed consommé dans la connoissance du Zend & du Pehlvi, voulut corriger la Traduction Pehlvie du *Vendidad* & rectifier quelques endroits du Texte Zend, qui lui paroissoient ou transposés, ou présenter des répétitions inutiles. Il commença par expliquer à de jeunes Théologiens Parses les Ouvrages de Zoroaftre, que les Mobeds lifoient tous les jours fans les entendre. Un Peuple afservi, qui depuis long-tems pratiquoit mille cérémonies dont il ignoroit le fens & la caufe, devoit naturellement fe livrer à des abus fans nombre : ce fut ce que remarqua Darab, plus inftruit que les autres. Les purifications étoient multipliées ; le Texte Zend étoit inondé de Commentaires Pehlvis fouvent très inconféquens. Darab tenta d'abord la voie de l'inftruction. Mais il trouva un Adverfaire puiffant dans la perfonne de Manfcherdji, Chef du parti qui ne vouloit pas de réforme, & fils lui-même de Mobed.

Un autre fujet de divifion les anima encore l'un contre l'autre. Darab avoit pour parent, Kaous, dont j'ai parlé ci-devant, qui avoit reçu du Deftour Djamafp les premieres teintures de l'Aftronomie, felon les principes d'Oulough beigue. Ce Deftour Mobed s'étant depuis perfectionné fous un autre Parfe venu du Kirman, il y a environ trente-fix ans, fit voir par les Tables d'Olough beigue, que, le *No rouz* (le premier jour de l'année) devoit s'avancer d'un mois, & que par conféquent il y avoit eu erreur jufqu'alors. Une Lettre des Deftours d'Iezd, datée du 22 du mois Aban, de l'an 1111 d'Iezdedjerd (de J. C. 1742), & apportée par le Parfe Efpendiar, confirma la découverte de Kaous, mais ne le mit pas à l'abri de la haine de fes confreres. Elle alla fi loin, que Darab, il y a feize à dix-fept ans, fut obligé de fe retirer à Daman chez les Portugais ; & Kaous, à Cambaye chez les Anglois. Lorfque j'arrivai à Surate, prefque tous les Parfes de l'Inde fuivoient le parti de Manfcherdji, parce qu'il étoit riche & puiffant : Darab, dont la fcience étoit reconnue par fes Adverfaires mêmes, avoit quelques Difciples, qui dans la fuite fe montrerent plus librement, lorfque l'autorité de Manfcherdji eut baiffé à Surate avec celle des Hollandois, dont il étoit le Courtier.

III. Sous le Gouvernement d'Aali navâz khan, qui favorifoit Manfcherdji, il étoit naturel que Darab & ceux qui lui étoient attachés, cherchaffent quelqu'appui qui pût les fouftraire à la fureur du parti contraire. Ils promirent donc, comme je l'ai deja dit, à M. le Verrier, Chef François à Surate, de me communiquer, sur le Zend & le Pehlvi, toutes les lumieres qu'ils pouvoient avoir, comptant par-là se faire, de la protection Françoise, un rempart contre Manscherdji. Mais ils ne pensoient pas que je voulusse, ni même que je pusse jamais traduire leurs Livres. Le *Vendidad* seul est un Ouvrage partagé en vingt-deux Sections. Il y avoit près de seize ans que Darab étoit à en expliquer six à ses Disciples. Comment en quelques années un Européen pouvoit-il, à l'aide du Persan moderne, lire le Zend & le Pehlvi, entendre ces deux Langues qui n'existent plus que dans les Livres, & traduire des Ouvrages dont les plus habiles Destours avoient peine à saisir le sens ? Ils avoient consenti à me donner des leçons de Zend & de Pehlvi; & comme, en comparant les deux Exemplaires du *Vendidad* qui étoient entre mes mains, je m'étois rendu les caracteres Zends assez familiers, je voulois, sans perdre de tems, prendre ces leçons dans cet Ouvrage, dont j'étois sûr de posséder une Copie fidele. Je pouvois me livrer tout entier à ce travail, parce que je m'étois débarassé d'un vieux Akon (maître) Persan [1] Qu'un de mes amis m'avoit procuré, & dont la lenteur & les explications ne me satisfaisoient pas. Ces gens-là ne jurent que par la coutume & par les Livres, & je voulois des raisons.

Pour ne pas effaroucher Darab qui croyoit me tenir un an à l'alphabet, je le priai de me montrer quelques Ouvrages Zends rares & précieux, avec promesse d'acheter deux Manuscrits Persans qui l'embarrassoient. Lorsque je

---

[1] Cet Akon étoit un Mogol de soixante-dix ans, nommé Fakher eddin, qui avoit été autrefois un des meilleurs Ecrivains de Surate pour la netteté du caractere. Il me montra un jour la Relation de la guerre de Miatchen & d'Aali navâz khan, que le *Vakee nevif*, chargé d'informer la Cour de Dehli de ce qui se passoit à Surate, y avoit envoyée. Cette piece faisoit mention de Pahlvans, qui d'un coup de sabre fendoient la terre a sept coffes de profondeur ; les rues avoient été baignées par des fleuves de sang. On sçait comment il faut apprécier ces hyperboles Orientales ; dans le Pays elles s'estiment leur juste valeur. Lorsque j'en montrai le ridicule à mon Akon, qui avoit vû cette petite guerre ainsi que moi, il me répondit que ces exagerations étoient de stile, & que personne n'y étoit trompé.

me

PRÉLIMINAIRE.

fus maître de ces Livres, je le menaçai de l'abandonner, lui & Kaous, son parent, à Mancherdji, leur ennemi capital, s'il refusoit de m'aider à traduire le *Vendidad* en Persan moderne. Le stratagême réussit : cependant lorsqu'il me vit écrire sous sa dictée, le retourner de tous les sens, & ne l'écouter qu'avec précaution, la crainte le saisit, parce qu'il sentit que j'allois sçavoir à fond les Dogmes de sa Religion. Je fus plus d'un mois sans le revoir. Il prétendoit que sa mort étoit assurée, si les autres Destours avoient connoissance de ce qu'il faisoit chez moi. Kaous soutenoit que j'exigeois des choses que leur conscience ne leur permettoit pas de faire, & auxquelles ils ne s'étoient pas engagés. Mais les Manuscrits que j'avois leur firent faire des réflexions ; la peur de les perdre l'emporta sur le scrupule, & Darab consentit à ce que je demandois.

Ce n'étoit pas que leurs craintes fussent mal fondées. Manscherdji lui-même, sçachant l'usage que je faisois de son Manuscrit, ne fut pas plus tranquille que Darab : il craignoit que le Destour Bikh, son Docteur, n'en fut instruit. Voyant que je le gardois plusieurs mois, il me le fit redemander par le Chef Hollandois à qui il l'avoit prêté. Ma réponse fut polie & ferme. J'exposai à M. Taillefer qu'ayant commencé de marquer les différences qui se trouvoient entre le Manuscrit de Manscherdji & celui de mes Destours, il n'étoit pas naturel que je laissasse ce travail imparfait. Mes raisons ne plurent pas aux Hollandois avec lesquels, depuis un mois ou deux, je n'avois pas grandes liaisons. Ils en vinrent presque aux menaces. Je sçus même qu'un Membre de leur Conseil, mauvaise tête, s'étoit offert pour venir chez moi avec une troupe de Soldats, enlever le Manuscrit en question. Le Chef Hollandois, plus prudent, ne voulut pas en venir à des voies de fait. Il aimoit les Lettres ; & je suis sûr que, dans le fonds il ne blâmoit pas ma fermeté, quoiqu'il fût obligé de faire voir à son Courtier qu'il s'étoit prêté à ce qu'il pouvoit exiger de lui. La seule précaution que je pris, fut d'avoir sur ma table deux pistolets chargés ; & je continuai mon travail qui dura quatre mois,

Tome I.

après lesquels je renvoyai le Manuscrit en bon état.

Le scrupule des Destours Parses surmonté, & leurs petites ruses éventées, il ne me restoit plus à vaincre que les difficultés propres au genre d'étude que je commençois, & les embaras inséparables d'une guerre civile. Les Anglois faisoient alors le siege de la Forteresse : il falloit mettre en sureté ses propres effets, ceux du Comptoir, être toujours sur le *qui vive*. Ces troubles éloignerent d'abord mes Destours, qui reparurent au bout de quelque tems.

Me sentant assez fort pour commencer les Livres Zends, & impatient de regagner les mois que j'avois vu s'écouler au milieu des troubles, sans avancemens sensibles, je passai quelques jours à m'affermir dans la lecture du *Vendidad*, & à traduire sur le Persan interlineaire, le *Vocabulaire Pehlvi & Persan* dont j'ai parlé plus haut.

Ce travail, le premier qu'un Européen eût jamais fait en ce genre, me parut un événement dans la Littérature; & j'en marquai l'époque, qui fut le 24 Mars 1759 de J. C., le jour Amerdad, six du mois Meher de l'an 1128 d'Iezdedjerd, l'an 1171 de l'Hégire, & 1813 du regne du Rajah Bekermadjit.

Les commencemens furent assez ingrats : mais j'avois appris à mes dépens à avoir de la patience; & voyant jour à réussir dans le travail que j'entreprenois, j'informai le Gouverneur de Pondicheri du succès de mes tentatives, lui marquant les ruses de mes Parses, & les moyens dont je m'étois servi pour les découvrir & m'assurer de l'authenticité du Manuscrit qu'ils prétendoient être celui de Zoroastre.

Après avoir fait l'acquisition de quelques Livres Zends & Samskretans, je commençai la traduction du *Vendidad*, le trente Mars. Le Persan moderne me servoit de Langue intermédiaire, parce que Darab, de peur d'être entendu par mon Domestique, n'auroit pas voulu me développer en Langue vulgaire les Mysteres de sa Religion. J'écrivois tout; j'avois même l'attention de marquer la lecture du Zend & du Pehlvi en caracteres Européens : je comparois ensuite les morceaux qui paroissoient les mêmes, pour m'assurer de l'exactitude des Leçons de Darab.

Par ce moyen, les accidens les plus fâcheux, les maladies, quelques longues qu'elles puſſent être, n'avoient plus pour moi rien d'effrayant : j'étois toujours en état de reprendre mes études au point où je les aurois laiſſées ; & raſſuré contre la crainte d'oublier, la tranquillité de l'esprit n'eut pu que hâter ma guériſon.

Ces précautions n'étoient que trop néceſſaires ; & elles eurent l'effet que j'en attendois. Ma ſanté fut pluſieurs fois la victime de mon application, & du genre de vie que je menois. Un plat de riz & de lentilles faiſoit toute ma nourriture. Le tems que je ne donnois pas à mon Deſtour, étoit employé à revoir ce que j'avois lu avec lui, & à préparer le travail du lendemain. Après le dîner, je ne pouvois me livrer au leger ſommeil que l'on ſe permet dans les Pays chauds, parce qu'une fois il avoit ſervi d'excuſe à l'abſence de Darab, qui prétendoit que je ne lui avois pas ouvert, quand il avoit frappé. Le ſoir, je me délaſſois une heure ou deux en prenant l'air ſur ma terraſſe, l'esprit toujours occupé de l'incertitude du ſuccès de mes recherches, & de la maniere dont elles ſeroient reçues en Europe.

Au milieu de ce travail opiniâtre, je ne négligeois pas les occaſions d'étendre mes connoiſſances ſur les Pays mêmes où je ne pouvois alors pénétrer, le Nord de l'Inde & l'Egypte [1] : mais un accident fâcheux m'arrêta au commencement de ma carriere.

---

[1] J'écrivis ſur la fin de Mars au P. Tiefentaller, Jéſuite, Miſſionnaire à Agra, par le moyen de qui je croyois pouvoir être inſtruit des troubles de la Cour du Mogol & des Antiquités du Pays. La réponſe de ce Jéſuite, datée de Narvar, le 17 Mai 1759, me fut remiſe le 12 Juillet. Elle étoit renfermée dans une Lettre adreſſée au P. Medard, Capucin & Miſſionnaire de Surate, qui contenoit ſur la retraite de M. Law à Elahbad, la marche du fils du Mogol, la ſeconde irruption des Patanes ſur Dehli & Lahor, la marche des Marates en petit corps d'armée vers Dehli, & les affaires du Bengale, des détails que l'on a ſçus plus poſitivement par M. Law lui-même.

/. La Lettre du P. Tiefentaller ne pouvoit que m'engager à entretenir la correſpondance qu'il m'offroit. Ce Jéſuite s'étoit particulierement appliqué à la Phyſique & à l'Hiſtoire Naturelle. Il étoit du Comté de Tyrol, Diocèſe de Trente, & avoit quitté en 1740 ſa Patrie, pour ſe conſacrer aux Miſſions de l'Inde, où il étoit arrivé en 1743, après avoir paſſé plus de deux ans en Eſpagne. L'examen de la ſituation des

Faisant un jour monter le coffre qui contenoit tous mes effets, je vis un des Coulis à qui le pied manquoit, prêt à être écrasé. Je saisis sur-le-champ une des mains du coffre & le tins un moment suspendu, tandis que le Couli se relevoit. Je ne m'apperçus alors d'aucun dérangement dans mon corps ; mais au bout de quelque tems, l'application jointe aux grandes chaleurs, (c'étoit dans le mois de Juin) fit éclore un mal, dont l'effort que j'avois fait, m'avoit donné le principe : c'étoit ce qu'on appelle à Surate, le dérangement du nombril.

Cette maladie consiste dans le relâchement des vaisseaux umbilicaux, dont l'extrémité forme le nœud qui est au milieu du ventre. Si par ce relâchement les arteres s'élevent au dessus du nœud, on est sujet à des vomissemens continuels ; & lorsque le dérangement se fait par le bas ou par le côté, il est suivi d'un cours de ventre qui, en peu de jours, réduit le malade à la derniere extrémité.

---

lieux, de leur fertilité, de la température de l'air, des mœurs, & du génie des Peuples, avoit rempli les momens que lui laissoient les fonctions de son Ministere ; & il avoit eu soin de tout mettre par écrit. Les Livres Indiens, Arabes & Persans avoient aussi partagé ses soins, toujours dans des vûes relatives à son état. Il offroit de me communiquer ses recherches, qui pouvoient m'être d'un grand secours, avec un parfait désintéressement, ne demandant en retour que quelques-uns des Ouvrages nouvellement imprimés sur les Sciences & la Littérature, mes propres observations Géographiques &c.] & en particulier la longitude de Surate. Malheureusement je n'avois ni Livres à lui envoyer, ni instrumens pour observer, ni même les fonds nécessaires pour une correspondance suivie : & à cette occasion, comme dans d'autres circonstances, le mot du Chef Portugais de Surate n'étoit que trop vrai. *Ce Monsieur*, disoit-il, parlant de moi, *demande bien des choses ; mais on ne voit paroître ni argent ni ordre de ses Supérieurs.*

Le 2 Avril un Subrecargue Anglois, faisant voile pour Moka, nommé M. Scot, galant homme, & qui me paroissoit instruit, voulut bien se charger pour moi de quelques recherches concernant l'Egypte. Ces recherches avoient pour objet 1°. l'ancien Canal de communication commencé entre la mer Méditerranée & la mer rouge ; 2°. Le lit de cette mer ; s'il présente quelque gué, quand les eaux sont basses ; 3°. La source du Nil & celle du Niger ; 4°. Les Galas, leur origine, leur Langue, leur Religion ; 5°. Le Christianisme d'Abyssinie. Je le priois en même tems de m'acheter des Manuscrits Æthiopiens anciens & modernes

A Surate, le 4 Juin, éclairs pendant la nuit. Le 5, au soir, tourbillon ; la nuit, éclairs : le tems chargé depuis trois jours. La nuit du 6 au 7, pluie abondante avec éclairs ; tonnerre foible. Commencement de la mousson des pluies.

PRÉLIMINAIRE.

Les remedes que l'on emploie à Surate pour guérir cette maladie, tendent à remettre les vaisseaux dans leur place. Pour cela, on fait venir une Sage-Femme qui presse le ventre au malade à différentes reprises, repoussant toujours les vaisseaux, des côtés, du bas ou du haut vers le nœud, jusqu'à ce que, posant le pouce sur le nœud, elle sente le battement des arteres. Alors on met le malade sur son séant; on le fait manger, pour que les alimens, en passant par les vaisseaux, occasionnent une tension, qui fixe les arteres umbilicales dans leur position naturelle. Il faut ensuite rester tranquille, & marcher le moins que l'on peut; car un faux-pas, un mouvement forcé ou gêné, est capable de déranger, comme l'on dit, le nombril: &, le corps étant déja affoibli par la premiere attaque, les nerfs n'ont plus la force, en se roidissant, de remettre les vaisseaux à leur place; souvent même le malade n'est pas en état de supporter le remede, qui alors doit être beaucoup plus violent.

Ma chûte de nombril étoit plus ancienne que je ne croyois, parce que jusqu'alors, j'en avois attribué les symptômes à un sang échauffé & à un dérangement d'estomac. La Sagefemme, quoique forte & aidée d'une compagne, me fatigua beaucoup sans pouvoir remettre les vaisseaux à leur place. On fut obligée d'avoir recours à un Parse robuste que j'appellerois presque le *Grand Frere secouriste* de Surate. Il vint avec ses instrumens qui consistoient en un mortier, un pilon, & plusieurs masses de fer de différens poids. Je n'eus pas alors besoin de ces ustensilles: le Parse me remit le nombril, après m'avoir mâssé pendant deux heures; & je repris le lendemain mes occupations, malgré tout ce que pût dire mon nouvel Esculape.

Il sembloit que je prévisse l'état dans lequel j'allois bientôt me trouver, tant je m'efforçai d'avancer le travail le plus insipide qu'on puisse imaginer. Le matin, je collationnois le Manuscrit de Manscherdji avec l'exemplaire de Darab; & le soir, dans le fort de la chaleur, je traduisois le *Vendidad* sur ce dernier Manuscrit. Ces deux Ouvrages furent achevés le 16 Juin, comme je l'avois annoncé le 11 à M. de Leyrit, en le priant de me procurer les quatre *Vedes*,

Livres sacrés des Indiens, par le moyen d'Aranga poulley ou d'Arombaté. Mais à peine avois-je commencé de traduire les augmentions du Manufcrit de Manfcherdji, que le cours de ventre me reprit de plus belle. Après deux jours de tranchées affreufes, il fallut aller chercher le Parfe qui m'avoit déja fait fentir la force de fes mufcles. L'appareil fut cette feconde fois plus pénible que la premiere. On m'étendit fur une natte ; le Parfe m'oignit d'huile la nuque du cou, le poignet, & les chevilles des pieds qu'il me ferra avec une petite corde ; il me difloqua prefque les mains & les pieds : enfuite me mettant fur le ventre, il m'oignit d'huile l'épine du dos, & la frotta rudement des deux mains de haut en bas, pendant une heure. Me remettant après cela dans ma premiere fituation, il me preffa le ventre comme il il avoit fait la premiere fois, mais beaucoup plus violemment ; puis renverfant fon mortier en forme de cloche, il me mit fur le nombril, ayant foin que le bord renfermât l'extremité dérangée, c'eft-à-dire, l'endroit où il fentoit l'artere. Il pofa après cela fur fon mortier, qui pouvoit pefer vingt livres, un poids de vingt-cinq livres, & continua de me preffer le ventre pouffant toujours les vaiffeaux du côté du nœud, & rapprochant de ce point le centre de fon mortier, jufqu'à ce que l'artere y répondît perpendiculairement.

Cette opération dura deux grandes heures. Le Parfe étoit en nage, & moi prefque fans connoiffance : heureufement elle réuffit. On me remit fur mon féant ; je mangeai quelque chofe, & l'on me ferra le ventre avec une ceinture. J'avois fur le nombril un vafe de terre, dont la partie convexe appuyant fur le nœud, preffoit les vaiffeaux umbilicaux, & les tenoit dans leur fituation naturelle.

Alors toute application me fut interdite ; & je paffai la fin de Juillet dans une inaction forcée, qui me peinoit plus que la crainte des nouveaux fecours du Parfe. Quelques Lettres à M. de Leyrit & la revue de mes Ouvrages furent toute mon occupation. Comme j'avois eu foin d'écrire la traduction, & même la lecture des Livres Zends

PRELIMINAIRE.

& Pehlvis, j'avois l'esprit assez tranquille sur mon travail [1].

---

[1] Je reçus le 19 Juillet 1759 par la voie de Goa, une Lettre du P. Gaubil, datée de Pekin, le 2 Septembre 1758, que les Sçavants ne seront peut-être pas fâchés de trouver ici.

» J'ai reçu, me dit ce Missionnaire, depuis cinq jours, la Lettre que
» vous m'avez fait l'honneur de m'écrire de Goa le 10 Mars 1758. Je n'ai pas
» reçu celle que vous dites m'avoir écrite de Pondichery.
» Les Polomen ou Brahmes sont venus en Chine des Indes il y a plus de seize
» cens ans. Depuis plus de treize cens ans plusieurs Chinois mirent en caracteres
» Chinois & en Langue Chinoise ce qu'ils apprirent des Polomen pour la Reli-
» gion, l'Astronomie, la Géométrie &c. Ces Livres se sont perdus, & il n'en
» reste que quelques fragmens tronqués & confus. Les Bonzes Chinois eurent
» soin ensuite de mettre en Chinois la Doctrine Indienne ; & dans leurs Livres
» de prieres & autres, ils ont mis en caracteres Chinois, mais en Langue In-
» dienne, bien des termes & des phrases que personne n'entend.
» Bien des Écrits ont été envoyés de Chine en Europe sur les caracteres Chi-
» nois, matiere propre à dégoûter & rebuter le plus ardent dans ces sortes d'é-
» tudes, où l'on risque de perdre bien du tems & de ne sçavoir que bien peu de
» réel & d'utile, après s'être morfondu bien du tems. Quoiqu'il y ait bien des
» Écrits imprimés & autres, sur les caracteres Chinois, je crois qu'il y a encore
» bien des choses à dire là-dessus ; mais il sera bien difficile de contenter en ce
» genre, soit les Sçavants d'Europe, soit ceux qui en Chine ou ailleurs s'appli-
» quent ou s'appliqueront à déchiffrer les caracteres Chinois. Je n'ai actuellement
» rien à dire là-dessus de bien précis & de bien nouveau. Je souhaite que vous
» réussissiez bien dans la traduction de Zoroastre. Vous êtes en état d'instruire
» l'Europe en ce genre & en d'autres, & j'espere que quelques points curieux
» & utiles dans ce qui reste à sçavoir sur Zoroastre, seront par vous mis dans
» un beau jour.
» Si vous exécutez le dessein de venir en Chine par la voie de Tartarie, vous
» aurez bien des dépenses à faire, bien des obstacles à vaincre, & vous aurez
» besoin plus d'une fois d'une patience héroïque. Ajoutez à cela bien des dangers
» de perdre la vie. Je suis &c. »
» P. S. Supposé qu'autrefois les Chinois aient appris des regles sur le Sams-
» kretan par la voie des Polomen, on ne trouve point ces Livres, & je ne crois
» pas qu'il y en ait eu ».

Le P. Gaubil, dans cette Lettre, distingue les Brahmes venus à la Chine au premier ou au second siecle de l'Ere Chrétienne, des Bonzes (Disciples de Fo), & convient que les Chinois ont reçu des premiers bien des choses sur la Religion, l'Astronomie : mais il assure qu'il n'y a point à la Chine, & il pense qu'il n'y a jamais eu dans cette Contrée d'ouvrages faits sur la Langue Samskretane par ces Brahmes ou par les Chinois de leur tems, & que ce sont les Bonzes, venus après ces Brahmes, qui les premiers ont mis dans leurs Livres de prieres & dans d'autres Ouvrages, des mots Indiens en caracteres Chinois. Par-là le P. Gaubil répondoit à ma premiere question, qui rouloit sur l'ancienneté du Samskretan dans les Livres Chinois, sur les rapports possibles des deux Langues, & sur ce que je croyois qu'on pourroit trouver de l'ancien Chinois traduit en Samskretan, ou de l'ancien Samskrétan, par exemple, de l'âge de celui des *Vedes*, traduit en Chinois.

Quoique la Lettre du P. Gaubil ne satisfit pas ma curiosité, elle me fit néan-

Ma santé commençoit à peine à s'affermir, que la maladie du nombril me reprît avec plus de violence que jamais : c'étoit sur la fin du mois d'Août. Il fallut répéter plusieurs jours de suite l'opération violente que je viens de décrire. Mais la nature étoit si affoiblie que le moindre mouvement dérangeoit les vaisseaux umbilicaux. Les douleurs & l'épuisement me causerent une espece de délire; & déja mon visage étoit marqué de taches noires qui annonçoient une prochaine dissolution. La jeunesse ranima un reste de forces qui paroissoient éteintes ; & peu-à-peu, la nature prit le dessus.

J'étois dans une convalescence qui demandoit les plus grands ménagemens, lorsqu'une avanture sinistre me replongea dans de nouveaux maux, encore plus cuisans que ceux auxquels je venois d'échapper.

Je fus attaqué le 16 Septembre, sur les cinq heures du soir, au-milieu de Surate, par un François que de mauvais discours avoient animé contre moi. L'affaire se passa en présence de plus de quatre cents personnes qui n'oserent pas nous séparer. Je reçus trois coups d'épée, deux coups de sabre... & j'eus la force de me rendre à la Loge Françoise tout couvert de mon sang. Il fallut ensuite souffrir les opérations les plus douloureuses. Les Chirurgiens An-

---

moins plaisir. J'espérois par son moyen découvrir quelque chose au sujet des Parses qui se retirerent à la Chine dans le septieme siecle avec le fils d'Iezdedjerd, connoître l'Époque dont ils se servoient, celle de leur Législateur; je comptois même que les Livres Chinois pourroient parler de leurs Dogmes. La Lettre du Procureur des Jésuites de Macao, le P. Boussel, datée du 16 Novembre, qui accompagnoit celle du P. Gaubil, me nourrissoit dans cette idée flatteuse. Le P. Gaubil lui avoit fait part des différens voyages que je comptois entreprendre, & il m'offroit le plus obligeamment du monde sa médiation pour le commerce Littéraire que je souhaitois d'entretenir avec le sçavant Missionnaire, me priant de lui marquer le cours de mes stations, pour qu'il pût sçavoir par quelles voies il me feroit tenir ses réponses ; & d'envoyer mes Lettres ouvertes, parce qu'il désiroit profiter lui-même de ce qu'elles contiendroient. Le P. Boussel me mandoit aussi qu'il venoit de recevoir une Lettre de moi au P. Gaubil, qu'il l'avoit envoyée à Pekin, & que comme il falloit au moins cent jours pour avoir la réponse, je ne la recevrois qu'en 1760.

La maladie du P. Gaubil m'aura sans doute privé de cette réponse, que je n'ai pas reçue. La République des Lettres, par la mort de ce sçavant Missionnaire, a perdu un homme profond dans les Antiquités Chinoises, & très-propre à lui faire connoître l'Histoire, la Religion & les Arts de ce fameux Empire.

glois,

PRÉLIMINAIRE. cccxxxvij

glois, Hollandois & Portugais se trouverent au premier appareil qui me fit perdre connoissance. On employa le fer & le feu ; la force de mon tempéramment me sauva. Tandis que j'étois sur le lit, j'eus la satisfaction d'apprendre que le Nabab, Aali navâz khan, les principaux Seigneurs Maures & les Européens établis à Surate, envoyoient de tems en tems sçavoir de mes nouvelles. Le Nabab même fit faire les informations convenables. Le Domestique de mon Adversaire, connu pour avoir été très-attaché à son Maître, fut interrogé ; & les Anglois, sur le rapport unanime des témoins, crurent pouvoir, malgré la guerre qui divisoit les deux Nations, m'accorder la protection de leur Pavillon. Le Conseil Supérieur de Bombaye approuva la conduite de celui de Surate ; M. Crommelin, Général, écrivit lui-même à M. Spencer , qu'il avoit bien fait de me recevoir sous le Pavillon ; & lorsque mon état me le permit , je me fis transporter à la Loge Angloise. J'y trouvai une chambre que M. Spencer m'avoit fait préparer ; les deux premiers Conseillers vinrent m'y complimenter de sa part ; le Chirurgien Major de la Forteresse chargé de la cure, me pansa régulierement, & mes forces reprirent peu-à-peu.

VOYAGE aux Indes Orientales, IIIe. Partie.

Tandis que j'étois chez les Anglois , j'engageai Nana baye , leur Moudi , a écrire à Nauçari, au sujet du *Nérenguestan* apporté dans l'Inde par le Destour Djamasp. Le 7 Octobre, ce Parse me montra la réponse qu'il venoit de recevoir ; elle portoit qu'on ne sçavoit à Nauçari ce que cet Ouvrage étoit devenu.

Ci-d. p. cccxxvj.

Sentant mes forces revenir, je fis chercher une maison où je pusse reprendre librement mes occupations ; & l'on m'en trouva une où j'allai demeurer, restant toujours sous la protection Angloise. Mes blessures furent entiérement guéries, le 20 Novembre ; & je me remis sur-le-champ avec Darab, à la Traduction des Livres Zends. Je commençai par les augmentations du Manuscrit de Manscherdji. La Traduction de ces augmentations fut suivie de celle d'*Izeschné*, du *Vispered*, du Volume des *Néaeschs & Ieschts &c*, du *Recueil Pehlvi* qui contient entr'autres Pieces curieuses, le *Boundehesch*, du *Si-rouzé* , du *Vadjerguerd* , de plusieurs

Tome I. *uu*

DISCOURS

Ravaëts, & d'autres morceaux Perfans que Darab me communiqua. Une application foutenue, me mit au bout de quelques mois tellement au fait des Langues, de l'ancienne Hiftoire, de la Religion & des Ufages des Parfes, que Darab n'eût ofé, & même n'auroit pu m'en impofer; & quand il auroit ceffé fes Leçons, comme j'avois tout écrit, j'aurois été en état d'intrepréter de moi-même le peu d'Ouvrages qui me reftoient à traduire ; auffi étoit-il exact, & n'ofoit-il me refufer les explications que je lui demandois.

Le départ de M. Spencer & l'état dans lequel je fçavois qu'étoient nos Comptoirs, contribuerent beaucoup à la rapidité de mes progrès, parce que je ne fortois plus de chez moi ; & que, craignant que la prife de Pondichery ne m'arrêtât dans ma marche, je forçois en quelque forte le travail.

J'avois profité de mon féjour chez les Anglois, pour tirer parti du crédit qu'ils avoient dans la Ville. Fates khan me prêta, à la recommandation de M. Spencer, fon exemplaire de *Barzour namah*, le feul qu'il y eût à Surate ; & j'en fis tirer une copie. M. Spencer, avant que de quitter Surate, voulut bien fe charger d'envoyer à Dehli au Wakil de la Compagnie Angloife, l'état des Livres que je demandois. C'étoient les quatre *Vedes* en Samskretan ; la fin du *Barzournamah* ; une fuite à fleur de coin des roupies repréfentant chacune un des fignes du Zodiaque, frappées par l'ordre de Nour djehan Beigom, femme de Djehanguir ; des livres d'Hiftoire fur l'Inde & la Tartarie, & en particulier la Traduction Perfanne des quatre *Vedes*, faite par Feizi, frere d'Abeulfazel, Secrétaire d'Akbar [1]. J'avois auffi prié en Novembre M. Erskine, Membre du Confeil de Surate, qui parloit très-bien Maure, & alloit

---

[1] M. Dow dans fa *Differtation fur les mœurs…. la Religion & la Philofophie des Indiens* (trad. fr. Paris 1759, p. 10), prétend que cette traduction n'a jamais exifté. Mais il fuffit de comparer ce qu'il dit de Feizi, avec la facilité que lui, M. Dow, a trouvée chez plufieurs Brahmes & Pendets à communiquer la connoiffance de leurs myfteres, pour voir que ce qu'il prétend n'eft rien moins que prouvé. Des Brahmes & des Mahométans m'ont affuré que Feizi avoit appris le Samskretan à Benarès, où il avoit paffé trois ans habillé en Indou.

commander à Tattah, sur le Sind, d'acheter pour mon compte les curiosités naturelles que cette contrée pourroit lui offrir. Il devoit encore faire copier les Inscriptions que l'on disoit être sur les murs d'un Temple fameux, près de Tattah, bâti, selon l'opinion du Pays, par Alexandre; me faire chercher des Cartes des montagnes, de Candahar, & m'envoyer des Livres Samskretans, Sinds & Patanes, s'il lui tomboit sous la main. Je n'eus nouvelle de mes commissions qu'en Septembre 1760. M. Erskine me marqua du Sind, qu'il n'y avoit aux environs de Tattah, ni Temple, ni autres Monumens anciens, ni Inscriptions Indoues; qu'on n'y rencontroit que quelques Tombeaux des Rois du Sind, avec des Inscriptions Arabes ou Persannes presqu'effacées. Il me promettoit ensuite des Livres & des Cartes. Quoique cette réponse assez courte ne dût pas fort me satisfaire, je profitai de l'offre qui terminoit la Lettre, & lui marquai les Livres que je desirois. C'étoient, indépendamment de ceux pour lesquels M. Spencer avoit écrit à Dehli, le *Madar eul afaxel*, Dictionnaire Persan très-estimé; le *Rozot eussafa* complet; des Mémoires sur les Rajahs Iessing & Jessomsing, sur le Kaschemire, Candahar; le *Nadeschah-namah* (l'*Histoire de Thamas Kouli khan*); la suite des Rois de l'Inde depuis Genghiskhan, avec des détails, & celle des Rajahs de Dehli, auxquels ils ont succédé; des Alphabets Tartares &c. le *Seroud-namah*, Traité de Musique vocale & instrumentale, composé par Abou Aloufah; & le *Tasvirnamah*, traduction Persanne d'un Ouvrage sur la perspective & sur la Peinture, fait par Ebn hossein.

Toutes ces demandes excitoient la surprise, me concilioient l'amitié des personnes auxquelles je les faisois, m'attiroient même des promesses; mais aucune n'a eu l'effet que je pouvois en attendre. M. Erskine, le 8 Novembre de la même année, m'écrivit de Mahim, près de Bombaye, où il étoit revenu pour rétablir sa santé, qu'il comptoit à son retour au Sind, me procurer les Livres que je desirois; & que, quoiqu'il crût que les Inscriptions dont il m'avoit parlé, ne fussent que des passages de l'Al Koran, il tâcheroit de faire

u u ij

copier celles qui étoient fur deux ou trois Tombeaux des anciens Rois du Sind, & me les enverroit. La mort de ce galant homme m'a privé du fruit de fes promeffes.

Avant que M. Spencer quittât Surate, je me trouvai avec lui à deux Affemblées de Nation, les deux feules auxquelles je puffe affifter, fans déroger à la qualité de François. L'objet de la premiere étoit l'adjudication des marchandifes de fon Vaiffeau ; la feconde étoit une Fête que le Nabab lui donnoit au Jardin de la Beigom.

L'adjudication fe fit le matin dans la grande Salle de la Loge Angloife. Les prix avoient été débattus & convenus auparavant entre le Courtier & les Marchands; & l'on fçait que ces marchés, où il eft fouvent queftion de plufieurs millions, fe font avec la plus grande tranquillité & la plus grande bonne-foi, entre ces gens que nous traitons de barbares. Le Marchand propofe fon prix fans longs préliminaires; la réponfe fe fait en mettant la main l'un dans celle de l'autre fous une châle, ou fous toute autre voile. L'Acquéreur marque par le nombre de doigts qu'il plie ou étend, ce qu'il diminue du prix demandé ; & quelquefois le marché fe conclud, fans qu'on ait prefque proféré une patole. Pour le ratifier on fe prend les mains une feconde fois; & il eft terminé par un préfent fait à l'Acheteur par celui qui vend, & proportionné au marché & à la qualité des Parties contractantes. Il eft à naître qu'on ait vu quelqu'un ne pas tenir un accord fait de cette maniere. Après les conventions particulieres, les Marchands de la Ville fe rendent à la Loge, s'ils ont à traiter avec le Chef ou avec le Comptoir d'une Nation Européenne.

Nous entrâmes dans la Salle de la Loge Angloife fur les dix heures du matin. Elle étoit remplie de gens accroupis fur des nattes, & qui d'eux-mêmes s'étoient placés felon leur rang, c'eft-à-dire, felon leurs richeffes. On y voyoit des Indous, des Parfes, des Arméniens, des Maures, des Sidis (Cafres), des Mogols & des Arabes. Ces derniers, qui font les plus confidérés, avoient des chaifes, & étoient placés à droite & à gauche des fieges qui nous attendoient. L'occupation générale de cette affemblée, finguliè-

PRÉLIMINAIRE. cccxlj

rement bigarrée par les différentes couleurs, & la variété des habillemens, étoit pour les Musulmans, le Hoka; & pour le reste (les Parses exceptés) le Betel.

Lorsque nous eûmes pris séance, Jagrenat, Courtier des Anglois, fit la lecture du marché, & présenta la liste des marchandises, on en apporta même quelques montres pour la forme, & chacun des Adjudicataires redonna sous le mouchoir sa parole à M. Spencer pour la partie qu'il achetoit. Les présens furent ensuite distribués : ils consistoient en châles, pieces de Mousseline & paquets de betel. On renouvella le feu de Hokas; cérémonie qui fut suivie d'aspersions d'eau-rose, & de rafraîchissemens pour les Arabes, c'est-à-dire, de petites tasses de caffé que l'on servit brûlant & sans sucre, à plusieurs reprises : après quoi, chacun se retira. Telle est la forme des Assemblées de Marchands & même des Assemblées générales que les Européens convoquent pour les affaires de leurs Comptoirs : tout s'y passe de la même maniere, en présence du Conseil & de toutes les personnes attachées à la Nation : seulement on n'y fait pas de présens.

La Fête que le Nabab donna à M. Spencer, fut assez triste, parce que les Bayaderes, qui en Asie animent ces divertissemens, n'y parurent pas. Le Nabab sçavoit à ce sujet la façon de penser de son Hôte, & s'y conforma.

Après avoir dîné splendidement au Jardin Anglois, le Conseil, sur les cinq heures, se rendit partie en carosse, partie à cheval à Salabetpoura au Jardin de la Beigom : j'étois dans la voiture de M. Spencer. L'entrée de ce fameux Palais de Tegh beig khan, est précédée d'une espece de place, & n'a rien d'ailleurs qui l'annonce magnifiquement. Nous traversâmes deux cours assez spacieuses où nous vîmes beaucoup de chevaux. Au bout de la derniere, en tournant sur la droite, on trouve une longue avenue en Jardin qui conduit au premier corps de logis. Cette avenue consiste en deux allées d'arbres, séparées par un parterre bordé de platte bandes, & qui présente un amas confus de fleurs de toute espece, & sur tout de Mougri, de Roses, de Tchampa, accompagnées de quelques Arbres fruitiers.

Voyage aux Indes Orientales, IIIe. Partie.

Ci-d.p.cclxxv.

La Terre, dans ces allées, est couverte d'argamasse; & l'on voit sur la gauche en allant au bâtiment, des rigoles par lesquelles s'écoule l'eau qui sert à arroser les platte-bandes & le milieu. Cette avenue est de la largeur du bâtiment, c'est-à-dire, de quinze à vingt toises, & peut avoir deux cents cinquante à trois cents pas de long ; elle aboutit à un terrein vuide au milieu duquel est un bassin plein d'eau, & qui est terminé par les degrés qui conduisent à la terrasse du bâtiment.

Le premier corps de logis est composé du rez-de-chaussée & de deux étages auxquels on monte par un escalier en vis qui est en dehors par derriere. Chaque étage présente le même coup d'œil. Au rez-de-chaussée, on entre d'abord dans un grand Divan, dont le côté qui répond à l'avenue, est tout ouvert. Cette piece est sans fenêtres, & n'a d'autres ornemens que des tapis de Perse sur le carreau, & des niches dans les murs comme au Palais du Nabab de Bengale. Au fond (au rez-de-chaussée), sont deux portes, dont l'une, à droite, mene à l'escalier ; par la seconde qui est à gauche, on va dans la seconde cour. Le Divan est accompagné de chambres à droite & à gauche. Nous entrâmes par la porte qui étoit sur le côté, à gauche, dans le bain dont la fraîcheur nous saisit, malgré la chaleur extrême que l'on sentoit en dehors. L'épaisseur des murs couverts d'argamasse & la construction de ce bain, y entretiennent cette fraîcheur, qui cesse dès que les fourneaux sont allumés ; il est composé de trois pieces à l'abri du soleil, & qui n'ont de jour que par des yeux percés à la voûte. J'aurai occasion dans la suite de faire la description de ces Bâtimens qui sont en quelque sorte nécessaires dans les Pays chauds.

Au-delà du premier corps de logis, est un grand terrein où l'on voit plusieurs pieces d'eau, avec des jets qui retombant sur des talus de pierre picotée, forment d'assez belles nappes.

Le dernier corps de logis est l'appartement des femmes. Ce bâtiment est bas, & consiste en un simple rez-de-chaussée, distribué d'une maniere particuliere. Après avoir traversé le Divan, on rencontre un petit bassin, sur le bord duquel les femmes passent une partie de la journée. Ce bassin est entouré de chambres. A droite & à gauche regnent des corridors, le long desquels sont les appartemens des femmes, qui consistent en trois pieces : 1°. une chambre à coucher; 2°. une chambre de bain, tapissée en dehors d'une espece d'herbe qui ressemble à du chiendent, & qui ayant été arrosée le matin, repand une odeur suave, & entretient la fraîcheur dans cette piece : 3°. une chambre pour les Mosses.

Voyage aux Indes Orientales, IIIe. Partie.

Après avoir passé l'appartement des femmes, on entre dans un grand Jardin dont le mur termine le terrein du Palais de la Beigom. C'est là que se trouve l'étang dont j'ai parlé plus haut, & où Tegh beig khan tâchoit de rallumer par des débauches poussées jusqu'à la brutalité, les feux d'un tempéramment ruiné par l'usage & par la vieillesse. On me dit que ce Palais lui avoit coûté vingt-deux laks de roupies (cinq millions & demi), & qu'il avoit été bâti en six ans.

Ci-d. p. cclxxv.

Nous satisfîmes pendant deux heures notre curiosité, & revinmes ensuite à la terrasse du premier corps de logis. Le Nabab arriva sur les sept heures avec son fils, précédé d'un grand nombre de Massardjis. Après les premiers complimens, on servit des rafraîchissemens de Scherbet, des sucreries; l'eau-rose ne fut pas épargnée : & tandis que nous nous entretenions sur les usages des Européens (je parlois Persan avec le fils de Miatchen), on tiroit, à quelques minutes de distance & deux à la fois, des gerbes & des pots à feu, qui rendoient une lumiere bleuâtre; mais sans éclater à la fin avec bruit : c'est le défaut de l'artifice des Maures. On suppléoit à ces chutes tristes par des coups de fusil. La Fête se termina de cette maniere, c'est-à-dire, d'une façon assez sombre : & nous reprîmes le chemin de la Loge Angloise au milieu d'un boulvari affreux de Peuple, de chevaux, de Soldats qui tiroient de tems à autre des coups de fusil; & environnés de plusieurs milliers de flambeaux faits de méches huilées, qui rendoient une odeur dégoûtante.

Cid. p. cclxv. note. n°. 16.

Les Fêtes que les Maures se donnent entre eux sont d'un goût fort différent de celle que je viens de décrire.

Une partie du jour se passe en tours de force, dont les Acteurs sont ordinairement Bengalis. J'ai vu dans une de ces fêtes deux hommes, debout sur une corde lâche attachée à deux bambous mal assurés, tenir eux-mêmes une corde (ce qui formoit un second étage en corde) sur laquelle monta une jeune fille qui portoit sur sa tête un grand rond de bois couvert de plusieurs vases pleins d'eau, & cela sans en renverser une goutte.

Après les tours de force, paroissent les Danseurs avec leurs instrumens, le tambour la flûte, & le tâl, dont le son, agréable à des oreilles Asiatiques, affecte d'abord d'une façon fort différente, celles des Européens. Mais à la longue, on s'y accoutume; & il en est de cette Musique, comme des usages & de la vie en général des orientaux, qui, au bout de quelques années, accoquine (si je puis me servir de ce terme) tellement les Européens, que leur Patrie offre à peine quelque chose à leurs regrets.

Quelquefois les Danseurs jouent des especes de farces. Ce sera un Soldat qui, partant pour l'armée, témoigne à sa maîtresse la peine qu'il sent de la quitter. Ils mettent par terre un monçeau d'armes & d'habits. Le Soldat armé d'un sabre, d'une pique & d'une rondache qu'il agite en dansant, fait le tour de cette espece de trophée, suivant sa Maîtresse, & faisant les mêmes pas qu'elle. Le jeu des armes, l'air passionné, les reproches marqués par les gestes, les pas lents ou vifs, arrêtés ou redoublés, selon la situation de leurs cœurs; tout forme une Pantomime assez intéressante dont le son des instrumens regle les mouvemens par ses inflexions. La danse est à petits pas, & de la plus grande précision, sur-tout du côté de la femme. Le tambour, qui est derriere les Danseurs, s'approche d'eux, plus ou moins & semble leur communiquer l'action, la fougue qu'on remarque dans son jeu & dans son visage.

La nuit amene un spectacle analogue au goût dominant

PRÉLIMINAIRE.

nant des Peuples du Midi, la danfe des Bayaderes. Elle fe fait au fon du tâl & d'un petit tambour de terre. Lorfque les fpectateurs font généreux, & peu fcrupuleux, les Domeftiques fe retirent, & les Danfeufes paroiffent toutes nues. Ce qu'on peut imaginer de plus lafcif dans les poftures & dans les geftes, accompagne alors leurs danfes; & l'on verra en Afie, (comme en Europe) des perfonnes riches, prifes par les agaceries dont elles les accompagnent, fe ruiner en préfens donnés à ces victimes de la débauche : j'ai parlé ci-devant du Mogol Maaz eddin, dont la Danfeufe Laalkoner gouvernoit l'Empire. Si la paffion n'éteint pas toutà-fait la raifon, du moins lui impofe-t-elle filence pour le moment. Les préfens en argent & en bijoux échauffent les Danfeufes, que leur propre action & les odeurs dont elles font parfumées, remuent déja de la maniere la plus violente; tous les genres de plaifirs fe fuccédent; la danfe recommence enfuite; & quelquefois de grands Seigneurs feront venir fucceffivement dans une nuit quatre à cinq bandes de Bayaderes, & les renverront épuifées. Sur la fin de la nuit, lorfque la fatiété des plaifirs invite au repos, on fait entrer un Motreb (efpece de Violon) qui, par des airs doux & monotones, tirés de trois cordes & répétés fouvent, provoque le fommeil. D'autres vont fe jetter dans les bras d'un jeune Efclave Abyffin, & prolongent quelquefois en dormant, par une imagination échauffée, des momens que la foibleffe de la nature arrache à leurs defirs.

Tels font les plaifirs vers lefquels la plûpart des Afiatiques, & en particulier ceux qui habitent les Pays méridionaux, dirigent tous leurs vœux; & ils n'ont que du mépris pour ceux que la nature en rendroit incapables. Ce goût influe fur leurs ufages, leurs Religions; il contribue à leur faire fupporter les violences du Defpotifme fous lequel ils vivent. Auffi pour faire durer ces plaifirs plus long-tems, emploient-ils, outre l'opium, des remedes dans lefquels il entre des cantharides & d'autres ingrédiens dont il n'y a que la forte tranfpiration des Pays chauds qui puiffe corriger l'action corrofive : nul âge, chez eux, ne femble fe refufer à l'effet qu'ils en attendent.

Tome I.

Voyage aux Indes Orientales, IIIe. Partie.

Ci-d. p. cclxxx not. n°. 55.

Les liaisons que j'avois avec les Anglois cesserent au départ de M. Spencer, parce qu'il fut remplacé par un homme qui ne connoissoit, ni bienséances, ni égards ; je veux parler de M. Press, accoutumé à vivre avec les Maures dont il parloit fort bien la Langue, & dont il avoit pris tous les défauts.

J'ai peine à me séparer de la vertu qui se présente avec l'air qui lui est naturel : ce fut le sentiment que j'éprouvai, en quittant M. Spencer. Je l'accompagnai jusqu'en rade, au milieu des fanfares & du bruit de l'artillerie. J'étois seul de ma Nation, & vrai-semblablement le seul du Vaisseau, occupé des réflexions que je faisois alors. Tous les Membres du Comptoir Anglois regrettoient, dans ce digne Chef, l'Auteur de leur fortune ; les Etrangers Européens se rappelloient sa conduite également sage, ferme & honnête; les Marchands de la Ville conduisoient des yeux celui qui avoit encouragé leur commerce, qui en avoit maintenu la liberté ; le Nabab voyoit avec peine s'éloigner de Surate l'homme dont dépendoit le repos de sa vieillesse ; les Sidis mêmes: que ne peut pas la probité reconnue, & qui, obligée de s'armer de sévérité, en cache autant qu'elle peut les dehors effrayans ! Les Sidis presque dépouillés de leurs biens, suivoient le garant sûr de ceux qu'on leur avoit laissés : tel étoit M. Spencer partant de Surate (& M. Dupleix quittant Pondichery) ; il emportoit avec lui les vœux de la Ville. Je contemplai avec le plaisir le plus pur, le triomphe de la probité ; & si ç'eût été dans un autre Pays, j'aurois été surpris de le voir complet & sans retour.

Réduit presqu'à moi seul, une nouvelle catastrophe m'obligea de garder une solitude encore plus absolue. On apprit sur la fin de Novembre 1759, que le *Fez salem*, Vaisseau Maure, nommé autrefois *le Merry*, armé par Tchelibi Aabdeul kader, & chargé de huit laks de marchandises, avoit été pris en rade de Maskate, par un Capitaine François, commandant le *Condé* ; quoiqu'il eût un passeport du Chef François de Surate.

Voici comment la chose étoit rapportée dans les Let-

PRÉLIMINAIRE. cccxlvij

tres que l'on reçut à Surate. Deux Vaisseaux François, le *Condé* & la Frégate l'*Expédition*, s'étant présentés le 3 Octobre devant Maskate, avec Pavillon Hollandois (Anglois, selon la Lettre du Conseil de Pondicheri), plusieurs Officiers descendirent à terre, & demanderent à qui étoient les autres Vaisseaux qu'ils voyoient dans la rade. Informés que le *Fez salem* est de Surate & appartient à Tchelibi, ils retournent à leurs bords; & la nuit même, le *Fez salem* est enlevé, & l'on en coupe les cables, pour le mettre au large. Le canon de Maskate eut beau défendre la franchise du Port; les François ripostèrent, & leur feu fit du ravage dans la Ville. Le lendemain, le Capitaine du *Condé* envoya demander à l'Imam de Maskate pourquoi il tiroit sur ses Vaisseaux, s'il vouloit se battre; ajoutant que son monde étoit en état, & que le Vaisseau qu'il emmenoit, appartenoit à ses ennemis. L'Imam ne se sentant pas en forces, cessa de faire feu, & les Vaisseaux François quitterent la rade.

Dans la consternation que causa à Surate la nouvelle de cette prise, il n'y eut qu'un cris au Bazar. Sur le-champ, les Intéressés viennent à la Loge Françoise; la colere anime leurs regards; à des mouvemens qui peignent le désespoir le plus affreux, succede l'abbattement. Peut-être qu'ailleurs il y auroit eu émeute, & que le Chef François & les Particuliers attachés à la Nation, seroient devenus la victime des premiers transports. Des Turcs, des Arabes, des Marchands Indiens, qui voient leur fortune passer entre les mains de gens avec lesquels ils n'ont rien à démêler, ont assez de bon sens, sont assez maîtres d'eux-mêmes, pour ne pas rendre le Représentant de la Nation responsable de la violence de quelques Particuliers. Au lieu d'éclater en menaces indécentes, ils conjurent mon frere d'être lui-même leur Avocat. Ils lui représentent le commerce de Surate ruiné, les plus riches Marchands réduits à l'état de Fakir. Le Nabab joint ses prieres aux leurs, écrit lui-même à Pondichery; & mon frere, sans autre force que celle de la persuasion, après être entré dans leurs peines, les renvoie à demi consolés par l'espérance de voir leurs droits reconnus aux Tribunaux des Conseils Supérieurs.

Le Chef François n'eut rien de plus pressé, que d'envoyer toutes les Pieces de cette malheureuse affaire au Conseil de Pondichery, & d'y joindre un Mémoire qui développoit le droit des Intéressés. Ce Mémoire est daté du premier Décembre 1759.

Le Procès-verbal de prise, daté du 17 Octobre de la même année, & écrit au bas du Passeport qui avoit été rendu au Nakhoda (Pilote) Maure, portoit en substance que le *Fez salem* avoit été pris, 1°. Parce que Surate étant entre les mains des Anglois, qui s'en étoient déclarés Souverains en y arborant leur Pavillon & en y tenant garnison, il étoit probable que le Chef François n'avoit donné ledit Passeport que par force ; 2°. Parce que les Tchelibis, depuis l'expédition des Anglois, étoient leurs sujets ; qu'ils étoient liés depuis long-tems d'intérêts avec eux ; qu'on ne pouvoit pas donner la liberté du commerce aux ennemis de la Nation ; & que le Vaisseau étoit chargé de marchandises Angloises. On avoit marqué d'ailleurs à Pondichery que le Vaisseau avoit été pris sous Pavillon Anglois; on prétendoit que le *Merry*, Vaisseau Anglois, vendu en tems de guerre à un Maure, étoit de bonne prise entre les mains de ce dernier ; & celui qui avoit signé comme faisant fonction de Commissaire, le procès-verbal de prise, le sieur Martin, faisoit valoir des raisons d'intérêt qui donnoient action contre les Marchands de Surate au sieur Boucard, son beau-pere.

Le Chef François démontre, dans son Mémoire, 1°. que le seul Maître reconnu à Surate, est le Nabab ; que tous les Européens y jouissent de la même liberté, y ont garnison dans leurs Loges, comme les Anglois, & paroissent dans la Ville avec leurs Pavillons; que les Anglois ont, il est vrai, de plus que les autres, la Forteresse, & quelques portes de la Ville : mais uniquement comme succédant aux possessions & aux droits du Sidi, qui n'a jamais passé pour Maître de Surate. 2°. Qu'on ignore à Surate que le Roi ait déclaré de bonne prise les Vaisseaux ennemis vendus en tems de guerre, & pris sous un Pavillon étranger ; & que cette Ordonnance, si

elle exifte, n'a jamais été communiquée aux Chefs du Comptoir, ni par conféquent notifiée aux Marchands de la Ville.
3°. Que les Marchands de Surate, Tchilibi & autres, ne
font fujets que du Mogol repréfenté par le Nabab ; qu'ils
font amis de toutes les Nations; & que fortant d'une rade
neutre, ils portent de même des marchandifes de toutes
les Nations. 4°. Que les dédommagemens dus pour les pertes que le Comptoir François & les Particuliers ont fouf-
fertes pendant la guerre de Surate, ne peuvent être un prétexte de garder le *Fez falem*, parce que ces pertes n'ont pas
encore pu être réparées ; que d'ailleurs cela regarde les Anglois, qui, en rendant, en tems de guerre, les deux Vaiffeaux du Chef François, ont fait une action qui prouve
qu'ils ne fe font pas emparés de Surate ; qu'au furplus leurs
vexations particulieres ne forment pas l'état général de la
Ville. 5°. Enfin, que les fonds répétés par le fieur Boucard, ne peuvent plus être allégués, puifque M. Spencer les lui a fait rentrer. Le Chef François finit en repréfentant la confternation où eft Surate, qui a les yeux fur
la Loge Françoife, tandis que les autres Nations gardent
le filence : il ajoute que, fi la réponfe de Pondichery n'eft
pas favorable, cette affaire peut rouvrir la plaie qu'occafionna à Surate la chute du Pavillon François fous M. Grang-
emont.

Mon frere apprit l'année fuivante, par deux Lettres,
l'une de M. de Leyrit, du 24 Février 1760, & l'autre du
25 du même mois, écrite par le Confeil de Pondicheri,
que ce Confeil défapprouvoit la prife de *Fez falem*,
& écrivoit à ce fujet à l'Ifle de France & à la Compagnie : & en effet, le Confeil de l'Ifle de France déclara
le Vaiffeau de mauvaife prife, par un arrêté du 23 Avril
de la même année. Ces nouvelles remirent les efprits pour
un tems. Depuis (au commencement de Février 1769) le
Fez falem a été remené à Surate par le même Vaiffeau qui
l'avoit pris, le *Condé*, & rendu vuide aux Propriétaires,
avec une compenfation que mon frere a ménagée.

La difficulté en attendant la réponfe de Pondichery,
étoit de fe foutenir à Surate. Malgré l'efpece de confiance

que les Marchands avoient dans la juſtice de leur cauſe, le Douanier arrêta en Janvier 1760 des marchandiſes venues de Goa pour le Chef François; & il fallut un ordre du Nabab pour les faire relâcher. Quelques jours après, ſur le bruit qui courut que le *Fez ſalem* avoit été pris à cauſe des cinquante mille roupies que M. Boucard avoit depuis long-tems répétées ſur les Marchands de la Ville, les Tchelibis s'étant ſaiſis de ſon Banian, le menacerent de le faire expirer ſous les coups, s'il ne leur faiſoit un billet de trois laks. Heureuſement un tiers qui ſe trouva préſent, fit ſentir à ces Arabes, que leur conduite ne feroit que gâter l'affaire. Le Banian fut donc relâché ; & ſur les plaintes de M. Boucard, ſoutenues par le Chef François, les Tchelibis firent une ſorte de réparation, en donnant chez eux une châle au Banian.

Il n'en fut pas de même du *Doüai* [1] jetté en Février 1764 par Tchelibi Salé, ſur les deux Vaiſſeaux que le Chef François alloit envoyer à Bengale & à l'Iſle de France. Cette eſpece d'*embargo* que rien ne put lever, priva mon frere, dans le moment où la Compagnie lui donnoit des nouvelles de la paix, d'une fortune conſidérable, que les pertes qu'il avoit eſſuyées pendant la guerre, rendoient bien légitime.

---

[1] Voici ce que mon frere me marquoit au ſujet du *Doüai*, en me faiſant part de la perte (de 24000 liv. par an) que lui cauſoit la démarche de Tchelibi. « Tu » fçais, ſans doute, me dit-il, ce que c'eſt que jetter le *Doüai*. C'eſt faire un jure- » ment au nom des Puiſſances du Pays, pour empêcher que telle ou telle choſe, qui » ſe trouve contre l'équité, ait lieu, juſqu'à ce que ces Puiſſances aient pris une » entiere connoiſſance du fait, & prononcé un Jugement en conſéquence. Ce jure- » ment a tant de force que le Nabab lui-même ne peut aller contre. Il faut procéder » à l'examen du fait, ou que celui qui a jetté le *Doüai* s'en déſiſte. J'ai vû ces » jours-ci jetter le *Doüai* d'une maniere aſſez plaiſante. La querelle étoit entre » deux Banians qui ſe diſputoient un petit terrein. L'un alloit ſe marier ; l'autre » faiſoit bâtir une maiſon. Le premier dit au ſecond, dans le fort de la que- » relle : je défends de te marier, & au nom des Puiſſances du Pays, » j'ordonne à tous ces Ouvriers qui travaillent pour toi, de s'en aller chez eux, » & de ne point bâtir ſur ton terrein, que notre affaire ne ſoit terminée ; & » moi, repliqua celui qui faiſoit bâtir, par le même jurement & aux mêmes » conditions, je te défends de te marier. Ces juremens prononcés, d'un côté » les Charpentiers & les Maçons laiſſent l'ouvrage ; de l'autre, les parens & la fian- » cée ſe retirent chacun dans leurs familles. Comme des deux Contendans, le » fiancé étoit le plus preſſé, il vint me trouver ; je lui fis entendre raiſon, ainſi qu'à » ſa Partie que j'appellai. Au bout de deux jours le différent fut terminé, le *Doüai* » levé de part & d'autre ; & le mariage alla ſon train, ainſi que la maiſon.

PRÉLIMINAIRE.

Le danger étoit donc preſſant, au milieu d'un Peuple dépouillé de ſon bien par des Etrangers auxquels il n'avoit fait aucun tort. Quoique je fuſſe ſous la protection Angloiſe, comme François, comme frere du Chef François, j'étois expoſé, ainſi que lui, à me voir maſſacrer, dans un moment de déſeſpoir. Celui qui pouvoit tenir la Ville en reſpect, & qui avoit aſſez d'humanité pour le faire, M. Spencer, alloit quitter Surate. Mon frere fut obligé de ſe mettre en défenſe, en braquant deux canons à la porte de la Loge; d'armer quelques François fugitifs qu'il y avoit reçus, & même de faire des proviſions de bouche, parce qu'on le menaça de le cercler. Cette eſpece d'empriſonnement dura juſqu'à la réponſe de Pondichery. Ces périls redoublerent mon ardeur; je me hâtai d'achever la Traduction des Livres Parſes, ſortant à peine de ma maiſon, & ne faiſant qu'un ſeul repas.

Mes fenêtres dominoient ſur l'argamaſſe d'une Moſquée, au-delà de laquelle étoit la maiſon d'un riche Mogol, dont les femmes avoient auſſi vûe ſur cet argamaſſe, & par conſéquent ſur mes fenêtres. Dans un Pays où celles de toutes les maiſons ſont fermées avec des nattes ou des treillis à cauſe des femmes, les miennes, qui étoient toujours ouvertes, leur parurent un ſpectacle nouveau. Mon habillement, mon air, ma jeuneſſe, piquerent leur curioſité: elles ſçurent par leurs Domeſtiques que j'étois François, & que je n'étois pas marié. Elles voulurent cependant s'en inſtruire par elles-mêmes; & ſur la fin de Janvier, je vis paroître à une fenêtre une femme âgée, d'un air aſſez reſpectable, qui me cria, en Maure: va plus doucement, Feringui (*haſté djo Feringui*). Je me promenois alors dans ma chambre, ſeul délaſſement que je priſſe, après une étude de ſix heures. Je me retournai à cette voix. La vieille continue: où eſt ta femme (*toumara djourou kanhé*)? Je n'en ai pas, lui dis-je (*amko djourou nei*). Cette réponſe fut ſuivie d'un éclat de rire, accompagné d'expreſſions tendres de la part de deux femmes âgées de vingt ans, qui parurent alors à la fenêtre. Comment, diſoient-elles, un jeune homme ſans femmes! Elles voulurent ſçavoir quel étoit l'Indien qui paroissoit le jour dans ma chambre ; & lorsque je leur eus dit que c'étoit un Parse, mon Domestique ; la vieille, sans autres préliminaires, me cria : viens la nuit (*ratko ao*). Je ne répondis pas à ces avances : mais curieux de sçavoir comment ces femmes vivoient entr'elles, je continuai de laisser mes fenêtres ouvertes ; & elles ne me punirent pas de mon indifférence, ou du moins de ma prudence, en fermant les leurs.

L'habillement de ces femmes attira d'abord mon attention. La plus blanche des deux avoit le bas du corps couvert par de grands caleçons à pieds, d'étoffe de soie fond rouge à fleurs d'or, qui se nouoient au-dessus des hanches. Ses baboches (ses pantoufles) étoient de velours brodé, le bout terminé en pointe, comme à celles des hommes, & recourbé en dessus. Au haut du corps, elle portoit une espece de corset, nommé *Tchouli*, couvert d'une étoffe pareille à celle de ses caleçons.

Le Tchouli se met aux filles, dès l'âge de sept à huit ans ; elles le portent jour & nuit, & il leur soutient la gorge, sans la gêner. Cette espece de corset a deux manches qui descendent un ou deux doigts au-dessous du coude. Le devant est composé de deux hémispheres creuses, faites d'osier bien souple couvert de coton piqué, ou de carton garni de même de coton, ou simplement d'une mousseline double & bordée, que l'on tient bien tendue par le moyen de deux cordons qui s'attachent derriere le dos.

Par-dessus le Tchouli & les grands caleçons cette Mogole portoit une robbe de mousseline à fleurs d'or, fendue par devant, à manches longues, & qui lui descendoit jusqu'à la cheville du pied : cette robbe se croisoit & se nouoit sur ses hanches avec des cordons qui lui prenoient la taille exactement ; & l'endroit qui répondoit à la gorge, étoit couvert de chaque côté d'un tissu brodé en or, en argent & ouvragé en perles. Cette femme avoit le cou, les bras, les doigts & les oreilles, chargés de bijoux. Ses cheveux garnis de brillans & tressés en forme de longue queue, flottoient sur son dos. Ce qui lui donnoit le plus de grace, étoit un voile de mousseline verte très-claire, qu'elle

PRÉLIMINAIRE.

qu'elle avoit fur la tête. Ce voile étoit bordé d'un tiffu d'or, qui lui formoit fur le front une efpece de bandeau ; le refte tomboit en pointe derriere le corps, voltigeant au gré du vent, & relevant par des ombres les fleurs de la robbe que l'on voyoit au travers. Tel eft l'habillement de toutes les Femmes Mogoles ; la différence ne confifte que dans la richeffe ou la fimplicité des étoffes & de l'ajuftement : la feule chofe qui choque d'abord la vûe d'un Européen, eft l'anneau qu'elles portent au cartilage qui forme le bout du nez.

L'habillement des Indoues, Brahmines, Baniannes & autres, eft plus dégagé. Ces femmes marchent les pieds nuds; elles ont les doigts des pieds & ceux des mains chargés de bagues, & pour l'ordinaire, peints en rouge, ainfi que la plante des pieds & le dedans des mains. Au-deffus de la cheville du pied, elles portent un ou plufieurs anneaux d'or ou d'argent, qui jouent fur la jambe. Le bas de leur corps eft couvert d'une pagne qui prend au-deffus des hanches & defcend jufqu'à la cheville du pied. Cette pagne eft une piece de mouffeline rayée ou une autre piece d'étoffe plus ou moins riche, dont elles forment plufieurs tours fur leurs reins. Un des bouts fe paffe fur les hanches, entre la peau & cette efpece du jupon ; l'autre, plié & large à-peu-près de fix doigts, prend fous le bras droit, couvre en devant une partie du Tchouli, paffe fur l'épaule gauche, & pend négligemment derriere le dos où l'on voit le chef de l'étoffe : quelquefois elles le font revenir en devant fur l'épaule droite, après l'avoir étendu fur leur tête ; ce qui fait l'effet de nos mantelets. Du refte elles ont le corps nud depuis le nombril jufqu'au deffous de la gorge, le col couvert de joyaux de toute efpece, de colliers qui leur pendent fur l'eftomac, & des braffelets en or ou en argent, & à plufieurs rangs, aux bras & même deffus les manches du Tchouli. Elles fe font au vifage des taches rouges & jaunes avec de la couleur, portent le Lingam au front, & ont les oreilles percées dans plufieurs endroits, & remplies de joyaux. Leurs cheveux treffés, oints d'huile de Coco, & garnis de bijoux, pendent quelquefois comme une longue

Tome I.   *y y*

queue ; quelquefois ils font relevés fur le derriere de la tête, & attachés avec une forte aiguille d'or ou d'argent, qui traverfe cette efpece de piramide.

Je reviens à mes Mogoles. Au milieu des folies que peuvent faire des femmes qui veulent fe venger en quelque forte de la contrainte d'un Maître incommode, je les voyois, chaque fois que le Moullah de la Mofquée appelloit à la priere, fe profterner & réciter avec une apparence de recueillement les formules prefcrites dans ces circonftances. Du refte, manger abondamment & fouvent, confulter à chaque inftant de petits miroirs qu'elles portoient au doigt en façon de bagues, effayer fréquemment les ajuftemens qu'elles croyoient les plus propres à relever leurs charmes, fumer le Hoka, mâcher du Betel, & dormir le jour comme la nuit prefque nues fur une multitude de couffins; telles étoient à-peu-près leurs occupations & leurs plaifirs. Elles danfoient quelquefois entr'elles, contrefaifoient mes geftes, & mettant fur leur tête une efpece de chapeau, jouoient le Feringui.

Les vifites que ces femmes fe font, font très-libres, parce qu'elles fe dédommagent par la licence des propos, de la gêne où elles vivent avec leurs maris. C'eft alors à qui brillera le plus par les ajuftemens & les bijoux ; elles fe mettent du rouge au vifage. On préfente la collation, comme chez les hommes. Enfuite paroiffent les *Ramjanis*, Bayaderes, qui ne danfent que devant les femmes ; mais qui ne font pas plus modeftes que celles qui jouent en préfence des hommes. Les danfes font accompagnées de chants, &, du côté des fpectatrices, de cris, de fréquents éclats de rire. Il en eft à-peu-près de même des Noces : tandis que les hommes s'amufent entr'eux, les femmes des deux familles font un charivari qui déconcerteroit le perfonnage le plus grave.

Un des divertiffemens qui plaifent le plus aux Femmes Mogoles, eft celui qu'elles prennent au bain. Les bains publiques à Surate, & je crois dans toutes les grandes Villes de l'Orient, font des bâtimens voutés, faits de pierres ou de briques enduites de maftic. Ils font compofés de trois pieces. On laiffe fes habits dans la premiere : la feconde

PRÉLIMINAIRE.

offre des fontaines d'eau tiede; la troisieme est pour l'ordinaire si chaude, qu'on a peine à se tenir sur le pavé. Ces deux dernieres pieces sont plus grandes, & éclairées par des yeux percés dans la voûte, & garnis de verres diversement colorés. Les fourneaux qui échauffent l'eau, sont ou dessous le sol ou à côté des murailles; & l'eau se répand dans le bain par plusieurs robinets qui sortent du mur. Les hommes entrent dans les bains, lorsque les femmes en sont sorties, c'est-à-dire, depuis une ou deux heures après midi, & les occupent jusqu'à la nuit: de cette maniere, les bains sont servis alternativement par des femmes & par des hommes.

Lorsqu'on a quitté ses derniers vêtemens, l'homme du bain vous étend sur une planche; & après vous avoir aspergé d'eau chaude, vous masse (presse) tout le corps, fait craquer toutes les jointures, celles des doigts. Ensuite, il met le patient sur le ventre; & lui appuyant les genouils sur les reins, il lui prend les épaules, & lui fait craquer plusieurs fois l'épine du dos, accompagnant tous ces tiraillemens de grandes claques sur les parties musculeuses, à-peu-près comme font les Palfreniers en étrillant les chevaux. Telle est la premiere partie de la question. Le Baigneur s'arme ensuite la main droite d'un gand de crin, avec lequel il frotte le corps de maniere à être lui-même tout en sueur: il lime avec une pierre-ponce les parties où la peau est plus endurcie, comme à la plante des pieds. Cette opération faite, il frotte tout le corps de savon & d'odeurs, & finit par l'épiler ou le raser.

Ce manege dure bien trois quarts d'heure; & il faut convenir qu'après cela, on ne se reconnoît plus. Il semble presque qu'on soit un homme nouveau. On sent dans le corps, si je puis m'exprimer ainsi, une sorte de quiétude produite par l'harmonie que les frottemens & les tiraillemens ont établie entre toutes ses parties. La peau est quelque tems couverte d'une sueur légere que lui donne une douce fraîcheur. Enfin on se sent vivre. Passer ensuite deux heures sur un canapé, & s'endormir, partie de foiblesse, partie de chaleur, après avoir fumé un demi-Hoka, est un plaisir que ne sentiront jamais les corps resserrés par les froids du Nord, ou livrés à l'activité inquiete des climats temperés. L'exercice du bain, où l'on est simplement patient, supplée aux courses violentes, aux parties de chasse, aux danses des Européens, ou plutôt les compense bien supérieurement. Les Musulmans en sont quittes pour une demie roupie; mais, comme Feringui, j'étois obligé d'y aller *incognito*, & je payois une roupie & demie : aussi étois-je baigné dans toutes les formes.

Le cérémonial pour les femmes n'est pas si violent : mais le massage & les frottemens, dans les Pays chauds, leur plaisent autant qu'aux hommes. Dans les Colonies Européennes, on voit les Dames passer une partie de la journée sur des canapés, environnées de mosses accroupies sur des nattes, qui leur massent les jambes, & successivement tout le corps.

Ce que je sçai des occupations des Femmes Mogoles dans le bain, c'est qu'elles y folâtrent entr'elles, découvertes seulement de la tête à la ceinture, & y passent quelquefois des demi-journées. Le Hoka, le Scherbet, le Caffé, &!autres boissons, sont leurs rafraîchissemens. Elles font des parties de bain, comme en Europe on feroit une partie de bal. Lorsqu'un jeune homme est curieux de voir, avant le mariage, la fille qui lui est destinée, il ne lui est pas difficile de gagner quelques personnes de la famille qui proposent de ces parties; il met ensuite, par le moyen d'un présent, le Maître du bain dans le secret, & obtient de lui la permission de jetter à la dérobée quelques regards par les petites fenêtres percées dans la voûte. Ceci seroit indécent en Europe : mais le haut du corps depuis la ceinture, n'est pas chez les Asiatiques, même Mahométans, un objet de curiosité qui tire beaucoup à conséquence. Quant aux Indiens, rien n'est plus commun que de rencontrer parmi eux des femmes qui ont la gorge découverte, ou du moins trèsvisible : à la Côte de la Pêcherie, & jusqu'au-delà de Mahé, les femmes Tives sont absolument nues, depuis la ceinture [1]

[1] Le 11 Décembre 1759, nouvelle de l'assassinat d'Aalemguir Sani, Empereur de l'Indouftan. Le 1 & le 2 Mars 1760, derniers jours de l'*Intrus* des Gentils : le Peuple, comme dans les Païs purement Indiens, court la Ville barbouillé de *Mindi* & de Safran, & les Grands se traitent entr'eux.

PRÉLIMINAIRE. ccclvij

Je reçus enfin, vers le milieu du mois d'Avril, une
Lettre du Gouverneur de Pondicheri, en date du 24 Février, qui me permettoit de retourner à la Loge Françoise.
Je remerciai le Conseil Anglois de Surate & celui de Bombaye, de la protection qu'ils m'avoient accordée d'une maniere si obligeante; & sans quitter la maison que j'habitois, & qui m'étoit beaucoup plus commode que la Loge
Françoise, je rentrai sous le Pavillon de ma Nation.

J'avançois à grands pas dans la connoissance des Mysteres,
de la Langue & de l'Histoire des Parses. Je découvrois tous
les jours quelque Livre nouveau à acheter; & mon frere,
autorisé en cela par M. de Leyrit, appuyoit de son autorité les propositions que je faisois à mes Destours. D'ailleurs,
comme ils me voyoient en état de me passer d'eux, ils n'osoient plus me rien refuser. Ce n'est pas qu'ils n'employassent mille moyens, pour se rendre nécessaires, allonger le
tems & augmenter le prix des Manuscrits; ils étoient aidés
dans ce manege par l'Interprête de la Loge, bon Parse, honnête homme, officieux même; mais peu riche & intéressé.
Accoutumé aux petites ruses de mes Destours, il m'étoit
facile de les découvrir; & souvent ils en étoient eux-mêmes la dupe. L'Interprete de la Loge étoit ami d'un jeune
Destour, du parti de Manscherdji, nommé Sapour, dont il
auroit voulu produire le pere à la place de Darab. Malheureusement pour lui, de l'aveu même de ces nouveaux Destours, je sçavois plus de Zend & de Pehlvi que tout leur
parti. Je tirai cépendant quelqu'avantage de cette nouvelle
connoissance. Elle tint mes Destours en respect; les deux

*VOYAGE
aux Indes
Orientales,
IIIe. Partie.*

Le 15, le tems se brouille; le soir, quelques gouttes de pluie. Le 16, pluie
de plusieurs heures.

Le 20 Mars, Jeudi, *No rouz*, *Sultani*. Le Soleil entre dans le Signe du Bélier, à
6 *Gueris* du premier *Pehr*; ce qui donne 8 heures, 14′ du matin: selon d'autres Astronomes, à un *Pehr*, 28 *pâls*; ce qui donne (à 14″, le *pâl*) 9 heures
environ 11′ 12″. Le 20 Mars répond au 9 du mois *Adar*, de l'an 2071 d'Alexandre (de l'Ere des Seleucides); au 5 du mois *Schaaban*, de l'an 1173 de l'Hégire;
au 4 du mois *Meher kadim*, de l'an 1129 d'Iezdedjerd; & au premier du mois *Farvardin*, de l'an 682 de Djela eddin. Ce *No rouz* est appellé *Sultani*, c'est-à-dire,
Royal, parce qu'il a été établi par Djemschid, & renouvellé par Djelal eddin
Melek schah.

côtés me fournissoient à l'envi les Livres que je voulois avoir, & se démasquoient réciproquement.

Il se passa un jour, à ce sujet, en présence du Chef François, une scene qui finit d'une maniere assez plaisante. J'avois découvert que Darab me donnoit, pour complet, un Livre fort cher (une partie du *Grand Ravaët*) qui n'étoit pas entier. Ce sage Maître, à qui sa Loi défendoit de jurer, protestoit, par ce qu'il avoit de plus sacré, qu'il disoit la vérité. Je fis le fâché ; je menaçai : Darab appella de moi à mon frere, à qui j'envoyai les pieces du procès. Il croyoit en imposer à une personne qui n'entendoit pas sa Langue ; les gens de la Loge, c'est-à-dire, le Banian & l'Intreprête étoient présens. La douceur ne fit que le rendre plus ferme dans sa premiere assertion ; les menaces ne produisirent aucun effet. Alors paroît Sapour, *tanquam Deus ex machinâ*, qui lui reproche le front avec lequel il soutient une imposture, & lui montre la suite du Manuscrit qu'il assuroit être entier. Celui-ci, sans se déconcerter, sourit, convient qu'il a chez lui plusieurs cahiers du même Ouvrage, & dit tranquillement, qu'il les fournira, si l'on augmente le prix du Livre. La condition fut acceptée ; & Darab se retira, je ne dis pas sans confusion, mais sans qu'il parût presque que la scene qui s'étoit passée, le regardât.

La lecture des Livres Liturgiques m'avoit instruit des plus petites cérémonies de la Loi ; j'avois acheté les Instrumens de cuivre qui servoient dans les Offices des Parses, des *Kostis*, un *Saderé*, un *Pénom* : mais ma curiosité n'étoit pas satisfaite. Je voulois entrer dans le Temple des Parses, & y assister à quelque partie de leur Liturgie. Connoissant la sévérité de leur Loi, je croyois la chose impossible : ma présence, selon les Livres Zends, devoit souiller le Temple, & ôter aux prieres toute leur efficace. Aussi aucun Étranger n'étoit-il jamais entré dans les *Derimhers* de Parses, si l'on en excepte le Mogol Schah Akbar, qui, loin d'honorer le feu sacré par des offrandes, l'avoit souillé de sa salive. Cependant un petit présent & l'espérance de se promener par la Ville dans mon

PRÉLIMINAIRE.

Palanquin, engagea Darab à satisfaire ma curiosité. Il prit pour cela un jour de pluie * : j'étois habillé en Parse, accompagné d'un seul Pion, qui devoit se tenir à une certaine distance de la porte du *Derimher*, & qui même ne me guidoit que d'assez loin, de peur d'être reconnu, les environs de ce Temple étant habités par une foule de Parses. Dans quelques endroits, j'avois de l'eau jusqu'au genouil ; le tems étoit sombre : & comme je n'étois pas trop au fait des rues de Surate, je pensai plusieurs fois m'égarer & presque me noyer.

Voyage aux Indes Orientales, IIIe. Partie.
* *Le 20 Juin 1760.*

Lorsque j'arrivai, il y avoit peu de monde au *Derimher*. Darab vint me recevoir, & me mena à la Chapelle du Feu, où son fils officioit : c'étoit à six heures & demie du soir, au *Gah Evesrouthrem*.

Ci-ap. T. II. p. 108.

Le vieux Darab, malgré les objections que je lui avois quelquefois faites contre ce que je trouvois de déraisonnable dans sa Religion, m'avoit vu étudier avec tant de soin ses Livres, & m'occuper si sérieusement des plus petites minuties, au lieu de les mépriser, comme font pour l'ordinaire les Étrangers, qu'il me croyoit presque un Proselyte à qui il ne manquoit que les cérémonies de l'initiation ; & je pense que cette idée soulagea un peu sa conscience. Plusieurs fois il avoit tâché de me faire quitter mon Hoka, me représentant que j'avois lu dans les Livres Parses, que ce qui sortoit du corps, salive, haleine, souilloit le Feu. Au lieu de le contredire durement, ce qui l'auroit rebuté, je me contentois de lui répondre, *que j'étois Chrétien*. Lorsque je fus en présence du Feu, que je regardois avec les simples Parses par le grillage qui fermoit la chapelle du côté du Nord, Darab me demanda si je ne lui ferois pas quelque petite offrande. En qualité de Chrétien, lui dis-je, je ne puis faire ce que vous me demandez. Darab ajouta, mais avec un air embarrassé mêlé de quelque chose de sinistre, que des Musulmans, sans avoir eu le privilége de voir le Feu, avoient fait des présens au *Derimher*. La position étoit délicate : j'étois seul, sans autre arme que mon sabre & un pistolet de poche ; & si les dévôts qui faisoient leurs prieres dans le *Derimher*, m'avoient soupçonné

Ibid. p. 561. Pl.XIII.III.

pour ce que j'étois, je pouvois en un moment être sacrifié au zele de la maison du Feu. Sans paroître ému, je répondis à Darab, en hauſſant la voix, que j'étois venu pour voir le Derimher, & rien de plus. Ma fermeté lui ferma la bouche ; il me pria de parler plus bas : il craignoit encore plus que moi qu'on ne me reconnût. Il m'expliqua ensuite, à voix baſſe, l'uſage des différentes parties du 'Derimher. J'examinai tout ; j'entrai par-tout ; & je me gravai dans l'esprit tout ce que je vis aſſez nettement, pour pouvoir en faire à mon retour le plan & la deſcription que l'on verra ci-après dans le ſecond Volume, p. 568-572.

Après avoir conſidéré avec attention la diſtribution du Derimher, je m'approchai, ſans paroître avoir autre vuë que de ſatisfaire ma curioſité, du lieu deſtiné à la récitation de l'Izeſchné. Darab fit quelque difficulté de m'y laiſſer entrer, proteſtant qu'il ſeroit enſuite obligé de le purifier : mais je paſſai outre, & je trouvai dans un coin de l'Izeſchkhanéh ſes Livres Zends, Pehlvis & Perſans, & entre autres, des Manuſcrits qu'il m'avoit aſſuré ne pas avoir. Je ſçavois que ſa Bibliotheque étoit au Derimher, & c'étoit une des raiſons qui m'avoient engagé à chercher le moyen d'entrer dans ce Temple.

Satisfait de ma viſite, qui avoit duré près d'une heure, je rejoignis mon Pion, qui m'attendoit à une portée fuſil du Derimher. Darab, trompé dans ſon attente, n'eut pas lieu d'être ſi content. Il avoit compté tirer de moi quelque choſe pour l'entretien du Feu ; & la découverte que j'avois faite, le mettoit dans la néceſſité, s'il ne vouloit pas rompre avec moi, de me vendre ou faire copier les Livres qu'il m'avoit juſqu'alors refuſés.

Quelque tems après j'allai hors de Surate, voir les Dakhmés (les Cimetieres) des Parſes. Ce ſont des eſpeces de tours rondes, dont les murs ſont faits de pierres quatrées, & qui peuvent avoir quinze toiſes de diametre. Tandis que je faiſois le tour de ces Cimetieres, dont les murs étoient aſſaillis par une armée de corbeaux, de grailles & autres oiſeaux carnaciers, pluſieurs Parſes qui me voyoient de loin, murmuroient contre ma curioſité. Sur ces entrefaites, arriva

un

PRÉLIMINAIRE. ccclxj

un Convoi dont je fus obligé de m'éloigner. De l'endroit *VOYAGE* où je m'arrêtai, je vis les *Nefa falars* faire le *Sag-did*, (c'est- *aux Indes* à-dire, *préfenter le chien*), & porter le corps dans le *Orientales,* *Dakhmé.* Enfuite le Convoi, qui étoit refté à plus de qua- *IIIe. Partie.* tre-vingt pas delà, revint en priant, les hommes deux à *Ci-ap. T. II.* deux, & fe tenant par la manche, comme en allant. A mon *p. 584-585.* retour les murmures augmenterent ; dans les rues de Surate, plufieurs Parfes difoient hautement que j'avois profané le lieu de leur fépulture : mais ces plaintes n'eurent pas d'autres fuites ; & tandis que je me fentois en haleine, j'allai voir le lieu où les Indous brûlent leurs morts.

Cet endroit fe nomme - Poulpara ; il eft fur le bord du Tapti, au-deffous du Jardin du Parfe Rouftoum, célebre par les belles fleurs qu'il produit, & où les Habitans de Surate, Naturels & Etrangers, vont fouvent prendre le plaifir de la promenade. Au midi de ce Jardin, à quelque diftance, eft un grand emplacement fur le bord de la riviere, où il y a plufieurs foffes de la longueur du corps d'un homme, dans lefquelles brûle un feu continuel. On pofe le cadavre deffus & il s'y confume promptement. Les Indous, en portant les corps à Poulpara, chantent des morceaux de Liturgie ; au lieu que les Parfes prient à voix baffe.

Au midi de ce terrein eft le Deol de Poulpara, qui eft confacré à Maha Deo, c'eft-à-dire, au Lingam. On voit au-dedans un Takour, ou Autel de Maha Deo, couvert d'un Dais. En dehors à gauche paroit Gonès en bas-relief, *Ci-d. p. ccxl.* accompagné de deux Schoupdars. Il tient de la main droite une épée, la pointe en bas ; & de la gauche , un bâton de Commandement qui reffemble à un trident.

Le 12 Juillet les Indous célébrerent la Fête des Mouches. Indépendamment des prieres aux Pagodes & des purifications prefcrites, ils montrerent leur zele pour la confervation de ces animaux, en expofant en dehors de leurs maifons les chofes fur lefquelles ils fe jettent ordinairement, comme du fucre, de la farine, &c. Cette fête me fit penfer à aller voir l'Hôpital des animaux, dont plufieurs perfonnes m'avoient déja parlé.

Cet Hôpital eft au-delà de la porte de Nauçari, dans
Tome I. zz

le fauxbourg de Sakranpoura, qui fournit Surate de filles publiques. Sur les six heures du soir on les voit assises devant leurs portes, parées de tous leurs ajustemens ; ce qui forme une allée plus fréquentée par les Galants de Surate que les promenades qui embellissent les dehors de la Ville. L'emplacement qui forme l'Hôpital des animaux est fort grand & divisé en plusieurs parties, comme on peut le voir dans le Plan [1]. On y nourrit de toutes sortes d'animaux, que la dévotion des Indous donne à cet Hôpital. Les Ecrivains du Nabab, qui sont Indous, font ce qu'ils peuvent pour engager ce Prince à leur abandonner les chevaux qui sont hors de service ; les Brahmes m'en montrerent un qu'ils avoient, après bien des sollicitations, obtenu de retirer dans leur Hôpital : c'étoit une sorte de triomphe de leur Religion, dont ils se glorifioient. Les animaux, dans cet Hôpital, sont nourris aux frais des Banians, & servis par des Brahmes logés dans l'enceinte, jusqu'à ce qu'une mort naturelle les dérobe à leurs soins. J'y ai vû une Tortue de terre longue de deux pieds & demi, haute d'un pied & demi, & large d'un pied. C'étoit le plus vilain animal qu'on pût voir ; elle avoit peine à marcher : on me dit qu'elle avoit cent ans. Les Insectes, puces, punaises &c. sont hors de l'enclos, à gauche en entrant. Leur nourriture consiste en riz, farine & sucre, qu'on leur jette de tems en tems par la porte.

La vûë de l'Hôpital des animaux, entretenu par des êtres raisonnables avec tout l'ordre, le soin, le zele même que l'on pourroit exiger d'eux, s'il étoit question de leurs semblables, & cela dans un Pays où il n'y a d'Établissemens publics, ni pour les malades, ni pour les vieillards ; la vûë d'un pareil Hôpital auroit de quoi étonner, si l'on ne sçavoit pas que la Nature se plaît aux disparates, en Asie comme Europe.

[1] Voici l'explication de ce Plan. 1. Logement du Portier. 2. Bœufs; Chameaux. 3. Bœufs, Singes attachés. 4. Tortue de terre. 5. Pigeons ; devant ce Pigeonnier & dans les cours, Poules & Coqs. 6. Lapins. 7. Grillage en bois 8. Maison à deux étages. 9. Terrein pour les troupeaux. 10. Etang. 11. Bœufs &c. 12. Chevaux & Bœufs. 13. Bœufs mourans. 14. Grillage en bois. 15. Insectes.

PRÉLIMINAIRE.

Sur la fin de Juillet, il nous arriva à mon frere & à moi, une petite avanture qui peut faire connoître le caractere des Européens établis dans l'Inde. Nous avions passé deux jours au Jardin François, & une affaire de conséquence obligeoit mon frere de se trouver sur les sept heures à la Loge Françoise. Nous rencontrâmes entre les deux enceintes de Surate, dans un chemin étroit, la garde Cipaye des Anglois, composée de près de deux cents hommes, qui alloit à son poste, c'est-à-dire, à une des portes de la Ville. L'usage en pareille circonstance, entre Chefs Européens, est que l'on s'arrête de chaque côté, pour se faire la politesse de céder le pas : mais vis-à-vis d'une troupe de Noirs, le Chef François ne pouvoit se détourner, sans une espece de déshonneur. Mon frere ordonna à son Cocher d'avancer. Les Cipayes Anglois, au lieu de se partager en deux files, couchent en joue le carrosse, leur Chef tire le sabre sur quelques Pions qui nous escortoient, & le Cocher s'arrête malgré nous. Mon frere outré, alloit mettre pied à terre : je lui remontrai que n'y ayant à la tête de cette troupe aucun Européen à qui il pût parler, ni qu'il pût rendre responsable de l'affront qu'on lui faisoit, il valloit mieux céder en partie pour le moment, que de se compromettre avec des des gens dont les Anglois, si même ils ne les soutenoient pas, pouroient simplement désavouer la conduite ; & qui d'ailleurs en seroient quittes, pour dire qu'ils ignoroient nos usages.

Tandis que nous nous consultions & que le Dobachi de mon frere parlementoit avec le Capitaine Cipaye, le Cocher se détourna un peu, la troupe se pressa de son côté ; & moitié de gré, moitié de force, nous passâmes réciproquement.

Rendu à la Loge Françoise, mon frere envoya sur-le-champ, porter ses plaintes au Chef Anglois. Ce que j'avois prévu, arriva : On répondit qu'une troupe allant monter sa garde, ne devoit pas se déranger ; le Capitaine fut seulement blâmé d'avoir menacé : mais il n'y eut pas de réparation ; & mon frere eut beau s'adresser à Bombaye, les Anglois, qui sçavoient en quel état étoient

VOYAGE aux Indes Orientales IIIe. Partie.

Ci-devant, p. ccciv.

nos affaires dans l'Inde, ne le satisfirent pas plus que le Conseil de Surate. Ces procédés violens l'engagerent à paroître plus rarement dans la Ville ; & moi, qui malgré ma Philosophie, avois peine à digérer ce ton de maître, je pris le parti de ne sortir que bien armé, prêt à faire le coup de Sabre avec le premier Anglois qui me disputeroit le pas. [1].

J'achevai, en Septembre, ce qui concernoit les Parses & la Traduction de leurs Livres, & me retirai à la Loge Françoise, pour faire les préparatifs d'un voyage que je méditois depuis long-tems, & qui avoit rapport aux Parses ainsi qu'aux Indous. Le développement des Antiquités de ce dernier Peuple formoit la seconde partie du plan que j'avois dessein de remplir. Je m'étois proposé, en quittant ma Patrie, de lui rapporter les Loix sacrées de toute l'Asie. L'article des Parses étoit fini, & je me sentois assez de force pour commencer celui des Indous. Je fis donc chercher les quatre *Vedes* à Surate, à Brhânpour & à Ahmadabad, ne pouvant envoyer à Sadranpoura où l'on me dit que le Brahme Dehram les possedoit. Ces Ouvrages, à ce que croient les Brahmes, ont été composés par Khreschnou, il y a environ quatre mille ans.

Tandis que mes amis agissoient de leur côté, & que mes émissaires s'informoient des lieux où l'on pourroit trouver ces Livres précieux, un Parse envoyé par Manscherdji, vint sur la fin de Septembre, me les offrir de la part de quelques Brahmes qui n'osoient pas se faire connoître : j'acceptai l'offre. Mais quand il fut question de les montrer, le Parse prétexta des difficultés ; je fus même plusieurs jours sans le revoir. On prétendoit que Nana, Chef des Marares, avoit fait chercher les Brahmes pour les punir & empêcher le marché ; Manscherdji intimidé ou feignant de l'être, ne voulut plus paroître Entremetteur immédiat : & il fallut que mon frere répondit de trois mille roupies, pour engager le

---

[1] Le 24 Juillet 1760, Fête de la Mecque. Le Nabab se rend à la Mosquée. En Arabie on y va la veille ; & le 24, il y a repas dans les familles.

PRÉLIMINAIRE. ccclxv

Parſe en queſtion à laiſſer ſes Manuſcrits à la Loge Françoiſe pendant un jour. Je regardois tout cela comme des tours du Parſe qui vouloit rehauſſer le mérite de ſes peines, ou du Banian de la Loge, qui avoit deſſein de nous dégoûter. Je commençai néanmoins le marché. Le Parſe comptoit m'en impoſer facilement, parce que je n'entendois pas le Samskretan. Je fis d'abord examiner par des Brahmes les Manuſcrits qu'il me donna : je les montrai enſuite à des Sciouras. Ces deux Claſſes ſont les premieres de celles qui partagent les Indous à Surate. On connoît aſſez les Brahmes, je vais dire un mot des Siouras.

VOYAGE aux Indes Orientales, IIIᵉ. Partie.

Ces Prêtres Indous, nommés auſſi Djettis, menent une vie qui a quelque choſe de particulier. On en voit peu ſe marier. Ils ſont vêtus de blanc, ont la tête découverte, & portent leurs cheveux courts, comme les Abbés en France. Ils ont à la main un ballet pour nettoyer les endroits où ils s'aſſeyent, de peur d'écraſer quelque inſecte. Ils rejettent une partie des cérémonies que les Brahmes pratiquent, & généralement ſont moins habiles qu'eux dans la lecture des anciens Livres, quoiqu'ils aient auſſi leurs Docteurs & leurs Ouvrages claſſiques [1]. Leur occupation principale eſt de courir les rues & les maiſons, pour reciter ſur les malades, ſur les enfans, ſur les femmes en travail, certaines prieres, qu'on leur paie en les nourriſſant bien. Auſſi la plûpart ſont-ils chargés d'embonpoint; ils ont même quelque choſe d'éfronté dans le regard, & de laſſif dans le maintien. Les maiſons des Indous & des Indoues leur ſont ouvertes en tout tems; & la Chronique ſcandaleuſe rapporte à leur ſujet des avantures dont on s'amuſe à Surate comme ailleurs aux dépens des Intéreſſés.

Ci-ap. p. ccclxviij.

Tandis que je ſuis ſur le chapitre des Indous, je crois devoir dire un mot du Chef des Joguis qui fait ſa réſidence à quelque diſtance de Surate, dans un Jardin de palmiers

---

[1] Les Sciouras appellent le premier homme *Rikaba Deva*, & ſa mere, *Marou Devi*. Ces êtres ont été créés de Dieu dans le *Aiodha* (le Nord de Dehli). Selon les Brahmes, *Sed* eſt le nom de Dieu, & *Kamata*, celui du premier Dev créé de Dieu.

& de cocotiers. Celui qui en 1760 avoit ce titre, étoit un gros homme, d'une affez belle phifionomie. Il étoit toujours nud comme la main, fans qu'on remarquât que la préfence des femmes qui le fervoient, lui fît la moindre impreffion.

La religion de ce Chef eft le Lingam. Par le moyen de fes Joguis, qui font répandus dans toute l'Afie, il a des correfpondances jufqu'à l'extrémité de la Tartarie. Il fe fert de ces efpeces de gueux qui n'ont pour-tout vêtement que quelques loques qui leur couvrent la tête, pour faire un grand commerce de pierreries brutes : ceuxd'entr'eux qui font entiérement nuds, les cachent dans les treffes de leurs cheveux. Un Européen habile feroit avec ces gens-là des coups d'or ; & généralement, pour la fureté de la correfpondance, & en particulier pour certains détails fecrets, que des Envoyés ou des Patmars ne peuvent fçavoir, le Chef des Joguis, qui paffe parmi fes Devots pour une forte de Demi-Dieu, mérite d'être cultivé.

Je reviens aux *Vedes*. Les Brahmes & les Sciouras de Surate, m'affurerent unanimement que les Manufcrits qu'on m'offroit, n'en étoient que les extraits ; & même plufieurs Sciouras me dirent que les *Akho Vedes*, c'eft-à-dire, les *grands Vedes*, étoient chacun de cent mille Beits, à trente-deux lettres, le Beit, Le mot *Sanitah*, qui fignifie *extrait*, & qui étoit en marge, interprété par des Parfes & par des Brahmes défintéreffés & habiles dans le Samfkretan, convainquit d'ignorance ou de mauvaife foi le Marchand des prétendus *Vedes*. D'ailleurs le prix qu'il vouloit de ces Extraits étoit trop déraifonnable pour que je m'en accomodaffe. Je me contentai donc de cotter éxactement le nombre des divifions & des fubdivifions de ces *Sanitahs* [1], & d'en faire copier les premieres

---

[1] Je crois devoir donner ici la notice externe, fi je puis m'exprimer ainfi, de ces *Sanitahs* des *Vedes*. Ce morceau fervira à guider dans leurs recherches les curieux qu'un goût pareil au mien pourra conduire aux Indes. Ces *Sanitahs* font divifés en *Hads* qui contiennent chacun plufieurs *Kants* ; ils fe feuille tent de bas en haut, & non pas de droite à gauche, comme les MfI. Arabes & Perfans.

Sanitah du Sam Veda.

Volume affez mal conditionné, de quarante-cinq feuillets longs, à huit lignes

PRÉLIMINAIRE.

ecclxvij

& les denieres feuilles. Elles pouvoient m'être d'une grande utilité,

la page ; avec des chiffres sur les mots, pour marquer combien de fois on doit en lisant les répeter.

1e.Had=5 Kants.	3e.H.=4*K.	5e.H.=5 K.	7e H.=5 K.	9e.H.=4 K.	11e.H.=5 K.	*peut-être,3.
2e. 5	4e. 5	6e. 5	8e. 5	10e. 4	12e. 4 (peut-être 13 H.=2 K.)	

Sanitah du Ridjou Veda (selon la prononciation des Sciouras,)
Djederdjou Veda, selon celle des Brahmes.

Cet Ouvrage est comme divisé en deux parties ; la premiere de 73 feuillets ; la seconde, de 44: en tout 117 feuillets. Ce Volume est bien écrit. Dessus & dessous les mots sont de petites lignes rouges transversales ou perpendiculaires, qui indiquent quand il faut lever, baisser la main, la porter à droite, à gauche, crocher les doigts &c. en lisant ce *Vede*. La Préface comprend deux feuillets & demi ; la premiere Partie, 20 *Hads*, ainsi que la seconde.

1e.Had=31 Kants.	8e.H.=63 K.	15e.H=65 K.	22e.H.=34 K.	29e.H.=60.K.	36e.H.=14 K.
2e. 34	9e. 40	16e. 66	23e. 65	30e. 22	37e. 21
3e. 63	10e. 34	17e. 99	24e. 40	31e. 22	38e. 28
4e. 37	11e. 83	18e. 77	25e. 47	32e. 16	39e. 13
5e. 43	12e. 117	19e. 95	26e. 25	33e. 97	40e. 17
6e. 37	13e. 58	20e. 90	27e. 45	34e. 58	
7e. 48	14e. 32	21e. 61	28e. 46	35e. 22	

Sanitah de l'Atharvana Veda.

Manuscrit fort vieux, pourri, rongé, de 460 feuillets environ ; avec des lignes rouges, comme au *Sanitah* précédent, mais moins fréquentes, & dont quelques-unes sont à côté des lettres. Je n'ai pû en compter ni les *Hads* ni les *Kants*, les feuillets n'étant pas en ordre.

Autre *Sanitah* de l'*Atharvana Veda*, Volume assez vieux, de 90 feuillets; plus neuf autres feuillets ajoutés ; avec des chiffres sur les mots, comme au *Sam Veda*.

1e.Had=23 Kants.	6e.H.=23 K.	11e.H.=11 K.	16e.H.=21 K.	21e.H.=13 K.	3e.H.=13 K.
2e. 22	7e. 24	12e. 20	17e. 14	22e. 9	4e. 12
3e. 19	8e. 14	13e. 18	18e. 19	feuill. ajout.	5e. 14
4e. 19	9e. 20	14e. 26	19e. 18	1e.H.= 9	6e. 10
5e. 22	10e. 23	15e. 14	20e. 18	2e. 7	

Sanitah du Raghou Veda.

Ouvrage en huit volumes : les deux premiers & les deux derniers un peu vieux ; les quatre autres nouvellement & proprement écrits. ●

Premier volume de 118 feuillets.	Second vol. de 115 feuillets.	3e vol. de 100 f. avec des lig. au commencement comme au 2e Vede.	Quatriéme vol. de 101 feuillets
1e.Had=37 Kants.	1e.H.=26.K.	1e.H.=34 K.	1e.H.=33 K.
2e. 38	2e. 27	2e. 36	2e. 28
3e. 35	3e. 26	3e. 30	3e. 31
4e. 29	4e. 29	4e. 25	4e. 36
5e. 31	5e. 29	5e. 26	5e. 30
6e. 32	6e. 32	6e. 30	6e. 25
7e. 37	7e. 25	7e. 27	7e. 35
8e. 26	8e. 27	8e. 26	8e. 32

ccclxviij   *DISCOURS*

VOYAGE aux Indes Orientales, IIIe.Partie. résolu que j'étois d'aller à Benarès chercher & traduire les *Vedes* mêmes, qui font comme le dépôt des Antiquités Indiennes.

En attendant que je puffe exécuter ce deffein, je fis copier les trois Dictionnaires Samskretans les plus eftimés dans l'Inde, fçavoir l'*Amerkofch* & le *Viakkeren*, Dictionnaires des Brahmes, & le *Nammala*, Dictionnaire des Sciouras. Cette opération achevée, deux Mahométans devoient fous la dictée des Brahmes & des Sciouras, les traduire en ma préfence en Perfan moderne; & de cette derniere Langue, je comptois les mettre en François [1].

Mais bientôt l'état de nos affaires ne me permit plus de tirer de mes Brahmes le parti que je m'en étois promis On apprenoit de la Côte les nouvelles les plus triftes; & chez les Noirs, la confidération tient à la puiffance & à l'opulence. Auffi l'Ouvrage commencé fous mes yeux, alloit-il fort lentement; & même, fi je n'avois pas fçu que le

	Cinquiéme volume de 124 feuillets.	Sixiéme volume de 101 feuillets.	Septiéme vol. de 122 feuillets.	8e vol.de 132 f. av. quelq.l.rou.à la fin.
☿ ou 29.	1e.*Had*=27 Kants.	1e.*Had*=40 Kants.	1e.*Had*=41 Kants.	1e *Had*=50 Kants
	2e. 30	2e. 40	2e. 32	2e. 24
	3e. 33	3e. 49	3e. 23	3e. 28*
	4e. 31	4e. 53	4e. 28	4e. 31
	5e. 27	5e. 38	5e. 32	5e. 27
	6e. 25	6e. 38	6e. 28	6e. 27
	7e. 33	7e. 39	7e. 30	7e. 35
	8e. 36	8e. 33	8e. 29	8e. 63

On rencontre dans les *Vedes* quelques lettres différentes des caractères Samskretans actuels. Lorfque les Indiens lifent ces Ouvrages, ils récitent de mémoire avant & après chaque *Vede*, une priere relative à ce *Vede*; ce qui forme huit prieres que j'ai fait copier.

Ci-d. p. ccxxviij. [1] Le 18 Septembre *No rouʒ* de Darab & du Kirman.
Le 7 Octobre fin de l'*Atibara*, tems d'ouragans, pluies, vents &c. qui avoit duré neuf jours. Le 18, *No rouʒ* de Manfcherdji. Le 23, naiffance & mort de Mahomet. La Fête commence douze jours auparavant. Le Sayed & les autres grands Mufulmans donnent des repas dont les mets ont été bénis dans le Mafdjed, & l'on diftribue au peuple du grain béni.

Ci-d. p. cccxv. not. 1. Les 1, 2 & 3 Novembre, pluie, vent violent du Sud. Le 4, beau tems. Le 5 au foir, préparatifs du *Divali*, premier jour de l'année des Gentils. Le 8, *Divali*: la Fête commence trois jours auparavant.

commencement

PRÉLIMINAIRE. ccclxix

commencement de l'*Amerkofch* contenoit la defcription du
Lingam, peut-être m'eut-il été impoffible de découvrir que
mes Brahmes, qui ne vouloient pas dévoiler le fonds de leurs
Myfteres, paraphrafoient & pallioient plûtôt qu'ils ne traduifoient.

*VOYAGE
aux Indes
Orientales.
IIIe. Partie.*

Ces détours que je ne pouvois que voir, fans être en
état de les empêcher, me déterminerent à laiffer mes Indous & mes Mahométans, copier quelques Ouvrages dont
j'avois befoin, & à hâter le voyage que j'avois concerté. La
Ville, depuis l'infulte des Cipayes Anglois, me fervoit d'honnête prifon ; & mon frere, pour fe fouftraire à la fureur des Noirs, animés par un ennemi que
la neutralité empêchoit de fe montrer, & auxquels d'ailleurs nos malheurs ôtoient l'efpérance de revoir le *Fez falem*, comme on les en avoit flattés ; mon frere étoit en
quelque forte obligé de fe tenir renfermé dans fa Loge.

Cid. p. ccexlix.

Je pris ce tems pour aller voir les Pagodes de Keneri &
celles d'Elephante. Les dernieres font plus connues,
parce qu'elles font dans une Ifle peu éloignée de Bombaye.
Quelques Voyageurs [1], ont parlé des premiers, mais
d'une maniere extrémement fuccinte, & fans faire mention
des Infcriptions.

Je partis de Surate le dix-huit Novembre 1760, fur
les deux après midi, en palanquin, accompagné de quatre
Cipayes & de mon Domeftique (ce qui avec les Beras,
formoit un cortege de treize perfonnes), & muni de papier, d'une bouffole, de piftolets, & de deux paffeports,
l'un du Nabab & l'autre des Marates.

A une demi-heure [2] de chemin de Surate, je m'arrêtai

---

[1] Linfchot fait mention des quatre étages de Pagodes creufées dans les
montagnes de Salcette, & même de celle dont les Portugais firent une
Eglife ; il nomme Elephante *Porij*, ce qui revient à *Galipouri*, nom Indien de
cette Ifle. *Hift. de la Navigat. de Linfchot*, trad. fr. 2e. édit. p. 83. Voy. auffi
dans le Tom. I. des Voyages recueillis par Thevenot, *les Antiquités de Perfepolis*, p. 24. note ; Hamilton, *Acc. of the Eaft Ind.* vol. 1 p. 179, 238 ; & le
Voyage aux Indes de Henri Grofe. trad. fr. p. 83 &c. 104, 105.

[2] Les *Beras* en portant le Palanquin vont un pas forcé, duquel ils font à
peu-près une lieue par heure.

Tome I. *a a a*

au Tchoki d'Oudena, affermé par Nana au Chef Marate, résidant à Surate. Je passai ensuite le Nala du même nom, après lequel est une longue levée, pratiquée au milieu du chemin, qui pendant une partie de l'année est noyé par les pluies ou par les marées. A un quart d'heure de chemin de-là, est Oudena, Aldée peu considérable. Un quart d'heure plus loin, le Pays assez beau, plaines & jouaris des deux côtés à perte de vûe. A trois heures vingt minutes, la route Est ; landes. A trois heures quarante minutes, le Bandra Kari ; le Pays est couvert de palmistes qui fournissent Surate de Sour : la route Sud. A trois heures quarante-cinq minutes, grand étang ; landes terminées par des terres cultivées. A l'Est paroît Bestan, petit endroit, dans un Pays plat, bien cultivé : la route toujours assez mauvaise jusqu'à Ladjpour. Plus loin, à l'Ouest, on rencontre Ouan, petite Aldée. Au Sud-Est, le Pays est beau. A quatre heures trente minutes, plaines : à gauche, un puits nommé Schopdar. A quatre heures quarante-cinq minutes, ancienne Place du Tchoki qui étoit alors à Satchin ; le chemin coupé entre deux buttes ; ensuite le Kari Miti, dont le lit est fort grand, & qui paroît venir de l'Est Sud-Est. A cinq heures dix minutes, la route toujours au Sud ; Satvalla, (c'est-à-dire, *les sept arbres*), puits & petit Kari dans le Sud Sud-Est. A cinq heures quarante-cinq minutes, Satchin, avec puits & Kari : le Tchoki de cette Aldée dépend immédiatement de Nana. A une cosse de-là, Kari ; une demi-cosse plus loin, deuxieme Kari. A une cosse de ce Kari, est Ladjpour, Aldée gardée par deux Tchokis de Nana. Il faisoit nuit, lorsque j'arrivai dans cet endroit ; & mes gens eurent bien de la peine à y trouver du riz & des lentilles pour faire leur Kicheri. Je me contentai de quelques fruits & d'un verre de lait, & passai la nuit dans mon palanquin hors de l'Aldée.

Nous partimes de Ladjpour le 19, à cinq heures quarante-cinq minutes du matin. A six heures trente minutes, grand Kari ; les terres cultivées rendent le chemin difficile : la route Sud Sud-Est : puits, & chemin coupé. A sept heures, à l'Ouest, paroît l'Aldée de Pansra ; & à l'Est, celle de

PRÉLIMINAIRE. ccclxj

Bara : enfuite puits, mauvais chemin. A fept heures dix minutes, puits à gauche : enfuite landes; beau chemin. La route toujours Sud Sud-Eft. A fept heures vingt minutes, beau Pays cultivé des deux côtés du chemin ; puits au milieu des champs, qui eft prolongé par une citerne découverte, & dont les murs communiquent par deux arcades : un efcalier conduit au bas de ce puits. A fept heures trente minutes, Aldée d'Affondar, avec un puits ; Pays cultivé ; les chemins mauvais. Cette Aldée eft à une coffe & demie de Nauçari.

Je quittai Affondar à fept heures quarante minutes. A huit heures, mauvais chemin dans un fond ; landes dont les herbes font bonnes pour les beftiaux : arbriffeaux ; la route toujours Sud Sud-Eft. A huit heures dix-minutes, grand Kari ; à l'Eft, arbres ; landes à l'Oueft. A neuf heures, le Mogolke Kari, large, un peu profond, dont la direction eft Eft & Oueft, ainfi que celle de prefque tous les Karis & Naddis de la Prefqu'Ifle ; enfuite champs de tabac ; fables, pâturages garnis de chevaux. A neuf heures quinze minutes, Nauçari, précédé d'un Kari, d'une plaine, & d'un Tchoki de Kederao, Gouverneur Marate de la Ville. A l'entrée de Nauçari, eft une grande Pagode de Maha Deo (le Lingam) ; à gauche, on voit deux petits maffifs ronds en forme de tour. Je ne fis pour lors que donner à mes gens le tems de fe rafraîchir à Nauçari, remettant à m'y arrêter à mon retour.

Je partis de Nauçari à dix heures trente minutes. Au delà de cette Ville, plaines & vergers vifités par les finges qui s'y promenent en troupes, & viennent quelquefois à Nauçari enlever des enfans. A dix heures quarante-cinq minutes, mauvais chemin, ruiffeau. A onze heures, petit Kari, la route à Eft. Bois de palmiers, cocotiers, tamariniers, au milieu defquels paffe le chemin. A droite, jouaris ; à gauche, fond de vafe ; enfuite plaine couverte de beftiaux. A onze heures quinze minutes, petit Kari : la route toujours à l'Eft : Aldée de Celtins ; enfuite étang d'Ourde, dont l'eau eft douce.

Cet endroit eft à-peu-près à trois coffes de Nauçari ; je m'y arrêtai quelques momens, & en partis à midi quinze

VOYAGE aux Indes Orientales, IIIe. Partie.

a a a ij

DISCOURS

minutes. Au-delà, landes, petit Kari. A midi trente minutes, toujours la route Eſt & landes. A midi quarante cinq minutes, Kari & Aldée. A une heure, petit Kari, bas-fond, landes. A une heure dix minutes, mauvais chemin dans des creux & des brouſſailles. A une heure quinze minutes, petit Kari. A une heure trente minutes, beau Pays; cultivée; à gauche plaine. A une heure quarante-cinq minutes, la route Sud-Oueſt; landes, grand étang. A trois heures quinze minutes, puits; Salege, petite Aldée; un peu plus loin, Naddi de Sombari, dont le cours eſt Eſt & Oueſt, le lit fort grand, fond de ſable : c'eſt de cet endroit que viennent les figues & les mangues de Surate: Nana y a un Tchoki. A trois heures vingt-cinq minutes, plants de manguiers; plus loin, Kakoara. Depuis Nauçari, les Singes ſemblent aſſiéger la route. A trois heures trente minutes, mauvais pas; fonds, chemin difficile le long du Naddi de Sombari : deux autres mauvais pas de fuite; creux qui coupe le chemin. On quitte enſuite le bord du Naddi. Plus loin, étang de Gandivi; Takia Muſulman d'Abouſaïd. A trois heures quarante-cinq minutes, petit Kari. A quatre heures quinze minutes, étang, levée; Gandivi, groſſe Aldée avec Bazar, dépendante de Damangi, Chef Marate : Nana y a un Tchoki particulier, & les Mahométans des Maſſdjeds.

Le Banian du Comptoir François de Surate m'avoit donné des Lettres pour ſon Correſpondant de Gandivi; cet Indien me mena à l'ancien Entrepôt de la Compagnie Françoiſe dans cette Ville. Je le trouvai à moitié ruiné & inhabité, & aimai mieux aller coucher dans mon palanquin au pied d'un arbre hors de la Ville, près de quelques maiſons de Tiſſerands.

Le 10 ſur les deux heures du matin, je fus reveillé par des cris confus qui me firent tourner la tête du côté de l'Aldée. Le quartier près duquel j'étois, compoſé de maiſons de bois & de paille, étoit en feu, & les flammes alloient gagner l'arbre qui me ſervoit de couvert. Mes ſecours auroient été inutiles; &, comme Étranger, j'étois plus expoſé qu'aucun autre à être volé, & même maſſacré, dans l'obſcurité de la

PRÉLIMINAIRE.

nuit, par les Coureurs que le prétexte du secours répand par-tout dans de pareils accidens; je réveillai donc mes gens, & nous allâmes attendre le jour à quelque distance de-là, fort heureux de n'avoir pas été arrêtés en chemin.

Je me mis en route sur les six heures, & passai à six heures dix minutes, le Kari de Gandivi, qui est fort grand. Au-delà, palmiers, cocotiers, landes. A six heures trente minutes, Nala de Gandivi; beau chemin; arbres touffus; ensuite route qui paroît coupée entre des montagnes. Les landes regnent toujours avec les cocotiers & les palmiers. A six heures quarante-cinq minutes, petit ruisseau d'eau-douce. A sept heures, petit étang; mauvais chemin dans un fond. A sept heures trente minutes, étang de Kakaora, avec l'Aldée de ce nom, suivie d'un puits. La route Est Sud-Est. Les terres cultivées: on voit sur la gauche quelques paillottes. A sept heures quarante-cinq minutes, le Pays toujours cultivé: la route Sud Sud-Est. A huit heures, chemin entre des vergers; champs pour les bestiaux; ensuite landes, descente entre de petites montagnes coupées; Kari d'Ondas, large & un peu rapide, dont le cours est Est & Ouest: à l'Ouest, à trois cosses de Gandivi, l'Aldée d'Ondas qui s'étend en longueur; le Tchoki est à Nana.

J'arrivai à Ondas à huit heures quarante-cinq minutes. Mes gens s'y rafraîchirent, & nous partîmes à neuf heures trente minutes. La route Sud. Jusqu'à neuf heures cinquante minutes, le chemin dans les broussailles, coupé entre des montagnes assez hautes: ensuite landes. Plus loin, le Naddi Karereka (c'est-à-dire, *arrête-toi*), d'eau-douce, un peu rapide, & dont le fond de roches & de mousse, est dangereux pour les chevaux. A dix heures dix minutes, à gauche, on apperçoit à l'Est & au Sud-Est, les montagnes de Pannela qui sont à Nana. Belle route au milieu des landes: ensuite chemin mal marqué dans les foins. A dix heures vingt minutes, grand étang de Raola Dongri, montagne fort haute: ensuite mauvais chemin, haut & bas, au milieu des roseaux & des jouaris. A dix heures trente minutes, petit Kari de Raola Dongri: mauvais

Voyage aux Indes Orientales, IIIe. Partie.

chemin dans les brouſſailles. A dix heures quarante minutes, Olgaon, à l'Oueſt : aſſez beau chemin dans les landes. A onze heures, puits, arbres. A onze heures vingt minutes, beau chemin, toujours dans les landes : enſuite la route entre deux fonds. A l'Eſt, grand étang de Dongri, endroit dépendant du Marate Kederao, Gouverneur de Nauçari. A onze heures quarante-cinq minutes, route vers les montagnes qui commencent à paroître à l'Eſt. A midi, montagne à l'Eſt; c'eſt la premiere de la chaîne dont la montagne de Dongri fait partie. A midi cinq minutes, une petite montagne à l'Oueſt. A midi trente minutes, Pays cultivé; petites montagnes. A midi quarante minutes, Naddi de Bam, à trois coſſes de Varſal. Je m'y arrêtai un moment, & en partis à midi quarante-cinq minutes. A une heure, forêt d'arbres bas & touffus. A une heure quinze minutes les brouſſailles s'éclairciſſent. A une heure trente minutes, petit Kari de Vilimora ; la route Oueſt Sud-Oueſt, toujours dans les bois. A une heure trente-ſix minutes, éclairci. A une heure quarante-ſix minutes, étang à droite; enſuite petite cahute pour celui qui garde les Nelis. A deux heures, deſcente entre des montagnes ; enſuite le Kari de Koley; à gauche, l'Aldée de Tchikley, à une coſſe & demie de Varſal : la route Oueſt Sud-Oueſt.

Mes Beras ſe repoſerent un moment. Parti à deux heures vingt-minutes, je me trouvai à deux heures trente minutes à la fin de la forêt ; enſuite plaines, fonds, Pays cultivé. A trois heures, Naddi de Varſal, guéable dans quelques endroits, rapide & portant batteaux. Au-delà eſt une grande plaine ſuivie d'un Kari formé à la nouvelle lune par le flux de la mer qui eſt à trois ou quatre coſſes de-là. On rencontre, à l'entrée de Varſal, une aſſez jolie Pagode de Maha Deo ; & à côté, un Tchoki de Nana. Varſal eſt à ſix coſſes & demie d'Ondas, & à cinq de Paori, qui eſt à trois coſſes d'Odoüari, éloigné de Daman environ de quatre coſſes.

Je reſtai aſſez long-tems ſur le bord du Naddi ; le rivage étoit couvert de Paſſagers. Il fallut attendre le batteau, & même uſer de quelque violence pour empêcher un

PRÉLIMINAIRE.

Parfe de le remplir de chevaux; ce qui m'obligea de paffer le refte du jour & la nuit à l'entrée de Varfal. Du côté du Naddi, cette Ville paroît comme au milieu d'une forêt de côcotiers & de bambous, & préfente le plus beau payfage du monde. Son commerce confifte principalement en toiles & en bois de fandal ; & la commodité du tranfport des marchandifes, qui fe fait par eau, le rend très floriffant. La Pagode près de laquelle je m'arrêtai, retentit toute la nuit du chant monotone des Brahmes & du bruit de leurs inftrumens. Cette Mufique ne finit que fur les trois heures du matin.

Le 21, je partis de Varfal à fix heures quarante-cinq minutes. Jufqu'à fept heures quinze minutes, affez beau chemin dans les landes; plaines : la route Sud-Eft, toujours à la vûe de Pannela. Enfuite mauvais chemin dans des fonds bourbeux & au milieu des foins. A fept heures vingt minutes, à l'Eft, étang de Varfal; mauvais pas, fond. A fept heures trente minutes, à droite Kari de Banki un peu profond : enfuite terres labourées fuivies de landes. A huit heures, mauvais chemin, enfuite terres labourées. A huit heures vingt minutes, mauvais chemin, bourbe, jouaris couverts d'eau. A huit heures trente minutes, plaine à la vûe de Pannela; à droite Maffdjed, puits & maifons; la route à l'Eft du Fort de Pannela, qui paroît flanqué de quatorze baftions en forme de tours, & fermé de deux enceintes, dont la porte eft à l'Eft : il eft gardé par les gens de Nana. Plus loin, fix ou fept montagnes; enfuite grande plaine à l'Eft. Les Ghâtes paroiffent à l'Eft dans un lointain très-reculé. Dergah de Mirza Sami. A neuf heures dix minutes, petit Kari, d'où l'on apperçoit Pahlri ; près de-là, petite élévation formée des pierres que les Indous, en paffant jettent fur le lieu où font les cendres d'un de leurs Santons. A neuf heures quinze minutes, creux & eau. A neuf heures vingt cinq minutes, grand Naddi de Palipor, dont le cours eft Eft & Oueft ; le fond de roches. La moitié de la largeur du lit dépend de Pannela ; l'autre, de Pahlri, qui eft à une coffe & demie de-là. Le canon de Pannela porte à la rive ultérieure.

Je m'arrêtai fur le bord de ce Naddi, & en partis

à dix heures dix minutes. A dix heures quinze minutes, le Kari de Pahlri ; enfuite fonds fuivis de plaines. A dix heures vingt minutes, mauvais fond. Un fecond à quelque diftance. A dix heures quarante-cinq minutes, petit Kari. A onze heures, Pahlri, gros endroit dépendant du Rajah d'Orjingue. Cette Ville a des fauxbourgs, & eft fermée de portes. Le Palais du Rajah fait de briques & fort élevé, paroît à découvert du côté du Nord. Il eft furmonté de deux Pavillons en forme de chiroles d'éléphant.

A onze heures deux minutes, ruiffeau. A onze heures huit minutes, quelques maifons ; Pays cultivé ; plaines : montagnes à l'Eft fort éloignées. A midi trente minutes, Kari de Kotla, rapide; je m'y arrêtai un quart d'heure. A midi cinquante-une minutes, fonds plein d'eau. A midi cinquante-cinq minutes, petit Kari ; la terre cultivée fur les bords : plaines. A une heure, vingt minutes, landes, mauvais chemin ; à gauche, étang. A une heure trente minutes, l'Aldée de Parafnoa : le chemin toujours dans les Nelis ; enfuite landes. A deux heures dix minutes, quelques maifons, landes. A deux heures trente minutes, beau chemin, planté de gros arbres ; enfuite fonds, eau qui coule entre des montagnes coupées ; au-delà, forêt de gros arbres, terres cultivées. La route fur le bord de la mer. Depuis Surate, les chemins extrêmement difficiles. A deux heures quarante-cinq minutes, Odoüari fur le bord de la mer.

Cette Aldée n'eft habitée que par des Parfes. On laiffe à droite les maifons au milieu defquelles eft le *Derimher*, qui renferme le Feu facré, nommé *Behram*. Cet édifice eft couvert d'un double toit, bordé d'un auvent ; & n'a pas, à l'extérieur, une forme différente de celle des autres maifons. A gauche du chemin, eft un grand étang. Au-delà d'Odouari, la route eft le long de la mer ; fur la gauche regnent de beaux vergers de cocotiers.

A trois heures trente minutes, Colek, Aldée qui eft comme le haras des éléphants du Rajah d'Orjingue ; Kari du même nom, portant batteau. Au-delà commence le Domaine de Daman, c'eft-à-dire, des Portugais. A quatre heures, à gauche,

PRÉLIMINAIRE. ccclxxvij

che, maifons & plants de cocotiers. A quatre heures trente minutes, eau douce qui vient du Nord : on voit de-là Daman. A quatre heures cinquante minutes, plaines incultes : on reprend le bord de la mer; maifons de Maquois; deux Eglifes ruinées. Enfuite paroît le Petit Daman dont la Forterefle forme un exagone ; la porte eft à l'Eft ; les pointes Eft & Nord font flanquées de baftions : cette Forterefle étoit alors fans canons & en affez mauvais état. Comme il étoit trop tard pour me rendre au grand Daman, je paffai la nuit dans l'Aldée attenante à la Forterefle du petit Daman.

Le lendemain, 22, je quittai cet endroit, & paffai fur les dix heures avec affez de peine & très lentement, dans une Almedine Portugaife, le Kari de Daman, qui eft fort grand. Cette Ville, autrefois confidérable, fe fent de l'état foible & bas où font les Portugais dans l'Inde. Je n'eus pas la curiofité d'y entrer : il auroit fallu aller faluer le Gouverneur, m'arrêter peut-être du tems, & cela pour voir quelques Eglifes de Moines, des Noirs en vefte, fans bas ni chapeaux, & deux ou trois Fidalgues Portugais fumant la chiroute. Le baftion de Daman qui domine la mer, eft garni de quatorze canons. Un peu plus loin que le Kari, eft la Ville Noire, remplie de Maquois & de Banians qui font tout le commerce de cet endroit.

A une demi-coffe de Daman, eau douce fur le bord de la mer. Là finit le territoire de Daman, & commence celui de Nana.

La route fur le bord de la mer. A une coffe de Daman, on voit la pointe de Nargol qui en eft à fept coffes au Sud-Oueft. Toujours les montagnes à l'Eft, de même que le fond de l'Anfe que forme le bord de la mer. On paffe le Kari de Tchouraonla : à l'Eft fur les montagnes paroît la Forterefle d'Indergol qui eft à Nana. Ici les coffes font plus longues qu'au Nord de Daman.

Je quittai le Kari précédent à onze heures. Au-delà, le bord de la mer forme une feconde Anfe. A onze heures vingt minutes, Kari de Marob, fans Aldée : vis-à-vis l'embouchure, arbres dans la mer, & banc de fable qui paroît au reflux; les Ghâtes à l'Eft : le rivage eft bordé d'arbres.

Tome I.   b bb

Je quittai le Kari de Marob à onze heures cinquante-cinq minutes. A midi trente minutes, cabanes de Pêcheurs. A midi cinquante minutes, ruisseau d'eau saumache, qui coule Est & Ouest; à gauche tapis de verdure. De là à Nargol, trois cosses & demie.

Mes Beras s'arrêterent vingt-cinq minutes. A une heure trente minutes, Kari de Naroli, Aldée dépendante autrefois des Portugais. A deux heures quinze minutes, Aldée de Karsas : la route Sud. A trois heures quinze minutes, les montagnes paroissent aller du Nord-Ouest à l'Ouest. Arbrisseaux, nommés *Kiouras*, hauts de quatre pieds, qui portent des graines blanches, & une fleur dont les feuilles sont jaunes & blanches, longues & odoriférantes. On en fait une Escence, dont le Tola vaut une roupie un quart.

A trois heures trente minutes, eau douce; la route toujours Sud. A une demi-cosse de-là, Nargol. On peut arriver dans cette Aldée par une autre route que celle du bord de la mer, que mes gens avoient prise. Pour se rarafraîchir, & avoir un chemin plus ferme, mes Beras marchoient sur le sable mouillé, que la mer en se retirant laissoit libre. La réverbération des rayons du Soleil sur les flots de la mer qui battoient presque mon palanquin, me donna dans la tête : la soif augmenta le mal; nous nous arrêtâmes près de quelques Kiouras, & l'eau que j'y bus, me donna une petite colique accompagnée de fievre. Heureusement mon domestique connoissoit à Nargol un riche Parse chez qui il me conduisit. Cet homme se prêta à ma situation : je passai le reste de la journée & la nuit suivante dans sa Varangue; & quelques tasses thée, du repos & la diete me tirerent d'affaire.

Sadjam, premier Établissement des Parses dans le Guzarate, est à trois cosses Sud-Est de Nargol. Cet endroit est actuellement peu considérable; à peine y voit-on quelques Parses : ils sont tous descendus à Nargol. Si mes forces me l'avoient permis, je me serois transporté dans cette Aldée : mais il n'étoit pas prudent de brusquer au commencement d'un voyage, tandis que la route m'annonçoit bien

PRÉLIMINAIRE.

d'autres fatigues. Je me contentai donc des détails que me donna à ce sujet le Parse qui m'avoit reçu dans sa maison.

Je partis le 23, de Nargol à sept heures du matin : la route au milieu des cocotiers. Etang de Nargol, plants de palmiers, suivis d'une grande plaine. A une cosse, le Kari de Nargol, allant Est & Ouest, que l'on passe en batteau : les montagnes vont du Nord-Est au Sud-Ouest : beau chemin.

Je quittai le Kari de Nargol à huit heures. A huit heures quinze minutes, petit Kari. A huit heures trente minutes, Oumergaon : le chemin passe par l'Aldée. A neuf heures, petit ruisseau d'eau douce.

Mes Beras s'arrêterent sur le bord une demi-heure. A neuf heures trente-deux minutes, eau douce. A dix heures vingt minutes, l'Aldée de Deïer. A dix heures trente minutes, Kari de Gouvara & commencement du District du même lieu.

Je quittai ce Kari à dix heures quarante-cinq minutes. A onze heures, l'Aldée de Djan, avec un Kari sans batteau. Je fus obligé d'attendre une heure que l'eau eût baissé, pour le passer à gué. Mes gens mangerent ensuite leur Kicheri, tandis que des ressentimens de fievre me tenoient sous un arbre dans mon Palanquin.

Nous nous mîmes en route à trois heures après-midi. A trois heures vingt minutes, l'Aldée de Borli. A trois heures quarante-cinq minutes, le Pot, petit Kari. A quatre heures, l'Aldée d'Oloüar. A quatre heures cinquante minutes, le Kari de Tchikla. A cinq heures trente minutes, on apperçoit Dindou. Eau douce ; plus loin, Narkott éloigné d'une cosse de Dindou. A six heures vingt minutes, l'Aldée de Kotombi. A six heures quarante-cinq minutes, Dindou, endroit considérable, à douze cosses de Nargol. Du côté de l'Aldée, est un Fort quarré, consistant en quatre courtines flanquées de quatre bastions. Ce Fort commande le Kari ; il venoit d'être réparé par les Marates qui avoient bien de la peine à protéger les habitans contre les courses des Pirates. Le bord du Kari est garni d'une espece de parapet bas, long de cent toises. Le Kari se passe en batteau.

J'allai defcendre chez le Curé des Chrétiens de ce lieu. Il n'étoit pas alors dans l'Aldée. Son pere, Vieillard refpectable, me donna l'hofpitalité, & me régala d'une poule bouillie qui me remit un peu.

Le lendemain, 24, nous pafsâmes le Kari, à neuf heures cinquante minutes. A dix heures, étang, maifons dépendantes de Dindou; la route Eft. A dix heures quinze minutes, Kari de Tchandoli, fuivi de l'Aldée du même nom. A dix heures vingt-cinq minutes, l'Aldée de Karapokren. A dix heures trente-huit minutes, celle de Barpokendi. A onze heures, chemin un peu difficile; eau douce. A onze heures quarante-cinq minutes, Kari de Barol. A midi dix minutes, petit Kari de Tchitchen; l'Aldée eft fort longue: enfuite beau chemin dans des allées d'arbres. On rencontre une petite Pagode quarrée, nouvellement bâtie; plus loin, eft le grand Kari de Tchitchen, que l'on paffe en batteau.

A une heure dix minutes, la Forterefle Tarapour, réparée par les Marates dans le goût Européen, excepté les baftions du milieu, qui font en partie ronds & en partie quarrés : en tout, quatre canons fur les baftions. Le vieux côté de la Forterefle regarde Tchitchen, & le neuf, la mer. A une heure vingt-cinq minutes, l'Aldée de Tarapour, dont l'Eglife dépend de celle de Dindou.

Je trouvai à Tarapour le Curé Dindou, qui me reçut dans la petite maifon qu'il avoit dans l'Aldée. Comme j'avais befoin de prendre langue avec lui, & qu'il étoit chargé de me faire avoir quelques Paffeports Marates, je n'allai pas plus loin ce jour-là. Mes affaires ne furent prêtes que le lendemain à midi; tems auquel arriverent les Coulis, qu'il avoit envoyés la veille arracher des pieds de Tek & de Schampa, à cinq lieues de là, dans les Mattes au pied des Ghâtes. Il me promit de les envoyer furement à Surate dans leur terre. Ce bon Prêtre fe donna encore la peine de me faire chercher deux Beras, pour compléter mon train : un de mes Beras de Surate avoit déferté, & la fievre en obligeoit un autre de refter à Tarapour. Je quittai le Curé de Dindou, très-fatisfait de fes foins obligeans, &

PRÉLIMINAIRE. ccclxxxiij

muni de Lettres pour le Curé de Ponjser, qui étoit l'Aldée de l'Isle de Salcette, la plus proche des Pagodes de Keneri.

Je partis de Tarapour, le 15 à midi trente minutes. A l'Est, belle pépiniere de cocotiers. A une heure quinze minutes, Kari de Tarapour; la route sur le bord de la mer. A une heure vingt-cinq minutes, autre Kari; à l'Est, petit étang. A une heure cinquante-cinq minutes, Aldée de Tchikli. A deux heures trente minutes, Kari de Dopguer: l'Aldée est sur une montagne. A deux heures quarante-cinq minutes, Kari de Poplen, grande Aldée. A trois heures quinze minutes, Kari de Kalou, que l'on passe en batteau. Ce lieu est abondant en huîtres.

Au bord du Kari, sur le penchant de la montagne, est la cabane d'un Santon Indien, devant laquelle on voit plusieurs piliers, de la forme indiquée dans la Pl. IV, n°. III. A. Près de là on trouve un puits. L'Aldée est sur le Kari, dans le fond.

A quatre heures trente minutes, Nadigan, Aldée assez longue; forêt de cocotiers, beaux arbres touffus. A cinq heures cinq minutes, eau douce. A cinq heures trente minutes, la route Sud-Est, droit dans les montagnes; petit Kari de Sat patti, (c'est-à-dire, *sept Karis en un*). A cinq heures quarante minutes, le grand Kari de ce nom, fort large; banc de sable en forme d'Isle au milieu: mes Beras furent obligés de mettre le palanquin sur leur tête. A l'Est, montagnes fort hautes. Plus loin, sur une montagne, Fort de Nana avec un étang.

A une cosse de-là, Sirigam, Aldée considérable, à sept cosses de Tarapour. Plus loin est la Forteresse avec un Kari qui porte de petites Barques. Cette Forteresse est un quarré flanqué à chaque côté de trois bastions hauts & forts: la porte est au Nord.

Le 16, je partis de Sirigam à quatre heures du matin, parce que les habitans m'avoient paru trop curieux à mon sujet, & que je craignois d'être retardé par de nouvelles enquêtes de la part du Commandant de la Forteresse. A quatre heures cinquante minutes, Kari de Ma-

VOYAGE aux Indes Orientales, IIIe. Partie.

him, guéable A cinq heures trente minutes; l'Aldée de ce nom; petit Fort à l'Eſt de Mahim, formant un triangle flanqué de deux baſtions pentagones; l'un au Nord, le ſecond à l'Eſt: une embraſure à chaque baſtion.

Le Fort de Mahim eſt long & baigné en partie par les eaux du Kari qui eſt diviſé en deux bras par une Langue de terre, dont la pointe répond au pied même du Fort. Le ſecond bras du Kari ſe paſſe au batteau. Ce qu'on voit de la Forterèſſe ſur la route eſt une eſpece de courtine baſſe, détruite, avec des baſtions preſque ruinés; & plus loin, une porte aſſez haute joignant la courtine au Sud. A droite du Fort de Mahim, ſont des terres noyées.

A ſix heures trente minutes, cotoyant le Kari, je rencontrai l'Aldée de Khelmi, avec un Fort commencé, dont les murs étoient déja haut de cinq à ſix pieds. Près de-là ſont trois tours abandonnées. A ſix heures quarante-cinq minutes, je paſſai entre ces tours où je vis un puits à roue avec un ſeau de cuir. Plus loin, ſur le Kari, eſt un baſtion quarré, ruiné; enſuite une Egliſe détruite. Au-delà du Kari, eſt Dando. Dans le fond, montagnes, & route de Ponin. D'ici à Sirigam, ſix coſſes; & autant, d'ici à Agacim.

Je quittai Dando à huit heures: la route à l'Eſt. A huit heures quinze minutes, aſſez bel étang au Sud. A huit heures trente minutes, la route toujours à l'Eſt; landes; enſuite Aldée de Gaongueraie; chemin pierreux A huit heures quarante-cinq minutes, Kari du même nom. A neuf heures, fonds bourbeux; eau douce; plaine, ruiſſeau d'eau douce à l'Oueſt. A neuf heures quinze minutes, la route Eſt Sud-Eſt: Aldée de Dongrin; eau douce. A neuf heures trente minutes, la route entre les montagnes. A neuf heures cinquante minutes, étang. On voit au Nord, la Forterèſſe de Tchandori ſur les Ghâtes; la route Sud.

Je quittai l'étang précédent à dix heures trente minutes. Juſqu'à onze heures cinq minutes, mauvais chemin dans des terres graſſes, inondées; enſuite landes. A onze heures vingt minutes, cabanes de Marchands de Sour; mauvais chemin entre des *Djoüeurs*.

Le Djoüeur eſt un arbriſſeau ſans feuilles, dont les bran-

PRÉLIMINAIRE.

ches font vertes, & se partagent aux extrémités en bouquets de trois petites branches. Les premieres branches vont en diminuant jusqu'à la cime, & forment avec le corps de l'arbre une espece de pyramide. Elles peuvent avoir un pouce d'épaisseur, se cassent aisément & rendent une espece de lait aigre & cuisant.

A onze heures trente minutes, Gantora, à l'Est: la route au Sud. A l'Ouest, le Fort d'Arnal qui est à Nana.

On voit du bord du Naddi de Gantora, Bovamelangue, tombeau d'un Santon Musulman, élevé sur les Ghâtes, route de Ponin. Les dévôts y vont une fois l'an en pélerinage. Ce Monument est gardé par des Fakirs, & paroît de loin comme trois Forts. Les Indiens & les Musulmans, lorsqu'ils apperçoivent ce tombeau, récitent ce vers Maure,

Sonneké sedj roupeké palangue.

dont la finale rime au nom du Tombeau, & qui signifie: *le matelas (du Fakir) est d'or, & son lit d'argent.*

Il fallut attendre long-tems le batteau de passage, qui étoit de l'autre côté du Naddi, & nous mîmes plus d'une heure à le traverser. Mes gens s'arrêterent au-delà pour se rafraîchir.

Parti à quatre heures trente minutes, je trouval à quatre heures trente-quatre minutes, un Kari; la route Sud: ensuite mauvais chemin sur des levées faites de boue dans des quarrés de Jouari & des champs de Nelis remplis d'eau. A cinq heures vingt minutes, Aldée de Mokam, suivie de chemins pareils. A cinq heures trente minutes, Agacim, Aldée assez considérable.

Je me mis en route le 17, à cinq heures & demie du matin, au coup de canon de Bombaie, marchant toujours dans les Jouaris. A six heures, étang à l'Ouest, & maisons à l'Est. A six heures dix minutes, à l'Est, Aldée de Kombari: beau chemin; route Est un quart Sud. A six heures trente-cinq minutes, l'Aldée d'Outar. A six heures quarante minutes, grand étang à l'Est. A six heures quarante-cinq minutes, Sipala; ensuite mauvais chemin, comme le 16, dans les Jouaris; levées, fonds bourbeux. A sept heures dix minutes, étang à l'Eft; la route Sud ; mauvais chemin. A fept heures vingt-deux minutes, Vagoli, avec un Kari du même nom; bel étang à l'Eft; la route par l'Aldée; beau chemin entre des haies; Eglife détruite. A fept heures cinquante minutes, Nermol; à deux coffes de Bacim ; deux étangs; Pagode de Nana, dédiée à Maha Deo (au Lingam).

Mes gens fe repoferent quelque tems dans l'Aldée; & nous partîmes à huit heures trente-cinq minutes. A neuf heures dix minutes Gorkof (ou, Vaferkot) Forterefse en terre, peu confidérable, fituée fur une montagne, à l'Eft. A neuf heures trente-cinq minutes, Guiridji. A neuf heures quarante minutes, Vanfli. A dix heures, Papri ; enfuite Bacim *de Serra*, à l'Eft, à une coffe. A dix heures quinze minutes, Bacim ; le Fort à l'Eft.

Cette Ville, autrefois foumife aux Portugais, eft maintenant entre les mains des Marates qui s'en emparerent il y a environ 35 ans (en 1740 felon M. Otter). Après Goa, je n'ai pas vu à cette Côte de Ville mieux fituée pour le commerce; elle eft au commencement d'une Anfe qui renferme plufieurs Ifles, entr'autres celle de Salcette. La Forterefse a été bâtie par les Portugais, & feroit fufceptible d'une belle défenfe entre des mains aguéries. C'eft un exagone régulier. Les baftions font à oreillons, & portent neuf canons de face : ceux du milieu, ont les faces doubles. Le milieu de plufieurs courtines eft encore défendu par un baftion quarré; & celle qui bat l'Anfe, eft protégée par un pâté en maçonnerie conftruit fur le bord du baffin. Des deux portes, l'une qui eft au Sud, eft ouverte; les Marates ont condamné celle du Sud-Oueft. Il peut y avoir maintenant, fur les baftions, quarante canons en batterie.

En partant de Bacim, on laiffe la Forterefse au Nord, & l'on a Salcette au Sud, au-delà du baffin ; à l'Oueft, l'Ifle de Daravi; les Ghâtes à l'Eft, en terre ferme; au Sud Sud-Eft, Tanin, Ville principale de Salcette, fituée fur le bord de l'Ifle oppofé aux Ghâtes. C'eft par cette derniere Ville que les Marates, fous la conduite de Tchemenandji Apa, fecondé du Rajah de Pahlri, célebre dans cette contrée par fon courage, ont commencé la conquête de Salcette. Le Chef

Marat

PRÉLIMINAIRE.

Marate qui commande dans cette Isle, réside ordinairement en terre ferme dans un petit Fort qui peut battre Tanin, & vient de tems en tems dans cette Ville.

Salcette par elle-même, sans parler de la proximité de Bacim, méritoit bien de tenter la cupidité de Nana. La fertilité des terres répond à l'aspect sous lequel cette Isle se présente du côté de la mer. Elle a dix-huit cosses de long, de Gourbandel à Bandoura, & quatorze à quinze de large, de Tanin à Maroüa. Elle est remplie de Villages presque tous Chrétiens, & rapporteroit en Nelis, pâturages &c. à un Peuple actif, plus de vingt-quatre laks de roupies par an. Depuis que les Marates s'en sont emparés, les Moines Portugais & les autres Prêtres blancs, se sont retirés à Goa; les Curés Canarins occupent les débris des Couvents & des Eglises sous l'inspection d'un Vicaire-Général aussi Canarin, qui réside à Carlin : dans le Sud de l'Isle.

L'Isle de Daravi, située à l'Ouest de Salcette, a six cosses de long, du Nord-Ouest au Sud Sud-Est. L'intérieur est inhabité : on voit sur la plus haute montagne une Eglise détruite. Les bords offrent plusieurs Aldées; comme, Dongrin (qui donne encore son nom à l'Isle) situé à la pointe opposée à Bacim; Outan, au milieu de la Côte, vis-à-vis Salcette; plus loin Gorie; puis Manora, à l'autre extrémité qui est séparée de Maroüa par une passe (un canal) qui conduit à Bombaye. L'autre débouquement de Bombaye qui est au Sud Sud-Est, entre Salcette & la terre ferme, est plus étroit & embarrassé de bas fonds. Au Nord Nord-Ouest est celui de Surate, entre Bacim & Dongrin.

Je fus obligé de passer le reste de la journée à Bacim, pour attendre le flux & faire chercher un Batelier qui voulût me conduire à l'Aldée la plus proche de Keneri. Mon embarras pendant cet intervalle fut de contenir mon équipage. Je perdis, malgré mes soins, un de mes Beras : mais quelques corbeilles de fruits que m'envoya le Commandant de la Forteresse, relevèrent mon autorité, & remirent l'ordre dans mon domestique. Je n'aurois pourtant pas voulu recevoir souvent de ces sortes de présens, qui, par le retour, m'auroient mis mal à l'aife.

Je montai le 28, à une heure après midi, avec tout mon monde, dans un batteau de paſſage, & quittai la terre ferme à une heure dix minutes. A une heure vingt-cinq minutes, la route Eſt Sud-Eſt. A une heure quarante minutes, à l'Eſt, Baïnel, Aldée de Salcette, avec une eſpece de Fortin; un petit canal formé par l'eau de la mer, y conduit; l'Égliſe eſt ſur le bord de l'Iſle. En deçà, toujours ſur le bord, eſt Gourbandel, endroit plus conſidérable. On voit à l'Oueſt un autre bras ou canal d'eau de mer, au-delà duquel eſt le chemin que ſuivent les Patmars de Bombaye. La route Eſt. A une heure cinquante minutes, Mourda : bras de mer qui y conduit. La route Sud entre Salcette & Daravi. A trois heures cinq minutes, vûe des montagnes de Keneri.

Le batteau étoit entré dans un canal étroit, tel que celui qui conduit à Baïnel ; après avoir gouverné avec beaucoup de peine au milieu des joncs, nous fûmes arrêtés par la terre, ſans trop ſçavoir où nous étions. Deux de mes gens allerent à la découverte, & me rapporterent qu'Iekſer n'étoit pas éloigné. Je fis débarquer mon palanquin, congédiai mes Maquois, & me rendis dans cette Aldée, où j'arrivai ſur les quatre heures. Je traverſai enſuite Monpeſer, paſſai par Paro, & me trouvai à Ponjſer, à cinq heures cinq minutes.

Le bruit de mon cortege m'annonça au Curé du lieu, qui n'avoit jamais reçu de pareille viſite. Je vis en conſéquence ſortir d'un Couvent de Pauliſtes (de Jéſuites) ruiné, un homme en robe-de-chambre, qui me reçut avec beaucoup d'affabilité.

Il avoit été prévenu par une Lettre du Curé de Dindou. Après les premiers complimens, il me mena à ſon Égliſe ; & l'heure du ſouper arrivée, je partageai avec lui le Cari pimenté & le poiſſon fumé qu'il m'avoit fait préparer comme un régal. Monſieur le Curé mangeoit avec ſes doigts, comme les autres Noirs ; ce qui ne me ſurprit pas. Mais je fus un peu étonné de le voir trouver mon eau-de-vie trop foible : ſa boiſſon de préférence étoit de l'arak distillée ; liqueur blanche, brûlante, & qui n'a rien de gracieux au goût. Nous mangions dans une salle haute, vaste, délabrée, garnie d'une planche posée sur deux traiteaux, & de quelques bancs mal assurés. Mon palanquin étoit à quelques pas de-là dans une varangue qui donnoit sur l'entrée de la maison, & d'où je pouvois veiller mes gens, auxquels le bon Canarin avoit fait avoir des provisions. Jusques-là tout alloit bien ; seulement il falloit prendre garde, en me rendant à mon appartement, de tomber du premier étage en bas par les trous fréquens du parquet qui étoit rongé de vers, & dont les planches branloient depuis plusieurs années. Le fils d'un Noir, élevé dans une chétive paillotte, tenté presque de croire les Prêtres Européens d'une nature supérieure à la sienne, ne regarde qu'avec une forte d'admiration leurs habits, leurs meubles, leurs maisons, & se croit fort honoré d'habiter des masures qui le rapprochent de ceux qui ont occupé ces maisons.

Pour ne pas perdre de tems, le lendemain de mon arrivée, le 29, je commençai mes courses littéraires. Le Curé de Ponjser m'avoit parlé des Pagodes de Djegueseri sur la route de Tromba. Comme il y avoit peu de chose à y observer, je crus qu'une journée me suffiroit. Je partis donc en palanquin, à sept heures quinze minutes, de Ponjser, avec un guide, & traversai le petit pont de l'Aldée qui est soutenu par six arches assez bien faites, dont les piles sont renforcées, comme en Europe d'avances, en maçonnerie.

A sept heures quarante-cinq minutes, petit pont à deux arches ; plus loin, Église détruite. A huit heures dix minutes, l'Aldée de Pari ; puis landes & cocotiers jusqu'à un ruisseau qui roule des pierres & du gravier. La route Sud, ensuite un peu Est, puis Sud-Ouest. A neuf heures, autre ruisseau. A neuf heures quinze minutes, troisieme ruisseau ; fond de gravier : petite Pagode Neuve ; bel étang : la route Sud Sud-Est. A neuf heures vingt minutes, Aldée de Gorgom : terres labourées ; ensuite landes : Pagode quarrée avec un dôme rond, nouvellement bâtie. A neuf heures trente minutes, petite Aldée de Maledjas ; à

ccclxxxviij   *DISCOURS*

gauche, étang. Au-delà font les Pagodes de Djegueferi, à-peu-près à trois coffes Sud-Eft de Ponjfer.

Je traverfai d'abord la grande Pagode (A), & la petite (B) qui eft au bout. Rentrant enfuite par celle ci, c'eft-à-dire, par le Nord, j'en tirai le plan dont voici l'explication.

(1) Eft une porte quarrée, fur laquelle font des bas-reliefs prefqu'effacés. On y diftingue encore une efpece de Roi affis, entouré de fa Cour. Sous fon trône paroît une figure à fix bras, affife. On voit deux Sphinxs fur les colonnes du coin de la façade : les colonnes font cannelées.

Le premier Divan (2) ou Veftibule, eft large de fix cannes [1], long de quatre, haut de deux. Le milieu (3) de la Pagode eft large de cinq cannes. De chaque côté eft un Divan à quatre colonnes. Les figures de la gauche (4), font détruites. A droite (5), dans la niche du milieu (6), paroît Gonès à tête d'éléphant; & à la premiere niche (7), une femme, & en haut un enfant femblable à un Ange, qui femble voler vers elle. La longueur du Veftibule (8) : on y entre par l'ouverture (9), eft de cinq cannes.

Revenant toujours du Nord au Sud par un paffage découvert, où la montagne eft comme coupée en deux, on entre dans la grande Pagode (A). Le bas relief du haut de la porte (1) eft prefque effacé. On y voit encore un homme affis, qui a la main fur fa cuiffe. Au-deffus de cette porte eft une chambre baffe, efpece de premier étage. L'efcalier qui y conduifoit, eft détruit; il n'en refte que le pilier (2). Les colonnes de la porte font quarrées : voyez le chapiteau dans la Pl. IV n°. IV. C.

Suit un Veftibule (3) de cinq cannes de long fur trois de large: des deux côtés, Divans (4) de deux cannes & demie de profondeur, cinq de large & trois de haut, fans figures. A chaque Di-

[1] Les Plans que préfente cette Planche, font principalement pour aider l'imagination. La diftribution eft exacte : mais je ne garantis pas abfolument les dimenfions; le plus fûr eft de confulter les Defcriptions. L'échelle ne regarde pas les vûes, colonnes, Lingams &c. Elle n'eft que pour les Plans d'excavations, & feulement pour les n°s. IV, V, VI, & VIII.

PRÉLIMINAIRE. ccclxxxix

van, six colonnes, dont la partie inférieure (ou le pied-d'estal) longue d'une canne & demie, est quarrée: voyez le haut dans la Pl. IV n°. IV. D. En face, à la porte de l'excavation du milieu, sont deux figures (5) (une de chaque côté de la porte) gigantesques, debout, tenant à la main un bâton, & portant le Cordon de Brahme : chaque géant a un enfant à sa gauche. Dessus la porte, est un beau bas-relief assez bien conservé, représentant un homme haut de trois pieds, assis, qui a sur la tête un bonnet de peau de bête, dont les deux oreilles sont droites ou relevées ; & le haut en forme de perruque à boucles ou écailles, qui se rabat par derriere. A côté de cet homme, paroissent deux Vieillards, les mains étendues vers lui, ressemblant à des Ministres en présence de leur Roi, ou à des personnes qui prient. Le Roi & ses Ministres sont renfermés dans une espece d'Arcade garnie de fleurs, à droite & à gauche de laquelle sont des figures d'hommes & de femmes qui ont les mammelles nues, hautes de deux pieds.

L'excavation du milieu est large de quinze cannes, longue de dix, & a six colonnes en quarré qui forment quatre galeries (6), larges chacune de deux cannes. Au milieu est le Sanctuaire (7), sans figures. Aux quatre portes qui sont Nord, Sud, Est & Ouest, les figures du bas sont détruites. On voit au milieu du Sanctuaire, un Autel quarré (8) d'une canne de haut, & de trois quarts de canne en quarré. Dessus est le Lingam féminin *.

A gauche de l'excavation du milieu, au coin, est un autre portique (9) (ou salle) de deux cannes de large, au bout duquel on voit une chambre ou citerne (10). A l'Est est une petite chambre (11) dans laquelle est un Lingam, vis-à-vis du bœuf (12).

Du même côté (13), autre excavation commencée, & précédée d'une espece de cour (14), où le sommet de la montagne est percé.

Le dernier vestibule (15) de la Pagode (A) (ou le premier en entrant par le Sud), a deux cannes de long, sur six de large. On voit sur la porte des bas-reliefs presque effacés, qui représentent des Divans ou chambres ; au haut, à gauche,

*Pl. IV.
IV. E.

Voyage aux Indes Orientales, IIIe. Partie.

la figure d'un homme aſſis; & à la porte (16), deux figures de taille giganteſque, preſque détruites. A droite & à gauche de cette piece ſont deux Divans (17) longs d'une canne & demie de long, ſur deux de large : les figures en ſont effacées. A l'entrée, à droite (19), eſt une petite citerne.

Ces Pagodes ne préſentent point d'Inſcriptions. Elles ſont creuſées dans une montagne peu élevée, & percée par le haut dans pluſieurs endroits. On deſcend quelques marches (18) pour entrer dans la grande.

Paſſant dans la Pagode (A), j'apperçus, dans un coin, une petite Statue de pierre, d'un pied de long, aſſez brute, repréſentant un bœuf couché; l'animal étoit avec ſa ſonnette, & encore tout gras de l'huile des Sacrifices. Je propoſai à mon domeſtique, qui étoit Parſe, de le prendre : il le refuſa. Un de mes Pions, bon Muſulman, & moins ſcrupuleux, l'enleva, & le mit dans mon Palanquin. Nous comptions que perſonne ne nous avoit vus ; mais au ſortir de la Pagode, pluſieurs Brahmes me ſuivirent, parlerent à mes gens ; &, comme ils ne virent rien dans mon Palanquin qui pût autoriſer leurs ſoupçons, ils n'oſerent pas redemander cet objet de leur culte. Je regagnai tranquillement Ponjſer, charmé de pouvoir porter en Europe un Dieu * tiré d'une des plus célebres Pagodes de l'Inde. Voilà comme la curioſité ſçait colorer les actions criminelles.

* A mon retour je l'ai donné à M. le C. de Caylus.

De retour à Ponjſer, avant que d'aller à Keneri, je voulus voir la Pagode de Monpeſer, Aldée par laquelle j'avois paſſé, & qui eſt à deux tiers de coſſe au Nord-Oueſt de Ponjſer. Tandis que le Curé de ce dernier endroit préparoit les vivres dont mes gens avoient beſoin pour le voyage de Keneri, où je devois paſſer quelques jours, je me mis en route pour Monpeſer, le 30, à la pointe du jour. A une demi-coſſe, je trouvai ſur la droite, un ruiſſeau d'eau douce. Arrivé à Monpeſer, je me mis ſur-le-champ à examiner la Pagode qui forme une très grande excavation, dont on peut voir le plan dans la Planche IV.

Pl. IV. V. A.

(1) Eſt une pierre propre à recevoir une Inſcription, & ſur laquelle il y en avoit peut-être une autrefois. Elle eſt

PRÉLIMINAIRE.

en dehors, à gauche, au-deſſus d'une petite citerne comme aux Pagodes de Keneri, près de la fenêtre (2) : les Portugais y ont fait une petite Croix en relief. La ſalle (3) a ſept cannes de profondeur & douze de largeur. Au fond ſont trois chambres, qui étoient peut-être autrefois des Divans ; à & droite & à gauche de ces chambres, les caveaux (6) dans leſquels on entre par les trous (7). Les Portugais, qui faiſoient leur École dans la Pagode, avoient bouché la porte du caveau de la droite, (6ª) pour que les enfans n'allaſſent pas dans ce lieu, qu'ils avoient rendu le réceptacle des immondices : elle eſt maintenant ouverte ; mais on ne peut guere y entrer ſans lumiere. Je donnai deux flambeaux à mes Pions. Il y avoit à craindre de rencontrer dans ce caveau quelque tigre gîté. Ces animaux viennent ſouvent dans les Aldées ſur-tout en hiver, & le bruit couroit qu'ils avoient dévoré depuis peu des bœufs & un enfant. Je m'approchai de la porte ; mes Pions avoient le ſabre nud ; je tenois le mien de la main droite, de la gauche un piſtolet d'arçon à deux coups; & j'en tirai un, pour faire ſortir les bêtes féroces. Au bruit du coup, redoublé par l'écho, mes Pions jettent leurs flambeaux ; le reſte de mes gens, qui ne m'eſcortoient que de loin, diſparoît, & je me trouve ſeul dans les ténebres à l'entrée du caveau. Mon premier mouvement fut mêlé de colere & d'envie de rire. Il ne ſortit rien ; mes Pions ſe raſſurerent, rallumerent leurs flambeaux, & je ne vis qu'un caveau aſſez large & humide.

Les Chrétiens du Pays, crédules & fertiles en hiſtoires fabuleuſes, autant pour le moins que les Indous, rapportent qu'un Franciſcain marcha dans ce lieu ſept jours durant, & rencontra dans ſon chemin un puits, dans lequel il deſcendit ſon Caffre avec une corde : celui-ci ne reparoiſſant pas, le Franciſcain effrayé revint ſur ſes pas, & ſortit du caveau.

Dans la chambre du coin (7), on voit ſur le mur, en haut un groupe d'enfans ; & en bas, ſix figures.

A gauche de la ſalle (3) eſt un Autel (9), dreſſé par les Portugais. A côté (10) figure gigantesque, de deux cannes de haut, qui a la main droite fur fa poitrine, & la tête couverte d'un bonnet dont le devant eft relevé comme à celui des Grenadiers, ainfi que les oreilles qui font à écailles. En bas, à droite, paroiffent trois femmes nues & debout ; à gauche, trois autres figures humaines affifes ; & au-deffus, une multitude de petits hommes debout, d'autres à cheval.

La falle (3) a fix colonnes dans la largeur, deux Divans (4, 5,) avec deux colonnes à chaque Divan, & deux autres colonnes devant la porte du Sanctuaire ou chambre du fond (11) dans laquelle eft un trou dans la terre (12) : les figures du Divan (5) ont été couvertes de plâtre par les Portugais, qui ont auffi gâté les colonnes, pour faire de ce lieu une Eglife.

Hors de la Salle, à gauche, eft une petite Chambre (13) à deux colonnes, devant laquelle eft un trou rond (14) creufé en terre, d'une canne de long, fur une demie canne de large. C'eft l'ouverture d'une Citerne fouterraine, que l'on dit aller jufqu'à la montagne de Keneri, qui en eft à plus de trois coffes. Quand les eaux font baffes, on y voit un rang de colonnes long à-peu-près de dix cannes, qui a été laiffé pour empêcher le terrein d'enfoncer.

Au-deffus de la Pagode, font les ruines du Couvent des Francifcains.

A gauche, en dehors (15), eft une excavation de fept cannes de large & de trois de profondeur, où l'on voit trois colonnes quarrées. Elle communique à la petite Chambre (13) par le trou (16) qui eft un refte de porte baffe prefque bouché. On nomme ce lieu, les *Ecuries*. On peut voir, dans la Pl. IV, n°. V, B, la forme du chapiteau des colonnes de Monpefer.

Les Brahmes prétendent qu'il eft écrit dans leurs Annales, que les excavations de Djegueferi & de Monpefer, ainfi que celles de Keneri, font l'ouvrage d'Alexandre le Grand : mais ils ne produifent pas ces Annales; & leur folie eft d'attribuer à ce Prince ou aux Dews, ce qui leur paroît au-deffus des forces ordinaires de l'homme.

L'Églife des Chrétiens de Monpefer eft à gauche de la Pagode. On y voit une Pierre Sépulchrale fur laquelle eft une

Infcription

PRÉLIMINAIRE.

Infcription Portugaife de 1590. Les Marates, après avoir ruiné cet Edifice, en ont tranfporté les bois à Tanin.. A quelque diftance de l'Églife, eft une efpece d'Antre (ou de Citerne), dont l'eau, à ce que l'on prétend, rend noirs les Blancs qui s'y baignent. Pure Fable, comme tout ce que l'on dit des autres citernes; je ne pus vérifier le fait, parce qu'il n'y avoit pas alors d'eau dans ce trou.

Les Brahmes de cet endroit appellent *Balbotes*, les caractères Samskrétans; & *Mourls*, les lettres courantes: ils fe fervent encore de celles-ci pour écrire le Samskrétan.

Je fus de retour à Ponjfer, fur les dix heures: mes gens fe repoferent quelques momens, empaqueterent leurs provifions & les miennes, qui confiftoient en riz & en œufs; & je partis à onze heures pour Keneri (ce mot fignifie *pélerinage*), avec deux Guides que me donna le Curé de Ponjfer.

La route Nord-Eft. A onze heures vingt-cinq minutes, arbres, brouffailles. A onze heures vingt-huit minutes, petit étang. A onze heures trente-deux minutes, petit fond, eau. A onze heures quarante-cinq minutes, commencement des montagnes; la route Nord un quart Eft. A midi dix minutes, petite fondriere. A midi douze minutes, eau courante. A midi quarante minutes, eau, ainfi qu'à quarante cinq minutes. A midi cinquante-cinq minutes, feconde montagne; pierres brûlées: Puits de Samatang, de trois quarts de canne de profondeur, creufé dans le roc au milieu du chemin, par les Brahmes des Pagodes, pour le foulagement des Pelerins. Il y a des Indiens qui débitent gravement qu'il communique à celui de Monpefer.

A une heure quinze minutes, pied de la premiere montagne des Pagodes. J'arrivai à une heure quarante-cinq minutes, aux Pagodes, qui font à-peu-près à trois coffes Eft de Ponjfer.

Pour bien entendre la fituation des Pagodes de Keneri, il faut d'abord fe repréfenter la montagne, ou plûtôt les montagnes dans lefquelles elles font creufées.

Ce font comme trois montagnes de pierre, unies l'une à l'autre depuis la racine jufqu'aux deux tiers environ de leur

Tome I.   d d d

hauteur ; dont deux (A, B) sont séparées par un grand enfoncement en précipice, qui, resserré à l'Ouest par les deux pointes respectives de ces montagnes, s'élargit du Sud-Ouest au Nord Est,& est terminé, de l'Est au Nord Nord-Ouest, par la troisieme montagne (C), qui unit les deux autres, formant dans le fond une espece de ceintre. Cette derniere montagne paroît taillée à pic ; elle est creusée en dessous : les deux premieres sont en talus. On va de l'une à l'autre à travers les ronces, de petits arbrisseaux, des ravines d'eau, des quartiers de rochers.

Aux trois quarts de l'enfoncement, on trouve les ruines de deux ponts (D), formés de quelques pierres longues, posées sur d'autres pierres placées de champ. Ces ponts servoient de communication aux deux montagnes à Pagodes ; ils ont été détruits par les Portugais. Au-delà est un étang (E) d'eau croupie, qui s'étend jusque sous la montagne (C) du fond.

Il n'y a à la montagne (B) qu'un rang ou étage d'excavations ; la montagne (A) qui est vis-à-vis, en présente jusqu'à quatre, placés en amphithéâtre.

Du sommet de la montagne (A), près d'un Pelouse (18) à degrés, taillée dans le roc, Tanin m'a paru à l'Est Nord-Est ; Bacim, à l'Ouest Nord-Ouest ; Bombaye, au Sud-Ouest ; Ponjser, au Nord-Ouest ; Maroüa, à l'Ouest Nord-Ouest ; Bandoura, au Sud-Ouest.

Les Montagnes qui partagent l'Isle de Salcette dans la longueur, vont du Nord Nord-Est, en tournant au Sud Sud-Est : celles de Keneri vont du Sud à l'Ouest, par l'Est & le Nord.

Après cette description générale, je passe aux Pagodes creusées dans ces montagnes. L'entrée du plus grand nombre étoit remplie d'herbages & de roseaux fort hauts, que les pluies avoient fait croitre. Il fallut y mettre le feu, pour me frayer un passage dans les caveaux les plus reculés. Quelquefois j'étois obligé de me faire descendre avec des cordes dans les creux pour lesquels il n'y avoit pas d'escaliers ; ailleurs il falloit monter sur les épaules de mes Pions, pour escalader des pans de murailles détruites, & sauter de pierre en pierre à l'ardeur du Soleil sur des rochers glissans &

Pl. IV.

VI.
VUE DES
EXCAVATIONS
DE KENERI

INSCRIPTIONS DE KENERI

Laurent Scriptur. Acad. Soc. Sculpsit.

PRÉLIMINAIRE. cccxcv

brûlans, où le moindre faux-pas m'exposoit à teindre de mon sang une lieue de roc en précipice. Mes gens ne jugerent pas à-propos de me suivre par-tout. Enfin à force de fatigues & de courses, j'achevai la visite des Pagodes de Keneri.

 Des Monumens de cette nature mériteroient bien que les Anglois, qui sont pour ainsi-dire à la porte, envoyassent une personne habile enlever les plans & dessiner toutes les figures qu'ils présentent. Un travail de cette nature, accompagné d'explications données par des Brahmes instruits, seroit certainement bien reçu en Europe. Pour moi, voyageant en tems de guerre, très-loin des Comptoirs François, & borné par le tems & par la dépense, je ne pus que répéter à Keneri ce que j'avois fait à Iloura. Mes soins se tournerent principalement du côté des Inscriptions. Elles sont au nombre de vingt-cinq, toutes gravées en creux sur la pierre. La grandeur des lettres n'est pas toujours la même : mesure commune, elles sont longues environ de deux pouces. De ces Inscriptions, vingt-deux sont dans les caracteres du nº. VII. de la Pl. IV. il y en a une en caracteres Samskretans modernes, & deux en caracteres Mongous. Plusieurs étoient presqu'effacées, les autres au moment de l'être. Me regardant pour ainsi dire comme envoyé pour sauver d'une ruine totale des Monumens précieux, qui pourroient nous donner l'ancien Tamoul ou l'ancien Samskretan, & des traits importans de l'ancienne Histoire de l'Inde, je tâchai de les copier avec la plus grande exactitude, marquant soigneusement les lacunes & gardant le nombre & proportionément la longueur des lignes. Après avoir porté l'attention jusqu'au scrupule, je fis une nouvelle revûe des Pagodes, pour vérifier les Inscriptions.

 Mon dessein étoit d'abord de les donner toutes dans cette Relation : mais sans parler des frais, toujours à ménager dans un Ouvrage de la nature de celui-ci, le tems nécessaire pour graver ces Inscriptions, eut trop retardé la publication du *Zend-Avesta.*(Les mêmes raisons m'ont obligé de supprimer les Cartes Géographiques) : je me contente donc d'en présenter ici une, avec six lignes prises de deux autres : cela forme treize lignes qui renferment à-peu-près le

Voyage aux Indes Orientales, IIe. Partie.

Voy. Bayer, Elem. Litter. Mungal. in Comment. Petropolit. T. III. p. 389. T. IV. p. 289.

d d d ij

plus grand nombre des caractères dans lesquels ces Inscriptions sont écrites. Je donnerai le reste dans un autre Ouvrage, avec la traduction Hébraïque des Priviléges des Juifs de Cochin.

J'ai cru devoir ponctuer ma marche sur la Planche, pour que les curieux qui seront tentés de faire le même pélerinage, puissent plus aisément me suivre & me corriger.

Cette exactitude, ennuyeuse pour certains Lecteurs, fournira peut-être à d'autres le moyen d'évaluer le tems que l'on a dû mettre à ces Ouvrages; d'en fixer par-là l'époque, & de comparer la mesure de connoissances, le degré d'habileté que pouvoient avoir les Indiens, pris dans un tems très-éloigné, tel qu'est certainement celui de ces excavations; de le comparer avec ce que nous sçavons de plusieurs Peuples célebres, considérés dans une époque correspondante.

De même, ces détails de routes par cosses, demie, quarts de cosse; par puits, arbres, ruisseaux, Villes, grandes & petites Aldées, terres enfriche ou cultivées, montagnes &, rivieres, dirigées de tel ou tel côté; anses, rochers dans la mer, gissement des Côtes, changemens des embouchures de rivieres, direction des courants; ces détails peuvent mettre en état d'établir sur la population, sur la quantité de terre habitée, cultivée, une sorte de calcul entre les parties du Globe auxquels ils ont rapport, & les Royaumes de l'Europe les plus connus; ils peuvent aider à fixer le gissement général de la Terre, qui dépend de la position des montagnes & du cours des rivieres, combinés avec l'action moins sensible des mers.

Après ces réflexions préliminaires, je commence la description des excavations de Keneri. Sachant que celles de la montagne (B) étoient en moindre nombre, je voulus d'abord les visiter, pour examiner ensuite à loisir celles de la montagne (A). J'allai en conséquence à l'excavation (8), où je laissai mon Palanquin avec plusieurs de mes gens, & passai à l'autre montagne. (B)

1°. Grande excavation de neuf cannes de long & de six de large, consistant en plusieurs trous qui ont peu de hauteu,

2°. Excavation où l'on voit d'abord un Divan ou Vestibule, à deux colonnes. Au fond, est une Chambre sui-

PRÉLIMINAIRE. cccxcvij

vie d'un Sanctuaire, dans lequel paroît un homme assis, tenant sa pagne : on appelle cet endroit, la *Boutique*; & cet homme, le *Banian*.

3°. Vestibule profond d'une canne, avec deux fenêtres larges chacune d'une canne, suivi d'une Chambre de trois cannes & demie de large, sur deux de profondeur & une & demie de haut. Au fond, dans une espece de Sanctuaire, sont trois figures d'hommes assis. Celle de la gauche est entre deux Ministres debout, qui tiennent un fouet. Sous les deux autres paroissent des hommes assis, ressemblans à des Ministres; & immédiatement sous celle du milieu, on voit deux petites figures d'hommes, qui tiennent le pilier sur lequel pose le siége ou trône de cette figure. A droite & à gauche des trois premieres, on en voit d'autres debout, tenant un cordon de leur main gauche qui est élevée. A l'entrée de l'excavation à gauche, est un trou en terre, c'est-à-dire, en bas dans le rocher.

4°. Excavation de cinq cannes de large, deux & demie de profondeur; qui présente une Chambre détruite.

5°. Vestibule de cinq cannes de large, cinq de long, deux de haut, suivi d'une chambre de cinq cannes en quarré, dont le mur au bas est garni d'une banquette à l'Est & au Nord. A gauche, Chambre de deux cannes en quarré avec une banquette à l'Ouest.

Au-dessus d'un trou ou d'une petite citerne où il y avoit sans doute autrefois de l'eau, est une Inscription assez bien conservée, sur une pierre qui a trois pieds & demi en quarré [1]. Cette Inscription est de douze lignes, dont les cinq premieres sont plus écartées que les autres.

6°. Excavation dégradée, de quatre cannes en quarré.

7°. Excavation de quinze cannes de large, six de profondeur. Au fond six Chambres, chacune de deux cannes en quarré, excepté la troisieme qui a trois cannes de large, trois de long, & est suivie d'une autre Chambre de deux cannes en quarré. Trou en dehors, à gauche en entrant.

VOYAGE aux Indes Orientales, IIIe. Partie.

---

[1] Ce n'est pas une pierre ajoutée : mais on a formé dans le roc le modele d'une pierre à Inscription, qui semble appliquée sur le mur. Il en est de même des autres pierres à Inscriptions dont je parlerai dans la suite.

8°. Vestibule de cinq cannes de large, une & demie de profondeur, avec deux colonnes octogones dégradées ; suivi d'une Chambre de cinq cannes de large, quatre de profondeur, garnie d'une banquette. Au fond est une niche où l'on voit un homme assis, qui tient sa Pagne.

En-dehors, au-dessus du trou à l'eau, on voit une Inscription de huit lignes, sur une pierre haute de deux pieds, & large de deux & demi, dont il ne reste sur la largeur qu'un pied trois quarts. Les trois premieres lignes & la cinquieme sont assez entieres ; le reste presque fruste.

9°. Excavation à peu-près de même étendue, formant un Vestibule suivi d'une Chambre, à droite de laquelle est une autre chambre dont la porte est dans cette premiere. Au bout de celle-ci, est une autre Chambre de deux cannes en quarré. Petite citerne en entrant en dehors.

Je gagnai ensuite les ruines (D) d'un des ponts qui joignoient autrefois les deux montagnes ; je m'approchai de l'étang (E) ; & revenant de-là à la montagne (A) , je repris la visite des excavations.

Pl. IV. IV. B.

La plûpart ont une entrée semblable à celle des Pagodes de Djegueseri.

Premier étage., allant du Sud-Ouest au Nord-Est.

1°. Vestibule de six cannes de large & de deux de profondeur. A droite en entrant, petite citerne. A gauche niche où paroissent deux femmes assises, à ce qu'il me semble, & un enfant entr'elles, de bout, tenabt sa Pagne. Le vestibule est suivi d'une chambre qui a cinq cannes en quarré. Au fond est un Sanctuaire en Divan, au milieu duquel est un Lingam * d'une forme particuliere. A droite du Sanctuaire est une autre Chambre de deux cannes en quarré. L'excavation totale a une canne & demie de haut.

*Pl. IV. VI. L.

2°. Vestibule de cinq cannes de large, une & demie de profondeur, deux de haut, avec deux colonnes octogones. Au fond, Chambre de cinq cannes en quarré, à droite de laquelle, est une autre Chambre de trois cannes.

Inscription vis-à-vis la petite citerne, au-dessus d'un autre trou de la largeur de la pierre de l'Inscription, c'est à-

PRÉLIMINAIRE.

dire de cinq pieds. Le haut de cette pierre eſt briſé. Elle préſente cinq lignes & demie, ſéparées par un intervalle d'une ligne & demie, qui eſt ſuivi de cinq autres lignes.

3°. Excavation de huit cannes de large, cinq de profondeur. On trouve en entrant, deux Chambres, dont une de trois cannes en quarré : celle du fond, d'une canne en quarré. Trois autres Chambres détruites.

Inſcription de cinq à ſix lignes, ſur une pierre de trois pieds de large, un & demi de haut. Elle eſt en dehors ſur la petite citerne, & preſque effacée ; il n'en reſte que les dernieres lettres à droite de quatre lignes.

4°. Veſtibule de huit cannes de large, trois de profondeur : à gauche, trou ſans eau. Le Veſtibule eſt ſuivi d'une Chambre de ſix cannes de large, cinq de profondeur ; à chaque coin de laquelle eſt une Chambre de deux cannes en quarré. Au fond, Divan à deux colonnes, dont le mur, en face de l'entrée, eſt chargé de figures. Aux deux extrémités de ce Divan, de chaque côté paroiſſent ſur le mur, comme en regard, des hommes de bout, tenant leurs Pagnes. Cette piece eſt ſuivie d'une autre Chambre vuide, de deux cannes en quarré.

Suite du premier étage un peu plus élevée, allant dans l'Eſt.

5°. Excavation de quatre cannes de large, deux de profondeur, formant deux trous.

6°. Excavation d'une canne & demie de haut & en quarré : le Lingam * (M) au milieu.

7°. Excavation de ſix cannes de large, cinq de profondeur : banquette à l'Eſt & à l'Oueſt. A gauche, trois petites Chambres.

8°. Chambre de deux cannes & demie en quarré : l'entrée ſimple.

9°. Excavation dégradée, de quatre cannes de large, une de profondeur avec une banquette.

10°. Veſtibule ſoutenu par quatre colonnes, formant deux arcades. A gauche, au bout du Veſtibule, citerne pleine d'eau ; à droite, eſt un homme aſſis, à côté duquel paroissent deux petits hommes, debout, qui tiennent de la main gauche un arbre dont le fruit ressemble à la pomme. En face, au fond du Vestibule, est un homme assis; & vis-à-vis lui, un autre homme debout, qui tient un arbrisseau, dont la fleur approchante à celle du Soleil, s'éleve à la hauteur de son oreille.

Le Vestibule est suivi d'une Chambre large de six cannes, profonde de cinq. De chaque côté, est une autre piece de deux cannes en quarré.

Au bout est un Sanctuaire en Divan, dans lequel, en face on voit un homme assis, qui tient sa Pane; ses Schoupdars sont debout. Sur les murs des côtés, paroissent neuf figures humaines assises, dont une est accompagnée de deux Schoupdars qui portent des bonnets de poil, façonnés en écailles. Cette figure a derriere la tête un condé * rond plat & ouvragé, qui lui tient les cheveux.

Deuxieme étage, allant de l'Est à l'Ouest Sud-Ouest.

1º. Divan à deux colonnes, de quatre cannes de large, une & demie de profondeur. Ensuite Chambre de quatre cannes en quarré. A gauche, autre chambre d'une canne & demie en quarré.

2º. Divan sans colonnes, suivi d'une Chambre de cinq cannes en quarré. A gauche de cette Chambre, sont deux petites chambres de deux cannes, & à droite, un Divan. On voit, dans cette excavation, plusieurs figures d'hommes debout & assis; entr'autres un bas-relief qui représente nn homme assis, avec ses deux Schoupdars. Sous cet homme, sont deux hommes qui tiennent le pilier * qui porte son siege.

Grande Inscription à l'entrée, sur une pierre large de cinq pieds, & haute de trois. Le haut, c'est-à-dire, le quart de la pierre est brisé. L'Inscription est de onze lignes, dont sept sont en gros caracteres & quatre en caracteres plus menus.

3º. Simples trous creusés; petite citerne; Chambre détruite : le tout de quatre cannes en quarré.

4º. Divan à deux colonnes (une détruite), de quatre cannes de large, trois de profondeur, aux deux extrêmités duquel

PRÉLIMINAIRE.

quel font deux chambres, l'une à droite, l'autre à gauche. On entre enfuite dans une grande piece de quatre cannes en quarré ; dans laquelle rend une Chambre qui eft à gauche. Au fond eft le Sanctuaire où l'on voit, en face de l'entrée, un homme affis ; & fur le mur, à droite, deux figures d'hommes affis, l'une au-deffus de l'autre.

Voyage aux Indes Orientales, IIIe. Partie.

5°. Divan de fix cannes de large, avec trois colonnes prefque détruites, dont le fût eft cannelé. Au-deffus du chapiteau, font quatre tigres, derriere lefquels paroît un enfant affis. Aux deux extrémités du Divan, on voit des hommes affis, accompagnés chacun de deux Schoupdars ou Miniftres, dont l'un tient un fouet, l'autre un arbriffeau affez haut.

Suivent deux grandes Chambres de quatre cannes en quarré ; avec une petite à gauche de chaque Chambre. Au milieu de la feconde Chambre, eft une niche ; & hors de la niche, une Statue d'homme (ou de femme) affis, avec un bonnet pointu en forme de mitre, qui a les jambes croifées comme les Tailleurs, & la poitrine garnie de bijoux. Cette figure eft affez bien faite.

6°. Excavation pareille à la précédente, feulement plus petite d'une canne. Au fond eft une niche avec une petite figure.

7°. Entrée de cinq cannes de large, avec une Chambre de chaque côté, à deux colonnes. Suit une piece de quatre cannes en quarré, dans laquelle font trois Divans (un en face, un à chaque côté) à deux colonnes, de deux cannes de large : l'excavation eft en tout de onze pieces.

8°. Excavation dégradée, de cinq cannes en quarré, préfentant deux Chambres. Petite citerne pleine d'eau.

9°. Pareille Excavation, dégradée.

Suite du fecond étage, un peu plus élevée, allant au Sud.

10°. Pareille Excavation, plus petite d'une demi canne ; dégradée.

Tome I.

11°. Excavation pareille à la précédente, de deux Chambres, avec deux colonnes à l'entrée.
Inscription qui présente le reste de six lignes, sur une pierre haute de deux pieds, large de trois.

12°. Excavation plus grande d'une canne, avec deux colonnes.

Inscription de neuf lignes, bien conservée, sur une pierre large de trois pieds & demi, haute de deux.

13°. Pareille Excavation, située presque au-dessus de l'excavation (8) ci-ap; p ccccvij ; avec une Chambre de plus, à l'entrée, à droite.

Inscription de quatre lignes, presqu'effacée, sur une pierre d'un pied de haut, cinq de large, vis-à-vis l'eau, au-dessus de l'entrée, à droite de la Chambre qui est à l'entrée à droite.

14°. Vestibule de six cannes & demie de large, une & demie de long ; avec six colonnes. Dans ce Vestibule, à l'entrée à droite, on voit un homme de bout, tenant une espece de pomme *, & un arbrisseau dont la fleur s'éleve à la hauteur de son oreille ; & à côté de lui, deux femmes debout. Il y a dans ce Vestibule, cent cinquante-sept figures, dont dix-sept grandes, assises. Le bonnet* des femmes paroît être à mâilles avec des aigrettes au milieu. Le Condé de l'homme est aussi à mailles, il a au front une espece d'aigrette* à laquelle tient son bonnet qui pend ensuite par derriere, & dont les oreilles sont relevées.

Après le Vestibule, est une Chambre de sept cannes & demie en quarré, autour de laquelle, en dedans, regne une banquette : le mur est chargé de figures jusqu'au plancher. Les gens du Pays appellent cette excavation l'École, à cause de cette quantité de personnages : mais il paroît que c'est une suite de Princes. Ils sont assis: à côté de chaque Prince sont deux Ministres ou Schoupdars debout, l'un le fouet levé, l'autre tenant de la main gauche un arbrisseau pareil à celui du Vestibule. On compte cent figures sur chacun des trois murs, ce qui fait trois cents. Je crois que ce sont vingt Rois Indiens avec leur Dorbar.

L'excavation renferme encore quatre Chambres, deux de chaque côté, sans figures.

PRÉLIMINAIRE.

15°. Petite excavation de quatre cannes en quarré, consistant en deux Chambres.

16°. Excavation de cinq cannes en quarré, qui comprend trois Chambres; dégradée.

Troisième étage, montant du Sud-Ouest à l'Est.

1°. Pareille Excavation, de trois Chambres.
Inscription de cinq lignes, fort effacée, sur une pierre d'un pied de haut, deux pieds & demi de large.

Suite du troisième étage, un peu plus élevée.

2°. Pareille Excavation, de deux Chambres. Citerne sèche ainsi que la plûpart de celles des Pagodes d'en haut.
Inscription de sept lignes, fort effacée.

3°. Pareille Excavation, de deux Chambres.
Inscription de sept lignes sur une pierre brisée, large de trois pieds deux pouces, haute de trois pieds.

4°. Pareille excavation, avec deux colonnes.

5°. Pareille excavation.

6°. Vestibule de cinq cannes de large, une un quart de profondeur, avec six colonnes. Au bout de cette piece à gauche, on voit un homme assis, & à côté de lui, deux Schoupdars. Suit une Chambre de quatre cannes en quarré. Dans celle du fond, est un homme assis.

Quatrième étage, allant du Sud, en tournant, à l'Est.

1°. Pareille Excavation de trois Chambres, avec six colonnes.
Inscription de onze lignes, sur une pierre brisée, large de deux pieds & demi, & haute de trois, qui est au-dessus de l'eau, en dehors.

2°. Excavation dégradée, de trois cannes en quarré, avec deux colonnes.

3°. Un peu plus bas, excavation de deux cannes en quarré.

4°. Pareille excavation.

ccccix   DISCOURS

Deux Inscriptions; l'une de trois lignes, sur une pierre large de deux pieds & demi, & au-dessus du trou à l'eau, en dedans de l'excavation; l'autre d'une ligne plus longue, sur la porte en entrant.

5°. Un peu plus haut, pareille excavation, consistant en une Chambre bien conservée.

6°. Excavation de même étendue, de deux petites Chambres.
Inscription de deux lignes, sur le mur, en face.

7°. Divan de quatre cannes de large, une de profondeur, avec deux colonnes; suivi d'une grande Chambre. Autre Chambre à gauche; au fond est un Sanctuaire à colonnes, détruit.

Je revins de-là sur mes pas, pour achever cet étage que j'avois pris à la hauteur de la sixieme excavation du troisieme étage.

Même étage descendant au Sud.

8°. Excavation pareille à la précédente, on y monte par trois degrés. Au bas, à l'entrée, à droite, sont deux Chambres. Au fond, grande piece quarrée, à gauche de laquelle est une petite Chambre.

9°. Pareille excavation. Au Vestibule figures presque détruites, semblables à celle de la page ccccij.

10°. Excavation de trois cannes en quarré; dégradée.

11°. Vestibule à deux colonnes, large de trois cannes & demie, profond d'une & demie; avec les mêmes figures que ci-d. page ccccij. Suit une Chambre avec les mêmes figures, dont une à droite, debout entre deux femmes, tient l'arbrisseau déja mentionné. A droite, sont deux autres Chambres, dont les portes donnent dans la précédente. Dans celle du fond, au milieu, la figure manque: il ne reste que les deux Schoupdats.

Deux inscriptions qui paroissent récentes, chacune de douze lignes perpendiculaires; gravées peu profondément, & en caracteres Mongous, sur deux pilliers qui sont partie des murs; l'une haute d'un pied, l'autre large & haute de quinze pouces.

PRÉLIMINAIRE.

12º. Divan à deux colonnes; à droite, figures détruites; point de figures, à gauche. Enfuite falle de trois cannes en quarré; figures comme à la page ccccij. Dans le Sanctuaire, on en voit une affife, accompagnée de deux Schoupdars. L'excavation a quatre cannes en quarré.

Dans le mur qui fépare la falle du Sanctuaire, est un trou, par lequel les Brahmes, à ce-que l'on prétend, faifoient paffer les femmes qui refufoient d'avouer les crimes dont elles étoient accufées. Lorfqu'elles étoient coupables, elles reftoient au milieu, fans pouvoir paffer. Ce trou peut avoir dix pouces de diametre en tout fens.

13º. Pareille excavation fans figures, avec une petite citerne.

Infcription de neuf lignes, fort effacée, au-deffus de la citerne, fur une pierre haute de deux pieds & demi, large de trois.

14º. Excavation de trois cannes en quarré, avec une colonne.

17º. Sur le fommet de la montagne, font deux citernes de deux cannes de long, une & demie de large, une demie de profondeur, creufées dans le roc vif, qui eft noir & à grain.

18º. Plus bas, Peloufe à degrés, où les Brahmes prenoient le frais.

Je defcendis de-là au premier étage des excavations, & remontai par l'Oueft, à l'endroit où j'avois laiffé mon Palanquin.

Premier étage, allant du Sud à l'Oueft Nord-Oueft.

1º. Excavation de dix cannes à-peu-près de haut & de profondeur, & de fix de large, avec un étage qui confifte en de fimples fenêtres, fans Chambres, ni efcalier qui y conduife. En bas aux deux coins, font des trous; au fond, trois chambres obfcures. A l'entrée de l'excavation, on voit deux colonnes * hautes, de deux cannes & demie, fur une moins un cinquieme, de diametre. On nomme cet endroit la prifon.

VOYAGE aux Indes Orientales, IIIe. Partie.

* Pl. IV.
VI.N.

20. Excavation de douze cannes de long, sept de large, deux de haut. Deux chambres au fond, en face, dans lesquelles regne une banquette qui en fait le tour. A l'entrée, deux Lingams * de nouvelle forme. On voit autour les mêmes figures que ci-d. page cccxcvij, ccccij.

30. Grande excavation à laquelle on monte par trois degrés. La partie la plus considérable est terminée en voûte, & longue de dix-neuf cannes, large de sept & haute de huit. Les Jésuites Portugais avoient fait de cette excavation, une Église; & elle porte encore ce nom. On compte sur la longueur, quatorze colonnes (1), séparées du mur par le passage (2). Au bout est le Lingam (3), sans le chapiteau de celui de la page cccxcix. On voit sur le chapiteau des deux premieres colonnes en entrant, des tigres ; & sur ceux des autres colonnes, quatre éléphans avec leurs cornars, placés l'un à la file de l'autre, & formant chacun une face ; ou pour une face, deux petits éléphans qui saluent de la trompe le Lingam, placé au milieu d'eux. Six colonnes de cette forme à de chaque côté ; les autres unies : les fûts à six faces.

Le portique peut avoir trois cannes & demie de profondeur. Aux deux extrémités (4), on voit deux figures de quatre cannes de haut, représentant deux hommes qui tiennent leur Pagne de la main gauche. Au-dessus de ces figures, est un ceintre garni de fleurs & d'hommes jettés en forme d'Anges : les colonnes de ces ceintres sont cannelées à côtes. Près du ceintre, figures, comme ci-d. page ccccij. En face (5) sont huit grandes figures, quatre d'hommes & quatre de femmes ; deux hommes & deux femmes de chaque côté : leur bonnet, comme ci-devant page ccccij.

L'entrée de cette excavation est découverte : là s'élevent deux colonnes (6) de six cannes de haut. On voit sur celle qui est à droite, une roue à moudre renversée : c'est ce que les gens du Pays appellent, une famille qui pile (ou qui broye) du riz.

A gauche (7) est une chambre où l'on voit, sur le mur, des hommes debout & assis, comme ci-devant page cccxcvij.

Cette premiere partie de l'excavation communique encore au portique par les fenêtres (9).

PRÉLIMINAIRE. ccccvij

Deux Inscriptions sur les piliers (8) * ; la premiere (G) de 23 lignes, la seconde (H) de 11. Ces piliers sont brisés ; il n'en reste que ce qui paroît dans la Planche. Le haut de celui de la gauche (H) manque : la pierre de l'Inscription a une canne de haut, sur trois quarts de canne de large. *VOYAGE aux Indes Orientales, IIIe. Partie. *Pl. IV. VI. G. H.*

4°. Petite Chambre en niche. Dedans est le Lingam *, avec les figures ordinaires, ci-devant page cccxcvij. A gauche, paroissent des Schoupdars. *VII. 1. 2. & Ci-d.p.cccxcv. av. dern. lig. Pl. IV.*

5°. Montant plus haut on rencontre une excavation d'une canne en quarré, où sont deux figures qui tiennent du feu : le feu est brisé. En face, est une grande citerne à deux ouvertures. *VI. K.*

Inscription de deux longues lignes, sur une pierre brisée, au-dessous des deux trous de la citerne.

6°. En descendant, excavation de cinq cannes de large, deux & demie de profondeur, consistant en deux Chambres.

Inscription de sept lignes, qui paroît gravée comme sur deux Planches séparées, au-dessus d'une citerne à deux ouvertures, qui est à gauche en entrant. *Pl. IV. VII. 3*

7°. Excavation de cinq ouvertures ou fenêtres, avec trois Chambres, prenant en tout cinq cannes de large sur trois & demie de profondeur.

Traces d'une Inscription de deux lignes, sur les quatre ouvertures de la citerne.

8°. Grande excavation qui jusqu'aux Chambres du fond & de la gauche a quinze cannes de large, & six de long. On nomme cet endroit l'*Ecurie*. La quatrieme des Chambres du fond (1) (qui sont au nombre de six) est le Sanctuaire (2), au fond duquel on voit un homme assis, avec deux Schoupdars ; & des deux côtés, d'autres figures comme ci-d. p. cccxcvij. *Voy. le Plan. Pl. IV. VI. T*

Dans la salle du milieu, à gauche (5) sont les portes de quatre chambres (3) : à droite, Divan à quatre colonnes (4). Le milieu de l'excavation a cinq colonnes de face. L'entrée est une galerie soutenue en devant par huit colonnes, qui unies par des massifs ne laissent que trois Ouvertures. A gauche de cette galerie est une petite piece (6) où l'on voit trois hommes assis, entourés de leurs Schoupdars, comme à la p. cccxcvij.

Grande Inscription de dix-huit lignes (dans les

caractères du no. VII. de la Pl. IV, mais plus menus) à gauche en dehors, au-dessus de la citerne (7); sur une pierre large d'une canne un quart, & haute d'une canne.

Sur le fronton, en dehors, on voit une autre Inscription de six lignes, en caractères Samskretans modernes, qui prolonge toute la largeur de l'excavation.

Je n'ai point trouvé de Brahmes qui aient pu lire les vingt-deux Inscriptions de Keneri, qui sont dans les caractères de celle de la Pl. IV, no. VII; ni l'Inscription en lettres Mongoues. Pour celle dont je viens de parler, comme elle est en ancien Samskretan, il ne m'a été pas été possible d'en avoir la Traduction.

Je termine cette Description par la Relation du Voyage que plusieurs membres du Conseil de Bombaye firent à Keneri quelque tems après moi : elle m'a été donnée par un de ceux qui étoient de ce voyage. On pourra, en la lisant, juger de la maniere dont des Voyageurs différens voient les mêmes objets.

„ (1) Dimanche, 28 Décembre 1760, nous partîmes

„ [1] Sunday 28 Décembre 1760, at day break, this morning, we set out for
„ the caves, and after travelling about 2 miles were obliged to dismount, on ac-
„ count of the badness of the road. We partly walked, and partly clambered 4 mi-
„ les, and then came tho the entrance of an arched cave 50 feet high, ornamented
„ with 32 pillars, each 27 feet high and 8 ¾ round from the middle to the base :
„ from te top to the middle they were cut into octogons. The lengh of this
„ cave was 84 feet and 21 wide from pillar to pillar. At the upperend is a very
„ large pillar, round at top, 50 feet in circumference at the base. By the flowers
„ &c. strewed round this pillar, the Marattas pay their adorations here. You en-
„ ter this cave by a Portico 36 feet long and 15 wide, at each end of which are
„ two figures 10 feet high, having over their left shoulder a robe which rea-
„ ches to their ancles ; otherwise they are naked. Round this Portico are several
„ small figures, representing, as is supposed, their Idols of Worship. We left
„ this cave, and after passing several others cut into small square rooms, and
„ climbing over very difficult parts of the rock, entered à kind of Veranda 75
„ feet long and 12 wide supported by 9 pillars : of on end is a small Pagoda.
„ Then you enter a Hall 63 feet by 25 ½ and 9 feet high. Within this are
„ 10 small appartements, seemingly designed for lodging rooms ; this are neatly
„ cut out 11 feet by 6. In the Veranda before this Hall, among many others the
„ following names remain perfect. W. Aiflabie E. Baker 1708. John Hanmer
„ 1697 & J· Courtney. There is also *Anno*, but the surname is mouldered away.
„ Here most of our Companions left their names for Posterity to wonder at. A-
„ bout every cave are great numbers of small Tanks, neatly cut out of the rock ;

„ le matin

PRÉLIMINAIRE.   ccccix

» le matin, à la pointe de jour, pour aller voir les Caver-
» nes ; & après avoir fait environ deux milles, nous fû-
» mes obligés de mettre pied à terre, à cause des mauvais
» chemins. Nous fîmes ensuite, partie en marchant, par-
» tie en grimpant, l'espace de quatre milles : après quoi,
» nous nous trouvâmes à l'entrée d'une Caverne voûtée,
» haute de cinquante pieds, ornée de trente-deux piliers,
» hauts chacun de vingt-sept pieds, & de huit trois quarts
» de circonférence. Depuis le milieu jusqu'à la base, ces
» piliers sont ronds ; & du haut au milieu, ils sont
» taillés à huit angles. La longueur de cette Caverne est de
» quatre-vingt quatre pieds ; & la largeur de vingt-un,
» d'un pilier à l'autre.

» Tout au fond de la Caverne, est un pilier très-large,
» rond par le haut, & de cinquante pieds de circonfé-
» rence à la base. C'est en répandant des fleurs &c. autour de
» ce pilier, que les Marates remplissent dans ce lieu les de-
» voirs de leur Religion.

Voyage aux Indes Orientales, IIIe. Partie.
Cid. p. ccccvj.
3°.

» their mouths two feet ½ square of different depths ; but their sides we could
» not reach. These Tanks were all full of excellent water. The whole mountain,
» which appears to be the highest upon Salset, is one massy rock. The ca-
» ves about it, we were told are so numerous as not to be seen in three days,
» and are not only cut out of the solid rock on every side, but sometimes one
» above another four stories. How far they penetrate into the mountain we could
» not know, being unprovised with lights. In places difficult to pass, steps were
» originally cut in the rock ; but time and the rains have worn many of them
» away ; so that we often found great difficulty in clambering from cave to cave.
» from the top of this mountain a prospect opens itself almost beyond descrip-
» tion, and scarce to be beheld without trembling and dread. A regular Valley
» appears of a most amasing extent intirely covered with verdure. To the very
» bottom in an opening, on one side of this Valley, a river winds and loses it-
» self among the mountains. Beyond this river is a plain, and this plain is boun-
» ded by the sea : mountains and huge rocks fill up the other parts of the pros-
» pect ; and immediately under the eye are dreadfull precipices and steep descents
» to the bottom of the Valley. We found the land wind here excessive cold and
» strong ; which added not a little to the difficulty of getting along in many
» places, and made us glad of a firm footing upon the top of the mountain.

» It is impossible from the accounts of the country People to form any judge-
» ment of the time when these surprising works were cut out, or of their use.
» Balajee Punt, the present Governour of Salset, told us they were the work
» of some of the petty Deities five hundred thousand years ago ; others give still
» more ridiculous accounts. It is most probable by their number and security,

Tome I.   fff

» On entre dans cette Caverne par un Portique long
» de trente-six pieds, & large de quinze. A chaque extré-
» mité de ce Portique, sont deux figures de vingt pieds
» de haut, qui ont sur l'épaule gauche une robe qui leur des-
» cend jusqu'à la cheville du pied : le reste (du corps) est
» nud. Autour de ce Portique sont quantité de petites figu-
» res qui représentent, à ce que l'on prétend, les Idoles
» que les (Marates) adorent.

» Nous laissâmes cette Caverne; & après en avoir passé
» plusieurs autres taillées en petites Chambres quarrées, &
» avoir grimpé sur des endroits du rocher, d'un accès très-
» difficile, nous entrâmes dans une espèce de Varangue,
» longue de soixante-quinze pieds, large de douze, soute-
» nue par neuf piliers. D'un côté est une petite Pagode;
» ensuite on entre dans une Salle de soixante-trois pieds de
» (large) sur vingt cinq & demi (de profondeur) & neuf de
» haut. Au-dedans cette Salle, sont dix petits apparte-
» mens qui paroissent destinés à servir de logemens. Ils sont
» taillés proprement, & ont douze (pieds de long,) sur
» six (de large).

» Dans la Varangue qui est devant cette Salle, entre plu-
» sieurs noms, les suivans se sont conservés entiers : W.
» Aislabie, E. Baker 1708. John Hanmer 1697 & J. Court-
» ney, l'an: les chiffres sont effacés. Nous y laissâmes aussi
» la plûpart nos noms, pour transmettre à la Postérité le
» témoignage de notre admiration.

» Aux environs de chaque Caverne (plutôt, de toutes les
» Cavernes) sont un grand nombre de petites Citernes,
» creusées proprement dans le roc, & dont l'ouverture a en

» that they were the strong Hold of some very ancient Nation ; and i have la-
» tely been informed there is still in being a very old book written by a Jesuit
» and printed in Portugal, which in a History of the East Indies gives an ac-
» count of these caves, that they were the work of a Gentou King, some thou-
» sand years ago, to secure his only son from the attempts of another Nation
» to gain him over to their Religion. But be they what they will, they must have
» been the work of many years and many hands, and deserve in my opinion to
» be ranked among the Wonders of the world. The short time we were at these
» caves would not permit of my taking off two long Inscriptions, apparently
» very ancient, which might probably give some light into their History ; i

PRÉLIMINAIRE.

» quarré deux pieds & demi. Elles sont de différentes profon-
» deurs; mais nous ne pumes en atteindre les côtés (en
» dedans). Ces Citernes étoient remplies d'une très-bonne
» eau.

» La montagne entiere, qui paroît être la plus haute de
» Salcette, est un roc massif. On nous dit que les Caver-
» nes qui sont autour, étoient en si grand nombre,
» qu'on ne pourroit les voir (toutes) en trois jours ; & elles
» ne sont pas seulement taillées dans le roc même de tous
» les côtés, mais quelquefois l'une au-dessus de l'autre,
» jusqu'à quatre étages. Nous ne pûmes pas sçavoir jusqu'à
» qu'elle profondeur elles pénétroient dans la montagne,
» ne nous étant pas munis de lumieres.

» Dans les passages difficiles, il y avoit autrefois des
» degrés taillés dans le roc : mais la plûpart ont été dé-
» truits par le tems & par les pluies ; de maniere que nous
» eûmes souvent bien de la peine à grimper d'une Caverne
» à l'autre.

» Du haut de cette montagne s'ouvre une vûe qui est au-
» dessus de toute Description, & que l'on ne peut presque
» envisager sans craindre & sans trembler. Tout au bas,
» dans un entre deux (de montagnes) paroît une vallée
» réguliere, & d'une très grande étendue, entiérement cou-
» verte de verdure. A côté de cette vallée, serpente une
» riviere qui se perd dans les montagnes ; & au-delà de
» cette riviere regne une plaine qui est terminée par la mer.
» Des montagnes & des rochers très-élevés remplissent les
» autres côtés vers lesquels la vûe s'étend ; & immédia-
» tement sous les yeux sont des précipices effrayants,

Voyage aux Indes Orientales, IIIe. Partie.

» could only take the two following, though fear they are of a more modern
» date.

Place des deux Inscriptions, que je crois n'en former qu'une.

» It is to be observed that the Elephanta and the caves of Keneree were the
» work of the same hands ; and this appears by two pillars which support the
» entrance of one nest corresponding exactly with those which support the Ele-
» phanta. The Marattas make an annual pilgrimage to these Caves, and hold
» them in great veneration. »

» & des descentes escarpées, jusqu'au fond de la vallée, » Nous trouvâmes dans cet endroit le vent de terre extrê- » mement froid & violent ; ce qui n'ajoutant pas peu à la » peine que nous avions déja à nous tenir dans plusieurs en- » droits, nous fit sentir le plaisir de trouver une assiette » ferme sur le sommet de la montagne.

» Il est impossible d'établir rien de fixe, d'après ce que » disent les gens du Pays, sur le tems auquel ces Ouvrages » étonnans ont été faits, ni sur l'usage auquel ils ont été » destinés. Balagi Pont, Gouverneur de Salcette, nous » dit que c'étoit l'Ouvrage que quelques Divinités d'un » Ordre inférieur, il y avoit cinq cents mille ans. D'au- » tres rapportent à ce sujet des choses encore plus ridi- » cules.

» Il est très-probable, eu égard à leur nombre & à la sû- » reté (qu'elles peuvent procurer), que c'étoit la Place » forte de quelque Nation très ancienne ; & j'ai appris de- » puis peu qu'il y avoit un Livre très-ancien, fait par un » Jésuite, & imprimé en Portugal, dans lequel l'Auteur par- » lant de ces Cavernes dans une Histoire des Indes Orienta- » les, rapportoit qu'elles étoient l'Ouvrage d'un Prince Gen- » til, (qui les fit creuser) il y a plusieurs mille ans , pour » garantir son fils unique des efforts qu'une autre Nation fai- » soit pour l'attirer à sa Religion. Mais quelles que soient » ces Cavernes, elles doivent avoir été l'ouvrage de bien » des années & de bien des bras ; & méritent, selon moi, » d'être mises au rang des Merveilles du Monde.

» Le peu de tems que nous fûmes dans ces Cavernes, » ne me permit pas de copier deux longues Inscriptions, » selon les apparences, très anciennes, & qui probablement » pourroient jetter quelque lumiere sur l'Histoire de ces » Monumens. Je ne pus prendre que les deux suivantes *; » mais en craignant cependant qu'elles ne soient d'une date » plus modernes. *Ensuite paroissent les Inscriptions.*

» Il est bon d'observer qu'Éléphante & les Cavernes de » Keneri sont l'ouvrage des mêmes mains. Cela paroît par » deux piliers qui soutiennent l'entrée d'une des cavernes » de Keneri, & qui répondent exactement à ceux sur les- » quels porte Éléphante.

» Les Marates vont tous les ans en pélerinage à ces ca-
» vernes, & les ont en grande vénération.

Les différences qui se trouvent entre la copie de l'Inscription de la p. ccccvij que présente la Relation Angloise & celle que j'ai donnée, paroîtront peu considérables aux personnes qui sçavent combien il est facile, en copiant des caracteres, d'unir les traits qui doivent être séparés, & *vice versâ*.

Dans la premiere partie (que le Voyageur Anglois prend pour une Inscription entiere) de cette Inscription : le bas du premier caractere de la premiere ligne, différe un peu dans tous les endroits où il se trouve; le cinquieme caractere de la seconde ligne de ma copie, manque dans la copie Angloise; & le cinquieme de la troisieme ligne, est différent.

Dans la seconde partie, le huitieme caractere de la troisieme ligne manque dans ma copie; le troisieme de la quatrieme ligne differe un peu; le cinquieme est différent, & le sixieme manque.

J'ajoûte deux réflexions. 1°. La crainte du Voyageur Anglois sur la date de l'Inscription qu'il rapporte, est visiblement mal fondée, puisqu'il n'entend pas cette Inscription, & qu'elle est écrite dans les mêmes caracteres que les deux grandes qu'il ne put pas copier. 2°. La raison qui lui fait attribuer les excavations d'Éléphante & celles Keneri aux mêmes mains, me paroît très-foible. Tous les jours, des Ouvrages imités se répondent, sans venir du même Artiste.

Je réprends la suite de mes courses. Après avoir satisfait ma curiosité, autant que les circonstances & le peu de secours que j'avois pu tirer de mes gens me l'avoient permis, je quittai Keneri, & revins à Ponjser le soir du quatre Décembre.

Je réposai peu la nuit; & dès le grand matin, le 5, après avoir pris congé du Curé de Ponjser, qui s'étoit prêté on ne peut plus obligeamment à tout ce que je lui avois demandé, je partis avec un guide pour Eléphante : il falloit traverser l'Isle de Salcette dans la longueur.

Je me trouvai à Djegueseri sur les neuf heures. A neuf heures cinq minutes, ruisseau. A neuf heures dix minutes, masures ; mauvais chemin ; ensuite la route Est & Est un quart Nord : broussailles ; toujours chemin mauvais & montagneux. A neuf heures cinquante-cinq minutes, Kondoti : l'Aldée à droite ; à gauche l'Église conduite par un Curé Canarin. A dix heures, étang à droite ; croix à gauche : la route Est un quart Sud : petite montagne, ensuite terres labourées. A dix heures quinze minutes, Marole, Aldée de moyenne grandeur, dont l'Église est assez jolie, & dépend de Kondoti. A dix heures vingt minutes, l'Aldée de Naoguer ; bel ombrage ; la route Est Sud-Est. A dix heures vingt-trois minutes, ruisseau pierreux. A dix heures quarante-cinq minutes, un autre ruisseau presqu'à sec. Mes Boués s'arrêterent un quart d'heure, & nous partîmes à onze heures. A onze heures cinq minutes, l'Aldée de Moïlin. A onze heures quarante minutes, Carlin : là les montagnes qui traversent Salcette dans la longueur, s'approchent de la mer & vont au Sud.

Je trouvai à Carlin, dans un ancien Couvent de Religieux un peu mieux conservé que celui de Ponjser, le Vicaire-Général de Salcette, Prêtre Canarin de quarante-cinq à cinquante ans, grand babillard, aimant fort les Zopis de Brandvin & l'arak distillée, & enflé de quelques *distinguo* scholastiques qu'il avoit appris à Goa dans les Ecoles de Théologie des Franciscains. L'abord de son Presbytere me plut ; c'étoit une petite plaine entourée de cocotiers & de palmiers, qui avoit un air très-riant.

On alla m'annoncer ; mais M. le Vicaire-Général accoutumé à faire le Prélat avec les jeunes Bachelier Canarins, ne parut pas. Je montai par un escalier délâbré, dans une varangue qui avoit vûe sur la petite plaine où mes gens étoient restés. Sa Révérence sortit de son appartement au bout d'un quart d'heure, l'œil vif, & les deux coins de la bouche couverts d'une écume, ou si l'on veut, d'une salive blanchâtre, provoquée par le fréquent usage de l'arak. Il fut sans doute choqué, ou du moins surpris, de ce que je ne lui baisois pas la manche : aussi ses politesses furent-elles assez froides.

PRÉLIMINAIRE.

Après avoir pris quelques momens de repos, je me vis exposé à un danger d'une nouvelle espece. Plusieurs de mes Beras, las des courses que je leur faisois faire, voulurent m'abandonner. Le Parse Irdji, mon fidele domestique, eut beau leur représenter qu'ils s'étoient engagés à me ramener à Surate, leur montrer les suites que pouvoient avoir leur désertion, leurs familles étant dans cette Ville: rien ne les toucha. Je vis bien qu'il falloit montrer de la fermeté, parce que ces mutins croyoient n'avoir rien à craindre dans un Pays soumis aux Marates. Je prends sur le champ mon pistolet, & marche droit à celui qui paroît le plus décidé. Le Vicaire Canarin, qui jusqu'alors n'avoit pas pris grande part à mon embarras, voulut me retenir. En effet, c'eût été pour lui & pour moi, une affaire terrible, si j'avois tué cet Indou. La crainte radoucit ce Bera ; les autres se soumirent. Alors je feignis de vouloir renvoyer l'auteur de cette petite revolte, en retenant sa toque : on me pria, je me laissai toucher, & le calme se remit dans mon petit domestique. Mais cette scene m'obligea de veiller mes gens de plus près, & d'avoir toujours sous les yeux quelque portion de leur bagage.

Sur les cinq à six heures, je remontai dans la varangue du Vicaire-Général de Carlin, où je trouvai couchés sur deux bancs deux Canarins de vingt-cinq ans, tous frais moulus du Seminaire, & qui venoient faire leur cour à mon hôte, pour obtenir quelque Vicariat. La seule chose qui parût regler leurs desirs, dans les Bénéfices qu'ils sollicitoient, étoit le nombre de pots de Mautegue (de beurre) de sacs de riz, de paquets de Chiroutes &c. que ces Places pourroient leur rapporter. C'étoit un spectacle assez amusant pour moi, de voir ces faces noires s'ajuster avec prétention devant un morceau de miroir cassé, se traiter mutuellement avec une sorte d'importance, assaisonnant leurs complimens de quelques rots, au milieu d'un tourbillon de fumée, qui se reproduisoit continuellement de leurs chiroutes (1). Je ripostai par un hoka de Bazar que j'a-

---

[1] Fumer la *Chiroute* ou le *Hoka*, sont les deux manieres dont les Indous prennent le tabac en fumée.

DISCOURS

vois acheté à Bacim, & qui leur parut un bijoux précieux.

La *Chiroute* simple consiste dans une feuille ou deux de tabac, roulées en cornet, que l'on allume par un bout, & que l'on fume par l'autre. Elle est consumée en cinq à six gorgées : c'est à-peu-près comme si l'on avoit un charbon dans la bouche. La Chiroute composée est un paquet de feuilles de tabac roulées, formant un bâton de la grosseur du petit doigt & long de quatre à cinq pouces. Cette Chiroute se fume comme la premiere, presque jusqu'à ce qu'on ait le feu sur les levres. Il y en a de parfumées : on en fabrique même pour les petits-maîtres, qui sont presque toutes d'odeurs, minces, courtes, & où l'on sent à peine le tabac.

Mais en ce genre, rien pour l'élégance & la délicatesse n'approche du *Hoka*. Cet instrument, d'un usage général dans l'Inde & en Perse, & qui, comme la tabatiere en France, supplée à la conversation & remplit les momens d'ennui de la vie des Asiatiques, mérite d'être décrit avec quelque détail.

La Chiroute a trois inconvéniens ; le bout qui brûle n'est pas assez éloigné de la bouche ; la fumée suit de trop près le mouvement qui l'attire, & porte avec elle toute l'âcreté du tabac. Les deux premiers inconvéniens ont fait inventer les pipes plus ou moins longues ; mais le Hoka est le seul instrument qui y remédie pleinement ainsi qu'au troisiéme.

Le Hoka, avec le tems, s'est perfectionné comme la Chiroute ; le plus simple consiste en un tuyau de bois auquel on adapte le vase qui porte le tabac, & dont le bout inférieur entre dans un Coco que l'on a rempli d'eau Ce Coco est percé dans un autre endroit ; on forme avec le pouce &' l'index une espece de bourelet que l'on met entre sa bouche & le trou du Coco ; & c'est par-là que l'on tire la fumée qui s'est en quelque sorte décrasssée dans l'eau. Voilà la naissance du Hoka.

On a ensuite ajusté au deuxiéme trou du Coco un second tuyau de bois plus ou moins long, dont l'autre extrémité entre dans la bouche : mais ce second Hoka, lorsque le tuyau qui répond à la bouche est d'une certaine longueur, ne peut servir quand on marche

Le Hoka, qui est en usage en Perse & dans l'Indoustan, présente le dernier degré de perfection & de commodité auquel cet instrument ait été porté ; il est composé de dix parties. Je commence par celle qui entre dans la bouche, le *Monal*. Cette espece d'embout terminé en cône, est ordinairement d'Agathe, ou d'Onyx, ou simplement de marbre noir ou blanc, ou même de métal. Il a 2 pouces 2 lignes de long, & 9 lignes à son plus grand diametre.

Dans le *Monal* entre l'extrémité d'un tuyau de bois, qui fait partie du *Netcha*, tuyau flexible, long de 14 pieds, dont le diametre intérieur est de 4 lignes, & l'extérieur de 6. Ce long tuyau est un spiral ou ressort de fil d'archal, sur lequel, pour empêcher la fumée de pénétrer en dehors, on met une pellicule prise d'un arbre, qui croit plus'communément dans le Kafchemire que dans le reste de l'Indoustan. Cette pellicule se couvre ensuite d'une mousseline plus ou moins fine en triple ou quadruple, liée proprement par bandes qui rentrent l'une dans l'autre, & forment comme les jointures pour faciliter le jeu du Netcha. Le second bout de ce tuyau est de bois & s'insere dans un des tuyaux de l'*Ondevi*, qui est aussi de bois & garni de mousseline, long de 9 pouces, & dont le diametre intérieur est de 5 lignes.

Le bout inférieur de ce deuxiéme tuyau entre dans un vase qui est proprement le *Hoka*, & donne son nom à l'instrument. Ce vase est fait en forme de bouteille, dont le cou en cône tronqué renversé, a 2 pouces de long, sur un pouce 9 li-

Jusques-là

Jufque-là tout alloit bien : mais M. le Vicaire-Général s'avifa, je ne fçai fur quoi, d'ergoter, en citant faint Thomas. Quoique la *Somme* de l'Ange de l'École fût un peu rouillée chez moi, je repliquai. Qui fut furpris de voir un blanc-bec, un Cavalier, un François, parler Théologie dans l'Inde; ce fut notre Canarin. Je le pouffai fans beaucoup de peine ; de fon côté les injures fuccéderent aux Diftinctions ; l'heure du fouper vint ; & mon homme alla manger feul dans fa chambre un plat de riz & de carvate, me laiffant le champ de bataille.

Les deux afpirans aux Vicariats prirent fa place, mais avec moins de chaleur. Sur les dix heures, ils fe coucherent fur les bancs où je les avois trouvés, & fumant toujours leurs chiroutes, argumentoient par le Maître des Sentences. Lorfque je voyois que le fommeil alloit rallentir leur feu, je pouffois, de mon Palanquin, un argument auffi baroque que leurs faces; & nos deux Champions recommençoient de plus bel. Sur le minuit n'entendant plus

---

gnes de large, au bord, a fon plus grand diametre: le corps du vafe eft rond, & peut avoir cinq pouces de haut fur fix de large. Le *Hoka* eft ordinairement de verre bleu, peint en or, (les plus beaux viennent de *Patna*), ou de Toutenague incruftée en or ou en argent : ou bien on prend un Coco, auquel on adapte un cou d'argent.

Le tuyau qui reçoit le bout du *Neïcha*, ne doit defcendre dans le *Hoka* de verre, que jufqu'au bas du cou de ce vafe, pour que l'eau n'y entre pas lorfqu'on tire la fumée. L'extrémité inférieure de ce tuyau eft liée par un tampon qui entre dans le cou du vafe, à un autre tuyau de bois, garni auffi de mouffeline, long de 16 pouces, dont le bout inférieur, long de 4, trempe dans l'eau. Ce troifieme tuyau eft encore uni au précédent, à fix pouces environ du tampon, par une petite traverfe, garnie de fil d'or, qui les foutient tous les deux : & ces deux tuyaux forment ce qu'on appelle l'*Ondevi*.

L'extrémité fupérieure de ce troifieme tuyau entre dans le cou (qui a un pouce & demi de long) du *Tchelem*, baffin du *Hoka*. Ce baffin eft un vafe de verre haut de 3 pouces, fait comme le calice d'une fleur, & dont le plus grand diametre a 3 pouces & demi.

Le trou du *Tchelem* eft couvert d'une plaque de cuivre, ronde percée de quelques trous, & large d'un pouce & demi, fur laquelle on met le tabac : ou bien on forme une pile de tabac haute de près de 3 pouces, que l'on entoure d'un linge mouillé, & que l'on fait entrer dans le *Tchelem*.

La partie de la pile de tabac qui s'éleve au-deffus du bord, eft renfermée dans une cheminée de vermeille, ouvragée à jour, haute de 2 pouces, & qui s'enclave dans le rebord du baffin.

Cette cheminée eft furmontée d'une efpece de petit dôme de même métal & du même travail, qui eft percé au fommet pour laiffer la fumée s'évaporer & l'air agir fur le feu.

Tome I. ggg

que le bourdonnement occasionné par un reste de branlement de mâchoire, je pris quelques heures de repos.

Je me mis en route le lendemain, 6 Décembre, sur les sept heures, mes Canarins encore dans les bras du sommeil. J'avois les Ghâtes à gauche, & à droite, les montagnes de Salcette, peu hautes & qui paroissoient répondre à Bombaye. A sept heures & demie, étang; eau qu'il faut passer; Aldée de Colegam : la route Est; montagnes à gauche & en face. A huit heures, Sourim paroît au Sud-Ouest: terres inondées par le flux de la mer; levées, petites écluses: la route Sud-Est. A huit heures six minutes, beau chemin. A neuf heures trente-six minutes, à droite l'Aldée de Gansla;

L'instrument entier pose sur un bourelet de velours brodé en or, placé dans un bassin d'argent, ou sur tout autre pied, par exemple, de Sandal. Dans d'autres Hokas le grand vase dans lequel entre l'*Ondevi*, est de cristal, haut d'un pied, fait comme une carasse à Limonade, & pose simplement sur son fond : le bas est rempli de fleurs en émail.

Le *Netcha* s'élève d'un pied ¼ au-dessus de l'*Ondevi*, & retombe ensuite à côté. Passant après cela l'extrêmité à laquelle aboutit le *Monal*, entre les deux tuyaux de l'*Ondevi*, on fait faire au *Netcha* 3 ou 4 tours sur la petite traverse qui les unit : puis on fait entrer, à deux ou trois pouces de profondeur, le *Hoka* de verre dans le bourrelet; le panchant un peu en arrière, pour balancer le poids des tuyaux qui chargent par devant, où est celui qui porte le tabac.

Lorsque le tabac est allumé, la fumée que l'on tire passe par le cou du bassin, (le *Tchelem*), descend dans le deuxieme tuyau de l'*Ondevi*, se filtre de-là par l'eau dont le grand vase (le *Hoka*) est rempli, remonte ensuite dans le premier tuyau de l'*Ondevi*, puis dans le grand tuyau flexible (le *Netcha*), & entre dans la bouche du *Monal*, après avoir parcouru un espace de 16 à 17 pieds.

Alors, dépouillée par l'eau de ce qu'elle a de plus grossier, imprégnée même de parties balsamiques, lorsque l'on a mis dans le grand vase des odeurs, de l'eau rose, elle ne porte à la bouche qu'une vapeur légère, qui réveille agréablement les sens, chatouille mollement le gosier, & à la longue, peut produire un doux envyrement, sans charger la tête ni l'estomac.

Les Mogols ne quittent presque point le Hoka. Assis, en marchant, à cheval même, on les voit toujours le *Monal* à la bouche. Il y a une maniere de se servir du Hoka avec grace; de prolonger, de cadencer en quelque sorte le glou glou que fait l'eau lorsque l'on tire la fumée; de rendre cette fumée par la bouche, le nez & les oreilles, en ondulations qui se repliant ensuite sur le visage, le couvrent comme d'un nuage. Cet instrument est encore un objet de luxe; il y en a d'un prix considérable, parce que tous les tuyaux peuvent être d'or ou d'argent, ainsi que le grand vase & le bassin; & le tuyau flexible, garni à proportion en or, de lames d'argent, ou de pierres précieuses. Les Grands ont un Domestique particulier, dont l'unique fonction est d'avoir soin du Hoka, de le préparer & de le servir.

Nota. La pellicule que l'on met sur le fil d'archal du *Netcha*, se nomme *Boj patter*. Cette épiderme, qui se trouve sous l'écorce de l'arbre, est blanchâtre d'un côté; & de l'autre, couleur de canelle. Elle est très-mince, très-serrée; & quoiqu'humectée fortement d'un côté, ne donne point passage à l'eau.

ensuite, un étang. A dix heures six minutes, à gauche l'Aldée de Goreni. A dix heures trente-six minutes, la route Est; à droite montagnes assez élevées; eau, ensuite chemin dans les broussailles: plus loin, l'Aldée de Dakliman; eau, Kari de cette Aldée. A onze heures six minutes, à gauche l'Aldée d'Aïvela.

Voyage aux Indes Orientales. IIIe.Partie.

Sur la derniere montagne de Salcette, on voit les restes d'une Eglise de Jésuites; l'extrémité de cette montagne est Sud-Ouest: de-là on apperçoit la pointe de Bombaye: les Ghâtes à l'Est, la mer au Sud.

J'arrivai à Tromba sur le midi. Cette Aldée est habitée par des Pêcheurs, & termine Salcette au Sud, à dix-sept cosses à-peu-près de Gourbandel.

On compte sept cosses de ce dernier endroit à Ponjser, & sept cosses un quart de Ponjser à Carlin; sçavoir, de Ponjser à Barodi, une cosse un quart; de-là à Gorgom, une cosse; de-là à Maledjas, une demi-cosse; de-là à Kondoti, deux cosses; de-là à Marole, une demi-cosse; de-là à Moïli, une cosse; de-là à Carlin, une cosse.

Ci-d. p. ccclxxxv. ccclxxxvii.

J'eus assez de peine à trouver à Tromba une petite barque pour passer à Eléphante. Un Chrétien du lieu m'en procura une; & après deux petites heures de navigation, j'abordai sur les trois heures à Eléphante. Le vrai nom de cette Isle est *Galipouri*: ce n'est proprement qu'un grouppe de montagnes.

Sur le champ, je me fis porter par le bord de la mer aux Pagodes. Je les parcourus d'abord pour voir si je n'y trouverois pas d'anciennes Inscriptions comme à Keneri. Je n'y vis que des noms de Voyageurs, dont la plûpart étoient Anglois & Portugais. Je me contentai donc de prendre les dimensions des excavations & les proportions des colonnes &c. comme j'avois fait à Keneri.

Commençant par la Pagode (A) qui est à droite de la grande (B), & dont l'entrée (1) a sept cannes de haut, on rencontre une citerne sous une roche coupée (2); ensuite un Divan (3) de quatre cannes & demie de large sur une canne de long, & une canne de trois quarts de haut. Au fond est le Sanctuaire (4) de deux cannes & demie en quarré,

Voy. le plan. Pl. IV. VIII. A.

sans figures : au milieu, on voit une espece de Lingam renversé. A droite (6) au bout du second Vestibule (5) qui a deux colonnes semblables à celles de la Pagode (B), quatre cannes & demie de large, une canne trois quarts de haut, & une & demie de profondeur, est un homme assis, dont le bonnet ressemble à ceux des figures des Pagodes de Djegueseri & de Keneri : à ses côtés, sont deux hommes assis, qui le regardent. A l'autre extrémité (7), au bas est la suite de la citerne dégradée ; au-dessus, une Chambre commencée par une espece de fente, d'environ un pied & demi de large. En face de l'entrée, à droite (8) de la porte du Sanctuaire, est une figure mutilée ; à gauche (9), paroît un homme à quatre bras, assis, appuyé sur le coude, tenant un bâton. A gauche de cet homme, sont deux femmes debout, l'une passant la main derriere le cou de l'autre ; & plus loin à gauche de cette femme, on voit un homme debout, qui a sur la tête un bonnet pareil à celui dont je viens de parler, à longues oreilles, avec une espece de chevelure pendante, qui est peut-être un ornement du bonnet.

De cette petite Pagode, on entre dans la grande (B) dont l'excavation a sept cannes de profondeur, de *a* à *b* ; & seize de large, de *c* à *d* : elle est soutenue par trente colonnes, dont six dans la plus grande profondeur, sur sept dans la plus grande largeur.

Le Sanctuaire (11) a quatre cannes profondeur, avec une porte à chaque face ; à chaque côté de ces portes, est un géant debout, nud, tenant une épée. Au milieu est le Lingam (12) de la forme ordinaire.

Du côté de la Pagode (A), à droite (1) est une grande figure mutilée, représentant un homme debout, à huit bras. Le premier bras droit est brisé ; le second, armé d'un sabre ; le troisieme tient par la cuisse un enfant renversé ; du quatrieme, qui est élevé au-dessus de sa tête, le Géant soutient un voile qui le couvre en forme de tente, & pend par derriere. Le premier bras gauche du colosse est brisé : de sa seconde main il tient une espece de mortier plein, (ou une coupe) sur lequel paroît tomber un enfant ; & de sa troisieme une cloche, d'où le battant (ou le pilon, si c'est un mortier) paroît sortir. Le quatrieme bras posé com-

PRÉLIMINAIRE. ccccxxj

me le quatrieme de la droite, soutient le même voile.
Derriere les bras droits, est un éléphant dont la tête répond *Voyage*
au sabre que tient le second bras. On voit dessous plusieurs aux Indes
petites figures ; & au-dessus de l'arcade ou ceintre, où est Orientales,
la grande figure, une espece d'écusson * : le caractere du * Pl. IV.
milieu est gravé en creux. Fig. D.

A l'extrémité correspondante (2) de la colonnade, est un homme à quatre bras, debout : on voit à sa droite, une femme debout, derriere laquelle est une autre femme aussi debout. Plus bas, à droite de ces femmes, & un peu en devant, est une autre femme tenant un bâton de commandement Au coin, est un homme debout, plus petit, qui tient un vase *. Le Géant a dans la main gauche une espece * *Ibid.* F.
d'Ananas. Ce grouppe est composé de huit grandes figures, surmontées de petites en forme d'Anges.

Avançant vers le fond, de chaque côté est une chambre (3), de trois cannes & demie en quarré, & d'une canne & demie de haut, sans figures.

Au fond à droite (4), est un Géant debout, de quatre cannes de haut : sa femme debout, à gauche, haute de trois cannes un quart, a la main gauche appuyée sur une naine. Le colosse a quatre bras, un de ses bras gauches est appuyé sur un gros nain entiérement nud, qui a au cou une sorte de colier, d'où pend sur sa poitrine une espece de calebasse*, * *Ibid.* G.
& qui de la main gauche paroît tenir une couleuvre capelle qui lui entoure le bras. Vis-à-vis du Géant, on voit un homme assis sur ses talons, & à gauche de cet homme deux femmes debout, qui tiennent un bâton, & dont une a la main sur son sein. Ce grouppe est composé de sept grandes figures, au haut desquelles on en voit beaucoup de petites.

Au fond, au milieu (5), est un buste ou demi-corps, à trois visages, chacun d'une canne de haut. On peut juger de ce que seroit le corps, s'il étoit entier, par les doigts qui ont une canne de long, sur neuf pouces d'épaisseur : le diametre du brasselet est d'une demi-canne. Ce buste a un beau colier, orné de pierreries en forme de colier d'Ordre, & un bonnet qui seroit curieux à dessiner. Des deux côtés du buste, sont deux Schoupdars de forme colossale, qui ont chacun un nain à leur gauche.

Au fond, à gauche (6) est une femme debout, & panchée, qui a quatre bras : une de ses mains droites est appuyée sur une tête de bœuf ; d'une de ses mains gauches, elle tient une espece de miroir. A gauche paroissent deux femmes, l'une tenant un bâton, l'autre un coffret. A droite est une femme debout, qui a un bâton * dans la main : derriere, on voit un éléphant.

Toujours à gauche (7) est un homme assis : à droite, paroissent trois femmes, dont une tient son enfant près de son sein, à côté d'un homme qui est debout : l'on voit un homme & une femme à gauche de l'homme assis.

A l'extrémité opposée, (8) sont trois figures d'hommes assis sur des sieges séparés & sur une même ligne ; celui du milieu a quatre bras & est entiérement nud : ils sont accompagnés de Gonès à tête d'éléphant. Ce grouppe est composé de huit figures de moyenne grandeur & mutilées. Celle du milieu qui est plus grande, paroît avoir la main sur le sein d'une femme qui n'a plus de tête.

A l'entrée de la Pagode, à gauche (9), est une figure assise, le reste brisé [1] ; à droite (10), une grande figure à dix bras. Ce Géant a une main sur sa poitrine ; d'une de ses mains gauches il tient un enfant. A sa droite paroissent deux femmes, un homme derriere elles : à sa gauche, un homme qui tient un bâton.

A gauche de la grande Pagode, est une autre excavation moins considérable (C), dont la salle du milieu (1) a neuf cannes de large, cinq & demie de profondeur, trois & demie de haut.

A gauche (2), Divan de trois cannes de large, deux de profondeur, avec deux piliers à l'entrée ; dans lequel il y avoit alors un demi pied d'eau.

En face de l'entrée (3), est un Géant entre deux Nains.

---

[1] Lorsque les Marates eurent repris Salcette, pour faire tomber le plâtre avec lequel les Portugais avoient masqué plusieurs figures ; ils tirerent dans les Pagodes de Monpeser & d'Eléphante quelques coups de canon, qui firent sauter avec le plâtre une partie des bas-reliefs. Voyant l'effet de la canonade, ils la firent cesser, & prirent le parti de dégager les figures en ôtant le plâtre avec le marteau.

PRÉLIMINAIRE. ccccxxiij

Au fond (4), Sanctuaire dans lequel est le Lingam : quatre marches conduisent à la porte qui est Nord-Ouest. Cette piece a quatre cannes de profondeur, trois de large : autour (5), excavation d'une canne & demie de large *VOYAGE aux Indes Orientales. IIIe. Partie.*

En face, de l'entrée, à droite (6), est un autre géant à quatre bras, appuyé sur un nain. (7) est un Divan de deux cannes & demie de profondeur où il y avoit alors de l'eau. Au bout (8), on voit Gonès ; vis-à-vis (9), un homme debout ; au fond (10), six figures peintes sur le mur, & assez fraîches ; trois de ces figures représentent des femmes, dont une porte un enfant entre ses bras.

La base (a) * des colonnes de l'excavation (B), est haute d'une canne, & large de deux tiers de canne. Du pied d'estal au chapiteau, une canne (b). Figures aux coins ; au-dessus du pied d'estal ; le fût (c) cannelé : la colonne entiere est de de deux cannes & demie, ainsi que l'intervalle des colonnes, dans la largeur. *Pl. IV. VIII H.*

Apres avoir examiné avec soin ce qu'il y avoit de curieux dans ces Pagodes, j'allai passer la nuit dans la petite Aldée de Pêcheurs, qui forme une rue sur le panchant d'une des montagnes d'Éléphante.

Le lendemain, 7 Décembre, des que le jour parut, je me transportai au bas de la seconde montagne, en face de Bombaye, dans un coin de l'Isle, où est l'Éléphant qui a fait donner à Galipouri le nom d'*Éléphante*. L'animal est de grandeur naturelle, d'une pierre noire & détachée du sol, & paroît porter son petit sur son dos. De-là j'allai reprendre le batteau qui devoit me transporter à Tanin. Je regagnai Tromba, louvoyant entre les Isles qui remplissent l'espece d'Ance que forment la terre ferme à l'Est, Bombaye au Nord & Salcette au Nord-Est. *P. IV. III. C.*

De Schevan, nommé encore Karandja, qui est au Sud Sud-Est, retournant à Tromba, je vis Noévan à l'Est Nord-Est ; Galipouri, à l'Ouest Nord-Ouest ; les Ghates, à l'Est Sud-Est ; le Pilon de Carnal, dépendant de Nana, à l'Est ; Donguer, à l'Ouest Nord-Ouest ; & Dewdivi, appellé aussi Patek, au Nord Nord-Ouest.

On voit à Tromba, sur le bord occidental de l'Isle, deux

DISCOURS

Églises ruinées, & une espece de bastion rond, presque détruit, sur le plain. Je partis de cette Aldée, à neuf heures dix minutes, & me rendis à Tanin par mer, prenant par le Nord-Est. A neuf heures quarante minutes, Isle plate du côté de Salcette, ou terres noyées. A dix heures vingt-trois minutes, la route Nord : fin des terres basses ; les montagnes de Salcette près du bord de la mer. Espece d'Ance dans l'Isle de Salcette, au Nord Ouest, qui sépare la derniere montagne qui va à Tromba, des autres qui sont de Ouest Nord-Ouest à Est Sud-Est. Cette derniere direction prouve que Salcette est une portion de terre séparée du continent. Le bassin large : les Ghâtes de l'autre côté, presque sur le bord de la mer : la route Nord Nord-Est. A onze heures trente minutes, fin de l'Anse : même route. A midi, à droite paroît Bovamelangue sous une forme un peu différente de celle qui a été décrite ci-devant. A midi trente minutes, à gauche terres inondées, peu étendues : le bassin se retrecit des deux côtés. A midi cinquante minutes, fin des terres inondées, ou Isles basses : toujours la route Nord Nord-Est. A deux heures quinze minutes, au milieu de l'eau, Islot ou Bastion détruit par les Marates, dont il ne reste que le sol. A trois heures, le bassin très-étroit ; Tanin ; Bastion sur le plain

Descendu à Tanin, je me rendis chez le Curé des Chrétiens de cette Ville, à qui celui de Ponjser m'avoit annoncé. La réception qu'il me fit, fut très-polie. Il m'offrit sa table. Mais, comme ces Prêtres Canarins se mettent en général fort à leur aise, & que je m'étois apperçu que les manieres Européennes les gênoient, je le remerciai, & allai m'installer dans une Chambre haute attenante à son Église, délâbrée, & dont le plancher n'étoit pas plus sûr que celui du Presbytere de Ponjser. Un cadre, une méchante table, & une chaise, furent les meubles dont on la garnit.

Les Marates en s'emparant de Tanin, ont laissé aux Chrétiens une partie de leurs Églises, & la plus grande liberté d'exercer leur Religion ; aussi les fêtes s'y célebrent-elles avec la même pompe qu'à Goa ; les Processions se font sans danger, & même avec une sorte de respect de la part des Gentils.

Le

PRÉLIMINAIRE.

Le lendemain de mon arrivée, 8 Décembre, jour de la Conception de la Vierge, on célébroit la Fête de l'Église de Tanin. Les Chrétiens s'y rassembloient déja de tous les endroits de l'Isle, & la plûpart des Curés des environs devoient s'y rendre pour augmenter le Clergé de la Paroisse. J'ignore d'où le Curé de Tanin avoit pu sçavoir que j'eusse de la voix. A peine commençois-je à prendre quelques momens de repos, après avoir arrangé ce qui regardoit mon petit domestique, que je le vis entrer dans mon galetas avec deux faces noires, armées de basses & de violons : c'étoit pour me prier de chanter le *Credo* en faux-bourdon, le lendemain à la Grand'Messe. La proposition me parut singuliere. Dans mes voyages, j'avois été pris plusieurs fois pour Médecin, & je m'étois tiré d'affaire, en n'attendant pas l'effet de mes avis : mais je ne sçavois pas qu'un François dût être Musicien. J'eus beau alléguer mon incapacité, le repos dont j'avois besoin ; mes excuses furent prises pour un excès de modestie, & il fallut être Chantre malgré moi. La soirée se passa à répéter avec les deux Adjoints du Curé.

Le spectacle du lendemain me dédommagea de la fatigue de la veille. J'allai sur les neuf heures à l'Église, que je trouvai remplie de plusieurs milliers de Chrétiens, tous noirs & répandant une odeur très-forte. La Nèf étoit ornée de branchages disposés en arcades accompagnées de colonnes & de balustrades faites avec du papier de couleur, en or & en argent. J'étois seul de blanc au milieu de cette foule de Noirs ; & je chantai le *Credo* en faux-bourdon, avec quatre instrumens, qui m'accompagnerent ou que je suivis tant bien que mal.

La vûe de ces Chrétiens étoit fixée sur moi ; on m'écouta dans le plus grand silence. Les cérémonies se firent avec beaucoup de décence. Je vis après la Messe, plusieurs Indiens païens amener leurs enfans, & leur faire dire des Évangiles sur la tête ; d'autres emporter de l'huile de la lampe qui brûloit devant la Chapelle de la Vierge. Quand il fallut sortir, la tribune sur laquelle j'étois avec mes Musiciens, ébranlée en bas & en haut par l'affluence du Peuple, manqua effondrer. Nous en fûmes pour la peur ; & en effet, c'eût été dommage de périr, avant le splendide repas qui m'attendoit.

C'étoit chez le Curé de Tanin, qui donnoit à dîner à ses Confreres au nombre de quinze, aux Marguilliers, aux Chantres & par conséquent à moi, sans parler de ma qualité d'Européen & de frere du Chef François de Sarate, qui me valut les honneurs de la Table. Sa maison étoit en face d'un grand étang entouré d'arbres, & au milieu des paillottes des Chrétiens du lieu.

Je trouvai en entrant la table dressée dans une longue salle, & entourée de bancs. Bien-tôt on la couvrit de deux Cochons de lait, de plusieurs plats de riz & de Caris, de ceux que l'on appelle à Goa, *si da pout*, & de *pesch Carvate*. Les Convives en soutanes noires, la tête rasée & nue, sans bas ni souliers, prirent séance, & l'on me plaça au haut de la table. Que l'on se représente ce qu'il peut y avoir de dégoutant dans les repas des Lapons & des Hotentots, & l'on aura une idée juste de ce banquet. Chacun y mangeoit avec ses doigts, un coude sur la table, la jambe nue & pliée sous la cuisse. La sauce qui ruisseloit de toute part, l'odeur forte de l'arak, la sueur des Officians, les rots, les propos libres, la malpreté du service, tout faisoit tableau ; je regrettois de n'avoir pas un second avec qui je pusse philosopher sur une pareille assemblée.

Le repas fini, chacun se retira pour faire la *sieste* ou fumer la chiroute. Le Vicaire-Général de Carlin fut du nombre de ces derniers, & voulut me chercher querelle au milieu de cette peuplade qu'il croyoit à sa dévotion ; mais je le malmenai de maniere qu'il partît le lendemain : le Curé de Tanin le pria d'être plus modéré ; & le Peuple à qui j'avois chanté le plus beau *Credo* qu'il eût jamais entendu, ne me regardoit qu'avec une sorte de vénération.

Ce respect & l'accueil que me fit le Gouverneur de Salcette, ne contribuerent pas peu à contenir mes gens, qui commençoient à s'ennuyer de la longueur du Voyage.

Je rendis visite à ce Chef Marate le 9. Il étoit sous un grand Bangala, entouré de ses Écrivains, & occupé à voir travailler à un Vaisseau de vingt canons qu'un Constructeur Anglois lui avoit fait, & qu'on devoit bien-tôt lancer à l'eau. Ma petite *sagoüade* parut lui faire plaisir; il m'offrit le betel & me présenta des fruits que je donnai à mes gens. Nous parlâmes ensuite des Monumens de Keneri & d'Elephante, & du commerce de Surate ; je lui fis diverses questions sur les affaires des Européens aux deux Côtes, & crus voir qu'obligé de ménager les Anglois, il n'en avoit pas moins du penchant pour les François. Nous nous quittâmes fort contens l'un de l'autre ; & il me promit de me faire expédier, quand je le souhaiterois, les Passeports dont j'avois besoin pour repasser dans les terres des Marates.

Depuis mon arrivée à Tanin, je m'étois senti indisposé. La fievre me prit le 9 au soir avec frisson, & dura trois jours que je passai sur mon cadre à boire du Thé. Lorsque je fus en état de me tenir sur une chaise, je m'occupai à mettre au net les Inscriptions de Keneri, & une partie du brouillon de mon Voyage écrit en abrégé, tandis que ces différens objets étoient encore frais à ma mémoire. Après avoir achevé ce travail, j'attendis deux jours pour voir si ma santé ne se remettroit pas ; mais un nouvel accès de fievre & les fonds qui commençoient à me manquer, m'obligerent de quitter Tanin.

Je partis le 16 Décembre, & suivis la route que j'avois prise en venant. Seulement, au-delà Bacim, je m'écartai un peu à l'Est, & allai chercher au bas des Ghâtes, des graines de Tek & de Schampa. Ce dernier effort m'épuisa ; je fus saisi d'une sievre chaude, & l'on fut obligé de me faire prendre quelques heures de repos à Agacim.

J'arrivai dans cette Aldée le jour de la Fête de l'Église du lieu, par les plus beaux Vergers du monde. Les chemins étoient remplis de Peuple qui se rendoit à l'Église, avec autant de liberté que dans un État Chrétien. Le Curé, occupé après la Messe à traiter les Prêtres Canarins qui l'avoient aidé dans les Cérémonies Ecclésiastiques, ne prit pas garde à moi,

h h h ij

quoique mon Palanquin remplît la varangue de fa Maifon & fans une *Signare* qui voulut bien me faire chaufer de l'eau, j'aurois paffé mon accès de fievre fans rien prendre. La Fête d'Agacim me rappella celle de Tanin. En gros voici la vie de ces Prêtres Canarins. La Meffe, le Breviaire, la Chiroute, le Zopi d'arak diftillée, le Cari & la Siefte, font ce qui remplit les jours qui ne font pas Fêtes; & ces jours font très rares, parce que leur ufage eft de fe rendre chez celui de leur Confrere qui les invite à quelque Fête de Patron ou de fimple Dévotion, telle qu'eft celle du Rofaire &c. La Meffe eft fuivie d'un grand repas, & à fon tour celui-ci, en pareille circonftance, leur rend le même fervice, qui eft payé de la même monnoie; ce qui fait un cercle de repas, de Fêtes & de Cérémonies Religieufes très-propre à retenir des Peuples qui pourroient fe laiffer tenter par l'extérieur de la Religion Indienne.

La fievre me reprit au-delà d'Agacim; & dans le fort de la fueur, j'eus la folie d'ordonner qu'on me jettât fur le corps de l'eau froide, & mes gens la fimplicité de m'obéir. Cette imprudence n'eut pas d'autre fuite: la fievre continua, & j'arrivai à Varfal, fans avoir rien pris depuis Agacim. Là, voyant mes Beras manger de gros raiforts, je me fentis envie d'en goûter. On m'en apporta un d'un pouce & demi de diametre, que je mangeai au fel avec affez d'appétit, & fans en être incommodé. A Gandivi la fievre me quitta après un leger repas de lentilles au riz, & je dormis deux ou trois heures; ce que je n'avois pas fait depuis huit jours.

Lorfque je fus arrivé à Nauçari, je fis prier le Deftour Djemfchid de me venir voir dans le Jardin où je devois paffer la nuit. Ma réputation avoit volé dans cette contrée. Ce Deftour fe rendit auprès de moi fur les dix heures du foir. Nous nous entretimmes en Perfan, & en Pehlvi; il m'avoua que Darab, dont il blâmoit d'ailleurs la conduite, étoit le plus habile Deftour de l'Inde, & m'affura qu'il n'avoit plus le *Neringueftan* qui avoit été apporté du Kirman par le Deftour Djamafp. La couverfation finit par des marques réciproques

PRÉLIMINAIRE. ccccxxix

d'amitié, & il me promit de m'écrire à Surate ; ce qu'il fit quelques mois après en Pehlvi & en Persan.

J'arrivai à Surate après huit jours de marche, exténué & presque sans connoissance. Mon retour fit un plaisir sensible à mon frere; la longueur de mon Voyage l'avoit inquiété. Pour moi, dans un moment de calme, les dangers que j'avois courus & les fatigues que j'avois essuyées se présentant vivement & en masse à mon esprit, firent couler de mes yeux quelques larmes : mes amis les essuyerent, & quatre jours de repos & de bonne nourriture firent disparoître tous les symptomes de la fievre.

Mais cette apparence de santé ne fit que luire quelques momens pour moi. Dans les premiers jours de Janvier 1761, des coliques affreuses, accompagnées de douleurs aux doigts & à la joue droite, que l'on crut causées par la goutte, m'obligerent, après de vains efforts, de me mettre au lit. La patience fut mon Médecin ; la diette & sans doute un reste de jeunesse triompherent du mal : mais je me trouvai dans une foiblesse qui me détermina à renoncer au Voyage de Benarès & à celui de la Chine. L'état de nos affaires auroit d'ailleurs rompu toutes mes mesures, quand mes forces ne se seroient pas refusées à mes desirs. Pondichery assiegé, les secours de toute espece nous manquoient ; il y avoit plusieurs années que la Loge de Surate n'avoit reçu de fonds du Chef - Comptoir : mon frere avoit peine à se soutenir, & ne pouvoit absolument se charger d'aucuns frais à mon sujet. Dans cette extrémité quel parti prendre ?

Je possédois plus de cent quatre-vingt Manuscrits* dans presque toutes les Langues de l'Inde ; entre autres deux Exemplaires des Ouvrages de Zoroastre & d'une partie des Livres Pehlvis ; sept Dictionnaires Persans modernes ; les trois plus fameux Dictionnaires Samskretans de l'Inde.

J'avois de l'*Indou* d'un tems extrêmement reculé dans les Inscriptions de Keneri ; du *Samskretan* très-ancien, dans les premiers feuillets des Extraits des *Vedes*, & de trois cens ans dans les Traductions de quelques Ouvrages de Zoroastre ; du *Tamoul* de mille ans dans les Privileges

Voy. l'Appendice qui est après le Discours Prélim.

des Juifs de Cochin. Je ne parlerai pas des graines, fleurs, & feuilles * que j'avois fait chercher à grands frais ; de plusieurs autres curiosités naturelles; des Instrumens de Religion des Parses ; d'une collection assez considérable des Monnoies de l'Inde.

Le péril auquel toutes ces richesses Littéraires, (ainsi que mon propre travail,) alloient être exposées, & l'état languissant où je me trouvois, me déterminerent à repasser en France, remettant à des tems plus favorables la Traduction des *Vedes*, l'explication des Antiquités Indiennes & la suite des recherches que je m'étois proposé de faire sur les différentes Religions de ces contrées.

Les premiers auxquels je demandai le passage furent les Suédois qui étoient venus commercer à Surate avec un Vaisseau de soixante canons bien équipé, & qui devoient au mois de Mars retourner en Europe par la Chine. C'étoit prendre une route un peu longue: mais je comptois la mettre à profit, vérifier à la Côte Malabare, où le Vaisseau devoit toucher, plusieurs points relatifs aux Antiquités du Pays ; prendre langue à Cantong pour le projet que j'avois d'abord conçu: & même, si j'y rencontrois quelque Vaisseau François, mon dessein, étoit de lui confier mes papiers, & de m'enfoncer dans l'Empire de la Chine, ou dans le Thibet. Cette idée me rendoit mes premieres forces, & effaçoit absolument de ma mémoire les peines & les fatigues que j'avois essuyées depuis huit ans. Le refus que les Suédois firent de me recevoir à leur bord, dissipa toutes mes espérances. Ils avoient dessein de relâcher à Bombaye, & craignoient que la présence d'un François ne fût cause qu'on leur fît quelqu'avanie.

Après avoir déposé au Secrétariat du Comptoir François le refus des Suédois, je songeai à la voie Hollandoise. Les mêmes raisons se cacherent sous celles-ci ; que les Hollandoient ne pouvoient passer aucun Étranger sans lui donner quelque titre dans leurs Vaisseaux, par exemple, celui de Matelot, de Bosseman ou autre de cette nature. Il ne me fut pas difficile d'entendre ce langage.

Restoient les Portugais, les Anglois & les Vaisseaux des Naturels du Pays, chargés pour Bassora. La lenteur des

PRÉLIMINAIRE.

Portugais & le peu de sûreté qu'il y a dans la plûpart de leurs Vaisseaux de l'Inde pour les effets d'un Étranger, m'empêcherent de recourir aux Frégates. Pour ce qui est des habitans de Surate, Banians, Arabes ou Parses, aucun n'eût osé me passer sans une permission par écrit des Anglois.

Réduit à m'adresser aux Ennemis de ma Nation, en tems de guerre, quoique le progrès des Lettres & des connoissances humaines (objet pour lequel j'étois venu dans l'Inde), & par conséquent mon retour en Europe, dussent intéresser tous les Peuples policés, je ne sçavois trop quel parti prendre. J'étois sûr que les Anglois, généreux quand on les prend par un certain côté, me donneroient passage sur leurs Vaisseaux: mais le leur demander, étoit un point délicat.

Tandis que je flottois dans une incertitude à laquelle je ne voyois pas d'issue, mon frere reçut de Mahé une Lettre qui me tira d'embarras. Le nouveau mari de Madame .... Ingénieur de la Place, poussé par de mauvais conseils, me menaçoit de porter à Pondichery & même en Europe, l'affaire dont j'ai parlé ci-devant. J'ai sçu depuis que son dessein étoit de me faire entrer en composition : mais il me connoissoit mal ; jamais on n'a rien tiré de moi par menaces, & d'ailleurs, dans l'Inde comme en Europe, je n'ai jamais eu ni desiré rien au-delà du nécessaire. La Lettre de l'Ingénieur de Mahé vint on ne peut plus à propos. Je resolus sur-le-champ de redemander aux Anglois la protection qu'ils m'avoient déja accordée ; j'alléguai les poursuites du nouveau mari de la Veuve, la nécessité d'aller moi-même terminer cette affaire en Europe, & les priai en même tems de me donner passage sur leurs Vaisseaux pour Bassora, ou pour l'Angleterre.

Le Conseil Anglois de Surate envoya ma Requête à Bombaye où elle fut accordée d'une voie unanime. J'en reçus la premiere nouvelle sur la fin de Janvier par les amis que j'avois au Comptoir Anglois de Surate, & elle me fut confirmée le mois suivant par MM. Spencer & Holford, Conseillers de Bombaye, à qui j'avois écrit ainsi qu'au Conseil Supérieur & au Général. M. Spencer dans sa Lettre du 11 Février 1761, me marquoit que dans un jour ou deux, je recevrois une Lettre du Conseil qui m'annonceroit qu'on m'avoit accordé la Protection Angloise, & le passage sur un Vaisseau d'Europe; il me faisoit entendre en même tems, avec les paroles les plus obligeantes & les plus polies, qu'étant responsable à des Supérieurs, on ne pourroit, dans les circonstances présentes, se dispenser de s'assurer qu'il ne passoit pas par mes mains de papiers de conséquence, quoique dans toute autre affaire, on fût très-disposé à s'en rapporter à ma parole : il me renvoyoit, pour l'explication, à MM. Boyer & Stakhouse, Membres du Conseil de Surate. La Lettre finissoit par des offres de services sur lesquelles je pouvois compter, si je passois à Bombaye.

Cette Lettre signifioit que mes effets iroient en Angleterre scellés du Sceau de la Compagnie, comme en effet cela arriva : & quoique M. Holford dans sa lettre du 18 Février me marquât qu'on me laisseroit le choix de Bassora, ou des Vaisseaux d'Europe, je vis par celle de M. Spencer que cette derniere voie étoit plus agréable au Conseil Anglois; ce qui me détermina à l'accepter. J'envoyai en conséquence à Bombaye mes Lettres de remerciement, sans attendre celle du Conseil Supérieur, qui ne vint pas; & le quatre Mars, M. Crommelin, Général de Bombaye, me fit l'honneur de me marquer, par une Lettre écrite en Anglois & en François, qu'il étoit charmé d'avoir pu contribuer en quelque chose à mon soulagement & à mon bien-être.

MM. Stakhouse & Boyer, en conséquence des Lettres de M. Spencer, me procurerent toutes les aisances que ma situation demandoit. Comme j'avois des affaires à regler avec mon frere, & que d'ailleurs je ne voulois pas être à charge aux Anglois, je demeurai toujours à la Loge Françoise, occupé à faire achever quelques copies de Livres. Ce qui nous embarrassoit assez mon frere & moi, étoit le prix du passage. Je ne voyois pas d'argent à la Loge dont je pûsse disposer; & cependant le Comptoir me devoit plus d'une année d'appointemens.

Tandis

PRÉLIMINAIRE.

Tandis que je pensois aux expédiens, les Anglois reçurent à Surate la nouvelle de la prise de Pondichery. J'étois alors à déjeûner avec M. Boyer. Je vis dans son visage quelque chose d'extraordinaire ; les égards qu'il avoit pour moi, l'empêchoient de se livrer entiérement à la joie que devoit lui causer une conquête de cette importance. Son embarras me fit soupçonner quelque chose. Depuis dix à douze jours, les Banians répandoient dans la Ville des bruits qui ne nous étoient pas favorables ; & il y avoit plus de deux mois que mon frere n'avoit reçu de Patmar de la Côte. Entendant nommer Pondichery à voix basse, je demandai à M. Boyer si cette Ville étoit prise ; il me l'avoua. Ce fut pour moi un coup de foudre : mais sans me livrer à une douleur inutile, je le priai de trouver bon que j'informasse mon frere de ce triste événement ; & il y consentit.

Je tire un voile sur l'horreur de notre situation ; sans fonds, sans amis, sans appui, isolés pour ainsi dire à Surate, l'objet du mépris des Nations Indiennes qui nous croyent bannis pour jamais du Pays, l'objet de leur fureur, parce qu'elles regardent les fonds du *Fez salem* comme absolument perdus, & les assurances des Conseils François, comme des espérances frivoles dont a voulu les leurer. Mon frere eut besoin de toute sa fermeté pour ne pas succomber à l'impression que lui fit la perte du premier de nos Etablissemens.

La prise de Pondichery ne fit que hâter mon départ. Le Banian de la Loge déclara qu'il n'avoit plus d'argent à avancer ; mon frere se trouvoit hors d'état de fournir à ma subsistance, & pouvoit encore moins me donner ce qui m'étoit dû par le Comptoir. Dans cet embarras, il envoie demander au sieur Boucart le montant d'une somme qu'il devoit au Comptoir François. Celui-ci, qui s'étoit mis sous la Protection Angloise, répond que la Compagnie n'existant plus, il ne doit rien. Les sommations, les menaces eussent été alors hors de saison. J'examinai les Lettres que ce Négociant avoit écrites à mon frere, & en trouvai une dans laquelle il promettoit de payer nommément à M. Anquetil, Chef du Comptoir François de Surate, la somme de quatre

VOYAGE aux Indes Orientales, IIIe. Partie.

Ci-d. p. cccxlix.

mille Roupies en plusieurs termes. Alors, au lieu de perdre le tems à lui prouver que la Compagnie n'étoit pas éteinte par la prise de Pondichery, mon frere, par un transport en forme, me passa la Lettre du sieur Boucart, en payement de la somme qui m'étoit due par le Comptoir François de Surate, pour appointemens non reçus, avance d'une année, & prix de mon passage en Europe; & moi, en qualité d'Anglois, j'assignai le sieur Boucart, aussi Anglois, pardevant le Conseil Anglois de Surate. Il étoit bien avec le Chef, M. Press, qui n'osa pourtant pas prendre sur lui de décider en sa faveur. Les autres Membres du Conseil lui firent sentir la noirceur de son procédé, & lui montrerent que cette Lettre étoit un vrai billet fait à M. Anquetil, sans rapport direct à la Compagnie. Cependant, comme M. Boucart étoit un homme à ménager, l'affaire fut renvoyée à Bombaye. Mes amis m'assurerent en même-tems que ce n'étoit que pour donner à ce Négociant le tems de se consulter; & que s'il vouloit poursuivre, il seroit certainement condamné.

J'écrivis en conséquence au Conseil de Bombaye, au Général, & envoyai à M. Spencer la copie d'un Mémoire un peu vif, que j'avois fait pour le Conseil de Surate. La goutte me retenoit alors sur le lit; & le nouveau Procès que j'avois à soutenir n'étoit pas propre à ôter aux humeurs l'âcreté qui cause ce mal, ou du moins qui l'irrite. Je sçus bientôt que Bombaye pensoit comme Surate, & que M. Spencer, en marquant à M. Boucart que cette affaire ne pouvoit que le déshonorer, lui avoit conseillé de la finir sans attendre un ordre positif du Conseil Supérieur.

Mais il falloit que mon départ de l'Inde fut marqué au même coin que celui de Paris; qu'il fut semé de difficultés, comme le reste des opérations qui m'avoient tenu près de six ans dans cette Contrée.

Toutes mes affaires étant arrangées autant que la position critique où nous nous trouvions à Surate pouvoit le permettre, je me disposois à quitter cette Ville, & déja mes effets étoient à bord du Vaisseau qui devoit me conduire à Bombaye, lorsque j'appris qu'il étoit question de les dé-

PRÉLIMINAIRE.

barquer, & qu'on m'accufoit auprès du Chef Anglois d'emporter des Manufcrits que je n'avois pas payés. L'affaire alloit à me priver du fruit d'un travail opiniâtre, lorfque je touchois au moment où je pouvois en jouir. Ce coup m'étonna, mais ne me déconcerta pas; je devinai la main qui le portoit. Le Deftour Kâous, parent de Darab, n'avoit jamais approuvé fes complaifances; & celui-ci, au défefpoir de me voir partir fi promptement, fe flattoit de pouvoir, par le moyen des Anglois dont je dépendois alors, arrêter mes effets, ou du moins m'obliger de lui donner quelque fomme confidérable, comme en dédommagement du tems qu'il auroit voulu être encore à mes gages. La prife de Pondicheri les enhardit: le Nom François fembloit anéanti dans l'Inde. Il fallut donc prouver que tout ce que j'emportois m'appartenoit légitimement. L'altercation fe paffa en préfence du Chef Anglois; elle fut vive; je menaçai ce Chef de porter l'affaire à Bombaye, où je le citerois lui-même: j'étois dans ces momens de défefpoir où l'on ne refpecte rien. Les Anglois démêlerent aifément que les Deftours Parfes ne cherchoient qu'à empêcher le tranfport de leurs Livres en Europe, ou du moins à tirer parti de l'état d'oppreffion où ils nous voyoient. Mon frere, pour couper court à leurs pourfuites, fe rendit ma caution; & quand ils virent que les Anglois fe contentoient de fa parole, ils difparurent. Ces tracaceries reveillerent les douleurs de la goutte, & je paffai fur le lit le peu de tems qui s'écoula jufqu'au départ de Vaiffeau.

Ce fut le 15 Mars 1761 que je quittai Surate, dans un état de foibleffe que l'air de la mer ne pouvoit qu'augmenter, fans autre reffouce que l'humanité de nos ennemis & le billet que mon frere m'avoit paffé en compte, & pénétré de me voir dans l'impoffibilité de reconnoître les fervices de mes domestiques, ceux des gens de la Loge, de l'Interpréte Manekdji, & même de récompenfer, comme je croyois qu'ils le méritoient, les Deftours Darab & Kâous, dont j'avois déja oublié les mauvais procédés.

La traverfée fut courte & tranquille; j'étois avec un galant homme, le Capitaine Purling, & j'ai toujours tâché de ne pas être incommode. Nous mouillâmes le 16 dans le Port de Bombaye, & je defcendis fur-le-champ à terre avec le Capitaine.

Je ne m'arrêterai pas ici à faire la defcription de Bombaye ; cette Ifle eft affez connue par les Relations des Voyageurs Anglois. Elle a en longueur environ deux heures de chemin, du bout du Port à Mahim, qui répond à la côte de Salcette, fur laquelle eft Bandoura ; & une heure & demie de large. La longueur eft du Nord au Sud-Oueft. Du côté de la pleine mer Bombaye étoit autrefois couverte de cocotiers & de bamboux qui faifoient une partie de fon revenu & donnoient le plus bel ombrage : mais en même-tems les coquillages & les poiffons pourris dont on fe fervoit pour fumer les terres & le pied de ces arbres, rendoient l'air de cette Ifle très-mal fain. Avant la derniere guerre, la crainte des François a obligé de couper ces arbres pour dégager les environs de la Ville qui eft d'ailleurs affez mal fortifiée.

Le Château n'eft d'aucune défenfe. La feule force de Bombaye contre des Européens, eft dans fon Port. Auffi eft-ce là que fe montrent les Anglois : tout y eft dans un ordre admirable. La maifon du Commiffaire de la Marine eft la premiere que l'on apperçoive de ce côté : elle eft belle, commode, & communique au Port par une porte de derriere. Les Magafins & l'Arfenal font peu éloignés & fur la mer.

D'un autre côté eft la Porte de la Doüane, où commande un Confeiller qui y a fa maifon, dans l'enceinte. L'affluence du Peuple & la quantité de marchandifes qui rempliffent les Cours & les Magafins, caraêterifent bien un Peuple dont le commerce eft l'élément.

Voilà les deux endroits qui font proprement l'état de Bombaye, comme de tous les autres Etabliffemens Anglois. Le Général qui n'a guerre qu'à figner les aêtes qui en fortent, & à préfider de tems en tems aux Confeils, a un Palais dans la Ville fort fombre, où il réfide peu. Il habite plus volontiers Parell, grande maifon de Campagne, accompagnée de terraffes & de Jardins, que l'on a formée d'une ancienne Eglife diftribuée en Croix. Plufieurs Confeillers ont auffi des Maifons de Campagne hors de la Colonie, dans

PRÉLIMINAIRE.

des endroits fabloneux & découverts. La mieux fituée étoit alors celle de M. Byfill, fecond de Bombaye. Elle eft bâtie fur une efpece de roc qui domine la mer, à côté du point de mire fur lequel les Vaiffeaux gouvernent en entrant dans le Port. Cette maifon étoit l'après dînée le rendez-vous des premiers de la Colonie qui y alloient prendre le thé.

Bombaye placée entre Moka, Baffora, Surate & la côte Malabare, n'eft quelque chofe que par fa fituation & fon Port. Mais fi les Anglois trouvoient le moyen de fe faire céder Salcette par les Marates, indépendamment du revenu de cette Ifle, Bombaye pourroit devenir un des plus beaux Etabliffemens de l'Inde par tous les agrémens de la vie que l'on trouve dans Salcette, & qui dédommageroient de la féchereffe & de la ftérilité de cette premier Ifle.

Je n'eus pas d'autre logement à Bombaye que la maifon de M. Spencer, alors Commiffaire de la Marine : c'étoit mettre le comble aux fervices qu'il m'avoit rendus à Surate. Il affaifonna ce nouveau bienfait de tout ce qui pouvoit me rendre fupportable le féjour d'une Ville que je voyois remplie de Prifonniers François. L'arrivée de l'Efcadre commandée par l'Amiral Stevens occafionna des repas chez le Général Crommelin & chez M. Spencer. Je me trouvai à plufieurs de ces fêtes, où l'on eut pour moi tous les ménagemens que la politeffe, que l'humanité prefcrit à l'égard d'un ennemi que l'on oblige.

Dans les derniers jours que je paffai à Bombaye, j'eus avec M. Spencer plufieurs converfations fur les Etabliffemens des Européens dans l'Inde. Si jamais homme a été propre à concilier des partis animés l'un contre l'autre, c'étoit ce généreux Anglois. Je lui difois que, fi les Compagnies remettoient leurs intérêts à deux hommes d'une probité reconnue, à lui par exemple & à M. de Leyrit, on verroit peut-être les querelles s'affoupir. Il fouhaitoit fincerement l'union des deux Nations ; mais il revenoit toujours aux grandes Poffeffions des François, à leurs Conquêtes ; ce qui me fit penfer qu'il défaprouvoit ces opérations : & je crus voir, malgré la modération & la févere probité qui mettoient le fceau à toutes fes démarches, que la prééminence, que l'étendue même de commerce dans une Nation différente de la sienne, étoit dans son esprit une sorte de crime.

M. Spencer me parla d'une espece d'épreuve qui se pratiquoit à Anjingue parmi les Malabares, lorsqu'il y étoit Chef. Quand un homme accusé de vol ou autre crime, le nioit, on l'obligeoit de mettre sa main dans de l'huile bouillante; on la renfermoit ensuite dans un sac, attaché au poignet par des cordons sur lesquels le Juge Anglois faisoit mettre le sceau de la Compagnie. Au bout de quelques jours, on ouvroit le sac; &, si la main de l'accusé ne se trouvoit pas endommagée, il étoit renvoyé comme innocent.

M. Spencer avoit bien voulu me communiquer une grande Carte de l'intérieur & des côtes du Sud de la presqu'Isle, faite par des Brahmes; je venois d'en achever la copie, & prêt à quitter l'Inde, il me restoit sur la nature des Manuscrits que je portois en Europe, un doute qui me causoit de l'inquiétude : je crus pouvoir lui ouvrir mon cœur. Je lui dis donc qu'ayant perdu dans le Bengale la copie des premieres lignes du Manuscrit Zend d'Oxford que j'avois apportées d'Europe, j'ignorois si mes Manuscrits en renfermoient un pareil. M. Spencer me tranquillisa pleinement sur cet article par un moyen sur lequel il me demanda le secret. Il arrangea ensuite lui-même mon passage avec le Capitaine du Bristol qui se disposoit à mettre à la voile; lui paya, pour cela, mille roupies, & me donna douze cens roupies en especes & en billets sur M. Hough, son Correspondant à Londres. Ces sommes étoient en avance du montant de la Lettre dont j'ai parlé plus haut. J'endossai cette Lettre, la lui remis, & il se chargea de la faire payer après mon départ. Je donnai ma parole qu'il n'y avoit rien dans mes papiers qui traitât de ce que l'on appelle affaires d'Etat, relativement aux querelles qui divisoient alors les deux Nations; & l'on apposa le sceau de la Compagnie sur mes effets qui furent remis en cet état au Capitaine du Bristol.

Je quittai Bombaye le 28 Avril 1761, comblé des politesses de M. Spencer, du Général Crommelin, de tous les Anglois, & en particulier de ceux que j'avois connus à Su-

PRÉLIMINAIRE. ccccxxxix

rate. Le Vaisseau mit à la voile le jour même que je m'embarquai ; il portoit en Angleterre plusieurs Officiers François prisonniers, que l'Escadre avoit amenés de la Côte de Coromandel.

Voyage aux Indes Orientales, IIIe. Partie.

Que l'on se représente la dureté froide & réfléchie, jointe à la bassesse d'ame, à un intérêt sordide, & l'on se fera le Portrait du Capitaine Quicke avec qui je passois en Europe. La traversée fut analogue à son caractere. Il alloit presque jusqu'à nous reprocher la viande salée & la poussiere de biscuit qui faisoient toute notre nourriture. Nous relâchâmes quelques jours à Onor, & mouillâmes le 5 Mai à Talicheri.

Je descendis promptement à terre, & M. Hodjès, Commandant du Comptoir, me fit donner une chaise découverte, portée par quatre hommes, pour me conduire à Mahé. Je trouvai dans cet endroit les Peres Claude & Emmanuel. Ce dernier, sur une Lettre du P. Eusebe, mon ami, qui résidoit à Talichery, me donna le *Dictionnaire François & Malabare*, qu'il s'étoit engagé en 1758 de me faire copier. Le Pere Claude me remit une Lettre de M. l'Abbé Barthelemi [1], qu'il avoit sauvée du Secrétariat de Mahé ; je l'engageai à faire chercher les *Vedes* aux Pagodes de Taliparom & de Gokorn, & retournai à Tali-

Ci-d. p. cxciij.

---

[1] Cette Lettre datée du 10 Mars 1760, étoit en réponse à celle que j'avois eu l'honneur d'écrire de Surate à M. l'Abbé Barthelemy, le 4 Avril 1759 ; & dans laquelle je lui marquois que j'avois achevé la Traduction du premier *Fargard* du *Vendidad*.

J'ai souvent parlé de vous avec les personnes à qui vos intérêts sont précieux, me disoit ce Sçavant qui a toujours eu pour moi l'amitié la plus tendre ; *j'ai lu vos Lettres à l'Académie, lorsqu'elles ont contenu quelques singularités historiques*. Il m'engageoit ensuite à *tirer de mes Docteurs toutes les lumieres qu'ils pourroient me donner sur l'ancien Persan, jusqu'à ce que j'eusse entièrement traduit le Manuscrit qu'on m'avoit dit être de Zoroastre* ; & me paroît, supposé que je revinsse promptement en Europe, d'un *voyage très-utile à faire, celui d'Egypte*, que de découvertes faites depuis mon départ (par M. de Guignes, *sur le rapport des Hiéroglyphes Egyptiens avec les Caracteres Chinois, tendant à prouver que les Egyptiens sont une Colonie Chinoise*) rendroient fort intéressant.

Cette Lettre consolante étoit accompagnée d'un billet de M. le Comte de Caylus, aussi du 10 Mars 1760, dans lequel ce Sçavant me recommandoit surtout la Traduction des Livres de Zoroastre.

chéri, où le Pere Eusebe me promit de faire à ce sujet les perquisitions qui dépendroient de lui.

Je trouvai au Gouvernement l'Ingénieur de Mahé qui m'attendoit. Je lui avois écrit le matin que mon dessein n'étoit pas de m'expatrier éternellement, ni de plaider en Europe pour une affaire qui m'avoit assez donné de peines & de chagrins ; qu'il sçavoit aussi bien que moi une maniere plus courte de vuider le différent qu'elle avoit fait naître entre nous deux. Il m'assura que son intention n'avoit pas été m'inquiéter; que sa Lettre étoit le fruit des mauvais conseils & me demanda mon amitié.

M. Hodjès pendant la relâche que nous fîmes à la Côte, témoigna aux Prisonniers François les égards les plus marqués : il en logea plusieurs près de son appartement, le Major & les Capitaines de troupes se chargerent des autres, & il y eut pour nous plusieurs repas au Gouvernement. Le Capitaine du Vaisseau, dont on rapporta quelques mauvais procédés, promit d'avoir des manieres plus honnêtes : mais il n'augmenta pas ses provisions; ce qui étoit l'article essentiel.

Nous quittâmes Talichery le 15 Mai, & pendant le reste du mois, la traversée ne nous offrit rien de particulier : seulement la mauvaise humeur & la tristesse crurent avec le besoin. Le Capitaine mangeoit dans son particulier, & la table des Officiers où nous (les François) étions, n'étoit servie qu'en viande salée. On nous donnoit à boire de mauvaise arak mêlée d'eau, dans un unique vase de cuir, garni d'étain, que nous voyons nettoyer le matin avec les brosses à souliers. Quelquefois l'ordinaire, pour quinze personnes, étoit augmenté de la moitié d'une tête de cochon de lait. Notre déjeûner consistoit en biscuit pourri, & en mauvais beurre rance, relevé par de l'arak à Matelot, servie dans le vase de cuir dont je viens de parler ; & tous les deux ou trois jours, dans les commencemens, on nous gracieusoit d'un pain frais d'une demi-livre pour huit personnes. Telle étoit la nourriture pour laquelle j'avois payé cent louis au Capitaine.

Je passai plus d'un mois & demi sans presque manger :
ma

PRÉLIMINAIRE.

ma voix diminuoit tous les jours avec mes forces; je me voyois anéantir avec une sorte d'indifférence. Le Capitaine Quicke ajouta la plaisanterie au cruel traitement qu'il me faisoit éprouver; & déja j'entendois les arrangemens d'un de mes camarades de voyage, qui avoit jetté un dévolu sur ma chambre.

Cette piece étoit ma seule consolation; j'y passois la plus grande partie de la journée, à revoir mes papiers, à lire, ou à dormir pour ne pas entendre les propos de corps-de-garde de six Officiers (dont deux Lieutenans) des Vaisseaux du Roi d'Angleterre, qui repassoient avec nous, & faisoient assez bassement leur cour au Capitaine.

Nous cédâmes dans les commencemens notre portion de pain frais, qui pouvoit revenir à une once, à la femme d'un Officier François, née à Pondichery, qui passoit en Europe avec son mari. L'épreuve étoit un peu forte pour une jeune Indienne, élevée dans la mollesse asiatique : mais le besoin donne des forces aux tempéramens les plus délicats. Cette femme supporta fort bien la traversée, sans avoir presque goûté un morceau de viande fraîche, & quoiqu'elle fût en butte à des tracasseries de société, envenimées par le mal aise. Un reste d'humanité, soutenue par la politesse naturelle au François, avoit d'abord engagé à se priver pour elle des vivres qui sembloient lui être plus nécessaires qu'à des hommes : mais la faim fit bien-tôt taire les égards; chacun pensa à soi, & ne regarda presque plus son voisin, que comme un Compétiteur importun. Il fut ensuite résolu qu'à tour de rôle deux mangeroient le pain entier, tandis que les autres dormiroient; & cet arrangement dura jusqu'aux gros tems qui nous réduisirent au simple biscuit, ou plûtôt à la pourriture de biscuit.

Il sembloit que le Capitaine eût des prétentions sur nos effets, à voir la maniere dont il prenoit notre situation. Son air moqueur me choqua. Un jour, pour adoucir, à ce qu'il croyoit, la diete austere à laquelle il nous avoit condamnés, il s'humanisa jusqu'à nous donner un déjeûné en chocolat. Le chocolat se trouva de même alloy que le biscuit; & prenant ce nouveau trait pour une insulte cruelle, je lui jettai presque la tasse au visage. Mon homme, qui n'étoit ni brave ni endurant, alla exhaler sa colere sur le gaillard: le malheur pour lui étoit qu'il ne pouvoit diminuer notre ration. Cette scene me remua les sens; le dépit ranima mon courage, & je résolus de vivre, malgré mon avare & barbare Capitaine. Je me jettai en conféquence en affamé sur la viande salée, que je tâchai de faire passer avec force poivre & vinaigre. Mon estomac se prêta à cette espece de fureur; le Capitaine eut le déplaisir de voir que des os garnis de viande salée à moitié pourrie, sortoient de notre table plus secs que les planches de son Vaisseau. Cet appétit dévorant donna de l'inquiétude à mes amis: mais rien ne put me retenir. Mes forces revinrent; je me portois, contre toute apparence, le mieux du monde, après plus d'un mois & demi de diete, lorsque nous fûmes assaillis d'un coup de vent qui nous mit à deux doigts de la mort.

Malgré la foiblesse où j'étois avant ce retour de santé, j'avois observé (très-grossièrement il est vrai) avec une longue vûe, couché sur le dos, dans la gallerie, le passage de Vénus sur le Disque du Soleil. C'étoit le 6 Juin, & nous étions par l'estime au quatre-vingt-quatrieme degré de longitude, & à 5° 21' au moins de latitude méridionale. A midi Vénus me parut, sur le Soleil, au trois quarts du Disque; à deux heures cinq minutes, près du bord; & à deux heures trois quarts, hors du bord.

Le 19 Juillet, à quatre heures du matin, on vit à la clarté de la Lune un grand Vaisseau à une demi-portée de canon, allant Nord-Est: sur-le-champ branle-bas général; menace de jetter nos coffres à la mer, de nous renfermer à fond de câle. Le Capitaine avoit perdu la tête; nous vîmes bien que si nous étions attaqués, notre résistance ne seroit pas grande. Cette rencontre n'eut pas de suite, parce que le Vaisseau, à l'aide d'un petit changement de route de notre côté, disparut bien-tôt; mais elle nous donna de l'inquiétude pour le reste de la traversée. En effet plusieurs des Passagers avoient leur fortune avec eux; & moi, je me serois fait jetter à la mer avec mes effets, plûtôt que de paroître en France sans mes papiers.

PRÉLIMINAIRE.

Le soir du même jour, 19 Juillet, je réfléchissois sur ce qui s'étoit passé le matin, lorsque j'entendis sur le gaillard un bruit affreux. Il pouvoit être neuf heures ; la nuit étoit noire, & nous avions les perroquets dehors, le vent soufflant du Nord-Ouest avec une violence extrême. Je montai sur le gaillard pour jouir du spectacle d'une tempête. Le Capitaine avoit peine à se faire entendre avec le porte-voix : mais les Matelots Anglois sont si bien stilés à la manœuvre, qu'en moins d'une demi-heure les perroquets & les petits huniers furent bas ; & cela fort à-propos, car le vent renforçant continuellement, un moment de retard eût pu nous faire capoter. Nous étions par 37°, 45′ de latitude méridionale ; & par l'estime, à 5 ou 3 de longitude du Cap de bonne-Espérance. La nuit fut employée à diminuer peu-à-peu les voiles : le bruit du vent, joint à celui des vagues faisoit frissonner de frayeur. Au point du jour, on abbattit les grands huniers, la misaine fut déchirée, & l'on eut bien de la peine à abbattre la grande voile, dont les coups donnoient au Vaisseau des secousses terribles. La mer sur les huit heures ne présentoit qu'une suite d'abîmes qui se varioient avec une impétuosité que le Vaisseau arrêtoit quelquefois. Cette énorme machine sembloit alors devoir éclater en morceaux : nous en entendions les membres craquer, comme si on l'eût pillée, ou resserrée entre deux murs. L'eau de la mer, couverte d'une écume blanche, mêlée de feux pétillants, paroissoit animée ; & chaque lame, haute de plus de quarante pieds, sembloit un monstre marin prêt à nous engloutir.

Le Vaisseau ne faisoit pas de route, soutenu uniquement par une voile basse, triangulaire, tendue entre le grand mât & celui de misaine, nommée le Foc, & par plus petite appellée la Pouilleuse. On tendit des cordes en travers sur le gaillard, pour servir d'appui aux Matelots. Quoique les canons fussent bien amarés, plusieurs brisèrent leurs cables ; les coffres, les chambres, tout sous le pont cédoit au mouvement du Vaisseau, & la moitié de l'entrepont étoit presque dans l'eau.

Sur les onze heures du matin, le grand mât craqua, &

kkk ij

nous vîmes le moment où il alloit casser. Deux heures après, l'avant du Vaisseau fut succeffivement assailli par trois lames, dont une suffisoit pour l'enfoncer, & qui nous donnerent près d'un pied d'eau sur le pont.

Le vent continua toute la nuit du vingt au vingt-un. Le vingt-un, il diminua peu-à-peu; & le soir, le froid se fit sentir assez vivement. Le reste du houli des vagues causoit un clapotage & un tangage qui enlevoient le cœur. Enfin le 22, la mer parut appaisée; on visita le Vaisseau, où l'on ne trouva qu'une voie d'eau qui augmenta jusqu'à la relâche, sans qu'on sçût alors d'où elle venoit. C'étoient trois membres qui avoient été enfoncés par les lames, & qu'on revétit d'un doublage à Sainte-Héléne. Il se trouva que les courants nous avoient porté un degré au Nord.

Pendant cette tempête je ne quittai guere le gaillard, ne voulant rien perdre de ce qu'elle avoit de pittoresque. Le Capitaine, bon Marin, ne se déconcerta pas, quoique le danger fût peint sur son visage. Ses Officiers, vrais loups de mer, nous assurerent qu'ils n'avoient jamais essuyé un pareil coup de vent. Aussi n'y a-t-il que des Anglois qui osent passer le Cap-de-bonne-Espérance en hiver avec un Vaisseau qui fait son cinquieme voyage; c'est-à-dire, avec un Vaisseau condamné.

Il s'en falloit bien que les passagers fussent tranquilles: cependant, tandis qu'une lame plus forte d'un degré pouvoit nous engloutir, nous étions dans la grande chambre, assis par terre, à rire des culbutes que le roui nous faisoit faire.

Il n'y eut pas de feu dans le Vaisseau, tant que dura la tempête. L'équipage n'eut pour nourriture, ainsi que nous, que de la pâte de farine, accommodée en *pounding*, relevée avec un peu de beurre fondu & de viande salée. La masse qui nous étoit destinée, étoit dans un grand plat de fer, posé sur le plancher; chacun tâchoit d'en attraper ce qu'il pouvoit: & crainte d'accident, le soir du 20, on fut obligé de le clouer au plancher. Pour notre déjeûné, on suspendit une assiette de fer dans laquelle il y avoit un peu de beurre; & c'étoit au plus adroit à y frotter habilement son

PRÉLIMINAIRE. ccccxlv

biscuit, tandis que le rouli faisoit pancher l'assiette de son côté. Cette situation paroîtra sans doute affreuse à ceux qui ne sçavent pas ce que c'est que la mer : mais il n'en est pas de même dans un Vaisseau ; à deux doigts de la mort & le ventre vuide, on plaisante, ou du moins l'instant qui suit le danger en paroît à cent lieues [1].

Nous arrivâmes à Sainte-Héléne le 25 du mois d'Août ; & avant que de jetter l'ancre, nous tournâmes l'Isle à la portée du pistolet

Je ne dirai rien de Sainte-Héléne : les Voyageurs en ont assez parlé. Cette Isle est par 110. 2' de longitude, & 16°. de latitude méridionale. L'air y est très-sain, les légumes fort bons ; la vûe de l'Isle, du côté de la mer, présente un païsage charmant. La Ville forme une espece de camp dans une vallée entourée de montagnes assez hautes. Les fortifications me parurent peu de chose, & les troupes que les Anglois y entretenoient, commandées par deux Capitaines, peu nombreuses. Notre arrivée fit du bruit à

Voyage aux Indes Orientales, IIIe. Partie.

Voy. des Holland. &c. T. I. p. 478.

---

[1] Le 30 Juillet, à 35° 28' de latitude méridionale, nous vîmes la terre sur les onze heures du matin, au Nord Nord-Ouest, sans avoir de fond. Nous en étions à-peu-près à seize lieues. On crut que c'étoit le Cap Faux. La mer étoit douce, unie, le vent à l'Est : le courant portant au Sud : beau tems. A l'Est du banc & du Cap à quelque distance, les courans portent au Nord ; & à l'Ouest, ils portent au Sud. La variation 19° 5'. Le 31, au matin, la mer unie.

Le soir du 2 Août, 50 milles de faits Ouest Nord-Ouest : latitude 35°. 36'. la nuit du 2 au 3 & le 3, coup de vent de Nord-Ouest ; la mer grosse : nous passâmes la journée à la Cape sur un Foc. Le soir le vent tourna à l'Ouest & au Sud-Ouest, toujours avec la même violence : les courants portoient au Sud.

Le 4, sur les neuf heures, on jetta la sonde & l'on trouva quatre-vingt-cinq brasses, le fond de sable gris. Nous étions sur le banc, & les courants portoient au Sud. Nous jugeâmes alors que la terre que nous croyons avoir vûe, pouvoit être la haute montagne qui est à l'Est du Cap Faux, & que nous étions pour lors près du banc. Les trois jours de vent arriere qui suivirent, font la largeur du banc des aiguilles ; & nous eûmes le coup de vent à la pointe Ouest du banc.

Le 6 à midi, 35° 3' de latitude, calme. Nous pouvions être à quarante lieues Ouest du Cap. Au soleil couchant, la variation se trouva de 17° 52'. Le 7, calme.

Le 9, 35° 52' de latitude ; ensuite les courants portent un demi degré au Nord, Variation 17° 52'. Le 12, 31° 57' de latitude, les courants diminuent, portant toujours au Nord : le vent Est Sud-Est. Variation, 170.

Au 26e. degré de latitude, le vent Sud-Est. Il nous parut froid lorsqu'il étoit à l'Est, & encore plus froid, à l'Ouest.

Sainte-Hélène ; nous nous trouvions quatre Vaisseaux de Compagnie, dont trois portoient des Prisonniers, & M. de Laly y ayant déja passé, ainsi que M. de Moracin, on y connoissoit les François.

Le Gouverneur nous reçut avec beaucoup de politesse, & nous logea chez des Particuliers, qui, pour notre argent, nous procurerent tous les agrémens qui dépendoient d'eux. Le tems de la relâche s'écoula, selon l'usage, dans les plaisirs.

Descendu à terre, mon premier soin fut de visiter mes papiers, & de leur faire prendre l'air plusieurs jours ; du reste, plein des suites de mon Voyage, les divertissemens m'occuperent peu. Cette conduite me fit passer pour Philosophe, & me valut une visite à laquelle je ne m'attendois pas. Les Anglois avoient envoyé dans cette Isle, M. Masculine, pour observer le passage de Vénus sur le Disque du Soleil. Cet Astronome, quand nous arrivâmes, étoit à son Observatoire, situé à deux milles, dans les montagnes ; & la politique, en tems de guerre, ne souffroit pas que l'on me permît d'y aller. Sçachant que j'étois au camp, il s'y rendit, & me fit l'honneur de me venir voir chez le Capitaine Kilpatrik, où je logeois. Nous nous entretînmes quelque tems sur l'Inde & sur les Sciences de ce Pays. Quant à l'objet direct de son Voyage (l'Observation du passage de Vénus), il m'avoua que les nuages l'avoient empêché de le remplir , & me dit qu'il comptoit rester encore huit à dix mois à Sainte-Héléne, pour perfectionner la Théorie de la Lune.

La physionomie de M. Masculine parut plaisante à quelques-uns de mes Compagnons de voyage. Il étoit monté sur un cheval de Sçavant , avoit un habit brun & uni, & une perruque ronde & bouffante, à la mode des Ministres, avec un peu de cet air de complaisance qui est particulier aux Docteurs Anglois. Nous l'invitâmes à souper , & il ne se fit pas beaucoup prier. Lorsque la bierre & le vin blanc commencerent à lui monter au cerveau , nous nous apperçûmes qu'il quittoit souvent la table. On le suivit, & on le trouva dans la cour regardant le Ciel attentivement.

PRELIMINAIRE.

A son retour, il nous parla étoiles, les yeux fixés sur le fond de son verre. Pour lui donner le plaisir de les voir toutes ensemble, nous le conditionnâmes de maniere que le Ciel entier étoit ouvert à ses yeux : voilà les François.

Le Bristol partit de Sainte-Héléne le 10 Septembre, de conserve avec trois autres Vaisseaux de Compagnie, poussé par les vents alisés qui regnent dans ces Parages. Nous avions fait quelques provisions de fromages, de caffé & de vin blanc, pour suppléer à l'éternel bœuf salé & à l'arak du Capitaine Quicke : ces petites douceurs nous firent trouver le reste de la traversée moins long. C'étoit pour les Anglois un spectacle assez singulier que de voir douze François qui n'avoient presque rien mangé de la journée, passer deux heures le soir autour d'une bouteille de vin blanc, avec des marques de gaieté que leur situation présente & future ne sembloit pas comporter. Le Capitaine qui nous entendoit de sa Chambre, prit ces petites assemblées pour des bravades, & s'en plaignit : mais nous allâmes notre train ; seulement nous fûmes obligés de nous éclairer nous-mêmes sur la fin de la traversée, & pour reconnoître ses attentions, je lui fis présent des provisions qui me restoient, & il n'eut pas honte de les recevoir.

L'approche du terme de notre voyage remettoit peu-à-peu les esprits [1]. Nous eûmes un petit coup de vent, le 2

---

[1] Les vents nous favorisoient assez. Le 22 Septembre, nous fîmes cent trente milles. La variation du lever du Soleil fut de 6° 40′ : vent arriere Sud Sud-Est. A midi, le Soleil étoit au Zenit. A une heure & demie, nous nous trouvâmes au-delà de la Ligne dans l'hémisphere septentrional, avec un air frais.

Du 25 au 28 inclusivement, petit vent ; la route, un demi-degré par jour : chaleurs.

Le 29, au septieme degré : calme de quatre jours.

Le 4 Octobre, petit vent, variable : du 6 au 8 inclusivement, petit vent. Nous ne fîmes en huit jours que trois degrés.

Le 8, au dixieme degré, vent Nord-Est.

Le 11, grand vent Nord-Est.

Le 21, au vingt-sixieme degré, le vent Sud.

Le 22, vent Sud-Ouest.

Le 23, au trente-deuxieme degré de latitude, vent Sud-Ouest, violent ; orage, pluie, à la Cape : le soir le vent Nord-Ouest ; la nuit mauvaise.

Novembre, le vent paſſant ſucceſſivement du Nord Oueſt à l'Eſt, au Sud, au Nord-Eſt. La mer groſſit le clapotage devint ſi violent que, le Vaiſſeau ayant été balotté long-tems, il ſe trouva, le 3, que la tête du gouvernail étoit briſée, & que le reſte ne tenoit qu'à quelques crampons. Auſſi tôt ſignal d'incommodité aſſuré d'un coup de canon. La mer étoit horrible, & nous déſeſpérions d'avoir du ſecours des trois Vaiſſeaux qui marchoient avec nous; parce qu'il paroiſſoit impoſſible de riſquer une châloupe ou un canot. Abandonnés à nous-mêmes, notre reſſource, dans un reſte de traverſée de plus de trois cens lieues, eut été en partie dans la Providence. Il eut fallu abattre toutes les chambres de deſſus & de deſſous le pont, & gouverner, comme l'on auroit pû, avec une grande poutre, répondante au reſte du gouvernail, & dirigée par des cables attachés ſur le pont, à droite & à gauche; embarras inconcevable, ſans parler du danger preſqu'inévitable dans une groſſe mer.

Heureuſement les canots des trois Vaiſſeaux, après pluſieurs tentatives inutiles, nous aborderent. Ils étoient garnis de Charpentiers, de Serruriers, de groſſes barres de fer & de deux forges. Par ce moyen, nous eûmes trois Forges qui jouerent la journée du 3 & la nuit ſuivante. Les Charpentiers firent d'un mât de miſaine, deux jumelles épaiſſes de ſix pouces; & le lendemain à midi, la tête du gouvernail ſe trouva conſolidée entre ces deux jumelles liées par des cercles de fer d'un pouce d'épaiſſeur. La difficulté avoit été de les attacher. Les Charpentiers dans l'eau juſqu'au cou, avoient été obligés d'enfoncer ſous l'eau des clous d'un demi-pied de long; & les forces alloient leur manquer lorſque l'ouvrage ſe trouva achevé, quoique ſur les neuf heures la mer fût devenue aſſez calme.

Les 24 & 25, grand Houli, mer forte; orage au Nord; à quelque diſtance. Variation, 9°. 12′.

Le 28, au trente-ſeptieme degré, commencement des Açores; le premier de la Lune, le vent changé au Nord-Eſt. Depuis le onzieme degré, le vent avoit toujours fraichi au lever de la Lune, & ceſſé à ſon coucher.

Le 30, au trente-huitieme degré de latitude; le vent revient au Sud-Oueſt: petit frais,

Le

PRÉLIMINAIRE. ccccxlix

Le jour que l'on forgea les liens du gouvernail, fut pour moi un vrai spectacle. Quatre Vaisseaux balottés par une mer orageuse; trois Forges en feu sur un de ces Vaisseaux; des Ouvriers occupés dans le plus grand rouli, à des Ouvrages qui paroissoient demander une assiete sûre; les Forges qu'il falloit changer de côté, selon le vent; enfin six cents hommes séparés par quelques pouces de planches, d'un gouffre qui battoit les flancs de leurs Vaisseaux, ayant devant leurs yeux deux cens hommes prêts à périr, sans que ce danger, qui se renouvelle souvent en mer, diminuât rien de leurs projets de gain: la vûe de cet ensemble me fit faire des réflexions qui m'étourdirent sur notre situation. Aussi, après avoir tout considéré pendant le jour, allai-je tranquilement me coucher. Mon sang froid piqua le Capitaine. Il ne put s'empêcher de témoigner par des termes familiers aux Marins Anglois, son dépit, en me voyant dormir, tandis que l'on enfonçoit près de ma tête des clous d'un demi-pied dans le gouvernail, & que les vagues pouvoient, d'un moment à l'autre, me noyer dans mon lit.

Ce danger fut le dernier que nous courûmes; & si l'on excepte plusieurs branle-bas occasionnés par la vûe de quelques Vaisseaux, & le régime sec & dur auquel le bon Capitaine nous avoit réduits, le reste de la traversée fut assez doux: du moins l'espérance & l'approche du terme nous le firent trouver tel.

Nous mouillâmes dans le Port de Portsmouth le 17 Novembre 1761. Avant que le Vaisseau y entrât, plusieurs Matelots de la Marine du Roi, qui revenoient de l'Inde, se sauverent dans un canot, pour se soustraire aux Loix de la *Press*, selon lesquelles on les auroit forcés, après dix années passées hors de leur Patrie, de remonter sur-le-champ dans d'autres Vaisseaux, & d'y recommencer le service, sans avoir la liberté d'embrasser leurs femmes & leurs enfans.

Le Port de Portsmouth, de quelque côté qu'on le considére, présente le plus beau coup d'œil. Il est précédé d'une grande Anse, suivie d'un canal moins large en forme de gorge. Après ce canal, on entre dans le Port, grand

Tome I.

bâssin, presque fermé, qui a six à sept milles de diametre, & peut contenir plus de trois mille Embarcations. L'Officier qui y commande est un Amiral qui demeure ordinairement dans son Vaisseau. De différens côtés, on apperçoit sur les bords des Villes florissantes, des bois, des Païsages, qui, joints à cette forêt de mâts, à cette Ville ambulante que renferme le Port, forment le tableau le plus varié & le plus complet.

Un spectacle d'un nouveau genre égaya notre descente à Portsmouth. Le Capitaine nous avoit remis à un Lieutenant de Vaisseau de Roi, chargé de nous conduire à terre sous l'escorte d'une Compagnie de fusiliers. Les embarras du débarquement qui dura plusieurs heures, & la lenteur du Boat, donnerent le tems aux filles publiques de s'attrouper sur le plain. Nous les voyons courir par les rues de traverse, & se précipiter sur le Port; barbares agréables qui, comme à la suite d'un naufrage, venoient nous ravir par l'appas du plaisir, les débris d'une santé que les fatigues de la mer avoient déja presque ruinée. Il étoit plaisant de voir d'un côté les Commis avec un visage de Corsaire examiner nos hardes, défaire nos paquets; & de l'autre, des filles assez jolies, baragouinant quelques mots de François, & sur-tout ceux de leur métier, nous tirer à elles, caresser nos petits Domestiques, promettre de ne rien exiger de pauvres Prisonniers tels que nous qui venions de six mille lieues. Les Fusiliers étoient obligés de les écarter: malgré cela, elles nous suivirent jusqu'à l'Auberge où l'on nous conduisit ; le lendemain nous les trouvâmes des le matin à la porte, & il fallut souffrir qu'elles nous accompagnassent à la Doüane.

Le penchant décidé des François cédoit alors chez nous à un Agent plus puissant, à la faim. Lorsque nous étions prêts d'entrer dans le Port, je pariai que nous mouillerions le 16; & mon pari fut d'une pomme, une bouteille de vin rouge, une côtelette de bœuf & du pain à discrétion. Voilà en effet ce qui nous avoit manqué pendant sept à huit mois, & dont nous regardions la possession presque comme le souverain bien.

Descendu à Portsmouth, je me trouvai Prisonnier

PRÉLIMINAIRE.

parce que j'étois François, & presque sans une obole : la relâche de Sainte-Héléne m'avoit épuisé. Heureusement le Capitaine Maklout, Ecossois, me donna le montant d'un billet de trois guinées, qui m'aida à payer les dépenses pressantes. Le coffre qui renfermoit mes Livres & mes Manuscrits, alla à la Doüane; & il ne me fut permis de garder avec moi que mes hardes & mes papiers. Ma situation étoit embarrassante ; je n'étois ni Militaire, ni Employé, & je voyois que les Lettres du Conseil de Bombaye n'avoient aucune force en Angleterre. Je pris le parti, après quelques réprésentations, de laisser agir, & d'écrire en France à ma famille, à mes amis, à mes Protecteurs, aux Syndics & Directeurs de la Compagnie des Indes ; & d'envoyer au Ministre (M. le Duc de la Vrilliere) l'état des Manuscrits que je destinois à la Bibliotheque du Roi. M. Ham agent du Commissaire-Général des Prisonniers, vint nous trouver, ainsi que M. Buknal, chargé de la remise des fonds que la Compagnie des Indes de France faisoit tenir aux Prisonniers. Nous n'eûmes qu'à nous louer de la politesse de ces Messieurs, de leur humanité : mais il fallut partir pour Wickham, gros Bourg à douze milles de Portsmouth. Je remis à M. Ham les papiers qui concernoient mon affaire, avec deux Lettres pour Londres adressées, l'une à M. Guiguer, Commissaire-Général des Prisonniers, l'autre à M. Pitt (actuellement Comte de Chatham), Ministre d'Etat, dont la probité m'avoit été fort vantée par les Anglois de l'Inde. On me permit de visiter à la Doüane mes Manuscrits que je trouvai en bon état ; & je me rendis, le 20, à Wickham, où plusieurs de mes amis, Officiers Irlandois au service de France, m'avoient retenu un lit.

Nous étions sur notre parole dans cet endroit, avec permission de nous promener deux milles à la ronde. Les Officiers & les Employés reçurent la paye du Roi d'Angleterre en qualité de Prisonniers ; je la refusai, protestant contre l'espece de violence que l'on me faisoit : mais je n'étois pas le seul lézé ; les Prisonniers de Mahé qui, selon les articles de la Capitulation, eussent dû être transportés sur le champ avec leurs effets au premier Port de France, furent

VOYAGE aux Indes Orientales, IIIe. Partie.

obligés de paſſer trois mois en Angleterre avec des frais conſidérables.

Je n'avois pas compté ſur cette détention, dont j'ignorois le terme; il falloit attendre les réponſes aux Lettres que.j'avois écrites en France, & même ſuppoſer qu'en tems de guerre ces Lettres feroient rendues exactement. Au bout de quelques jours, je commençai à me trouver à l'étroit. On ſçait qu'en Angleterre, le ſimple néceſſaire coûte preſqu'autant que le ſuperflu en France;& la ſaiſon très-rude pour des perſonnes qui avoient paſſé pluſieurs années dans les Pays chauds,augmentoit nos beſoins. Quelques honnêtes Juifs vinrent fort à propos me débarraſſer d'un reſte de luxe aſiatique: mais cela ne pouvoit aller loin. J'envoyai donc à Londres à M. Hough le billet de M. Spencer, & paſſai les journées dans mon petit réduit,occupé à faire la Notice des Manuſcrits que je deſtinois à la Bibliotheque du Roi, & à mettre en ordre une Relation abrégée de mes opérations littéraires. Quelques promenades ſolitaires & une ou deux viſites à deux Anglois de conſidération, dont les Châteaux étoient près de Wickham, furent tout le délaſſement que je me permis. L'inquiétude jointe à la retraite, & peut-être le changement de climat, me donnerent une fievre tierce, dont deux ſaignées me délivrerent.

Ma ſituation empirant, ſans que je reçuſſe de nouvelles de Londres, je fis un lot du reſte de mes petits meubles, & devois les livrer au même Juif qui avoit commencé à me dépouiller, lorſque je vis entrer dans ma chambre M. Garnier, un des deux Anglois dont les terres étoient proche de Wickham. Mes Compagnons de Voyage avoient mangé chez lui, & je m'étois contenté de lui faire une viſite. Après les premiers complimens, il me préſenta vingt guinées. Surpris de cette offre, je lui dis que je n'avois pas beſoin d'argent : le galon défait qui étoit ſur ma table, me décéloit. Ce généreux Anglois inſiſta, ajoutant qu'il ſçavoit l'embarras où je devois être, & que je pourrois lui rendre cette ſomme lorſque j'aurois reçu réponſe de Londres. J'eus beau lui indiquer quelques autres François auſſi embarraſſés que moi, il fallut prendre les vingt guinées, ſans

PRÉLIMINAIRE.

f̧avoir qui avoit pu me faire connoître à M. Garnier. Il eut bien de la peine à recevoir mon billet; & depuis ce tems, j'ai toujours été furpris des marques d'amitié qu'il s'eft plu à me donner, amitié qui a été fuivie des fervices les plus effentiels.

Je reçus enfin, au commencement de Décembre, une Lettre de M. Hough, qui m'envoyoit par fon Commiffionnaire de Portsmouth, cinquante livres fterlings : & mon premier foin fut de rendre à M. Garnier les vingt guinées qu'il m'avoit prêtées. Mon exactitude lui parut fcrupuleufe; il m'offrit quelques jours après un logement chez lui pour le tems que j'avois à paffer à Vickham : je n'acceptai point ce fecond bienfait, & il approuva les raifons de mon refus.

M. Garnier (la mort en l'enlevant m'a privé d'un ami que je regretterai toujours) étoit un homme veuf, âgé de plus de foixante ans, d'une phyfionomie noble & revenante, & qui paffoit huit à neuf mois dans fa Terre de Wickham. L'agriculture, & une Bibliotheque bien compofée, y faifoient fon amufement. Il avoit voyagé en Italie, en Allemagne, en France, & parloit fort bien des endroits où il avoit été. Les Langues fçavantes lui étoient familieres, ainfi que l'Hiftoire naturelle, & fur-tout la Chimie. François d'origine, il aimoit la nation; mais une forte d'enthoufiafme le rendoit idolâtre du Parlement Anglois, & par conféquent ennemi de notre Gouvernement. Perfonne ne fe faifoit dans le Pays plus d'honneur de fon bien; & il n'y avoit pas à Vickham de Particulier à qui il n'eût rendu quelque fervice : auffi y étoit-il adoré. Toutes fes efpérances étoient dans un fils de dix-neuf à vingt ans, qui étudioit alors à Cambridge, & pour lequel il ne ménageoit rien. Tel étoit M. Garnier à qui j'ai eu en Angleterre les plus grandes obligations. Ce portrait, quoique tracé par la reconnoiffance, paroîtra vrai à tous ceux qui l'ont connu.

J'étois moins inquiet à Vickham de moi-même, que de mes Manufcrits; mon coffre étoit à la Doüane dans un magafin bas & humide, & les pluies durerent tout le mois de Décembre. Craignant que mes Manufcrits n'en euffent

Voyage aux Indes Orientales, IIIe. Partie.

souffert, je demandai, fur la fin de ce mois, la permiffion d'aller à Portfmouth les vifiter, & elle me fut refufée. Je fis part de mon inquiétude à M. Garnier, qui écrivit un mot à M. Eddowes, Commiffaire de l'Arfénal de Portfmouth; celui-ci communiqua l'affaire à l'Amiral Geary, qui commandoit dans le Port, & cet Amiral fit dire à l'Agent du Commiffaire des Prifonniers, que, s'il perfiftoit dans fon refus, il me feroit venir dans fon propre Boat. Ces paroles mirent fin aux difficultés, & j'allai à Portfmouth où je trouvai mes Manufcrits en bon état. Mais je ne pus obtenir d'en tranfporter à Wickham deux fur lefquels j'avois à travailler; &, M. Ham lui-même eût beau en parler au Directeur de la Doüane, comme il m'avoit promis de le faire par fa lettre du 10 Décembre, il fallut les laiffer dans ce dépôt jufqu'à nouvel ordre. J'eus foin pendant les deux jours que je paffai à Portfmouth, de me montrer peu, & cette conduite mefurée me concilia l'amitié des perfonnes auxquelles j'avois rapport.

Cependant l'ordre de renvoyer les Prifonniers de Wickham en France arriva, & l'on voulut me faire partir avec eux: mais je déclarai net à celui qui étoit chargé de ce diftrict, que je ne quitterois pas l'Angleterre, fans avoir vu Oxford, puifqu'on m'y avoit retenu Prifonnier contre le droit des gens. Le defir de comparer mes Manufcrits avec ceux de cette célebre Univerfité, n'avoit pas peu ajouté aux raifons qui m'avoient comme forcé de prendre, pour revenir en Europe, la voie Angloife. Je me trouvois alors en fonds, & je venois de recevoir une Lettre polie de M. Robert James, Secrétaire de la Compagnie des Indes d'Angleterre, datée du 5 Janvier 1761. J'avois envoyé le 17 Décembre à Meffieurs les Directeurs les papiers qui conftatoient que le Confeil de Bombaye m'avoit reçu fous la protection Angloife, les priant d'appuyer la grace que leurs repréfentans dans l'Inde m'avoient accordée. Le Secrétaire me répondit au nom de ces Meffieurs qu'ils avoient remis mes papiers aux *Commiffaires chargés du foin des Matelots malades ou bleffés & des Prifonniers*, & leur avoient en mêmetems recommandé mon affaire. C'étoit me dire que j'étois

PRÉLIMINAIRE.

en Angleterre fur le pied de prifonnier ; & en effet les différents paffeports qui me furent expédiés dans la fuite, me donnoient cette qualité : mais à ce vernis près, qui m'a fait faire des dépenfes dans un tems où je manquois d'argent, je n'ai qu'à me louer de la maniere dont les Anglois fe font prêtés en tems de guerre à ce qui pouvoit piquer ma curiofité.

La Lettre du Secrétaire de la Compagnie des Indes n'auroit pas arrêté celui qui étoit chargé du détail des Prifonniers; & malgré mes proteftations, il y a apparence que j'aurois été obligé de fuivre le fort de mes Compatriotes: mais trois jours avant leur départ, je reçus plufieurs Lettres qui changerent ma fituation. La premiere, datée du 9 Décembre 1761, étoit de la Compagnie des Indes de France. MM. les Directeurs m'accufoient la réception de la Lettre que je leur avois écrite le 27 Novembre, & me marquoient *qu'ils étoient fort fatisfaits d'avoir pu contribuer au fuccès des foins que je m'étois donnés pour la recherche des Antiquités Afiatiques.* La feconde, de la même date, étoit de M. Bignon, Bibliothécaire du Roi : il me marquoit qu'il écrivoit à M. Stanley, un des Commiffaires Généraux de l'Amirauté ; qu'il ne doutoit pas que, par fon moyen, la liberté, mes papiers & mes effets, ne me fuffent rendus; ajoutant que je ferois bien de les lui adreffer, puifqu'ils étoient deftinés pour la Bibliotheque du Roi. Ces Lettres confolantes me furent envoyées par M. Stanley lui-même, qui m'annonçoit que l'on me permettoit de faire le Voyage d'Oxford, & que l'Agent pour les Prifonniers recevroit au premier jour du Bureau des Matelots malades &c. les paffeports dont j'avois befoin pour cela. Ces Lettres vinrent très-à propos, & M. Bignon ne pouvoit me recommander à perfonne dont la protection dût être plus prompte & plus efficace, que celle de M. Stanley. Ce Seigneur, naturellement officieux, & qui a toujours aimé les Lettres & les François, ne pouvoient manquer de faifir une occafion d'obliger, en fatisfaifant fon goût dominant.

Je paffai quelques jours feul à Wickham, après le départ des Prifonniers François ; & pendant ce tems je re-

DISCOURS

çus une Lettre de M. Thomas Birch, Secrétaire de la Société Royale, datée de Londres, le 7 Janvier 1762. Je lui avois écrit le 27 Novembre & le 23 Décembre, pour le prier de s'intéresser en qualité d'homme de Lettres, à ma situation, & en particulier de m'envoyer la copie des premiers feuillets du Manuscrit de Zoroastre qui étoit à Oxford, s'il ne m'étoit pas permis d'aller moi-même consulter cet Ouvrage sur les lieux. Après des excuses sur le délai de sa réponse, causé parce que ma premiere Lettre ne venoit que de lui être remise, M. Birch me marquoit que la Société Royale n'avoit aucune autorité sur l'Université d'Oxford, & que cette Université ne souffriroit pas qu'aucun de ses Manuscrits fût transporté à une telle distance (à Londres ou à Wickham). Il ajoutoit que, si je voulois lui marquer plus en détail les circonstances de ma détention, il feroit tout son possible pour m'obtenir la permission d'aller à Oxford.

Ces offres très-obligeantes venoient trop tard : mais elles me firent voir au moins que les Lettres étoient de toutes les Nations; & elles me donnerent une idée favorable des Sçavans, auxquels je me disposois à aller rendre visite.

Mon Voyage étant décidé, je pris de M. Garnier des Lettres de recommandation pour le Principal du College de Winchester, & pour le Docteur Barton, Chanoine du College de Christ à Oxford. J'avois reçu le 13 Janvier de M. Eddowes, à qui j'avois fait part du changement de ma position, les complimens les plus flatteurs ; il m'assuroit en même-tems que l'on me remettroit de sa part une Lettre pour le Docteur Warton, Professeur de Poésie ; & qu'en général je serois recommandé à tous les Sçavans de l'Université. Muni de ces passeports, plus nécessaires dans un sens pour le succès de mon voyage, que celui du Bureau des Matelots malades &c, je partis de Wickham le 14 Janvier, portant avec moi quelques morceaux Indous & les trois plus beaux Manuscrits anciens Persans destinés pour la Bibliothéque du Roi ; sçavoir le *Vendidad Sâdé*, le *Vendidad Zend & Pehlvi* & le Volume qui renferme l'*Izeschné Zend & Samskretan*, & les *Ieschts Sâdés*. Je crus qu'il seroit juste de montrer une partie de mes richesses à des personnes que j'allois prier de m'ouvrir leurs trésors.   Le

PRÉLIMINAIRE.

Le Principal du College de Wincheſter, que je vis en paſſant dans cette Ville, me donna les Lettres dont M. Eddowes m'avoit parlé. Je m'arrêtai peu chez lui, malgré les efforts qu'il fit pour me retenir quelques tems; & je continuai ma route par des chemins aſſez difficiles. Il fallut pluſieurs fois traverſer des landes & des terres couvertes d'eau; ce qui fatigua beaucoup ma voiture. Sur les ſix heures du ſoir, une des petites roues caſſa, & je fus obligé de monter un des chevaux, tenant devant moi mes trois *in-folio*, tandis que le poſtillon montoit l'autre avec mon domeſtique. Nous fîmes de cette maniere trois grands milles au milieu de la nuit, incommodés de la pluie, & arrivâmes haraſſés à l'Auberge.

Les chaiſes de poſte Angloiſes ſont aſſez commodes; on y tient deux à l'aiſe: mais, au lieu qu'en France on change ſeulement de chevaux à chaque poſte, en Angleterre il faut y prendre une nouvelle voiture; ſans cela, on eſt expoſé, particulierement un étranger, à ne pas trouver de chevaux. Il arrive de ce changement de chaiſe, que l'on perd du tems, ſur-tout la nuit; que les coffres ſont mal attachés, & qu'il s'égare ſouvent des paquets. J'éprouvai tous ces inconveniens dans mon voyage de Wickham à Londres. J'avois loué pour celui-ci une chaiſe avec deux chevaux pour huit jours. Cette voiture m'ayant manqué en chemin, je fus trop heureux d'en trouver une à l'Auberge où je paſſai la nuit.

Je partis le lendemain 15 de grand matin; & malgré les *turn-pikes* (barrieres qui vous arrêtent preſqu'à chaque double mille, & auxquelles il faut payer un demi ſchilling & quelquefois un ſchilling) j'arrivai le 17 Janvier à Oxford ſur les neuf heures du matin.

Oxford eſt une Ville compoſée de Colleges, de Profeſſeurs, d'Ecoliers, & de Domeſtiques, Marchands & Ouvriers employés au ſervice des Colleges; de maniere qu'en Été, comme les Profeſſeurs & les Ecoliers y ſont en bien moindre nombre, elle eſt preſque déſerte, mais c'eſt le vrai tems pour voir commodément les bâtimens publics qui font très-beaux. Il y a peu de rues qui ne foient décorées par quelque édifice fuperbe.

Arrivé à Oxford, mon premier foin fut de fçavoir où demeuroit M. Swinton. On m'indiqua fa demeure, & je lui rem:s une Lettre qui me procura de fa part un accueil affez gracieux : c'eft beaucoup dire ; M. Swinton, Sçavant d'ailleurs du premier mérite, eft un petit homme ratatiné dont les yeux percés comme avec un vilebrequin, font bordés de rouge & cachés fous d'épais fourcils, gris blancs. La Lettre que je lui préfentai annonçoit le fujet de mon Voyage ; après m'avoir offert une taffe de Thé, il me conduifit chez le Docteur Barton que nous ne trouvâmes pas.

De-là, nous allâmes à la Bibliotheque Bodleïenne, où l'on me montra le *Vendidad Sâdé*, attaché avec une chaîne, dans un endroit particulier. Il faifoit très-froid; & j'aurois fouhaité l'emporter à mon Auberge pour le comparer avec mon exemplaire. La propofition ne fut pas reçue: le Docteur Browne, Vice-Chancelier de l'Univerfité,& Garde de la Bibliotheque, me dit feulement qu'on me permettroit de l'examiner à mon aife à la Bibliotheque même. Je promis de revenir le lendemain, & jettai un coup d'œil fur le Vaiffeau de cette Bibliotheque. C'eft un quarré long, peu élevé & affez obfcur, dont l'intérieur forme une ⊓ couchée. Au milieu, devant les tablettes attenantes aux murs, font d'autres corps ifolés ; ce qui *double en partie* la Bibliotheque. Le devant des premieres Tablettes eft garni de pupitres. Cette Bibliotheque renferme encore un Médaillier peu confidérable. En général, elle n'a pas l'apparence de nos Bibliotheques publiques.

Le lendemain 18, je me rendis fur les neuf heures à la Bibliotheque Bodleïenne, où, malgré le froid qui étoit très-vif, je paffai une heure à examiner le *Vendidad Sâdé*, dont je copiai la Notice qui eft écrite en caracteres Zends: on peut la voir dans la *Lifte des Manufcrits Zends &c. dépofés à la Bibliotheque du Roi*. Je donnai cette Notice au Bibliothécaire qui en avoit une autre peu exacte, où le nom du *Djed dew dad* (ce qui eft la même chofe

PRÉLIMINAIRE. ccclix

que *Vendidad*) étoit méthamorphosé en nom d'Auteur.
Après m'être assuré que le plus beau de mes Manuscrits étoit le même que le Manuscrit Zend de la Bibliotheque Bodleïenne, je témoignai au Docteur Swinton l'envie que j'avois de voir les Manuscrits de M. Hyde, & ceux de M. Fraser. Ces Manuscrits étoient entre les mains du Docteur Hunt, Professeur en Arabe, que l'on avoit chargé de les mettre en ordre pour la Bibliotheque Radclivienne. J'allai donc, conduit par M. Swinton, chez ce Docteur, qui m'offrit poliment de me les faire voir sur les trois heures. J'acceptai l'offre, & me rendis chez le Docteur Barton qui m'attendoit à dîner, avec mon *Cicéroné*, le Docteur Swinton. Le repas fut honnête; mais je ne vis qu'avec peine le ton humble du Docteur Swinton vis-à-vis du Docteur Barton qui ne le valoit au plus que par trente mille livres de rente en bénéfices, dont il jouissoit. On but au bon succès des Ouvrages de Zoroastre, & j'engageai fort ces Messieurs à faire revivre les liaisons que les Sçavans d'Angleterre avoient autrefois avec ceux de France. Ces paroles leur firent plaisir : ils me dirent que j'étois le premier François qu'ils se rappellassent d'avoir vû à Oxford pour un objet purement relatif aux progrès des connoissances humaines; ils me chargerent en même temps de faire connoître à mes Compatriotes les sentimens dans lesquels ils étoient, & Madame & Mademoiselle Barton appuyerent ce que disoient les Docteurs. Après avoir pris le caffé, le Docteur Barton, qui étoit de la Société des Antiquaires, voulut me donner un plat de son métier. Il nous fit monter dans son cabinet & montra au Docteur Swinton, l'Apollon des Docteurs Riches, un tiroir plein de Médailles, sur lesquelles il lui demanda son avis. Cela occasionna quelques *impromptus* d'Antiquité, après lesquels nous nous rendîmes chez le Docteur Hunt. Mais avant que de quitter son cabinet, le Docteur Barton me montra dans sa Bibliotheque les *Mémoires de l'Academie des Belles-Lettres*, ajoutant qu'il les regardoit comme le Recueil le plus complet dans ce genre.

En traversant la cour du College de Christ, je ne pus

VOYAGE aux Indes Orientales, IIIe. Partie.

mmm ij

m'empêcher de rire en moi-même de la figure de mes deux Conducteurs. Le Docteur Svinton, tout ramassé dans sa robbe, la tête baissée & couverte d'un méchant bonnet gras à trois cornes, avoit tout l'air d'un suppôt d'Université : le Docteur Barton, grand & bien fait, le précédoit de quelques pas, faisant flotter gravement une belle robbe, dont les devants doublés de satin assortissoient avec un bonnet de velours, dont la pointe antérieure baissée sur le front du Docteur, lui rendoit le regard plus fier. Ajoutez à cela des tours de tête à droite & à gauche, comme d'un homme qui s'admire en compassant sa marche, & vous aurez le portrait d'un riche Chanoine Anglois.

Nous trouvâmes le Docteur Hunt aussi affublé de sa robbe. Après les premiers complimens, comme le tems pressoit, il alla chercher les Manuscrits du Docteur Hyde indiqués dans la Liste que j'ai déja citée, & me dit qu'il entendoit l'ancien Persan. Mais, sans insister sur ce que la lecture Persanne se trouvoit sous les caracteres Zends dans les Manuscrits qu'il me présentoit (le *Viraf namah* & le *Sad der*), je lui fis voir que ce qu'il prenoit pour de l'ancien Persan n'étoit que du Persan moderne revêtu de caracteres anciens, qu'il lisoit à l'aide d'un alphabet Zend & Persan, qu'il avoit trouvé dans le Manuscrit des *Neaefchs* appartenant au Docteur Hyde. La Science de M. Hunt se trouva en défaut devant le Livre des *Néaefchs* de ce Docteur ; &, pour achever de le convaincre, j'ouvris les trois *in-folio* que j'avois apportés. Il en admira les caracteres, la condition, mais ne put absolument y rien lire. Je lui montrai dans l'un de ces trois Livres, les *Néaefchs* qu'il avoit sous les yeux, & ajoutai que M. Fraser avoit apporté d'autres Ouvrages de ce genre, dont je lui dis les noms. C'étoit le Destour Sapour qui m'avoit appris ces particularités à Surate, en m'assurant que cet Anglois ne sçavoit ni Zend ni Pehlvi, & qu'il parloit seulement un peu le Persan moderne. Surpris de me voir si bien instruit, le Docteur Hunt alla chercher les Manuscrits de M. Fraser, qui se trouverent tels que je lui avois dit, & j'en copiai les Notices en Persan.

Mes Manuscrits donnerent dans l'œil au Docteur, & il me

PRÉLIMINAIRE. cccclxj

dit, sans doute pour plaisanter, qu'étant Juge de Paix d'Oxford, il pouvoit me faire arrêter pour l'affaire qui m'avoit porté à recourir au Pavillon Anglois, & retenir mes Livres. Piqué de la réflexion, je lui dis que je ne le craignois point, & qu'il répondroit de mes papiers au Ministre Anglois (M. Pitt), & au Roi de France, à qui ils avoient été annoncés. Cette répartie vive, accompagnée d'un regard méprisant, fit changer la conversation. Nous avions tort l'un & l'autre; le Docteur, de toucher cette corde dans la position où j'étois; & moi, de prendre ses paroles trop à la lettre. Tout se passa ensuite fort honnêtement.

VOYAGE aux Indes Orientales, IIIe. Partie.

Le Docteur Hunt me parla des *Vedes*, & alla chercher un porte-feuille mal en ordre qu'il disoit en contenir une partie. Ne soyez pas surpris, Monsieur, ajouta Madame Hunt, de voir ces papiers dans cet état; nous n'avons pas encore eu le temps de les arranger. Pour l'aider dans ce travail, je fis présent à son mari d'un bel Alphabet Samskretan; & ne voulant pas faire de jaloux, je promis aux deux autres Docteurs, de leur envoyer de Wickham des Alphabets raisonnés des différentes Langues Asiatiques, anciennes & modernes, dans lesquelles j'avois des Manuscrits.

Le Thé qu'on nous servit, interrompit un moment la conversation; après quoi, j'allai voir la Collection des Manuscrits de M. Fraser, que le Docteur Hunt avoit placée dans une grande chambre. Comme c'étoit à la lumiere & même qu'il étoit tard, je ne pus les examiner tous en particulier. Le Docteur Hunt me montra les principaux, qui étoient, cinq parties du *Rozot eussafa*; le *Schah namah* avec le Dictionnaire; le *Tarikh Ttabari*; le *Tarikh Kaschmiri* (depuis les tems les plus reculés jusqu'à la conquête de ce Royaume par Akbar) par Hossein ben Aali, du Kaschmire; l'*Akbar namah*; le *Mirat Sekanderi*, contenant l'Histoire de Guzarate jusqu'à la conquête de ce Royaume par Akbar; un Abrégé du *Barsour namah*; des *Divans*; le *Zitch d'Oulough beigue*; quelques *Poranas* Indiens; un petit *Nammala*, & trois volumes incomplets du *Mahararat*: mais je ne vis aucun Livre Pehlvi dans cette Collection qui pouvoit monter à deux cents cinquante volumes.

Ci-d. p. cclxvj. not. n°s. 8, 9.

Très-satisfait de la complaisance & des politesses du Docteur Hunt, je le quittai pour me rendre à mon Auberge; mais le Docteur Swinton m'engagea de passer un moment chez lui. J'y trouvai un Bâchelier qui s'appliquoit à l'Histoire de la Bactriane. Madame Swinton, jeune Genevoise, parlant fort bien François, me fit l'accueil le plus gracieux, & son mari me présenta une médaille des Rois de Perse semblable à celles qui sont au commencement de l'Ouvrage du Docteur Hyde sur la Religion des Perses: on voyoit d'un côté une tête de Roi, & de l'autre un réchaud de feu posé sur un pied en forme d'Autel. Il fallut bon gré malgré que je lui disse ce que je pouvois y lire. J'eus beau lui déclarer que les caracteres étoient en partie effacés & en partie différens des lettres Zendes: tout cela fut pris pour défaite. Alors fâché de ne pas pouvoir reconnoître autrement les peines que M. Swinton s'étoit données pour moi, je tâchai de déchifrer la légende, & lui présentai ce que je croyois, pour le moment, y appercevoir. Ce bon Docteur me reconduisit à mon Auberge. Il avoit eu la complaisance de m'accompagner partout, les deux jours que je passai à Oxford. Je sentis, en l'embrassant, une vraie peine de ne pas le voir plus opulent.

Je partis d'Oxford le 19, & arrivai à Wickham le 21, sans autres accidens que quelques erreurs de route, qui vinrent de ce que le premier jour nous allâmes de nuit, & que les chemins étoient fort mauvais.

M. Garnier & le Particulier qui avoit le district des Prisonniers, furent surpris de me voir si-tôt de retour. Mon passeport me donnoit trois jours à Oxford, & je n'en avois employé que deux : mais j'étois bien-aise de soutenir à ma façon l'honneur du caractere François. Je dois aussi rendre justice à celui des Anglois. Je ne reçus que des politesses dans les Auberges où je m'arrêtai, quoique ce fût dans le fort de la guerre, & que je m'annonçasse publiquement pour ce que j'étois. Ces bonnes gens, bien différens du Peuple de la Cité à Londres, me dirent qu'ils aspiroient après la paix. En effet, les vivres étoient à un prix exhorbitant. Je payai à Winchester une tasse de caffé

PRÉLIMINAIRE.

trois livres. Le Maître de l'Auberge, à qui je témoignai ma surprise, me demanda si les glaces, les fauteuils en velours &c. des appartemens ne devoient être comptés pour rien. Il faut avoüer que les Auberges sont très-propres en Angleterre; les grands Seigneurs, les Princes mêmes s'y arrêtent quelquefois long-tems: mais on ne doit pas s'attendre à y trouver des mets bien délicats. La viande consiste le plus souvent en *beef steaks*, (*côtelettes de bœuf*) qui feront le déjeûné d'une Demoiselle de quinze ans, comme du plus fort Matelot. Quand vous arrivez, le *Land lord* (l'Aubergiste) a tout ce que vous souhaitez; le résultat est qu'on vous sert des *beef-steaks*.

Ce voyage m'apprit qu'une partie de l'Angletter étoit en friche. La moitié du chemin n'étoit que landes; & je voyois dans les Villages des vieillards, des filles à marier, des enfans depuis sept jusqu'à douze ans; mais peu d'hommes de quarante ans, & encore moins de jeunes garçons.

Je reçus à Wickham une lettre de M. Guiguer, Commissaire-Général des Prisonniers, datée de Londres le 20 Janvier. Il m'accusoit la réception de celle que je lui avois écrite d'Oxford le 17; &, après les complimens les plus polis, il m'annonçoit que je trouverois à Wickham un passeport pour me rendre à Londres, où j'en recevrois un autre pour m'embarquer à Douvres, ou à Harwich, ou à Londres même, pour Ostende, voie plus commode & moins couteuse. Cette Lettre hâta mon départ; & après avoir pris congé de M. Garnier qui eût souhaité me retenir chez lui quelques jours, & lui avoir rendu mille graces pour les obligations essentielles que je lui avois, je me rendis à Portsmouth.

Je fus obligé de passer trois jours dans cette Ville, à cause de mes effets qui furent visités à la Doüane avant que d'être plombés pour Londres. Je reçus pendant cette intervalle les plus grandes politesses de la part de M. Buknal & de M. Ham. J'aurois bien voulu témoigner de vive voix à M. Eddowes les sentimens de reconnoissance dont j'étois pénétré: mais j'eus le déplaisir de ne pas le trouver à l'Arsenal où il de-

Voyage aux Indes Orientales, IIIe. Partie.

meuroit; & de crainte de causer des soupçons en paroissant plusieurs fois en tems de guerre dans un endroit tel que celui-là, où même je ne pouvois aller qu'en traversant la principale Batterie qui protege le Port, je ne jugeai pas qu'il convînt de lui faire une seconde visite.

Portsmouth est une Ville du second ordre, assez bien bâtie & très peuplée: j'ai déjà parlé de son Port; la distribution est la même que dans les autres emplacemens de cette nature. Je fus curieux avant que de quitter cette Ville, de voir l'Eglise & l'Hôpital. Ce dernier bâtiment n'étoit pas entiérement achevé; il est situé dans un endroit bien aëré, qui est séparé de Portsmouth par un petit bras de mer. C'étoit où M. Ham demeuroit; il eut la politesse de m'y donner à déjeûner. Le bâtiment est grand, simple, propre; & tout y est dirigé pour la commodité des malades.

Je ne trouvai rien dans l'Eglise de différent de ce que j'avois vu en Hollande. J'assistai à l'Office du soir un jour de Fête avec une parente de M. Buknal: nous entrâmes dans un banc peu éloigné de celui des Chantres. J'y vis converser & rire comme dans nos Eglises, & il me sembla que le chant en Langue vulgaire étoit bien moins d'accord, quoique soutenu par l'Orgue & par les Chantres, qu'il ne l'est en Latin.

Lorsque mes affaires furent terminées, j'envoyai mes effets à Londres par les voitures publiques, & partis en chaise pour cette Ville, où j'arrivai sans autre accident que la perte des habits de mon Valet, & d'une partie de mon équipage. J'avois changé de chaise la nuit. Le matin, lorsque je m'apperçus de l'absence du paquet, le Postillon offrit de retourner le chercher sur la route que nous avions suivie. Je le laissai aller; & il revint, comme je m'y attendois, sans avoir rien trouvé. Ce sont des tours des garçons de poste, qui attachent mal, sur-tout la nuit, une valise ou une malle, & qui vont ensuite la chercher où ils pensent qu'elle doit être tombée : le Postillon est de moitié avec eux.

J'arrivai à Londres, le 31 Janvier, sur les cinq heures du soir. Je fus plusieurs heures sans pouvoir me faire servir

par

PRÉLIMINAIRE.

par les gens de l'Auberge, où mon Hôte de Portsmouth m'avoit adressé. C'étoit un Cabaret renforcé, & ma qualité de François m'y faisoit regarder de mauvais œil ; au lieu que dans les *Bagnios* où descendent les honnêtes gens, je n'eusse reçu que des politesses. Ma patience surmonta l'antipatie des domestiques ; une servante plus humaine fit taire ses camarades ; & après avoir fait un mauvais souper, je pris quelques heures de repos, assez inquiet de la maniere dont j'arrangerois mes affaires dans ce triste hospice.

Je sçavois que le fils de M. Garnier étoit à Londres ; le lendemain, je fis chercher l'endroit où il demeuroit. J'ignorois que son pere lui eût donné ordre de m'offrir sa maison, & mon dessein étoit uniquement de prendre ses conseils sur ce que j'avois à faire dans cette Ville. Ma Lettre lui fit un vrai plaisir ; comptant que j'arriverois plûtôt, il m'avoit déja fait chercher dans les *Bagnios*. Il vint aussi-tôt me trouver, fit transporter mes effets dans sa maison, & m'engagea le plus poliment du monde à y passer le tems que j'avois à rester dans la Capitale.

M. Garnier demeuroit dans le quartier de Pall-mall. Pour me conformer à ce que M. Guiguer m'avoit marqué, je me rendis de-là à Tower hill où étoit le Bureau des Matelots malades & des Prisonniers. Cet endroit est hors des barrieres de Londres ; & je fus obligé de prendre un fiacre, parce que les chaises à porteur, voitures propres, douces & commodes, ne vont que dans la Ville. A l'exception de quelques endroits de Pall-mall, qui est le quartier de la Cour, Londres alors n'étoit pas pavé. Le milieu des rues présentoit une mer de bouë, au milieu de laquelle perçoient de tems en tems des pointes de cailloux qui faisoient faire aux carrosses les mêmes sauts que les pointes de rochers font faire aux Vaisseaux. Les personnes qui alloient à pied, n'avoient d'autre asyle que le bord des maisons, qui formoit un espece de trotoir large de trois pieds, pavé de pierre, fort souvent couvert d'eau, & où, sans parler de la foule, on étoit exposé à avoir le corps froissé par les bâtons des chaises à porteurs. Pour aller

Tome I.   n n n

d'une rue à l'autre, il falloit marcher leſtement ſur deux rangs de pavés formant comme une chauſſée dans la mer de boue dont je viens de parler. Les carroſſes les mieux ſuſpendus ne pouvoient entierement rompre le cabotage : mais il n'y a ni rouli, ni tangage, qui vallût les ſecouſſes d'un fiacre. Je fus près d'une demi-heure à prendre l'équilibre de la voiture, me tenant fortement aux côtés. Je le perdis bientôt par une inquiétude qui penſa me coûter cher. Voyant le fiacre s'arrêter, je m'aviſai de mettre la tête à la portiere pour crier au Cocher d'aller plus vîte ; un cahotage violent me prit dans cette ſituation, & pendant pluſieurs minutes, les deux côtés de la portiere me ſuffleterent alternativement ſans que je puſſe tirer ma tête de cette preſſe, ni me jetter ſur les couſſins.

J'arrivai ſans autre accident à Tower hill, où je demandai à voir M. Guiguer. Cette faveur ne me fut pas accordée. Le Secrétaire me donna un paſſeport pour le tems que je comptois reſter à Londres ; il me remit enſuite pluſieurs Lettres de France qui avoient été retenues dans ce Bureau, entre autres deux de M. l'Abbé Barthelemy, qui me firent un vrai plaiſir : ce Sçavant avoit pris un intérêt vif à mon Voyage de l'Inde, & j'étois charmé de voir que mon retour le trouvoit dans les mêmes diſpoſitions.

Muni du paſſeport de Tower hill, je ſongeai aux moyens de paſſer en France ; & ſçachant que la Compagnie des Indes de France avoit pour Agens à Londres MM. Cotin & la Fond, j'allai leur rendre viſite. J'eus tout lieu d'être content de leur réception ; repas, offres de ſervices, invitation à reſter quelque tems en Angleterre pour y jouir de leur Campagne, tout fut employé à mon égard. M. la Fond ſe chargea de me chercher une occaſion pour Oſtende, arrangea lui même le marché avec un Capitaine Flamand, & fit paſſer mes coffres à la Doüane, ſans nouvelle viſite ; ce qui me délivroit d'un grand embarras. En Angleterre les Marchandiſes & les effets des Particuliers ne ſont viſités & ne paient de droits qu'à l'entrée & à la ſortie du Royaume : ils peuvent enſuite être tranſportés d'une Province dans

PRÉLIMINAIRE.

l'autre, fans être fujets à aucune vifite; ufage très-propre à faire fleurir le Commerce par la communication qu'il facilite.

Après avoir pris les arrangemens néceſſaires pour mon paſſage en France, je m'occupai à Londres, en attendant le jour du départ, à voir les objets qui peuvent piquer la curiofité d'un étranger. La reconnoiſſance guida mes premiers pas, & me conduifit chez M. Stanley qui avoit fon logement à l'Amirauté, bâtiment de peu d'apparence. Je trouvai dans ce Seigneur, un homme zélé à rendre fervice, d'un commerce facile, d'une Littérature étendue, &, ce qui me plut davantage, envifageant les Sciences & les Lettres avec ce coup d'œil fûr & cette élévation d'efprit qui diftinguent l'homme de goût du fimple Erudit.

Les Sciences en Angleterre font fur un autre pied qu'en France. Paris eſt le centre des connoiſſances; & les rapports que tous les états ont réciproquement les uns avec les autres dans cette grande Ville, ôtent aux gens de Lettres cette rudeſſe & cet empefement qui naiſſent de l'étude féche & fombre du Cabinet. En Angleterre le titre de *Docteur* donné à tous les Sçavants, en fait un Corps à part, qui a tout le Pédantifme de l'École. La plûpart réfident à Oxford & à Cambridge, Villes dont l'air, à un mille à la ronde, femble impregné de Grec, de Latin & d'Hébreu. Quelquefois ils font des Voyages à Londres, où les habitans, la plûpart Marchands, ou tenant au Commerce, à la Marine, les voyent pour leur amufement, & croyent les bien payer en leur donnant de bons repas. Des inventions utiles, c'eſt-à-dire, relatives au Commerce ou à la Marine, ou tout-à-fait fingulieres; voilà ce qui, dans cette Ville, peut donner de la confidération à un Sçavant: & encore quelle confidération? Le *True Englishman* (c'eſt-à-dire *le vrai Anglois*) dit : *J'ai du bien, & je le dépenfe comme il me plaît; les Militaires & les Marins font d'honnêtes Domeftiques à mes gages, faits pour augmenter ce bien, & m'en aſſurer la jouiſſance; les Sçavants & les Artiftes m'amufent.* Auſſi en Angleterre, les titres de Littérature qui font du bruit dans les autres Etats de

ccceixviij   DISCOURS
l'Europe, font-ils très-peu de chofe, hors des deux Uni-
verfités.

Le *Mufæum* eſt le principal Établiſſement littéraire à Londres, auquel l'Etat s'intéreſſe. A la tête font les premiers Seigneurs de l'Angleterre. On a choiſi, pour placer les richeſſes qu'il contient, le plus bel Hôtel de Londres, celui de Montaigu, qui ne figureroit pas à Paris avec un Hôtel du ſecond Ordre. Lorſque je paſſai dans cette Ville, les Sçavants qui avoient la direction du *Mufæum*, étoient au nombre de huit ; le Bibliothécaire (*Principal Librarian*), le Docteur Knight qui avoit deux cents guinées d'appointemens ; trois Sous-Bibliothécaires, MM. Morton, Maty & Empfon, à cent guinées d'appointemens ; trois Aſſiſtans, & un Garde pour la ſalle, où ſe raſſembloient les perſonnes qui avoient à travailler ſur quelque Livre ou Manuſcrit de ce Dépôt. Cette ſalle eſt dans un bas ; en hiver, il y a du feu. Les Gens de Lettres que je viens de nommer, étoient logés au *Mufæum*, mais très petitement.

J'aurois été fâché de quitter Londres, ſans avoir vu cet Établiſſement. Un des amis de M. Garnier, le Docteur Maurice, connu de MM. Knight & Morton, ſe chargea de m'y conduire, & engagea même le premier de ces Docteurs à avancer le jour auquel on pourroit me le montrer ; parce que les places ſont retenues & inſcrites dans un regiſtre, & qu'on n'y admet que dix ou douze perſonnes à la fois.

Le *Mufæum* ne m'offrit rien de ſurprenant. Avec le tems, la Collection qu'il renferme, pourra être conſidérable : alors il y avoit à-peu-près de tout, des Livres, des Manuſcrits, des Curioſités naturelles, mais en petite quantité ; & ſi l'on excepte un Dictionnaire Grec, en Lettres onciales, que l'on me dit être du dixieme ſiecle, & le Manuſcrit Alexandrin de la Verſion des Septantes, le reſte étoit très-ordinaire. J'y vis une figure Egyptienne en marbre, couverte des caractères que que M. Nedham prétend être Chinois. Le Sçavant qui nous conduiſoit dans les différentes Salles du *Mufæum* m'avoüa qu'on ſoupçonnoit dans le procédé de ce Docteur, plus que de la charlatanerie. C'étoit M. Morton qui ſe donnoit cette peine ; & quoiqu'il s'excuſât ſur ſon

PRÉLIMINAIRE. cccclxix

peu de connoissance en fait d'Histoire naturelle, & qu'il fût fâché que M. Maty n'eût pas pu nous faire valoir les richesses de ce Dépôt en ce genre, je n'en conçus pas une plus grande idée. J'y vis des pierres communes & des insectes assez ordinaires, mis au rang des raretés. Enfin, & pour le Vaisseau, & pour ce qu'il contenoit, en France le *Muséum*, tel qu'il étoit alors, n'auroit passé que pour un beau Cabinet de Particulier.

Au sortir du *Muséum*, je montai chez M. Morton. Ce Docteur s'est acquis de la réputation par les Tables d'Alphabets Hébraïques, Grecs, Arabes &c. de différens âges, qu'il a publiées. Il me fit présent de ceux qu'il avoit donnés au Public, & me montra le brouillon de différens Alphabets Samskretans fort défectueux, qu'il alloit faire graver. Il prétendoit posséder l'Alphabet Zend, parce qu'il avoit dans son Recueil quelques caractères ressemblans aux Lettres Zendes; je le tirai de cette erreur qui paroissoit lui plaire, en lui apprenant que la valeur qu'il donnoit à ces caractères, étoit absolument différente de celle des mêmes figures dans l'Alphabet Zend: & en effet, s'il suffisoit que deux caractères se ressemblassent pour venir l'un de l'autre ou être identifiés, on trouveroit des Lettres Romaines, Hébraïques, Indiennes, jusques dans les Hiéroglyphes Méxicains. Je quittai M. Morton très-satisfait de sa politesse & de celle des autres Sçavans du *Muséum*, avec lesquels j'aurois désiré que mes affaires m'eussent permis de converser plus long-tems, ainsi qu'avec les Docteurs d'Oxford.

Je ne parlerai pas ici des objets qui, à Londres, fixent ordinairement la curiosité des Étrangers; tous les Livres en font mention. Tels sont;

1°. L'Eglise de Saint-Paul. Je montai à grands frais sur les trois heures & demie au haut du Dôme, d'où la Ville de Londres me parut couverte d'un nuage épais de fumée de charbon de terre.

2°. La Salle de Westminster, remarquable par la hardiesse de la voûte, & qui ne ressemble d'ailleurs qu'à une grande halle, au coin de laquelle est une petite piece garnie très simplement, où se tient la *Cour de Westminster*,

3°. L'Eglise de Westminster, peu différente de Notre-Dame de Paris, & devenue célebre par les Mausolées en marbre, la plûpart faits par un François mort il y a trente-cinq à quarante ans, dont elle est décorée; tels que ceux de Dryden, de Shakespeare, de Newton &c.

4°. Le Pont de Westminster, qui me parut étroit, & où, dans les mauvais tems, le trotoir, qui est fort bas, ne garantit pas de la bouë du milieu du Pont :celui de Blacks Friars n'étoit pas achevé.

5°. Le Palais de Saint-James, qui, du côté de la Ville, n'a guere plus d'apparence que l'Hôtel de Sens, & du côté du Park, présente une façade plus large que le Palais Royal. Le Park qui fait la promenade publique de Londres, est un grand terrein composé de cinq à six allées d'arbres, longues comme les Thuileries, avec deux ou trois tapis verds. Le Portefaix y entre avec le Duc & Pair ; ce qui fait qu'en hiver il est plein de bouë, & ressemble réellement à un Parc.

6°. Waux-hall, qui présente en raccourci le spectacle des caffés de nos boulevarts ; avec cette différence que d'un côté les premieres voix de l'Opera chantent au Waux-hall, & que de l'autre, nos caffés offrent une variété préférable au coup-d'œil monotone d'un Jardin.

7°. Les Spectacles, qui n'ont rien de différent de ceux de Paris, à la licence près, qui n'y respecte personne. Le jour que j'assistai au *Couronnement*, piece de Sharespea, au Théâtre du célebre Garrick, après la grande piece, je vis paroître sur la scéne plus de cinquante Matelots chantant de *huzzés* contre les Puissances avec lesquelles l'Angleterre étoit alors en guerre. Il est vrai que ces farces indécentes ne sont que pour le Peuple ; & un jeune Seigneur Anglois à côté de qui j'étois, me dit qu'il étoit fâcheux que M. Garrick se laissât aller à de pareilles excès, pour plaire à la multitude. J'ai sçu depuis que cet Acteur avoit de bonnes raisons pour en agir ainsi. Il avoit vû son Théâtre brisé, & sa propre maison exposée à être brûlée, pour avoir annoncé par une Pancarte, plusieurs Acteurs François, qu'il avoit enrôlés à Paris & dans les

PRÉLIMINAIRE.

Provinces. Un danger de cette nature rend malgré soi populaire.

Si j'avois eu plus de tems à passer à Londres, mon plaisir auroit été d'étudier le caractere de l'Anglois dans ses différens états ; le Peuple à la Bourse, à la Doüane & jusque dans les Tavernes ; les Pairs & les Membres de la Chambre des Communes au *Bagino*, où ils font des parties de plaisirs de trois à quatre jours ; les femmes au jeu où elles passent entr'elles des nuits presqu'entieres, tandis que les maris sont au *Bagino*, ou chassent le Renard ; l'Anglois a sa campagne, qu'il visite en tout tems, au moins tous les huit jours, & où il étale sa magnificence ; enfin les Ecclésiastiques dont les filles remplissent souvent, à la mort de leur Pere, les lieux publics de Londres. Mais ce qui m'auroit peut-être fait prolonger mon séjour en Angleterre, c'est le caractere des Angloises dans leurs Terres. Elles y passent souvent des mois entiers seules, occupées de la lecture ou livrées à quelqu'amour romanesque. Avec une tournure d'esprit sérieuse, quelque chose de tendre, de franc & de vif dans les sentimens, elles sont aimables, sans être gênantes. Ce sont des hommes pour la force des résolutions, & leur générosité n'a pas de bornes. Enfin en Angleterre on peut parler bon sens avec une personne jeune, charmante, & qui a tout ce qui nous fait supporter les folies & le papillottage de nos petites Maitresses. Il s'en faut bien que les Anglois leur ressemblent. Jeunes, ils sont trop faits ; & les années les ramenent à la rusticité que l'éducation avoit bannie avec peine : le même Anglois que vous avez vu poli à Paris, est un autre homme à Londres ; il est méconnoissable dans ses terres.

Le peu de jours que je passai à Londres, ne me permit pas d'approfondir les Observations qu'un Peuple aussi estimable pouvoit me fournir ; & quand j'y aurois séjourné plus long-tems, la coutume de payer en détail aux Domestiques les repas qu'un ami vous donne, ne m'auroit pas engagé à fréquenter souvent les personnes dont les lumieres auroient pu m'être utiles.

Je quittai Londres le 12 Février, pour me rendre à

Gravezende; charmé de fortir de l'odeur du trifte charbon de terre dont cette Capitale eft enfumée pendant huit mois, enchanté des politeffes de M. Garnier, mais peu prévenu en faveur d'un Peuple enthoufiafte de trois objets; 1°. d'un Parlement, fufceptible comme les autres Corps, de foibleffes & de paffions; 2o. d'un Miniftre, qui venoit de recevoir une Penfion confidérable de la Cour; 3o. de la Bourfe, où il dépofe toutes fes richeffes, au point qu'un homme qui a cinquante mille livres de revenu, n'a pas cinquante louis dans fa maifon, paie fon Boulanger en billets fur la Bourfe, fans faire reflexion que la diminution du crédit de la Nation, & le retard d'un an ou d'eux d'intérêts fuffifent pour culbutter toutes les fortunes de l'Angleterre, où tout ce qui eft néceffaire à la vie eft prodigieufement cher, par l'abondance actuelle de l'argent.

M. Garnier pouffa la politeffe jufqu'à me reconduire à quelques milles de Londres, avec un de fes amis. Avant que de partir, ces Meffieurs me confeillerent de faire ce qu'on appelle *la bourfe des Voleurs*; c'eft une fomme que l'on donne, fans fe la faire demander deux fois, au premier homme armé qui fe préfente pour cela: le Voleur fe retire enfuite, fans tuer. Cette efpece d'accord tacite entre le Voleur & le dépouillé, me parut fingulier, chez un Peuple qui vante tant fa liberté & la fageffe de fon Gouvernement. Ma feconde bourfe fut mon piftolet; & nous ne fûmes point attaqués.

Nous nous arrêtâmes à quatre milles de Londres à Greenwich, pour voir l'Hôpital de la Marine qui donne fur la Tamife. Le coup-d'œil du côté de l'eau, eft affez beau, quoique le bâtiment foit manqué. Il eft compofé de deux grands pavillons, d'une Architecture noble & folide: l'Eglife eft dans l'enfoncement. Ce font les Invalides de l'Angleterre, mais qui pour l'apparence n'approchent pas des nôtres. Le nombre des Marins nourris dans cet Hôpital montoit à 1550, celui des gardes malades à quatre-vingt-quinze: l'Amiral Townfend étoit alors à la tête de l'Établiffement. Je vis les falles: elles font belles & fpacieufes; & l'on voulut bien nous montrer le bouillon des Matelots, que je trouvai très-bon. Le mérite de cet Établiffement confifte

dans

PRÉLIMINAIRE

dans l'ordre & la propreté qui y regnent, le foin que l'on prend des Malades, & le droit qu'ont tous les Marins bleſſés d'y demander une retraite: auſſi ne rencontre-t-on dans les cours que des eſtropiés. Quoique je fuſſe avec des Anglois, comme mon air me déceloit, on me conſeilla de ne pas reſter long-tems dans les ſalles, parce que ma vûe ne pouvoit que rappeller à ces ames farouches la cauſe de leur malheur. Un Anglois qui va ſe promener à nos Invalides, n'a pas beſoin d'un pareil avis.

Indépendamment des Marins invalides, on nourrit à l'Hôpital de Greenwich un aſſez grand nombre (il y en avoit alors cent quarante) d'Enfans, fils de Matelots tués ou bleſſés, qui y ſont inſtruits dans les Sciences relatives à la Marine, telles que les Mathématiques, le Pilotage &c. Une partie de ce que l'on donne au Portier pour voir les ſalles, & ce que rapporte la vente de l'Explication des plat-fonds & autres Peintures (faites en partie par le Chevalier Thornhill) dont elles ſont décorées, entre dans le fonds deſtiné à l'entretien de ces enfans. Cette Explication eſt imprimée en Anglois & en François, & préſente les noms de ceux qui ont donné au moins cent livres ſterlings pour la fondation de cet Hôpital.

Mes amis m'accompagnerent deux milles au-delà de Greenwich, juſqu'à un Village où je tâchai de reconnoître, quoique très-foiblement, par un petit dîner les politeſſes dont ils m'avoient comblé. Nous nous ſéparâmes enſuite, & je continuai ma route juſqu'à Gravezende où j'arrivai le ſoir.

Gravezende eſt un gros Bourg fort mal-propre en hiver, & qui n'eſt guere habité que par des Marins. Je fus obligé d'y attendre un jour le petit bâtiment ſur lequel étoient mes effets. Il arriva le ſur-lendemain 14 Février. Les Commis de la Doüane vouloient faire la viſite du petit coffre qui contenoit mes papiers, & que j'avois apporté dans ma chaiſe; mais l'Aubergiſte le deſcendit dans le Both par le derriere de ſa maiſon qui donnoit ſur la Tamiſe, & je m'embarquai ſur-le-champ.

Nous deſcendîmes la Tamiſe aſſez tranquillement, tan-

cccclxxiv **DISCOURS**

que le Royal George, Vaisseau de cent canons, perdit ses perroquets & son grand hunier, en voulant doubler la pointe qui est au-delà de Gravezende. Le Mauvais tems nous prit aux Dunes; le bâtiment n'avoit que cinq hommes d'équipage, & portoit sept ou huit Passagers. J'étois couché dans le lit du Maître ou Capitaine, accablé par le mal de mer. J'avois d'abord eu aux pieds un froid très-violent : le froid fut suivi d'un engourdissement auquel succéda un feu insupportable. Pendant ce tems, deux Passagers, Marchands de Paris à la toilette, se battoient sur le Gaillard; & les vagues, qui enfloient considérablement, balayoient le pont de notre chetive barque. Je craignois moins pour moi que pour mon coffre, qui, quoiqu'attaché au mât, pouvoit d'un moment à l'autre être emporté par les lames.

Le vent fut suivi d'un brouillard épais accompagné de neige. Le Patron ne sçachant où il étoit, vouloit changer de route, & s'aller échouer sur les côtes d'Irlande, plûtôt que de périr en mer corps & biens. Ce projet m'effraya & me donna la force de monter sur le pont. Je l'assurai que le verd-sale de l'eau de la mer annonçoit les bas-fonds des environs d'Ostende ; & comme principal intéressé, j'obtins de lui qu'il continueroit encore la route quelques tems. Sur les deux heures après-midi, le brouillard baissa, le vent devint largue, & nous apperçûmes Ostende. On peut juger de la joie que je ressentis. Enfin, après avoir mis quatre jours à une traversée qui peut se faire en dix-huit heures, & pendant laquelle je n'avois sucé que deux biscuits, trempés dans de mauvais brandewin, nous jettâmes l'ancre dans le Port d'Ostende le 17, sur les quatre heures & demie, lorsque le vent alloit nous être contraire. Nous étions suivis par deux embarcations qui eurent le malheur de ne pas pouvoir allerausi vîte que nous. L'une s'échoua contre la Côte, quelques lieues plus bas ; l'autre fut obligée de revirer de bord, & aura vraisemblement été se perdre sur les Côtes d'Irlande.

L'embarras du débarquement m'obligea de passer deux heures sur le Port dans un tems où il geloit à glace. Mes

PRÉLIMINAIRE.

coffres furent déposés à la Doüane qui dépendoit alors des gens de l'Impératrice Reine, & j'allai préfenter mes devoirs à M. le Chevalier de Sainte-Aldegonde, Commandant des troupes Françoifes qui étoient en garnifon dans la Ville. Rendu à l'Auberge, je n'eus que la force de me mettre au lit, & le lendemain je me trouvai les deux pieds pris de la goutte. La douleur étoit fupportable, quoique vive; & fi mes effets avoient pu paffer fans vifite, je me ferois fur-le-champ mis en route pour Dunkerque. Mais de nouvelles difficultés devoient donner au mal le tems d'augmenter, & me retenir aux portes de ma Patrie, après une abfence de près de huit ans. On me dit d'abord qu'on vifiteroit mes coffres ; ce qui étoit une opération très difgracieufe dans l'état où j'étois. Il fut enfuite queftion de droits, même pour mes Papiers, Livres & Manufcrits. Je crus devoir faire part de ma fituation à M. de Leffeps, Miniftre du Roi à Bruxelles : je lui marquai qui j'étois, & la deftination des richeffes Littéraires dont j'étois chargé. Je fouffrois cependant les plus grandes douleurs; & dans des accès d'une certaine force, je me mettois les pieds dans le feu pour faire diverfion au mal par un autre. Les frais que me caufoit mon féjour à Oftende, où l'habitude de voir des Anglois rend la vie prefque auffi chere qu'à Londres, étoient un autre tourment qui ne faifoit qu'augmenter le premier.

Impatient de hâter mon départ, je fis appeller le Médecin de l'endroit. Il approuva les cataplafmes de pain & de lait que je mettois à mes pieds pour aider l'enflure ; & vint deux fois me tenir compagnie, m'exhortant à la patience. Effrayé de me voir manger, fans recevoir de remedes, je m'en débarraffai par un préfent ; & lorfque l'enflure fut à fon période, le mal diminua.

Je penfai alors férieufement à quitter Oftende. Il y avoit deux voies à prendre; celle de terre & celle de mer. La premiere ne pouvoit avoir lieu pour mes effets, avant la vifite, ou du moins, fans un ordre de Bruxelles. Celle de mer étoit moins couteufe ; il fuffifoit pour faire fortir mes effets du Dépôt de la Reine, de les eftimer mille à douze cents livres, pour lesquelles il y avoit une bagatelle à payer, par exemple, vingt sols pour quatre cents livres. C'étoit ce que M. le Chevalier de Sainte-Aldegonde m'avoit marqué, en ajoutant que de cette maniere, ils seroient plombés, & non visités. Ne recevant point de réponse de Bruxelles, je pris ce dernier parti, mis mes deux coffres dans une Pogne avec mon domestique, & résolus de m'en aller par terre à Dunkerque avec mes papiers. Il fallut donner en présent aux Commis environ ce que la visite m'auroit couté ; & la veille de mon départ, lorsque mes coffres venoient d'être embarqués, je reçus de M. de Lesseps la Lettre la plus polie, datée de Bruxelles le 26 Février, accompagnée du passeport que j'avois demandé, signé par les Membres du Conseil des Finances de l'Impératrice.

Ces deux pieces ne firent que me donner quelque considération dans l'esprit des gens de la Doüane d'Ostende : les principaux frais étoient faits, & mon voyage arrangé.

Je partis d'Ostende avec un reste de goutte, le 6 Mars, passai par Gravelines, & arrivai le soir à Dunkerque, où je restai deux jours dans des transes continuelles; la mer étoit mauvaise, & l'on m'avoit fait connoître dans cette Ville le danger que couroient les Pognes, quoiqu'elles allassent terre à terre. Mes effets arriverent le 8 au matin, & la journée fut employée à obtenir des Commis de Dunkerque que mes coffres allassent à Calais. Après une légere visite cette faveur me fut accordée ; & je partis le 9 pour cette Ville, où j'arrivai le soir.

Je trouvai à Calais, chez le Receveur, M. Cafieri, un passeport des Fermiers-Généraux, comme M. Bignon me l'avoit annoncé. Les manieres du Receveur furent les plus honnêtes ; les choses se passerent à mon égard avec toute l'aisance que je pouvois desirer : je pense même que si j'avois été dans l'embarras, il m'auroit aidé de sa bourse.

La rigueur de la saison m'obligea ensuite de me séparer d'une partie de mes Manuscrits. J'avois toujours des douleurs

PRÉLIMINAIRE. cccclxxvij

de goutte, & je craignois qu'elles n'augmentassent dans un voyage de dix jours au milieu de la neige. Je remis en conséquence mes effets au carosse, sous la conduite de mon Domestique, & partis le 12 en poste portant avec moi mes papiers, les Manuscrits destinés à la Bibliotheque du Roi & quelques curiosités naturelles.

J'arrivai à Paris le 14, sur les six heures du soir sans autre accident que d'avoir manqué perdre, près de Saint-Denis, tout ce que contenoit un coffre plombé à Calais, qui étoit derriere ma chaise. Les cahos fréquens l'avoient presque brisé, & plusieurs planches entr'ouvertes avoient déja laissé passer quelques hardes. Heureusement mon Postillon, honnête homme, qui avoit remarqué l'état dans lequel il étoit, tournant de tems en tems la tête, apperçut des gens ramasser quelque chose derriere la chaise : il s'arrêta ; le pied droit enflé, je fus obligé de descendre au milieu des boues, la pluie sur le corps, & nous ratachâmes comme nous pûmes ce qui se détachoit. Je l'engageai ensuite à n'aller que le pas jusqu'à Saint Denis, & payai un homme qui se tint derriere la chaise le reste du chemin. A Saint-Denis, il fallut détacher ce coffre, l'envelopper d'une grande toile, le lier avec des cordes, & dans cet état il arriva heureusement à Paris. On peut juger de mon inquiétude, exposé comme j'étois à perdre une partie du fruit de mes peines, à la porte de Paris.

Je descendis à la Doüane, selon ce que M. Bignon avoit eu la bonté de me marquer ; & dès que je me fus nommé, je vis paroître M. Pesche, Directeur des Fermes, ami de M. Bignon & de M. l'Abbé Barthelemy, qui abrégea de la maniere la plus obligeante, le cérémonial d'usage. Je le quittai comblé de ses politesses, & allai oublier dans les bras d'un pere presque septuagenaire, & de freres que j'aimois tendrement, les fatigues d'un Voyage aussi long que périlleux.

Le lendemain, 15 Mars, je déposai à la Bibliotheque du Roi les OUVRAGES DE ZOROASTRE & les autres Manuscrits

Voyage aux Indes Orientales, IIIe. Partie.

cccclxxviij   *DISCOURS*

que j'avois deftinés pour ce précieux Tréfor. La reconnoiffance me conduifit enfuite chez les perfonnes qui s'étoient intéreffées à mon Voyage, qui l'avoient favorifé. Je trouvai dans M. l'Abbé Barthelemy un Sçavant obligeant, & , ce qui me toucha le plus, un ami. M. le Comte de Caylus, M. Lamoignon de Malesherbes & M. Bignon, me reçurent avec une forte de tendreffe. Le Miniftre (M. le Comte de Saint-Florentin) voulut bien agréer l'hommage de mes travaux , & répandre fur moi les graces du Roi. Les Sçavans que j'avois vus à Paris; avant mon départ, & ceux auxquels M. l'Abbé Barthelemy me fit connoître, s'empreffèrent de me témoigner la joie que leur caufoit mon retour. Bien-tôt le bruit de mon voyage & l'importance des Manufcrits que j'avois dépofés à la Bibliotheque du Roi , fixerent fur moi l'attention des perfonnes du premier rang : M. le Duc de Choifeul, M. le Comte de la Guiche & M. de Saint Simon, Évêque d'Agde , me firent l'accueil le plus favorable. Encouragé par ces marques flatteufes d'une approbation générale, & cédant à l'empreffement du Public, des Etrangers mêmes, dont la curiofité avoit été piquée par l'annonce des Ouvrages que j'avois apportés, je fongeai dès-lors à mettre en ordre les Traductions & les Recherches littéraires qui m'avoient occupé dans le cours de mes Voyages.

J'avois paffé près de huit ans hors de ma Patrie, & près de fix dans l'Inde. Je revenois en 1762, plus pauvre que lorfque je partis de Paris en 1754, ma légitime ayant fuppléé dans mes Voyages, à la modicité de mes appointemens. Mais j'étois riche en Monumens rares & anciens, en connoiffances que ma jeuneffe (j'avois à peine trente ans) me donnoit le tems de rediger à loifir ; & c'étoit toute la fortune que j'avois été chercher aux Indes.

PRÉLIMINAIRE. ccclxxix

IV. Ce font les principaux des Monumens dont je viens de parler, sçavoir, les ANCIENS LIVRES DES PARSES, que j'offre maintenant au Public. Ces Livres comprennent d'abord le ZEND-AVESTA, c'est-à-dire, le VENDIDAD, l'IZESCHNÉ, le VISPERED, les NÉAESCHS, les AFERGANS, les IESCHTS & le SI-ROUZÉ; Ouvrages que les Parses, dans l'Inde comme en Perse, attribuent unanimement à ZOROASTRE, leur Légiflateur, & pour lesquels ils ont la même vénération que les Juifs pour le Texte Hébreu. Je ne prétends pas, que sur ma parole on convienne de leur authenticité; je demande seulement que l'on suspende son jugement jusqu'à ce qu'on ait lu le Mémoire * dans lequel j'ai tâché de l'établir: & si l'on trouve que les raisons qui y sont détaillées, ne prouvent pas absolument que Zoroastre soit l'Auteur des Livres Zends; il suffira aux personnes instruites de jetter les yeux sur les Livres mêmes, pour reconnoître qu'ils sont aussi anciens que le Légiflateur Perse; qu'ils présentent, autant que des Livres liturgiques le peuvent faire, le vrai Système des Mages & le développement de celui des Chaldéens; que les Gnostiques & les premiers Sectaires, tels que Valentin, Basilide & Manes, y ont puisé le fonds de leurs Dogmes; & que Mahomet lui-même paroît avoir eu connoissance de ce qu'ils renferment.

* *Voy. le Journal des Sçav. Mai & Juin 1769.*

Mém. de l'Ac. des Bell. Lett. T. XXXI. p. 433. suite de la not. 1.

Les *Livres Zends* actuels font partie de l'*Avesta* (c'est-à-dire, de la *Parole*) apporté par Zoroastre, & qui, au rapport des Parses, étoit divisée en vingt-un *Nosks* [1] (c'est-à-dire *Parties*). Selon plusieurs Docteurs Parses, sept de ces Nosks traitoient du premier Principe, de l'origine des êtres, de l'Histoire du Genre humain &c.; sept rouloient sur la Morale, & les Devoirs Civils & de Religion; & sept avoient pour objet la Médecine & l'Astronomie.

EulmaEslam, Tchengréghatch namah, c. 2.

---

[1] Les Livres Pehlvis & quelques Ouvrages Persans font mention de trois autres *Nosks*, qui doivent completter l'*Avesta* à la fin du Monde. Il est ici question de ceux que Zoroastre prétendoit avoir reçus d'Ormusd. *Voy. ci-ap. T. I. 2ᵉ. part.* p. 46. Henri Lord (*Hist. de la Relig. des Pers.* p. 176.) divise le Zend-Avesta en trois Traités, à chacun desquels il donne sept Chapitres.

ćccclxxx   DISCOURS

Les *Ravaëts* nous donnent les noms & les Notices particulieres de ces vingt-un Nosks [1]; les matieres qui y sont indiquées, répondent assez à la Division présentée par les Parses : mais, pour trouver sept Livres sur chacune des trois parties de cette division, il faut supposer que le même Ouvrage traitoit de plusieurs sujets différens, & que quelques-uns auront été omis par celui qui a rédigé ces Notices.

Chap. T. II.
p. 337.

Après les *Livres Zends*, l'Ouvrage pour lequel les Parses ont le plus de respect, est le *BOUN-DÉHESCH*. Ce Traité est écrit en Pehlvi : il passe pour la Traduction d'un Ouvrage Zend qui ne se trouve pas dans l'Inde ; & aucun Parse ne se rappelle d'avoir ouï dire au Destour Djamasp que de son temps l'Original existât au Kirman.

Lettre des Parses du Kirman à ceux de l'Inde, citée ci-d. p.cccxxviij.

Comme le *Boun-déhesch* ne fait pas partie des Livres liturgiques, les troubles qui agitent depuis plus de quatre cents ans les Parses du Kirman auront pu faire disparoître l'Original.

Les Parses ont encore plusieurs Prieres particulieres composées de morceaux *Zends*, & des Formules qu'ils nomment *Vadjs Nérengs* & *Taavids*, écrites en Parsi & en Pehlvi, avec les caracteres Zends. Le *NÉRENGUESTAN*, apporté dans l'Inde par le Destour Djamasp, renferme un grand nombre de ces formules ; d'autres se trouvent dans le Volume des *Ieschts-sâdés*.

Tels sont les Livres sacrés & liturgiques des Parses. Il n'est pas rare de rencontrer des Prêtres qui sçachent par cœur ceux qui sont écrits en Zend : mais en général, ils s'inquietent peu de les entendre. Les Ouvrages purement cérémoniaux fixent toute leur attention ; & la plus petite Pratique Religieuse fera naître de longs Commentaires. C'est l'objet ordinaire des questions que font les Parses de l'Inde à ceux du Kirman ; & si l'on ne connoissoit la

[1] Ces Notices sont à la fin du *Mémoire sur l'authenticité* &c. Journ. des Sçav. Juin, 1. vol. 1769.

foiblesse

foibleſſe de l'eſprit de l'homme, les paſſions qui l'animent dans les choſes où il croit être le plus de bonne foi, on ſeroit ſurpris de voir les Diſciples d'un Légiſlateur dont les Ouvrages donnent de la Divinité les idées les plus ſublimes, recommandent l'intelligence de la Loi, la pureté intérieure; de les voir auſſi peu frappés de ces objets, tandis qu'ils ont un attachement ſervile pour les pratiques qui forment l'extérieur de leur culte.

Ce que la Religion de Zoroaſtre preſcrit de raiſonnable, ce qu'elle a de grand, n'eſt pas particulier à ce Légiſlateur, & ne flatte pas l'orgueil de ſes Diſciples, en leur donnant un caractere diſtinctif; au lieu que les Cérémonies, les Uſages, ſont comme des livrées, qui les ſéparent du reſte du genre humain, & qui leur diſent continuellement, qu'ils ſont les vrais, les ſeuls Serviteurs d'Ormuſd, de l'Etre-Suprême. Tel eſt le motif qui ſoutient une Religion même opprimée.

Je reviens aux *Livres Zends*. Pluſieurs ſont traduits en Pehlvi & en Perſan moderne; d'autres en Samskretan & en Indien moderne du Guzarate; ce qui facilitera l'étude de ces deux dernieres Langues aux perſonnes qui entendront le *Zend-Aveſta*.

Comme ces Ouvrages paſſent en Perſe & dans l'Inde pour des Textes originaux, & que ce ſont d'ailleurs des Monumens d'une antiquité reſpectable, j'ai cru devoir les collationner ſur pluſieurs Exemplaires, marquant ſcrupuleuſement les variantes. On trouvera ci-après à la fin de l'*Appendice* & à la tête de la ſeconde Partie du Tome premier, les Notices de tous les Manuſcrits dont je me ſuis ſervi : il me ſuffit maintenant d'indiquer l'uſage que j'en ai fait.

J'ai comparé enſemble cinq Exemplaires du *Vendidad*, Les trois que j'ai donnés à la Bibliothéque du Roi, ont été vérifiés ſur celui de Manſcherdji, ennemi déclaré de Darab, & ſur celui de Darab lui-même, lequel fait partie de mes Manuſcrits, & eſt la Copie fidelle du *Vendidad* apporté par Djamaſp, Deſtour du Kirman, faite par le même Darab.

Ci-d. p. cccxv. cccxvj. Ci-d. p. cccxxvj.

Tome I.   PPP

DISCOURS

J'ai Collationné & revu avec la même exactitude les Traductions & autres morceaux particuliers, écrits en Pehlvi, & les Ouvrages Perfans qui traitent de Zoroaftre, ou de fa Religion ; & le defir d'affurer d'une maniere inconteftable la nature de mes Manufcrits, m'a conduit, comme on l'a vu ci-devant, à Oxford dans le cœur de l'hiver, & a beaucoup contribué au choix que j'ai fait pour revenir de l'Inde, des Vaiffeaux Anglois, malgré les défagrémens auxquels je devois naturellement m'attendre.

Ci-d. p. ceesliv.

Après avoir parlé des *Livres Zends*, des moyens que j'ai employés dans l'Inde pour en avoir les copies les plus exactes, de l'ufage que j'ai fait de ces copies, je vais rendre compte en peu de mots de l'Ouvrage que je préfente aux Sçavants.

Confidérant que le Public avoit quelque droit fur les connoiffances que je pouvois avoir acquifes dans l'Inde relativement aux *Livres Zends*, j'avois cru d'abord devoir les raffembler fous différens chefs propres à répandre du jour fur la Traduction de ces Livres, & peut-être à la rendre moins infipide. Je diftribuois en conféquence mon Ouvrage en quatre Volumes in-4o. Le *Zend-Avefta*, qui formoit le fecond & le troifieme Volume, fe trouvoit comme foutenu par le premier, & par le quatrieme ; le premier, compofé de cinq Differtations qui, en réfolvant les queftions que l'on peut faire fur cet Ouvrage, en en montrant l'enfemble, y fervoit naturellement d'Introduction ; le quatrieme, qui renfermoit trois morceaux propres à éclaircir plufieurs endroits des *Livres Zends*, & à rendre ces Ouvrages intéreffans par des réfultats qui en préfentoient l'accord avec l'état actuel de la Religion des Parfes. Ce plan demande à être expofé avec plus de détail.

Dans la premiere Differtation du premier Volume, j'établiffois par des preuves de toute efpece, que les *Livres Zends*, attribués maintenant à Zoroaftre, étoient réellement de ce Légiflateur.

Les doutes que l'on eût pu avoir fur l'authenticité de ces Ouvrages une fois levés, je paffois dans la feconde Differtion, à l'époque de celui qui en eft l'Auteur, Zoroaftre. Le

PRÉLIMINAIRE. ccccxxxiij

témoignage combiné des Grecs, des Latins & des Orientaux fixoit cette époque au fixieme fiecle avant Jefus-Chrift; réfultat qui étoit encore appuyé fur plufieurs calculs chronologiques.

Cette Differtation étoit fuivie d'une Expofition du Syftême Théologique, Phyfique & Moral des Perfes divifée en neuf fections. Les fept premieres préfentoient dans le plus grand détail les différens articles que j'ai réunis en cinq points dans le Tome II, p. 592, 593; elles les préfentoient comme tirés des Livres Zends, Pehlvis & Parfis, comme comparés avec ce qu'on lit à ce fujet dans les anciens Auteurs, & avec la Doctrine des Parfes modernes. La Morale & la Politique de Zoroaftre étoient le fujet de la huitieme fection. Dans la neuvieme, je prouvois par l'examen critique du Texte Syriaque des *Actes des Martyrs de Perfe*, 1°. qu'on ne pouvoit conclure de ces *Actes*, que fous la Dynaftie des Safanides, les Perfes euffent rendu aux Créatures les honneurs dûs à l'Etre-fuprême, au Créateur; 2°. que ces *Actes* fourniffoient plufieurs traits qui fembloient démontrer le contraire, en plaçant clairement les Aftres, les Élémeents & les autres Génies au-deffous d'Ormufd, & dans le rang de productions de ce Principe; 3°. que les faints Martyrs perfécutés par les Rois de Perfe & par les Mages, avoient raifon, quoique leurs Perfécuteurs ne fuffent pas Idolâtres proprement dits, de tout fouffrir plûtôt que de confentir à des actions qu'on leur propofoit comme une marque de renoncement au Chriftianifme. J'établiffois enfuite par les témoignages comparés des Grecs, des Latins & des Perfes, que Mithra, dans la Religion de ce dernier Peuple, étoit un Génie fubordonné à Ormufd & diftingué du Soleil.

* *Donn. par M. Et. Evod. Affemani. Rom.* 1748. *in-fol.*

Ce premier Volume étoit terminé par deux Differtations fur les Langues dans lefquelles font écrits & traduits les Livres de Zoroaftre, & en général fur les anciennes Langues de la Perfe, le *Zend*, le *Pehlvi*, le *Deri* & le *Parfi*.

A la tête du fecond Volume paroiffoit la Notice des Manufcrits *Zends*, *Pehlvis*, *Parfis* & *Indous*, contenant les Ouvrages de Zoroaftre & les autres Traités relatifs à ce Légiflateur ou à fa Religion, que j'ai dépofés à la Bibliotheque du Roi, à mon retour de l'Inde.

Cette Notice étoit fuivie de la Vie de Zoroaftre puifée dans fes propres Écrits, dans les Traditions confervées par fes Difciples, par les Mahométans, & dans les Auteurs Grecs & Latins.

Enfuite commençoit le *Zend-Avefta* par le *Vendidadfâdé*, Ouvrage qui comprend le *Vendidad* proprement dit, l'*Izefchné* & le *Vifpered*.

Le troifieme Volume préfentoit les *Néaefchs*, *Patets*, *Afergans*, les prieres aux *Gâhs*, les *Vadjs*, *Nérengs*, *Taavids*, les *Iefchts* & le *Si-rouzé* qui terminoit le *Zend Avefta*.

Le quatrieme volume étoit compofé. 1o. Du *Boun-dehefch*, Cofmogonie des Parfes, traduite du Pehlvi; Ouvrage curieux par lui-même, & dont le fujet eft analogue à plufieurs endroits des Livres Zends, les développe. 2o. De deux Vocabulaires, l'un *Zend, Pehlvi & François*, l'autre *Pehlvi*, *Perfan* & *François*, qui pouvoient donner une idée de ces Langues. 3o. De l'Expofition des Ufages Civils & Religieux des Parfes, morceau qui réuniffoit le Culte actuel avec celui que prefcrivent les *Livres Zends*. 4o. D'une Table des Matieres très-ample & fouvent en forme d'*Appendice*.

Dans cette diftribution les Textes auroient été accompagnés d'explications plus détaillées, toutes les parties de l'Ouvrage fe répondoient, fe foutenoient en quelque forte mutuellement. Les raifons fuivantes, que tout le monde n'approuvera peut-être pas, m'ont engagé à changer de Plan.

Le *Zend-Avefta* eft un Ouvrage qui demande à paroître feul. Il femble qu'il y ait de la témérité à un homme de Lettres, à ofer, en préfentant au Public un pareil compofé, en porter un jugement; la prudence lui ordonne de fe contenter du titre de Traducteur, ou tout au plus d'Hiftorien.

J'ai retranché en conféquence le premier Volume, qui renfermoit les matieres fujettes à difcuffion. Les Differta-

PRÉLIMINAIRE. cccclxxxv

tions dont il devoit être composé ont été lûes à l'Académie, & plusieurs sont déja dans ses Mémoires, auxquels, si le sujet paroît intéressant, on pourra avoir recours. J'ai conservé le second Volume, & dans la *Vie de Zoroastre*, je ne suis, comme je l'ai déja dit, que l'écho des Grecs, des Latins & des Orientaux.

Pour avancer la publication de l'Ouvrage, j'ai abrégé les Notes, & fait un seul Tome (le second) des Volumes III, & IV ; & il est aisé de voir que dans l'*Exposition des cérémonies*, & même dans le *Précis raisonné du Système Théologique, Cérémonial & Moral de Zoroastre*, que j'ai cru propre à terminer l'Ouvrage, comme en étant le résumé ; il est aisé de voir que dans ces deux morceaux je ne suis qu'un Historien de faits, de dogmes, de pratiques, d'idées.

Je ne dirai rien de l'Introduction qui forme la premiere Partie du premier Tome. Le *Voyage* pourra paroître aux yeux des Sçavants déplacé & quelquefois minutieux ; les Curieux n'y trouveront peut-être pas ce que l'annonce sembloit leur promettre. Je passe condamnation sur tous les Jugemens qu'on pourra en porter. C'est un hors-d'œuvre que je puis avoir tort de risquer, & auquel je ne tiens pas plus, qu'un Voyageur par goût, aux lieux par lesquels il passe. J'en dis autant de la *Vie de Zoroastre*, de l'*Exposition des Usages des Parses* & du *Précis* qui la termine. Ce que j'offre proprement au Public, c'est la Traduction du *Zend-Avesta*, du *Boun-déhesch*, des *Vocabulaires* ; & pour peu qu'on jette les yeux dessus, on verra que je n'ai épargné, ni soins ni peines, pour la rendre exacte. Les renvois indiqués aux marges, montrent que j'ai comparé tous les endroits qui semblent avoir quelque rapport pour les choses ou pour les expressions. J'ai de plus consulté les Traductions & les Commentaires Pehlvis & Indous, les *Ravaëts*, les autres Livres des Parses écrits en Persan Moderne, & leurs Usages actuels.

J'ai traduit le *Vendidad* sur cinq Manuscrits ; l'*Izeschné* & le *Vispéred*, sur quatre ; les *Néaeschs*, *Afergans* & plusieurs *Ieschts*, sur trois ; les autres *Ieschts*, sur deux.

La Traduction présente les Textes, exactement tels

qu'ils font, & felon l'ordre qu'ils fuivent dans les Livres *Sâdés*.

Je commence par le *Vendidad*, que je donne féparément, quoiqu'il fafle partie du *Vendidad-Sâdé* ; parce que, felon les Parfes, c'eft le feul des Ouvrages de Zoroaftre qui foit refté entier, & qu'on le trouve féparé de l'*Izefchné* & du *Vifpéred*, dans les *Vendidads Zends & Pehlvis*.

La Traduction du *Vendidad* eft fuivie de celle de l'*Izefchné* & du *Vifpered* mêlés enfemble [1]. Dans les Manufcrits qui préfentent ces Ouvrages traduits en Pehlvi ou en Samskretan, on les trouve féparés l'un de l'autre. Deux raifons m'engagent à les donner tels qu'ils font dans le *Vendidad Sâdé*. 1°. Ce dernier ouvrage eft moins rare que les Livres Pehlvis ou Samskretans, dans lefquels l'*Izefchné* & le *Vifpered* fe trouvent féparés. 2°. Une Table des Chapitres les fera lire aifément de fuite, & rétablira par conféquent l'ordre des Matieres, fi l'on trouve que la diftribution que j'adopte l'interrompe : au lieu que, fi ces Ouvrages étoient donnés féparément, celui qui, à l'aide de la Traduction, voudroit lire l'Original dans le *Vendidad Sâdé*, auroit de la peine à l'y retrouver. De plus les morceaux correfpondans de ces deux Ouvrages ont ordinairement du rapport ; & c'eft peut-être ce qui aura porté à les mêler enfemble.

Tous les autres Ouvrages Zends, à l'exception du *Si-rouzé*, font compris, comme dans l'Original, fous le titre des *Iefchts Sâdés*. Ce Livre renferme encore beaucoup de Prieres écrites en Pehlvi ou en Parfi avec les caracteres Zends. J'ai cru devoir en donner auffi la traduction, mais en caracteres italiques, pour que l'œil pût diftinguer aifément ce qui eft traduit fur le Zend, de ce qui l'eft fur le Pehlvi ou fur le Parfi.

L'explication des Cérémonies que le Prêtre doit obferver en récitant les Livres Zends, eft écrite en Indien du Guzarate, avec les caracteres Samskretans, ou en Parfi, avec

---

[1] A peu-près comme les morceaux des Livres des Prophetes, que les Juifs nomment *Haphtarot*, & qui fe lifent de tems immémorial dans les Synagogues après le Pentateuque. Buxtorf. *Syn. Judaic.* cap. 16. p. 329. edit. 1661.

PRÉLIMINAIRE. ccccxxxvij

les Lettres Zendes. Pour mieux diſtinguer cette explication du Texte même, je l'ai écrite en Lettres italiques, & placée comme la *Rubrique* dans nos Livres d'Egliſe : ainſi tout ce qui paroît en italique eſt traduit du Pehlvi ou du Parſi, ou de l'Indien.

J'ai renfermé, autant qu'il m'a été poſſible, entre deux crochets, ce que j'ai été obligé d'ajouter au Texte & à l'explication des cérémonies, pour en rendre le ſens plus clair ; & j'ai renvoyé en notte l'explication des endroits qui m'ont paru demander de plus grands détails.

Tel eſt l'Ouvrage que je préſente au Public. Etant le premier & le ſeul en Europe qui entende le *Zend* & le *Pehlvi*, j'ai cru que ce mérite (ſi c'en eſt un) demandoit de moi une exactitude plus ſcrupuleuſe. Je l'ai portée au point de ne pas même redouter la reviſion des Parſes de l'Inde ou du Kirman. Mais plus convaincu que perſonne de la foibleſſe de l'eſprit humain & en particulier de l'inſuffiſance de mes lumieres, pour mettre le Lecteur en état de retrouver ma traduction dans les Manuſcrits dépoſés à la Bibliotheque du Roi, & lui fournir le moyen de la comparer avec les Textes, de la corriger ſur ces Originaux, j'ai fait à ces Manuſcrits des Tables des Livres, Sections, des Chapitres mêmes, & marqué aux Sommaires qui commencent la ſeconde Partie de ce premier Volume, la page correſpondante des deux principaux Manuſcrits, le *Vendidad-Sâdé* & les *Ieſchts-Sâdés* ; j'ai de plus donné dans les Notices qui précedent les Sommaires, les premiers & les derniers mots des Manuſcrits & des principaux Traités qu'ils renferment en caracteres Européens, pour qu'on pût ſurement en faire demander des copies en Perſe ou dans l'Inde.

L'amour de la vérité ennoblit & fait goûter le travail le plus inſipide : j'oſe dire que c'eſt le ſeul mobile qui m'ait conduit dans celui-ci ; & je compte, après cet expoſé fidele, qu'on me paſſera la dureté de ſtyle & les tours forcés que je n'aurois pu éviter dans les Traductions, qu'aux dépens de l'Original. Ceux qui connoiſſent le génie Oriental, ne croiroient pas à Zoroaſtre, s'il parloit trop bien François.

DISCOURS

cccclxxxvij]

Ci-d. p. iv. not. 1.

V. Je me fuis engagé au commencement de cette Introduction, à faire voir que M. Hyde ne fçavoit, ni le Zend, ni le Pehlvi. C'eſt de l'*Ouvrage* même de ce Sçavant *fur la Religion des Perfes* & du *Recueil de fes Differtations*, que l'on vient de donner en Angleterre [1], que je tirerai les preuves de ce que j'ai avancé.

Mais avant que de commencer cette difcuffion défagréable, je déclare que mon deffein n'eſt pas de rien dire qui puiffe nuire à la réputation que les Ouvrages de ce Docteur lui ont juſtement acquife. Il avoit affez de parties. d'ailleurs, & pouvoit très-bien ne pas entendre deux Langues mortes, fans qu'on eût pour cela raifon de méconnoître la profondeur de fon fçavoir dans les Antiquités Orientales. Je ne m'attacherai pas non plus à relever toutes les fautes que j'ai remarquées dans l'*Hiſtoire de la Religion des Perfes*. Quel eſt Ouvrage qui n'en ait pas, fur-tout, quand il eſt queſtion de défricher une terre, de frayer une route nouvelle, comme a fait le Sçavant Anglois?

Mon objet unique eſt de maffurer un bien (fi ç'en eſt un) que je crois m'appartenir en propre, à l'excluſion de tous ceux que l'on croiroit y avoir des prétentions. Le projet n'eſt pas trop modeſte: mais ce que je foutiens eſt vrai; & je me trouve dans des circonſtances qui m'obligent de m'exprimer nettement, aux rifques d'encourir la honte de la vanité.

J'avouerai encore qu'en foi, il eſt fort indifférent que ce foit tel ou tel qui ait fait telle découverte. Le Public aime à jouir fans trop prendre garde à la main qui l'enrichit. Cette raiſon m'engage à être le plus court qu'il me fera poſſible dans une difcuſſion qui d'ailleurs n'eſt pas de mon goût.

Je prouverai contre ce qu'on a dit de M. Hyde, que ce

---

[1] Voici le titre de ce Recueil : *Syntagma Differtationum quas olim Auctor Doctiffimus T. Hyde S. T. P. feparatim edidit. Accefferunt nonnulla ejufdem opufcula hactenus inedita, necnon de ejus vitâ fcriptis que Prolegomena ; eum Appendice de linguâ Sinenfi , aliis qua Linguis Orientalibus ; unâ cum quam plurimis Tabulis aneis quibus earum caracteres exhibentur. Omnia diligenter recognita à Gregorio Sharp &c. Oxonii* 1767. 1 vol. in-4°.

Sçavant

PRÉLIMINAIRE. cccclxxxix

n'entendoit ni le Zend ni le Pehlvi; & contre ce qu'on a avancé de M. Otter, que je fuis le premier en France, qui aye fongé à traduire les Livres de Zoroaftre, à les apporter en Europe, & qui aye exécuté ce projet.

§ I.

Indépendamment de ce que M. Hyde femble dire de lui-même, dans fon *Hiftoire de la Religion des Perfes*, ce qui jufqu'ici a le plus contribué à lui faire attribuer la connoiffance de l'ancien Perfan, ce font les phrafes en caracteres anciens qu'il a répandues dans fon Ouvrage; on a cru qu'elles étoient auffi dans une Langue ancienne: mais, je fuis obligé de le dire, ce n'eft (à quelques mots près dont il a trouvé le fens dans le *Farhang Djehanguiri*) que du Perfan moderne, revêtu de Caracteres Zends. Pour prouver ce que j'avance, je vais donner la Lecture de ces phrafes en caracteres Européens: les perfonnes qui entendent le Perfan moderne, les traduiront fur-le-champ fans difficulté.

Phrafes en caracteres Zends qui fe trouvent dans l'Hiftoire de la Religion des Perfes. Edit. 1760.

P. 14. *Bé nanmé Iezdan bakhfchâefchguer dâdâr.*

In nomine Dei clementis, juftiffimi.

C'eft une formule Perfanne que les Parfes mettent à la tête de tous leurs Livres, comme les Arabes, leur *Bifm Illah arrahman arrahim.*

P. 17. *Ké bar Zeratofcht amad iekin.*
Behin az hama dinha aft in.
Hoc enim ad Zerâtufcht venit pro certo,
Iftam effe omnium Religionum optimam.

Voy. les Mff. Zends Pehlvis & Perf. de la Biblioth. du Roi. n°. XIII. 7. p. 228. lig. 3.

Ce *Beit* eft tiré de la premiere *Porte* du *Sadder*, Poëme Perfan.

P. 18. *Nomaïand an beman ta fchak zeguehan*
Konam dour o hadiram (lifez, peziram) din Iezdan
Hami khaham ke z'an borhan nomaïand
Hakikat bar hama guehan nomaïand.

Tome I.

DISCOURS

Id (*illam Legem*) *mihi ostendant, ut dubia è Mundo Procul arceam, & Dei Religionem amplectar. Cupio ut mihi de eâ demonstrationem ostendant, Veritatem toti Mundo demonstrent.*

Mss. Zends Pehlv. & Pers. de la Biblioth. du Roi. n°. XIII.2.p.78. lig. 14.

Ces deux *Beits* font tirés du commencement du *Viraf-namah*, Poëme Perfan; aussi bien que le *Beit* suivant, qui se trouve à la fin du même Poëme.

P. 18. *Hama bar rahé Zeretofchte Speteman*

Ibid. p. 135. lig. 5.

Hami raftand (bar) dine mazdeieznan.

Omnes in via Zerâtufcht Sphitaman Iverunt in Religione τȢ (il falloit dire τῶν) *Mazdiyfenân.*

Id. n°. III. p. 403. lig. 7, 8. Ci ap. T. II. p. 99.

P. 77. *Tchoun zer revan padefchah baromand bed.*
Sicut Zer revan Rex fœcundi estote.

M. Hyde donne ces paroles Persannes comme tirées d'un Livre Zend, & confond les phrases, en joignant l'attribut de l'une avec le sujet de l'autre.

Mss. Zends Pehlv. & Pers. de la Bibl. du Roi. n°. XIII. 2. p. 81. l. 8.

P. 100. *Befate naghz goherbaft afgandand*
Bekhor o ater az har fou paragandand.
Stragula pulchra, margaritis intertexta straverunt; Suffitus & odores quà quà versus sparserunt.

Tiré du *Viraf namah*.

Id. n°. III. p. 295. lig. 18.

P. 137. *Neaefch Ardeïfour. Laudatio* τȣ *Ardifûr.*

M. Hyde traduit *Neaefch* par *laudatio*, d'après les Dictionnaires Perfans.

Ibid. p. 401. lig. 8. Ci ap. T. II. p. 97.

Ibid. Vadé avi Ardoifour.
Rivos aquarum Arduifûr det.

Ces paroles Parfies font tirées du *Nekah. Vadé* ou *avadé*, signifie *abondant, fécond*, & non pas *ruiffeau*.

P. 138. *Bé gueti ab o atefch tchoun beifchtand*
Bedan padafch eknoun dar behefchtand.

In hoc mundo cùm Aquam & Ignem bene curaffent,

PRÉLIMINAIRE. ccccxcj

Ideò pro mercede jam in Paradiſo ſunt.
Tiré du *Viraf-namah*. Dans le premier vers, *ïeſchtand*, mot formé du Zend, déſigne un culte Religieux, & eſt mal rendu par *curaſſent*. *Mſſ. Zends Pehlv. & Perſ. de la Bibl. du Roi. n°. XIII 2. p. 94. l. 1 8.*

P. 163. *Gahânbarha* : ce nom eſt Perſan ; en Zend c'eſt *Rethvanm*. *Id. 7. p. 232. lig. 10.*

P. 166. *Gah Haouené gah Rapitevan*
Gah Oziren, gah Evesrouthrem, gah Oſchehen. *Ci-ap. 2e part. p. 80. not. 3. Mſſ. Zends, Pehlv. & Perſ.*

M. Hyde ignoroit que ces cinq noms déſignaſſent les cinq parties du jour. *de la Biblioth. du Roi. n°. III. p. 408-417.*

On peut conſulter ſur les noms des bons & des mauvais Génies qu'il donne aux P. 175-180, le *Mémoire ſur le paſſage de Plutarque &c.* dans le trente-quatrieme Volume des Mémoires de l'Académie des Belles-Letttres, pages 413-415. *Ci-ap. T. II. p. 103-112.*

Les noms des mois, qui paroiſſent à la P. 188, ſont tels qu'on les trouve dans les Livres Perſans, ainſi que ceux des cinq jours ajoutés aux 360 de l'année (p. 191) ; & les trente jours du mois (*ibid.* & 192, 193). Ce Docteur ajoute (p. 193) une réflexion qui montre qu'il ignoroit les racines de tous ces mots. Les *Parſes*, dit-il, *ſont portés à prononcer* p *au lieu de* b!, *en conſéquence ils écrivent...*, *Deypâdur, Deypâhmihr, au lieu de Deybâdur...; ce qu'il ne faut pas imiter.* Il n'auroit pas fait cette Obſervation, s'il eût ſçu que, dans ces deux mots, le *pa* vient du Pehlvi *pavan* : ainſi de *Din pavan Atoun*, s'eſt formé *Dée péh Ader* (*Deypâdur*).

P. 304, *Tchoun Goſchtaſp ſchâh zourmand bed.*
Sicut Rex Guſhtaſp fortes eſtote. *Mſſ. Zendi Pehlv. & Perſ. de la Bibl. du Roi n°. III.*

M. Hyde donne ces paroles comme tirées d'un Livre Zend, & confond les phraſes de l'Original. *p. 403. l. 1, 2. Ci-ap. T. II. p. 99.*

On peut conſulter, ſur les mots de la p. 313, *Zerethoſchtreſch, Zerethoſchtre, Zerethoſchtro*, la *Vie de Zoroaſtre*, ci-après, 2e. Partie, page 3.

P. 330. *Tchoun Zerethoſchtré namdar bed.*
Sicut Zarathuſhtra celebris nominis eſtote. *Mſſ. Zends Pehlv. & Perſ. de la Bibl. du Roi. n°. III. p. 400. lig. 19 20.*

M. Hyde donne ces paroles Perſannes, comme tirées *Ci-ap. T. II. p. 97.*

qqq ij

du *Zend-Avesta*, ainsi que les suivantes, où il confond les phrases de l'Original.

M⟨ Zends Pehlv. & Perf. de la Bib'. du Roi. n°. III. p. 40 3. lig. 7. Ci-ap. T. II. p. 99.

P. 330. *Tchoun Zerethofchtré der zivefchné bed*, *Sicut Zaratufhtrâ longævi eftote*.

Je ne répéterai pas ici, sur les douze mots de la p. 437, ce que j'ai dit de M. Hyde dans mon premier *Mémoire sur les anciennes Langues de la Perse*. J'ai montré dans cette Dissertation, que ce Docteur s'étoit trompé sur deux points essentiels : 1°. » en donnant le nom de Pehlvi à la Langue » de l'*Avesta*, tandis que c'est un idiôme différent ; 2°. en » croyant entendre la Langue des Ouvrages de Zoroastre, » parce qu'il avoit trouvé dans le *Farhang Djehanguiri*, » l'explication de plusieurs mots anciens «.

Mém. de l'Ac. des Bell. Lett. T. XXXI. p. 348-353. Ibid. p. 351.

La seconde preuve que M. Hyde n'entendoit pas l'ancien Persan, se tire de ce que, quand il veut traduire quelque mot vraiment Zend, & que les Parses de l'Inde ne viennent pas à son secours, il se trompe, ou ne donne que le sens que lui a fourni le *Farhang Djehanguiri*. On trouvera plusieurs fautes de ce genre dans la Dissertation que je viens de citer, à la fin du *Mémoire sur le Passage de Plutarque*, & à la fin de la seconde Partie du *Mémoire sur l'Authenticité des Livres Zends*. On verra même dans ce dernier morceau, que M. Hyde n'a pas toujours pris le sens du *Farhang Djehanguiri* ; trésor où il a puisé presque toute sa science sur les Parses.

Dans le Journ. des Sçav. 1769 Juin prem. vol.

Ce Docteur a fait dans la Traduction du *Sadder*, une faute considérable, que je crois devoir relever parce qu'elle vient de ce qu'il n'avoit pas appris la Religion des Parses dans les sources, & sur-tout de ce qu'il ne sçavoit pas leurs anciennes Langues. La cinquieme *Porte* de cet Ouvrage traite, dans la Traduction de M. Hyde, de l'obligation de faire l'aumône ; & cependant l'Original Persan n'en dit pas le mot. Ce Docteur croyoit que ces expressions, *No zoudi hardan* (*faire le No zoudi*), avoient rapport à l'aumône ; il les traduit en conséquence par *præstare eleemosinam* : & ignorant de même ce que c'est que le *Gueti-kherid*, il rend ces deux mots par *facere hujus Mundi emp-*

Hist. Rel. vet. des Perses, p. 451. Mess. Zends Pehlv. Perf. de la Bibl. du Roi. n°. XIII p. pag. 231 l. 6 12. Ci-ap. T. II. p. 553.

PRÉLIMINAIRE. cccxciij

tionèm; ce qu'il préfente comme un des fruits de l'aumône. On voit par-là, que souvent, pour bien entendre des Livres écrits d'ailleurs dans une Langue que l'on sçait, il faut encore être au fait de la matiere qui est traitée dans ces Livres.

J'ajoute à ces remarques trois exemples des erreurs où M. Hyde est tombé, quand il a voulu traduire de lui-même des expressions Zendes.

Ce Docteur, p. 18, s'exprime ainsi : *Mazdiyáſenan eſt eorum (Perſarum) Codex ſacer Verbi Dei (Sc. Zeratuſhti ſcripta), ut quando nos Scripturam Sacram, aut Bibliorum Codicem nominamus* : il répete la même chose à la p. 345. *Mazdeieſnan* est le nom des *Serviteurs de Dieu*, des Parſes, & non celui d'un Livre. Ci-ap. 1e. part. p. 88. not. 2.

A la p. 239, M. Hyde se donne beaucoup de peine pour trouver dans le Perſan moderne, l'étymologie du mot *Farvardin*. Certainement s'il eût ſçu le Zend, s'il eut pu lire les Livres Zends qu'il avoit entre les mains, il auroit vu que ce mot ſignifie les *Feroüers (les ames) de la Loi* : ce qu'il ajoute à la p. 240 le mettoit ſur la voie ; *iſte Angelus*, dit-il, *creditur præ eſſe animabus quæ in Paradiſo*. Ibid. p. 83. not. 6.

Ce Sçavant ne conſulte de même (p. 160.) que le Perſan moderne ſur l'étymologie du nom d'Ahriman. La Lecture des Livres Zends auroit dû lui apprendre que ce nom est une abréviation d'*Enghré-menioſch*, qui paroît ſouvent dans l'*Izeſchné*. Ibid. p. 81. not. 1. & p. 155. &c.

Une derniere preuve que M. Hyde ne ſçavoit pas le Zend, c'est qu'il avoit des Livres écrits dans cette Langue, & que cependant il n'en fait aucun uſage dans ſon Ouvrage, qu'il n'en cite aucun paſſage.

Par exemple, dans les chap. VI & VIII, p. 135-148. 159, ne devoit-il pas produire des Textes du *Néaeſch* du feu, & de celui d'*Ardouiſour*, pour établir la Nature du Culte que les Parſes rendent au feu & à l'eau ? Pourquoi dans les chapitres IX & XXII, lorsqu'il parle des Principes des êtres reconnus par les Parſes, ne fait-il aucun uſage des Livres Zends ? Cependant le *Tems ſans bornes (Zerouáné akerené)* est nommé dans le *Néaeſch du Soleil*. Mſſ. Zends Pehlv. & Perſi de la Bibl. du Roi. n°. III.

Il est donc démontré par les différentes preuves que je viens de développer (un plus grand nombre marqueroit p.284. lig. 18. Ci-ap. T. II. p. 10.

une forte d'acharnement), il est démontré que M. Hyde ne sçavoit, ni le Zend, ni le Pehlvi. Alors, dira-t-on, comment entendre ce qu'il avance dans son Ouvrage ? *Nos itaque*, dit ce Docteur, p. 24, 25, *abstrusiores res, ex obscuris suis latebris, sedulâ diligentiâ & dispectione eruendo, genuinis ipsis Veterum Persarum Monumentis præcipuè freti sumus, ex eorum mente & tenore in sequentibus dicturi, inde eliciendo quantùm de vetere Persismo & eorum Magismo impræsentiarum sitienti animo sufficiat, donec* IPSISSIMA ZOROASTRIS SCRIPTA (*quantivis certè redimenda*) *publici juris forte facta fuerint, si modò Bonarum Litterarum Fautoribus tale quid Sumptibus suis procurare & promovere videbitur : ut illam Antiquitatum partem, nondum tentatam, & hactenus inexploratam nobis tandem scrutari & rimari liceat. Et sanè, (nisi surdescat ævum) si aliquid hujus generis præstandum speretur, oporteret, ut jam statim suppeditatis necessariis sumptibus (sine quibus id nunquam fieri poterit) mox inchoetur & acceleretur biennalis opera præparatoria, quæ ad res ex Oriente coëmendas requiretur ; ut (si interim ex Oriente comparari potuerint) quam primum Prælum ab hoc opere vacaverit, immediatè aggrediamur alterum illud typis mandare : ne fortè aliàs dum moras trahimus, cito pede prætereunte ætate, planè excidat illud designatum & hactenus desideratum opus (quale esse* ZOROASTRIANORUM EDITIO)', *antequam ad optatam finem perducatur. Ego ex meâ parte paratus sum suscipere laborem*.....

Les paroles du Docteur Anglois me paroissent insinuer le contraire de ce que l'on en a conclu jusqu'ici : s'il entendoit l'*Izeschné* & les *Néaeschs*, pourquoi ne les donnoit-il pas simplément au Public, au lieu de mettre à contribution les Protecteurs des Lettres? Comme il avoit une Traduction Persanne du *Sad der* & du *Viraf namah*, il comptoit vrai-semblablement qu'on trouveroit de même en Orient des Traductions des Livres Zends, ou des Dictionnaires plus étendus que le *Djehanguiri* ; & c'étoit pour l'acquisition de ces secours, qui lui étoient absolument nécessaires, qu'il demandoit du tems & des fonds ; c'étoit pour engager les curieux à lui fournir ces fonds, qu'il faisoit entrevoir des espérances, qu'il donnoit même des assurances

PRÉLIMINAIRE. ccccxcv
auxquelles il ne pouvoit satisfaire sans des connoissances qu'il n'avoit pas encore acquises. Le Public n'a pas répondu à ses desirs; ainsi on doit conclure que l'Ouvrage qu'il annonce, n'a pas été commencé : & c'est ce qui est confirmé par l'examen du *Recueil des Dissertations de ce Docteur*, qui vient de paroître en Angleterre.

Le premier Volume de ce Recueil ne renferme que des morceaux qui ont déja paru; sçavoir, les *Tables Astronomiques d'Oulough beigue*, & l'*Itinera Mundi*, avec les Traités qui les accompagnent dans la premiere Édition, & quelques augmentations au Commentaire sur les Tables d'Oulough beigue. Ces Ouvrages sont précédés de *Prolegomenes* qui présentent la Vie de M. Hyde, & parlent de ses différens Ouvrages.

Lorsque l'Éditeur en est à 1700, année où parut l'*Histoire de la Religion des Perses*, il ne dit pas un mot du *Zend*, des anciens Livres des Parses, de la connoissance que le Docteur Anglois est supposé avoir eue de ces Livres, de la Traduction que l'on veut qu'il en eût faite. Il se contente de prendre (& avec raison) la défense du système de ce Sçavant sur la nature du Culte des Élémens chez les Perses.

Prolegom. p.xxvj-xxviij

Plus bas, il rapporte une Lettre de M. Hyde écrite le 15 Juin 1701, à M. Wanley Garde de la Bibliotheque Hansloanienne. Dans cette Lettre, le Docteur Anglois parlant à son ami de l'*Histoire naturelle* de l'Égypte, faite il y a plus de cinq cents ans par Abdullatif, lui marque, qu'après avoir passé près d'une année à la traduire, il est résolu d'employer celles qui peuvent lui rester, à quelques Notes sur la Bible, qui doivent renfermer l'Histoire des Rois de Perse dont l'Écriture fait mention. La Traduction de cet Ouvrage(d'Abdullatif), dit-il, *took me up the best part of a year, and the correcting at the press, and adding some notes, will be the best part of another year; and therefore y am disposed rather to burn it than throw away ani more time about it, being desirous to spend the little remender of my time upon some Biblical notes, comprehending therein the History of the Kings of Persia so far as they are concerned in Scripture, or pernaps the end of the Empire : and this i think, will be work enough*

p. xxx, xxxj.

cccxcvj   *DISCOURS*
for me, if i had more time than i can jusly hope for.
Ces paroles prouvent que M. Hyde ne traduifoit pas alors les Livres Zends qu'il poſſedoit, ni les autres Ouvrages qui forment le *Zend-Aveſta*. Elles nous apprennent encore qu'il venoit de paſſer près d'une année ſur l'*Hiſtoire naturelle* d'Abdullatif.

Prolegom.
p. xxxij. Au mois d'Avril de la même année 1701, ſe ſentant affoibli, il quitta la place de Garde de la Bibliotheque Bodleïenne, & mourut de maladie le 18 Février 1702, âgé de ſoixante-ſept ans.

Ces dates prouvent clairement que ce Docteur n'a point traduit, qu'il n'a pas pu traduire les Livres Zends, depuis la publication de ſon *Hiſtoire de la Religion des Perſes* : d'un autre côté, j'ai montré, par cet Ouvrage même, qu'il ne les avoit pas traduits, avant que de le donner; & en effet le catalogue de ſes Manuſcrits ne fait aucune mention d'une pareille Traduction.

p. xxxij-xxxiv En ergo, dit l'Éditeur du Recueil, *Operum quæ moliebatur Catalogum ab Antonioa Wood* (*in Athen. Oxoniens.*) *ſic deſcriptum.* Ce Catalogue, inſéré encore dans le Dictionnaire de Chauffepié, renferme trente-trois articles, dont les 16, 19 & 20, ont rapport aux Perſes.

Art. XVI. *Hiſtoria Regum Perſiæ ex ipſorum Monumentis & Authoribus extracta*, in-4°. C'eſt Vrai-ſemblablement de ce morceau, fait ſur des Livres Perſans modernes que devoient être tirées les Notes dont ce Docteur parloit à M. Wanley.

Art. XIX. *Zoroaſtris Perſo-Medi opera omnia Mathematico-Medico-Phyſico Theologica, Perſicè & Latinè , in-fol.*

Art. XX. *Liber Erdaviraf-namah, Perſicè & Latinè, in-4°.*

Hiſt. Rel.
vet. Perſ. Les Manuſcrits de M. Hyde ſont annoncés comme étant
Præf. Edit. au *Muſæum* de Londres : ces Manuſcrits ne font aucune
1760. mention de la Traduction de l'*Izeſchné* ni de celle des *Néaeſchs*, Livres Zends que poſſédoit le Docteur Anglois; quoique celle du *Viraf namah*, Poëme Perſan, y ſoit nommée. D'un autre côté, le *Vendidad-Sâdé*, n'a été apporté en Angleterre qu'en 1723; & le Volume des *Ieſchts-*
Sâdés ,

PRÉLIMINAIRE. cccxcvij

Sádés, que depuis cette époque par M. Fraſer. M. Hyde n'a donc pu avoir connoiſſance de ces deux derniers Manuſcrits Zends.

D'après ces Obſervations, je ſoutiens que le Manuſcrit, N_o. XIX, ne renferme aucune Traduction des Livres Zends; que c'eſt un Ouvrage fait ſur des Livres Perſans modernes : & ſi, en l'annonçant ainſi dans un Catalogue, les Anglois ont voulu donner à entendre que M. Hyde, leur Compatriote, avoit traduit les Ouvrages Originaux de Zoroaſtre, ſans manquer à la reconnoiſſance que je dois à une Nation qui m'a rendu des ſervices eſſentiels, je les ſomme de produire ce Manuſcrit, ou du moins de dire nettement & en détail ce qu'il contient.

Le ſecond Volume du *Recueil des Diſſertations &c.* renferme, 1°. le *Schahi ludium*; 2°. le *Nerdi ludium*; 3°. une édition plus exacte de la Lettre de M. Hyde à Édouard Bernard *ſur les Meſures, & ſur les Poids de la Chine* : ces trois Ouvrages ont déja paru. 4°. *Specimen more nevochim Maimon. Arab. & Lat. cum notis* (p. 435-438). 5°. *Specimen Hiſt. Timur. Arab. Perſ. & Lat.* (p. 440-443). 6°. *Specimen Cantici primi Poetæ Haphez. Perſ. & Lat. cum notis* (p. 447-448). 7°. un *Diſcours ſur l'ancienneté, l'excellence & l'utilité de la Langue Arabe*, prononcé le 18 Mars 1691 (p. 451-459).

Ce Diſcours, qui eſt fort au-deſſous de la réputation de M. Hyde, eſt ſuivi d'un Recueil de Lettres d'Olearius, de Boyle, d'Hermannus, de Gronovius & de quelques autres Sçavants à ce Docteur (p. 463-503). Perſonne dans ces Lettres ne lui fait compliment ſur ſa ſcience dans le Zend, ni ne l'engage à traduire les Ouvrages de Zoroaſtre, qu'il eſt cenſé poſſéder.

Ce Volume eſt terminé par un *Appendix* (p. 507-530) de l'Editeur qui traite très-ſommairement & d'une manière peu ſatisfaiſante, de la Langue Chinoiſe, & de pluſieurs autres Langues de l'Orient : cet *Appendix* eſt ſuivi de ſeize Planches, dont le plus grand nombre a déja paru.

Le mérite de ces deux Volumes eſt de préſenter en beau papier & en beaux caracteres des Ouvrages de M.

Tome I.   *rrr*

Hyde, assez difficiles à trouver ; de faire corps avec l'*Histoire de la Religion des Perses* : & il résulte de l'extrait que je viens d'en donner, qu'il n'y a parmi les Ouvrages manuscrits ou imprimés de M. Hyde, aucun morceau de traduit du *Zend* ni du *Pehlvi*, aucun morceau qui ait rapport à ces Langues & aux originaux de Zoroastre.

Mais l'Angleterre possede du moins depuis long-tems plusieurs Livres Zends, & c'est à un de ses premiers Sçavants que l'Europe doit une connoissance plus exacte de l'Histoire & de la Religion des Perses. En France les Ouvrages de Zoroastre ont paru pour la premiere fois en 1761, & je suis le premier (de pareilles assertions coûtent à la nature) qui les aye traduits, qui aye pensé à les traduire : c'est ce que je vais prouver, contre ce qu'on a dit de M. Otter dans le *Dictionnaire Historique-Portatif*, Edit. 1760. T. II. p. 998.

§ II.

Voy. le Journ. des Sçavants 1770. Juin 1 vol. in-4°. p. 366-368.

Le Livre qu'on lui attribue (à Zoroastre), dit M. l'Abbé Ladvocat, Auteur du *Dictionnaire Historique &c.* est un *in-folio qui se trouve en Manuscrit dans la Bibliotheque du Roi. Feu M. Otter en avoit commencé la traduction : mais il y trouva tant de Fables qu'il abandonna son projet.*

Jusqu'ici je n'avois pas cru devoir relever cet anecdote, avancée sans preuves, comme le sont pour l'ordinaire celles qui remplissent des Dictionnaires abrégés, tels que celui du Bibliothécaire de Sorbonne. C'est une chose avouée que cet Écrivain, peu scrupuleux sur la certitude des faits qui pouvoient figurer dans son Ouvrage, se donnoit rarement la peine de remonter aux sources. D'ailleurs, les circonstances dans lesquelles il avoit jugé à propos de publier l'anecdote dont il s'agit pouvoient faire naître des soupçons, sur lesquels je croyois devoir garder le silence, ne pensant pas qu'une pareille retenue pût accréditer un fait notoirement faux. Voici en peu de mots ce dont il est question.

L'anecdote rapportée dans l'Édition du *Dictionnaire Historique-Portatif*, donnée en 1760, n'est pas dans celle de 1752. J'eus l'honneur de voir plusieurs fois M. l'Abbé

PRÉLIMINAIRE. ccccxcix

Ladvocat, au commencement de 1754 : je lui parlai du Voyage que je comptois faire dans l'Inde ; il me montra les *Mémoires des Missionnaires Danois de Tranquebar*, & ne m'ouvrit pas la bouche du fait en question. Je pars de Paris au commencement de Novembre ; le Vaisseau sur lequel je m'embarque, met à la voile le 24 Février 1755 ; & le trait qui regarde M. Otter ne se trouve pas non plus dans l'Édition du *Dictionnaire Historique-Portatif*, qui parut cette année.

Le 4 Avril 1759, j'annonce de Surate, par Moka, & par Bassora, à M. le Comte de Caylus & à M. l'Abbé Barthelemy, que j'ai commencé la Traduction des Livres Zends, & que celle du premier *Fargard* du *Vendidad* est achevée. Mes Lettres arrivent vraisemblablement en France sur la fin de la même année ; & M. le Comte de Caylus, toujours occupé du progrès des connoissances humaines, me marque *que la Traduction de ce singulier Ouvrage suffira pour illustrer mon Voyage dans l'Europe, le rendre célebre ; & pourra même compenser en quelque façon, les peines, les dangers & les fatigues que j'aurai essuyées.*

Ci-d. p. ccccxxxix. not. 1.

La Lettre de ce Sçavant est datée du 10 Mars 1760 ; & quelques mois après (l'Approbation du *Dictionnaire Historique &c.* Edit. 1760, est du premier Juin) M. l'Abbé Ladvocat, par une simple addition faite à l'article *Zoroastre* de l'Édition 1755, apprend au Public que l'Ouvrage attribué à ce Législateur est à Paris à la Bibliotheque du Roi, & qu'un Voyageur habile dans les Langues Orientales, & qui a séjourné plusieurs années dans le Levant, M. Otter, en a commencé la Traduction, & l'a discontinuée, à cause des Fables qu'il y a trouvées.

Quoique ce procédé présente quelque chose de louche, j'étois résolu de n'en point parler : mais comme le fait qu'il tend à établir, a été rapporté en 1769, à-peu-près dans les termes du Bibliothécaire de Sorbonne, par les Auteurs du *Nouveau Dictionnaire Historique-Portatif*, imprimé à Amsterdam (Rouen) Tome 4, page 564 ; qu'il vient d'être répété en 1770, encore dans les termes de M. l'Abbé Ladvocat, par l'Auteur *de la Philosophie de*

rrr ij

la Nature, Tome 1, page 112, note *a*; & que, selon la marche des Écrivains modernes, d'autres Auteurs pourroient copier ceux que je viens de citer, je me suis cru obligé d'insister d'abord sur les circonstances dans lesquelles le fait avancé dans le *Dictionnaire Historique &c.* a été publié, & de discuter ensuite le fait même avec l'exactitude la plus scrupuleuse. Les preuves qui en démontrent la fausseté, ne laissent rien à desirer.

De retour de l'Inde en 1762, j'eus occasion de voir plusieurs fois M. l'Abbé Ladvocat. Un jour que je me trouvai à dîner avec lui chez feu M. Léonard de Malpeines, Conseiller au Châtelet, il fut beaucoup question de Zoroastre & des Livres Zends. M. de Guignes & M. l'Abbé Mignot, de l'Académie des Belles-Lettres, étoient du repas. On parla de la *Relation abrégée de mon Voyage*, qui venoit de paroître dans le Journal des Sçavants, avec la *Liste des Ouvrages de Zoroastre* que j'avois apportés de l'Inde. M. l'Abbé Ladvocat avoit lû ces deux pieces. De mon côté j'ignorois l'Addition qu'il avoit inférée dans l'Édition de son *Dictionnaire* de 1760; & quoique ma Relation & mes Discours la contredissent formellement, il n'avança absolument rien qui y eut rapport: jamais même les Sçavants que je viens de nommer, avant mon départ, ni dépuis mon retour, ne l'ont entendu parler de cette anecdote. Ce silence fait voir que M. l'Abbé Ladvocat n'y tenoit pas beaucoup; & en effet il en est peu d'aussi visiblement fausses.

1°. Il est certain que le *Manuscrit in-folio* dont parle le *Dictionnaire Historique-Portatif*, n'est pas maintenant à la Bibliotheque du Roi. Cette assertion est appuyée premierement sur l'examen que j'ai fait tant des Manuscrits Persans dont les notices se trouvent dans le Catalogue de cette Bibliotheque, que des Manuscrits Indiens & autres Manuscrits Orientaux qui y ont été déposés depuis l'impression du Catalogue; en second lieu, sur le témoignage de MM. Capperonnier & Bejot, Gardes des Livres imprimés & Manuscrits de la Bibliotheque du Roi, dont voici les Certificats.

Je soussigné, Garde des Manuscrits de la Bibliotheque

PRÉLIMINAIRE.

du Roi, certifie que les seuls Ouvrages connus sous le nom de Zoroastre, que possede maintenant la Bibliotheque du Roi, sont les Livres Zends & Pehlvis, qui y ont été déposés par M. Anquetil du Perron le 15 Mars 1762 ; & que je n'ai point oui dire qu'on y en ait jamais vu d'autres, ni que M. Otter eût commencé la Traduction d'aucun ancien Manuscrit de ce genre. A Paris le 26 Avril 1770. Signé, Bejot.

J'atteste la même chose. A la Bibliotheque du Roi, ce 26 Avril 1770. Signé, Capperonnnier.

2°. Il suit encore de ces certificats, que du tems de M. Otter, il n'y avoit pas à la Bibliotheque du Roi de Manuscrit tel que celui qu'on suppose y avoir été. La Lettre que je vais citer, tirée des Manuscrits de M. Picques, prouve que long-tems auparavant, lors même que l'Angleterre possédoit l'Izeschné & les Néaeschs, il n'y avoit à Paris aucun Manuscrit de ce genre, aucun Ouvrage qui portât le nom de Zoroastre. M. Hyde avoit demandé au P. Le Quien s'il n'y auroit pas en France, quelqu'Ouvrage de Zoroastre. Ce Pere lui écrivant en Mai 1701, au sujet de son *Histoire de la Religion des Perses*, lui dit : *nullum Volumen Zoroastris seu Zerdust reperi, aut cujus scriptura ad specimen quod ad me misisti videatur accedere : nec in aliis Bibliothecis Urbis Parisiorum, tametsi locupletissimis extant aliqui.* Un Sçavant, comme le P. Le Quien, qui s'exprime aussi formellement, avoit certainement consulté la Bibliotheque du Roi.

Syntagma Dissert. Thom Hyde, T. II. p. 495.

3°. M. Otter n'a jamais rien fait de relatif à l'ancienne Histoire des Perses, à leur Religion, ni commencé la Traduction d'aucun Ouvrage de Zoroastre. Ce que j'avance est fondé sur l'examen des Papiers de ce Voyageur, que j'ai fait à la Bibliotheque du Roi, en présence du Garde des Manuscrits ; sur le témoignage des deux Gardes de ce Dépôt précieux, qui ont connu M. Otter, & dont l'un, M. Bejot, a revu avec lui les Notices des Manuscrits Persans du Catalogue ; sur la lecture que j'ai faite de l'extrait du Mémoire de M. Otter sur la conquête de l'Afrique par les Mahométans, des Observations qui suivent cet extrait, de son Voyage imprimé quelque tems avant sa mort, en

Mém. de l'Ac. des Bell. Lett. T.XXI. Hist. p. 111-136. Id.T. XXIII Hist. p. 305-307.

DISCOURS

1748, & de son éloge fait par M. de Bougainville, lequel détaille les Ouvrages qu'il avoit achevés, commencés, ou simplément projettés, mais qui, non plus que les morceaux précédens, ne fait aucune mention des Ouvrages de Zoroastre.

4°. Enfin M. Otter né sçavoit pas l'ancien Persan, & n'a pu par conséquent commencer la Traduction des Ouvrages de Zoroastre. Ici j'en appelle à tous les Sçavants qui l'ont connu, qui ont entendu parler de lui ; & je ne crains pas qu'aucun atteste le contraire de ce que j'avance. D'ailleurs ce qu'on a imprimé de ses Ouvrages, & ses Manuscrits conservés à la Bibliotheque du Roi [1], en démontrent la vérité : le nom du *Zend-Avesta* ne se trouve pas même dans son Voyage.

Ces quatre points établis d'une maniere incontestable, menent à la consequence suivante ; sçavoir, que *les Livres Zends & Pehlvis, que j'ai déposés à la Bibliotheque du Roi, le 15 Mars 1762,* sont les *premiers*, les *seuls* Manuscrits de ce genre, les *seuls Ouvrages de Zoroastre*, qu'on y ait jamais vus; & que je suis le *premier* en France, qui aye pensé à enrichir ma Patrie de ces Ouvrages, à les traduire, comme je suis le *premier* en Europe qui aye appris les Langues dans lesquels ils sont écrits.

Je souhaite qu'en faveur de la vérité, on me passe l'*Egoïsme* indispensable dans un Journal où l'on parle presque toujours de soi, & dans une discussion où l'on défend en quelque sorte sa propre existence.

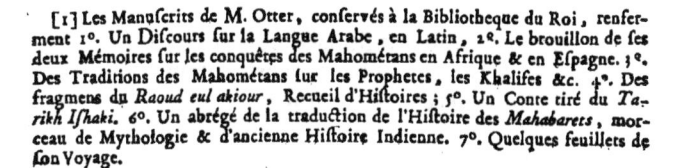

---

[1] Les Manuscrits de M. Otter, conservés à la Bibliotheque du Roi, renferment 1°. Un Discours sur la Langue Arabe, en Latin, 2°. Le brouillon de ses deux Mémoires sur les conquêtes des Mahométans en Afrique & en Espagne. 3°. Des Traditions des Mahométans sur les Prophetes, les Khalifes &c. 4°. Des fragmens du *Raoud eul akiour*, Recueil d'Histoires ; 5°. Un Conte tiré du *Tarikh Ishaki*. 6°. Un abrégé de la traduction de l'Histoire des *Mahabarets*, morceau de Mythologie & d'ancienne Histoire Indienne. 7°. Quelques feuillets de son Voyage.

Fin du Discours préliminaire.

APPENDIX

§ I.

MONNOYES ET POIDS DE L'INDE.

Mon deſſein n'eſt point de donner ici un Traité des Poids & des Monnoyes de l'Indouſtan. Je compte, lorſque mes occupations me le permettront, examiner avec ſoin les Monnoies Orientales que renferme le Cabinet des Médailles du Roi ; je joindrai à ces monnoyes celles que je me contente pour le préſent de faire ſimplement connoître. Cela formera une Collection qui, accompagnée de Types gravés exactement, & de l'explication des Légendes, pourra completer ce qu'on trouve ſur cette matiere dans différens Voyageurs.

Les principaux Ouvrages qui méritent d'être conſultés à ce ſujet, ſont : le *Recueil des Voyages des Hollandois*, &c. Tom. 1, p. 403-451, 497-506. T. 3, p. 10-14. Le *Voyage des Indes* de Thevenot, p. 51-53. Le *Voyage d'Ovington*, trad. Fr. Tom. 1, p. 217-220. Hamilton, *A new Account of the Eaſt Indes*, à la fin du ſecond vol. pag. 1-10 ; mais ſur-tout les *Voyages de Tavernier*, Tom. 2, in-4°. p. 1-30.

En général, dans la Preſqu'Iſle de l'Inde, les grandes ſommes ſe comptent par *Kourours*. Le *Kourour* eſt de cent *Laks*, le *lak* eſt de cent mille *Roupies* d'argent, & la *roupie* dans nos Comptoirs eſt évaluée à quarante-huit ſols. Cette *roupie*, l'année qu'elle eſt frappée, ſe nomme *ſikkah*, (c'eſt-à-dire *au coin* de l'année), & baiſſe dans le commerce l'année ſuivante, la troiſieme, la quatriéme &c. quoiqu'elle n'ait rien perdu de ſa valeur intrinſéque : à Bengale, cela va de trois pour cent, à cinq & plus.

Communement le poids le plus conſidérable eſt le *Man* qui eſt égal à quarante *Seres* ; la *Sere* eſt de trente-cinq *Tolas*. On verra plus bas les Subdiviſions de ces meſures.

Au Nord, la monnoie la plus conſidérable eſt la *Roupie*

APPENDIX

Monnoyes & Poids de l'Inde.

d'or ; & au-deſſous du vingtieme degré, ſur-tout chez les Princes Indous, la *Pagode d'or* (la plus forte eſt de quatre roupies & demie d'argent) eſt ordinairement employée comme la plus haute monnoie.

La plus petite monnoie uſitée aux deux Côtes, aux vingt-un & vingt-deuxieme degrés, vient de dehors, & préſente une diviſion de valeur conſidérable. A Bengale ce ſont les *Coris*, petits coquillages apportés des Maldives, & dont quatre font un *Ganda* ; vingt *Gandas* font un *Poni* ; ſix *ponis*, un *Adana* ; & ſelon la quantité de *coris*, apportée dans l'année, la *roupie* eſt de quarante ou quarante-huit ponis. A Surate, on ſe ſert de petites *amandes* ſéches & ameres qui viennent de Baſſora ; en 1760, deux mille quatre cents faiſoient la roupie.

La derniere diviſion de la *roupie*, d'uſage dans les marchés un peu conſidérables, eſt l'*Ana*, qui en eſt la ſeizieme partie ; les autres, comme le *peça*, le *poni*, font pour le détail. Le *peça* ſert encore de poids ; ainſi trente ou trente-deux *peças* font une *ſerre*.

Les *roupies* font ordinairement rondes, & ont des Légendes Perſannes, ainſi que les *demi-roupies* & les *quarts de roupie* : les Légendes Indoues ſont pour les *pagodes* & les *Fanons*. On trouve malgré cela à l'Eſt du Gange, des *roupies* & des *demi-roupies* octogones, avec une légende Bengalie de chaque côté.

J'ai vu deux autres monnoies d'argent, rondes & fort minces, avec des caracteres Indous. La premiere, de ſix lignes de diamettre, préſentoit de chaque côté une eſpece de bâton de Commandement, entouré de points & de caracteres Marates. La ſeconde avoit quatre lignes & demie de diametre, avec un pareil bâton, des points, & quatre caracteres Marates ; mais elle étoit frappée ſeulement d'un côté, & de maniere que les caracteres paroiſſoient de l'autre en boſſe.

Après ces Obſervations générales, je paſſe aux Monnoies que j'ai, ou raſſemblées, ou ſimplément eu occaſion de connoître dans le cours de mes Voyages. Les premieres ſont celles dont on trouvera ici la forme & le poids : je les

ai

APPENDIX.

ai remifes à mon retour au Cabinet des Médailles du Roi. Ma collection feroit plus confidérable, fi l'avidité d'un de mes domeftiques ne m'avoit pas privé à Surate, d'une partie des monnoyes que j'avois ramaffées dans mes Voyages de Bengale à Pondichery & de Goa à Surate.

Monnoyes de l'Inde.

La forme des Légendes que préfentent les roupies eft prefque toujours la même : le nom de la Ville, celui du Prince, l'année de fon regne & celle de l'Hégire, font toute la différence. La Roupie d'Ahmadabad fervira de modele, & m'exemptera de traduire les autres.

D'un côté on lit : *Zarb Ahmadabad faneh 2 djolous meimanat manous* ; de l'autre, *fikkah mobarek padefchah ghazi Aalemguir 1169* (ces chifres font à droite d'*Aalemguir*): c'eft-à-dire, *frappé à Ahmadabad, l'an 2 de l'heureufe inftallation, coin* (ou *empreinte*)*béni, du Roi victorieux Aalemguir* (*fani, l'an de l'Hégire*) 1169.

La maniere de lire les Légendes n'eft pas uniforme : quelquefois on commence par la ligne d'en haut, mais plus communément par celle d'en bas.

A LA CÔTE DE COROMANDEL.

MONNOYES DE MADRAS.

Pagode d'or à l'étoile. Longueur, cinq lignes ; largeur, quatre lignes & demie ; épaiffeur, une ligne ; poids, foixante-trois grains trois quarts. 1 = trois roupies & demie d'argent.

D'un côté eft une étoile ; de l'autre, une figure de pagode, avec un bonnet femblable au chapiteau du Lingam *.

* *Pl. IV.*
VI. M.

Roupie d'argent d'Arcate, frappée fous Schah djehan. Diametre, huit lignes trois quarts ; épaiffeur, une ligne un quart ; poids, trois gros moins un grain un quart.

On lit deffus, d'un côté : *zarb Arkat faneh* (fuit un épi ou une fleur) *djolous meimanat..* ; de l'autre côté, *fikkah... fchah ghazi Schahdjehan*. Le refte des Lettres eft coupé.

Double Ana d'argent. Diametre, cinq lignes ; épaiffeur, une demi-ligne ; poids, vingt-fept grains trois quarts.

Même Infcription qu'à la roupie : on lit d'un côté, *meimanat manous*.

Tome I.   ſſſ.

APPENDIX.

Monnoyes de l'Inde.

Fanon d'argent. Diametre, quatre lignes & demie: épaiſſeur, preſqu'une ligne ; poids, trente-ſept grains trois quarts.

D'un côté, figure pareille à celle de la pagode; de l'autre, deux portions de cercles qui ſe coupent.

Demi-fanon d'argent avec la même empreinte. Diametre, trois lignes un quart ; épaiſſeur, une ligne deux tiers ; poids, dix-huit grains & demi.

MONNOYES DE PONDICHERY,

Roupie d'argent au croiſſant, frappée l'an 5 d'Aalemguir ſani. Diametre, dix lignes ; épaiſſeur, une ligne ; poids, trois gros. 1 = 7 fanons & demi d'argent = 2^{tt} 8ſ.

On lit deſſus, d'un côté : *ʒarb Arkat ſaneh* 5 (le croiſſant) *djolous meimanat manous;* de l'autre, *ſikkah mobarek padeſchah ghaʒi Aalemguir.*

Double fanon d'argent. Longueur, ſept lignes ; largeur, ſix lignes ; épaiſſeur, une demi-ligne ; poids, cinquante-huit grains.

D'un côté, eſt une couronne dont le haut eſt rempli d'étoiles ; de l'autre, cinq fleurs de lis.

Fanon d'argent. Diametre, cinq lignes ; épaiſſeur, deux tiers de ligne ; poids, vingt-neuf grains.

Même empreinte; ſeulement des points au lieu d'étoiles.

Cache de cuivre rouge, dont ſeize au fanon, avec des fleurs de lis d'un côté, de l'autre, des caracteres Malabares.

Toutes les monnoyes de cuivre, dont il ſera fait mention dans la ſuite, ſont de cuivre rouge.

A LA CÔTE MALABARE.

MONNOYES DE TRAVANCOUR.

Point de Roupie particuliere.

Fanon d'or, rond. Diametre, trois lignes ; épaiſſeur, un ſixieme de ligne ; poids, ſix grains & demi. 3 = 1 Roupie d'argent.

Des deux côtés vont des traits dont j'ignore la ſignification.

Fanon d'argent doré. Diametre, trois lignes & demi ;

APPENDIX. Dvij

épaisseur, un quart de ligne : poids , six grains & demi. 7 $\frac{1}{2}$ = 1 roupie d'argent.

Monnoyes de l'Inde.

Les traits sont différens de ceux du fanon d'or.

Fanon d'argent. Diametre, deux lignes & demi ; épaisseur, une demi-ligne ; poids, six grains & demi. 36 = une roupie d'argent.

La même empreinte qu'au fanon doré.

Cache de cuivre. Diametre, quatre lignes & demie ; épaisseur, une demi-ligne ; poids, vingt-quatre grains. 10 = 1 fanon d'argent ; 360 = 1 roupie.

D'un côté, est un Lingam ; de l'autre, une figure pareille à celle que Vischnou tient du bout des doigts d'un de ses bras gauches.

Christian. des Indes de la Crose. T. II. p. 250. fig. édit. 1758.

MONNOYES DE COCHIN.

Point de Roupie particuliere.

Fanon d'argent, nouveau. Diametre, trois lignes & demie ; épaisseur, un cinquieme de ligne ; poids, six grains & demi. 10 = 1 roupie d'argent.

Fanon d'argent, vieux. Diametre, trois lignes ; épaisseur, un cinquieme de ligne ; poids, six grains un quart. 27 = 1 roupie.

En 1757 la roupie de Bombaye étoit de vingt-deux fanons nouveaux & de 24 $\frac{1}{2}$ vieux ; & le fanon de Mahé, de 3 fanons $\frac{1}{4}$ nouveaux & de 4 fanons vieux.

Ces fanons ont tous la même empreinte, qui approche de celle des fanons d'argent de Travancour. On voit d'un côté, une espece de grand J, avec des points ; & de l'autre, comme des oreilles aussi avec des points.

Cache de plomb Diametre, six lignes ; épaisseur, un quart de ligne ; poids, dix-neuf grains trois quarts. 80 = 1 fanon vieux. 2200 = 1 roupie d'argent.

En 1757, cent *caches* = un fanon nouveau ; 92 = 1 fanon vieux.

D'un côté, est une espece de raquette ou de harpe ; de l'autre, un grand V, avec un O à chaque jambage & un 8 au haut.

ſſſ ij

Monnoyes de l'Inde.

APPENDIX.

MONNOYES DE PANANI.

Les monnoyes de Calicut ont cours à Panani; mais les *Tares* y sont de cuivre. En 1757, une roupie de Mahé ou cinq fanons d'argent = trois fanons d'or & deux tares ; une roupie de Bombaye = trois fanons d'or & demi ; une roupie de Pondichery = trois fanons d'or.

Les vieux fanons d'or sont plus forts, mais d'un or moins fin que les nouveaux. Un fanon d'or, vieux = trente-neuf tares : un fanon d'or, nouveau = quarante tares.

MONNOYES DE CALICUT.

Roupie d'argent de Bombaye = trois fanons d'or, douze tares d'argent en 1757.

Fanon d'or. Diametre, trois lignes ; épaisseur, un cinquieme de ligne : poids, six grains & demi. $1=16$ tares d'argent ; $4=1$ roupie d'argent.

Même empreinte qu'aux fanons de Cochin.

Demi Tare d'argent. Diametre, deux lignes & demie ; épaisseur, un sixieme de ligne ; poids, un grain deux tiers. $52=1$ fanon d'or ; $18=1$ fanon d'argent de Mahé.

D'un côté, est comme un grand J, avec des points ; de l'autre, un Soldat, tenant de la main gauche un grand arc ou une pique, & de la droite, un bâton.

Sur d'autres tares, au lieu du Soldat, on voit une espece de figure assise, qui a les cuisses écartées.

MONNOYES DE MAHÉ ET DE TALICHERY.

La *Pagode à l'étoile de Madras* vaut, dans ces deux endroits, trois roupies, deux fanons de Bombaye; la *roupie de Bombaye* y vaut cinq fanons, moins trois tares.

Fanon d'argent. Diametre, six lignes ; épaisseur, plus d'une demi ligne ; poids, quarante-deux grains.

D'un côté, on lit en caracteres Persans : *Talicheri* P *saneh 175...*; & de l'autre, *bera Kopni Francis.*

Fanon d'argent d'Aali Rajah. Diametre, six lignes ; épaisseur, une demi-ligne ; poids, quarante-un grains trois quarts. $5=$ une roupie.

APPENDIX.

On lit d'un côté, *Aali Rajah al Malk alk..*; de l'autre, *alfaneh bal hedjri*, *1169*.

Tare de cuivre. Diametre, sept lignes & demie ; épaisseur, une ligne un quart ; poids, un gros trente-huit grains. 107=1 roupie.

D'un côté, cinq fleurs de lis ; de l'autre, l'année 1752, en chifres Européens.

Demi-Tare de cuivre. Diametre, cinq lignes & demie ; épaisseur, près d'une ligne ; poids, cinquante-huit grains.

Même empreinte.

MONNOYES DE MANGALOR.

La *pagode de Mangalor* = quatre roupies & demie d'argent, ou quinze fanons d'or ; la *roupie* = trois fanons d'or, six tares ; le *fanon d'or* = dix-sept tares (peças) & demie ; la *tare de cuivre* = quatre bouzourouks (ou caches).

Bouzourouk de cuivre. Longueur & largeur, trois lignes ; épaisseur, une ligne un tiers ; poids, vingt-huit grains & demi.

L'empreinte pareille à celle de la seconde espece de demi-tare de Calicut, ci-devant, p. Dviij. lig. 24.

MONNOYES D'ONOR.

Pagode d'or. Diametre, quatre lignes un quart ; épaisseur, une ligne ; poids, soixante-cinq grains & un quart. 1 = trois roupies d'argent, trois fanons d'or.

D'un côté, sont deux figures assises, qui ont sur la tête un bonnet long terminé en pointe ; de l'autre, trois lignes en caracteres Marates. Cette pagode a cours à *Mangalor*, mais non à *Talicheri*.

Roupie de Bombaye.

Fanon d'or. Diametre, deux lignes trois quarts ; épaisseur un tiers de ligne ; poids, six grains & demi. 1 = 17 *Peças* & demi de cuivre ; 4=1 roupie d'argent.

Même empreinte qu'à la Pagode.

Cache, morceau de cuivre, sans forme fixe, pesant trente-deux grains. 4=1 Peça ; 62=1 Fanon d'or ; 256 =1 Roupie.

APPENDIX.

Monnoyes de l'Inde.

MONNOYES DE GOA.

Les Monnoyes de Bombaye ont cours dans cette Ville.
Pardo, monnoye d'argent de Portugal, frappée sous Jean V, en 174.... Diametre, neuf lignes & demie; épaisseur, une demi-ligne; poids, un gros trente-neuf grains. 1 = une demi- roupie d'argent.
Autre *Pardo*, monnoye d'argent d'Espagne, frappée sous Philippe V, en 1721. Diametre, un pouce épaisseur, un tiers de ligne; poids, un gros trente-sept grains & demi.
Peça d'étain, rond, ou *fadia*. Diametre, seize lignes; épaisseur, une forte ligne; poids, cinq gros vingt grains. 50=1 roupie d'argent, à Daman.
D'un côté est l'écusson de Portugal; de l'autre, espece de roue ou cercles concentriques, coupés par trois lignes.
Demi-Peça d'étain. Diametre, treize ligne; épaisseur, une ligne foible; poids, deux gros quarante-six grains.
D'un côté, l'écusson de Portugal; de l'autre, 1727 OI10.
Autre *demi-Peça*. Diametre, quatorze lignes & demie; épaisseur, une demi-ligne; poids, deux gros quarante-deux grains.
D'un côté, l'écusson de Portugal; de l'autre, OO I 1722 S 7 $\frac{1}{2}$.
Naceri d'étain. Diametre, dix lignes & demie; épaisseur, une demi- ligne; poids, un gros soixante-un grains.
D'un côté, l'écusson de Portugal, de l'autre, une croix.
Autre *Naceri* plus fort de neuf grains, avec la même empreinte. Diametre, onze lignes; épaisseur une forte demi-ligne.

MONNOYE MARATE.

Peça de cuivre. Diametre, neuf lignes; épaisseur, une ligne & demie; poids, deux gros trente-sept grains.
On voit trois lignes Marates de chaque côté.

MONNOYES DE BOMBAYE.

Roupie d'argent, frappée l'an cinq du regne d'Aalemguir. Diametre, neuf lignes; épaisseur, une ligne un

APPENDIX.

quart ; poids, trois gros un grain. 1 = 80 Douganis.

D'un côté, on lit: ʒarb Monbey faneh 5 djolous meimanat manous ; de l'autre, fikkah mobarek padefchah....
Aal....

Demi-Roupie d'argent. Diametre, huit lignes ; épaiſſeur, ſix lignes ; poids, un gros trente-ſix grains.

D'un côté, on lit : ʒarb.... faneh 15 djolous meimanat... de l'autre, fchah ghaʒ.... fchah.

Quart de Roupie d'argent. Diametre, ſix lignes ; épaiſſeur, une demi-ligne ; poids, quarante-cinq grains.

D'un côté, on lit : ʒarb Mombey faneh 22 djolous meimanat.... de l'autre, 5 en chiffre Européen, avec des caracteres Perſans rognés.

Double Dougani d'étain, rond. Diametre, dix-ſept lignes ; épaiſſeur, une ligne & demie ; poids, ſept gros quarante-neuf grains.

On lit, d'un côté: *auſpicio Regis & Senatûs Angliæ :* de l'autre côté eſt une Couronne ; au bas, *Bomb.*

Dougani d'étain avec la même empreinte. Diametre, quinze lignes ; épaiſſeur, une ligne ; poids, trois gros trente-cinq grains.

Second *Dougani d'étain*, avec la même empreinte. Diametre, ſeize lignes ; épaiſſeur, une ligne ; poids, quatre gros vingt-neuf grains.

Demi Dougani d'étain. Diametre, dix lignes ; épaiſſeur, une ligne ; poids, un gros ſoixante-huit grains.

D'un côté, on lit, $\frac{1}{2}$ *pice* ; l'autre côté préſente un cœur avec un 4 au haut, coupé par deux lignes en croix, & dans les eſpaces compris entre les portions de ces deux lignes, les lettres majuſcules, IEC.

Quart de Dougani d'étain. Diametre, huit lignes ; épaiſſeur une demie ligne ; poids, ſoixante-deux grains & demi.

D'un côté la même empreinte ; de l'autre $\frac{1}{4}$ *pice.*

Fanon de cuivre ; Monnoye Angloiſe, frappée ſous George II. en 1747. Diametre, treize lignes ; épaiſſeur, une demi-ligne ; poids, deux gros vingt-ſept grains.

Cache de cuivre, pareille à celle de Travancour, de quatre lignes en quarré ; épaiſſeur, une demi-ligne,

Monnoyes de l'Inde.

APPENDIX.

poids, vingt-quatre grains. 360=1 Roupie d'argent.

MONNOYES DE SURATE.

Roupie d'or ; *Roupie d'argent.*

Roupie d'argent de Bombaye, frappée l'an 5 d'Aalemguir fani. Diametre, neuf lignes ; épaisseur, une ligne & demie ; poids, trois gros un grain & demi.

D'un côté, on lit : *zarb Mon.... saneh 5 djolous meimanat manous*, de l'autre, ...*padeschah ghaz 11*.... *Aalemguir.*

Demi-Roupie d'argent.

Quart de Roupie d'argent. Diametre, sept lignes ; épaisseur, moins d'une demi-ligne ; poids cinquante-cinq grains.

D'un côté, on lit.... *djolous,*) un cocotier dans le *sin*) *meimanat....*; de l'autre, *schah ghaz....*

Double Ana d'argent. Diametre, cinq lignes & demie ; épaisseur, un quart de ligne ; poids, ving-six grains un quart.

Même légende, d'Aalemguir fani.

Ana d'argent. Diametre, quatre lignes ; épaisseur, un cinquieme de ligne ; poids, douze grains & demi. 16=1 Roupie.

Légende, de Schah djehan.

Peça d'argent, frappé sous Teigh beig khan. 48 = 1 Roupie.

Peça & demi de cuivre. Longueur, dix lignes ; largeur, neuf lignes ; épaisseur, deux lignes ; poids, cinq gros dix-sept grains.

Des deux côtés, Légende Persanne, effacée.

Peça de cuivre, vieux, de sept lignes en quarré : épaisseur, près de trois lignes ; poids, trois gros quarante-six grains. 42=21 Takas = 1 Roupie.

Des deux côtés, légende Persanne effacée.

Peça de cuivre, nouveau, de six lignes à-peu-près en quarré, trois lignes d'épaisseur ; poids, trois gros, quarante-huit grains.

Légende Persanne, effacée.

Autre Peça plus neuf, & plus fort d'un grain ; morceau de cuivre, long de onze lignes.

Légende

APPENDIX.

Légende Perſanne des deux côtés, à moitié effacée.

Peça de plomb d'Aalemguir. Diametre, neuf lignes ; épaiſſeur, deux lignes ; poids, quatre gros trente grains & demi. 4=1 Ana ; 60 ou 64=1 Roupie.

Légende Perſanne preſqu'effacée. D'un côté, on lit : *ʒarb ſaneh djolous...* ; de l'autre... *Aalemguir.* Les Peças de plomb varient de ſix grains & plus, quand ils ont ſervi.

Adela, demi Peça de cuivre, vieux, à-peu près rond. Diametre, ſept lignes ; épaiſſeur, une ligne ; poids, un gros trente-ſept grains.

Légende Perſanne, effacée.

Demi Peça de cuivre de 1760, à-peu-près rond. Diametre, ſept lignes & demie ; épaiſſeur, une ligne ; poids, un gros quarante-deux grains.

Légende Perſanne, effacée.

Demi-Peça de plomb. Diametre, ſept lignes ; épaiſſeur, une ligne & demie ; poids, deux gros dix-neuf grains & demi.

D'un côté, on lit ... *djolous* ; le reſte, qui, ainſi qu'aux autres Peças, eſt pareil à la Légende des Roupies, eſt effacé.

Naceri. 2=1 *Adela.*

Badam, amande qui vient de Baſſora. 10=1 *Naceri* ; 40=1 Peça ; 1400=1 Roupie.

ROUPIES ET PEÇAS DE DIFFÉRENS ENDROITS.

Peça de cuivre de Barotch. Diametre, neuf lignes ; épaiſſeur, deux lignes ; poids, trois gros quarante-cinq grains.

D'un côté, on lit.... *Felous..* ; de l'autre... *Barotchi.*

Roupie d'argent de Cambaye, frappée l'an 20 de Mohammed Schah, 1150 de l'Hégire. Diametre, dix lignes & demie ; épaiſſeur, cinq ſixiemes de ligne ; poids, trois gros trois quarts de grain.

D'un côté, on lit : *ʒarb Kambaet ſaneh 20 djolous meimanat manous* ; de l'autre, *ſikkah mobarek padeſchah ghaʒi Mohammed ſchah 115....*

Roupie d'argent de Baonaguer, au-delà de Cambaye, frappée l'an 5 de Schah djehan. Diametre, neuf lignes & demie ; épaiſſeur, une ligne un tiers ; poids, deux gros ſoixante-ſix grains.

Tome I.

Monnoyes de l'Inde.

APPENDIX.

Monnoyes de l'Inde.

D'un côté, *ʒarb Ba* (*onaguer* eſt coupé) *ſaneh 5 djolous meimanat manous* ; de l'autre, *ſikkah mobarek padeſchah ghaʒi Schah djehan.*

Peça de cuivre de Baonaguer. Diametre, huit lignes ; épaiſſeur, deux lignes & demie ; poids, trois gros cinquante-ſix grains.

D'un côté, *felous Ba...* de l'autre.... *ſaneh djolous meimanat....*

Roupie d'argent d'Ahmadabad, preſque à fleur de coin. Diametre, dix lignes trois quarts ; épaiſſeur, quatre cinquiemes de ligne ; poids, trois gros un grain. Voyez la Légende ci-deſſus p. DV.

Ci-d.p.cclxvij ſuite de lanot.

Seconde *Roupie d'argent d'Ahmadabad.* Diametre, neuf lignes ; épaiſſeur, une ligne un ſixiéme : poids, trois gros moins deux grains & demi.

D'un côté, le Signe du Lion ; & au-deſſous, *ſaneh 13 djolous ;* de l'autre côté, *1028 Ahmadabad ra daver Nour djehan Djehanguir Schah Akbar* : c'eſt-à-dire, *l'an 13 de l'inſtallation, 1028* (*de l'Hégire*), *Nour djehan* (*femme*) *du Roi Djehanguir*, (*fils*) *du Roi Akbar*, étant Gouvernante *d'Ahmadabad.*

J'ai vu dans le Cabinet de M. le Marquis de Paulmy, une *demi-Roupie d'Agra* de l'an 1027 de l'Hégire, avec le ſigne du Scorpion d'un côté, & de l'autre le nom de *Djehanguir* ; & deux *Peças de cuivre* du même regne, l'un au ſigne du Lion, l'autre au ſigne du Taureau.

Roupie d'argent d'Agra, frappée l'an 18 de Mohammed Schah, 1148 de l'Hégire. Diametre, dix lignes ; épaiſſeur, une ligne & un ſixieme de ligne ; poids, trois gros moins un grain.

Ci-d.p.cclxxj. not. n°. 2.

D'un côté, *ʒarb Akbarabad maſtaker eulkhelafeh ſaneh 18 djolous meimanat manous* ; de l'autre, *ſikkah mobarek padeſchah ghaʒi Mohamed ſchah 11.....*

Roupie d'or de Dehli, nommée *Aſchrafi*, frappée l'an 13 de Mohammed ſchah. Diametre, neuf lignes ; épaiſſeur, trois quarts de ligne ; poids, deux gros ſoixante-deux grains. Cette roupie eſt plus forte de cinquante grains, que le Louis d'or.

APPENDIX.

D'un côté, on lit : *zarb dar eulkhelafeh Schah saneh* 13 *djolous meimanat manous* ; de l'autre, *sikkah mobarek takht keran sani Mohammed schah padeschah ghazi* 114....

Roupie d'argent (à ce que l'on m'a dit, *de Tchin*, au Nord de Dehli). Diametre, neuf lignes un quart ; épaisseur, une ligne & un cinquieme ; poids, trois gros moins deux grains.

La Légende coupée & d'un côté presqu'effacée. On lit encore d'un côté : *zarb*.... 1..... *djolous meimanat manous* ; de l'autre.... *Aalemguir sani*....

Roupie d'argent du Moultan, frappée l'an 14 de Mohammed Schah, de l'Hégire 1144. Diametre, dix lignes & demie ; épaisseur, une ligne ; poids, trois gros moins deux grains.

D'un côté, *zarb Asterangueravad saneh* 14 *djolous meimanat manous* (cette premiere Partie se lit de haut en bas); de l'autre, *sikkah mobarek padeschah ghazi Mohammed schah* 1144.

Roupie d'argent d'Atava dans le Kaschmire, presqu'à fleur de coin, frappée l'an 6 de Ferrokhseir. Diametre, un pouce ; épaisseur, trois quarts de ligne ; poids, trois gros moins deux grains.

D'un côté, on lit : *zarb Atava saneh* 6 *djolous meimanat manous* ; de l'autre, *sikkak zad. az fazel hak berasm o zerah padeschah bahar o bar Ferrokhseir* 1130.

Seconde *Roupie d'argent d'Atava*, frappée l'an 15 de Mohammed Schah, 1145 de l'Hégire. Diametre, onze lig. épaisseur, une ligne ; poids, trois gros moins un grain ;

D'un côté, on lit : *zarb Atava saneh* 15 *djolous meimanat manous* ; de l'autre, *sikkah mobarek padeschah ghazi Mohammed schah* 11...

Roupie d'argent de Lahor, frappée l'an 3 de Ferrokhseir, 1126 de l'Hégire. Diametre, onze lignes ; épaisseur, une ligne ; poids, trois gros moins un tiers de grain.

D'un côté, on lit (de haut en bas): *zarb Lahor dar eul sultanat saneh* 3 *djolous meimanat manous* ; de l'autre, *az fazel hak padeschah bahar o bar Ferrokhseir berasm o rak mobarek* 1126.

Roupie d'argent de Brhânpour, frappée la premiere an-

APPENDIX.

Monnoye s de l'Inde.

née de Bahadour fchah, 1116 de l'Hégire. Diametre, dix lignes; épaiffeur, une ligne; poids, trois gros moins un quart de grain.

D'un côté : *zarb Brhânpour dar eül ferour faneh ahad meimanat manous*; de l'autre, *fikkah mobarek Schah Aalemdar Bahadour padefchah ghazi 1116.*

Roupie d'argent de Mouller, frappée la premiere année d'Aalemguir fani, 1168 de l'Hégire. Longueur, onze lignes; largeur, dix lignes; épaiffeur, trois quarts de ligne; poids, trois gros moins un grain.

D'un côté, *zarb Aurengnagar faneh ahad djolous meimanat manous*; de l'autre, ... *zad fikkah mobarek faheb keran aaz bar eddorein Schah Alemguir fani 1168.*

Roupie d'argent d'Aurengabad, frappée l'an 6 d'Aalemguir fani, 1173 de l'Hégire. Diametre, 9 lignes & demie; épaiffeur, une ligne & un cinquieme, poids, trois gros;

D'un côté, *zarb Aurengabad faneh 6 djolous meimanat manous*; de l'autre, *padefchah ghazi Aalemguir fani 1173.*

Roupie d'argent de Heiderabad, frappée la premiere année d'Aalemguir fani, 1168 de l'Hégire. Diametre, neuf lignes & demie; épaiffeur, une ligne; poids, trois gros moins un grain & demi.

D'un côté : *zarb madjh ... faneh ahad djolous meimanat manous*; de l'autre, *fikkah .... defchah ghazi ... lemguir, fani 1168.*

Roupie d'argent de Lakhno, au Nord d'Elahbad, frappée l'an 43 d'Aureng-zeb. Diametre, dix lignes & demie; épaiffeur, trois quarts de ligne; poids, trois gros moins trois grains.

D'un côté : *zarb Lakhno faneh 43 djolous meimanat manous*; de l'autre, *dar djehan zad tchoun bodre mounir Aureng-zeb (Alemguir).*

Seconde & belle *Roupie d'argent de Lakhno*, frappée l'an 5 de Mohammed fchah, 1135 de l'Hégire. Diametre, onze lignes & demie; épaiffeur, quatre cinquiemes de lig. poids, trois gros moins quatre grains.

D'un côté : *zarb Lakhno faneh 5 djolous meimanat manous*; de l'autre, *fikkah mobarek padefchah ghazi Mohammed fchah 1135.*

APPENDIX.

Monnoyes Arabes.

Roupie d'argent, frappée l'an 5 d'Aalemguir. Diametre, onze lignes ; épaisseur, une ligne ; poids, trois gros trois grains.

D'un côté : *zarb.... gak saneh 5 djolous meimanat manous* ; de l'autre, ... *padeschah ghazi* (une étoile) *Aalemguir sani*.

J'ajoute ici quelques Monnoyes Arabes qui m'ont été données à Cochin & à Surate.

Roupie d'argent de Karek, Isle du Golfe Persique, où les Hollandois ont un Comptoir. Diametre, neuf lignes ; épaisseur, une ligne & un sixieme ; poids, trois gros, un grain & demi.

D'un côté, *aley djezirat djar al kabir 1749* (en chiffres Européens) ; de l'autre, *derhem men Kopni Olandevi*.

Monoye arabe, de cuivre. Diametre, huit lignes ; épaisseur, un tiers de ligne ; poids, quarante-huit grains & demi.

D'un côté : *la Illah lilla Allaho* ; de l'autre, *Mohammed rezoul Allah*.

Autre *Monnoye Arabe* de même métal, pesant cinquante-cinq grains.

Même Légende, moins bien conservée.

Monnoyes d'argent de l'Arabie Heureuse (l'Iemen).

Monnoye d'argent de Moka, dans la mer rouge. Diametre, six lignes moins un sixieme ; poids, sept grains & demi.

On ne peut lire de la Légende que le mot *Almehedi*.

Komassi de cinq Laks, frappé à Sanaa sous l'Imam Almehedi, l'an de l'Hégire, 1168. Diametre, sept lignes & demie ; épaisseur, un quart de ligne ; poids, trente grains & demi.

D'un côté, *Az nazraou zarb Sanaa 1168* ; de l'autre, *al Imam Almehedi*.

Komassi de quatre laks. Diametre, sept lignes trois quarts ; épaisseur, un cinquieme de ligne ; poids, vingt-cinq grains & demi.

APPENDIX.

Monnoyes Arabes.

D'un côté, *ʒarb Sanaa*; de l'autre, *Almehedi 1169.*
Komaſſi de deux laks. Diametre, ſix lignes & demie ;
épaiſſeur, un ſeptieme de ligne ; poids, douze grains moins
un quart.

D'un côté, *Almehedi 1167* ; de l'autre, une fleur.
Komaſſi d'un lak. Diametre, cinq lignes & demie, ſur
ſix ; épaiſſeur, un huitieme de ligne ; poids, ſix grains un
quatrieme de grain.

D'un côté, *ʒarb Sanaa*; de l'autre, *Almehedi.*
Komaſſi d'un demi-lak. Diametre, cinq lignes ; épaiſ-
ſeur, un huitieme de ligne ; poids, trois grains & demi.
Même Légende, l'année effacée.

Lorſque j'étois à Cochin, le Cor-Évêque George Namet
Eulla me donna trois monnoyes d'argent, rondes, de
l'Arabie-Petrée, qui avoient cours à Conſtantinople, &
portoient la Legende ſuivante, dont la premiere Partie
ſe trouve ſur toutes les monnoyes de cette Ville, & la ſeconde change, ſelon les Empereurs.

D'un côté : *Sultan albarein ve Khakan albahrein al Sultan ebn Sultan*; de l'autre, *Ahmed Khan ebn Mohammed
Khan ʒarb fi Coſtantanih ſaneh 1115* ; c'eſt-à-dire, *frappée
à Conſtantinople ; l'an 1115* (de *l'Hégire*, ſous *l'Empire*)
*du Sultan des deux Terres, du Khakan des deux mers, le
Sultan Ahmed Khan, fils de Mohammed Khan.*

La premiere de ces monnoyes, large de ſix lignes = un
Meſrié ; la ſeconde, large de neuf lignes = cinq *Meſriés* ; la troiſieme, large de douze lignes = dix *Meſriés.*

Monnoyes de Conſtantinople.

Monnoye d'argent frappée l'an 1163 de l'Hégire. Diametre, onze lignes & demie; épaiſſeur, une demi-ligne ;
poids, un gros quarante-cinq grains & demi.

D'un côté, *ʒarb fi Coſtantanih ſaneh 1163* (au-deſſus
le chiffre du Grand Seigneur, qui préſente ſon nom entre-
lâſſé) ; de l'autre, *Al Sultan, al Sultanaïn ve Khakan al bah-
rein Sultan al barein.*

APPENDIX.

Autre, de même métal, avec la même empreinte. Diametre, dix lignes & demie; épaisseur, une demi-ligne; poids, un gros trente-deux grains. *Poias de l'Inde.*

Autre, de même métal, avec la même empreinte. Diametre, onze lignes; épaisseur, un tiers de ligne; poids, un gros vingt-trois grains.

Autre, de même métal, avec la même empreinte presqu'effacée. Diametre, huit lignes & demie; épaisseur, un tiers de ligne; poids, cinquante-cinq grains.

Autre, à fleur de coin. Diametre, cinq lignes & demie; épaisseur, un septieme de ligne; poids, sept grains & demi.

D'un côté, le chiffre du Grand Seigneur; de l'autre, *Fi Eflamboul*, 1115.

Monnoye de cuivre. Diametre, huit lignes; épaisseur, un quart de ligne; poids, trente-neuf grains & demi.

D'un côté, le chiffre du Prince; de l'autre, *zarb fi Coftantanih*; l'année effacée.

POIDS DE SURATE.

Le poids le plus considérable est le *Candi* = 20 Mans = 720 livres.

Le *Man* = 40 Seres = 35 livres.

La *Sere* = 35 Tolas, ou 13 onces quatre gros vingt-cinq grains: on l'évalue ordinairement à quatorze onces.

La *Sere paka* = deux Seres ordinaires; & alors le Man est de quatre-vingt Seres ordinaires, ou de soixante-dix livres.

Tola de poids. Cube de plomb, à quatorze faces, de six lignes en quarré, quatre & demie d'épaisseur, pesant trois gros, dix grains trois quarts. 1 = 32 Vâls.

Tola foible. Cube quarré de plomb, dans lequel on a inféré un pois de cuivre. Diametre, six lignes; épaisseur, deux lignes & demie; pois, trois gros six grains & demi.

Demi-Tola de plomb, rond. Diametre, cinq lignes; épaisseur, deux lignes; poids, un gros quarante-deux grains & un sixieme.

Autre demi Tola, quarré, dans lequel on a inféré un pe-

Poids de l'Inde.

tit morceau de cuivre. Diametre, cinq lignes; épaiſſeur, deux lignes & demie; poids, quarante-deux grains & demi.

Portion de Tola, de plomb, quarrée. Diametre, quatre lignes; épaiſſeur, deux lignes; poids, ſoixante-neuf grains.

Autre portion de Tola, de plomb, ronde. Diametre, quatre lignes; épaiſſeur, une ligne & demie; poids, ſoixante-ſix grains.

Quart de Tola, de plomb, quarré. Diametre, cinq lignes; épaiſſeur, une ligne; poids, cinquante-ſept grains & demi.

Portion plus petite de Tola, de plomb, ronde. Diametre, quatre lignes; épaiſſeur, une ligne; poids, quarante-ſept grains & demi.

Autre portion de Tola, de plomb, ronde. Diametre, trois lignes; épaiſſeur, une ligne; poids; trente-trois grains.

Maſſa = 2 Vâls & demi, plus un demi Rati.

Double Vâl, petit morceau rond de porcelaine, peſant treize grains.

Vâl, petit morceau rond de porcelaine, peſant ſept grains.

Gomtchi (ou *Tcheromti*), grain rond & rouge, dont l'extrémité à laquelle tient la queue, eſt noire. Longueur trois lignes; épaiſſeur deux lignes; poids, deux grains. 1 = un Rati ou un tiers de Vâl.

Grain de Jouari (d'orge) = un quart de Gomtchi = un demi grain.

§ II.

OBJETS D'HISTOIRE NATURELLE ET DE COMMERCE.

1°. *Bezoar.* Celui qui ſe tire du ſinge, eſt le plus rare. Après ce Bezoar, eſt le *Kaani*, c'eſt-à-dire, le Bezoar des *Mines*, qui ſe trouve dans les montagnes de Beder, à l'Eſt d'Aurengabad. On le frotte avec de l'eau roſe ſur une pierre de Porphyre, ou ſur toute autre pierre dure. Ce qui s'en détache eſt bon pour l'eſtomac, pour les maux de tête, & même peut ſervir de contre-poiſon. Celui que j'ai apporté peſe trois Tolas & demi. Les Bezoars que l'on tire du Cabril

bril & du Chameau, font moins eftimés que le *Kaani*.

II°. *Leʒard marin*, appellé en Perfan, *Regue mahi*, c'eft à-dire, *Poiffon de fable*. Cet animal vient de Baffora. Le plus grand de ceux que j'ai apportés, eft de fept pouces, les autres de cinq, avec la queue, qui eft comme une prolongation du corps. Le lézard marin a le corps couvert de petites écailles fines, couleur de Caffé, & bordées de brun. La tête du grand dont je viens de parler eft longue de neuf lignes & en pointe : la mâchoire fupérieure avance fur l'inférieure. Il a le ventre blanc, la queue longue d'un pouce & demi, & terminée en pointe comme celle des lezards ordinaires. Ses quatre jambes, longues de plus d'un pouce, font compofées de deux parties & armées chacune de cinq doigts. Le premier, qui eft comme le pouce, a deux articles; les quatre autres, trois, comme à la main de l'homme : ils font garnis d'ongles & couverts de petites écailles. Aux flancs, depuis les jambes de devant jufqu'à celles de derriere, paroiffent des marques d'écailles d'un brun foncé.

III°. *Toutenague*, forte de Métal qui tient du Fer & de l'Etain. On en connoît dans l'Inde de deux efpeces ; la premiere, celle de la Chine, qui eft fufible, mais toujours friable : les petites monnoyes percées qui ont cours dans cet Empire font de ce métal. La feconde efpece de Toutenague eft celle d'Odehpohour : on en fait des *Hokas*, & des *Gargoulettes*.

Ce dernier vafe (la Gargoulette) a la forme d'une bouteille à long cou. Le fond, compofé de deux hémifpheres foudées, eft rond, a un demi-pied de large fur quatre pouces de haut, & va en diminuant jufqu'au cou (auquel il eft foudé), qui eft long d'un demi-pied, & dont le diametre intérieur eft d'un pouce. On garnit ordinairement l'orifice de ce tuyau, en argent ou en or : la monture defcend d'un pouce & demi en dehors, & fe rabat d'un demi en dedans. La Gargoulette fe bouche avec un bouton d'argent maffif ou creux, qui entre de neuf lignes dans le cou. Ce vafe eft pour l'ordinaire couvert d'un fac de toile rouge, pliffée, attachée avec des liens de foie d'or ou d'argent & affujettie au haut

Tome I.   uuu

APPENDIX.

du cou par la monture dont l'orifice eſt garni. On mouille de tems en tems cette eſpece de robbe de la Gargoulette, pour entretenir la fraîcheur de l'eau qu'elle contient. Le vaſe dans cet état ſe poſe ſur un pied, comme le Hoka. On fait encore des Gargoulettes de plomb très-minces & aſſez légeres.

Je reviens à la Toutenague. On la fond en ſaûmons à Odehpohour, ſans y rien mêler. A Surate on la fond une ſeconde fois, mettant deſſus un peu de Salpêtre en poudre pour la purifier; & après l'avoir laiſſé repoſer, on la bat juſqu'à ce que l'eau coule deſſus comme ſur le fer chaud : pour une ſere de Toutenague, il faut gros comme une noiſette de ſalpêtre. Lorſque l'on veut ſouder un vaſe de Toutenague, l'eau de ſalpêtre tient lieu de borax ; & l'on ſe ſert, pour ſoudure, de morceaux d'étain & de cuivre rouge, mêlés enſemble.

IV°. Je fis quelques perquiſitions à Surate, pour avoir le ſecret de la teinture des *Tchittes*, c'eſt-à-dire, pour connoître le mordant qui y attache le rouge ſi fortement que pluſieurs années de blanchiſſage, ne le rendent que plus vif. Il ne me fut pas poſſible d'obtenir ce que je deſirois. Peut-être qu'avec plus de tems, j'en fuſſe venu à bout. Cependant, à moins que de rencontrer de ces circonſtances qui tiennent du hazard, il eſt difficile de croire que les motifs les plus puiſſans, portent à révéler un ſecret qui fait en partie la richeſſe d'une Contrée. Pluſieurs Teinturiers me dirent à ce ſujet qu'un Chef Hollandois avoit promis à l'un d'eux un lak de Roupies, ſans avoir pu en tirer le ſecret en queſtion. La mort de ce Teinturier eût ſuivi de près ſon infidélité, ſi l'appas d'une récompenſe d'ailleurs conſidérable, l'eût porté à priver, par cet aveu, ſa Patrie & ſes Confreres du gain qu'ils faiſoient avec les Étrangers. On m'apprit ſeulement que le *Fateki* (ou *Fatekli*) ſervoit à rendre les couleurs adhétentes; mais on ne me dit pas ce que c'étoit.

V°. La *Colle des Charpentiers de Surate* ſe fait avec la veſſie d'un poiſſon nommé *Dhangri* en Indou, & *Peſch Corvin* en Portugais. On trouve dans la tête de ce poiſſon, au haut, deux ſubſtances très-dures, blanches & polies, qui

APPENDIX.

paroissent être des os pétrifiés. Les *Peschs Corvins* que j'ai vus, ressembloient assez à la carpe. Les écailles de ce poisson sont rouges & blanches ; les nageoires & la queue, de même couleur, quand il est frais : ensuite tout devient d'un blanc-jaune. Ceux que l'on trouve près de Surate, n'ont guere plus d'un demi-pied ; au-dessous de Rajpouri, ils sont plus longs : c'est de-là que l'on apporte les vessies qui servent à faire la colle ; elles ont au moins sept pouces de long, & le man en est assez cher. Voici comment on prépare ces vessies. D'abord on les bat sur l'enclume, jusqu'à ce qu'elles aient trois fois leur grandeur naturelle ; ensuite on les laisse détremper dans l'eau pendant un jour. Lorsqu'elles sont bien molles, on les fait dissoudre un jour entier sur le feu, remuant toujours, & mettant de l'eau (avec du vin, la colle seroit plus forte) à diverses reprises, jusqu'à ce que tout ne paroisse qu'un seul liquide homogêne & continu, que l'on laisse ensuite reposer & s'épaissir pendant trois jours. Pour employer cette colle, on la fait fondre ; & elle forme un mastic qui lie tellement le bois, qu'il semble d'une seule piece, & se cassera plûtôt à côté de la jointure, qu'à la jointure même.

J'ajouterai un mot sur ceux qui travaillent le bois à Surate. On ne voit pas dans leurs Atteliers, cette multitude de ciseaux, rabots, scies tournantes & autres, établis &c. Ils font la plûpart de leurs plus beaux Ouvrages, avec un seul ciseau, un petit rabot pour quelques rainures, & sur-tout avec une espece de hache qui leur sert à fendre le bois, le tailler & l'unir. Le gros orteil du pied est ordinairement le *Valet* avec lequel ils tiennent leur Ouvrage : la terre leur sert d'établi. L'habitude, le tems & la patience, suppléent au nombre & à la variété des outils.

VI°. *Cheval marin* ; poisson de couleur brune, long de six pouces, dont le corps est partagé en plis, selon le nombre des vertebres du dos, & presente au ventre sept faces, & quatre à la queue. La tête de cet animal, longue de quatorze lignes, avec une espece de huppe sur le haut, ressemble à celle du cheval ; sa bouche est longue d'un demi-

Histoire Naturelle.

pouce. Il eſt ſans pieds, & peut avoir au ventre un pouce d'épaiſſeur. Le reſte du corps diminue en pointe, & forme une queue recorvillée en dedans.

VII°. *Areta*, arbre du ſavon, à peu-près de la hauteur d'un maronnier, & dont la feuille eſt environ de la même longueur que celle de cet arbre. La ſemence eſt groſſe comme une noiſette, & tient à l'arbre par grappes de trois, quatre & cinq grains, dont la peau extérieure eſt verte & veinée & a quelqu'épaiſſeur. Entre cette peau & l'épiderme intérieur, eſt une gomme jaune. L'épiderme couvre un noyau rond, d'un noir de jais & extrémement dur, lequel renferme une amande. On met la ſemence dans l'eau, & l'on en frotte la peau extérieure qui mouſſe & ſert aux mêmes uſages que le ſavon.

VIII°. Le *Tek* eſt un arbre raiſineux, qui vient aſſez haut. Il ſuffit, pour en faire connoître l'utilité, de dire qu'on en fait même des Vaiſſeaux à trois mâts.

Ci-d. p. ccclxxx. On a vû, dans la troiſiéme Partie de mon *Voyage*, les peines que je me ſuis données pour avoir à Surate des pieds de Tek & de Schampa. Des trois pieds de Tek que j'avois fait planter dans le Jardin François avec deux pieds de *Schampa*, deux en Février, avoient de petits bourgeons verds. Mon deſſein étoit de former une Pepiniere de ces arbres, & de bien connoître, en les ſuivant de près, la nature du ſol, la température de l'air, & le climat qui leur conviennent, pour en apporter enſuite des pieds en France dans leur terre, óu du moins des graines bien conſervées, & eſſayer, ſi, par exemple, en Provence, on ne pourroit pas en faire venir. J'aurois fait les mêmes eſſais ſur le *Siſem*, bois noir & à veines, moins commun que le Tek, & ſur le *Sandal*, bois jaune, précieux, odoriférant, le plus ſerré de tous les bois. Le Sandal eſt un arbre peu élevé, & ſes branches ſont rarement droites; de ſorte qu'il eſt aſſez difficile d'en faire des meubles un peu conſidérables. La boête de Sandal que j'ai apportée & qui a vingt-trois pouces de l'arge ſur quinze & demi de profondeur & vingt de haut, paſſoit à Surate pour la plus grande qu'on eût faite de ce bois. Le Sandal rouge ſert pour les bleſſures.

APPENDIX.

Le tems ne me permit pas de faire fur ces arbres les épreuves que je m'étois propofées. Je ne pus apporter en Europe que des graines de Tek & de Schampa, qui ont été remifes à Trianon, où je crois qu'elles n'ont pas pris.

La graine de Tek eft ronde & de la groffeur d'une forte aveline. Elle eft couverte d'une feuille mince, qui, lorfqu'elle eft féche, reffemble a de la pelûre d'oignon, & tire fur le gris-brun. Après cette feuille eft un duvet couleur de terre, peu tenace, étendu fur une fubftance épaiffe d'une ligne, d'un brun grisâtre & un peu molle, qui en eft comme la racine. Cette fubftance couvre une coque d'un blanc jaune, épaiffe & dure comme du bois, qui renferme dans des cellules féparées une ou deux petites amandes fort blanches.

IXº. Le *Schampa* porte une fleur jaune & blanche. La graine de cet arbre eft oblongue ; les plus fortes font de la groffeur d'une forte aveline ; la peau extérieure de cette graine a quelque confiftance ; elle eft d'un noir gris, femé de points blancs, & la pellicule qui la tapiffe en dedans eft jaune. Cette peau renferme un, deux, trois, quatre & cinq noyaux ajuftés l'un à l'autre, de maniere qu'ils paroiffent n'en faire qu'un feul. Ces noyaux font huileux, d'un jaune-pâle, & couverts d'une peau mince. Sous cette peau, eft une efpece de coque, dure comme du bois, qui renferme une petite amande fort huileufe: tout cela eft odoriférant. La graine de Schampa vient à l'arbre par grapes ou bouquets de cinq, de huit &c. L'arbre fe tranfplante lorfqu'il a trois pieds, en tout tems; mais mieux, avant les pluies. Il porte des fleurs, quand il eft haut comme un petit maronnier, c'eft-à-dire, lorfqu'il a trois ans de tranfplantation : fa plus grande hauteur eft de trois pieds de plus. Il donne des fleurs plus de vingt ans. L'effence que l'on tire de ces fleurs coûte deux roupies & demie le Tola.

Indépendamment de cette effence, les Diftillateurs Indiens en tirent de dix-huit efpeces, la plûpart odoriférantes, de plufieurs fleurs, de quelques herbes, & même de la terre.

La premiere eft l'*Ater de Rofe* : le meilleur vient du Kafchmire, & vaut trente Roupies le Tola ; j'ai apporté

APPENDIX

du commun, dont le Tola eſt de douze Roupies. 2°. L'eſsence de *Mougri*, petite fleur blanche & mince, (l'arbre qui le porte s'élève à cinq à ſix pieds) : le Tola deux Roupies, un quart ; communement, quatre Roupies. 3°. l'*Ather bo*, compoſé de Sandal & d'Ambre gris : le Tola, une Roupie. 4°. Le *Pandeli* : le Tola, une Roupie un quart. 5°. L'*Abil*, tiré de treize ſortes de fleurs différentes : le Tola, trois quarts de Roupie. 6°. Le *Karana*, tiré d'une eſpece de paille, & fait à Brhânpour : le Tola, une demi-Roupie. 7°. Le *Matti*, tiré d'une terre noire , priſe du Tombeau d'AurengZeb, à Rouza, & bonne (ſoit-diſant) pour raffraîchir la tête, les temples : le Tola, trois Roupies. 8°. Le *Sandeli goul àb*, c'eſt-à-dire, *Sandal & Eau-roſe*, fait à Aurengabad : le Tola, deux Roupies. 9°. Le *Sandal :* le Tola, une demi-Roupie. 10°. Le *Musk :* le Tola, deux Roupies. 11°. L'*Ambre gris :* le Tola, deux Roupies. 12°. Le *Madjmoun* (*mélange*) tiré de vingt-trois fleurs différentes : le Tola, une Roupie un quart. 13°. Le *Kaff :* le Tola, une Roupie un quart. 14°. Le *Kioura :* le Tola, une Roupie un quart. 15°. Le *Seveti*. 16°. Le *Bolſeri*. 17°. Le *Tchombeli*. 18°. Le *Nemali*.

J'ignore le prix de ces quatre dernieres eſſences ; il ne me fut pas poſſible d'en avoir, non plus que du *Kioura*, parce que ce n'étoit pas, lorſque je les demandai, la ſaiſon des fleurs dont elles ſont tirées, & que pour l'ordinaire les diſtillateurs n'en font que pour l'année.

X°. *Zerounbad ;* nom Perſan d'un arbre appellé en Indou *Narkatchour* &, en François, *Zedoaire*. Cet arbre eſt petit & croit à quinze à vingt lieues de Surate du côté de Barotch. Sa racine eſt blanchâtre & a l'odeur du Camphre. On la coupe par petits morceaux ; elle eſt bonne pour les maux d'eſtomach & de ventre, pour les indigeſtions & pour la fiévre accompagnée de friſſon.

XI°. On ſçait que dans l'Inde on donne le nom d'*Argamaſſe* à l'eſpece de Stuc luiſant & blanc comme du lait, dont les murs des maiſons ſont enduits ; & de-là, aux terraſſes mêmes, que l'on fait de ce maſtic pour que les eaux s'écoulent plus facilement. Indépendamment du Jagre (ſucre non rafiné), & de la chaux dans laquelle il entre

APPENDIX.

des coquilles d'œuf, les ingrédiens qui, à la côte de Coromandel, composent ce stuc, sont l'*Olonde*, espece de poix brune, que l'on cuit, & dont on n'employe que l'eau; le *Makaïlou*, sorte de craye tirant sur le bleu clair; le *Karekaye*, espece de noix de galle, & le *Tanikaye*, autre noix de la forme & de la grosseur d'une olive.

XII°. Les Brahmes, indépendamment de leur cordon (fait de six fils de coton, & long de cinq pieds deux pouces & demi), portent, ainsi que les Banians, des colliers qui leur prennent juste le cou, faits d'un bois mol & jaune, nommé *Toulsi*. Ce collier est à deux rangs, composés chacun de trente-deux grains longs & arrondis, marqués de trois divisions & traversés par un fil. Ces rangs sont terminés de chaque côté par un rang simple qui s'attache derriere le cou. Les deux rangs se réunissent en devant à un petit morceau de bois, qui les divise chacun en deux parties, & fait l'effet des croix à nos colliers. Le Chapelet des Brahmes est du même bois, & de cent sept grains, marqués aussi de trois divisions. Ils portent encore des colliers & des brasselets faits de *Mondera*, fruit d'un arbre qui croît dans le Guzarate. Ce fruit est rond, d'un brun clair, & couvert d'une peau, qui en séchant se ride, se change presque en bois, & devient si dure que le coûteau a peine à y mordre. Les plus gros *Monderas* ont quatre lignes de large, sur trois d'épaisseur; & les petits près de trois sur deux. J'en ai cassé plusieurs, & j'ai trouvé que le cœur étoit partagé par la continuation du bois, en deux cellules oblongues tapissées d'un raiseau brillant, couleur pourpre, dont les fils partant de l'extrêmité du fruit opposée à celle de la queue, alloient répondre aux différens points de la circonférence. Le bois est d'un blanc jaunâtre; près des cellules il a une ligne d'épaisseur, ailleurs deux, & la peau une demi ligne.

Les Indous Gossins ont des colliers qui leur prennent juste le cou & s'attachent par derriere, faits de bois de *Schampa*, & composés de soixante-cinq grains, couleur maron, taillés en poires.

XIII°. Voici la forme d'un *Fétiche* Mahométan. On sçait que les Orientaux attribuent à ces Amulettes la vertu de chaffer les maux, de rendre même invulnérable celui qui les porte. Ils les renferment dans des fachets ou dans de petites boêtes de métal qu'ils s'attachent plus volontiers au bras.

7	12	1	14		8	11	14	1
3	13	8	11		13	2	7	12
16	3	10	5		3	16	9	6
9	6	15	4		10	5	4	15

XIV§. COMMERCE DE SURATE
en 1760.

Marchandises apportées par les Vaisseaux d'Europe.

Vif-argent.	le man = 64 Roupies.
Cochenille.	la fere paka = 19 R.
Safran.	la fere paka = 13 R.
Dents d'Éléphants, de Guinée.	le man = 50 R.
Plomb.	le man = 5 R.
Fer en barre.	le candi = 120 R.
Acier.	le candi = 150 R.
Cuivre rouge.	le man = 22 R.
Vermillon.	le man = 9 R.
Drap Anglois, bleu, rouge, verd ;	la yard = 4 R.

Les draps François font plus estimés.

Envois du Bengale.

Sucre en poudre.	le fac de 4 mans = 19 R.
Soie écrue.	la fere = 19 R.
Areque.	le man = 2 R.¼
Laque.	le man = 5 R.
Sucre en pierre (candi).	le man = 7 R.½

Envois de la Côte Malabare.

Piment (poivre en gr.)	le man = 12 R.
Areque.	le man = 3 R.¼
Bois de Sandal.	le man = 6 R.
Kaire (cordes faites de filamens tirés du cocotier).	le candi = 100 R.
Cardamon.	le man = 60 R.
Cocos.	le Mille = 50 R.

Envois de la Chine & de Batavia.

Toutenague.	le man = 7 Roupies.
Étain.	le man = 11 R.½
Sucre en pierre, de la Chine.	le man = 8 R.¼
Sucre en poudre bien blanc.	le man = 6 R.
Sucre en canne, de Batavia.	le man = 5 R.¼
Clou de Girofle.	la fere paka = 6 R.
Mufcade.	la fere paka = 3 R.
Fleur de Mufcade.	la fere = 5 R.
Canelle.	la fere = 2 R.

Vendu à Surate pour le Bengale.

Coton.	le candi = 80 R.
Châles les plus fines	= 130 R.
Châles les plus communes.	= 25 R.
bled.	fac de cinq mans = 4 R.
le bled le plus blanc.	le fac = 4 R.⅞

Je fouhaite que cet état des Marchandifes qui fe débitent à Surate, nous engage à reprendre un Commerce très lucratif, & qui ne fuppofe pas de nouveaux frais, puifque nous jouiffons dans cette Ville des mêmes priviléges que les Anglois & les Hollandois. Les Suédois & les Danois, qui n'y ont pas de Comptoirs, s'y rendent tous les deux ou trois ans. Ils vont en droiture à Surate, defcendent de-là la Côte Malabare, remontent enfuite à la Chine ou dans le Bengale, & reparoiffent en Europe au bout de vingt ou vingt-un mois avec un gain confidérable, & qui monteroit même à près de 100 pour 100, s'ils jouiffoient des avantages que nous négligeons, je ne fçai pourquoi, depuis très long-tems.

§ III.

APPENDIX.
§ III.

MANUSCRITS ORIENTAUX.

Manuscrits Orientaux.

Il seroit à desirer que les personnes que les Puissances chargent d'acheter des Manuscrits dans l'Orient fussent plus délicates sur le choix des Ouvrages. On ne connoîtra jamais l'Asie exactement, tant qu'on n'aura pas tout ce que les Sçavants de cette partie considérable du Globe ont écrit sur les Langues, les Antiquités, les Religions, la Philosophie, l'Histoire Naturelle, & les Arts. Pour cela il faudroit qu'un Voyageur n'eut qu'une partie à completter. Arrêté au milieu de ma course par les événemens que j'ai rapportés dans mon Voyage, je n'ai pû achever que ce qui concernoit les Parses. Les Manuscrits que j'ai apportés de l'Inde & dont je vais donner les noms, sont les pierres d'attente d'un édifice que je desire voir élever par une suite de Voyageurs éclairés.

MANUSCRITS TURCS.

1. *Recueil de Lettres Turques*, fait par le P. Juste, Missionnaire Capucin ; précédé d'un Ouvrage Arabe du même Missionnaire & d'un morceau Persan, lesquels traitent de Dieu, de l'Homme & du reste de la Nature, comme, des animaux, des arbres, des fruits, des fleurs &c. — *in-12*.

2. *Exposition de la Morale Chrétienne*, des dix Commandemens de Dieu &c. — *in-12*.

MANUSCRITS ARABES.

3. *Kamous*, Dictionnaire Arabe très-estimé, en deux Volumes ; le premier finit au mot *djamzara*, à la moitié du *resch*, & est terminé par un Traité *dar Eelm feraez*, c'est-a-dire, *de la distribution des Héritages, selon la Loi Musulmane* : le second Volume commence à la moitié du *fin*, au mot *nesttâs*. On sçait que l'ordre Alphabetique, dans ce Dictionnaire, se prend de la derniere lettre du mot. — 2 Volumes in-8°.
Pococ. specim. Hist. Arab. p. 361. Catal. de la Bibl. du Roi Mss. Arab. n°s 1240-1244. Gol. Lexic. Præf.

4. *Farhang sorreh fil loghât*, Dictionnaire Arabe, estimé, qui suit la même marche que le *Kamous*. — *in-4°*.

Tome I.   x x x

APPENDIX.

Manuscrits Orientaux.
5. *Mokaddem eul loghât*, Vocabulaire Arabe, qui présente les différentes formes du pluriel dans les noms, avec la Traduction Turque interlinéaire. — in-4°.

6. *Molatefa*, roulot formé de lettres écrites sur différens sujets à des personnes de tout état, & collées les unes au bout des autres pour servir de modeles. — 2 roulots.

Catal. de la Bibl. du Roi. Mss. Arabes, n°. 252. Maracci Refut.Alcor.&c. d'Herbel. Bibl. Orient. g. 198.
7. *Al Koran.* —in-18.
8. *Anvar al tanzil ve efrar al tavil*, Commentaire de l'Alkoran, composé par Beizavi, mort sur la fin du treizieme siecle. Le texte entier de l'*Alkoran* se trouve par parties dans le Commentaire. — in-4°.
9. *Hez alkab al mosamma bal kafi schareh el vafi aboul barkat Aabdullah al Hanifi*, Exposition étendue de *Vafi* (la premiere *Surate* de l'*Alkoran*), relative à la Discipline & aux Cérémonies de la Loi Musulmane, par Aabdullah, de la Secte des Hanifites.— in-4°.

MANUSCRITS PERSANS.

ANCIEN PERSAN.

Ouvrages de Zoroastre, ou simplement relatifs à la Religion des Parses.

10. *Vendidad Zend & Pehlvi*, copié sur l'Exemplaire du Destour Djamasp. — in-4°. oblong.

Voy.ci-ap. les Notices des Mss. Zends, Pehlv. &Persans de la Bibl. du Roi. n°s. I. II. III. IV. XIII. & XV.
11. *Izeschné Zend & Samskretan &c.* — in-4°.
12. *Vispered Zend.* — in-4°.
13. *Ieschts Sâdés.* gros in-8°.
14. *Recueil* en trois Parties. La premiere, écrite par Darab, fils de Sohrab, fils de Bahman, fils de Farhamrouz, contient les *Néaeschs* du Soleil, de la Lune & du Feu ; l'*Afergan* à Dahman, ceux des Rois, des Gâhanbars; les Prieres aux cinq *Gâhs* du jour, le tout en Zend & en Pehlvi; l'Original du *Farhang Pehlvi & Parsi*, & l'*Iescht* d'Ormusd en Zend & en Pehlvi. La seconde Partie de ce Recueil, écrite par le Mobed Sapour, renferme le *Vispered Zend & Pehlvi*; l'*Iescht* de Serosch en Zend, en Samskretan, & en ancien Parsi tenant du Pazend & écrit en Ca-

APPENDIX.

racteres Zends. La troisieme Partie présente le *Hâoûenim* (les neuf, dix & onzieme *has* de l'*Izeschné*) en Zend & en Parsi ; le *Si-rouzé* en Zend & en Parsi ; le même morceau en Zend & en Pehlvi, écrit par le Deftour Sapour; le *Néaesch Khorschid Zend & Parsi*, écrit en Caracteres Persans par Kika, Habitant du Village de Mehder, dans le Paraganah de Partchoul située à l'Est & dépendant alors de Surate ; & le même *Néaesch* dans les mêmes Langues, suivi de plusieurs *Nérengs* & *Vadjs* en Indou, le tout écrit en Caracteres Persans. — *in-8°.*

Manuscrits Orientaux.

15. *Recueil* contenant, 1°. en Parsi (caracteres Zends), l'*Afrin Gâhanbar*, le *Nam setaeschné*, l'*Afrin Zerdust* ; 2°. en Zend, les *Ieschts* d'Ardibehescht, de Venant ; 3°. en Parsi (caracteres Zends), une portion de *Ravaët*, qui traite entre autres choses, du Feu Behram, de Djemschid, de l'Origine des Gâhanbars &c. 4°. en Parsi (caracteres Persans), l'*Eulma Eslam*, & deux Préfaces du *Schah-namah*. — *in-4°.*

16. *Petit Ravaët*, qui renferme le *Si-rouzé* en Zend, des détails sur les Cérémonies & Pratiques de la Religion de Zoroastre, des Prieres &c. le tout mêlé de Zend & de Parsi ; suivi de plusieurs Lettres des Deftours du Kirman à ceux de l'Inde, relatives à la Loi, parmi lesquelles se trouve celle dont j'ai parlé ci-d. qui traite du *No rouz*. — *in-12.*

Ci-d. p. ccxxvij.

PERSAN MODERNE.

17. *Noskh tohafat eul mohabein dar Eelm Khat o Ketabat*, Ouvrage estimé, sur l'Ecriture Arabe, qui traite de la maniere de former les Lettres, de leurs noms &c. — *in-12.*

18. *Principes de la Langue Persanne* ; suivis de Phrases en Persan, en François & en Latin. — *in-12. en Caracteres Européens.*

19. *Recueil précieux*, qui contient huit morceaux de Grammaire Arabe, servant d'Introduction au Persan Moderne, entr'autres, le *Mizan*, l'*Adjenas feel*, le *Sarf mir*. — *in-8°.*

20. *Manazer eul Inscha*, Traité de Grammaire en Arabe, commenté en Persan par Scheikh Mahmoud djani, fils de Scheikh Mohammed, du Guilan. — *in-12.*

21. *Schareh Nessab ssobian*, Traité de Versification, des

APPENDIX.

——— Synonymes &c. composé par Abounasser ferahi, & commenté par Mohammed ben Fassih. — *in-12*.

Manuscrits Orientaux.

22. *Farhang Djehanguiri*, excellent Dictionnaire Persan, achevé sous le regne de Djehanguir, au commencement du dix-septieme siecle. — *in-fol.*

Mém.de l'Ac. des Bell.Lett. T. XXXI. p. 380. not. 9.

23. *Farhang Berhan katee*, Dictionnaire Persan, le plus étendu & le plus exacte que l'on connoisse dans l'Inde, composé par Mohammed Hossein, qui florissoit l'an de l'Hégire 1062, de J. C. 1651. — *in-fol.* reglé, parfaitement bien écrit, unique en Europe, achevé (de copier) à Surate, l'an de l'Hégire 1143, de J. C. 1730.

Ibid. 382. not. 11.

24. *Extrait du Farhang Serouri*, Dictionnaire en cinq Parties, dont la quatrieme renferme des mots annoncés comme tirés du *Zend Pazend Vesta*. — *in-4o*.

Entier à la Bibl. du Roi. Mss. Pers. n°. 185.

25. *Farhang Kafsch eul loghât*, Dictionnaire Persan, composé par Aabdurrahim. — *in-8°.*

26. *Montekab eul loghât*, ou *Choix des meilleurs expressions*, bon Dictionnaire Persan, fait par Aabdurraschid Hosseini, sous le regne de Schah djehan. — *in-8°.*

27. *Farhang de Kavam euddin*, Dictionnaire Persan, estimé ; à la fin, Synonymes Persans. — *in-8°.*

Ibid. n°. 186.

28. *Farhang pour le Masnavi*, fait par Aabdullatif, du Guzarate. — *in-12*.

Mém. de l'Ac. des Bell.Lett. T. XXXI. p. 382. not. 13.

29. *Les trois Dafters de l'Inscha d'Abeul fazel*, Secrétaire d'Akbar, sur la fin du seizieme siecle. Le premier contient des Lettres d'Akbar (écrites par Abeul fazel) aux Rois de Perse, de Turquie &c ; le second, des Lettres d'Abeul fazel à Khan khanan, Général d'Akbar. Le troisieme *Dafter* est un Recueil rare de Lettres dont le style rend le sens difficile à saisir : dans l'Inde il y a très-peu de Sçavans en état de le lire. — *in-8°.*

30. *Recueil* contenant trois *Inschas* ; le premier, l'*Inscha Iousefi*, de Iousef, qui vivoit dans l'Inde l'an 1122 de l'Hégire, de J. C. 1710 ; le second, l'*Inscha Khalifah*, composé par Khalifah schah Mohammed qui vivoit dans le Pourab, il y a cent dix ans, plus ou moins ; & le troisieme, l'*Inscha de l'Imam Hossein*, de Dehli, mort il y soixante-dix à quatre-vingt ans. — *in-8°.*

APPENDIX.

31. *Infcha* très-eftimé, qui comprend les Lettres de plufieurs Empereurs de l'Indouftan; des Firmans, Paravanas &c. d'Akbar, dé Djehanguir, de Schah djehan, fervant de Modeles de Lettres entre grands Seigneurs. — *in-12*. *Manufcrits Orientaux.*

32. Lettres de Schah Akbar à Aabdeullah Khan, à Khan khanan & a d'autres Seigneurs de fon Empire.—*in-12*.

33. *Nobavah mounir*, Lettres d'Aureng-zeb à fes Vifirs, aux Gouverneurs de Provinces &c. — *in-12*.

34. *Molatefa.* — 6 roulots.

35. *Recueil* contenant quelques Lettres d'un Vifir, & des Gazettes de Dehli. (*Ekhbarat Dorbar maala*). — *in-12. oblong.*

36. *Sad der*, ou les *cent Portes*, Traité en vers de Théologie Morale & Cérémoniale des Parfes. —*in-8o.* *Ci-ap. Mff. Zends, Pehlv. & Perf. de la Bibl. du Roi.*

37. *Mino-khered*, en vers. — *in-12*.

38. *Taffir Hofeini*, Commentaire de l'*Alkoran*, très-eftimé, avec le texte entier, comme dans celui de Beizavi; fait par Hofein, l'an de l'Hégire 897 (de J. C. 1491). — *in-4o.* n°. XIII. 7. *Id. no. X. d'Herb. Bibl. Orient.p. 87.*

39. *Recueil* qui contient la paraphrafe de quelques Verfets l'*Alkoran*, des Préceptes de Morale; l'Explication de plufieurs expreffions particuliers à Scheikh Saadi par ordre alphabétique; un Traité des Nombres exprimés en Lettres, un morceau de Tables Aftronomiques; les Devoirs des Mufulmans. — *in-12*.

40. *Tchehel hadifé fcherif melk Hakiki* ; c'eft-à-dire, les *quarante paroles* de Hakiki (en Arabe) fur la Théologie Mufulmane, expliquées en Perfan. — *in 12.*

41. *Ketab lataef el hakaiek*, ouvrage divifé en deux Parties; la premiere, de quatre livres, la feconde, de deux; compofé par Sayed Aali, de la Ville d'Hamadan, fur la connoiffance de Dieu, de fes Attributs, les Devoirs des Mufulmans, & différens points de Théologie Mufulmane.— gros *in-4o*. mêlé de *Paffages de l'Alkoran.*

42. *Djavaer eul efrar*, Traité de la connoiffance de Dieu &c. par Aali Hamzah, nommé Aferi. — *in-12.*

43. *Deux petits Traités de la Priere*, & un de Morale nommé *Nan o houleh*. — *in-12.*

APPENDIX.

Manuscrits Orientaux. 44. *Kefaïet Almoumenin*, fur les obligations des Mufulmans, les pratiques qui leur font prefcrites. — *in-12.*

Catal. de la Bibl. du Roi. Mff. Ind. n°. 104. 45. *Bhagot*, Conférence fur la Théologie & l'Hiftoire Indienne entre le Rajah Bir batchhit & le Dew Sakhed, traduite de l'Indien par Abeul fazel. — *grand in-fol.* achevé (*de copier*) *l'an 1137 de l'Hégire, de J. C. 1724, l'an fept de Mohammed fchah, 1781 de l'Ere Indienne.*

46. *Zakhirat el Moulouk*, Traité des devoirs de l'Homme, de ceux des Rois, des Sujets, de la Juftice &c. par Molana Aali, fils de Schahab, d'Hamadan. — *in-12.*

47. *Recueil* qui contient le *Refalat Kiafiah*; Traité de Divination par l'infpection des différentes parties du corps; & deux autres Ouvrages fur le même fujet, dans lefquels les Prédictions répondent à des grouppes de deux ou trois lettres indiquées par le fort. — *in-12.*

48. *Fâl namah*, Traité de Divination femblable aux deux derniers du Volume précédent; fuivi d'un autre, par l'infpection des différentes parties du corps. — *in-8°.*

49. *Recueil* qui contient le *Kitab Ioufefi dar Eelm ttab*, c'eft-à-dire, *le Traité de Médecine d'Ioufef*; différentes Recettes pour augmenter l'appétit charnel; l'Explication de plufieurs mots relatifs à la Médecine & au corps humain; & le *Mirats al mohakekin*, petit Traité Philofophique fur nature de l'Homme, fon ame, fon corps &c. — *in-12.*

50. *Recueil* qui contient le *Kitab refalat djavaher-namah gofteh Molana Djami*, ou *le Traité des Pierres précieufes de Molana Djami*; précédé de Dialogues Turcs & Perfans, de l'Hiftoire de Judith, de la Prophétie de Jérémie & de la Vie de fainte Agnès, le tout en Perfan. — *in-12.*

51. *Dar heffab*, Traité d'Arithmétique, ou de la maniere de compter en ufage chez les Indiens, parmi le peuple, & de celle des Aftronomes; fuivi du *Si feffel.* — *in-8o.*

52. *Si feffel*, ou *les trente Articles*, Élémens d'Aftronomie fervant d'Introduction au *Zitch* d'Oulough Beigue, faits par Mohammed, fils de Mohammedin, de Kafchghar. — *in-12.*

Bibl. Orient. p. 915. Catal. de la Bibl. du Roi. 53. *Zitch Oulough beigue*, Tables Aftronomiques d'Ou-

APPENDIX.

lough beigue, petit fils de Tamerlan & Prince de Samarkhand, composées l'an de l'Hégire 841 (de J. C. 1437), accompagnées de l'Expofition des Eres qui ont cours en Orient, & de Prolégomenes Aftronomiques ; mifes en Perfan par Mohammed Maeran, l'an 904 de l'Hégire, de Jefus-Chrift 1498. — *in-4°*. *Manufcrits Orientaux. Mff. Perf. n°. 164. Voy. Hyde & Gravius.*

54. *Takvim Perfan*, Almanach qui préfente les mois & les jours des Mahométans, ceux des Parfes, l'état du Ciel &c. pour l'an de l'Hégire 1160, 2058 d'Alexandre, 1116 d'Iezdedjerd, 669 de Djelaleuddin, 1803 de Bekermatchit (Rajah d'Odjen), & 1669 de Saki (ou Saka) Salevhân.— *infol. de 13 feuillets*. *Voy. Beckii, Ephemer. Perf.*

55. *Kitab hadjaeb el makhloukât*, c'eft-à-dire, Livre des Merveilles des Créatures, qui traite des années, des mois, du Zodiaque, de la Géographie, des Fleuves, Rivieres, Montagnes, des Animaux terreftres, des Poiffons, des Oifeaux, des Arbres &c. compofé par Aabed Zekeria. —*in-12. avec des figures affez bien faites*. *Catal. de la Bibl. du Roi. Mff. Perf. n°. 141. fans tit., ni figures.*

56. *Djamee el hekaïât*, c'eft-à-dire, *Recueil d'Hiftoires* ; Ouvrage divifé en quatre Parties qui contiennent chacune vingt-cinq chapitres, compofé l'an 625, de l'Hégire (de Jefus-Chrift 1228) par Djemal euddin Mohammed. — *infol. qui renferme les quinze premiers Chapitres de la premiere Partie*. *Ibid. n°. 75. Bibl. Orient. p. 490. art. Iletmifch.*

57. *Tebkat Nafferi*, Abrégé précieux d'Hiftoire univerfelle qui finit aux Defcendans de Genghiskhan ; compofé vers le milieu du treizieme fiecle. — *in-8°*. *Mém. de l'Ac. des Bell. Letr. T. XXXI. p. 379. not. 5.*

58. *Nezam el Tavarikh*, Abrégé d'Hiftoire univerfelle, depuis Adam & Kaïomorts jufqu'à Houlakou khan, Roi de Perfe, de la Famille des Mogols; compofé par Molana Aboufaïd Aabdullah Beizavi, l'an 674 de l'Hégire (de Jefus-Chrift 1275). — *in-12*. *Catal. de la Bibl. du Roi. Mff. Perf. n°. 92.*

59. *Schah-namah*, Poëme de foixante-quatre mille *Beïts*, ou Diftiques, compofé fur la fin du dixieme fiecle, par Ferdoufi ; comprenant l'Hiftoire des Perfes, depuis Kaïomorts jufqu'à Iezdedjerd, dernier Prince de la quatrieme Dinaftie de leurs Rois, dans le feptieme fiecle. — *infol. avec figures*. *Ibid n°. 228. Mém de l'Ac. &c. loc. cit. n. 3 Le même Poëme dans les Mff. de M. Frazer, avec le Farhang.*

dxxxvj   *APPENDIX.*

Manuscrits Orientaux. Catal. de la Bibl. du Roi.
60. *Tavarikh du Schah namah*, Abrégé rare & précieux, en Profe, mêlé des vers du Poëme, fait par Tavakkol Hoffeini, l'an 1060 de l'Hégire (de Jefus-Chrift, 1649). — *in-8o.*

Mff. Perf. n°. 99. Mém. de l'Ac. loc. cit. not. 4.
61. *Roʒot euſſafa*, Hiftoire Univerfelle en fept Volumes, compofée par Mir Khavand Schah. *Premier Vol.* qui finit à *Iezdedjerd*; cinquieme vol. qui remonte à Jafet,

Hift. de Genghifc. par M. Petit de la Cr. p. 545.
tige des Princes du Touran, & comprend l'Hiftoire de Ginghiskhan & de fes enfans.— 2 *Vol. in-fol.*

62. *Guerfchafp-namah*, Hiftoire en vers de Guerfchafp & de plufieurs autres Héros Iraniens, fous Zohâk & fous les premiers Rois de la Dynaftie des Keanides. — *in-8o.*

Mém. de l'Ac. des Bell. Lett. T. cit. p. 380. not. 8.
63. *Barʒou-namah*, Poeme Perfan de plus de foixante mille Beits, compofé par par Ataï, Poëte célebre, mais inférieur à Ferdoufi, & moins ancien que lui; qui contient l'Hiftoire de Rouftoum, de Sohrab, de Barzou &c. Héros fameux fous la Dynaftie des Keanides. — 2 *Volumes in-4o. avec figures, unique en Europe.*

64. *Recueil précieux*, contenant le *Faramourʒ-namah*, le *Djehanguir-namah* & le *Banougofchafp-namah*; c'eft-à-dire, l'Hiftoire de Faramours & de Djehanguir, fils de Rouftoum, & celle de Banougofchafp, fille de ce Héros, fous les premiers Princes Keanides. — *in-8o.*

65. *Dafchtan Soufan ramefchguer*, Hiftoire en vers, de la Danfeufe (l'Actrice) Soufan & de fes Conquêtes, fous le regne de Ké Khofro; compofée à ce que l'on croit, par Ataï. — *in-12.*

66. *Recueil* contenant le *Zerduft-namah*, précédé de l'*Hiftoire de la Retraite des Parfes dans l'Inde.* — *in-12.*

Ci-ap. Notices &c. n°. XIII. 1. 8.
67. *Recueil* contenant le *Tchengreghâtch - namah* & le *Djamafpi*, en vers. — *in-8o.*

Ibid. 3. 9. Catal. de la Bibl. du Roi. Mff. Perf. n°. 277.
68. *Bahman-namah*, Hiftoire en vers de Bahman, fils d'Efpendiar, fils de Guftafp, Prince de la Dinaftie des Keanides; compofée fur la fin du onzieme fiecle. — *in-4°.*

69. *Darab-namah*, Ouvrage qui renferme les dernieres années de Bahman fils d'Efpendiar, une partie de la Vie d'Homaï, celle de Darab, celle du dernier Darab, & une partie des Expéditions d'Alexandre.— *in-fol. achevé (de copier)* l'an 992 de l'*Hégire*, 1584, de J. C.   70.

APPENDIX. pxxxvij

70. *Conférence* de Malkah, Reine de Roum, avec un Sçavant du Tourkeſtan; ſuivie de deux morceaux d'Hiſtoire qui regardent l'un Behramgour & l'autre Mahmoud le Ghaſnévide. — *in-12.*   *Manuſcrits Orientaux.*

71. *Djang-namah*, Hiſtoire en vers des Guerres de Schah rokh, Roi d'Erât, par Mir Aboul kaſſem. — *in-12.*   *Bibl. Orient. p. 770.*

72. *Recueil* contenant l'Hiſtoire en vers des Amours d'Azad bakht, Roi de Perſe, de Firouz bakht, Roi d'Egypte, & d'Erſchad, fils d'un Roi de Katay. —*in-12.*

73. *Akbar-namah taſnif Feizi*, Abrégé du *Tavarikh* d'Akbar, fait par Feizi, frere d'Abeulfazel. — *in-12.*

74. *Djehanguir-namah*, Hiſtoire du regne de Djehanguir, faite par le Nabab Motamet khan, Général de ſa Cavalerie & le Compagnon de ſes Voyages. — *in-12.*   *Ci-d. p. cclxvij. ſuite de la note.*

75. *Tarikh Hind*, morceau précieux d'Hiſtoire de l'Inde & du Sind, depuis les Ghorides (l'an 590 de l'Hégire, de Jeſus-Chriſt 1193) premiers Rois de Dehli, après le Rajah Pethara, juſqu'en 987 de l'Hégire, de Jeſus-Chriſt, 1579. —*in-8°.*   *Ci-d. p. cclxxij. ſuite de la note.*

76. *Kareſtan mounir*, Hiſtoire de Vala Akhter, fils de Gueti afrouz, Roi d'Ormuſd, compoſée ſous le regne de Schah djehan; précédée du *Dibatcheh paé Zehouri.* — 12.

77. *Recueil* contenant, 1°. des détails ſur l'Indouſtan, des morceaux de Géographie, d'Aſtronomie; 2°. le *Tohafat eul Eerakein*, Ouvrage ancien & difficile à entendre, qui préſente l'Hiſtoire de deux Rois de l'Irak; 3°. la Préface du *Divan d'Aâbdeul ghanim*, du Kaſchmire, faite par ſon Diſciple. — *in-12.*

78. *Anvar ſoheli*, portion du *Kalileh ve damneh*, Ouvrage traduit originairement d'un Livre Indou, nommé *Kartak ve damnak*, fait par le Brahme Pidpai; miſe de l'Arabe en Perſan par Abeulfazel. La Morale & la Politique, dans cet Ouvrage, ſont enſeignées par de petites Hiſtoires, par des Apologues d'animaux. — *in-8°. avec figures.*   *Catal. de la Bibl. du Roi. Mſſ. Perſ. n. 281. Bibl. Orient. p. 118.*

79. *Eeïardaneſch*, portion du *Kalileh ve damneh*, miſe en Perſan par Abeulfazel — *in-12.*

80. *Maſnavi*, Poëme en ſix Parties, ſur la Morale, la   *Bibl. Orient. p. 563.*

Tome I.   yyy

Ɖxxxviij   *APPENDIX.*

Manuſcrits Orientaux. — Politique, la Religion; compoſé par Djelal eddin, au commencement du 13e. ſiecle. — *in-4o. contenant les quatre dernieres Parties.*

81. *Divan Aarfi,* Ouvrage en vers ſur la Morale & la Politique, avec des Notes critiques. — *in-12.*

82. *Divan Bedertchatch,* avec des Notes critiques, ſuivi du *Divan Aboüaſſereh,* ſur la Morale. — *in-8o.*

Bibl. Orient. p. 416-789. — 83. *Gouleſtan,* Poëme très-connu de Scheikh Saadi, compoſé ſur la fin du treizieme ſiecle. — *in-12.*

84. Second Exemplaire du même Ouvrage, ſuivi d'un morceau du *Divan* de Khadjeh Hafez, couſin germain de Scheikh Saadi, dans le quatorzieme ſiecle. — *in-12.*

85. *Boſtan,* excellent Poëme du même Scheikh Saadi. — *in-12.*

Catal. de la Bibl. du Roi. Mſſ. Perſans, n. 359-366. Bibl. Orient. p. 667. — 86. Second exemplaire du *Boſtan,* avec des Notes critiques.

87. *Khamſé Naẓami,* c'eſt-à-dire, les *cinq Ouvrages* de *Naẓami,* Poëte célebre. Ces cinq Ouvrages ſont, le *Mekhẓan eſrar* (*le Coffre des ſecrets*), le *Roman de Khoſro & de Schirin,* le *Scherf namah* (*le Livre élevé*) qui renferme le *Haft peguer* (*les ſept ſources*), le *Sekander-namah Khoſchki* (*l'Hiſtoire des expéditions d'Alexandre par terre,* & le *Sekander-namah Beheri,* les *expéditions du même Conquérant par mer.* — *in-8o. avec fig. unique pour la délicateſſe & la netteté des caracteres.*

88. Second Exemplaire du *Mekhẓan eſrar,* avec des notes critiques entre les lignes. — *in-12.*

89. *Bahardaneſch,* Roman eſtimé, compoſé par Moulla Eenaiet eullah, l'an 1060 de l'Hégire, de Jeſus-Chriſt, 1649. — *in-12.*

Bibl. Orient. p. 496.939. — 90. *Ioẓef Zelikha,* Hiſtoire en vers des Amours de Joſeph & de Zelikha, fille de Putifar, compoſée par Nazami. — *in-12.*

Ibid. p. 573. — 91. *Ketab Leli o Madjnoun,* Hiſtoire en vers des Amours de Madjnoun & de Leli, par Moulla Hatefi, de l'Indouſtan. — *in-12.*

92. *Noskheh Nel o Daman,* Amours de Nel & de Daman, Hiſtoire Indienne, en vers. — *in-12.*

93. *Toutti-namah,* ci-d. *Livre du Perroquet,* compoſé par

APPENDIX.

Ziae Nakhschi. Cet Ouvrage comprend cinquante-deux Histoires ou Contes qui sont censés rapportés par un Perroquet. *in-8°.* *Manuscrits Orientaux.*

94. *Saki namah*, Recueil de vers sur différens sujets, par exemple, à la louange du Printems, du vin, de l'amour, de la danse, des Villes, des Assemblées &c. — *in-12.*

95. *Hadikhat hakim Sanaï*, Poëme sur différens sujets, de Philosophie Morale, de Politique, à la louange de l'amour, du vin &c. composé l'an 525 de l'Hégire, 1130 de J. C., par Hakim Sanaï. — *in-12.*

96. *Recueil de Distiques*, sur différens sujets.— *in-12. obl.*

MANUSCRITS MAURES EN CARACTERES PERSANS.

97. *Deux Vocabulaires Persans & Maures*, avec l'explication au premier, en Anglois. — *in-12.*

98. *Recueil* qui contient le *Kolassat el meaamelat*, & le *Anvaa el eeloum*; Traités des Cérémonies & Pratiques de la Religion Mahometane, composées d'après Masoudi, Tatarkani &c. — *in-4°. en langage de Lahor.*

99. *Goulestan*, traduit en Maure, suivi d'une petite Histoire Morale dans la même Langue. — *in-8°.*

MANUSCRITS EN INDIEN DU GUZARATE.

100. *Viraf-namah*. — *in-4°. avec figures.*

101. *Takvim*, qui présente l'état du Ciel selon l'Astronomie des Indous. — *roulot.*

102. *Recueil* qui contient en Indou un Almanach Astrologique, les mois, les années, & les jours des Indiens; en François, la moitié du Calendrier des Gentils de Surate; & en Persan, la suite des Gouverneurs de Surate, des Rois & des Soubehdars d'Ahmadabad, la famille de Nizam el moulk, les Soubahs de l'Indoustan & les Monarques de cet Empire, depuis le douzieme siecle jusqu'en 1762. — *in-8°.*

MANUSCRIT CANARIN.

103. *Exposition de la Doctrine Chrétienne*, en Portugais & en Canarin de Goa. — *in-12. en Caracteres Européens.*

APPENDIX.

MANUSCRITS EN TAMOUL DE LA COTE MALABARE.

104. *Actes d'un Concile tenu à Cranganor*, chez les Chrétiens de Saint-Thomas. — *3 Volumes d'olles (de feuilles) de Palmier.*

105. *Vaiddia grandom*, Livre de Médecine. — *2 Volumes d'olles.*

MANUSCRITS EN TAMOUL DE LA COTE DE COROMANDEL.

106. *Dictionnaire François & Tamoul* du P. Beſki, Jéſuite, Miſſionnaire du Madurey; ſuivi de la Grammaire Malabare du même Miſſionnaire, traduite en François de l'Original Latin. — *in-fol. Fr. — Mal.*

107. *Prieres Chrétiennes*, Formule du Mariage &c. — *in-4o. Portugais-Malabar.*

108. *Explication de la Doctrine des Gentils*, par le Pere Beski. — *3 Volumes d'olles.*

109. *Description de la Pagode de Schalembron.* — *1 vol. d'olles.*

MANUSCRITS SAMSKRETANS.

110. *Amerkoſch*, Dictionnaire Samskretan en trois Parties, à l'uſage des Brahmes; très-eſtimé. — *3 Volumes in-8o.*

111. Second Exemplaire de l'*Amerkoſch*, avec des eſpaces plus conſidérables entre les lignes, pour la Traduction que j'avois fait commencer. — *5 Volumes in-8°.*

112. *Viakkeren*, Dictionnaire Samskretan, à l'uſage des Brahmes. — *5 Volumes in-8°.*

113. *Nammala*, Dictionnaire Samskretan à l'uſage des Sciouras. — *in-8°.*

114. Second Exemplaire du *Nammala*, avec des eſpaces plus conſidérables entre les lignes, pour la Traduction projettée. — *in-8°.*

115. *Premiers & derniers feuillets des Sanithas des quatre Vedes*, avec les Prieres que l'on recite avant & après la Lecture de ces Ouvrages. — *in-8°.*

LIVRES QUE JE N'AI PU AVOIR.

1°. Les *Néaeſchs* du Feu, de la Lune & du Soleil, en

APPENDIX. Dxlj

Samskretan : on m'a affuré qu'ils étoient à Nauçari.
2°. Les *Néaefchs* de l'Eau & de Mithra, en Pehlvi & en Samskretan.
3°. L'*Ormuzd Iefcht* Samskretan.
4°. Le *Tahrif Si-Rouzé* en Pehlvi, depuis le dix-feptieme jour inclufivement jufqu'au trentieme. Ce morceau eft entier, à ce que l'on croit, à Bombaye, chez les enfans de Bamandjifet : ils m'ont affuré qu'ils ne l'avoient pas.
5o. L'*Izefchné* Pehlvi.
6o. Le *Nérengueftan*, Ouvrage in-4°. de vingt à vingt-cinq Cahiers, qui traite principalement des Cérémonies de la Loi des Parfes, & dont le commencement parle du *Vars* (*du crin pris de la queue d'un bœuf*).
7°. Les fix premiers *Fargards* du *Vendidad*, en Samskretan.
8o. Le *Guftafp Iefcht*, apporté du Kirman (à ce que difent les Parfes de Surate), il y a quatre cens ans par Meheriar Marzaban ; le *Sam-namah*, le *Timur-namah*, l'*Aalemguir-namah*, le *Faramours-namah de mer*, le *Schah djehan-namah*, le *Kalemat taïebat* (Ordres ou Firmans d'Aureng-Zeb) par le Nabab Eenaïet eullah, Khan du Kafchemire ; des *Farhangs* Perfans - Marates (on m'a affuré qu'il n'y en avoit pas) ; le *Djéib eul feyer*, Hiftoire univerfelle en huit Volumes, & des Cartes Géographiques faites par les Naturels du Pays.

Manufcrits Orientaux.

Ci-a p. T. II. p. 533. Vieux Ravaët, fol. 265. recto.

L'Inde eft une contrée fertile, qui offrira toujours au vrai fçavant, même au fimple Curieux, une Moiffon abondante d'objets de recherches également utiles & intéreffantes. J'ai glané dans un âge où les forces ne répondent pas toujours au courage, & dans un tems où la fureur des armes avoit dévafté les plus belles Provinces. Convenons de bonne foi (c'eft la conféquence où peuvent mener mes foibles travaux), convenons que, tandis que nous remuons continuellement quelques lieues de terrein mille fois fouillées, la plus grande partie du Globe nous eft encore inconnue. Voyageurs inftruits & courageux,

APPENDIX.

Manuscrits Orientaux, ne prenons plus la portée de notre vûë pour la mesure de l'Univers ; osons franchir les Ghâtes, les Cordilleres, pour sçavoir où nous en sommes de notre route : le sommet de ces hautes montagnes nous montrera l'espace immense qui nous reste à parcourir.

Fin de la premiere Partie du Tome premier.

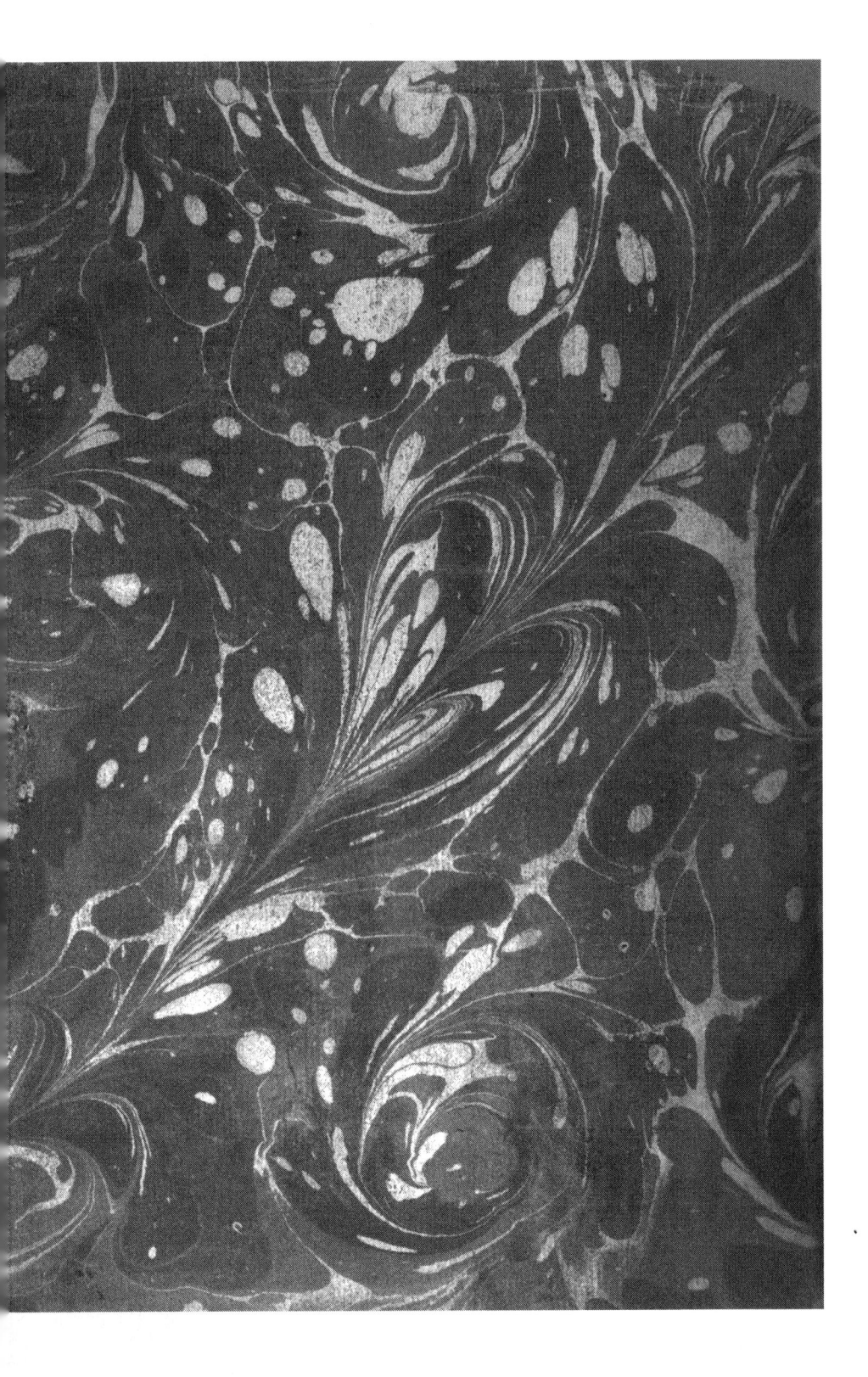

CPSIA information can be obtained
at www.ICGtesting.com
Printed in the USA
LVHW050715010723
751329LV00007B/335